文
景

Horizon

社科新知 文艺新潮

布尔乔亚经验

1

感官生活

上

[美] 彼得·盖伊 著　赵勇 译 舒小昀 校

上海人民出版社

谨怀热爱与钦佩之心

献给

范恩·伍德沃德

你知道，最初的印象不会轻易淡忘。我们的过去与我们同在；我们整个的一生都会感受到乳母的影响。

古斯塔夫·福楼拜致母亲，1850 年 11 月 24 日

一个丰富的主题：强烈的兴趣、激情和策略，在最平凡的生命中悸动。

托马斯·哈代笔记，1882 年 5 月

缩略语简表

BU-JHL	布朗大学，约翰·海伊图书馆（John Hay Library）
DPT	大卫·佩克·托德（David Peck Todd）文件集
G.W.	西格蒙德·弗洛伊德，《弗洛伊德文集》[1]
LF	利曼（Lyman）家庭文件
MLT	梅贝尔·卢美斯·托德（Mabel Loomis Todd）文件
MTB	米利森特·托德·宾汉姆（Millicent Todd Bingham）文件
SC-WHA	史密斯学院（Smith College），妇女史档案
S.E.	西格蒙德·弗洛伊德，《心理学著作全集标准版》[2]
SF	西利曼（Silliman）家庭文件
SS	索菲亚·史密斯善本图书馆（Sophia Smith Collection）
St. A.	西格蒙德·弗洛伊德，《研究问题》[3]
Stabi	德国国家图书馆
Y-MA	耶鲁大学图书馆，档案与手稿中心

〔1〕Sigmund Freud, *Gesammelte Werke*, ed. Anna Freud, E. Bibring, W. Hoffer, E. Kris, O. Isakower, in collaboration with Marie Bonaparte, 18 vols., 1940-1952.

〔2〕Sigmund Freud, *The Standard Edition of the Complete Psychological Works,* translated under the General Editorship of James Strachey, in collaboration with Anna Freud, assisted by Alix Strachey and Alan Tysm, 24 vols., 1953-1974.

〔3〕Sigmund Freud, *Studienawsgabe*, ed. Alexauder Mitscher lich, Angela Richard, James Strachey , 11 vols., 1969-1975.

目　录

总导言

感官生活

附　录

总导言

概 论[1]

3

1. 纲领

此项写作计划将囊括几卷大部头的著作，因此读者完全有权利了解将要读到的内容。我相信，通过阅读，读者最终将同意我的观点：从维多利亚到弗洛伊德时期的中产阶级[2]经验值得——实际上也强烈地要求——我们进行系统的研究。我的探讨将从19世纪初开始，一直到第一次世界大战爆发。我把19世纪20年代（在某些地方稍早几年）作为合适的时间起点，因为诱使历史学家对“维多利亚人”大加讽刺的中产阶级保守的性爱观和道德的严肃性，在1837年维多利亚女王登基前的一二十年就已经确立了。1914年正是精神分析学家西格蒙德·弗洛伊德的事业如日中天之时，这一年明显可以作为我的时间终点：第一次世界大战（还有其他的诸多事件）戕害了作为我的研究主题的那种中产阶级文化。在这一段时间中，西方文化经历了不可逆转的、常常是痛苦的根本变迁。这种变化并不是协调一

〔1〕本书页边码对应版本为 Peter Gay, *The Bourgeois Experience: Victoria to Freud: Education of the Senses Volume I*, New York & London: W. W. Norton & Company, 1999。——译者注

〔2〕bourgeois，资产阶级或中产阶级。盖伊在研究中使用这一概念所涉范围较为广泛。其集中论述的“中产阶级”，上层相当于马恩语境中的资产阶级，本书根据不同的论述语境，选用对应的不同译法，有时依行文需要，亦译为布尔乔亚。——译者注

致的，这样就为我们做出某些归纳总结留下了足够的空间。我将在此后的几章展开详细的叙述；但在此时，我要概括性地指出：我把19世纪划分成前后两个阶段——主要是19世纪50年代和19世纪90年代，并着重探讨此间发生的意义深远的文化变迁。在这几十年中，求爱的方式和教育的理想、对手淫的恐惧和体罚的观念、对女性的描绘和建筑的品味，还有其他诸多的文化特性，都发生了重大转型，有时是难以觉察的，有时甚至是完全不可辨认的。我在各卷中作为标题使
4 用的术语，也只不过是这些变迁的标记。敏锐的历史学家不止一次地指出，维多利亚女王不属于维多利亚人；同样，弗洛伊德也不属于弗洛伊德学派：他们不对围绕他们的名字所编织起来的神话负责。我只是要使他们起到一种提示的作用：19世纪90年代的中产阶级文化与半个世纪之前的中产阶级文化已经大相径庭了。

我是从广泛的人类学意义上来使用“文化”这个词的，在这里也需要稍作说明。有助于构建人类经验的造物都归属在这个广泛的标题之下：社会制度、经济发展、家庭生活、道德和宗教信条、医生的焦虑、时尚潮流、情感结构，甚至还有政治体制。毫无疑问，尽管每一种文化都表现出显著的特点和一定程度的连贯性，但其各分支却显示出某种程度的独立性，甚至各自毫不相干。在其他场合，我曾经半开玩笑地说过，“维也纳”不仅是一个真正的城市，而且是文化史家的创造，因为他们试图寻求一个广阔的框架，以便能涵盖在几平方英里内存在过的生机勃勃、丰富多彩的文学、艺术、科学和哲学生活。对我而言，这不仅仅是一个玩笑：西格蒙德·弗洛伊德的文化与雨果·冯·霍夫曼斯塔尔[1]的文化已经截然不同了——前者深受德国古典主义、19世纪实证

---

[1] 雨果·冯·霍夫曼斯塔尔（Hugo von Hofmannsthal，1874—1929）：奥地利诗人、剧作家、维也纳新浪漫主义文学运动的领导者，也是萨尔茨堡音乐节创始人之一，主要代表作品有《玫瑰骑士》等。——译者注

主义思想以及众多犹太医生的影响，后者还包括那个想象的城市中众多杰出的居民。我的观点非常清楚：文化更加复杂，更具有非连贯性，远比学习现代西方文明的学生所了解的更加令人惊讶。因果关系的相互作用、此消彼长，对于试图阐明文化的历史学家来说更加曲折复杂。

我所说的“中产阶级”与“文化”这个概念相比，同样难以捉摸、难以界定，但通过这篇导言，以及我所列举的人物表，还有我所引用的主要文献，“中产阶级”这个概念的意义将凸显出来。我的男女主人公是医生、商人、教师、家庭主妇、小说家、画家、政治家，还有因为经营有方而获得了一定的经济独立和社会声誉的工匠，更有为数不多的贵族——尽管他们的真正身份令人怀疑，但他们的姿态却是真正的中产阶级。在我看来，最理想的文献常常是无意识的内心表白，例如私人日记、家庭通信、医疗诊断书、家庭手册、宗教小册子，还有艺术作品。我将重塑颅相学的片段、解读亲密的信件、阐释画作、分析梦境。19世纪中产阶级经验丰富繁杂，既简明清晰，又深奥难解；既有章可循，又杂乱无章。

在这个引人入胜的、非连贯的领域，我既找到了欧洲的材料，也
找到了美国的资料。实际上，美国的材料占据了相当有利的地位。这 5
些材料非常引人注目，因此人们在搜集材料时，绝对不会错过；对我来说，利用这些材料不仅仅有地利之便，还有其他更多有趣的原因。这些材料对于身后事件解释的丰富程度远远超出我的期望之外。总体上来说，除了极少数显著的欧洲材料之外，美国人留下的日记、日志和信件相比于那些来自法国、德国或英国的材料，远没有那样深思熟虑、无可挑剔。现在看来，这些来自美国的材料也是当事人生前恳求销毁的，却又有意无意地希望保存下来。并且，我对这些美国材料的解读也在很大程度上证实了当代评论家的预言：尽管美国有其无可置疑的欧洲渊源，但大多数美国人的观念还是预示了欧洲的未来发展。从19世纪30年代的亚历克西·德·托克维尔到80年后的西格蒙

德·弗洛伊德，批评家都把美国看成中产阶级社会的典型代表，是中产阶级文化的化身，不管是充满希望，还是充满威胁，都是欧洲社会不可抗拒的发展方向。正如司汤达、狄更斯和无数的其他评论家指出的那样，美国中产阶级渴求物质利益、缺乏更高的理想、无力追求爱情——所有这一切在美国社会都得到了充分的体现，也得到了充分的表达。诚然，我已经指出，并将详尽地证明，19世纪的中产阶级文化既是多样的，又是统一的：对于情感表现的态度、疾病的讨论、女孩的监护、避孕套的使用以及中产阶级生活中其他的重要构成因素，在每一个时代、每一个国家、每一个阶层之间都相差悬殊。但是，除了细微的差异和变化之外，对于每一种独特的历史研究来说，中产阶级理想和行为的多样性形成了一个明显的欲望和焦虑的集合。采用美国的证明材料就是把握19世纪中产阶级最纯粹的形式——对其注定的命运而言，也是较好的形式。由于在19世纪中产阶级文化中，女性的状态具有十分重要的象征意义，因此值得注意的是，美国在各方面都开创了风气之先：是第一个招收女性上大学的国家、第一个赋予女性选举权的国家、第一个颁发女性行医执照的国家、第一个（从材料的印象看来）鼓励或至少是默许婚外性爱行为的国家。从某种意义上说，19世纪的美国就是19世纪欧洲的未来形态。

在这个写作计划中，我的主要论点大多得益于弗洛伊德的思想。这个总体提纲亦是如此。我将各卷的理论框架都建构在基本的人类经验之
6 上——爱、侵犯、冲突。在本书中，我将探讨中产阶级的感官生活；在道德戒律和物质可能性压力之下，性本能冲动所表现出来的形态。在接下来的第二卷中，我将讨论中产阶级的情爱方式、中产阶级性爱的表达和隐现模式。在第二卷中，我还将讨论关于爱情的理论；这个时代所表现出的文化幻想；在所谓更高级的文化领域中，性爱欲望所表现出的各

种伪装；圣徒称为“罪恶”、精神分析学家称为“异常”的情爱形态；中产阶级为性的限制付出的代价——或者是中产阶级认为的代价。在这两卷之中，爱和性是相互交织的，仿佛是作为中产阶级幻想的一个理想形态而交织在一起。我决定将这两卷区别开来，完全是出于技术上的考虑：材料过于丰富庞杂，很难用可控制的方式包含在同一本书中。

我之所以选择中产阶级的性和它更加成熟形式的爱作为此项研究的起点，就是旨在戏剧化地呈现，或者说纠正（也许会使之更加复杂化）对维多利亚文化的解读之中一个挥之不去的顽固的错误观念：在这个欺诈、虚伪的中产阶级世界中，为了满足性欲，丈夫都包养情妇、经常光顾妓院或者猥亵孩童；而妻子都腼腆温顺、尽职尽责，但都性麻木，而将其爱的全部潜能倾注于操持家务、抚养孩子之中。诚然，这种荒唐可笑、一成不变的主导观念并非完全是空穴来风：实际上，在本卷中，我用了相当大的篇幅来讨论受过教育的专业人士——当然还有稍处劣势的19世纪中产阶级——对女性在性方面的无知和偏见。在这个中产阶级的世纪中，肯定有性无能的丈夫、性冷淡的妻子、对生活中最基本的事实懵懂无知的青年男女；而关于同性恋组织和拐卖未成年少女的丑闻和报道，则进一步证实了中产阶级感官经验中阴暗的一面。水手、士兵、四处游荡的推销员并非19世纪妓院赖以生存的唯一顾客群体。弗洛伊德诊断过很多病人，在他看来就是无可辩驳的证据：他所处时代的中产阶级文化过度地压抑了性的冲动。我的写作就是要修正关于维多利亚时代的流行观点，其中包括弗洛伊德的一些观点，但是我并非为了修正而修正，而是旨在重现19世纪中产阶级文化的矛盾冲突、模棱两可和复杂多样。

在我将讨论侵犯的几卷中，这种文化的矛盾冲突和多样性也将 7
显得更加突出。在精神分析之中，对于侵犯的定义仍然莫衷一是；不管对其如何定义，侵犯肯定不仅仅包括仇恨的机制和毁灭的欲望。弗洛伊德不止一次地谈到过征服的本能；在侵犯这个大主题之下，我还包括进人类试图通过技术、政治、美学和社会创造的方式来控制环境的冲动。我将分析中产阶级的适应方式，将讨论专业化、职业化、社会研究、科学进展、历史写作，还将讨论作为幽默的隐含敌意行为模式，以及传统上对儿童、学生、穷人和外国人的严厉态度和行为。

此后的几卷讨论自由主义文化的痛苦，我将把冲突的主题移至社会层面，而在精神分析家看来，这主要表现为个体自身的经验。到19世纪末，在左冲右突中疲惫不堪的中产阶级面临着三个对手，其中每一个对手似乎都毫不妥协：残余的贵族势力和声望；在富有战斗精神的（常常是革命的）意识形态刺激下成长起来的工人阶级团体；勇往直前的先锋派文学、艺术、戏剧和哲学思想则贬斥中产阶级丧失了品位、贪恋金钱、对文化充满敌意。我们对这三个对手当中的最后一个最缺乏了解：先锋派实际上像中产阶级一样也是一个松散的团体，尽管其雄辩的代言人不遗余力地自我标榜其统一性；许多优秀的中产阶级实际上欢迎新的艺术形态，在对先锋艺术的赞助中毫无屈尊之感，而另一方面，很多先锋派艺术家和作家也是中产阶级的中坚力量。历史学家习惯于引用福楼拜和马克思对资产阶级的猛烈抨击，仿佛他们的愤懑都是来自反中产阶级前线的冷静严肃的报道，但这无助于澄清这种复杂混乱的状态。在后面几卷中，我希望修正这种处于纷扰、敌意的宏大世界中，我们对于中产阶级生活的既定观念，而更加接近于它真实的（包括无意识的）经验。

若要使我们的研究涵盖历史经验的所有维度，我们就要将传统的历史态度与对人性和人类发展的精神分析技巧融合在一起，并做到彼此间相互照应、取长补短。搜集文献、探求因果联系、时刻警觉以保持对臆测的质疑，所有这些都必须与精神分析紧密结合，只有这样才能从材料的表面内容深入到其潜在的含义。当然，历史学家不可

能在躺椅或档案馆中复制出这种精神分析的情形，因为它总是倾向于 8
内敛、与外界隔绝，主要是为了促进无意识与无意识之间的交流。然而，历史学家至少能在一定程度上接近这种精神状态。历史学家能阐释梦境，特别是当做梦者将梦与一定社会背景联系在一起时；他能解读私人日志中连贯的主题，就仿佛它们是自由联想的意识流动；他能够理解公共文献，将其作为愿望的浓缩和未付诸实践的行动；他能从对流行的小说或广受欢迎的艺术作品的痴迷中发掘出其潜在的无意识幻想。

在此，我并不是呼吁历史学家的精神分析化，更不是要成为精神分析学家。即使不受惠于弗洛伊德的理论，最明智的历史学家们也能利用各种动机的分析、潮流的影响、微妙的表达方式或者是最轻微的暗示所提供的信息。我无意奉承历史学研究的巨擘——不管是埃里·哈勒维[1]、马克·布洛赫[2]，还是我们能想到的任何典范式人物——我也不是在暗示：如果他们能有幸接受精神分析的训练，他们可能成为更优秀的历史学家。常年浸淫于史料之中、训练有素而且充满智慧、高度敏感的直觉足以发掘各种联系，也能得出精神分析学家即使以其专业素养可能也要付出艰巨努力才可得出的合理结论。就我们所知，弗洛伊德就曾经表达过对诗人的羡慕，因为他们单凭直觉就理解了他花了多年时间才发现的理论。精神分析学家也可能以同样的理由羡慕历史学家。

但也无须过分羡慕他们。大部分历史学家间或采纳和运用的心理学理论只是把握了过去的部分节奏和旋律，但其弦外之音、潜在的

---

〔1〕埃里·哈勒维（Elie Halévy，1870—1937）：法国哲学家和历史学家，主要从事19世纪英国史和英国功利主义哲学思想研究，代表作有《暴政的时代》等。——译者注

〔2〕马克·布洛赫（Marc Bloch，1886—1944）：法国著名历史学家，年鉴学派创始人之一，主要著作有《封建社会》等。——译者注

共鸣、富有深意的复调音乐，还有繁多的惊奇喜悦都超出了他们的掌控。精神分析对阐释经验的贡献在于一套方法和原理，旨在探求过去的隐晦的意义和解读其精心安排的音符。我的目标在于将精神分析与历史研究结合起来。本书所在的系列研究并非心理史著作，而是精神分析关照下的历史研究。这就是区别所在。

也许，这种历史研究最突出的特征就在于承认社会世界对心理结构的显著影响，甚至是对无意识心理机制的影响。我们很快就能认识到，19 世纪中产阶级用以指导其行为的文化符号常常是不确定和充满焦虑的。那是一个进步和自信的时代，但同时也是一个充满疑虑和沉思的时代，是悲观主义迸发的时代，是质疑身份认同的时代。

9 2. 经验的维度

19 世纪的中产阶级文化并没有完全丧失给人们带来惊喜的潜力。我们都非常清楚，我们对这个时代知之甚少，还存在很多错误的观念：如果说还有其他方面的不足，单就这个方面而言，从维多利亚时代到弗洛伊德时代的中产阶级并未获得其应有的地位。我们比较笼统地、也许是别无选择地将这个时代的人称为维多利亚人，但我们关于他们的观念和认识却需要进行重大的修正，因为就现在而言，我们总是将他们置于一个尴尬的处境：我们既对他们的一本正经感到好笑，又对他们的道貌岸然不屑一顾；我们既对他们的伪善感到愤慨，又有一点怀念他们可爱的古灵精怪。尽管以往的严肃学者已经对这种文化进行了大量值得信赖的研究和细致入微的分析，但这一熟知的领域依然有待于历史学家去探索，从无穷无尽的材料中发掘出新的解释。

这个断言从其本身来看就显得令人惊异。现存大量繁杂的材料甚至让人感到精疲力竭、茫然无助。[1]除了我们现在生活的20世纪，没有哪一个时代比19世纪具有更多的文献记录。这种情况是不可避免的，因为这个世纪毕竟是我们父辈生活的时代，除了战争的蹂躏和残酷的时期之外，对于19世纪的大部分时间，我们还不太了解，有些甚至还从未触及，有待人们的研究探索。墙上的壁纸已经略显褪色，但家庭肖像画完好无损。对于这个世纪，仍然有太多尚未回答的问题，还有更多的问题有待提出。长久以来，19世纪的贵族、政客、艺术家和诗人成为究根问底的传记作家们的材料，也成为人们茶余饭后的笑料谈资，尽管其中很多人仍然会给人们带来惊喜；19世纪的工人阶级，特别是在罢工或暴动的时候，还有19世纪的农村人口，近年来已经引起了一部分社会史学家充满同情的关注。

对于中产阶级而言，情况就不是如此了：我们并未能充分了解他们经验的范围，以及他们对于急剧地改变了自己生活的经济、政治、思想和社会变迁的感受。这些变化是否使得这个世纪成为中产阶级的 10
世纪呢？在那些非常重要但研究很少的情感领域，在挫折与成功、自我评价和社会观念、自信与焦虑的领域，他们又是如何做出回应的呢？为什么19世纪的中产阶级对隐私充满激情，以至于隐私不可避免地普遍成为界定中产阶级的主要特点呢？现代资本主义为其声誉不佳的受益者中产阶级做了什么？在性的方面、在侵犯的方面、在寂静的祈祷中、在艺术品消费中、在社会流动性的管理等方面，是否存在着一种典型的中产阶级风格呢？简言之，在大学中、在市场上、在投票站、在博物馆、在床笫间，中产阶级的经验又是什么呢？正是弗洛

〔1〕里顿·斯特雷奇（Lytton Strachey）在他的《维多利亚时期名人传》（*Eminent Victorians*, 1918）开篇中，以他一贯充满悖论的笔触，认为关于这个时期芜杂繁复的信息简直就是无法逾越的障碍："维多利亚时期的历史永远不可能写就，因为我们对它太了解了。"这是睿智而富有启示的评价，但略显刚愎自用。

伊德促使我提出了这些问题，在我的答案中也留下了他影响的印记。

1897年10月3日，弗洛伊德给在柏林的威廉·弗里斯医生（Wilhelm Fliess）——他当时最亲密的朋友和知己——写了那些最坦率的信件。弗洛伊德也正是向弗里斯毫无保留地传达了他所有惊人的发现。这是他最激动人心的日子，尽管不是最愉快的时候。弗洛伊德希望，他关于神经诱因的理论能够为他赢得作为最有创造力的精神疾病医师的美誉，但是这一理论由于缺乏可靠的证据而濒临失败的边缘。他从这个失败中赢得的具有划时代意义的胜利——认识到了幻想在精神生活中所起到的重要作用——仍然处于形成孕育阶段。弗洛伊德正在发掘内心深处被压抑的记忆，并为他将要发现的意义深远的关于梦的解析理清头绪。正如他在信中告诉弗里斯的那样，他回忆说，在这种激烈的内心探索和严酷的自我挑战氛围之中，有一次从莱比锡到维也纳的铁路旅程中，大约在凌晨两点至两点半的时候，他“对母性的欲望被唤醒”（libido toward matrem had awakened），并使得他幻想见到了她的“裸体”（nudam）。在释放了他这种被长期压抑的记忆后，弗洛伊德立即补充说——似乎是以一种明显的无意识联想——在幼年时，对比他小一岁的弟弟的夭折，他感到快慰，显然是出于“邪恶的愿望和真实的幼年妒忌”。[1]爱与恨被证明是永远的伴侣和亲密的敌人。

正是由于这种隐藏与富有启发意义的错误，这才是富有深意的时刻，因为它以一种令人印象深刻的简洁方式浓缩了我的最重要主旨：

---

〔1〕Freud to Fliess, October 8, 1897, Sigmumd Freud, *Aus den Anfängen der Psychoanalyse: Briefe an Wilhelm Fliess, Abhandlungen und Notizen aus den Jahren 1887-1902*, ed. Ernst Kris et al. (1950), S.233; *The Origins of Psycho-Analysis: Letters to Wihelm Fliess, Drafts and Notes: 1887-1902*, tr. Eric Mosbacher and James Strachey (1954), p.219.

情欲和侵犯的冲动具有强大推动力，并以一种持续摩擦的方式纠缠在
一起，表现为一个亲密舞台之上的隐藏冲突。进而言之，它揭示了人
类文明的机制：对欲望的压抑和人类精神上满足的延时。它显示了早 11
年经验的延续性和强大生命力，以及对塑造记忆的心理屏障的保持。
在经历了大半生的时间之后，在给像他一样也是医生的挚友的信件
中，弗洛伊德觉得有必要以一种体面的、模棱两可的饱学口吻掩饰他
乱伦的欲望；拉丁文措辞则在他自己和被禁止的冲动之间建立了一个
安全空间。并且值得注意的是，弗洛伊德可能还错误地回忆了这种激
动人心、充满诱惑的时间：他说当时他实际上只有四岁。回到比实际
年龄更小的时候，他就否定了他当时达到的俄狄浦斯情结阶段明显的
情欲，把自己描绘成比实际更弱小、更缺乏威胁性，几乎不能想象、
更不能实行那种侵犯的性意向。当他把这一切告诉弗里斯时，弗洛伊
德时年 41 岁。对于弗洛伊德的回忆及其漫长的、几乎是讳莫如深的
领域，包括他当时的困境和幼年的情感冲动，要求历史学家超越当时
的情境，探讨弗洛伊德生活的文化环境，回溯他早年成长的历史。简
言之，这个小花絮就是一种典型的经验，很富有启发性，对研究人类
强大而隐秘的行为冲动具有深远的隐含意义。从非常真实的意义上
说，本书和以后的系列著作都是对于这种经验的扩展讨论。

一种经验就是心灵与世界的一次际遇，但既不是那种简单明了，也不是那种完全显而易见的。尽管在表面上看来稀松平常，但一种经验往往能够显示其自身，特别是当我们追根问底地追溯到那种无意识的、非合作的、飘忽不定的以及缄默无言的遥远领域的时候。作为无可名状的冲动和无法释怀的冲突的产物，一种经验往往也埋下了混乱的种子，并可能导致根本性的误读。经验绝非仅仅是为思想和行动提供各种既定而熟知的场景，它参与到了创造利益与情感目标的过程

之中；经验为原初的期望赋予了形态，并使它免受挥之不去的焦虑的困扰。人类对经验不可遏制的渴求可以追溯到童年时代最早的对性知识的探寻，以及这种知识为他带来的愉悦，但这种冲动在很大程度上被压抑了，并在此后的生活里升华到各种非原始的文化活动中。一种经验既是一个独特的事件，又与其他经验密切相关，因此它不仅仅是一种纯粹的愿望或一种漫不经心的体验；它是对充满激情的强烈渴求的组织形式，是人们观察世界的持之以恒的方式，是不可否认的客观现实。

除了作为心灵与世界的遭遇之外，一种经验也是现在与过去的一次际遇。爱与恨，是历史的强大的创造者，已经被广泛地扩展，并
12 在很大程度上成为其自身的秘史：过去的压力无所不在，而且持之以恒。把人类称为文化动物，就是强调人类作为一种动物，具有从经验中学习的天性，尽管常常得到的是错误的教训。在 1890 年，威廉·詹姆斯（William James）就以其惯有的饱含激情的口吻感叹道，经验是“我们的教导者，是我们伟大的帮助者和朋友”。[1] 经验源自有意识的沉思与无意识的需要之间的冲突与合作，它将记忆与欲望结合在一起，尽管这些并非不可更改或一成不变的。尽管人类诸多强力的冲动在很大程度上超出了其意识范围，但还有很多冲动从其自身来看是可以理解的——当西格蒙德·弗洛伊德提醒他同行的精神分析学家，既要关注梦境的明确表现，也要关注其隐含意义，且两者不能有所偏颇之时，他可能也在对历史学家发言：既要尊重遥不可及的证据，也要尊重近在咫尺的证据。

因此，各种经验也证明了世界的影响与心灵的要求、接受与塑造活动之间连续不断的交流。长久以来，这种交流占据了专业历史学家

〔1〕*The Principles of Psychology*, 2 vols. (1890), II, p.620.

的全部注意，并常常使他们感到困惑。心灵投射于各种现实之上，因此也正如现实一样，心理活动既是稳定的，又是变动的，但并非完全处于一种被动的地位。我在此并非要坚持一种彻底的主观性。引人注目的是，心灵经常能充分地把握其认知的外在特征和内在意义。大多数历史学家都屈从于这个令人疑惑的、批判性的命题：我们人类的每一个人都只是错误意识的不幸的牺牲品；他只是某个团体的一员，并不自觉地成为他的阶级、他的信仰、他的时代的不折不扣的代言人。与文化人类学家一样，历史学家也倾向于认为：人类赋予他们的经验以意义。[1]的确如此。但那种理解是焦虑导致的错误认知与理性和实验提供的修正之间的共同作用，而且这种合作并非一蹴而就。尽管有诸多情感和精神上的修正，大多数人对现实的观念就是那种现实的一种可认知的呈现；这种观念与世界的相似关系，就好像一幅 18 世纪的地图与地球实际的地形地貌的关系一样。任何人，即使是疯子，也不是凭空建构了他们的世界。他们用以建构世界观念的材料在很大程度上是公共财产。

在此，我似乎应该用更充裕的篇幅来发现自我欺骗、修正误读，并且分析有意识行动的无意识意义。但在我坚持外在现实权威的同时，我要坚持心灵的潜在力量。综观历史进程，流行的党派论调、非 13
理性信仰和敌意的观念，提供了关于人类客观性限制的令人沮丧的证据。众所周知，精神分析一贯的观点认为：人类的观念、语言、行动富有更多的意义，远不是普通不具备专业知识的人所见到的那样。但这种观点并不能致使精神分析学家——抑或历史学家——认识到事情

---

〔1〕"'所有的经验，'克利福德·格尔茨（Clifford Geertz）说过，'都是被建构的经验。'" William H. Sewell, Jr., *Work and Revolution in France: The Language of Labor from the Old Regime to 1848* (1980), p.10。他也是在引述格尔茨：《文化的解释》（Geertz, *The Interpretation of Cultures*, 1973, p.405）。

往往与其表面上看来的恰恰相反。充满悖论的是，事情既不是它们表面看来的那样，但同时又是它们表面上看来的那样。这就使得问题饶有趣味，但又晦涩难解。弗洛伊德的思想并不是简化这些复杂的问题；实际上是促使我们认识到这些问题，使之凸显出来，并有利于加速对它们的研究。就这一点而言，它应当引起历史学家的关注；也正是因为这个原因，我发现它非常贴合我的研究。

弗洛伊德在 41 岁之际，无意识里再次出现了母亲裸体的景象，但这完全能够被称为一个副本：它是一种被修正的指令与禁令的复苏，它是 1860 年左右的一个真实事件的展开，但被重塑为一种有用的或谓战略性的记忆，在 1897 年再次出现。弗洛伊德在他的成年焦虑中，再次重温了他童年的欲望，这本身是一桩深刻的个人事件，却有普遍的意义；在他竭力梳理一个心理学定律的时刻，这种欲望再次爆发出来。这个定律就是：所有小男孩对他们母亲的欲望可能是一个彰而不隐的因素。历史学家应当尽量避免那些遥不可及的经验维度，这本身是完全可以理解的。无意识是游离不定和难以捉摸的。不管它可能留下多么引人入胜的印记，对于没有经过专业训练的观察者而言，无意识简直就是杂乱无章、不可理解的。然而，尽管要将无意识化解为可理解和可触及的历史研究材料是一件公认的困难差使，但它仍然是一种决定性的历史真理。如果忽视了这个真理，任何历史学家都可能要冒着遭受重大损失的危险，因为大部分历史都是以隐秘而寂静的方式发生的，但都是确信无疑的。

鉴于复杂而强有力的无意识活动，对经验的历史阐释既要敏感地关注有意识维度，也同样要敏感地关注其无意识之维，以及文化对于心理的作用——概言之，这是历史学家最得心应手的领域。西格蒙德 · 弗洛伊德在火车上产生了其无意识的性幻想，这也应当成为变动的19世纪的绝妙隐喻。火车车厢的私密性，以及旅途中有节奏的运动促成了四岁男孩专断的欲望再次显现，并赋予其独特的显现形式。人类心理渴望现实；作为原始冲动的储蓄仓库，本我（id）由深深压抑的成分构成，并在很大程度上是封闭的，但除了本我之外，其他的心理机制，包括自我（ego）与超我（superego）却是不断地从文化中自由地吸取养料，而文化又是它们生存、发展、成功或失败的基础。人类心理向世界表现了它的需求，而世界又赋予人类心理以其构 14
成规律，并将各种愿望作为其基本成分，将焦虑作为其目标。人类超我由来自父母或其他教化机制的各种禁令累积而成；人类自我被赋予了思考、计算和预测的各种官能，主要是面对现实、遭遇现实和证实现实。人类心理从现实世界中获取其幻想与梦境的来源。如果这些隐秘的活动从现实中获取的景象、声音和气味越多，那么作为人类历史主要素材的正常心理经验则必然更加依附于社会、宗教、经济和技术的要求，而所有这一切又共同作用，界定了人类个体以及团体的可能性，并规定了其边界范围。

因此，长久以来困扰心理史的还原主义是站不住脚的，因为它不仅弱化了历史进程的微妙特性，也许更为严重的是，因为它弱化了精神分析关于人类在世界中地位的微妙特性。可以肯定的是，并非所有的化约论的观点都是还原主义的，在1913年的一篇论文中，弗洛伊德就暗示了这种区分。在这篇论文中，他探讨了精神分析在历史研究中的作用，并以某种方式暗示，他的个体主义心理学能够应用于集体经验的研究之中，因而在对集体经验的研究中，传记可能成为历史。“精神分析”，他写道，在“个体的精神成就与社会的精神成就之间建立了一种密切的联系，因为它假定这两者之间具有相同的推动力源泉。精神分析缘起于这样一种基本的观念：精神机制的首要功能就是将个人由于各种需求而在内心造成的各种紧张关系释放出来。通过从外在世界中寻求满足可以部分地完成这些任务；为了实现这个目的，首先就是要实现对现实世界的掌控”。他补充说：“但是现实世界往往阻止这些需求的其他部分得到满足，更重要的是，在这些需求中，某些情感的冲动得不到满足。这样就产生了第二个任务，找到某种方式处理这些未得到满足的冲动。”弗洛伊德深信，精神分析已经对宗教、道德、正义和哲学的起源问题做出了令人眼花缭乱的解释，因此他的结论认为：“整个文化史只是证明了人类采取了哪些方法，如何在变化的条件下约束那些未得到满足的愿望，而这些条件又由于技术的进步得到进一步的修正，愿望有时从现实中得到满足，有时则深受挫折。”[1]

对历史学家而言，这段鲜为人知的话不啻是一个雄心勃勃的议题；所有的精神分析学家和历史学家还从未对这个议题的隐含意义做过探讨。很明显，弗洛伊德是在提醒我们：精神机制一旦被迻译，并进入各种创新、制度和问题的解决之中时，是如何使其自身获得解放，并成为一种独立自主的公共存在的。从这个意义上说，即使是技术上的进步，如果我们追溯得足够深远，也可能成为使未满足的愿望得以实现的理性方法。但技术也是一种外在的客观现实，它从人类精神中获得自由，现在正成为精神的对立面。人们在谈论宗教、政治，甚至工厂里的事情时，也会使用从家庭生活中得出的隐喻，这绝非一件漫不经心的事情。他们以自己亲身的经验来解释其环境的意义，而那种环境则同时反映了那种经验，并对经验产生影响。阶级意识、对国家的忠诚、经济决策都可看作精神过程的不同类别，这种精神过程在各种现实中留下了标记，同时反过来现实又在这种精神过程中留下

---

〔1〕“Das Interesse an der Psychoanalyse” (1913), [not in*St. A.*], *G. W.*, VIII, S.415；“The Claims of Pscho-Analysis to Scientific Interest”, *S. E.*, XIII, pp.185-186.

了印记。对青春、对时代或对自然的崇拜，进步的希望或对发展进步的绝望，对议会制度或为魅力型领袖而献身的热忱，商业策略的选择，还有众多其他的情感形式和活动，都部分是理性的，部分是非理性的，都可视为算计或是未满足的愿望的结果，而个人或群体也绝少知晓或很难认识到这些愿望。精神分析的各种不同分支旨在解释所有这些丰富而多层次的经验，但精神分析并非规定性解释，也并非所有的历史阐释都必须遵循这一轨迹；精神分析只不过是描述了可行与不可行的人类选择。精神分析极大地提高了历史学家理解所有历史维度的机会，以及他们历史经验解释中的相对分量。正是基于这个原因，我详尽地分析了各种所谓的现实压力，诸如铁路的兴起、橡胶硫化技术的发展、产褥热的攻克以及社会等级秩序的持续存在。所有这些都使得中产阶级经验具有了其具体的形态。

当然，从严格意义上说，并不存在整体上唯一的19世纪中产阶级体验；相反，存在多种形态的中产阶级体验。对于一个精神分析导向的历史学家而言，他应当充分地了解任何一个个体的经验与其他人经验的差别，不管这种差别多么微小。要撰写19世纪中产阶级经验的历史，就要深入中产阶级的心理——就像我在本书中不遗余力地希望做到的那样，但要冒的危险就是不充分的归纳。只存在个人的爱恨情感，个人对绘画和家具的品位，个人对巅峰情感体验的满足，个人面对危险时的焦虑，以及面对剥夺时的愤怒；只存在个人在征服时感到的意气风发，或个人对世界的报复。其他的一切都只是隐喻。

但是，这种隐喻是不可或缺的，因为人类至少分享他们共同的人性——人类的情感、人性的成熟以及人性不可压抑的需要。每一个人都需要建立一定的社会关系，都从属于一定的亚文化，从而使他受到
可预测的集体经验的影响；每一个人都具有某种极为密切的家族类似 16
性，从而致使历史学家对其进行某种集体判断。不同的宗教派别、城

市社区、语言共同体，特别是19世纪的阶级，都将个人塑造成了几个团体中可识别的成员。当一个儿童长大到上学的年龄时，他已经是他从属的特定文化中一个小小的活生生的教科书。虽然他还只是部分意义上的真正个体，但他也成了一个独特的个体，尽管他还必须接受多种现实世界的洗礼。就这样，精神分析以其理论和技巧，架起了个人经验和集体经验之间联系的桥梁，也正因为如此，大部分对弗洛伊德理论深感不安的历史学家一直以来都将其视为一种问题的参照系。因为在精神分析学家看来，任何个体都是社会的个体。弗洛伊德指出，即使是最私密的，甚至是下意识的心理活动，比如对俄狄浦斯情结的压抑，都受到了“权威、宗教教义、教育、阅读的影响”。[1]其他经验，不管多么私密，都无不显示出其文化特性与内涵。正是由于这个原因，弗洛伊德认为，个体心理学与社会心理学之间并无本质的差异。

然而，在我的每一次精神与历史的归纳之后，都站立着一个真实的、唯一的经验中心：个人。正是为了戏剧性地呈现这一信念，我在每一卷书的开篇都写下了一段分析性传记作为前言：我这样做旨在回顾弗洛伊德的经典案例史——但决无意仿冒，因为在我看来，这些传记也最符合历史这个词语的真正含义。这些精神的与社会的画像，尽管不是完美地反映文化的镜子，但也是理解文化的明确线索。所有这些，将引领我们面对那宏大而复杂的拼图，而这正是我旨在恢复、重建和重述的19世纪的中产阶级经验。

---

〔1〕*Das Ich und das Es* (1923), *St. A.*, Ⅲ, p.302;*The Ego and the Id*, *S. E.*, XIX, p.34.

第一章 定义的张力 17

在19世纪中产阶级经验中，存在一个令人担忧而又常常不易察觉的因素，那就是中产阶级对其自身定义的焦虑，即中产阶级的内部等级秩序、它在社会中的地位、与其他阶级的关系、政治前景以及其道德特征。萨克雷（William Makepeace Thackeray）在《名利场》（*Vanity Fair*）中写道：我对中产阶级情有独钟。[1]萨克雷和他的读者们都认为，这种吸引力的意义已经足够清楚了，但要究根问底起来，可能他们都不甚了然。还有其他诸多因素令人疑窦丛生：理想、前景以及术语的意义并非问题的全部。社会金字塔为各种理想抱负和地位升迁提供了基础，但这个金字塔的形态却由于细微的社会等级差别和不同的利益冲突变得部分地模糊起来，为加入或脱离中产阶级或在中产阶级内部升迁都导致了激烈的斗争，而社会金字塔的上层边界和下层边界往往消失在这种激烈斗争的迷雾之中。承载了中产阶级历史的种种传奇，以及长久以来对中产阶级声誉的辩论，这两者纠合在一起，并终于在社会的持续发展和审慎的乐观主义情绪之中，产生了中产阶级认同意识的危机，而这种危机甚至到了自我愤恨的边缘。中产阶级意识中宽容大度和狭隘偏执的矛盾特性曾经使19世纪的许多

---

〔1〕End of ch. 9, in *The Works of William Makepeace Thackeray*, Centenary Biographical Edition, 26 vols. (1910-1911), I, p.104.

人迷惑不解，而到 20 世纪，当历史学家致力于反思性地建构这段历史的轮廓时，这种迷惑可能进一步加深。

然而，各种传奇、矛盾和精神扭曲常常是理解历史现实的钥匙。事实上，在对 19 世纪中产阶级的任何有意义的定义之中，这些都将被证明是必不可少的因素。在我看来，阶级就是多种欲望和焦虑构成
18 的一个大家族。利益的聚合、政治上的压力、法律上的分类和共同的观念意识——所有这些都只能部分地赋予各种阶级以一种表面上的连贯性和统一性。但是，所有的阶级都是一种扩展的家族，分支众多，而且纷繁芜杂。与将其联结在一起的纽带相比，将他们区分开来的张力往往更强大，而在这种紧张关系中，最显著的症候就在于其名称。

1. 从名到物

19 世纪关于阶级的词汇相当混乱，这种状况已经引起了那个时代的作家的关注。1893 年，美国学者查尔斯·尼达姆（Charles K. Needham）在翻译一位德国医生关于反对妓女合法化的小册子时，遇到了德语的“市民”（*Bürger*）一词，并停下来思考了一番。在经过深思熟虑后，他在脚注中写道：“这个词完整的意思并不能用英语短语‘中产阶级’（middle class）来翻译，尽管在前面几章中我偶尔是这样译的。英国和美国的生活状况不同于德国，因此英语中没有一个单独的词能传达这个意思。”[1] 尼达姆相当敏锐地察觉到，语言表述上的困难反映出了实质上的差异。德语的术语清楚地

---

〔1〕 Dr. Theodor G. Kornig, *Die Hygiene de Keuschheit* (1890; 2nd ed., 1891), 166-167n. Zeta Collection, Yale Sterling Library, 1893 年翻译手稿。

表明了这些差异：在“市民阶层”（*Bügertum*）和时髦的外来词“布尔乔亚”（bourgeoisie）之间，存在细微的、但很显著的差别。直到1918年，托马斯·曼仍然赞许“市民”这个词，而贬低“布尔乔亚”（bourgeois）这个词，他遵循的正是长达一个世纪之久的修辞学传统。进而言之，“市民”一词既是一个法律概念，又是一种社会标签：它清楚地表明了一个国家的公民或一个阶级的成员，对于这种细微的差别，任何德国作家都不可能不注意到。再者，德国人不仅使用“市民阶层”这个词，同时还使用“中产阶级”（*Mittelstand*）一词。这个名称的奇特的语言史提供了更丰富的证据，进一步证明：19世纪语言使用上的不确定性往往代表了社会的不稳定性和紧张的程度。

19世纪早期，歌德、黑格尔以及他们同时代的人将“中产阶级”视为体面的和富有的人群，包括在其上层中那些高级的政府公务员，还有其他一些受过良好教育的人；而到19世纪中叶，这个术语则用以指代小商人和制造商。19世纪70年代，随着新德意志帝国的建立，以及社会下层的动荡，还有那些经常导致倾家荡产的投机活动，“中产阶级”被降低为小布尔乔亚（petty bourgeois）的同义语，用来指称两类人：第一类是指那些苦苦挣扎、努力使自己免于破产的小店主；第二类人是指蜂拥抢占毫无前途工作的职员，而新兴工商业帝国为他们提供了就业岗位。对于这两类人中的大多数而言，他们都有充分的理由为他们的社会地位和经济前景忧心忡忡。经济学家开始区分旧 19
的中产阶级与新的中产阶级，并为前者的衰败和后者的穷困感到担忧。因此，到19世纪90年代，“中产阶级”这个名称开始用来代表一个陷入持续困顿中的社会部门，并成为需要寻求对策的一个社会问题。[1]

---

〔1〕Heinrich August Winkler, *Mittelstand, Demokratie, und Nationalsozialismus* (1972), S.21-26.

伴随着其不可抗拒的衰落，这个名称的发展历程已经成为记载德国中产阶级本身紧张关系的文献了。

就其本身而言，英国中产阶级似乎极不愿意用一些显著而标新立异的阶级称谓将他们从社会上标示出来。自17世纪末开始，英国人就使用“布尔乔亚”（bourgeois）这个词了，但他们拒绝将这个词归化进英语，他们偏爱本土的中产阶级，或者更准确地说是中产阶级的复数形式（middle classes），因其略带有严肃而理性的尊重。很明显英国作家乐于接受称德国中产阶级为“布尔乔亚”；乔治·艾略特在1856年就是这么做的。直到1873年，塞蒙兹（J. A. Symonds）仍然称形容词“布尔乔亚的”是一个“时尚短语”。只有那些为显示其都市世界意识的人，或者为了搜寻模糊的贬低性词汇的人才会动辄使用这个法语的外来词。奥斯卡·王尔德曾在他那机智的、但令人疑惑的警句中写道：“法国相对于英国的巨大优越在于：在法国每位布尔乔亚成员都想成为艺术家；而在英国每位艺术家都想成为布尔乔亚成员。”[1] 19世纪90年代初，塞蒙兹在她的日记中写道：她曾邀请“社会主义者悉尼·韦伯”（Sidney Webb the socialist）到家中共进晚餐，毕特丽斯·波特（Beatrice Potter）——后来很快就变为毕特丽斯·韦伯（Beatrice Webb）——注意到，他是“一位杰出人士，身材瘦小，仪容不甚整洁，戴着眼镜，身穿磨得发亮的布尔乔亚样式黑色外套，且稍有破损”。[2] 但她的同胞中多数都偏爱更具本土化结构的其他名字，那就是约翰·斯图亚特·穆勒（John Stuart Mill）用来区分英国社会的“三个阶级”的名称：“地主、资本家和劳工”。[3]

---

〔1〕Roger B. Henkle, *Comedy and Culture: England 1820-1900* (1980), p.3.

〔2〕Jeanne Mackenzie, *A Victorian Courtship: The Story of Beatrice Potter and Sidney Webb* (1979), p.69.

〔3〕Asa Briggs, “The Language of ‘Class’ in Early Nineteenth-Century England” , in Briggs and John Saville, eds., *Essays in Labour History* (1967), p.43.

对于英国人不情愿使用法语外来词，不能将这简单地视为语言沙文主义，而就将其轻易打发掉了。毕竟，从 19 世纪 40 年代中期起，以恩格斯《英国工人阶级状况》为发端，马克思主义者就开始运用“资产阶级”这个词——如果说这不是他们的专利，也可谓是社会主义者显著的习惯话语了。对政治上的活跃分子而言，“资产阶级”这个词就变成了一个充满争议的术语：威廉 · 莫里斯（William Morris）在回忆他的青年时代时，就形容那是一段“被资产阶级意识和粗俗品位困扰的无聊时光”。[1] 将高度分层化的社会中间阶层称为中产阶 20
级，无论是使用其单数形式还是复数形式，即使是自以为毫无偏见的选择，也摆脱不了政治的意味：理查德 · 科布登（Richard Cobden）等自以为是的坚定自由主义者，就极力运用“中产阶级”这个概念，目的在于标榜其内部的统一性以及对权力的渴望。[2] 社会中间阶层占据的领域迄今为止都是被错误界定的，或者说是不可界定的。那么，用来描述其特性的语言就不可能独善其身，或者说完全是非政治化的。

这种定义上的巴别塔式的混乱状态并未就此结束。“资产阶级”、市民或“中产阶级”等概念都包罗万象、内容庞杂，这些描述性的标签显示出聚集在其庞杂外表下多种多样的社会类型。很明显，一些历史学家对这种庞杂感到无所适从，他们将大资本家和手工艺人从资产阶级概念中划分出来：前者指贵族或与贵族过往甚密的财阀，后者则穷困潦倒，处境与工人相差无几，他们自成一体或被归入相邻的类别之中。其余的历史学家则另辟蹊径，将除了工人、农民或贵族之外的所有人都归结为中产阶级。对于这种过于简化的归类，他们似乎也有一定的法律依据：在普鲁士普通法（*Landrecht*）中，归结于“资产阶

〔1〕Morris to Fred Henderson, alderman of Norwich, October 19, 1885, E. P. Thompson, *William Morris: Romantic to Revolutionary* (1955), p.878.

〔2〕Briggs, “Language of ‘Class’”, p.59.

级”（bourgeois estate，*Bürgerstand*）之下的，包括那些“按照出生，既不属于贵族阶层，也不属于农民阶层，而在此后也并未归入这两者之一的所有人”。[1] 然而，普鲁士法典中绝妙的清晰归纳和心理上的模糊性，在其他国家都付诸阙如，因此历史学家不得不诉诸经济的或社会的标准了。

19世纪中叶，这种定义上的混乱状况相互融合，程度也加深了。巴黎的无产阶级用布尔乔亚（*bourgeoise*）一词来指称工人阶级体面、稳重的妻子们，而她们的丈夫——工人阶级，却惧怕这样的称呼。[2] 没有贵族头衔的地主被证明是很难归类的：不管他们是从事商业活动，还是在城镇担任地方官员，抑或是以乡村投资为生，他们都与城市事务有着紧密且持续的联系，并且有机会接触政治权力。尤其在19世纪中叶的法国和普鲁士，这样的地主数量众多、影响极大，
21 但他们完全不符合典型的布尔乔亚类型。正如杰出的银行家、法国复辟后期的总理德维勒利伯爵（the comte de Villèle）所说，“在这个国家没有人愿意住在乡村”，“我们所有的绅士（*gentilshommes*）都正将自己转变成布尔乔亚，花上六个月或九个月的时间去享受城里的社交生活和舒适的环境，同时也利用城中的便利条件去培养和安顿他们的孩子。”[3] 对于很多局外人来说，布尔乔亚就是城市化了的动物。然而，那些无贵族头衔的地主也充分显露出了与布尔乔亚类似的特征，而这些特征一般情况下是属于那些实业家和专业人员的。

那个时代的作家已经认识到了这种定义上的错综复杂情况，继

---

〔1〕*Allgemeines Landrecht für die Preussischen Staaten von 1794*, ed. Hans Hattenhauer (1970), part Ⅱ, title 8, S.452.

〔2〕Denis Poulot, *Le Sublime, oule travailleur comme il est en 1870, et ce qu'il peut être* (1870; ed. 1980), p.36.

〔3〕Robert Forster, “The Survival of the Nobility During the French Revolution,” *Past and Present*, No. 37 (July 1967), p.84.

而使用描述性的形容词来标记布尔乔亚的各种类别以及彼此间变动的轨迹，如大的（*haute*）、好的（*bonne*）、小的（*petite*）布尔乔亚（*bourgeoisie*）、上层中产阶级（upper middle class）和下层中产阶级（lower middle class）。然而，即便这种方法对中产阶级分类很有帮助，但也只是粗略地划分，并不能体现各个子名称之间细微的区别或激烈的冲突，反而增添了对中产阶级定义的不安和变动不居的感觉。19世纪30年代中期，旅行家和评论家、有小托克维尔之称的米歇尔·谢瓦利亚（Michel Chevalier）——他后来成为著名的法国政府要员——曾对美国有过深刻思考并著书立说，将美国制度与其本国制度进行比较。他发现，在美国，中产阶级是一个统一的、广泛包容的整体，有“实业家、商人、律师、医生”，以及“小部分的管理者、作家和艺术家”。然而，在法国，“众多的中产阶级”（numerous middle class）被清晰地划分为两类：第一类，“勤奋的阶级”（the active class），他们投身于商业、制造业、农业和自由职业；第二类，“懒惰的布尔乔亚”（the “idle” bourgeoisie），包括那些没有固定职业的人和地主，这些地主靠出租土地获取500或1500法郎的收入，或者剥削佃户的农产品，但从不思考如何增加产量。谢瓦利亚认为，对中产阶级的这两种分法从本质上将各自相互区分开来。正如他在随后的一页中补充道：即便如此，只要稍微考虑一下他们的一致性，这种分类也并没有完全彻底地将各自区分开来。[1] 所以坦白地说，对于中产阶级的定义和分类，即使最精明的、最有自信心的评论家也会心生气馁、望而却步的。

到19世纪60年代末期，面对当时中产阶级定义所具有的模糊特点，爱弥尔·左拉以他略显刻薄、但无限丰富的想象力，着手重新定

〔1〕Michael Chevalier, *Society, Manners, and Politics in the United States: Letters on North America* (3rd. enlarged ed., 1838), ed. John William Ward (1961), pp.380-383.

义中产阶级。他把法国社会划分为五个世界：第一个世界是平民世界（*peuple*），包括工人和士兵；第二个世界是商人世界（*commerçants*），被描述为在巴黎投机倒把的人，即工业家、富有的商人、“交际花”（women of intrigue）和店主；第三个世界是布尔乔亚，左拉给出的简
22 短定义是“暴发户的儿子”；第四个世界是上流阶层（*grand monde*），包括政治家和有影响力的政府官员；第五个是剩余世界（*un monde à part*），包括妓女、刽子手、牧师和艺术家。[1]这种分法很有趣也很尖锐，但它显露出人们对中产阶级定义的普遍焦虑。人们对上层中产阶级的定义从没有完全一致过，也从未将其视为一个整体。左拉定义的商人世界、布尔乔亚世界和上流阶层世界中的人群，在目标和价值标准上往往存在相互重叠，甚至相互冲突的因素。社会关系广泛的律师、高级的政府公务员、知名的神职人员和技术高超的医生，都经常会抛弃中产阶级中的一个阶层而转向另外一个阶层。为了应对这种社会生活现状，德国人丰富了他们的社会学词汇，他们以财产和受教育程度为标准给群体命名。德国人经常谈到资产阶级占有物（*Besitzbürgertum*）和资产阶级教育（*Bildungsbürgertum*）。尽管中产阶级的分类还有更多范畴，但这两个词包含的意义却是很广泛的。特别是教育（*Bildung*），作为高雅文化的捍卫者，间或表现出它优雅的智慧，使受教育的中产阶级拥有了相应的地位，甚至是权威。通晓古典著作、自由引用日耳曼文学、彰显艺术与音乐方面的高雅情趣，所有这些都使德国市民以往爵位崇拜的情形有所缓和。[2]教育为其自身优势提供了有力证明：在普鲁士和其他各州一样，许多德国贵族都

---

〔1〕 Colette Becker, “Preface” to Zola, *Au Bonheur des dames* (1883; ed. 1971), p.14.

〔2〕 见 John R. Gillis, *The Prussian Bureaucracy in Crisis, 1840-1860* (1971), p.11。法国人也同样如此，参阅 Theodore Zeldin, *France*, 1848-1945, 2 vols. (1973-1977), vol. I, *Ambition, Love and Politics*, part I, *passim*。

会处心积虑地让他们的子嗣们接受一定程度的高等教育，或者至少在形式上留下一点接受过所谓高等教育的印记——仿佛只有这样，他们才能称得上是真正的中产阶级。

无论对其本身还是其社会定义而言，德国的政府官员都构成了另一个严重的问题。德国公务员（*Beamten*）的等级界限出奇地含混不清，特别是高级别官员的等级界定。因为在德国各州，大学教授和宫廷管弦乐队的指挥，同样也都是公务员，而且他们的身份相当特殊。到 19 世纪，他们那模棱两可的身份，几乎已经成为德国传统的一部分，[1] 普鲁士官僚阶层本身就已清楚地意识到这一点。作为柏林的 23
贵族，同时也是一个公务员，鲁道夫 · 冯 · 德尔布吕克（Rudolf von Delbrück）在他的回忆录中写道："一个是封闭自守的宫廷社会，一个是中产阶级社会，而官僚阶层则在两者的夹击之中过着自己的生活。" [2] 在其他地方，如比利时和法国，官僚阶层孤立的现象似乎没有德国的明显；官僚阶层与中产阶级生活的异化状况似乎也没有德国那样彻底。然而，事实就是如此，而且也令人不安。

同样，等级界限的不确定性和随之而来的争论，体现了在金字塔式的等级对抗中，中产阶级之间以及社会各阶层之间归属感的矛盾。金钱赋予了权力，世系血统也是如此，但两者之间并不必然一致。这两者也有可能协调一致，通常情形就是这样：富裕的中产阶级家庭和旧的贵族家庭，可能通过婚姻谈判实现联姻，而此时他们的婚姻特征和实际上的重要性，不亚于国家间的外交谈判。在各阶层的边缘，也

〔1〕在提及弗雷德里克大帝在上世纪颁布的法典时，托克维尔指出："在贵族与市民阶层之间，有一个中间阶级，由不是贵族的高级官员、教士、学识渊博的学派成员、体育教练、大学教授组成。" 这是一个真正的中间阶级，不完全具有布尔乔亚特性，也不是贵族。想要与其身份相适应并非易事。*The Old Regime and the Revolution* (1856; tr. Stuart Gilbert, 1955), p.229.

〔2〕Gillis, *Prussian Bureaucracy*, p.33.

可能存在某种内部的循环，正如在中产阶级精英之间的婚姻一样。金钱阶层能够通过与世袭贵族的联姻，实现自身血统的纯正；世袭阶层则能通过与金钱阶层的婚姻，充盈自身的金库。但这种联姻远非那么一蹴而就、轻而易举的：对于家族婚姻交易的抵制，往往会摧毁以爱情或纯粹以个人利益为中心的婚姻。

对现代城市少数可靠的研究尝试性地探索了中产阶级的社会结构，这种研究为全面的观察和探索提供了一定的明确性和针对性。存在于中产阶级内部和边缘的斗争是连续的、激烈的，甚至是令人筋疲力尽的。1861 年，在德国的工业城镇巴门（Barmen），中产阶级（*Bürgertum*）人数占总人口的 9%，包括经济上极为富有的人和处境艰难的中产阶级（*Mittelstand*）；到 46 年后的 1907 年，中产阶级人数百分比已从 9% 上升到 23%。这种增长虽然并不令人惊讶，但这令人印象深刻的增长是从社会等级体系的底层获得的。实际上，此时的中产阶级队伍的壮大是小规模的，远远没有达到普及的程度。在 1858 年到 1907 年间，波鸿（Bochum）鲁尔镇的中产阶级市民数量增加了，但增长幅度很小，大约从 13% 增长到 16.5%；真正获得巨大增长的是低级别公务员与白领职员，这与巴门镇的情况相类似。然而，尽管这种增长要付出一定的代价，但中产阶级队伍的壮大还是带来了无可估量的精力和耐心上的回报，当然这种斗争还是令人烦恼，而且经常是令人沮丧的。在英国，收入为 200 英镑的纳税人数量在 20 年内翻了一番，即从 1851 年的不到 9000 人上升到 1871 年的约 17500 人。迅猛的增长率保持着相对平稳的势头，一直到以收入超过 800 英镑为界限时，纳税人比率才明显有所下降；也就在这段时间，收入超过 2000 英镑的纳税人，从 235 人增加到 356 人，或者说
24 增长超过了 50%。然而，在 19 世纪中叶的英国，下层社会以及富有的中产阶级，稍稍缩小了他们与更加富有的中产阶级之间的差距，但

仍未达到中产阶级富人的程度，因此这也成了下层社会羡慕与幻想的根源。

有些中产阶级的社会成员，享有独立于收入之外的声誉，尤其是法律、医药、教会和教育这样的自由职业。这些职业把从业人员的等级提升到纯粹的金钱标准之上。作为上层社会的精英，其数量之小、对自我的认识之深，使得他们的声誉免受减损：从 1851 年到 1881 年，英格兰和威尔士律师的比例从 4‰降至 3‰，而医生和神职人员的数量则保持平稳，前者保持在总人数的 7‰，神职人员依然是 4‰；教育工作者从当时众多的教育契机中受益匪浅，从业人员比例从 1% 上升至 1.6%。当然，金钱对于这些职业人员来说并非无关紧要：囊中羞涩的律师、身无分文的图书馆馆长或教师，肯定要大费一番周折才能找到一位中意的婚姻伴侣。然而，他们社会等级提升的道路至少没有完全被阻断。在英格兰、德国以及其他地方，一位勤奋、机警的年轻人总能把大学学位和体面的文凭转变成等级晋升的通行证。

统计数字非常清楚地显示，中产阶级大众——无论是处于上层、中层或下层的中产阶级，无论是懒惰或勤奋的，无论是经商或专业人员，都在贫困的海洋中苦苦挣扎。在 19 世纪中产阶级生活中，有一个至关重要的事实，就是中产阶级在各个地方的比重一直很小，即使在商业城市中也是如此。这种状况进一步激发了中产阶级的焦虑，也塑造了他们的良知。中产阶级运用他们在知识和权力方面的优势，偶尔也虚张声势，试图弥补他们在数量上的劣势。19 世纪，在德国的波鸿和巴门，大约只有 10% 或 12% 的人可以被称作具有中产阶级地位；在巴黎，以任何标准来衡量，起码也有 2/3 的穷人，也许有 15% 的人可以理所当然称他们自己为中产阶级。如果像许多自作多情的中产阶级演讲家们所宣扬的那样，中产阶级就是整个民族和国家，那么这也只是在高度的比喻意义上所说的。

然而，在19世纪的中产阶级经验中，最具戏剧性的社会现象是充斥于中产阶级内部的经济、社交和政治的不平等；除非有激增的农业人口和富有战斗性的工人运动这样的外界压力，否则中产阶级等级划分的困难要比其他任何一个阶级都更为明显。无论是大布尔乔亚还是小布尔乔亚，无论是新布尔乔亚还是旧布尔乔亚，他们都会努力使自己过上体面的生活、使自己的子女接受良好的教育、装饰自己的房子，最后还要留下一笔财产。但中产阶级成员收入的来源和收入的多
25 少一样，都存在巨大的差距。中产阶级等级秩序的阶梯很陡峭，若要爬上去也并非易事，因为中产阶级阶梯的最高档与最低档的差距悬殊。1895年，在波鸿，如果说93%的人口分布在经济阶梯的最底层，每人每年3000马克的收入——实际上收入常常会更少，那么他们收入的总和仅占城市总收入的2/3。与之形成鲜明对比的是波鸿的财团，人口只占城市居民的1%，收入却占总数的15%。这意味着在城中许多中产阶级成员都聚集在贫穷与极度贫穷的等级界线附近，有些成员则横跨这个等级界线。巴门的情形也是如此，真正的中产阶级成员，至少2/3的人是熟练的手工艺人和领薪水的雇员，他们中的大多数都在苦苦挣扎中勉强糊口，只有1/3的人是“资本家”（capitalists）或“商人”（merchants），其实大多数的商人也收入微薄。

迅速膨胀的职员大军在出口公司、百货公司、铁路运输系统和政府部门中艰难地劳作，尽管他们也可算作体面的中产阶级，但他们收入低微，总的来说他们甚至比个体商人更接近穷途末路。19世纪中叶以后，英格兰私人工厂的工人，起薪工资是每年70英镑，而且可能增长到200英镑；如果有能力或有社会关系，工资可能达到400英镑。1900年9月，沃德豪斯（P. G. Wodehouse）起初在伦敦的一家银行工作，开始工资是每年80英镑，如此小的数目，即使他的父亲再补贴80英镑，也不能让年轻的沃德豪斯更加富裕，他的父母虽无债

务，但也不富有。[1]政府职员起始工资大约为一年125英镑，以后也许会达到1000英镑——当然要经历一段很长的时间之后，但这样的职员只是极少数，而且他们的收入也是高低不等。我们知道，1871年在英国，收入2000英镑以上的纳税人总共只有356人，同年收入为5000英镑的纳税人只有80人。19世纪在英国及其他地方，中产阶级的个人收入从70英镑到5000英镑不等，这也是19世纪中产阶级文化中令人焦虑的现实。1817年，巴黎半数以上的居民年收入不到150法郎。1/4以上的人只有150到400法郎。大量的中等阶级人口（主要是身处下层，且富有的手工艺者）年收入为400—2500法郎，占总人口的1/5，只有0.8%的人年收入为2500法郎。位于中产 26
阶级金字塔狭窄顶尖处屈指可数的少数富人，着实非常富有。克虏伯家族（Krupps）（德国大军火制造商世家）简直就是一个王朝，他们也建造了城堡，而英国商业银行家詹姆斯·莫里斯（James Morrison）则能为后人留下400万英镑的遗产。啤酒酿造商、金融家、军火制造商只是传奇的素材，称这些富豪们为“布尔乔亚”（bourgeois）似乎让这个名词显得荒诞无稽。[2]

对中产阶级行为方式的探究，尤为明显的是中产阶级在生活中追求更美好的事物，这并不能轻易地解决中产阶级界定的问题。身居皇家都城的市民依附于统治阶层的品味与慷慨；相反，居住其他自由城市或商业城市的市民，就像他们活跃在政治前线上一样，也活跃在文化前线之上，他们只有依靠自愿的联盟来实现他们自己的目

---

〔1〕Benny Green, *P. G. Wodehouse: A Literary Biography* (1981), p.11, 55.

〔2〕在这几段中，我的主要参考文献包括：Wolfgang Köllmann, *Sozialgeschichte der Stadt Barmen im 19. Jahrhundert* (1960), S.94-131; David F. Crew, *Town in the Ruhr: A Social History of Bochum, 1860-1914* (1979), ch.3, “Social Mobility”; W. D. Rubinstein, *Men of Property: The Very Wealthy in Britain since the Industrial Revolution* (1981), passim; Adeline Daumard, *Les Bourgeois de Paris au XIXe siècle* (1970), passim.

标，而他们对此投入的精力，也与平时挣钱时一样坚持不懈。19 世纪，慕尼黑的戏院、歌剧院、交响乐团、博物馆和大学都是维特尔斯巴赫（Wittelsbach）慷慨赠款的造物和遗留产物。中产阶级市民在非正式的交际圈中相遇，他们解读戏剧、展出画作、上演四重奏。如果愿意，他们能向控制高雅文化的公务员施加压力；在巴伐利亚州他们通过表露偏好，涌向一些演出而远离另一些演出，以显示和游说他们的品味。然而，事实上，皇家赞助人为慕尼黑所有最好的那些音乐、戏剧、艺术和学校提供了钱财，因而也奠定了基调。曼彻斯特的戏剧却表现为另外一种完全不同的形式。曼彻斯特著名的哈雷交响乐团（Hallé orchestra）、出类拔萃的图书馆、著名的大学、歌舞剧院和美术馆都依靠私人捐赠，也都是私人事业。王室成员慷慨地支持艺术事业只是后来才有的事，而且纯粹是装潢门面。中产阶级公民寻求高雅文化的行为有时也出乎意料：柏林向来是皇家都城，从 1871 年起成为帝国首都，市内规模宏伟的博物馆的建造花了一大笔费用；按照赞助人霍亨索伦（Hohenzollern）的要求，著名的柏林爱乐管弦乐团（Berlin Philharmonic Orchestra）于 1882 年建立，却是一项私人事业。就像英国人过去宁愿让王室主宰艺术一样，巴伐利亚人现在拥有了英国人可贵的独创精神，但总体来说，这两者的差异在于，在慕尼黑的
27 老绘画陈列馆（Alte Pinakothek）奠基时，曾饰以一块铜匾，上面列举了博物馆内的主要收藏，最后以感谢的话结尾：“巴伐利亚拥有这个艺术馆，但其中艺术珍品的所有权归属统治者，即维特尔斯巴赫家族。”几年后，伯明翰艺术馆的奠基者在博物院前厅树立了一块石碑，更凝练、更雄辩地赞扬了一种别样的中产阶级风格，碑文写道：“我们用工业的利润促进艺术的发展。”[1]

---

〔1〕 Peter Böttger, *Die Alte Pinakothek in München* (1972), S.20; Asa Briggs, *The History of Birmingham*, vol. Ⅱ, *Borough and City, 1865-1938* (1952), p.100.

当时，中产阶级甚至在对待高雅文化态度的问题上都没有达成一致。从海因里希·海涅（Heinrich Heine）到威廉·莫里斯（William Morris）等激进的社会批评家，都不懈地致力于谴责庸俗的布尔乔亚，但很明显的是，似乎这种庸俗不像他们想的那样普遍。歌剧院经理们抱怨说，包括受过良好教育者在内的许多公众显然更喜欢约翰·施特劳斯轻松明快的圆舞曲，而不是理查德·瓦格纳雄浑凝重的音乐剧。即使在19世纪欧洲绚丽的音乐之都慕尼黑，也是如此：富裕的市民们完全满足于“索然无味的晚间音乐娱乐”，如舒缓的二重唱、优美的独奏曲和有趣的朗诵。[1] 亨利·詹姆斯并不是唯一致力于批评当代小说的作家，他认为当代小说琐碎而毫无价值，而且文学评论水平太低，这不仅无益于提高普通大众的文学品位，还使现代小说沦为纯粹的娱乐：小说情节只是荒诞闹剧，心理描写粗制滥造，还有一成不变的大团圆结局。詹姆斯所说的并不是普通的文学大众——尽管大众阅读人群也正日益膨胀起来了，他的批评针对的是中产阶级读者，因为他们受过良好教育，一般也普遍假定他们才是语言文字材料的主要消费群体。[2] 但是，詹姆斯没有看到——他也无法看到，那富于攻击性的庸俗其实不过是一种防御性的、充满焦虑的自我保护，以应对严肃的高雅文化即将对中产阶级发动的严厉攻势。19世纪末，出现了推崇前卫派画作和晦涩难懂的诗歌的小圈子，出于自身的考虑，他们是完全排外的；但是他们也发现，鉴于当时的情势，他们实际上很难招募到新的追随者，因为他们过于热情地追求艰难的目标。

与此同时，除了中产阶级津津乐道的对体面的诉求之外，在其文化习性中，最具有中产阶级特征的莫过于对教养的诉求。作为19世 28

〔1〕Heinrich Bihrle, *Die Musikalische Akademie München, 1811-1911* (1911), S.28.

〔2〕James, “Criticism” (1891), *Selected Literary Criticism*, ed. Morris Shapira (1963), pp.167-171.

纪特有的一种文化现象，这一时期的文化批评家，对庸俗的中产阶级做了入木三分的剖析，而在这种批评之中，他们揶揄讽刺似乎处处得心应手、左右逢源：下层中产阶级可怜的趋炎附势和人云亦云；处境优厚的中产阶级则急切地希望保持现状、墨守成规；富有的上层中产阶级及其资助人更是炫耀张狂、自命不凡。正如我在前面指出的那样，许多中产阶级津津乐道于教养的诉求，他们这样做不仅仅是为了遮人耳目，或让旁人为之动容，而是以一种十足的暴发户姿态，处处炫耀他们最近获得的财产和地位。查尔斯·狄更斯小说中讽刺的典型的中产阶级，他们个个都是表面光鲜，家里装饰奢华，富丽堂皇到了极致，摆设都是崭新的，但所有这一切都只是为了炫耀。

然而，在充满动荡与不安的19世纪，尽管庸俗的中产阶级和趋炎附势向上爬的人是一个显著的社会现实，许多中产阶级家庭还是真心实意地去珍视他们的教养。在大多数布尔乔亚成员的家中，或多或少都有墙上的挂画、客厅的音乐会和镶嵌玻璃的书架上摆设的经典名著。布尔乔亚男男女女，或唱歌，或素描绘画，或热衷聆听音乐会，或进行文学阅读和朗诵，甚至是写诗。居住在维也纳的杰出的德国医生西奥多·比尔罗斯（Theodor Billroth）热情好客，他家中经常高朋满座，他本人也是技艺高超的钢琴家，勃拉姆斯的许多室内音乐都是在比尔罗斯的客厅第一次奏响；豪华的音乐晚会经常在他家举行，音乐会的质量卓尔不凡，而且极具感染力。当然，针对这一切，我们也可以听到耳熟能详的批评：这些才艺也只不过是年轻女子在婚姻市场上对中意的年轻男人悬挂的诱饵。1808年，《莱比锡音乐报》（*Leipziger Musikzeitung*）驻维也纳的一个记者写道："想想当下对音乐爱好的程度，任何一个有修养的女子，不论其天赋如何，都要学习弹钢琴或唱歌；首先，这是一种时尚，其次这是一个人在交际中能完美展现自我的最佳方法，如果幸运女神光临的话，还能成就一桩美满姻缘。”[1] 几十年以后，这种带有厌恶女人意味的笑话，还真有点不合时宜了。有些中产阶级女子的确天资聪颖、多才多艺，而且还称得上是严肃的合格钢琴家。1884 年，英国期刊《音乐评论》（*Musical Opinion*）曾报道：“德国人颇为自豪地宣布，在德国大约有 424 家工厂，每年可生产出 73000 架钢琴，并且这些钢琴都派上了用场。”[2] 在对中产阶级的可行的定义中，他们对教养的诉求，的确可以作为一个实用的且饶有趣味的因素。不论造成这种诉求的动机多么复杂，也 29
不论这种诉求的本身是多么让人疑窦丛生，但中产阶级对教养的诉求是广泛普遍而真真切切的。当然，实现这些诉求的方式方法可能是各不相同的。

这种定义上的不确定性以及捉摸不定、纷繁芜杂的多元主义氛围，也暗示了政治利益的冲突和无法化解的社会冲突；在这种氛围之下，通常的做法就是给中产阶级贴上生动形象、别出心裁的标签，以标示出中产阶级定义中的重要因素，尽管严格说来，这种标签有时甚至是不合逻辑的。在法国七月王朝的早期，司汤达就一语中的地写道：“银行已经成为国家的主人。布尔乔亚取代了左岸法布街和圣日尔曼区，而银行就是布尔乔亚阶级中的贵族。”1843 年，普鲁士官员奥托·康弗森（Otto Camphausen）指出，他的国家正被“类似专家贵族”的职业公务员所统治。[3] 一半是嫉妒、一半是嘲讽的“金融贵族”（finance aristocracy）一词席卷欧洲，“货币贵族”（*Geldaristokratie*）和“金融贵族”（*l'aristocratie financière*）二词分别在德国和法国开始盛行。德国人通常将那些比工厂熟练工人挣钱还要少的穷职员称

〔1〕Eduard Hanslick, *Geschichte des Konzertwesens in Wien*, 2 vols. (1869-1870), I, S.67.

〔2〕E. D. Mackerness, *A Social History of English Music* (1964), p.221.

〔3〕Roger Price, *The Second French Republic: A Social History* (1972), p.42; Gillis, *Prussian Bureaucracy*, p.22.

为“立领无产阶级”（*Stehkragenproletarier*）。之后，富有创意的马克思主义者创出一个词语“劳工贵族”（labor aristocracy），用来形容那些收入相对较高，但坚持中庸政治立场的手工艺人，来强调这极富想象的名词术语中可能存在的争议，同时也从另一个方面充分说明了试图对中产阶级做出准确定义时所要面临的问题。作为一种后遗症，这种语言上蓄意的混乱状况一直持续到了20世纪，甚至在一些著名的历史学家的演讲中也是如此。约翰·赫伊津哈（Johan Huizinga）在1935年写道：“不管是强盛还是衰落，我们荷兰人都是布尔乔亚——律师、诗人、贵族或工人莫不如此。无论从你能想象到的这个词的任何合法意义上来说，我们的民族文化都是属于布尔乔亚的。”〔1〕不用惊讶，1849年，也就是在法国国王路易·菲力普（King Louis Philippe）退位一年之后，一家英国杂志仍然将他称为“了不起的贸易君主、伟大的小贩和经销商”。〔2〕“布尔乔亚”这个名词的含义有时过于狭窄，有时又过于宽泛，这种混乱状况完全是不合逻辑的，更不能概括中产阶级的特点。

这种语言上的混乱状况充分反映了模棱两可的自我意识以及强烈的、但实际上也是令人沮丧的幻想。独立的手工艺人虽然可能很
30 贫穷，但有时他们为维护自己的地位，可能会变得怒不可遏。〔3〕就富有的工厂主而言，他们可能会遇到来自贵族的那种强硬的、羞辱性的抵制，而这种抵制主要是针对工厂主为了维持他们那种排他性

---

〔1〕Joel Mokyr, *Industrialization in the Low Countries, 1795-1850* (1976), p.83.

〔2〕*British Quarterly Review*, February 1849, Douglas Johnson, *Guizot: Aspects of French History*, 1787—1874 (1963), pp.223-224.

〔3〕德国柏林著名的教育家和历史学家卡尔·弗里德里希·冯·克洛登斯（Karl Friedrich von Klödens）多年后回忆说，当来到他叔叔金匠铺工作时，这里很悲惨，而且没有学徒，他提及那些金制“手工艺品”，引起他姑妈和祖母的愤怒。他记得妇女们“被激怒的样子，好像是被蜂蜇了。她们说这里没有工艺品，有的只是‘艺术’和‘对艺术的呼唤’”。Max Jähns, ed., *Jugenderinnerungen Karl Friedrich von Klödens* (1874), S.174.

的成员资格而进行的各种努力，以及工厂主的那些令人垂涎的家居装饰和各种荣誉头衔，而且因为他们远比那些贵族更加富裕。大多数的工厂主（虽然不是全部）和低级别的公务员、处于半饥半饱状态的手工艺人一样，以他们特有的方式不顾一切地试图爬上荣誉的金字塔。

诚然，上述几类人在他们各自所属阶级的边缘摇摇欲坠，这种情形极易受到他们不确定的命运的影响。但中产阶级最核心的组成部分是大量的市民——包括工厂主、受过良好教育的家庭主妇、富有的商人、中等阶级官僚、医术精湛的大夫、学识渊博的教授，与其一致性相比，他们更具各自本身独特的性格。普通内科医生与外科医生和专科医生之间矛盾重重。致力于古典课程教育的教职人员和富有创新精神的科学家共同争夺微不足道的专项资金。商人努力推进自由贸易，而制造商却游说贸易保护。旧的有钱阶层蔑视新的有钱阶层，穷绅士看不起暴发户。英国商人宣称他们对英国君主制的永久忠诚，其热情不亚于俄罗斯商人，然而俄罗斯商人认为忠诚只不过是奴性顺从思想的一部分，而对于英国人来说，忠诚则是有自尊的人慷慨给予的愉悦馈赠。方方面面的冲突，常常使中产阶级之间的联系与合作黯然失色。

我们甚至也不能依靠传统的支持者和布尔乔亚阶级成员，以缓解我们在寻找可行的中产阶级定义的道路上遭遇的困难。对于那些坚持己见的前卫派来说，事情就容易多了。当红演员和漫画家亨利·莫尼埃（Henry Monnier）通过赞扬机智与邪恶并存的人物漫画，讽刺各种类型的不幸的法国中产阶级。蒂菲尔·戈提耶（Théophile Gautier）发现，莫尼埃对中产阶级的讽刺十分生动形象："没有人能像莫尼埃一样把布尔乔亚人物刻画得如此逼真，这些人物像真实的布尔乔亚成员一样，有着喋喋不休的陈词滥调和表情冷峻的愚钝，且让人厌烦；这不再是一出喜剧，而是一本速记簿。”[1] 顽固不化、拘泥细节、谨小慎微——在有些精神分析学家看来这些都是典型的中产阶级的特性，也是令人厌烦的性格特点。中产阶级都是食利阶层，或者都渴望成为食
31 利者。但其他评论家认为，中产阶级有一种别样的性格特点。1889 年，极具影响的丹麦文学评论家、传记作家格奥尔格·勃兰兑斯（Georg Brandes），谴责和他同时代的中产阶级是“凶残的统治者卡利班”（the ruling Caliban），也遗传了旧贵族的品质缺陷，即傲慢自大。[2] 勃兰兑斯笔下的中产阶级是贪图物质享乐和虚伪的剥削者。实际上，不存在一个唯一的典型中产阶级：不道德的企业家或精明的工程师和胆小的杂货店主或迂腐的官员一样，都为中产阶级树立榜样。敢于冒险与谨小慎微一样，都是中产阶级的特点。19 世纪中产阶级的共同点是他们的负面品质，既不是贵族也不是劳工，以及披上中产阶级外衣后的忧虑和不安。用什么样的标准来区分中产阶级是很重要的一个问题，因为这是真正的关键所在。19 世纪，凡是致力于描述中产阶级特点的人——几乎每个人也都是这样做的——对于中产阶级真正了解的远没有他们认为自己了解的多。

2. 简单化的诱惑

为了生存安全的需要，人们必须进行特点鲜明的分类，这深深地根植于人们的心中，也是人类生存最基本的需要之一；简单化的分

---

〔1〕Donald Fanger, *Dostoevsky and Romantic Realism: A Study of Dostoevsky in Relation to Balzac, Dickens, and Gogol* (1965), p.279.

〔2〕Henry J. Gibbons, “Georg Brandes: The Making of an Aristocratic Radical” (Yale Ph. D. diss., 1979), p.203.

类可以减轻人们的焦虑，因为这样能够忽略那些细微的差异。但现实的情形很少能如此泾渭分明，真实的情感往往充满了矛盾。对于这一点，每一个成年人都能认识到，如果他比较幸运的话，还能够忍受这种状况；但如要获得这种洞察，将是一个艰难的过程，因为往往在第一个机遇出现时，他已经退却了。这就是为什么19世纪文化的一个最伟大的成就，即一种教会人们如何在充满不确定性、焦虑动荡和矛盾重重的世界中生存下来的自由主义情愫，在面对过于肤浅的世界观、顽固的盲从、沙文主义以及其他对中产阶级粗糙和简单化的分类的攻击时，会显得如此脆弱。弗里德里希·尼采最著名的警句之一是："每一个社会群体，在一定程度上都存在一种贬低，甚至逼迫对手的倾向——至少在他们的认知上是如此。"尼采认为，罪犯就是这种社会堕落的牺牲品，犹太人的遭遇也是这样的。"对艺术家而言，'非利士人和布尔乔亚'都是嘲讽、揶揄的对象。"[1]尼采可能还要补充说，前卫派艺术家也只是为更广泛的文化设定基调。从18世纪末到19世纪初，阶级意识断断续续地涌现出来，此后变得越来越具 32
有攻击性，这其中暗含了一种讽喻：社会现实和无意识需求的融合。

值得反思的是，19世纪的记者、政治家和小说家，无视所有复杂的证据，不理会所有疑惑，运用他们认为的客观标志和主观印象；在他们的言辞中，或者在他们的笔下，中产阶级仿佛就是一个明确的、唯一的、统一的整体，当然也是一种至关重要的社会现实。他们的定义对一些矛盾重重的事实视而不见：在英国，不信奉国教意识往往会导致一种中产阶级形态的出现，而在意大利托斯卡纳的罗马天主教意识往往会导致另一种中产阶级的出现；在法国里尔，上层中产阶

---

〔1〕"Aus dem Nachlass der achtziger Jahre," *Werke*, ed. Karl Schlechta, 5 vols. (1972), Ⅳ, S.188.

级家庭为他们的女儿们包办婚姻，而在美国的华盛顿特区，门当户对的家庭让他们的女儿为爱情而结婚；还有一些中产阶级成员，将工厂主视为新式的理想，而另一些则嘲笑工厂主是一些庸俗的暴发户。

然而，几乎每个人都毫无顾忌地使用关于阶级分类的语言。阿德林·道玛德（Adeline Daumard）是一位研究19世纪上半叶巴黎中产阶级的权威，在她的著作中，她引述了一则趣闻逸事，充分地显示这种关于阶级分类的语言，是如何强加于一些人身上的，而这些人可能极力地拒绝使用这样的语言。1847年，加尔尼埃-巴杰斯（Garnier-Pagès）在下议院发表演讲时说："我们国家已经没有任何阶级了。"并极力谴责基佐（Guizot）那种"令人讨厌的理论"：在我们国家，"有不同的阶级，即布尔乔亚和贫穷阶级"。接着，他又若无其事地说道："我在这里见到了许多布尔乔亚。"下议院里立即哄堂大笑。[1]很明显，"布尔乔亚"这个词所带来的压力似乎是无法抗拒的。

诗人和小说家在他们的作品中，在措辞方面也同样是毫无顾忌的。海因里希·海涅在他晚期散文《卢苔齐亚》(*Lutezia*)中，嘲笑他周围的一切都是"新非利士人的世界"，那个时代也是"工业和布尔乔亚的时代"；亨利·詹姆斯轻松自在地谈论"庞大、臃肿的布尔乔亚沙发"；马赛尔·普鲁斯特（Marcel Proust）在他的小说中，借作为纨绔子弟的人物布洛克（Bloch）之口宣布：手表和雨伞是枯燥无聊的布尔乔亚工具。[2]把充满感情的形容词全部综合起来，也不能对中产阶级做出清晰的描述；它们对中产阶级特点的描述或讽刺，并不是完全一样的。这种情况似乎没有让任何人感到不安。我们知

〔1〕Daumard, *Les Bourgeois de Paris*, p.5.

〔2〕Jeffrey L. Sammons, *Heinrich Heine: A Modern Biography* (1979), p.324; Leon Edel, *Henry James: The Middle Years, 1882-1892* (1962), p.160; Marcel Proust, *Du côté de chez Swann, in A la recherche du temps perdu*, ed. Pierre Clarac and André Ferré, 3 vols. (1954), I, p.92.

道，亨利·詹姆斯措辞十分严谨；海因里希·海涅、马赛尔·普鲁斯
特或亚历克西·德·托克维尔在措辞上也字斟句酌。其他人对此不够
严谨，他们的用词也千差万别。然而，每个人都可以轻松地让别人明 33
白自己的意思。我们每一个人都能理解法国议会中布尔乔亚的代表、臃肿的布尔乔亚沙发、无聊的布尔乔亚雨伞，而且要对其附加各种意义，而这些意义之间也相差悬殊。

在这几个世纪的时间里，中产阶级难道不是那样引人注目吗？对于中产阶级定义，学者们在对中产阶级进行研究时，所采用的方法是追溯中产阶级的历史。这种追溯的过程，似乎是最合理的，尤其从 19 世纪开始，他们对中产阶级的回忆和描述，似乎有一些共同之处，他们坚信中产阶级确实已经以一个阶级的形式存在了。但中产阶级也有其自身的问题。历史学家对中产阶级的过去所做的研究，不论最近的还是遥远的，都详细地讲述了有关新兴中产阶级的传奇故事，这些故事都流传已久且具有说服力。几个世纪以来，作为中产阶级的市民是自负、卑鄙、无耻的一个阶级，把旁人推挤到一边，而把自己推向财富与权力的阶梯，这样一个奇特的现象应该是历史上对中产阶级的研究中从未有过的解释。这种行为减少了对中产阶级定义的许多探索，也简化了许多答案，其合理之处也是十分诱人的。人们姑且就这么使用着这种具有适应性、美丽又模糊的定义去解释横亘于整个西方六个世纪的历史，还有更多的历史事件：中世纪城镇的出现、资本主义的诞生、新教改革运动、欧洲的海外扩张、绝对君主制的强化、英国内战、令人叹为观止的科学思想的进步过程，当然还有 18 世纪欧洲的启蒙运动。至于 19 世纪（在对中产阶级最近的和最气壮山河的成就中寻求最佳的解释），中产阶级被赋予了广泛的认同，或者说是与以下事件并驾齐驱的：工业革命、以 1789 年为肇始的席卷整个欧洲的政治革命、大众品味的兴起，以及现代帝国主义在欧洲的

兴起。19世纪最有力的事实是：城市化、工业化、机械化——工人们建造的障碍和政治家们写下的宪章，要比过去所有的革命更令人惊叹，也更持久。我们知道，这些变革都是中产阶级的杰作，因此很自然地中产阶级的地位也得到了很大的提高。查尔斯·莫拉泽（Charles Morazé）对19世纪所做的调查报告，被人们广泛阅读，给此报告冠以“布尔乔亚的胜利”（“The Triumph of the Bourgeoisie”）的名称，绝非偶然，[1]因为再也找不出比这更合适的名字了。

这些传奇故事表明，中产阶级的胜利并不仅仅局限于政治和经济领域。与立法机关和股票交易所一样，中产阶级在品味和观念领域中的胜利也是不可抗拒的。中产阶级将自己对事物的理解方式和感知方
34 式强加于所有的上层阶级和下层阶级身上。如此看来，既然19世纪是以作为当政君主的维多利亚女王的名字来命名的，那么这就充分地表明，中产阶级如何决定性地确立了自身无可撼动的优势地位，尽管她的同时代人善意地嘲笑她是所有布尔乔亚中最大的布尔乔亚。直到19世纪末受到激进运动的严重挑战之前，中产阶级的发展可谓高歌猛进。我们知道，法国革命以及其他各地的小型革命，为一个接一个国家的中产阶级力量提供了极大的、看似不可逆转的优势；1830年的革命将法国最大的中产阶级——路易斯·菲力普（Louis Philippe）推上了王位，从而圆满地完成了中产阶级在法国的完整体系；1832年，伟大的改革法案（Reform Act of 1832）则最终确立了英国中产阶级至高无上的政治地位。此外，我们进一步得知，中产阶级在经历了1848年的谨小慎微和不彻底的革命，从而经历了短暂的挫折之后，终于爬上了有决定性影响的地位。难道不正是1848年革命的失败提供了充分的证据，证明了中产阶级取得的巨大进展吗？而中产阶级

[1] *Les Bourgeois conquérants* (1957; English tr., 1966).

在 1848 年末到 1849 年仓促和焦虑的撤退，难道不正是为他们在社会上的地位提供了充满讽刺的注脚吗？仅在半个世纪前，中产阶级只不过是革命运动中的一员，但现在他们不是成为社会的中坚力量了吗？而在此后不久，中产阶级持续不断的上升进程不是最后达到了顶峰了吗？如此看来，19 世纪的评论家为后来的历史学家的结论提供了先见之明：中产阶级取得了巨大的发展，并最终取得了胜利。19 世纪 30 年代末，米歇尔 · 谢瓦里亚（Michel Chevalier）总结说：“如今全世界都认识到，中产阶级统治了整个法国。”[1] 简言之，经历了 150 年后，我们终于认识到，19 世纪是中产阶级的世纪。没有任何人会质疑这个结论。

或者说，几乎没有任何人怀疑上述结论。持怀疑态度的历史学家，始终致力于特殊领域的专门研究，来修正这种一边倒的结论；甚至还有一些历史学家把这个结论束之高阁了。他们争辩说，这个结论涉及的范围太宽泛，因此实际上几乎不能解释任何问题。他们质疑的问题是：能否说 1832 年后英国中产阶级在政治上也取得了至高无上的地位；他们认为：无论在政治上还是社会上，德国中产阶级从未占据过主导地位。他们质疑的问题还包括：路易斯 · 菲力普的确是一个富有吸引力而有趣的国王，但他能否被称作一个中产阶级的国王呢？诚然，弗里德里希 · 恩格斯是最早将“资产阶级的世纪”标签贴于他那个时代的人之一，和他的朋友卡尔 · 马克思一样，直到晚年才对他们钟爱的思想提出一点修正。1845 年，恩格斯曾断然肯定：“与其他所有文明国家一样，英国的统治阶级也是资产阶级。”但在 1892 年， 35
他写道：“在英国，资产阶级从没有完全控制整个国家；1832 年的胜利甚至将最重要的政府职位无一例外地留给了土地贵族。”最后，恩

[1] Chevalier, *Society, Manners, and Politics in the United States*, p.382.

格斯坦言:“富有的资产阶级这种温顺的投降态度,在我看来实在难以理解。”[1]他这种迟到的立场转变,还是在最近的历史学研究中得到了认可。然而,19世纪是中产阶级的世纪这种观念,仍旧是人们已普遍接受的知识的重要组成部分;更糟糕的是,在我们对待我们的近代历史时,这种虔诚的观点似乎已经变得不可或缺了。

3. 认知的战争

人们对中产阶级定义做出的所有努力,不啻一场关于中产阶级认识的战争。然而,并非所有的观点都得到了同等的表述。根据19世纪中产阶级在当前的声望来判断,对中产阶级在当时的描述和此后的评论,似乎都出自中产阶级的批评者。批评家们那常常带有恶意,但颇有说服力的人物漫画,几乎成了经典——几乎是这样,但并非全是这样,因为自私自利、自以为是的布尔乔亚自画像,在他们那个时代屡见不鲜,并且也不乏一些对中产阶级死后的材料支持。

作为一个多产的隐喻创造者,海因里希·海涅证明了反布尔乔亚的人物漫画是多么的富有创意、多么的有趣、多么的入木三分。1843年,当他漫步在巴黎街头的沙龙时,他不无反感地注意到,尽管所有这些漫画都有一个鲜明突出的主题,但每一幅图画所表现出来的精神,仍然是当时占据主导地位的现代中产阶级精神——自私自利、贪得无厌。他写道,大部分的中产阶级漫画“都是一种拜金主义、利己主义、怨恨愤怒的感情流露”!甚至还有一幅关于耶稣的画像,这让海涅联想到令人厌恶的商业协会,也仿佛使海涅将耶稣与“一个破产

---

〔1〕*The Condition of the Working Class in England in 1844* (1845; tr. Florence K. Wischnewetzky, 1885, ed. 1892), 95n; “On Historical Materialism,” in Marx and Engels, *Basic Writings on Politics and Philosophy*, ed. Lewis S. Feuer (1959), p.63.

的公司经理”联系在一起了。这些历史的画像，不管它们自称宣扬的主题有多么的崇高伟大，却总是令人想起“小零售商、股票市场上的投机、商业价值以及布尔乔亚的实利主义”。[1]

如同其他评论家一样，海涅对这个阴郁的中产阶级世纪没有任何好感；他嘲笑中产阶级作为现代世界的主宰，也是无穷的厌倦和无 36
聊的根源。就这个相对比较温和的措辞来看，尽管表面明显的意义仍然是无聊乏味的，却掩藏着巨大的愤恨情感。对于这些无聊乏味的布尔乔亚阶级，每个评论家似乎都有他们各自偏爱的典型：司汤达鄙视所有的乡巴佬，福楼拜则几乎鄙视所有法国中产阶级。就海涅而言，他最痛恨的是英国中产阶级，因为他认为英国中产阶级就是庸俗的物质主义和虔诚的利己主义的化身。在对待中产阶级的态度和其他很多方面一样，海涅可谓是司汤达的忠实信徒，他感叹说，随着拿破仑的辞世，真正的英雄时代也随之结束了；但是他写道：“现代中产阶级崇拜的英雄颇为不同，比如品德高尚的拉法耶特，或者纺织工詹姆斯·瓦特。”[2] 古斯塔夫·福楼拜比海涅更加偏激、更加愤怒，他对中产阶级的蔑视甚至达到了一种精神偏执的极度厌恶。事实上，他觉得中产阶级简直令人作呕，因此他有一封信的署名是“布尔乔亚恐惧症”（bourgeois ophobus）。他也的确是严肃地对待这一种恐惧症的。其他作家也欣然加入了福楼拜的这场讨伐中产阶级的战争，其中包括盛气凌人、天资聪慧的俄罗斯年轻日记作家玛丽亚·巴什克采夫（Marie Bashkirtseff），她曾给左拉写过示好的信，但左拉以沉默表示

---

〔1〕*Henrich Heines Sämtliche Werke*, ed. Ernst Elster, 7 vols. (1887-1890), VI, pp.392-393; 海涅所用原词为 *Spiessbürgerlichkeit*。

〔2〕Sammons, *Heine*, p.324. 当然，詹姆斯·瓦特不是一个纺纱工，而是著名的蒸汽机改良者，从这一点看来，是海涅对事实的把握出现了偏差，但这丝毫无损于他对中产阶级那痛彻肺腑的厌恶。

拒绝，为此巴什克采夫勃然大怒。她也正确地预计到了左拉可能继续对她置之不理，因此她写道：“我认为你可能不会对此做出回应，我了解到在现实生活中，你是一个彻头彻尾的布尔乔亚。”[1] 这意味着一种侮辱，也的确是一种侮辱。

为何福楼拜对中产阶级的恐惧症贯穿了整个19世纪，并且在随后的历史学家中引起共鸣，对这个问题的一个强有力的解释是：前卫派作家以看似不可辩驳的事实证明，中产阶级已经丧失了真心地感受爱和付出爱的能力。这种控诉最终形成了对中产阶级的抨击：布尔乔亚以其麻木愚钝和冷酷的理性，把生活中的一切都转化成了商品，把所有的经历都转化成冷漠的加减运算。当然，作为人类，中产阶级——至少是这个不幸种属中的男性群体——渴望性满足，但他们绝对不会把性和爱情结合起来。在中产阶级喜爱阅读的诗歌中和所写的书信中，充斥着大量对爱情的赞美，但在批评家看来，这一切无非是无病呻吟、多愁善感，只不过是掩盖中产阶级脆弱的情感和最粗俗欲望的外衣。从这个视角看来，19世纪许多中产阶级的浪漫爱情观念和许多艺术家被闹得沸沸扬扬的私人生活，也是对中产阶级婚姻的谴责，因为中产阶级的婚姻只不过是一种虚伪、无聊和欺骗的假
37 象。西格蒙德·弗洛伊德后来发现男人共有的病态症状，即对母亲的依恋，这就构成了布尔乔亚恐惧症批评家对流行的布尔乔亚态度的诊断：“有爱情之处无欲望，有欲望之处无爱情。”[2] 有一种说法曾在中产阶级社会广为流传：在中产阶级的丈夫看来，他们的妻子是能干

---

〔1〕Dormer Creston [pseud.], *Fountains of Youth: The Life of Marie Bashkirtseff* (1937), p.285.

〔2〕Freud, “Beiträge zur Psychologie des Liebeslebens, II, Über die allgemeinste Erniedrigung des Liebeslebens” (1912), *St. A.*, V, p.202; “On the Universal Tendency to Debasement in the Sphere of Love (Contributions to the Psychology of Love),” *S.E.*, XI, p.183.

的家庭主妇、慈爱的母亲和性爱的灾难。加瓦尔尼（Gavarni）是法国著名的漫画家和社会评论家，他有许多朋友，其中包括龚古尔兄弟这两位小说家和不知疲倦的日记体作家；加瓦尔尼总是津津乐道地向他的朋友们讲述令人大跌眼镜的故事，即他是如何引诱那些不谙风情的中产阶级贵妇。在他的故事中，这些中产阶级贵妇们有太多的繁文缛节，而且是准时的时间观念的牺牲品。她们可能会因为他迟到五分钟而责怪他，其中一个中产阶级贵妇竟然将他们约会的时间定在当时的“五个月零一个星期之后”。[1] 利奥波德·冯·兰克（Leopold von Ranke）在他早期的一本笔记中提及爱情时，对这件事情的态度可不是那样玩世不恭的：“每桩婚姻，如若不是从深入了解或爱情中产生，就是罪恶的。除此之外，只能基于普遍的现实的目的，即一种较低层次的资产阶级的优势。”[2] 马克思和恩格斯在《共产党宣言》中对资产阶级的谴责，在非马克思主义者中引起了广泛的共鸣：“资产阶级把自己的妻子看作纯粹的生产工具”；而且“我们的资产阶级不以他们无产者的妻子和女儿受到他们的支配为满足，正式的娼妓更不必说了，他们还以相互诱奸各自的妻子为最大的享乐”。[3] 总之，中产阶级不仅不值得他人爱，更不懂得爱他人。

对于这些论断，历史学家应当保持最审慎的态度。很明显，其中一些结论只不过是中产阶级批评家们偏执的内心焦虑的缩影，而他们也将这些焦虑强加于轻信的普通大众身上了。对于自己不能达成的目标，人们太易于鄙视其他达成这些目标了的人了；人们也惊奇地

〔1〕 July 22, 1856, Edmond and Jules de Goncourt, *Journal; mémoires de la vie littéraire 1851-1896*, ed. Robert Ricatte, 22 vols. (1956-1958), Ⅱ, p.21.

〔2〕 Ranke, *Tagebücher* [1814], ed. Walther Peter Fuchs (1964), p.138.

〔3〕 *Manifesto of the Communist Party* (1848; tr. Samuel Moore, 1888, intr. A. J. P. Taylor, 1967), p.101.

发现，那些强加在中产阶级身上的欲望和品质，有时竟然是自己内心的体现。一些论断则体现了自由主义文化固有的悖论特征，而在这些冷静的批评者看来，这些特征在其他文化中从未出现过。还有一些结论则可以说是古已有之，但通过反复的众口相传，更加具有某种可信的成分了。海涅、马克思以及他们的追随者为了表达对资产阶级的愤
38 慨、鄙视和无比的厌恶，在冷峻的讽刺和花样翻新的措辞方面，简直是无人可比。当然，他们的态度和措辞也并非空前绝后的，而不过是一种悠久而丰富的悲观传统之延续，并在 19 世纪达到了巅峰。根据《圣经》记载，人们至少可以将这种传统追溯到耶稣时代：当时耶稣把那些兑换钱币的人和卖鸽子的人赶出圣殿，并悲观地宣称，富人进入天堂的机会很小。在盛极一时的罗马时代以及基督教中世纪时期，这种悲观的传统也没有减弱，并且在近代那些内心矛盾重重的新教改革者身上，这个传统得到了进一步的发扬光大。随着近代国家和近代社会的兴起，中产阶级获得了天赐良机，在财富和权力方面取得了巨大的进展，但是揶揄、讽刺、愤怒，甚至是嫉妒式的谴责，一如既往，与他们如影随形。

到 18 世纪后期，对中产阶级的批判和讽刺又增添了新的生力军，也有了新的起色和崭新的诉求。在德国的狂飙突进运动（the Sturm und Drang）中，以《少年维特之烦恼》的作者——年轻的歌德为首的那一群叛逆诗人，以震撼人心的激情宣布：中产阶级不仅在地位上是不光彩的，而且在行为风格上是可耻的。其他诸多领域和诸多国家的浪漫主义者将这个主旨一直贯彻到了 19 世纪。E.T.A. 霍夫曼以其一贯的讽刺笔触戏剧化地呈现了这一主题：他让他的读者明白，他小说中的主人公——疯狂的音乐家克莱斯勒（Kreisler），远比那些碌碌无为的普通男女更加清醒和理智，因为这些人尽管小心翼翼地维持着正常的心理平衡，但都缺乏精神的素养和追求，而在美学感知方面更

是一个致命的失败。所有的艺术形式——绘画、诗歌以及最重要的音乐，都要求一种神圣的精神疯狂，甚至是几近死亡的疯狂，而那些体面的市民自以为是的身体健康和心理正常状态只不过是一种耻辱的标记，显示了一种无可救药的愚钝。19世纪早期的德国，就像19世纪早期的法国和其他的文明社会一样，涌现很多自诩为克莱斯勒的年轻艺术家，尽管面色苍白，但对周围的很多事物都感到厌烦，感到激愤，并用他们的绘画、音乐、诗歌以及宣言来反抗那些文化上趣味低级的中产阶级。

所有这一切都表现出一种反抗的精神，年长的一代人获取政治上的权力，并对艺术产生影响，而年轻的一代则反对他们的父辈。不管其源头是什么，这种反抗精神都让人振奋。在那段时期，中产阶级一直处于一种防守的状态，即使当中产阶级达到了最辉煌的发展顶点，它依然是人们讽刺和谴责的目标。海涅和福楼拜是其中最杰出的代表。他们热情洋溢、恣意挥洒，嬉笑怒骂皆成文章，其他人通常从他们的书中获得灵感。1857年，福楼拜出版《包法利夫人》时，对中产阶级的批判已经蔚然成风了。在1880年福楼拜去世的时候，他个人对当时弥漫的庸俗思想的深恶痛绝已经在事实上演变成为一场声势浩大的群众运动了。在19世纪30年代，司汤达曾经梦想的那些为数不多的文化精英的数量此时有所增加，半个世纪后，尽管仍是对现状 39
不满，但这些文化精英们已经成长起来了。总的说来，尽管当时最富激情的先驱者们主要是法国人和德国人，但马修·阿诺德（Matthew Arnold）的《文化与无政府状态》（*Culture and Anarchy*），也是一部无法被忽视的重要文献，这充分证明在19世纪60年代的时候，那种鄙视中产阶级庸俗文化的风气已经抵达英国了。

随着对可憎的中产阶级庸俗文化的抨击在社会中逐渐流传，“中产阶级”这一称谓逐渐失去其本身的诸多特征。弗里德里希·恩格斯在《1844年英国工人阶级状况》(*The Condition of the Working Class in England in 1844*)中这样告诫他的读者:“提起资产阶级,我把所谓的贵族也包括其中。”[1] 20年后,即1862年,就在福楼拜写完他的一部关于迦太基的诡异、血腥的作品《萨朗波》(*Salammbô*)不久,在给朋友的信中表达了自己的希望,就是“要激怒中产阶级,也就是说,要激怒所有的人”。[2]这场谴责中产阶级的十字军东征尽管在言辞上充满火药味,而且派别众多,但对待中产阶级的厌恶情感却都是真真切切的。这些十字军斗士们认为自己就是孤独的先驱,正在为捍卫即将消亡的文化而进行悲壮的努力,因为他们担心,这种文化正遭受着中产阶级大举入侵,即将面临灭顶之灾。这些中产阶级包括新近获取了巨大的财富和政治权力,但在美学品位上粗俗不堪的银行家、商人和官僚们,还包括形形色色的小商人和职员;后者比前者更庸俗,他们也构成了中产阶级的后备力量。

尽管这些反中产阶级的十字军斗士们拥有相当的气魄和影响力,但他们并不能垄断对中产阶级的公众舆论。维多利亚时代并不需要个性温和的评论家,因为他们只是兴高采烈地宣扬中产阶级对文明进步所做出的突出贡献。19世纪中叶,作为德国著名的保守主义文化史学家和社会学家,威廉·海因里希·里尔(Wilhelm Heinrich Riehl)曾这样说过:“自古以来,市民阶层(*Bürger*)就是合理的社会运动和社会变革的主要承载者。”他充满自信地补充说,在他所处的时代,“布尔乔亚(*Bürgertum*)拥有相当的物质优势和道德力量。我们整个时代充分显示了中产阶级的特征”。[3]他这样说也是颇为自豪的,因为他把自己就看作一个市民。

---

〔1〕 Engels, *Condition of the Working Class*, p.276.

〔2〕 Philip Spencer, *Flaubert: A Biography* (1952), p.160.

〔3〕 *Die bürgerliche Gesellschaft* (1851; 9th ed., 1897), S.199.

这种自豪的认知可谓一个伟大的传统。几个世纪以来，在一个又一个繁荣的城市中，富裕的资产阶级控制贸易公司、手工业行会和庞
大的家族，更是为艺术和科学的发展提供了支持。众所周知，像美第 40
奇家族（the Medici）一样的贸易巨子，在他们功成名就之前，作为商人他们就曾经对学者、诗人、画家、雕刻家、音乐家和建筑家提供了大量慷慨的捐助，并在当时就成为众人称颂的佳话。这些最富有的资产阶级给佛罗伦萨带来高度发达的文化，而一个个高度发达的文化中心——布鲁日、阿姆斯特丹、纽伦堡以及爱丁堡，都极大地受惠于当地那些资产阶级的商贾巨富。在近代早期，这些巨富商贾们主宰着商业城市，拒绝接受任何的贵族头衔和封号，认为他们作为商人的职业不仅是有利可图的，而且是尊贵高尚的；他们找不出任何理由，要为他们自己在社会上的地位感到尴尬或耻辱。在肖像画中，我们可以看到他们的形象，而这些肖像画完全体现了他们作为商人的特征——财务记录、称量金币的天平，还有大量的货币。这些肖像画家——包括小汉斯·荷尔拜因（Hans Holbein the Younger），他们使那些商人的形象永垂后世：在画像中，这些商人作为自尊自强、百折不挠、为自己的职业感到荣耀的社会阶层的形象跃然纸上。这些中产阶级也为自己找到了不少机智的、令人信服的辩护者：约瑟夫·艾迪生（Joseph Addison）在其杂志《旁观者》（*Spectator*），伏尔泰在他著名的论英国人的信札中，赞扬了那些心气平和、克勤克俭的商人，主要原因是这些商人对于贵族阶级那种高谈阔论、好大喜功的理想无动于衷，甚至觉得这种幻想有时显得幼稚可笑，完全是无益于社会的。但有一点颇为反常，艾迪生和伏尔泰甚至觉得连股票投机者都有一点可爱之处了。

当然，从更客观的立场看，随着商人们在社会上获得了财富与荣誉上的双丰收，中产阶级意识形态也大行其道，成为普通民众精神美德的源泉，也注定要引领这个社会的主流文化了。在 18 世纪早期，

丹尼尔·笛福（Daniel Defoe）就曾这样说过，在英国，贸易这个行当并非“与绅士的行为格格不入”，[1]这一积极肯定的观点在 19 世纪受到了人们热烈的赞同。1826 年，詹姆斯·穆勒（James Mill）这样写道：“在英国，中产阶级的价值被社会所认可，在其人数逐渐增多的同时，他们的影响力也在逐渐增加。其实，中产阶级很早就被人们提起，而上流社会的人们也毫不吝啬地评价他们是英格兰的骄傲。”四年后，正如我在前面指出的那样，观点激进的布劳汉姆爵士（Lord Brougham）在他一次表述不太准确，但给人印象深刻的语言转变中，把中产阶级和整个英国社会混为一谈。他这样说：“我所说的人民，指的就是中产阶级，因为中产阶级代表了这个国家的财富与智慧，是英格兰的骄傲。”[2]值得一提的是，布劳汉姆爵士新近才获得英格兰贵族称号，但他并没有试图掩饰其中产阶级的出身，相反，对于他们的优点和美德大加赞赏。对于这种激进的赞誉，即使是为了表现其自我尊重，但就连中产阶级对自身也都还没有做出过如此高的评价。1885
41 年，作为著名的文学评论家，罗伯特·普洛尔斯（Robert Prölss）在回顾“作为德国社会较低阶层的市民阶层”的特征时，着重指出了中产阶级阶层的“诚实可靠、坚忍不拔、意志坚定、果敢决断的性格特征”。[3]八年后，查尔斯·尼达姆在描述市民的特征时这样说过：“市民就是一个对自己的家族感到骄傲，但不认为这种优越感仅仅属于贵族阶层的人。”无论他的收入多少，“他总是自食其力”，并致力于维持或者扩大社会赋予他的“任何关于自信和自尊的荣誉标志”。这些人总是一如既往，不管他是“一名专业人员或者商人”，不管他是“艺术

〔1〕*The Complete English Tradesman* (1726), p.376.

〔2〕Harold Perkin, *The Origins of Modern English Society, 1780-1880* (1969), p.230.

〔3〕Prölss, “Zur 200-jährigen Geburtstagsfeier Georg Friedrich Händels,” *Gartenlaube*, XXXIII, 7 (1885), S.113.

家还是手工艺人，银行家还是手工业者，雇员还是雇主”。[1]

法国大革命后的几十年中，不可避免地出现了一些自以为是的中产阶级，他们宣称19世纪就是中产阶级的世纪。诸多愤懑的文化批评家憎恶的中产阶级恶习，在这些人看来却成了中产阶级的美德：诗歌灵感的枯竭竟成现实主义；高尚原则的丧失竟成实用主义；醉心于工作就是精力充沛；富裕商人那种冥顽不灵的保守主义竟成了持之以恒的美德。马克思和恩格斯从来不对资产阶级抱有任何幻想，他们甚至认为，资产阶级即将很快完成其历史使命，但在他们的著作中也不乏令人印象深刻的赞誉之词。他们在《共产党宣言》中写下了这么一段著名的话：“资产阶级使乡村屈服于城市的统治。它创立了巨大的城市，使城市人口比农村人口大大增加起来，因而使很大一部分农民脱离了乡村生活的愚昧状态。”[2]

然而，即使是这种有限的赞誉似乎也并没有获得普遍的认可。其中的一个原因是，中产阶级执着于自我批评，并培养了一大批尖刻的社会批评家，而这些批评家也是来自中产阶级本身。亨利·詹姆斯曾经不无刻薄地评价说：“巴尔扎克和他的同志们之所以痛恨中产阶级，是因为他们曾隐匿于中产阶级的行列中，一旦他们全身而退，逃避到中产阶级的对立阵营，他们就倒戈一击，挥舞着拳头，给中产阶级以迎头痛击。”[3] 象征主义诗人和批评家亚瑟·西蒙斯（Arthur Symons）似乎也有同感。在评价19世纪90年代的美学叛逆者时，西蒙斯以一种鄙夷的语气评论说：“即使是传统美德，它也与传统恶习一样狭隘：试图使中产阶级困惑不堪的愿望实际上不啻中产阶级 42

〔1〕柯尼格的翻译手稿，Needham, *Hygiene der Keuschheit*, 167n。

〔2〕*Manifesto*, p.13.

〔3〕“Honoré de Balzac,” in James, *French Poets and Novelists* (1878; 2nd ed., 1884), pp.102-103.

的行径。”[1]但是，对于试图定义19世纪中产阶级文化的历史学家们来说，却无法忽视这些言辞激烈的批评，因为这种敌意恰好在诸多方面触及了当时的社会现实。在许多重要方面，商业文明的确存在令人压抑的因素，特别是当这种因素与福音传道式的热情融合在一起时，就可能与其他某些方面格格不入了，其中包括高贵的品味、细微的差异、道德与艺术的自由，更别说细腻的批评认知了。正统的艺术形式仍然主宰着整个欧洲范围艺术沙龙上的奖项；德意志帝国在早期的几十年中，富裕阶层的室内装饰总是体现出浮华虚夸的风格；毫无艺术品位的新闻审查官以他们关于淫秽或亵渎神明的标准粗暴地干涉艺术和诗歌——凡此种种，以及其他相关的文化现象都清楚地表明，文学、艺术和思想上的创新精神所经历的艰辛和阵痛绝不是自我强加的。先锋派作家和艺术家，在私人信件中、在喜爱光顾的咖啡厅里和他们创立的短暂的期刊中发泄痛苦和愤怒，这要比那些装腔作势的艺术家更值得称赞——这些人忘恩负义、过河拆桥，他们的愤怒仅仅是因为他们贪得无厌，还要索取更多。同样，这比那些好战分子因为原始本能的需要将世界清楚地划分为朋友和敌人的做法好得多。急剧的、大规模的社会变迁造就了一大群的暴发户大军，他们中的大多数，也在社会的焦虑中悸动战栗。他们迷茫无助，只能在陌生的高雅文化中寻找自我；除了某些显而易见的例外，他们只能寻求历史上最新的品位标准，而传统文化标准是许多安全的文化消费者早就开始质疑，并准备随时抛弃的。以展现自我和消除疑惧为目的的艺术，开始主宰公共展览和私人艺苑。进而言之，印刷和摄影方面的技术进步，特别是在19世纪末留声机的出现，都极大地促进了文化商品的大规

〔1〕Holbrook Jackson, *The Eighteen Nineties: A Review of Art and Ideas at the Close of the Nineteenth Century* (1913; ed. 1966), p.134.

模生产，同时也提出一个很尖锐的问题，即在越来越广泛的人群中传播文化所带来的后果。新兴的中产阶级获得的权力和地位，其实远没有传奇故事所说的那样广泛普及，但似乎要比传奇故事中所说的更加多样化；但是这不可避免地在新兴的中产阶级之中产生某种程度的社会和政治防御行为，即一种对社会现实的否定，而这种否定是愚钝的，有时甚至是狂乱的，但在正常情况下是为自我服务的，与此同时还同样愚钝、同样狂乱地拒绝容忍任何艺术上的试验。

19 世纪中产阶级的诸多所作所为，相对于他们遭受的纷至沓来的批评而言，完全是罪有应得。而且，正如我在前面已经指出的那样，许多中产阶级将自我反省变成了自我鞭笞。他们似乎以一种贪婪的心态期待着被集体谴责——实际上，他们也为这种集体谴责奠定了基调——这不啻一群受虐狂的荣誉礼赞。毫无疑问，19 世纪中产阶级制造出了一群精妙绝伦的超我。尽管他们不遗余力地维护自己的隐私，但又会不定期地沉溺于广为流传的自我谴责式的内疚情感之中。“我们——我指的是中产阶级，而不仅仅是富人——忽视了你们；我们本应给予你们公正的对待，相反我们却只给予你们以施舍；我们本应给予你们以同情，相反我们却只给你们提供了艰难而虚幻的建议。”这是阿诺德·汤因比在 1883 年描写的中产阶级对工人阶级听众所做的演讲中的话。“你们一定要原谅我们，”他继续说，“因为我们不公正地对待了你们。”正如毕特丽斯·韦伯在后来回忆时所说，汤因比的意思是，在那时“知识阶层和财富阶层已经获得了一种新的罪恶意识”，因此她将这种焦虑意识界定为“一种集体意识或阶级意识”。[1]乔治·萧伯纳也许出于自身的原因，极力地在煽动着这种情感，他在 43

〔1〕Peter d'Alroy Jones, *The Christian Socialist Revival, 1877-1914: Religion, Class, and Social Conscience in Late-Victorian England* (1968), 85-86n.

1912 年写道："19 世纪伟大的转变不是对个人的信仰，而是对社会罪恶的信仰。19 世纪上半叶被认为是所有世纪中最伟大的，而 19 世纪后半叶却是所有世纪中最邪恶的。"[1] 萧伯纳以其惯用的风格夸张地表现了他观点的两个矛盾的方面，但又故意弱化 19 世纪初期与 19 世纪末期这种矛盾感情中存在的对立因素。尽管他的概括轻松而随意，但仍然可以提醒我们在中产阶级的定义中存在的诸多问题：这不仅仅是一个精确的名称的问题，也不仅仅是一个社会学比较研究的任务——定义问题牵扯到中产阶级生活本身道德性质的问题框架。或许在定义 19 世纪中产阶级的这项使命中，难以逾越的最大障碍就是这种处于混乱状态的自我定义。

尽管所有这些定义的障碍可谓无所不包、千差万别，但我并不是说中产阶级没有任何方面是值得界定的。在外界压力的共同作用之下，19 世纪中产阶级在关于爱情和侵犯的方面，形成了共有的思维模式。如果不考虑任何形而上学的隐含意义，中产阶级就既具有统一性，又具有多元性。梅特涅亲王就睿智地认识到了这一特点，早在 1820 年给沙皇亚历山大一世的密信中，他就指出："这个中间阶级具有各种不同
44 的掩饰形式，在某些特定的场合下，时而联合，时而分化；在危机时刻，他们可能相互扶持，但就在第二天，就可能互相剥夺各自所有的一切。"[2] 或许 19 世纪的英国作家在这方面是最得心应手的：正如我在前面指出的那样，除了在辩论或讽刺的场合之下，他们一贯坚持使用"中产阶级"这个术语，因为这个术语既机智地展示了布尔乔亚文化中无可置疑的多元性，又一定程度上表现了其隐含的统一性。

---

〔1〕"Introduction" to Dickens, *Hard Times* (ed. 1912), in George H. Ford and Lauriat Lane, Jr., *The Dickens Critics* (1961), p.126.

〔2〕"Confession of Faith: Metternich's Secret Memorandum to the Emperor Alexander" [December 15, 1820], *Memoirs of Prince Metternich, 1815-1829*, ed. Prince Richard Metternich, tr. Mrs. Alexander Napier, 5 vols. (1881) Ⅲ, p.468.

第二章 变迁的缔造者与殉道者 45

1. 新的流行

19世纪的中产阶级，受到其自身定义上不确定性的困扰，把这一问题留给了同时代的历史学家；这种不确定性并不局限于令人焦虑的问题，即中产阶级对低等阶层的责任，或者是中产阶级自身在诗人和画家中的声望。这个中产阶级世纪是充满了崭新的希望和陌生的焦虑的时代。正如格莱斯通（Gladstone）所说："这是一个充满焦虑和期望的时代。"[1] 当然，对于穷人来说，更多的是焦虑而不是期望；农民、工人、士兵和水手均可以见证，所有的残酷和冷漠并没有从世界上消失。在大部分西方发达国家，极度的苦难和极其令人厌烦的肮脏，仍然困扰着成千上万的人。同时代的人把这些都看得非常真切；所有这些都是见证：戈雅（Goya）那令人毛骨悚然的画作《战争的灾难》（*Disasters of War*）、佛罗伦斯·南丁格尔（Florence Nightingale）来自克里米亚前线的骇人听闻的报道、政府文件关于工人阶级状况的毫不掩饰的描述；或者到那些令人窒息的工业贫民区走上一遭，就可以亲身感受到那里充满了现代社会特有的恐怖景象。

当然，总体上说，中产阶级经验比其他阶级的经验更令人满意，

〔1〕John Morley, *The Life of William Ewart Gladstone*, 3 vols. (1903), I, p.4.

至少表面上是如此。普通的中产阶级都是19世纪早期经济扩张和政治动荡的受益者，他们强烈的要求导致进一步的扩张以及更多的动荡：这一切绝非偶然。奥地利的梅特涅亲王被认为是欧洲传统的守护者，1820年12月在给沙皇亚历山大一世的密信中，他以充满忧虑的语言评价了当时欧洲的形势，也证实了富有能动性的力量在中产阶级中起作用了。他抱怨，那个“躁动的阶级”横扫整个欧洲大陆，试图颠覆公众秩序。他认为，“人类精神的迅速进步”，并没有与“人类智
46 慧”并驾齐驱，从而导致个人判断的盛行，这“主要是由于社会上中产阶级的道德败坏所致”。他注意到，这些颠覆活动是由一些活跃的中产阶级分子倡导的，他们是“政府官员、文人、律师和控制了公共教育的某些个人”，他担心所有的这些人都被一种“自以为是”的情绪所鼓动。[1]在这个中产阶级的世纪，这种“自以为是”可能将会是一种强有力的工具，使中产阶级总是处于不断的变动之中。只有那些变迁的始作俑者还会使用一个不易引起人们反感的词语：自信。这些受过良好教育的人，或者是身居高位的人，一方面分享了资本主义发展带来的巨大利益，另一方面觉得他们应当从被动状态转换到主动状态，以便能获得或更好地以一种令人振奋的崭新方式实施他们对世界的掌控。所有这些在他们的前辈看来，无论如何都是难以想象的。1850年，阿尔伯特亲王在伦敦市市长举行的宴会上致辞说，“那些关注了当今时代特点的人，没有任何人会怀疑我们正处于伟大转变的时代，这种转变往往会很快变成伟大的目标，这正是历史的滚滚洪流指引的方向——就是真正实现全人类的联合统一”。他在展望当时即将在伦敦举行的世界博览会时，对所有的听众说，“人类所获得的知识，

---

〔1〕“Confession of Faith: Metternich’s Secret Memorandum to the Emperor Alexander” [December 15, 1820], *Memoirs of Prince Metternich, 1815-1829*, ed. Prince Richard Metternich, tr. Mrs. Alexander Napier, 5 vols. (1881), Ⅲ, pp.458-467.

将立刻变成整个世界的财产”，并且“人类在这个世界上有着必须履行的伟大而神圣的使命，现在这使命正逐步得以实现”。[1]阿尔伯特亲王的语调颇有点沾沾自喜，或许是在他率真的春风得意中显得过于乐观了。但他在演讲中传达的信息对于听众来说并不是新闻：这是老生常谈的乐事，是富有代表性的观点，似乎也是主宰这个世纪的主题。正如文化进化主义者的先驱泰勒在1867年所说：“人类的历史是向前发展的历史。”[2]1851年在伦敦举行的世界博览会，可谓是这一切进步之滥觞，也是人类进步的工具和记录。[3]

进步不只是体面的中产阶级的神话。政治激进主义者，不管是 47
乌托邦的还是“科学的”，都清楚地认识到，这宣告了一个短缺时代的结束，而这种短缺曾是不可遏止的社会冲突的根源。圣西门设想的各取所需的分配方式，让海恩里希·海涅倍感欢欣鼓舞，他自己似乎也觉得充满了激情和活力，以至于他在19世纪30年代中期时写道：“我们丈量了土地、测量了大自然的力量、计算了工业带来的财富，看看吧！我们发现：我们所有的人只要能够劳动，且不以别人为代价来换取自己的生活，那么我们的大地可以很好地养活我们所有人。”[4]如若每个人都有足够的食物，前途的确只会是一片光明，未来的美好前景也都蕴涵于现在。对许多人来说，变革并不是威胁，而

〔1〕Nikolaus Pevsner, *High Victorian Design: A Study of the Exhibits of 1851* (1951), pp.16-17.

〔2〕J. W. Burrow, *Evolution and Society: A Study in Victorian Social Theory* (1966), p.248.

〔3〕然而，并不是所有这些都能激发乐观主义情绪。1889年，英国法学家和实证主义者弗雷德里克·哈里森（Frederick Harrison）造访巴黎，偶遇一位法国朋友，这位朋友谴责庆祝法国革命100周年的展览会，认为那是一个“恶劣的展会”、一个“恶魔的集市，店员已经在战神广场竖起了广告，作为在庸俗的展览竞赛中对帝国的模仿！”。这和“一个大商人的广告”一样令他吃惊，“所有诚实的共和主义者”带着“羞愧和愤慨”看待它，而法国工人也“视其为布尔乔亚崇拜的神圣金牛”。“A Breakfast-Party in Paris,” *The Nineteenth Century*, No. CL (August 1889), pp.173-174.

〔4〕Jeffrey L. Sammons, *Heinrich Heine: A Modern Biography* (1980), p.166.

是希望。

毋庸置疑，变革是生活的法则，并且大部分的时代都是转变的时代。不过在19世纪，变革的本质也经历了改变：这改变比过去更快，更难以抗拒。这变革同样很不均衡：自然科学的进步并没有相应地在医疗方面产生更大的改进，社会信息的聚集并没有很快地在社会改革上有所成就。由来已久的社会格局，例如家庭生活，正处于新需要和旧习惯之间的冲突带来的困惑之中。因此，19世纪的变迁与其说是激动人心，不如说是令人不安。

我必须说，这个时代对于丰富的经验来说是异常敏感的，同时也积极地回应了这些经验；大体上说，历史学家已经一改过去赞扬变革的诗人的角色，变成了现在研究变革的科学家了。1829年，卡莱尔曾感叹道："巨大的外部变革正在进行，这是有目共睹的；但时代精神瘫痪了，并且混乱无序。"[1]对于卡莱尔的感慨，人们似乎都深有同感，尽管有些人并不欣赏其中暗含的悲观主义情绪。因此，对于睿智的见证者而言，他们称这个世纪是转变的世纪，这样说当然也绝非陈词滥调，相反他们深信，他们是在陈述一个具有重大意义的真理，将自己的时代与前辈的时代区分开来。1831年，约翰·斯图亚特·穆勒称他的时代是"变革年代"，同时也是"转变的年代"。30年后的1860年，爱弥尔·左拉在与朋友的通信中说："我们的世纪是一个转型的世纪。"[2]

48 19世纪末，尽管精神分析在当时仍名誉不佳，也仍然坚持假定恒久不变的人性，但此时它试图向人们表明，精神分析将对变革的认

〔1〕"Signs of the Times," in *Latter-Day Pamphlets, Characteristics, etc.*, Library Edition (1885), p.29.

〔2〕Mill: *Essays on Politics and Culture*, ed. Gertrude Himmelfarb (1962), p.3, 43; Zola: to his close friend Jean-Baptistin Baille, June 2, 1860.*Correspondance*, ed. B. H. Bakker, 3 vols. so far (1978-), I, p.169.

知和分析做出贡献。正如西格蒙德·弗洛伊德在认识过程中总结出来的观点一样，“俄狄浦斯情结”不仅包含了其自身的历史，同时也是一部社会史。在比较索福克勒斯的《俄狄浦斯王》和莎士比亚的《哈姆雷特》时，弗洛伊德注意到在这两部悲剧中“对同一主题材料的不同处理方法”；这凸显了“这两个截然不同的文化时代中，精神生活图景的差异”，他将这种差异解释为“人类情感生活的压抑在现实中的缓解”。[1] 精神分析法尽管在其他方面具有颠覆性，但在对变革的认识过程中与它所处的时代不谋而合。

在更早的17世纪和18世纪，传统思维方式曾被延伸，甚至被歪曲，但在社会科学中的创新思想却融入了传统之中——尽管这种融合遭遇到了困难，但毕竟还是与之融为一体了。甚至在18世纪的时候，一个人可以同时集优秀的科学家和虔诚的基督徒于一身，尽管保持这种双重的归属在这个中产阶级的世纪仍旧是完全可能的，但保持这样的状态将会变得越来越艰难。同时，法国革命和工业革命对于人类科学认识产生了重大的影响，随之而来的就是剧烈的动荡，这动摇了信仰和权威的主体结构，而其中有些被无可挽回地彻底摧毁了。

这些巨大的动荡在19世纪人们的思想中赫然耸立，唤起了充满希望的梦想，或是梦魇般的未来远景，也致使乐观主义者预言科学的胜利、妇女的解放或文化的复兴；悲观主义的预言、宗教信仰的崩溃、家庭生活的颠覆以及现行秩序的瓦解。几个世纪以来，任何形式的变革都令人感到惧怕，同时也只是作为一个强烈的贬义术语；到19世纪，变革则升华到了一种制度的高度。在宗教改革时期，罗马天主教徒用一个反问句来调侃新教徒：“在路德以前，你们的教会

---

〔1〕 *Die Traumdeutung* (1900), *St. A.*, Ⅱ, S.268;*The Interpretation of Dreams, S. E.*. Ⅳ, p.264.

在什么地方？”到后来的16世纪，英国清教徒在面对试图寻求“国家的革新”问题时，发觉自己处于被动的防御状态。然而，一个世纪以后，科顿·马瑟（Cotton Mather）勃然大怒地斥责波士顿新布拉特尔街教堂（the new Brattle Street church in Boston）的创建者是“撒旦的代言人，试图制造可怕的动乱”，并且是邪恶的“革新者”（*Innovators*），试图在马萨诸塞忠实的信徒中制造“诱惑日”（Day of
49 *Temptation*）。只有在以洛克等为先锋的启蒙运动以后，人们开始质疑在新事物压力之下，旧传统拥有何种权力，革新才逐渐成为被人接受的观点。[1]先辈的时代让位于后辈的时代。运动从此变得可以理解、司空见惯了。

诚然，在19世纪，运动即使从最普通的意义上讲也是蔚为壮观的。成千上万的移民横跨边界，而且往往还会漂洋过海。19世纪20年代，美国接受了15万外来移民；19世纪40年代，移民数量骤然上升到150万人。在19世纪80年代，美国总共接受了520多万移民，这给人以深刻的印象——在很多人看来这一数字甚至让人恐惧。美国并非唯一的移民接收地，南美、俄罗斯东部、南非、加拿大、澳大利亚都因为一群群移民而大为改观。据估计，从19世纪20年代早期到20世纪20年代早期，当美国法律对移民有所限制时，移居到美国和其他很多国家的移民洪流才变为涓涓细流，但在这100年中总共大约6200万人离开欧洲移居国外。尽管在这些规模庞大的移民（*Völkerwanderung*）中主要是农民、手工艺人和工人，但许多中产阶级也加入了其中，到其他地方寻求更好的生活。破产的商人、不同政治见解的鼓动家和自以为是的中产阶级犹太受害者，都纷纷逃离旧世

〔1〕Peter Gay, *A Loss of Mastery: Puritan Historians in Colonial America* (1966), Ⅱ, pp.130-131.

界，去体验新世界。移民对于中产阶级社会的经济生活和社会生活都产生了很大的影响，有时这种影响甚至是移民接收国不希望见到的。移民是一种冒险的经历，是奔向自由、逃避债务或寻求个人安全的一种方式，但对于移民来说，这其中主要还是无所不在的痛苦，还常常伴有严重的挫折。

对于第二类移民而言，即从农村向工厂、手工作坊和办公室迁移，情况也同样如此，也同样波澜壮阔。这种运动不管是季节性的，或者更多是永久性的，都有助于连同人口的自然增长之外，在 19 世纪创造出一个个巨大的都市中心。正如已故的理查德·霍夫施塔特（Richard Hofstadter）在他的《改革的年代》（*Age of Reform*）中所说，“美国诞生于乡村，现已移居到了城市”。[1] 整个欧洲经历了同样大规模的变迁。福楼拜的朋友，研究近代巴黎的历史学家马克西姆·杜刚（Maxime du Camp）在 19 世纪后期写道：“英国人去了印度，德国人去了美国，法国人都去巴黎了。”[2] 现在，他可以再补充说：英国人都去伦敦了，德国人都去柏林了。早在 1800 年时，英格兰和威尔士仅有 21% 的人口居住在至少超过 1 万人的城镇，到 1850
年城镇人口百分比达到了 40%，1890 年则高达 61%。尽管其他欧洲 50
国家比英格兰有着更深厚的乡村化传统，但农村人口急剧向城镇迁移的比例仅比英格兰稍有逊色：从 1800 年至 1890 年，在比利时，城镇人口从 13% 增长到 35%；同时期内，美国的城镇人口比例从不到 4% 增长到高于 27%。如饥似渴的大都市成了人口流动最显著的目的地。在 1800 年时，巴黎毋庸置疑已经是法国生活的中心，但仅有不到 60 万居民；到 1850 年，居民数量达到 100 多万，到 1900 年已超过 250

〔1〕Hofstadter, *The Age of Reform from Bryan to F. D. R.* (1955), p.23.

〔2〕Quoted by Paul Bourget, “Discours” to the Académie Française, *Oeuvres*, 9 vols. (1899-1911), I, p.514.

万人了。1850年，作为普鲁士王国的都城，柏林仅有人口42万，到1900年则跃升至200万，而此时的柏林已是德意志帝国的首都。这些城市经历了短短几十年后，都变得面目全非了。

自从远古以来，土地几乎是所有人的家园，但近代这些逃离土地的移民并不仅仅集中流向屈指可数的几个首都城市。工业和商业中心，如伯明翰和曼彻斯特等，在一个世纪以前只是一个个小城镇，但在短短几十年间就迅速变成蔓延无序、繁荣、痛苦、嘈杂的城市化群体。19世纪的一些城镇几乎就像一夜之间从地面上冒出来一样：1801年，米德尔斯堡只有581位居民，克鲁只有121位居民；90年后，前者人口剧增为76135，后者为28761。[1]这确实比城市人口增长还要多。正是这种飞速发展的城市化步伐，让许多同代人都觉得如此令人吃惊，在当时一些忧心忡忡的观察者看来，这种飞速发展的状况甚至到令人望而生畏的地步了。在德国，多于1万居民的地方才定义为城市（*Grosstädte*），但在1871年到1910年间，城市数量迅速增长为原来的6倍，即从8个增长到48个。德国城市增多了，乡村就减少了。1882年，超过40%的德国人仍以土地为生，只有大约35%的人在工业、建筑业和开采业工作；仅在13年以后，在城市工作的人口数量就已经超过了农村人口，到1907年，农业部门人口缩减到28%，而工业部门人口几乎占总人口的43%。同样，在法国，城镇就如同磁铁一样。每年约有10多万法国人离开农场去城市找工作；仅在1875年到1881年间，移居城市的人口就上升到了84万人。到1891年，甚至法国这样以农场和小村庄为主的国家，也仅有45%的人还在耕种土地。

从许多方面来说，这些数字都是枯燥而索然无味的，但19世纪

〔1〕Guy Chapman, *Culture and Survival* (1940), p.125.

的经验要求更准确地探讨细微的差别，而不只是枯燥的统计数字。这也是一个郊区的时代：随着时间的推移，在街道（*faubourg*）和郊区（*Vorort*）中，工人阶级在社会结构中比重越来越大，但这些地方仍然是中产阶级的避难所。无论是柏林、罗马还是纽约的郊区，都有其自 51
身的历史，它们的起源可以追溯到近代的更早时候。但正是在19世纪，尤其在铁路出现以后，那些希望逃离城市的喧嚣和嘈杂的人在郊区为他们自己营造了避难所，因而也形成了郊区生活中一种谦虚谨慎与炫耀并存的特性。

中产阶级移民迅速增长的现象令人惊叹，这招致了嫉妒与大量的嘲笑。郊区居民是最为现成的讥讽目标；但世人对他们的生活、品位和希冀的认识几乎都是充满偏见和狭隘的，因而也出现了如潮水般大量的对郊区人群的讽刺作品。乔治·格罗史密斯与维顿·格罗史密斯（George and Weedon Grossmith）的著作《小人物日记》（*The Diary of a Nobody*）于1892年首次出版，并连续再版。在这本书中，作者以他那和善、近乎充满关爱的描述，使之成为居高临下的文学作品中少有的典范。尽管郊区是个容易让人产生鄙视的目标，但是郊区在任何地方都被证明是不可征服的；迪奥斯（H. J. Dyos）是一位致力于研究伦敦南部郊区康贝威尔（Camberwell）的历史学家，他曾敏锐地注意到，评论家们在谈及郊区令人惊叹的发展时，总是会习惯于用军事上的语言。1861年，当郊区化的步伐明显加快时，维尔基·柯林斯（Wilkie Collins）写道："如果说亚历山大的军队是伟大的征服者，拿破仑的军队是更伟大的征服者，那么现在拥有煤斗、瓦刀和砖窑的游击兵团则是所有征服者中最伟大的；因为他们一旦征服了一方土地，就将长期占有，并俨然以征服者的姿态宣布：'此地用于建筑租赁！'"19世纪早期，康贝威尔原本是人口稀少的地区，但是从1841年到1901年，该地居民人口从39868人增长到259339人；在

60 年间，居民人口以惊人的速度增长了 7 倍。[1] 尽管这几十万人中体面的工人越来越多，往返于开往伦敦的快捷、廉价的火车上，在康贝威尔甚至也出现了贫民区，但中产阶级因素也在这里找到了立足点。正如伦敦的中产阶级在康贝威尔上演了幻想剧，柏林的中产阶级也在威尔默斯多夫（Wilmersdorf）上演了幻想剧。但是随着工厂和工人阶级的住房占据了一个又一个郊区——巴黎城外的阿让特伊（Argenteuil），里昂城外的吉约梯尔（La Guillotière）——中产阶级的一些美梦演变成了噩梦。在上述地方和其他地方一样，中产阶级经验亦被矛盾情感所困扰。

在这种矛盾情感的经验之中，郊区作为这种变迁的创造物和创造者，
52 其作用是令人担忧的，因为在抵御焦虑的过程中，它似乎不啻一种愿望的达成。城市本身也为愿望的满足和矛盾焦虑提供了大量的素材。19 世纪创造出了生动的范例：随着城市中住处的变更，工厂数量成倍增加；铁路轨道和铁路站点进入城市；政府办公楼持续扩张；繁华商业区此兴彼衰。那些数字仅仅概括地指明了所有变革，但是没能唤起每一次移民的热潮所得到的经验。在小说和社会批评中，这些经验的含义得到了某种程度上的阐释，但这些含义远未能被完全理解，因为这与人类生活的主要问题密切相关：性道德、工作纪律和家庭内聚力，以及对时间、空间和生活机遇的认识。

对于变革的影响力，人们总是习惯于戏剧化地冠之以“新”这个词。作为伟大的历史学家和坚定的保守主义者，雅各布·布克哈特（Jacob Burckhardt）很早就发现了这种特性。他于 1843 年写道：“每个人除了想新奇之外，不想别的。”在布克哈特看来，一种愿望也许可以变得流行起来，但这无须精神上的努力：“变得自由是所

〔1〕H. J. Dyos, *Victorian Suburb: A Study of the Growth of Camberwell* (1961), pp.51, 54-55.

有事情中最容易的。”1841年他就提出了这一原则[1]。半个世纪以后，霍尔布鲁克·杰克逊（Holbrook Jackson）认定19世纪90年代就是一个新时代的典范，主要体现在诸多的书名中，例如《新享乐主义》（*The New Hedonism*）和《新小说》（*The New Fiction*），以及诸多的运动之中，“新异教主义”（New Paganism）、“新声色”（New Voluptuousness），或与之明显相反的运动，例如“新懊悔”（New Remorse）、“新精神”（New Spirit）、“新幽默”（New Humor）、“新现实主义”（New Realism）、“新戏剧”（New Drama），当然还要加上“新联合主义”（New Unionism）、“新女性”（New Woman），凡此种种，不一而足。[2] 1890年后，奥地利批评家和散文家赫尔曼·巴尔（Hermann Bahr）注意到了无所不在的“年轻的”艺术流派和文学流派，甚至还有“最年轻的”学派。他写道：“每天会出现一种未来的新美学。每个人为新的事物提供自己独特的方案。”毫无疑问，“旧的方案服务期限已到，对新方案的渴求势不可挡。”[3]早在1783年，萨缪尔·约翰逊（Samuel Johnson）已经公开谴责普遍流行的“革新的骚动”（fury of innovation），但与一个世纪以后的令人眩晕的情形相比，他所处的时代可谓是宁静、和平的时代。到19世纪80年代，作为一个敏锐的社会批评家，埃米尔·涂尔干（Emile Durkheim）当然能够确定无疑地宣布，他所处的时代是一个新的时代、新的纪元。

在更早一些时候，沃尔特·白哲特（Walter Bagehot）在其《物理学与政治》（*Physics and Politics*）一书的开篇，就对上述看法进行了权威的概括：“这个时代的特点是，人们在很短的时间内获取了大

---

〔1〕 Burckhardt to Johanna Kinke, August 23, 1843; to Louise Burckhardt, April 5 [1841], *Briefe*, ed. Max Burckhardt, 9 vols. (1949-1980), Ⅱ, p.42; Ⅰ, p.162.

〔2〕 *The Eighteen Nineties* (1913), pp.21-23.

〔3〕 *Studien zur Kritik der Moderne* (1894), S.96.

53 量的物理学知识。很少有一门科学能像物理学这样，或者说物理学与50年前相比，已经完全不相同了。这是一个充满新的发明的世界——铁路和电报等，这些都真真切切地在我们身边，这是我们能够看到的；这也是一个充满新的观念的世界，虽然我们看不到，但它们正在流行并影响着我们。”[1]尽管我们看不到这个新世界中的观念，但它们至少也和这些明显看得见的发明——铁路、电报和国际借贷体系一样，正在不可逆转地带来19世纪社会的转型。当然，在白哲特对他的时代发表评论时，改革的进程在几十年的时间里是艰难的。然而，随着维多利亚时代向弗洛伊德时代的过渡，变革的节奏加快了。19世纪90年代早期，艺术史学家赫曼·乌达-贝纳斯（Hermann Uhde-Bernays），对于他所居住的慕尼黑城市生活深有感触，在回顾这个城市充满活力的狂乱节奏时，面对这种加速的发展节奏，他的描述让我们再一次想到了那种耳熟能详的咒符般的语言：“处处充满了新的艺术形式、新的戏剧、新的歌剧、在崭新的音乐厅中举行的新音乐会，还有焕然一新的各种教育机构，当然还有在单调、枯燥的环境中充满活力的新生活。”[2]在1912年，赫尔曼·罗勒德医生（Hermann Rohleder）觉得是时候推介一本关于性卫生和性教育的书籍了，以唤醒人们面对他所处时代的占主导地位的社会现实：“诚然，每个人都知道在所有领域中的剧烈的动荡是我们当今文化的主要特征，也是现今这一代人和现代人的特点。在技术领域，我们经历了诸多的创新，那些曾是我们在15年前——确切地说是十年前，连做梦都难以想象的；在商业领域、工业领域——最后，但不是最不重要的——在科学领域，情况也都是如此。”古希腊人说过的关于变迁主宰一切的说法，

---

〔1〕*Physics and Politics* (1872), p.1.

〔2〕*Im Lichte der Freiheit* (1947), p.107.

“在我们的时代真是再正确不过了”。[1] 罗勒德的意思是：像这样一个令人眼花缭乱的变革时代，需要从新的视角去审视性行为，因为性行为自然会伴随着其他事物的改变而改变。

在罗勒德的言论发表一年后，夏尔·佩吉（Charles Péguy）的表述尽管有些夸张，但也恰如其分地描述了当时的情形：“在过去30年中世界所经历的改变，要比自耶稣以后的世界所经历的改变还要多。”[2] 奥古斯特·埃斯科菲耶（Auguste Escoffier）可称得上是这个中产阶级世纪最出名的主厨，也是一个非常专业的现代文化学者；对于这种追求新奇的激情，他也不能幸免。他在其经典的食谱书籍前言中宣称：“但新颖是全世界的迫切需要——为了追求新颖，不择手段！”尽管他在此时谈论的是烹饪方法和菜谱，但他实际上是在描述总体的时代特征：“新颖！这是普遍的需要，每个人都难以抗拒的需要。”[3] 但 54
这个时代也提供了一切可以弥补的手段。爱弥尔·左拉充满激情，常常夸张地看待他所处的这个可怕的世界，他和许多人一样认为：“在巴黎，对于新颖带来的愉悦，人们不管付出多么昂贵的代价，也似乎都是心甘情愿的。”[4] 而外省人对于新颖也似乎同样地乐此不疲。

我认为，对于新颖的所向披靡的胜利，贡献最多的也许是中产阶级本身。工业资本主义的需求最终造就了新的中产阶级，这也永久地改变了传统中产阶级的轮廓。随着科技和管理的进步，制造业、银行业、运输业、推销业和政府部门需要并雇用了一批批的打字员、秘书、监督员、簿记员和推销员——男性以及不断增加的女性，他们并

[1] Dr. Hermann Rohleder, *Grundzüge der Sexualpädagogik* (1912), S.xi.

[2] Quoted as an epigraph to Roger Shattuck, *The Banquet Years: The Origins of the Avant Garde in France, 1885 to World War I* (1958; rev. ed., 1968), p.1.

[3] Escoffier, *A Guide to Modern Cookery* (1903; 2nd ed., 1909), p.vii.

[4] Zola, *Salons*, ed. F. W. J. Hemmings and Robert J. Niess (1959), p.148.

不投身于种植业或制造业，而只是提供服务。铁路和打字机、轮船和电报，还有借贷和资本形成的简化，几乎使得大规模的组织对人员的需要变得势不可挡：工厂、大型法律咨询机构和百货公司都急需人手。在1870年到1871年间，英格兰的每个纱场平均雇用177人——工人、簿记员和经营者。就在这几年内，平均每个会计事务所需要雇用4个职员。[1]在20世纪角度去看，这样的企业规模似乎不够大，但对于19世纪中叶和稍后几年时间来说，这样规模的企业就是新时代的标志。新中产阶级迅速扩张，亦是势不可挡的。1851年，英国官方统计显示，91000人从事与商贸领域相关的工作；10年后，工作人数为130000人，到1911年则上升到739000人，短短60年里增长了近8倍。女性在更大程度上参与了这种扩张：如果说1851年工作岗位上几乎没有女性职员的话，到1861年已有2000人，不足雇员总数的1.5%，但到1911年，女性职员数量增至157000人，甚至占英国职员人数的21%还要多。

这样的发展绝不是英国作为第一个工业国所特有的现象。从1856年到1906年，在法国的经济领域中，管理部门和商贸部门比例从21%增长到28%，然而，在同时期内，工业比重仅增长了2%，增长比重不到经济部门的1/3。在德国，最显著的变化都聚集在19世纪末期。在1882年到1907年间，雇主数量下降了7%，而工人数量
55 则增长了110%，雇员的数量则增长了529%。25年间，工业部门的劳动力数量增加了一倍，但秘书、簿记员和推销员数量却增长了两倍。[2]现代世界变成了职员的世界，中产阶级金字塔的基础已经得

[1] B. G. Orchard, *The Clerks of Liverpool* (1871), p.7.

[2] Theodore Zeldin, *France 1848-1945*, 2 vols. (1973-1977), vol. I, *Ambition, Love and Politics*, p.105; Emil Lederer and Jakob Marschak, “Der neue Mittelstand,” in*Grundriss der Sozialökonomik*, Ⅸ, 1(1926), p.127. 统计数字都已经化约。

到今非昔比的巨大扩张。

政府是最贪得无厌的新兴中产阶级缔造者之一。为了完成各种繁杂的监管和控制的新职能，政府部门的预算开支越来越大，需要雇用的职员也越来越多；在逐渐膨胀的政府公务员队伍中，职员所占的比重得以大幅增长。1792 年，英国中央政府花掉了 770 万英镑；一个多世纪以后的 1897 年，英国花掉了 1792 年时近十倍的钱，即 7790 万英镑。1797 年，英国中央政府雇用了近 16000 人，其中约有 1500 人，或者说不到 10% 的人是职员；1869 年，雇用了 108000 人，但有近 17000 人，或者说多于 15% 的人，都是文职人员。[1] 19 世纪中叶以后，职员就成了杂志上，甚至小说中幽默评论的对象了。富有同情心的评论者认为他们虽然滑稽可笑，但生活悲惨凄凉。其他那些尖酸刻薄的评论家，则把职员们看作可恨的独裁者或只会阿谀奉承的马屁精，或者可以说本是可怜的无名小卒，却佯装自己是个不可一世的大人物。[2]

然而，新兴中产阶级的生活并不是完全没有希望的。社会流动性的神话——或者从一定意义上来说是社会流动性的事实，使许多新兴的中产阶级充满了活力。然而，对于大多数新兴中产阶级来说，他们无法逃避艰难的命运：许多人长年只是从事临时雇佣的工作，接踵而来的是在更长时间里，用微薄的收入勉强维持生计。尤其在德国和法国，这样的事更是臭名远扬，诸如中小学教师或邮政职员，结婚很晚并且孩子很少；他们一般只有不超过两个孩子，因为多于两个他们就

---

〔1〕 Harold Perkin, *The Origins of Modern English Society, 1780-1880* (1969), p.123.

〔2〕 本杰明·奥查德 (Benjamin Orchard) 写道："人的身体有强烈的不同特质，而这些特点很少被注意到、认识到、关心到，也可能导致误解，甚至完全不可理解，即使那些与他最亲近的人，也是如此——的确，就连他们自己也没有意识到这一切。" *Clerks of Liverpool*, 被引用为大卫·洛克伍德的碑文，*The Black-Coated Worker: A Study in Class Consciousness* (1958), p.12。

难以养活了。还有更糟糕的事情，许多文职雇员都受到军国主义的困
56 扰。政府公务员被迫学习纪律与服从、毫不懈怠地工作以及绝对忠诚的美德。然而，在许多机构，上司对下属的关系是对家庭生活特点的效仿，权威型家庭就是他们仿效的模型。

专制主义和步履蹒跚的社会流动性，以及僵化的等级秩序和顽固的等级制度，唤起了人们对传统社会和旧政治制度的回忆。然而，严格说来，专制主义中有很多现代的因素。伴着旧时代的痛苦，大量纯粹的中产阶级都充分显示：与维多利亚时期的中产阶级相比，弗洛伊德时代的中产阶级已经发生了重大的转变。

2. 快车时代

所有这些变革都是要付出代价的。变迁的缔造者变成了殉道者，这是司空见惯的：在本世纪中，那种令人眼花缭乱、一往无前的社会流动性也导致了令人意想不到的后果，甚至在这种变迁之中还横征暴敛地索取了诸多的牺牲品。从最基本的意义上说，这些牺牲品也是社会流动性导致的严重后果：19 世纪 60 年代早期，奥尔良地区曾经一度富有的商人，眼睁睁地看着他们先前的本地区顾客从面前经过，乘坐火车去往巴黎。[1] 无论如何，现实事件和思想状态总是难以截然分开的。古老的智慧认为，凡事都是有代价的，进步也必须付出代价；那么相对于这个进步的时代——19 世纪，以及这个进步的阶级——中产阶级而言，为进步付出的代价则是极其惊人的。

---

〔1〕Pierre Sorlin, *La Société française*, vol. I, *1840-1914* (1969), p.79.

19世纪末期终于有了一个惊人的发现：即使是向好的方面的转变也有可能，甚至的确会产生出一种根深蒂固的精神焦虑。当时最高明的评论家——尼采、弗洛伊德和涂尔干这三个人，首先对上述现象的认识做了概括，此后这种认识就终于走向普通大众了。在19世纪80年代，尼采用格言式的描述肯定地说：“在原始人的内心世界中，对罪恶的恐惧占主导地位。什么是罪恶？三件事：机遇、不确定性和突变。”[1]弗洛伊德对所有人的焦虑进行非正式的诊断之后总结说，人的所有焦虑在本质上都是原始本能。他把这一观点写入了稍后的理论中，在面对真实的或幻想的危险时，焦虑就是人发出的一个预警信号，以便使人做出部署防御：斗争、逃避、否认，抑或其他。涂尔干的一个重大发现就是失范（Anomie）现象，这完全适合他所处的时代，即这个成熟的中产阶级世纪。涂尔干论证说，在没有严格的行为界限和容易识别的行为规则时，失范就会出现；在迅速的繁荣之后与突然的灾难过后一样，这种社会秩序混乱的痛苦都会 57
爆发。

对这些现象的洞察非常重要，但仍然令人震惊，因为这有悖于常理。人们一般都认为，好消息——在股票市场上大赚一把、在工作中得到提拔升职、完成一次艰难的任务，或者说征服了桀骜不驯的情人，这些通常使人产生情绪上的极度兴奋。实际上，这常会导致恐慌。涂尔干把失范一词引入社会科学词汇中很久以后，西格蒙德·弗洛伊德才开始分析这个奇怪的现象：人类的本能冲动是保守的。无论是多么积极的变迁，这种变化总要耗费人的精力，需要人在行为上去适应。除非以防御措施对变革加以限制，并伴有充满激情的鼓励，或

〔1〕“Aus dem Nachlass der achtziger Jahre,” *Werke*, ed. Karl Schlechta, 5 vols. (1972), Ⅳ, S.217-218.

者除非变革能被人们一步一步地接受，否则任何的变革都意味着冒险进入一个未知的领域，自然而然的回应和习惯的程序都会失去权威。因此，弗洛伊德暗示说，无论一种变革多么令人渴望、多么有价值，它都是既艰难又危险的。普鲁斯特后来在《在斯万家那边》（*Du côté de chez Swann*）中，用一个极为可爱的短语“确信之天使”（le bon ange de la certitude）给这个中产阶级世纪带来了慰藉，但只是在有限的意义上来说的。

当然，在尼采、弗洛伊德和涂尔干剖析中产阶级的焦虑时，这种现象并不是新事物。19 世纪早期，也就是中产阶级在政治和经济领域取得巨大胜利的几十年里，这种焦虑就已经在中产阶级思想上留下了能说明问题的种种迹象。我们知道，到 19 世纪 80 年代，对于中产阶级的强劲对手而言，中产阶级的焦虑就初露端倪了：包括工人组织的需求、激进党派的出现，以及先锋派知识分子对它的鄙视。还有其他一些对手，尤其是女权运动者以及中产阶级在文学、艺术上的反对者，尽管他们明确无疑的愤慨有时并不是十分公正，但他们已经不再满足于中产阶级做出的些许让步了。所有这些批评者都对中产阶级抱有不可遏止的敌意，借用萧伯纳在 1891 年所说的话，他们充分利用了“中产阶级内心的罪恶感”。[1]

然而，焦虑是中产阶级在面对危险时的迹象和征兆，并不单纯只是对特定敌人的畏惧；中产阶级的焦虑是广泛的，而且会传播并流行。蒂菲尔·戈提耶（Théophile Gautier）在 1861 年造访贡比涅（Compiègne）皇家宫殿时，注意到所有的参观者普遍都精神紧张；他认为，也许只有那些旧贵族看起来怡然自得。“中产阶级对其自身应有何种行为的认识不够清晰。显然，他们对自己的身份和角色并不十

〔1〕 *The Quintessence of Ibsenism* (1891; ed. 1912), p.3.

分确定。”[1]对戈提耶而言，他完全有理由将中产阶级的这种焦虑感运用到其他未经尝试的阐释领域。在中产阶级的普遍焦虑中，间或会 58 伴有试图主宰环境或主宰自我的努力；他们时而又会反复逃避，进入怅然若失的怀旧情绪之中；当机遇降临，或者危险变得不可避免时，他们又会以自由主义的借口来安慰自己。对于这一切，变革是首要动因。在变革的冲动之下，中产阶级经验中的无意识范畴就具有无可否认的重要性了，因为尽管通过变革，一些冲突得以解决，但由于变革消除了社会习惯中受欢迎的路标，因而产生并加剧了其他冲突。

在早先的时代，焦虑具有蔓延性、重复性、周期性和可预料性的特征。变革意味着无法预料的好运或无可预料的灾难：好收成与坏收成的循环、旧的统治王朝被推翻，或旧信仰的衰落。相反，19 世纪的变革是难以理解的，但变革的最基本目的是生活的理性化，使人们远离盲目的信仰和屈服于冲动的影响。伴随着像刀叉和手帕这样的文化发明的出现，起源于文艺复兴时期、拒绝对人体需要的直接表达和公共满足的现象仍在继续并有所加剧。对于羞愧和厌恶情感的门槛在逐渐降低。对于体面的 19 世纪文化而言，想象力是一个危险的伴侣，因而对其进行大量的拖延、模式化并加以控制。作为一种文化姿态，此种限制是难以持久的，往往有必要避开；正如弗洛伊德先前常说的那样，中产阶级道德观，特别是性道德观，为中产阶级思想制定了严厉的标准，也赋予了其前所未有的压力。拖延和控制的形式是不稳定的，一方面，受到来自新颖和激情的持续冲击，另一方面，又受到抑制不正当欲望的冲击。更令人不安的是，变革常常出人意料，而且不断加速，总是影响深远，正如我先前所说，完全是不可逆转的。这就

〔1〕November 28, 1861, Edmond and Jules de Goncourt, *Journal; mémoires de la vie littéraire 1851-1896*, ed. Robert Ricatte, 22 vols. (1956-1958), V, p.29.

是为什么，如此强大的反动势力费尽周折去阻止变革。梅特涅亲王的一生就是这些反动力量的杰出代表，他不遗余力地扼杀欧洲的变革，直到他被废黜，成为变革的历史陈迹。但梅特涅首相现在还拥有许多忠实的追随者。

普遍忧虑中最明显的征兆就是一种流动和困惑的感觉，一种被冲动征服的感觉，这种冲动太过强烈，太过多变，以致难以轻易掌控。1897 年，德国传记作家卡尔 · 斯托克（Karl Storck）谈到了流行文化中稀松平常的事，他谴责“我们这个喧嚣的时代，沾染了广告的毒瘾，而广告商业活动的方式已经入侵到我们艺术圈”。[1] 早
59 在 1848 年，曾任路易 · 菲利浦国王内政大臣的迪夏特尔伯爵（Count Duchâtel）这样描述他所处时代的特征：“相比 60 年前，这个时代的一切都是快速运动的。像旅行者一样，所有事件都为蒸汽动力所推动。”[2] 他是在无形的政治变革的压力之下说出这话的。在整个 19 世纪之中，目击者记录下了他们对整个世界陷入混乱状态的感受：哲学家们茫然无助、政治家们一筹莫展。1844 年，在回顾拿破仑战争之后的几年，狄斯累利（Disraeli）这样描述那段时间中普遍的茫然无助：“整个民族都陷入了迷惘之中，失去了前进的方向。人们纷纷向政府要员们求助，他们要求恢复国家的秩序。”但是，当那些没有选举权的人大声疾呼要求投票权，工人要求他们自己的权利时，“政府又在做些什么？他们只是陷入一片恐慌之中”。在往昔的时光中，他们能够怡然自得地稳坐江山，而现在他们被要求对国家实行更好的治理。狄斯累利认为，这让政府深感恐慌。他又敏锐地补充：“和所有软弱的人一样，政府只能求助于他们所谓的强硬措施。”在 19 世纪

---

〔1〕 *Otto von Leixner.Eine Studie* (1897), S.3.

〔2〕 Georges Duveau, *1848: The Making of a Revolution* (1965; tr. Anne Carter, 1967), p.27.

的未知领域中，不仅仅是被统治者，就连统治者本身也遭到焦虑的袭击。在狄斯累利发表上述见解的几年后，诗人和政治家，阿尔丰斯·拉马丁（Alphonse de Lamartine）用极为相似的语言表达了他对法国的感受："这是一个混乱的时代；思想斗争，党派倾轧，表达新观念的语言还没有创造出来。"[1] 在穿越现代化的丛林时，人们是多么迫切地需要这些指引：对能够解释和解决所有问题的社会科学的强烈渴望；如何大胆反抗先辈的宗教信仰，继而又能从这种反抗中全身而退；基督教科学和神智学等现代崇拜的流行。慷慨与理性的结合是自由精神的主要特征；对于那些处于持续的重压之下的人而言，这可是来之不易的收获。

事实上，新颖的、世俗的和科学的胜利远非完全的胜利，或者说这种胜利远不是无可争辩的。尽管旧习俗一直受到持续的攻击，但它显示出来的却是惊人的活力。宗教重获许多曾经失去的地位，特别是在英国的体面人群中。奥古斯特·孔德和查尔斯·达尔文的时代，同样也是红衣主教纽曼（Cardinal Newman）和威廉·詹姆斯（William James）的时代。在维多利亚女王 1837 年登基之前的几十年中，甚至更早时候，知识阶层和富人阶层开始抛弃启蒙运动的自然神论或无神论，又皈依其先辈的信仰，这在当时不仅是可能的，甚至是一种时尚。马克思的著名论断"宗教是人民的鸦片"对 19 世纪而言，尤为 60
如此，宗教仍然是、甚至再度成为中产阶级的鸦片，特别是在英国、美国和德国。在这些国家和其他地方，曾经一度拥有许多颇具影响的和直率的无宗教信仰的人、谦虚的不可知论者、睿智的有神论者、教条化的实证主义者；尤其在法国，在受过良好教育的中产阶级中，继

[1] Disraeli: *Coningsby* (1844; ed. 1948), p.78 [Book II, ch. 1]; Lamartine: "Declaration of Principles," Clifford Geertz, "Ideology as a Cultural System," in Geertz, *The Interpretation of Cultures* (1973), p.221.

承了启蒙运动和大革命精神的反神职人员和反神学的人有着巨大的力量和广泛的吸引力。然而，到了 1895 年，埃米尔·涂尔干则只能谴责“这个时代中神秘主义的复兴”，并忧心忡忡地将法国包括在他的调查之中。[1]

但是，即使连宗教也并非反抗绝望的一种神圣不可侵犯的防御手段，因为它也并非不受困扰的信仰。自然科学取得了巨大的、累进的、令人目眩的进步，但对于信徒们来说，这种进步不啻是一种丑闻；对于其他大多数人来说，这种进步是激动人心的，是预言的来源，也是让人们心怀恐惧地再次肯定其他东西的进步。科学唤起人们在捍卫古老信条时的巧妙诡辩，但科学本身也是一种焦虑的征兆。科学自身的焦虑确实是这个时代最令人不安的发展特点，这不足为奇；引人注目的工业化、城市化，唤起了人们对暗淡的前途和现代耶利米式（Jeremiahs）的悲观预言。像布莱克一样，还有一大群的作家谴责了黑暗的、魔鬼式的工厂，而与梅特涅一样，哀叹普遍的信仰和信心的丧失的，也大有人在。

在一个又一个国家中，在一个又一个十年里，无论是进步的还是保守的声音，都在异口同声地哀叹这个时代无所皈依的、动荡不安的状态。在不可阻挡的科技进步中，他们发现了令人恐惧的动荡不安、普遍的思想混乱、急速发展的生活节奏、整体上的焦虑和动荡。作为社会进步的拥护者和现代性的先驱，埃米尔·涂尔干在早期的信件中充分地剖析了这种时代状态。1860 年，他在给一位挚友的信中说：“我们摆脱了令人厌恶的过去，却正朝着未知的将来走去。作为法国人，也就是说，我们从本质上是迫不及待的，因而我们正

---

〔1〕“Author's Preface to the First Edition,” *The Rules of Sociological Method* (1895; tr. Sarah A. Solovay and John H. Mueller, ed. George E. G. Catlin, 1938), p. xl.

急速前行。”他认为，他所处时代的特点是“浮躁冲动、如饥似渴的活动；科学活动、商业活动、艺术活动，到处都是；铁路、电力在电报业的应用、蒸汽推动轮船和热气球自动升空”。左拉并没有把“如饥似渴的活动”这一略带野性但朗朗上口的比喻范畴局限在技术创新之上。在政治领域，情况更糟：“民族国家方兴未艾，帝国趋向统一。宗教方面，一切都动荡不安；新世界需要产生一种青春、活 61
泼的宗教。这样，整个世界正奔向通往未来之路，急速向前，迫不及待地想看看这场竞赛的终点处等待它的是什么。”[1]左拉所说的青春、活泼的宗教是一种进步的信仰，是为了大众的福祉有效地将自然资源和经济资源组织起来。然而，即使从左拉激情洋溢的举例中，我们也感受到焦虑的韵律，隐隐约约觉察到他对整个世界疯狂失序的恐惧。

焦虑的张力即使在最为宁静的回忆录中也时时浮现出来。19世纪60年代早期，当奈特利夫人（Lady Knightley）还是年轻的路易莎·波娃特小姐（Miss Louise Bowater）时，她就敏感地觉察到了这种现代性的焦虑，并将它写进她那颇为高雅，但充满智慧的日记中了。与“繁忙嘈杂的城镇”不同的是，一个“阳光灿烂”的夏日清晨，她在英国乘坐火车，路上看到了小鹿和啄木鸟，还有平静、可爱的湖水，她写下了她所感受的：“日复一日生活在现今时代的人，生活节奏越来越快。我们会对日益增长的精神疯狂感到惊讶吗？我在火车上遇到的人中，半数人的眼中透露出这样狂乱的表情。”她补充道，这种表情“使我不寒而栗。如今，任何人都没有休憩和睡眠的时间；不管是为游玩，还是为公事，你总是在忙碌奔波。这比过去那种停滞不前的日子更好吗？我不知道；这很难做出决断，也几乎不可能做出

〔1〕To Jean-Baptistin Baille, June 2, 1860, *Correspondance*, I, p.169.

决断”。[1]

约翰·斯图尔特·穆勒发现，就连他自己也很难克服对进步的矛盾心态，甚至几乎是不可能的。穆勒一生致力于倡导改良和进步，以及发掘在他的周围出现的新事物的价值。尽管乐意接受变革，但他也意识到，他所处时代的急剧变革带来了太多的问题。1854 年初，穆勒在他的日记中用一种似是而非的隽语写道，“当今时代的劣势也许正是它优势的结果。受过良好教育的知识阶层，几乎没有一个人坚持自己的观点，或者真正相信自己公开宣扬的主张”。就像狄斯累利在十年前所说的那样，穆勒补充道：“原本应该为其他人指引方向的人，在看待每一个问题时，却总是看到了这个问题的多面性。”然而，这个时代所需要的坚强性格也已难觅踪影。那些领导者们“在听了关于所有事的许多看法和评价后，就连他们自己也不能确定任何事的真实性了”。[2] 这似乎并非充满自信的征服者应有的姿态。

62 从穆勒对他所处时代的领导者和追随者所持的显著的怀疑态度中，我们听到了来自亚历克西·德·托克维尔在《美国的民主》（*Democracy in America*）中的声音——事实上，穆勒对这部著作进行过细心的研究，并给出了高度的评价。托克维尔是少有的杰出人物，在他所处的时代中，是一位令人崇敬的先知。1831 年他造访美国，并用四卷有影响力的书，记录下了所见所闻和自己的感想，于 1835 年和 1840 年出版。托克维尔在美国看到了未来，并带着复杂的感情离去。正如我在前面所说的那样，美国使预言变得易于实现；美国表

---

〔1〕 *The Journal of Lady Knightley of Fawsley*, ed. Julia Cartwright (Mrs. Ady) (1915), p.39，这篇文章同样也被伯恩 (W. L. Burn) 注意到，*The Age of Equipoise: A Study of the Mid-Victorian Generation* (1964), p.101。

〔2〕 January 13, 1854, *The Letters of John Stuart Mill*, ed. Hugh S. R. Elliot, 2 vols. (1910), II, p.359.

现为一个注定的航程中一个显著的目的地，而欧洲人早已踏上这个注定的航程了。美国的民主表明，未来社会将在平等的迹象之下被官僚体制所统治，伴随着所有的平庸（vulgarity）和平凡（mediocrity），以及由此而暗含的对知识和卓越的蔑视。但托克维尔也看到了美国社会中许多值得称赞的地方。托克维尔在晚年对政治越来越幻灭，而且精神抑郁，这完全是因为他对法国政治的发展感到越来越失望，尽管他积极参与法国的政治进程，也对法国政治的变迁做出了深刻的反思。归根结底，对于不可避免的结果，他似乎也感觉到无力回天了。

对托克维尔满怀崇敬的读者们往往没有他们的导师那样究根问底，但也没有他那样感到无力回天。亨利-弗里德里希·阿米尔（Henri-Frédéric Amiel）是日内瓦的大学教授、哲学家和批评家，他给世人留下的更多的是他的私人日记而非出版的作品。在读过托克维尔的著作之后，他在1851年写道："托克维尔的作品给人的心灵以镇定，但也让人感到一丝无奈。人们认识到即将到来的必将到来。"那种卓尔不群的超然姿态可能颇得托克维尔的真传；但阿米尔心情激荡似乎难以安然接受现状："人们发现，万事平庸的时代即将到来，平庸浇灭了每一个愿望，平等导致了千篇一律"；其代价就是牺牲了"杰出的、非凡的和卓越的"。阿米尔担心"忧郁、愤怒（*spleen*）将变成这个平等主义（*egalitarian*）世纪的痼疾"，一些平等主义者有着同样的恐惧。"实用的将取代审美的，工业化将取代艺术，政治经济将取代宗教，算术将取代诗歌"：这些都是必然的结果。在即将到来的个体主义时代，社会分工将愈来愈细，"理想化的个人"将不复存在；"伟人的时代即将过去"，"大众时代"即将到来。社会"主宰一切，个人将变得无足轻重。统计数字将记录下更多的进步，道德教化将逐渐衰落"。总而言之，要实现19世纪许诺的"普遍福祉，人们将付出惨重的代价"。然而，不管是多么巨大的进步，都不值得人们付出如此高昂的代价。龚古尔兄弟也注意到，所有的事都倒转了过来。
63 快乐消亡了，商业主宰着世界；龚古尔兄弟在日记中坦言，大清洗的时代已经到来，对他们来说，这是一个畸形的时代。[1]

悲观主义者找到了合意的信条。雅各布·布克哈特用毫不掩饰的蔑视眼光来打量他所处的世纪，在他的通信中，处处充满了诅咒的感叹语，因为他感到在这个令人眼花缭乱、急速向前的庸俗时代，不祥的命运已经降临到了他的身上。他在给一个朋友的信中写道，老年人必然是保守主义者，因为“在急速变化的当今世界，他们几乎找不到乐趣”。1873 年，在写下这段引人注目的话时，布克哈特还仅 55 岁。这个时代急剧变革的速度和一往直前的方向，使布克哈特感觉到自己的年老与保守，这与他所处的时代格格不入。布克哈特沮丧地写道，现代人愚蠢之极地欣然弃绝了坚实的价值观和多样性的素养，只是为了追求那令人疑惑的新奇事物：“如果有必要，如今的人们甚至会牺牲他们特有的文学和文化，以换取‘夜间的直达列车’。”[2]

随着火车、钢轨路基和信号系统的持续改进，火车的速度越来越快，铁路也成了一个流行的隐喻，以表达 19 世纪的急剧变迁以及由此而引发的人们的困惑与焦虑。1874 年，著名的指挥家和钢琴演奏家，汉斯·冯·彪罗（Hans von Bülow）用一个家喻户晓的词语表达了在有修养的人中普遍存在的感觉，他称那个时代是一个“快速列车的时代”。[3] 乘坐火车时有节奏的经历激发了性爱的欲望与恐惧，但

---

〔1〕September 6, 1851; January 18, 1857, *Journal intime*, ed. Bernard Gagnebin and Philippe M. Monnier, 4 vols. so far (1976-　), I, p.1063; II, pp.72-73.

〔2〕Burckhardt to Bernhard Riggenbach, February 11, 1873; to Friedrich von Preen, July 20, 1870, *Briefe*, V, p.190; pp.104-105.

〔3〕Bülow to Luise von Weltz, 15/27 February, 1874, *Briefe*, ed. Marie von Bülow, 8 vols. (1895-1896), V, p.143. 彪罗用的词为 Courierzüge。

这并没有深深隐藏于这些形容词的表面之下。新的感官刺激纷至沓来，这进一步加剧了人们因为急速变迁而带来的紧张情绪。正如另一个家喻户晓的、同样特色鲜明的关于19世纪的比喻所说，人们的精神负荷存在严重超载的危险。1876年，西奥多·比尔罗斯在写给他的朋友，奥地利音乐批评家，爱德华·汉斯里克（Eduard Hanslick）的信中说："生活变得更加复杂。"他补充道，生活"越来越多地吞噬着我们；经济、艺术、文学和社会领域中前所未有的激烈竞争，也许就是我们这一代人急剧发展能力的证明，但伴随着所有这些发展以及无休止的新任务，我们失去了许多东西。艺术遭受的损害最大；现代公众没有太多的时间去观察、去倾听，因为人们的思想和情感已经被时 64
代的巨轮强烈地推上了无可逆转的轨道"。[1]

时代的车轮势不可挡地急速前行，唤起了人们对铁路时代以前的岁月饱含的痛彻心扉的怀旧记忆。萨克雷写道："我们生活在铁路时代以前的人，是属于另一个世界的。"当人们乘坐马车时，"那时还是旧世界"。他承认"火药和印刷术使文明趋于现代化"。但是萨克雷坚持说，正是铁路"开启了新的时代"。他把那些"生活在铁路时代之前，但从旧世界中幸存下来的人"描述成"从挪亚方舟中走出的挪亚和他的家人。孩子们围坐过来，问我们这些父辈长者说：爷爷，告诉我们关于旧世界的事情吧。我们会喃喃地讲述过去的故事，而我们也将一个个地倒下；我们这些年老体衰的人将会越来越少"。毫无疑问，"我们这些生活在铁路时代之前的人已经成为古老遗物——我们必将老去"。[2]尽管在萨克雷幽默的表述中不乏夸张和调侃，但他为人们

〔1〕Billroth to Hanslick, May 9, 1876, Hanslick, *Aus meinem Leben*, 2 vols. (1894), II, p.314.

〔2〕"De Juventute," *Roundabout Papers, The Works of William Makepeace Thackeray*, Centenary Biographical Edition, 26 vols. (1910-1911), pp.XX, 73.

呈现的小场景却体现了一种很真实的失落感。

萨克雷并不是在书写社会史，而是唤起了一种心境。铁路以强大的革命性力量彻底改变了产业的布局、运输货物的方式、城市的规划以及人们度假的方式，这种变革与其内在的经济、社会革命也是互为因果的。铁路是辉煌的象征，是 19 世纪绘画和诗歌中大受欢迎的主题。金融领域、厂房建设、工人组织中的新兴力量在 19 世纪所向披靡，尽管成熟的商业资本主义和产业资本主义并没有出现这种革命性的变革，但仍然是更有影响的力量。无论是银行家，还是工程师或制造商，他们都是促成 19 世纪变革的中坚力量。他们共同建构的世界，对于受益者来说是变动不居、险象环生的，而对于受害者来说，则是一个毁灭性的世界。

尽管中产阶级对其地位、权力和道德做出的反思充满了焦虑，但总体上说来，中产阶级是在这个动荡的年代中主要的推动力量。对于许多人来说，这正是阿尔贝特亲王所说的一个充满自信的时代，这种自信在中产阶级的意识中牢不可破，在他们的潜意识中也是确定无疑的。尽管中产阶级经受了许多突如其来的、不可预料的变化，当他们无意间看到银行存款余额、政治地位的提高，或是社会对于他们的优厚回报时，他们还是深感慰藉的。这个中产阶级的世纪是一个进步的时代；相对于其他任何阶层，这一点对中产阶级而言，
65 尤为如此。这个时代充满希望的意识形态，与其说是中产阶级为掩盖其绝望情绪的外衣，毋宁说是中产阶级对进步的真诚的信仰。神话传奇主导着这个时代，至少在其受益者中，这种神话就是社会流动性的神话。只要有才干就能获得职业的成功，普通士兵也能成为统率千军万马的元帅——这些神话传奇都戏剧化地表现了社会的普遍信仰：在这个中产阶级的世界中，只要是受过良好教育的和积极上进的人，他们的成功之路就不会荆棘密布；在这个世界中，只要

付出辛勤努力、拥有聪敏的智慧、有坚持不懈的恒心毅力，任何人都能获得社会的慷慨回报，但在过去那种等级森严的社会中，只有极少数人才有这种幸运的机会。无可否认，等级森严的社会秩序已经成为明日黄花；政治家、牧师和商界富豪的传记中充斥着出身寒门的故事，而这种卑微的出身需要由勇气、能力和智慧所克服。并非所有的故事都是虚构的：毕竟有人为这些人写出了传记。但是如今，在19世纪的流沙之中，也正如一家法国报纸所说的那样，在这个“喧嚣和动荡的时代”，这种流动性的神话被民主化了。[1]风行一时的关于成功的文学作品将这种神话传递给更广泛、更乐于接受的阅读群体：霍雷肖·阿尔杰（Horatio Alger）的故事和塞缪尔·斯迈尔斯（Samuel Smiles）的传记都阐释了从乞丐到富翁的绚烂故事和各种可能性。

因此，以下的情形就绝非偶然了：传统的用于表达社会分层的静态概念包括“等级”（estates），或更形象的名称“品级”（orders），还有更形象的“地位”（*Stände*）；但到了19世纪，这些名称都让位于更能表达开放和进步的社会分层的名称了：“阶级”（classes）、“党派”（parties），以及到了19世纪后期的“利益团体”（interest groups）。总的说来，那些曾经用来表达具有共同的政治、宗教和艺术信仰的团体的名称，也以同样的方式和同样的效果被更具动态的语言所取代了：“流派”（school）意味着必然要依赖一位大师，“派别”（sect）意味着一生极度的忠诚，现在这些词都被“运动”（movement）取代了。在英国，这个术语被赋予现代意义的用法是在1828年，并首次用于“工人运动”（labour movement）这个词。之后不久，这个词也在其他组织和团体中得以广泛使用，人

〔1〕Limoges, May 23, 1878. 在此，我参考了约翰·梅里曼（John Merriman）的观点。

们似乎都准备去发起各种运动，并欣然接受各种运动和变迁了。19世纪是一个运动的时代，也是一个充满了各种波澜壮阔的运动的时代。

这不仅仅是一个文字游戏。新的用法似乎向人们暗示了更多诱人的机遇，人们应当对未来的美好前景充满希望，而且还要不失时机地动员、组织和引导这些变化的力量，使其朝着理想的方向发展。如果变革是风暴，人们就应当学会如何驾驭它。像社会科学一样的现代学科亦将其自身看成社会进步的动因，这种进步主要包括向上的流动
66 性。“文化科学积极地推动着变革和进步，也在消除社会进步的阻力，因而在本质上是变革者的科学。”[1] 泰勒（E. B. Taylor）就是以这些掷地有声的语言作为他的名著《原始文化》（*Primitive Culture*）的结论的。卡尔·马克思的观点在当时也引起了广泛的共鸣，他认为哲学的真正任务在于改革世界，而不是解释世界，要实现从被动到主动的转变。

当然，几个世纪以来，人们一直以土地为生，并造桥、修路和建设伟大城市，对其命运进程哲学化的反思，并将科学发现应用到科技领域中去。文艺复兴时期，人文主义者高度赞扬杰出个人身上的能力品质，也反映出杰出个人的那种悲天悯人的气概。弗朗西斯·培根（Sir Francis Bacon）的实用主义思想注重行动而不是语言，与其说是一种被广泛接受的行为程序，还不如说是一种预言，而18世纪晚期的科学革命和19世纪的技术革命都将想象力转化为技术的进步，也将培根那种最激动人心的预言变成了现实。

正是启蒙运动的时代为有影响的受过良好教育的欧洲人和美国

---

〔1〕E. B. Tylor, *Primitive Culture: Researches into the Development of Mythology, Philosophy, Religion, Art and Custom*, 2 vols. (1871), Ⅱ, p.410.

人提供了一个新的视角，也使人们认识到成为世界主宰的可能性和广阔前景。诚然，贫穷仍在继续肆虐，疾病仍在夺去许多人的生命，偏执和不公正比起以前并无太大的收敛。尽管保护和赞助人体系已经逐渐衰落，但是随着剥削者找到新的机遇，剥削比以前更加严重了。然而，哲学开始侵蚀着形而上学和神学，并将其在肇始的领域中卓有成效的批评方法应用到对个人和社会的反思之上；这使人们对未来产生了更切合实际的期望：人类生活的艰难历程将被置于智慧和理性的审视之下；瘟疫、饥荒、普遍的贫穷和残酷战争的古老循环，将最终停止。在人类劳动中出现了一种新的氛围，艾尔弗雷德·诺思·怀特海（Alfred North Whitehead）象征性地称为发明之发明（the invention of invention）。

启蒙运动时期的人们强调了从被动向主动的转变，他们卓有成效
地复兴了罗马时代的古老谚语：人是自己命运的主人，而这个命题在
基督教统治的几个世纪中都处于隐而不彰的蛰伏状态。培根早就提到
过这个谚语，此后还有笛卡尔和洛克都提到过，但直到18世纪，这
个谚语才成为各种哲学中最受欢迎的表述。到19世纪，这种表述已
经被当作真理广泛接受了。1827年，约翰·戴维斯（John Davies） 67
在曼彻斯特机械学院（Manchester Mechanics Institution）演讲时说：
“人一定要做有自己声望的建筑师。”这个令人愉悦的意象仍然经久
不衰。在《大卫·科波菲尔》中，查尔斯·狄更斯让米考伯夫人表达
了热切的期望：当她和她的家庭乘船去澳大利亚开始新的生活时，米
考伯先生将会变成“主宰自己命运的恺撒王”。1878年在马萨诸塞州
的纽伯里波特，《先驱报》（*Herald*）的编辑赞美了当地两个有钱的
大人物，两个人都“出身寒门”，但是他们将自己的生活早就建在了
“自己的聪明才智之上”，他们都是“诚实、正直、勤劳，有不屈不
挠精神的人。当然，也都是成功的人”。他们都是“自己命运的建筑

师”。[1]在这个时代，对于这样的人而言，失范是一个荒谬的命题，而且如果他们经历过任何焦虑的生活，那也是很隐蔽的。

因此，19 世纪的中产阶级心态从总体上说是无助与自信的混合体；流行的刺激和兴奋总是被社会手段和内心的防御所控制。威廉·格莱斯通带着几乎病态的渴望反思赋予死者的天堂般的宁静，而对于生者，“尘世生活的要素则是永恒的冲突”。[2]他所谈论的是任何时代赋予所有社会阶层的人类处境的不确定性。但他被证明是正确的，他的论述能特别恰当地应用到他自己的时代和他的阶级。所有事都受到质疑：宗教教义、政治原则、社会观念，特别是性道德。对于这个时代那一个庞大的受益者群体而言，这种状况又使他们极度焦虑。19 世纪末，医生、心理学家和社会学家将他们的时代命名为焦虑的时代（Age of Nervousness），他们实际上见证和记录了这个时代最普遍和最引人注目的不满和抱怨，而这种抱怨和不满在当时的流行
68 刊物上得到大肆渲染，并在医学文献中得到详尽的记载。

然而，除少数几个杰出的批评家之外，文化批评家都把精力集中在物质世界对精神状态的影响之上：快速的旅行、拥挤的城市和加速

〔1〕Asa Briggs, *Victorian Cites* (1963; ed. 1968), p.104；*David Copperfield* (1850; ed. 1966), p.880[ch.57]；Stephan Thernstrom, *Poverty and Progress: Social Mobility in a Nineteenth-Century City* (1964; ed. 1969), p.71. 一个人不必非是个哲学家才能做这样的声明；1780 年，在伯明翰印刷商看到威廉顿（William Hutton）的评论后说：“每个人的命运都掌握在自己手中。” T. S. Ashton, *The Industrial Revolution, 1760-1830* (1948), p.17.

〔2〕May 9, 1840.*The Gladstone Diaries*, ed. M. R. D. Foot and H. C. G. Matthew, 8 vols. so far (1968-　), Ⅲ, p.28.——在 1856 年，杰出的纽约人，妙语连珠的日记作者，乔治·坦普顿·斯特朗（George Templeton Strong）很直率地暗示了资产阶级经验的性爱基础。在 1 月份繁忙的一天，下着雪，他走在城市中，看着“城市铁路”——他认为的“疯狂的交通工具”，他将整个拥挤和混乱的场面视为“酒神狄奥尼西卡的冬日狂欢”，简直就是“机车的高潮”。然而，斯特朗充满激情的词语表面价值是冷酷的，他的比喻浓缩了变革与感官的结合。这就是本卷以及下一卷的主题。January 8, 1856, *Diary*, ed. Allan Nevins and Milton Halsey Thomas, 4 vols. (1952), Ⅱ, p.251.

的创新。格莱斯通同时代的许多人都隐隐约约地暗示过，格莱斯通所说的永恒的冲突拥有遥远的、神秘的起源，但他们都不愿或不能去继续探究这些冲突中明显的表征之外的意义——直到西格蒙德·弗洛伊德提出假设：在影响人类经验的因素中，最重要、最基本的力量是无意识的力量。我决定追随弗洛伊德，进入这个关于性与侵犯的，难以触及的领域。

感官生活

布尔乔亚经验，I：情色日记 71

1. 梅贝尔·卢美斯

性爱是最亲密、最重要的人生体验，但是有关性爱的记载却屈指可数，其原因是不言而喻的。对于一种视性爱为绝对隐私的文化而言，性爱记录是被竭力掩藏的。因此，当历史学家找到像梅贝尔·卢美斯·托德那样的人时，他只能满怀感激之情，尽情地引用她的日记，因为梅贝尔·卢美斯·托德从容不迫地、大胆地、详尽地记录了她的情色生活，并将该记录原封不动地传承给了她的子女。对于19世纪中产阶级文化的研究者来说，梅贝尔·托德的日记极具研究价值，这不仅因为她那细致的描写、引人入胜的话语以及对自我的关注，还因为她总是心情愉快、充满智慧、善于社交、广受欢迎，以至于她甚至引起人们的嫉妒和非议。她懂得如何维系恋爱以及性爱关系，同时她又是作家、演说家、编辑；她还是妻子、女主人、情人；最重要的是她将自己塑造得拥有一种令人羡慕的、信心十足的、适应力极强的性格。梅贝尔·托德于1932年10月辞世，享年75岁；她的独生女儿米利森特在悼念梅贝尔·托德时，最怀念的还是她那旺盛的精力以及她那富有感染力的乐观性格。

然而，即便是梅贝尔·托德也像所有成年人一样，慎重考虑过是应当将性爱记录隐藏起来，还是公开化——这使得人们对梅贝尔·托德更加感兴趣。某种移情、俄狄浦斯色彩笼罩在她的性爱经历之上：
因为她发现自己的情感受到压抑、对感情的强烈程度和对象的理解上
出现了偏差——这一切都源于儿童时代的情感，现在又影响到了她对
72 情人的选择。正是梅贝尔·托德无意识的渴望和她有意识的期待之间
的偶然相遇——她也许这么想过，但似乎很少这么想——将她和其他
人联系到一起。

“1879 年 5 月 15 日早上，我和我的至爱吃过早饭，来到第 14 大街第 1234 号房，享受了一段幸福的爱的时光。”[1] 在这个中产阶级的世纪中，写日记可能是司空见惯的事情，但梅贝尔·托德的这一则日记却非同寻常。她写下这一则日记时已经身怀六甲，但她仍试图在这一回顾性的日志中重现那个时刻。她日记中建构的每一个片段都并非深奥难解，但这些片段的经历却是本书的主题所在；而作为心理记录，她的日记是无与伦比的。

无可否认，在很多方面看来，梅贝尔·托德的经历在 19 世纪中产阶级家庭女性中十分具有普遍性和启发性。像美国或欧洲国家的普通年轻女性一样，梅贝尔·托德也弹钢琴、唱歌、写诗、画画。可以肯定的是，她在这些方面取得的进步要比其他普通的业余爱好者好很多。梅贝尔·托德具有一种无穷无尽的原始的生命活力，而且具有耐心和节制——她经常每天弹两至三个小时的钢琴，她的演奏和歌唱水平足够进行公开表演；她的写作水平足够公开发表；她的水彩画和屏饰画足够出售。有时她感觉自己似乎要诗情迸发，恨不得要将心中想表达的欲望燃烧起来：“那是一种天生的强烈欲望”、一种“力量”、一团“可怕的神圣火焰”，“在猛烈地燃烧着自己”。[2] 她的情欲天

〔1〕“Millicent's Life,” I [p.1], box 46, MLT, Y-MA.
〔2〕Mabel Todd to David Todd, September 4, 1879, box 112, DPT, Y-MA.

赋是她那个时代同社会阶层人中不多见的，或者说至少是极少被承认的。她很有魅力，但称不上漂亮；她的眼睛过于突起，鼻子也显得太大了，但她精力充沛、富有活力。如果体重下降的话，她就会焦虑不安。正如她的大多数同龄人一样，她也不喜欢自己太瘦弱。尽管她得意地称自己“丰满”，但她知道她应该保持腰部纤细。她那经过悉心雕琢的婀娜多姿的身形，不仅她自己感到满意，而且也让她的众多爱慕者赞赏不已。但是，真正使她与众不同的则是她的才能、她的坚忍不拔、她的情感力量以及她的天真感性。

梅贝尔·托德表现出来的渴望和偏见，大体表现出了19世纪中产阶级的典型特征。她在华盛顿特区长大，在美国内战时期，她的家庭和无数的其他家庭一样，虔诚、独立、以他们的家族为荣、家境
殷实、衣食无忧、崇尚无拘无束的自由生活，同时渴望社交——简言 73
之，尽管都称自己非同寻常，但均属于普通的中产阶级家庭。梅贝尔·托德拥有自己鲜明的个性，还有她内心的“神圣火焰”，这一切足以使她成为19世纪有教养的中产阶级的典型代表。

像其他美国普通女孩儿一样，梅贝尔·卢美斯沉醉于社交生活的幻想之中，同时她也如饥似渴地、大量地阅读小说，崇拜她的父亲。梅贝尔·卢美斯不同于欧洲大陆的某些女孩儿，她是因爱而结婚的。她喜欢散步，喜欢在月色下骑马，喜欢和心仪的年轻男子交谈，喜欢和他们通信，谈论生活中的令人烦心、尴尬之事，甚至于谈论生活中非常细微深入的话题，但从不做出任何承诺。她几乎经历了所有这些周旋于男人之间令人心潮澎湃的暧昧之事，却从未受过伤害。但是也有一次短暂的、危险的小插曲，她和一个叫埃兹拉·阿波特（Ezra Abbot）的人相爱了——他30岁，她18岁——多亏她父母的反对才将她从这场恋爱中解救出来。她在22岁的时候嫁给了大卫·派克·托德，他是个非常合适的人选。大卫·派克·托德和梅贝

尔·卢美斯的父亲一样，是个天文学家。他前途无量，事务繁忙，生活里到处都是没完没了的计划，同时，梅贝尔·卢美斯欣喜地发现，他是“受过良好的教育”的人。梅贝尔·卢美斯和许多19世纪有文化、有修养的单身女子和已婚女性一样，也有记日记的习惯，通常她将一天里发生的事情都详细地记录下来，她也有记日志的爱好，就是将她的想法和观点记录下来，记一些有关花、草、森林，有关钢琴弹奏、绘画方面技高一筹，有关她的追求者之类的事情。不过最主要的还是记一些有关她那迷人的自我的记录。和其他记日记的人一样，梅贝尔·卢美斯认为日记和日志是有生命的，她把它们看作值得信任的朋友。她的第一篇日志是1871年开始写的，但这只是尝试性的，在日志本的前几页里还夹着一张她矫揉造作的照片。一年以后，她就得心应手了，她甚至能够在她十分宝贝的日志中打趣地写道：“我想向你透露一些有关我的旧日志的小秘密。”她在她的第二本日志的结尾处以同样的方式写道：“再见了，小日记本——爱你的、对你充满感激的朋友，梅贝尔·卢美斯。”〔1〕那天正是她的新婚之日。

74 梅贝尔·卢美斯的日志中如泉涌般的自传式的思想使她成为她所处阶层以及年龄段的人们的代表。她的日志内省、坦率、细致、清晰，使梅贝尔·卢美斯与众不同，令人印象深刻。1879年5月15日早餐过后，她和她的“至爱”度过的那些“幸福时光”，她把它们详尽地记录了下来，那是她结婚三个月的时候。这些年来，她经常享受这样的幸福时光，但不仅是和她的丈夫。

我必须再次重申，梅贝尔·卢美斯来自一个拥有良好声誉的家庭，是一个极为普通的女孩儿。她和其他家庭的孩子一样，以自己家拥有盾

---

〔1〕November 30, December 5, 1877, Journal Ⅱ, box 46, MLT; July 16, 1871, November 7, 1872, Journal Ⅰ, box 45, MLT; March 5, 1879, Journal Ⅱ.

形纹徽为荣，“我有盾形纹徽，感谢上帝”。梅贝尔·卢美斯办事慎重，同时又有一点自负，她将她的邻居们细分为不同层次的中产阶级。而且，部分原因是父母家境不够殷实，家庭背景不够好，受教育程度不够高，对于梅贝尔·卢美斯来说，自己的家族和教养是有失体面的。1873年当梅贝尔·卢美斯还是一个十几岁的学生的时候，她就开始担心“这种家庭社交活动达不到城市里的社交活动的水平，我们会很自然地厌恶和这些人交往”。有时，她的观念折射出她对修养的定义：“我想尽可能走出乔治镇平淡的社交生活”，她在1874年初写道，“我已经成长为远远超越他们中任何一个的人”。当梅贝尔·卢美斯刚学会如何判断是非的时候，她就认为自己是属于“上流人群”的人。[1] 一直到她生命的最后阶段，她都在努力使自己成为不同于普通美国人的人。1885年，梅贝尔·卢美斯在去往欧洲的旅途中，观察她的同乡后，她傲慢地写道：“我不想和普通的美国旅行者成为一类人（他们很粗俗），即便他们拥有大量的金钱、一颗善良的心，也没有办法掩盖商人身上的那种铜臭味。”对金钱的炫耀总能激怒她。1890年，她的一个叫卡罗·安德鲁斯（Caro Andrews）的老朋友给她介绍了几个朋友，她不无一丝嫉妒地写道：“她给我介绍的那几个女人和我根本就不是一类人——她们只不过是长着大胸，戴着钻石罢了。”她迅速地领悟到大卫·托德拥有一大笔财产，并且长着俊俏的脸庞，还有聪明的头脑，她第一次感觉到大卫是一个“完美的绅士”，比其他任何男人都优秀。她在1878年初的一篇日志里写下“他除了很有思想以外，还是乔纳森·爱德华兹（Jonathan Edwards）家族的直系后嗣，他有着良好的血统”之类的话。[2]

---

〔1〕October 14, 1877, Journal Ⅱ; May 2, 1873, January 21, 1874, Journal Ⅰ; November 11, 1877, Journal Ⅱ.

〔2〕July 3, 1885, Journal Ⅳ, box 46, MLT; February 10, 1890, Journal Ⅴ, box 46, MLT; April 14, 1878, Journal Ⅱ.

和梅贝尔·卢美斯的社交准则不同，她的道德准则让步给了自己的快乐体验——更确切地说是情色体验。事实上，正如我们所看到的，正是由于她那自以为是的心态才使得她动摇了她的道德标准。但是在那些对她的成长有着重要影响的年月里，她的思想还是十分传统的。然而，作为一个女孩，尽管梅贝尔·卢美斯很真诚，也很独立，但她
75 从来都没有想要反对她家人对事物的看法，甚至从未质疑过。[1]梅贝尔·卢美斯意识到了中产阶级行为的樊篱是什么，同时她也尊重这些樊篱。她在听完一个像她哥哥似的年轻人谈完他的恋爱史后，说：“我觉得我并不是很了解这个世界，但是我一直认为，任何一个认为自己是淑女的女孩，在她和哪个男人订婚之前，都会憎恶男人所喜欢并熟悉的拥抱接吻之事。无度的拥抱和接吻是我接受不了的，甚至听都不愿意听，我一直以为，只有低俗的女孩子才会允许别人抱她、吻她，只有男人才会愿意拥抱、接吻。”她很确定地认为：“只有那些普通女孩子、下层人才会对这些事感兴趣，真的。”她灵光一闪，有了新的感悟：“我总是活在我自己的世界里。”[2]她是在说她唯一注重的是她那生动、有表现力的感官享受，这使得她在社交聚会、在男人圈中极具优势，同时更加危险。要想打开她自己的樊篱，就要用激情来对抗她那强有力的内心世界，至少也得是在潜意识中进行对抗。

由于对自我的迷恋，以及她对男人那种纯粹的喜爱，梅贝尔·卢美斯再也阻止不了自己对感官享乐的渴望了。那是 1872 年的夏天，她快年满 16 岁了，她生平第一次意识到了她对情爱的需求和渴望。

---

〔1〕1877 年 11 月，梅贝尔·卢美斯刚满 21 岁，她谢绝了和朋友们一同去欧洲旅行的邀请，这并不是因为她自己承担不起旅行的费用——只需 400 美元——而是因为“父亲是不会同意我在没有他本人或妈妈陪伴的情况下出去旅行的……所以我不得不放弃这次欧洲之行。但我还是争取了一下，为了能让我和朋友们出去旅行，我大哭了一场”。她是哭了，可最后，还是没去成。November 30, 1877, Journal Ⅱ.

〔2〕September 22, 1877, Journal Ⅱ.

1872 年 7 月，野餐结束后，梅贝尔 · 卢美斯在日记本里写道：“每一个人都盯着我看，我喜欢这种感觉。”一个月后，她在马萨诸塞州的查尔顿度假时，感到非常无聊，这时一个“男人”出现了。“真是太好了，来了一个男孩。”他是梅贝尔 · 卢美斯一个朋友的兄弟，实属意外收获。“事实上，他是在这个村庄里能找到的非常不错的小伙子之一。”11 月中旬，梅贝尔 · 卢美斯已经 16 岁了，她在她的日志里吐露真言似的写道：“我开始意识到我非常喜欢绅士。”她确实是非常喜欢绅士了。冬天过去了一半的时候，她在教堂排练完歌曲之后，天真地写道:“这可真有意思，所有的男孩子都在那儿。”〔1〕梅贝尔 · 卢美斯的青春期和其他普通女孩的青春期一样，是一个尝试期，用不同的方式尝试着。在这几年里需要做不同的尝试：尝试不同的角色、尝试 76
不同的身份，在内心深处同俄狄浦斯情结做斗争，所有的这些都与爱情有关，都十分具有挑战性。这段时间里会重复做同一些事情，也会和某些事情告别。

对于梅贝尔 · 卢美斯来说，青春期为她提供了一个绝好的时机，使她发现自己是一个天生的表演家，她的天职是做一名充满激情的妻子。在青春期随后的三四年里，也就是她步入年轻女性时期的几年里，她的日记和日志越来越多地以谈论男性为主。她在心中寻思，她对每一个追求者都满意吗？她发现有几个还不错，但是总体看来没有一个合格的——他们要么不够高雅，要么没有品位，有的还不够聪明。她自信自己与众不同，认为自己有责任对另一半精挑细选。她要找的男人必须是“优秀的、忠诚的、聪明的、温柔的”，〔2〕当然还必须要有良好的血统。

但是梅贝尔 · 卢美斯的自信似乎已经开始有了些许动摇和颤抖，

〔1〕July 5, August 9, November 21, 1872, February 8, 1873, Journal I.
〔2〕January 6, 1878, Journal II.

因为她的冲动似乎遭遇到了危险。她对爱的渴望似乎永远都无法得到满足，其原因似乎是她想要弥补一种古老的爱的缺失，而这种爱的缺失的源头，她似乎又毫无头绪。和许多其他年轻女孩和男孩一样，她也陷入了难以解决的矛盾之中，虽然还没有到使她崩溃的地步，但是这些矛盾确实是挺特殊的，让人摸不着头脑。当她还不到16岁的时候，她这样可怜兮兮地写道：“如有人只爱我一个人，我愿为他们做任何事。”她接着强调她要有自己的事业，她可不想像她的某些同学一样，扮演一个事事都顺从别人的角色，她不想做一株依靠他人的“藤蔓”。“但是，”她又略有感悟地写道，“我拥有无限的爱的能力，如果我不释放出哪怕一点点的这种爱的能量的话，而只是将它深藏于心，我会被某种难以形容的、令人无法抵御的洪流所窒息。”这些比喻是没有经过精雕细琢的，它们简直太完美了。西格蒙德·弗洛伊德曾经说过，爱，使人迷失方向，同时它也会使人窒息。就在她犹豫到底是应该释放她的情欲之流，还是遏制她的情欲之流的那一天，她意识到了自己已经在慢慢地成长了。“我现在对情感已经有了非常强烈的渴望。”当她明确地表示她不会嫁给任何一个当时正在追求她的人时，她正21岁，正值“心高气盛”之时。她是如此渴望被爱，她写道：“只要有一个男人爱我，我就会感到无比的幸福。”她意识到了她这么大声疾呼需要被爱是多么危险的一件事情，“我发现自己现在不是处于一种安全的境地，因为这会让下一个走近我的男人认为，让我
77 爱上他并不是一件难事”。当她正承受着“精神上而非情感上的爱的饥渴”的痛苦时，[1] 她这样客观地做出了以上的分析。她正等待着她的白马王子的出现，只不过没有耐心等太久。

梅贝尔·卢美斯偶然间碰到了她的一个朋友，这使得她内心的需

---

〔1〕 September 20, 1872, Journal Ⅰ; January 6, 1878, Journal Ⅱ.

求终于浮出了水面。马萨诸塞州的秋天，满山遍野的多彩树叶看上去非常地“甜美”，对此她和她的一个朋友约翰·加兰（John Garland）发生了争执。他是“一个没有生活品质、也没有社会地位的人”，他非要说“甜美”这个形容词只能用于修饰“可食用的东西、可饮用的东西”。她愤慨地坚持着自己的观点，反驳说，《大西洋月刊》上所有的“一流作家”都会站在她这一边，对于那些五颜六色的树叶，例如那些红的、黄的枫叶倒是“可以用‘甜美’这个词来形容”。[1]这场争吵事实上是在卖弄学问。她的主要目的并不是想证明她是对的——尽管表面上是这样——她只不过是想用一个相应的表达方式来表达出她那属于爱情的感受。事实上，许多19世纪感官主义的诗人也用同样的词来打比方，“多么美味的颤抖”，查尔斯·金斯利（Charles Kingsley）在他的小说《酵母》（*Yeast*）中，这样描写兰斯洛特（Lancelot）这个人物：“他品尝着那美味的酸橙汁。”[2]那是梅贝尔·卢美斯想象中的颤抖，这预示着会有越来越多的颤抖向她席卷而来。

她用敏锐的目光搜寻着男人，如果不是有点过于心切的话，其实在她的那个年代那么做是被社会所接受的，而且不一定非得是出于情感的，也许只是出于感官上的需要。和一个中意的年轻男人定下终身大事是一个体面的女士应该做的事。“我十分渴望婚姻”，艾莉斯·詹姆斯（Alice James）是威廉（William）和亨利·詹姆斯（Henry James）值得尊敬的姐姐，她善解人意、内省、聪明，她在19世纪70年代中期向她的一个朋友透露，“如果我能够使哪一种类型的男人都对我感兴趣的话，我是不会放过他的”。[3]这话听起来倒是十分

〔1〕October 14, 1877, Journal Ⅱ.

〔2〕*Yeast* (1851; ed. 1899), p.25. 关于这个术语的选集参阅 p.xxx。

〔3〕Alice James to Annie Ashburner, May 10(1876?), Jean Strouse, *Alice James: A Biography* (1980), p.164.

的大胆、坦诚。但是艾莉斯·詹姆斯本人在思想上、行动上却没那么做过。梅贝尔·卢美斯却是相当不同：她对适宜的男伴的要求和她的性觉醒是密不可分的。

当她意识到她天生具有极强的性能量，以及她具有营造性爱氛围的天赋时，她的性冲动和抵抗情绪之间的矛盾变得更加尖锐。有时当这些想法跳到意识层面上来的时候，她会对自己的所作所为感到不安，“我不知道我是否用情不专？”她曾在一本日记中这样问自己——那时，她还不到20岁——那个被她甩了的追求者这样说过她
78 之后，她很快自我安慰道，她不是用情不专。当她看见一个16岁的漂亮小姐在街上对男人眉目传情时，她得出这样的结论：“我非常喜欢绅士，但我不会用下贱的手段去勾引男人，我想她能喜欢她的‘公子哥’。”她不可能一直保持这种自我满足的心态。因为她总是很容易兴奋，又很坦诚，她会在日记里说漏的。在她第一次见到“托德先生”时，她发觉他“非常有魅力”，她认为他“在年轻女士面前的表现总是那么优雅自如”。她又补充道：“他是我见到过的所有人当中表现得最好的。其他的人或多或少地都有点轻浮。”她发现她立刻被他的外貌所吸引了，“他长得非常好看：金色的头发、洁白而整齐的牙齿、优雅的举止；尽管显得很纯真，却是个调情高手”。最后，她的结语是这样的：“我也是这样的。”[1]然而，她用充满青春激情的方

[1] August 26, December 15, 1876；November 30, 1877, Journal Ⅱ.——调情是种冒犯的行为，但当年轻貌美的女子发现，对自己着迷的异性们，对她们做出的竟是些不能兑现的承诺时，她们通常会感到备受打击。路易莎·鲍沃特，特别受到绅士们的欢迎，但她却只是心仪一个年轻的上校，“我必须乖一点，不能和他调情”，“我不能对他产生如同他对我的感觉，因为他值得拥有比我能给他的更美好的东西。这让我非常痛苦，有时我感觉我将我的幸福抛出了九霄云外。如果我曾和他调情了，上帝饶恕我吧！”June 6, July 14, 1864. *The Journals of Lady Knightley of Fawsley*, ed. Julia Cartwright (Mrs. Ady) (1915), p.80, 86.

式来观察事物的属性，也往往易于从字面意义上做出解释。在她对大卫·派克·托德有比较深的了解之后，一次她挽着大卫的胳膊一起散步，她认为这种做法非常新颖，非常值得记在她的日志中：挽着男人的胳膊，就是要向全天下的人宣布，在她心里，她已经和他订婚了，她可不想等到一切都晚了的时候再这样做。[1]

周围的人对她的注意并没有阻止她的私人约会。随着她和大卫·托德走得越来越近，梅贝尔·卢美斯似乎只对她外出时感受到的快乐感兴趣。她的日志里到处都是对她的“无比的幸福”的记录，到处都是“幸福极了”，更不用说她经常用的“狂喜”的字眼，伴随的场景是：广阔的草地，浓密的树林，可爱的花朵，美妙的月光，平静的海滩，汹涌的大海，等等。她在 1872 年夏天快要结束时的日志里写道：“又一次见到了那熟悉的亲爱的大海，哦，它太壮观了！哦，太令人心旷神怡了！”一年多以后，她又写道：“微风习习，天空中充满着难以言表的欣喜与渴望。”这些词句是她抒发感情的一种典型 79
方式。她的欣喜若狂不仅仅是因为看到了美景而感发出来的，而是犹如一个受过良好教育的姑娘，当她听到诗歌时一定会有感情流露一样。和其他的中产阶级男女一样，梅贝尔·卢美斯也把对大自然的描写情色化了，只不过她描写得更加清晰。当她和大卫·托德的感情很牢固、对外公开后，她才免去这些情感错位，直接从这个男人身上寻求她的满足感。甚至她的日志，曾经是她的“至爱”、使她“时常感到难以言表的满足”，也变得不那么重要，因为她现在已经找到一个

---

〔1〕April. 14, 1878, Journal Ⅱ。很明显梅贝尔·卢美斯想叫她新伴侣的名字，在 1878 年 3 月 21 日的整篇日志里，她都称他为“D Mr. Todd”，这就揭露出了她的真实想法。Journal Ⅱ。——在欧洲，这种做法就远没有那么重要了。1878 年，正如 Leixner Nachlass 在日志里如实地记到的，一个很友好的女孩子挎着奥托·冯·雷克斯纳（Otto von Leixner）的胳膊。*Tagebuch*, 1868, Leixner Nachlass, Stabi, Berlin. 在英格兰，挎着男士的胳膊纯粹是出于一种礼貌的行为（见 George Eliot, *Middlemarch*, ch.29）。

真实的性爱对象了。[1]

这个对象什么都好，就是有点太温顺，不够热情。“乘马车 9 点到家，梅贝尔将会高兴地记得今晚我给她带来的新感受。我们可以称今晚为我们的订婚之夜。”大卫·托德在他与梅贝尔·卢美斯结婚四个月前的日记里这样写道。又过了一个月，他简短地写道：“第一次长时间情爱——5—6 分钟。”然而，在梅贝尔·卢美斯的日记里却慢慢地记载了她的兴奋度逐渐升高的情爱全过程。1878 年 4 月初，和往常一样散完步——“我们走啊，走啊，走啊，一切都太完美了”——大卫·托德走进梅贝尔·卢美斯的房子“待了几分钟”，二人“在房间里来回踱步，然后——然后他——哦，我受不了了。”但她还是坚持着，可最后她还是投降了。“第二天早上醒来，我感到非常幸福，一点也不觉得累。”就在大约两个星期以前，她还写道：“我犯了一个错误——这一直困扰着我，但是那个错误给我留下的阴影已经全部消失了，我很高兴这么说。”[2] 虽然和平常一样坦然，但有时我们也得猜她到底说的是什么意思。

8 月下旬，当大卫·托德踏上他的天文学考察之旅时，她在她的日志里袒露出她迫切的性需求：“老朋友，我忠诚的小日志本，他给我写的信真的对我有一种身体的刺激。”她欲言又止地写道：“我想说，我不应该——我知道大卫能在我身边是很必要的，这不仅是为了我自己高兴，而是他能在我身旁，这对我的生理健康来说是绝对重要的。”1879 年 1 月初，和“大卫，神圣的男孩儿”漫步了很长一段路之后，她帮他缝上扣子，吃完晚饭，“和他温存了几分钟，然后，他帮我擦了鞋子！最后。”[3]

---

〔1〕 September 20, 1872; December 13, 1873, Journal Ⅰ; November 9, 1878, Journal Ⅱ.
〔2〕 October 27, December 5, Dairy 1878, box 108, DPT; April 14, 25, 1878, Journal Ⅱ.
〔3〕 August 3, 1878, Journal Ⅱ; January 5, Dairy 1879, box 39, MLT.

用这极具讽刺意味的话语，让人对那扫兴之事久久难以忘怀。尽 80
管他们同对方一起享受的快乐很强烈，但是也许并没有将快乐进行到底。对于梅贝尔·卢美斯和大卫·托德来说，和西方社会里已经订了婚的男女一样，订婚的这段日子为他们进行婚前性体验提供了机会。1843年，当朱丽亚·沃尔德（Julia Ward）和塞缪尔·格利德莱·豪尔（Samuel Gridley Howe）订婚时，朗费罗（Longfellow）就写信给他说："人生最大的神秘之事对于你来说已经不再神秘了，这种秘密将被解密。"十年前，艾利亚·纳森（Elias Nason）还是布朗大学的学生，他请米拉·毕格罗（Mira Bigelow）去看他，他已经追求米拉有两年之久了，他问道："你能来看我吗？"如果米拉能够来看他的话，他仿佛能够预见到"每天都看见对方，听到对方，触摸到对方"。或者，他就会预见到许多的肌肤之亲，如果她和他亲密地谈话，他就感到"一切都很舒心"。但是，一回忆起以前的相会，纳森似乎就对回忆令人"兴奋之事"更感兴趣，而非"舒心"："我的大脑总是停留在过去我们在一起时的场景——我们一起散步，我们亲吻、嬉戏、唱歌、交流思想、约会、分手、缠绵。"许多中产阶级的女孩子，无论她们在结婚之前是否有过性经历——看上去没有——对于许多人来说，订婚的这段日子是一个探索与被探索的过程。梅贝尔·卢美斯以前曾谴责"无度的拥抱、接吻"，但她现在欣然认为，订婚允许夫妻双方做出承诺："当然你订婚以后可以有这样的期望，但是我认为在友谊和爱情之间应该有道界线，一个女孩子可以有很多异性朋友，但是她只能爱一个男人，这个男人是她将要嫁的那个人。"[1]

---

〔1〕Howe: Robert Latou Dickinson and Lura Beam, *The Single Woman: A Medical Study in Sex Education* (1934), p.130; Nason: Ellen K. Rothman, "Sex and Self-Control: Middle-Class Courtship in America, 1770-1870," *Journal of Social History*, XV, p.3 (Spring 1982), 409; Mabel Loomis: September 22, 1877, Journal Ⅱ. 狄金森和比姆估计，在本世纪与下世纪之交，有四分之一受人尊敬的、已订婚的年轻美国女性不再是处女之身了（第135页）。

这是一道行为规范线。在美国医生及改革者乔治·H. 纳菲斯（George H. Napheys）所著的《女性生理活动》（*The Physical Life of Woman*）一书中，他写了这样的至理名言：“在求爱的过程中，男人变得不再迫切，女人变得不再害羞。”[1]他至少说对了一半；求婚成功通常会缓和一下女性害羞的情绪，同时这通常也会让男人变得更急切。“噢！那个可爱的男孩！”梅贝尔·卢美斯在大卫给她的鞋打油
81 之后的一个星期后的日志里这样写道，“要是此刻他在这儿，我就会给他！”梅贝尔·卢美斯所不能自持的、那次晚饭之后甜蜜的几分钟里都发生了什么，以及她想给她未婚夫什么，所有的这些都只能作为猜测了。但是能肯定，尽管婚前梅贝尔·卢美斯有过许多令人兴奋的情色行为，但是从医学角度来讲，当她步入婚姻殿堂时，她还是个处女：1879 年 1 月底，当卢美斯家庭决定一早举行婚礼时，大卫·托德就带着毫无掩饰的激动心情给他未婚妻写信，表示他非常喜欢这个主意：“那晚上我们就可以马上做爱了，我们的第一次——最珍贵的一次。明亮的灯光以及其他的事情与我的想法完全一致。”然而，这不是一个已经确立恋爱关系的恋人写给他极有经验的情人的信。同样，这也不是一个男人寄给一个对性爱一无所知很害羞的年轻女子的信。1879 年 3 月 10 日，婚礼结束后的第五天，玛丽·卢美斯（Mary Loomis）——梅贝尔·卢美斯的妈妈，怀着一种狂喜的心情给她刚刚结婚的女儿写了一封信：“我永远都不会忘记婚礼之后的晚上，你脸上那纯洁、安详、全神贯注的表情。”[2]从这封信可以看出，她似乎有点多愁善感，而且有点平庸。如果考虑到她女儿写的情色体验的话，她还有点愚蠢。但是，梅贝尔·卢美斯的表面确实是十分真诚

〔1〕The *Physical Life of Woman* (1869; ed. 1888), p.65.

〔2〕January 16, Diary 1879, David Todd to Mabel Loomis, January 30, 1879, box 3, MLT; Mary A. Loomis to Mabel Todd, box 31, MLT.

的。她得到了她想要的男人。至于她的表情很纯洁，那是因为对于她来说，纯真是一件可以由她自由把握的事——事实上，其他的中产阶级也是这样。

2. 梅贝尔·卢美斯·托德

婚姻并没有减弱托德对性爱的渴望，也没有减弱他对性爱的激情，更没使性爱变得索然无味，而是婚姻提升了他们的性爱质量。由于他们的性爱很有规律，所以加强了他们对性爱的渴望。同时，因为结了婚，受到法律的保护，所以他们感到做爱是件天经地义的事情。他们早期在一起生活的经历，为约翰·伯纳德·萧的观点“婚姻是人类所有组织中最为淫荡的组织形式”，[1]提供了最有说服力的证据。“我们结婚以后，大卫要比我们结婚以前更有激情。”梅贝尔·卢美斯在日记里一点一滴地记录着他们婚后头五个月里的婚姻生活，“我十分感谢上帝，因为他赐予了我这么好的丈夫。大卫身上充满了活力，他对我体贴入微，而且他越来越爱我，他用每个女人都渴望的那种浓浓的爱包围着我”。在这方面的描写，梅贝尔·托德的比喻通常要比她所能想象得到的都要更加形象、生动。当然，不单单是性爱使她神魂颠倒，性与爱、肉体与灵魂的结合更使她如醉如痴。她在日志中这样写道，“他对我的爱如此富有激情，同时又是如此的纯洁”。[2]对 82
她来说，感官享受是不可或缺的，对她丈夫来说也同样如此。

大卫·托德深爱着他的妻子，再加上他的妻子又会营造出朦胧的

〔1〕*Man and Superman*, Act Ⅲ, *The Bodley Head Bernard Shaw: Collected Plays with Their Prefaces*, Ⅱ(1971), p.670.

〔2〕August 24, 1879, Journal Ⅲ, box 46, MLT.

氛围，这使得大卫更爱他的妻子，更加渴望他的妻子。结婚伊始，他们似乎都过着这样的生活：晚上相拥入睡，早上一觉醒来再享受一段爱的时光。梅贝尔·托德在她的日记中写道："每晚，他在壁炉前的地毯上帮我宽衣解带，他往壁炉里添火时，先帮我披上衣服以免我着凉，他添完火后将我抱起，轻轻地放到床上，一遍又一遍地亲吻我，之后他走到他的书桌前看上一两个小时的书。当我参加完聚会回到家，感觉身上有些冷时，他也会这么做，先帮我取暖，然后亲吻我。清晨，他会先起床，点燃壁炉，把我的衣服一件一件地摆在壁炉旁边，等衣服烤暖后再叫我起床，他把我抱到壁炉前面的地毯上，把我所有烤好的衣服都替我准备好摆在那儿。然后他把葡萄、无花果或者苹果拿给我让我在早饭前吃。"[1] 托德夫妇陶醉在幸福的婚姻生活里，他们一起工作、一起读书、一起创作欣赏音乐、一起散步。源自他们夫妻性生活中的快乐也感染着他们的其他方面生活。

他们没有任何禁忌地做爱，似乎将他们的性爱和对其他事物的满足感都联系到了一起。早餐吃无花果和葡萄，有时还吃更具暗示性的食物。梅贝尔·托德在她婚后两个月的日记里写道，"冰激凌在送回家的路上"，"今晚将会是最销魂、最神圣的夜晚"。当他们不在一起的时候——梅贝尔·托德去看望她的父母，大卫去观测星星——他们几乎不能忍受对彼此身体的渴求。梅贝尔·托德在给她丈夫的信中写道，"大卫，我真的忍受不了我独自一个人睡觉"。三年过去了，她在

---

〔1〕December 11, 1881, Journal Ⅲ. 见 1879 年 3 月 16 日梅贝尔·卢美斯·托德在蜜月期间，写给她母亲的信："大卫……每天早上起床后，都给我拿苹果或者橘子，让我在早饭前吃……" 尽管对他们的夜生活的描述是一笔带过的，但还是有所提及。Box 31. 也许人们会认为托德夫妇会从文学作品中学习一些夫妻相处之道：蓓基·夏普（Becky Sharp）把她丈夫的拖鞋焐热（*Vanity Fair*，ch.17），索菲·特拉德尔 (Sophy Traddles) 也为自己的丈夫焐拖鞋（*David Copperfield*，ch.61）。但是由于北方的夜晚特别冷，所以现实的生活才是他们最好的老师。

日志中仍写道，“我十分想念你，亲爱的，我十分想念你”。她几乎可以感受得到他的回答，“亲爱的，第四天晚上我们就可以相见了，我都有些迫不及待了”。对于大卫·托德来说，他不知如何控制自己的 83
欲火，“我——我能等那么久吗？”他打算去和她见面，这样他们就可以马上做爱，不耽误一分钟。他立刻努力控制住他的想法，不再继续写下去，因为他怕他那激烈的言辞会使他欲火焚身，同时也点燃他妻子的激情。他在他们结婚都已经快三年的时候，还这么写道：“亲爱的，这一次我曾试着给你写一封不那么充满激情的信，但是除了写这些我真不知道我应该写些什么，因为我太爱你了，所以很难不写这些。你知道，我不应该这么做，但是如果我告诉你，没有你在我身边的日子里，我的生活是多么的没有意义，是多么的无聊，而且两天前我就决定今天起程去华盛顿看你，这样明晚我就能躺在你的怀里了，到那时你就会明白我为什么会这样写了——尽管我们只不过才分开24个小时。”[1]

他们见面后，就把前几天浪费的时间都补了回来，他们一晚接一晚地做爱。梅贝尔·托德在1879年年末这样写道：“我亲爱的丈夫最浪漫的想法——我亲爱的大卫，和我在中心大酒店约会，他坐特快列车从华盛顿来，到这就为了和我做爱。噢，太美了！我的好丈夫简直是太好了。”第二天，她在日记中这样写道，“昨晚，整个世界都会感到幸福的”。几年过后，从她的日记里可以看出，她对性爱的兴奋程度仍没有降低：“今晚从9点到12点，是我今生最最幸福的时刻。”她又写道：“这是一个多么令人感到幸福的夜晚啊！”但是日志里的某些晦涩话语则令人感到很迷惑，比如她在1881年的日志中只是简

〔1〕May 12, Diary 1879; Mabel Todd to David Todd, August 1, 1879, December 18, 1882, box 12, DPT; David Todd to Mabel Todd, August 20, 1879, December 9, 1881, box 35, MLT.

单地写道："噢！非常棒的早上。"翌年，日志中的文字也没有了令人想象的空间。"我们7点休息，大卫和我有个不错的晚上。因为我永远都不会忘记，所以没有必要再记在日记里了。"接下来是用两个符号来记录的，意思是说，在1882年2月28日那个令人难忘的夜晚，他们做了两次爱，同以前的感受一样。梅贝尔·托德把这些称作"享受晚餐过后的美好时光"，但这些片段的描述并非证明了他们在性爱方面毫无节制：这些性爱片段出现的频率平均一周不到一次。也有不方便的时候，比如1882年年末，大卫·托德进行天文考察时，在给他妻子的信中这样写道："亲爱的，我可以在这儿静静地等待，直到你月经结束，到那时我们就可以做爱了。"他又写道："我现在可以保
84 存体力，尽管不和你做爱对我来说是一种痛苦，是一种折磨。"大卫在梅贝尔·托德经期这段时间里默默地等待着。[1]

但是这对夫妻还是弥补了因为妻子的月经和不方便的时候浪费掉的性爱激情。1885年夏天，梅贝尔·托德和她的朋友们去欧洲旅行，她在她的旅行日记中吐露出了她自己的性需要对她造成的心理压力："我不安地等待着，渴望着我的丈夫；我一直在数着还有多少天才能见到我心爱的丈夫，获得我的满足。我天生是不能一个人生活的。"[2]确实，她不能一个人生活。如果她想要获得她需要的满足，她就要找一个男性伴侣。

她需要他——正如他也需要她，即使在她怀孕之后，她仍需要他。1879年9月10日，大卫·托德考察归来，她刚看到她丈夫时还有点害羞，可到了晚上，这种害羞就烟消云散了。"这晚拉近了我们

---

〔1〕September 10, 11, Diary 1879; August 19, December 12, Diary 1880, box 39, MLT; July 3, Diary 1881, box 39, MLT; Feburary 28, Diary 1882, box 39, MLT; David Todd to Mabel Todd, December 8, 1882, box 35, DPT.

〔2〕August 7, 1885, Journal Ⅳ.

彼此之间的距离，身体上的交融不同于我经历过的任何交流——它是那么的令人感到愉快，然而现在很难再让我感受得到以前那样的震撼了——让人感到无法呼吸的震撼——但最后我还是感觉到了，和我们所熟悉的美丽高潮一样，然而那种感觉不同于‘春天时候那种开心’。”她继续写道：“这几个星期里，我和我亲爱的经常做爱，比以前更加快乐。每一次做爱我们都沉醉于其中，而且我们从不留意我的经期是几号”。[1]

梅贝尔·托德在她女儿出生后不久记下了这些私密的细节。在前文曾提到过的她的日记中的前面几句话：“1879 年 5 月 14 日早上，我和我的至爱吃过早饭，来到第 14 大街第 1234 号房，享受了一段幸福的爱的时光。”事实上，最近他们经常享受着这种爱的时光。梅贝尔·托德在日记中写道，“三天以来，一直到周二早上，我和我丈夫都没有享受爱的时光了，但是，这之前的两个星期里，我们都有享受。”但是，在 5 月 15 日的日记中，梅贝尔·托德对她的性爱却记得十分特别：她用她喜欢的观念来精心描写有关生育的问题——或者更
确切地说是避免生育的问题。“自从我结婚以来，我已经有了三次月 85
经，我们一直都很小心，按照我们一直以来的做法，即每次在没有达到我们的性爱高潮时就克制自己，只有从月经结束 14 天以后，以及下一次经期开始的前三天，我们才完成我们的性爱。这样我们无疑能避免任何因甜蜜的爱而带来的危险。”5 月 15 日，梅贝尔·托德还写道，“离我的经期不到 8 天了”。此时，托德夫妇并没有按照他们以往一贯的做法，实行高潮时体外射精，她将自己作为一个实验对象。她认为：“对于我来说，对性爱感觉达到高潮的时刻才是我最有收获的时刻——当那个时刻过去了，我就觉得我的子宫关闭了，没有任何体

〔1〕“Millicent's Life,” I [p.20].

液可以进入到我的子宫。”她还写道，“我那样做根本不是源于不可控制的激情，而是源于对自我观念正确性的肯定，我允许自己接受那珍贵的液体，至少是在我达到最高兴奋点之后的六次或者八次高潮之后。当我完全平静下来，感到非常满足之后，我立刻起身，此后就感觉到液体完全排出了”。[1]这种非专业水平的生理理论，就是当时流行理论的特殊变体，因为被大家所认可的那种生物理论是：只有在性爱双方共同体验到性高潮时才能怀孕。这种非专业水平的生物理论和流行的观点相同，再加上通过影响人命运的医学专家的错误引导，认为女性在月经期中间点最不容易受孕，这种伪科学所导致的最终结果就是九个月后，一个女婴诞生了，取名为米利森特（Millicent）。

接下来的几个月时间里，可能怀孕并没有从任何程度上妨碍托德夫妇像以前那样享受性爱。最近一篇记载十分详细的“晚间性爱”的日志是在 1879 年 11 月写的，当时她已怀有七个月的身孕了。最初，在她确认自己怀孕以前，尽管她会偶尔地感到心情压抑，没有胃口，恶心，但是夫妻二人的性生活甚至变得比以前更美满了。7 月，当他们到纽约北部旅行时，她在日记中记道，“这个月，大卫对我的爱，以及我对大卫的爱都是最神圣的，最美好的”。她回忆“最开心的一天”是他们“在塞内加湖上搭乘舒勒号轮船（Schuyler）从日内瓦到沃特金斯（Watkins）——哦！我们是多么的相爱！晚饭前，在格伦山房间，在我们的房间里，我们所做的，是多么美丽辉煌的证明啊！”她“完全沉浸在这次温暖的爱的怀抱，我们幸福地相拥，我满
86 脸洋溢着幸福——每晚我都容光焕发，我美好的时光都是得益于我们与对方那深沉的爱——我永远都不会对它感到厌倦——有时会达到我们最完美的高潮——有一刻会很接近——只不过是为了快乐，每次

〔1〕“Millicent's Life,” I, pp.1-2.

都享受到了最强烈的激情”。[1] 对于托德夫妻来说，做爱就是一种娱乐。

8月初，大卫·托德离开妻子进行天文考察。在他离开后，他妻子的精神状态不是很好，心情紧张，一开始时睡不好觉，害怕有小偷，怀念她丈夫睡在她身旁。她的这种状态一直持续到第四个月时，她发觉其中部分的原因是由于她的性欲——尽管在某种程度上有所减弱。“我有点想念大卫，甚至完全是身体上的想念，整个八月里，或多或少的只是有一点想念，没有达到我认为我应该想念他的那种程度——我内心的那种激情尽管还是很强烈，但是相比之下，还是有点减弱。”她觉得她现在最想要的是被爱抚，而不是什么激情。当她即将成为一位母亲时，她却倒退回了童年，但这也并非反常。使她高兴的是，她那轻微的抑郁感消失了，而且就像以前那样，她的“自我满足感和自由感”又弥漫着她的全身，她又感觉到她是一个“无所不能的天才——不仅仅是在绘画、音乐或写作方面富有天赋——如果我全身心地进行这些方面的创作，我都能轻易地取得巨大的、辉煌的成就。我是如此的富有天赋，我可以在不同领域内取得成就”。[2] 米利森特出生后，梅贝尔·托德喜欢回想过去的她是多么的无所不能，她的这种坚信程度，就像她坚信七月的性爱是非常幸福的一样，她的自信对胚胎快速发育起了巨大的促进作用。

与此同时，她怀孕后的头几个月里，她一直否认自己怀孕的事实。甚至当一位女内科医生告诉她，她没有来月经的原因可能是因为她和她丈夫过夫妻生活的结果时，梅贝尔·卢美斯还坚持认为没来月经是由于情感压抑或消化不良所致。她只是大体地向她母亲汇报了一

---

〔1〕“Millicent's Life,” I, pp.6-7.
〔2〕Ibid., pp.13,15-16.

下她的不舒适感，可她母亲给她回的信却是冗长的、焦虑的、满是建议的。卢美斯夫人告诉她的女儿，照顾身体是非常神圣的、必要的，
87 她必须多吃水果，多休息，多活动身体。她母亲8月3号的信有一点歇斯底里，和她“亲爱的”父亲第二天寄来的信相比，很是让人恼火，因为她父亲的信简短、轻松、幽默。梅贝尔·托德为即将成为母亲而感到不安。随着8月份日子一天一天流逝，即将成为母亲的事实是不可能逃避的。再加上她妈妈对她的反复叮嘱使她变得更加不安。“我敬爱的母亲大人，”她在8月16日的信中这样写道，“你别再指责我了！”她指责她母亲总是对她的身体健康状况妄加评论。“还有一件事，就是当你想对我说什么事的时候，请不要重复上百遍，求你了”。

事实上，梅贝尔·托德越来越倾向于向自己宣布一个决定性的事实：她不仅仅是消化不良。8月底，她发觉自己肚子下部还长出了一个“有点硬硬的小鼓包”。从那一刻起，她不再相信那个生育理论了，因为她正是根据那个生育理论在5月15日还做了爱。9月3日，她在给她母亲的信里明确宣布了她怀孕的事实。信的前两页全部是关于生活琐事的，并有意地提到了有关服装的问题，而且谈得还很细。之后才切入主题，“非常抱歉，我不得不告诉你一件几乎是可以肯定的事情，我现在的处境就是通常所说的正处于一个‘有意思的境地’”。她对即将做妈妈感到厌恶，这种情绪显而易见，不仅从她那毫无掩饰的后悔语气中可以看出来——她也不愿意直接告诉她母亲这个消息，还可以从她那迂回的话语中看出她不愿意怀孕的心理。“我知道就是在那天，整件事就这样发生了”，她这样写道。她想通过长篇大论讨论她结实的身体，以此来掩盖处在这样的境地给她带来的焦虑——因为她身体健康、结实，所以能很顺利地生产。但是，现在还不能确定，她用少有的语调警告她母亲说，“但是，听着——如果你从这种亲密的可能性中就断言那个小生命的诞生，我将永远都不会

原谅你”。[1]

但是，暗示终于成了一个确定的事实。9月中旬，梅贝尔·托德很正式地用一个少见的错误拼写单词在日志中这样写道，“我确实怀孕了（I am *enciente*）”。如果有了孩子，就得照顾孩子，而不能把全部时间都留给自己了，这种想法一直压抑着她。她告诉她的丈夫，即将成为一位母亲，这种感觉是“令人感到悲伤”的，以前她在她的日志里从不写虚伪的语言，这次她在日志里却写下了她认为自己“自私”这样的字眼。她曾经过着“蝴蝶”般自由的生活，可她现在将要把时间和精力放在其他人身上，这使她很苦恼。“我发现我愿意成为 88
一个好妻子——我是为了成为一名好妻子而生的，我不愿成为一位母亲，真的，不愿意。我只愿意和我丈夫在一起生活——孩子，只是不小心才生的。但是，”她立即打消这样消极的情绪，又写道，“我知道我会爱这个孩子的。”她的诚实还是显露出来了。她接着写道，“但我对孩子的爱不会像作为妻子的爱那么浓。对孩子的爱，对我来说不是必需的；作为妻子的爱是我的空气、食物和水——没有了它，我就不能生存”。[2]从梅贝尔·托德记的日志来看，她不是一个奇特的女人，但是非常坦率：正好像孩子们的恐惧会影响他们的生活一样，女人也不愿意面对和承认生活的现实状态。

然而，当梅贝尔·托德确定她真的怀孕了的时候，她开始用她的热情以及语言方面的天赋，逐步适应未来母亲这一角色。有趣的是，她对怀孕这件事的态度的转变，事实上是她丈夫的功劳。当大卫得知他的妻子怀孕了的时候，他欣喜若狂，并用一种几乎是无条件崇拜的

---

〔1〕 Mary A. Loomis to Mabel Todd, August 3 and 12, 1879; Mabel Todd to Mary A. Loomis, August 16, September 3, 1879. All box 31, MLT.

〔2〕 September 12, Diary 1879; October 6, 1879, Journal Ⅲ. 我们应该理解她和她丈夫有着正好相反的观点；这是一种很普遍的想法，因为她非常独立，不想把自己拴在单一的角色上，她认为她应该有比其他人更为色彩斑斓的生活。

语调，为他的妻子送上了衷心的祝福。他写信告诉她说，希望那是真的。开篇写道，“我最亲爱的妻子”，然后就开始滔滔不绝了，“我必须得告诉你，上一周我非常的开心，心里有种无法抑制的荣耀感，我每时每刻都在祝福、爱慕你”。信中他向她保证，他不会让她在接下来的几个月里，甚至是接下来的两三年里受苦，他们可以把孩子放在爷爷奶奶家里，然后他们俩去欧洲旅行——他精明地使用了这种贴心的话语来安慰她，因为他知道他的妻子害怕孩子会固封住她的手脚。总之，这种狂热的赞美之辞写了大概有 20 页之多，接下来大卫 · 托德告诉他的妻子说，他特别爱慕她那具有“女人味儿”的“高贵”的气质，还说，即将成为母亲是件非常神圣的事情。他的信加深、加固了他对他妻子的爱——“你——梅贝尔——妻子——母亲”。他甚至委婉地责怪自己没有早点告诉她，他“极其渴望给我迷人的妻子一个深情的拥抱。你是只属于我一个人的，你是无与伦比的、神圣的、宝贝的、真实的、可人的、圣洁的、亲爱的、快乐的、完美的、甜美的、美丽的新娘”。他用不同的语言来称赞她是“崇高的女性”，比如“神圣的、圣洁的母亲”，并指出，虽然他从没说过，但是他相信她完全能胜任她即将担负的责任，“我经常会想，你的身体天生就适合完成这份神圣的工作——
89 臀部很宽——更不用说其他的部位了，完美无瑕，从不会因紧身的蕾丝花边而勒得走了样”。他完全沉醉于对他妻子完美身体的回忆之中。沉醉完之后，他将笔锋一转，开始谈论他的责任，以及他们即将要迎来的、令人开心的事。这一天会来到的，他希望到那时她就会“对那神秘的生命感到一种力量，心里美滋滋的，充满了感激——这是我给予你的，同时你将它移植到了你那富饶的神圣的土壤里。”毫无疑问，她觉得他的信“非常的鼓舞人心，令人振奋”。[1] 大卫 · 托德和他的

〔1〕David Todd to Mabel Todd (late August, 1879), box 3, MLT; “Millicent’s Life,” I (p.18).

妻子梅贝尔以前正是以这种富有文采的语言来赞美他们的性爱的，现在他又用这种语言来赞美他们爱的结晶了。按照他妻子的说法，他“珍贵的液体”已经成功地完成了它的使命，这使他非常骄傲。

这封信是一个历史性文献。当大卫·托德认为孕妇很神圣的时候，他实际上是在谈论一种古老的传统；这也是整个19世纪的体面语言的共同特征。令人吃惊的是，他将作为母亲的虔诚与对性的激情联系在一起。正如我们所了解的，长久以来，在19世纪中产阶级的传统智慧中，男性将他们的爱分成两大类，也将女性分为两种，一种是天使，另一种是妓女。但是托德夫妇二人的行为以及他们的想法与这普遍流行的观念是背道而驰的。如果说大卫·托德引领了他们的性爱之路的话，那么梅贝尔·托德则兴致勃勃地紧随其后。从他们的日记和信件中就可以看出，事实上是妻子激励丈夫把每一次的“战斗”都打得很漂亮。同时，夫妻二人的性生活尽管富有创造性而且很成功，但完全是家庭式的。大卫·托德像是一只驯服了的动物——他秉性温顺；梅贝尔·托德则不是天使，也不是妓女。他们喜欢用“丈夫一情人”或“情人一丈夫”的形式来写落款和签名，将“丈夫一情人”两个词放在一起作为落款来强调他们之间的爱。中产阶级评论家则坚持不应该把“丈夫”和“情人”用破折号连在一起写。到1885年6月，他们结婚已经有六年之久了。大卫·托德在给他妻子的信中这样写道，“再见了，亲爱的，我爱你，大卫丈夫情人。”梅贝尔·托德在她的日记里也用了相同的语言。[1]这种放纵的情爱和相敬如宾的幸福生活一直持续到他们的女儿米利森特出生。现在看来，也没有任何明显的理由反驳说，为什么他们不能继续这种生活。但是，托德

〔1〕David Todd to Mabel Todd (June 1885?), box 36, MLT. 见 Mabel Todd, September 10, Diary 1879。

夫妇不久就从华盛顿搬到了阿默斯特。

90 3. 梅贝尔·卢美斯·狄金森

正是在阿默斯特，梅贝尔·卢美斯·托德将她的权力和天赋意识转化为了实际的行动，这也使她在历史上有了一席之地；狄金森家在阿默斯特是显赫的家庭，而作为狄金森家族的挚友，梅贝尔·卢美斯·托德是最早评价、编辑艾米莉·狄金森（Emily Dickinson）诗歌的人。但是她的这种亲密关系，在给她带来快乐的同时，也给她带来了无穷无尽的烦恼：十多年来，梅贝尔·卢美斯·托德一直是个有着良好声誉、极具社交能力的妻子和母亲，而奥斯汀·狄金森（Austin Dickinson）——艾米莉的哥哥，是阿默斯特大学的财务主管，当地有头有脸的人物，他的孩子都已成人，但梅贝尔·卢美斯·托德和奥斯汀·狄金森是一对情人。晚上他们在她的房子里约会，到楼上把房门锁上，以免被丈夫、女儿发现。他们在无人知晓的情况下，浓情蜜意地跑到乡下去远足；他们巧妙地策划到波士顿去共度美好时光；在阿默斯特时，他们就相互传递充满爱意的抒情短诗；当他们分开时，他们就互通情书。他们的恋情是秘密的，他们耍尽花招，极力隐藏，但这却是一个人人都可能有的秘密，也是中产阶级社会生活方式的一种考验。

这也体现了梅贝尔·托德的需要，她和奥斯汀·狄金森的恋情看上去像是实现了诸多持续不断的幻想。1881 年 8 月，大卫·托德带着他年轻的妻子来到阿默斯特，他成了阿默斯特大学的一名天文学讲师，同时也是天文学院观象台台长。托德夫妇是阿默斯特上流社会受人瞩目的对象，因为阿默斯特是一个安静的小镇，而且上流社会中文雅的娱乐活动的内容是一成不变的，生活中见到的都是熟悉的面孔。大卫·托德从阿默斯特大学毕业，而且一表人才；众所周知，梅贝尔·托德则极具魅力。因此对于苏珊·狄金森（Susan Dickinson）——阿默斯特公认的权威人士，以及她的丈夫奥斯汀，热情好客地接待新来的客人是很正常的。一段时间过后，一切顺利，正如梅贝尔·托德写的那样，“美妙极了”。我在前面引述的日志和书信中的许多内容，都是托德夫妇到阿默斯特后的前几年写的。

但是从那时起，不同的男人的名字，而非她丈夫的名字——我不称他们为情敌——开始登上了梅贝尔·托德的情色日程表。1881 年底，梅贝尔·托德和内德（Ned Dickinson）产生了暧昧的关系。尽管梅贝尔·托德试图阻止这种关系，但他俩还是纠缠不清。内德是奥斯汀和苏珊·狄金森的儿子，20 岁，在阿默斯特上大学，社会阅历尚浅，毫无幽默感，被爱情冲昏了头脑，完全将社会的礼仪规则抛在一边。梅贝尔·托德将此事记在日志里，并向她的丈夫坦白了一切，说所有的 91
一切都是她的错；她说她喜欢和内德一起滑雪橇，一起上华尔兹舞蹈课，他甚至对她说了许多甜言蜜语，但在当时她还有时间阻止这一切的发生。她认为内德相貌英俊，和他在一起很开心；1883 年 2 月，她试图劝说内德和她保持朋友关系之后的几个月里，她承认对她的追求者产生了一种“特殊的感觉”。[1] 但到那时，失望的内德将其受挫的爱变成了恨，他在他母亲的面前谴责梅贝尔·托德和他调情，现在她厌倦了这种游戏，开始把目光转向了他的父亲。调情，这个老生常谈的字眼在当时还是一个颇有分量的词，现在又一次压到了她的身上。

梅贝尔·托德不负责任地——或者说是不顾后果地（对她来说），与内德·狄金森保持了暧昧关系，说明她只不过是在寻求异性对她的关爱，而这些并非她出众的社交能力，以及她美满的婚姻所能提供

[1] Feburary 3, 1883, Journal Ⅲ.

的。一旦她自恋的欲望受到威胁，哪怕只有短暂的威胁，她这种情绪都将会使她感到欲火中烧。1882 年 1 月，梅贝尔 · 托德到华盛顿看望父母，当时她的丈夫在阿默斯特工作，她在日志里写道，她享受着“最美好的时光”，“有足够的吸引力迷住整个屋子里的人——事实上我做到了”。她毫无掩盖地又写道，“我和我所见到的每一个男人调情——但是，只是用一种大卫也会喜欢的方式”。她以前的一个追求者艾略特先生，现在仍旧对她示好，她告诉他，她现在的婚姻很幸福，以此来折磨他，但她没有拒绝他来看望她。她很清楚地知道，她不仅需要大受欢迎，还需要所有人的关注。[1] 即使她的丈夫在身旁，她也会睁大双眼寻找她新的崇拜者，以及被她的魅力吸引的男人。1882 年 8 月，她丈夫外出考察回来不到两个星期，她的日记本里就记满了晚餐过后享受美好时光之类的老生常谈，但这时她仍在日记中这样写道，“我对一个刚认识的男士很感兴趣，他叫鲁宾孙，剑桥大学毕业的……”[2] 1885 年夏天，在去欧洲的旅途中，她发现没有喜欢的男性相伴是件非常沮丧的事情，尽管和她一起的有一对她熟识的夫妇，而且这时她既拥有丈夫对她的爱，还有她的情人对她的爱。她被一个感情丰富的英国人深深地吸引了，这个人和她一样懂得欣赏大
92 自然的美景和城市的魅力。在伦敦她天真地写道，“我希望奥斯汀和我在一起——或者大卫和我在一起”。[3] 她觉得内德在滑雪橇时非常有力量，在跳舞时又非常灵活，向她大献殷勤时非常诱人，只可惜他还是个孩子。梅贝尔 · 托德需要的是一个男人，内德的父亲恰好是这样的一个人。

---

〔1〕 January 20, 1882, Ibid.

〔2〕 August 15, Diary 1882, 7 月 28 日，她丈夫回来了，日记中记录了令人狂喜的事——两次高潮。

〔3〕 June 17, July 3, 1885, Journal Ⅳ.

梅贝尔·托德和奥斯汀·狄金森的恋情使他们经常感到精神紧张，并时常感到忧虑。在他们秘密的信件中经常出现希望与伴侣一同赴死的内容。1889年的日记里夹着一张纸，上面记录了这样的一个愿望，“梅贝尔·卢美斯·狄金森/阿默斯特，马萨诸塞州/1889年8月14日”。[1]在她1890年4月写给她情人的信里，她无助地写道，“我爱你”，“我十分想念你”。[2]他们的恋情从19世纪80年代初开始，一直持续到1895年8月奥斯汀·狄金森去世，这期间他们对彼此的激情一直未见消退。他们用双方都知道的缩略语写信，找可靠的信使送信，信的内容都是一些神圣的令人难以忘怀的诗歌和旅行见闻。他们还庆祝属于他们的秘密纪念日。他们只能将他们的秘密记忆寄于某种纪念物上，只有这样才能让对方知道他们爱着对方。1882年9月11日，奥斯汀·狄金森用他那种习以为常、简洁优雅的写作方式在日记里写道，“太平无事”，并在参加牌局的人员名单中写上“托德夫人”，然后郑重其事地加上“卢比孔”（Rubicon）一词。[3]他和梅贝尔·托德终于越过卢比孔河了，此后他们每一年会庆祝那个幸福的时光，就是一个很好的证明。也就是在日后的某一个时间，他们终于跨越了性爱的卢比孔河。

他们确实越过了卢比孔河。在奥斯汀·狄金森葬礼当天，梅贝尔·托德最后一次见到他那“可爱的、深爱着的身体”，“亲吻他冰冷的脸颊”，“握住他那柔软的手”，她又写道，“我亲吻过的每一寸肌

---

〔1〕Diary 1889, 夹在8月14日和8月15日之间，box 40, MLT。她将她丈夫的姓氏改了两回，一边儿用铅笔改的，另一边儿用墨水改的。

〔2〕Mabel Todd to Austin Dickinson, April 5, 1890, box 100c, MLT.

〔3〕September 11, Diary 1882, box 101, MLT. 日记中夹着一张纸，纸上有几个被改过好几遍的字。同一天的日记里写着，“ev’g 和 M——跨越了卢比孔（Rubicon）”。梅贝尔·托德那一年的日记是用铅笔写的，而奥斯汀·狄金森同一天的日记里也写有“卢比孔”的字样。（卢比孔河，跨过卢比孔河，意为事已至此，没有回头的余地；同时又暗指越过雷池。——译者注）

肤，我深爱着的身体就躺在那儿，我向它道别”。然而，奥斯汀·狄
93 金森似乎也熟知她的每一寸肌肤，“我爱你——我爱你”。1885年夏天，在他写给她的信里，他说，“我想吻遍你每一寸肌肤”。[1] 对于在那些天里发生的一切，梅贝尔·托德似乎历历在目，“哦，亲爱的奥斯汀”，梅贝尔·托德在奥斯汀去世3个月后的日志里这样写道，“不需道晚安——因为你从未离开过。此时我感觉你正在我的身体里，双手紧紧地抱着我”。她感觉哀悼是件令人窒息的事情，而且时间又过得特别的慢。1896年3月，她又写完一本日志的时候，离她的情人去世已经有七个多月了，可她仍能感觉到自己伤心欲绝，仍能感觉到奥斯汀一直陪伴在她的身旁。奥斯汀的去世是她所经受的最大的打击。1895年9月，她告诉她的丈夫，“我不可能再和从前一样了”，也许这话说得不够有技巧，但是那确实是一个相当准确的预测。[2] 这是一个事实：尽管梅贝尔·托德比她的情人奥斯汀·狄金森多活了37年，但是自从奥斯汀死后，她只有过一两次激情外遇，而且她再也不像以前那样生气勃勃了，再也不是那个有着强烈欲望的女人了。

梅贝尔·托德的戏剧化生活发展到了极致，她从不为她那感情过分的流露而感到羞愧，但是这场恋情不同，这是她生命中最重要的恋情，她从不认为这是一场不光彩的私通。她不想掩饰什么，即使是对自己也不想掩饰什么。1895年8月10日，她的恋人生命垂危，躺在自己家中，无法和她联系，在这种情况下，她开始写信，一天接一天不停地写信。这些信写的都是关于对过去的回忆和自己毫无保留的爱——“哦，我的爱，我最亲爱的，我的全部，我的伴侣，我是多

[1] August 19, 1895, Journal V; Austin Dickinson to Mabel Todd, July 3, 1885, box 98, MLT.

[2] November 15, 1895, March 31, 1896, Journal V; Mabel Todd to David Todd (September 2, 1895), box 12, DPT.

么的爱你！我是多么的想念你，我感觉到你那可爱的手臂正环绕着我！”——四天后，她用这样简单的语言结束了这封信，“早上好，我最最亲爱的！我的心无时无刻不与你在一起。今天，我要出去走一走，因为我在这儿根本无法呼吸也无法工作，所以，今天我要离开一天。我爱你！”[1]只要看一眼在奥斯汀死后第二天她写的日记，读一读她那伤心欲绝的词句，就会明白她是多么的爱奥斯汀，“我的上帝啊，为什么你要抛弃我！”事实上，这并不表明她真的在责备上帝，而是表达出了她正承受着巨大的痛苦。米利森特是一个善于观察又非常严肃认真的孩子，她的日记证实了就在托德一家得到奥斯汀死讯之 94
后的日子里，她妈妈的状态非常不好，“妈妈几乎要死了”。[2]

这种夸张的说法是可以谅解的，“整个城镇都在为他而哭泣”，梅贝尔·托德 8 月 19 日在日记中这样写道，“然而我是唯一真正的哀悼者”。她是如此悲伤，以致看不到家里还有和她一样悲伤的人。她的丈夫也为奥斯汀的死感到万分悲痛。大卫·托德在 8 月 16 日的日记中写道，“今晚我最好的朋友死了”，“我很失落”。两天过后，他写道，他“尝试着工作，可我的心情非常沉痛，什么都干不了”。又过了一天，写道，“今天举行我最好朋友的葬礼”，“这是我生命中最痛苦的一天”。米利森特用她父亲那样的口吻记下了托德家当时的氛围。在奥斯汀·狄金森葬礼的前一天，米利森特在日记中写道，“今天是我生命中最难过的一天。妈妈哭了一整天，爸爸也哭了好几次，他看起来十分伤心，这把我完全搞糊涂了”。[3]

---

〔1〕她用铅笔在最后一页的背面写道：“他永远都不能亲自收到我写给他的最后一封信了。”Box 101, MLT.

〔2〕August 17, Diary 1896, box 41, MLT; August 16, Diary 1895, box 132, MTB, Y-MA.

〔3〕August 19, 1895, Journal V; August 16, 18, 19, Diary 1895, box 108, DPT; August 18, Diary 1895, MTB.

米利森特·托德目睹了这一切，同时她也是受害者，因为她并非完全没有意识到这一切。她感到就连自己都为妈妈的出轨而尴尬、羞愧，可她的父亲却一直纵容着这一切，他是知道他妻子有外遇的。他鼓励自己的妻子去和情人约会，有时他还延长妻子的约会时间。他做他们的信使，当他的妻子和情人在自己的房子的楼上约会时，他还考虑周全地为他们创造空间，晚上走出家门，回来时还吹着《玛莎》的小曲给他们发信号，通知他们他很快就要回来了。60 多年过后，米利森特仍能感到她很羞愧，她仍能听到爸爸回来时吹的小曲儿，仍能看见妈妈那“贴着满是紫罗兰的墙纸的卧室”。这一切时常将她从睡梦中惊醒。但是她不记得为什么爸爸总是吹着口哨回到家。[1] 总琢磨着一件事，就会去猜测这件事，总去猜测就会猜到答案，这严重地伤害了她的自尊。

米利森特·托德的父亲不仅仅为梅贝尔·托德和奥斯汀·狄金森的幽会提供便利，他还会陪他们一起旅行，当他妻子走开时，他会和奥斯汀·狄金森一起赞美他们都仰慕的这个女人。1884 年初，为了庆祝奥斯
95 汀·狄金森对她“神圣的爱”、对她如此之深的爱，梅贝尔·托德在日记中这样写道，“一直以来我和我亲爱的大卫都很幸福，我们相亲相爱，全心全意地为对方付出。我的婚姻生活非常甜蜜、平和、令人满足，他的性格是那种能给我安慰、让我感到放松的性格”。当奥斯汀·狄金森感到不安时，她写道，“我觉得我们三个正如你和我希望的那样，在一个房子里生活是不会有什么问题的”。[2] 她同样表示出了大卫·托德也已准备好过这样的生活。

大卫·托德是他妻子通奸的同谋者，他妻子的不忠正好掩盖了他自己

---

〔1〕“Talk with Frances Hersey, 26 Feburuary 1957”, 2, box 132, MTB.

〔2〕March 30, 1884, Journal Ⅲ; Austin Dickinson to Mabel Todd, July 12, 1885, box 98, MLT.

的不忠，同时还有其他好处：他仿佛间接地参加到了他妻子性冒险的活动中来，这让他感觉就像他自己体验了性冒险一样。最令人费解的是，他有一种无意识的抵抗心理，他也许是从奥斯汀·狄金森和他妻子通奸这件事上获得了无穷的情色乐趣。这使他自己和妻子的情人之间在感情上更加亲密。这种事情真是令人费解。无可否认的是，他对女性，不仅仅是对他的妻子都有一种不可否认的"软弱"。在梅贝尔·托德所做的，关于她与奥斯汀·狄金森在精神方面相融合的一首散文诗里写着，她丈夫不是"一夫一妻制的拥护者"。[1]

很遗憾，梅贝尔·托德的女儿米利森特被迫凸显了她妈妈的判断。她的母亲在生命晚期向她吐露的内容，她记在了日志里："他们刚刚结婚三年的时候，他就开始和每一个愿意和他做爱的人做爱，其中大都是来我们家的女性客人，甚至包括我长大后的女性朋友。"正如他的妻子在自己的日记中写的那样，大卫·托德是一个"清白无辜的不道德者"。到了他的晚年，也就是20世纪20年代，由于他日益不稳定的行为状况，他被送进了精神病院或让看护员照顾。他通过回忆他和其他女人发生的情色往事，以及他对青春少女的痴心妄想，进一步证实了他妻子的评价。他并不是在想象。米利森特一回想起与她那上了年纪的、步履蹒跚的父亲见面的情景，她的脑海里就会立刻浮现出母亲去世那天令人憎恶的、挥之不去的景象：他冲她大声咆哮，说自己跟她没有一点关系，诽谤她的母亲，失声痛哭，然后突然转变，从狂怒变得伤感起来。"'起来，亲爱的，起来，'他呜咽着说，'我爱你的妈妈，所以，我，我也爱你，我爱你是因为我爱你的妈妈。'"米利森特又写道，"他试着要亲我的嘴，把他的舌头伸进我嘴里，还伴有其他的 96
小动作"。使她感到"恐惧与反感"，她转身逃离开了，"有点眩晕而且

[1] Feburary 6, 1890, Journal V.

感到恶心”。[1] 从这个令人反感的家庭场景中，我们可以看出大卫和梅贝尔·托德的性爱是具有讽刺意味的，是值得深思的充满激情的假象：当他们夫妻二人分开的时候，他们对性爱充满了渴望，当他们在一起的时候，他们的性爱是令对方心满意足的。

大卫·托德对自己多情的、游离的力比多，没有感到丝毫的内疚，他是无辜的——也并不一直都是无辜的——生活的大部分时间里他都是不道德的。回顾他过去几年里所说的情色话语，以及他的行为，只能说明他没有把持住自己的情欲——乱伦、一夫多妻，也许还是同性恋——早些时候，他和他的妻子还向世人展示出他们是一对恩爱夫妻的样子，两人谁都离不开谁，对对方充满了性爱激情。而在家里所上演的一切都绝非假象。大卫·托德，用他的奇思妙想，能够对他的妻子产生一种持久的爱慕之情，尊重他的妻子，同时希望和她在一起。“我的小甜心，”当她在欧洲旅行时，他这样写信给他的妻子，“我是多么爱你啊！我是多么想要你啊！”他的妻子是这样回复的，“我想你，梦你，渴望得到你——我们什么时候能相见啊？”这是她在 1883 年春天记下的，当时她和奥斯汀·狄金森越过性爱的卢比孔之河已经有 7 个月了，“每一分钟都深情地爱着你，亲爱的。全心全意地、虔诚的、充满感激的、充满浓情蜜意的、温柔的、爱着你的妻子，梅贝尔”。[2] 这并不是一种虚伪——他们的婚姻生活似乎并不需

---

〔1〕Richard B. Sewall, *The Life of Emily Dickinson*, 2 vols, (1974), I, p.301; November 26, 1911, Journal XII, box 48, MLT; October 2, Diary 1933, p.13, box131, MTB。1929 年 4 月 28 日，大卫·托德在精神病院里回忆道：“作为一位年轻的父亲，除了她（米利森特），所有的小女孩儿都非常喜欢我。为什么会这样呢？这是个不解之谜，永远都是。我从来都没有这么嫉妒过，直到有一天我看见我一个朋友的女儿——她大概 14 岁——骑在她爸爸的脖颈上，还坐在她爸爸的大腿上时，我真是感到嫉妒了。当然了，因为这是一种无性的爱——柏拉图式的恋爱，所以这种相互间增进感情的做法是非常有必要的。”David Todd to Emma Cecilia Thursby，打印版，box 112, DPT。

〔2〕David Todd to Mabel Todd, July 14, 1885, box 36, MLT; Mabel Todd to David Todd, April 14, 1883, box 12, DPT.

要这种虚伪——但是，19世纪中产阶级在家庭生活方面的传统习俗中对感情有如此之大的包容性，这是我们没有预料到的。

至此，我并不是说梅贝尔·卢美斯·托德的情色体验在某种程度
上是普遍存在的现象。毕竟，她对自己的个性、对自己的独立性引以 97
为荣，她和上流社会的人士发生婚外情，她蔑视中产阶级那些自视清高、自命不凡的庸俗之辈。她认为自己是出类拔萃的，认为奥斯汀·狄金森是独一无二的。1884年夏天，在翻阅她的旧日志时，她可以“从这些日志中看到那些了不起的想法，我希望那些想法现在在我心中如鲜花般怒放。但最重要的是，我一直和百分之九十九的其他人都不一样，从我少女时代的梦想开始——我就与众不同——这种想法已经根深蒂固了。事实上，我拥有这世上一个最杰出的男人全部的爱”。并不是因为她很出众，才和别人通奸的，而是由于她与别人通奸，才显得她与众不同。这就是我认为的，正是她这种坚定的、自以为是的信心，使她的道德规范有很大的可塑性：正是像她那种文化贵族，塑造或重塑了应该遵守的道德规范，并称之为一种更高的规范。

诚然，也正是奥斯汀·狄金森令人无法忍受的家庭生活，为他的婚外情提供了某种借口：梅贝尔·托德认为狄金森应该找一个充满活力、有良好教养，同时又很宽容，类似她本人的女性做他的情人。她将他告诉她的一切都记录了下来，他的妻子是一个粗鲁、喜怒无常、报复心极强的女人。尽管他急切地渴望有自己的孩子，但是她还是时常几个月都拒绝和他做爱，在内德出生之前，她堕了四次胎。其实，她起初也没打算生内德，也是试图堕胎的。如果说奥斯汀·狄金森的婚姻十分不幸，使他犹如生活在地狱般痛苦，那他和梅贝尔·托德的恋情却使他感到很满足，犹如生活在天堂般幸福。1884年冬天，梅贝尔·托德的母亲和祖母反对她与狄金森这样一个已婚男子走得太近，可她却摆出一副完全不以为意的姿态。正如她在自己的日志中坚

持不懈地大胆展示的那样，正是他们二人的友谊使她自己达到了一种令人无法想象的精神上的巅峰状态。她不是在“品尝美味的烤牛肉配啤酒”，而是在“啜饮上帝的甘露”。这段婚外情是她完美自我的实现，她在日志中高兴地写道，她丈夫十分理解她，“大卫很豁达，他从没有指责这是谁的错。这不是我的错，也不是他的错，更不是其他人的错”。不可避免的是，这将她引入了一个只有尼采式人物才不会感到羞愧的境地，“对于普通大众来说这是一个危险的想法，但是总有人会理解的，即便是一千个人里只有一个人能理解”，她写道，她属于既不邪恶，也不十分软弱的一类人，即使“考虑到一些传统的观念”。如果说一千个人之中只有一个人能理解她，毫无疑问，这个人就是奥斯汀·狄金森了，事实上，也正是他与她分享了他那些贵族式的观点，并将这些贵族式文化观念教给了他的小情人。1883 年初，他在写给她的信中写道，“精神恋爱要比情书更加神圣。习俗是由那
98 些不能成为法律的规则所构成的，习俗必须和更高一层的法律相一致，社会才能达到和谐”。[1] 这就是这两个 19 世纪布尔乔亚分子顽固地坚持的信条。

如此一来，以下行为就再自然不过了：罪人们控告、从而超越了那些谴责这种罪恶的人。当然，该忏悔者无须道歉，而这种自我辩解也常出现在梅贝尔·托德自传式的日志沉思之中。她义愤填膺地为乔治·艾略特辩护，她反对那些心胸狭隘的批评家总是对乔治·艾略特和刘易斯（G. H. Lewes）同居指手画脚，“对我而言，上帝的律令要远远超越于小羊皮和羊皮纸之上”。当“两个高尚的人在经历过生活中的困窘与迷惑之后相识，同时他们二人又清楚地知道他们是如

[1] August 3, 1884; January 6, 1885, Journal III; December 16, 1885, Journal V; Austin Dickinson to Mabel Todd (March?) 1883, box 98, MLT.

此般配的一对，他们之间又是如此完美地相互补充，尽可能为彼此减少生活中的痛苦，并追随着来自他们内心的那一束超然的光芒找到彼此，因爱而走到一起”。她不无得意地写道，“毫无疑问，这是具有革命性的信条”。这种为乔治·艾略特的辩解也同样适用于梅贝尔·托德。[1] 但是，这种对社会道德规范的摒弃，公然对抗主宰大众生活的道德律令；她的这种反抗，目的不仅仅是为她自己非法的情爱冒险提供一种知识上的令人肃然起敬的感觉，而且是为她的过分自恋提供一种合乎逻辑的表达方式：她坚信自己生就实现其内心潜能的各种特质，其中特别包含她的性激情。

在她参观完劳拉·尚特（Laura Chant）夫人在芝加哥为“犯错的女性”所建的收容所后，她对她自己最显著的感官享受进行了深思，并记录了下来。那是在1890年，“我身边的那些可怜的女孩儿”的景象感动得她落了泪。看到那些未婚先育的女孩，真是令人“心碎”。她问道：“社会怎么可以说她们的所作所为是犯下了滔天罪行呢？”“如果她们是为了爱一个男人而怀孕，那么这就是一件美好而纯洁的事，也许有点不正常，但无论如何不是一件坏事。”对于有悖常规的不正常之事，竟然说成无论如何都不是一件坏事，这种观点也真够激进了，在梅贝尔·托德的眼里，那只不过是不留心的爱。欲望，也拥有自身的权利。“如果纯粹是出于激情，为了满足其自身的欲望——正如我所听到的那样，这正是我要可怜她们的原因。性欲只是上苍赐予我们的一种本能，在我看来，它甚至比渴了就要喝水更符合自然天性，因为对水的渴求还是一种非自然的、非天生的要求。”[2] 在她看来，性激情是一种自然的情感，而正是从这个意义上来说，它也是普遍存在的。 99

〔1〕 March 4, 1885, Journal Ⅲ.
〔2〕 May 13, 1890, Journal V.

梅贝尔·托德的婚外情尽管是自然之事，但并非普遍存在。她以她那自信的方式认为，绝大多数的已婚女性没有像她那样勇敢地意识到她们自己的潜能。然而，她与奥斯汀·狄金森的婚外情，以其不道德的本性和隐秘的方式来看，是她和她丈夫生活的一个新的翻版。梅贝尔·托德令人肃然起敬的地方就是她对庄重生活的反抗。虽然态度不是认真的，但是其意义确实是严肃的，她把大卫·托德和奥斯汀·狄金森都称为她的“主人”，这一别称既表达出了谦逊的态度，又表达出了亲密关系的内涵，既含蓄又明确。这两个男人既扮演着恋人的角色，又扮演着丈夫的角色，这足以表明他们不仅是在性爱方面令她感到满意。他们不仅满足她对爱、对赞美的渴求，还给了她在艺术和精神方面的满足感，一种更高一层的纯真。“我所有的魅力，所有的迷人之处，他都是那么的欣赏，那么的深爱，并鼓励和帮助我坚持……他愿意看到我不断地画画、练习——如果我不再画画了，这会使他甚至比我自己都更加伤心。”[1]这是梅贝尔·托德结婚五个月后对她丈夫的描述；如果对这种描述的重点稍加转换，即对那种类似宗教崇拜的情感更加强化——因为她对大卫·托德的描述就是弱化了这种情绪，那么就是她对情人奥斯汀·狄金森的描述了。这两个男人都给她一种无法形容的完整感：他们都拥有激情，同时又都对她充满深情爱意，既能给她带来性爱方面的满足感，又能给她带来精神方面的满足感。她给他们的印象也是一样的。她用饱含赞美之意的词语“甜蜜的性爱”，来描述她和她丈夫之间的性爱，同时她也将这个词用在她和奥斯汀·狄金森身上。毫无疑问，她首先是对她丈夫着迷，然后才对她的情人着迷的。这使得她对其余她不需要的人漠不关心：这也直接导致了她的女儿成了她个人非法幸福的牺牲品。但对于她本人来

---

〔1〕August 24, 1879, Journal Ⅲ.

说，好处是无穷的，这让她可以发散出无穷无尽的令人惊讶的激情。

梅贝尔·托德的这两个爱人在年龄上有很大的差别。奥斯汀·狄金森出生于1829年4月，当他和梅贝尔·托德第一次跨越性关系的卢比孔之河时，他已经53岁了。简言之，以他的年龄足可以做梅贝尔·托德的父亲了。事实上，他几乎和她父亲一般大。艾本·卢美斯（Eben Loomis）1828年出生，比奥斯汀·狄金森大一岁。当梅贝尔·托德还是一个小姑娘的时候，她就对父亲情有独钟了。“‘爸 100
爸’来了！”她在她的第一本日记里这样写道，充满兴奋感。那时她还不到14岁。“他真帅”，[1] 她从来都没有这么夸过她的妈妈。事实上，她母亲曾暗暗地打算独自一人逃离炎热的华盛顿，到北方去躲避疟疾。1879年9月的时候，她怀孕的事情正令她大为恼火，所以她根本不可能对她母亲抱有一颗宽容之心，她毫不客气地写道，“我不得不说，如果让我因为这事儿而离开父亲，还不如让我死掉。你就那么狠心，舍得离开他？”然而，她对她自己的做法，却抱有一颗宽容之心。她和大卫分别有六个星期之久，这是她能忍受的极限了。30年之后，也就是1910年，在她父亲去世的两年前，她为他画了一张肖像画，她觉得“他太帅了，他那英俊的相貌应该被永久地保存下来”。[2] 她用神圣的字眼来缅怀他，她认为她的“父亲”过着“神圣的生活”。她恨自己为什么那么轻浮，和她神圣的“父亲”调情。当奥斯汀·狄金森56岁的时候，梅贝尔·托德28岁，他的年龄正好是梅贝尔·托德年龄的两倍。她情不自禁地怀念她那“被赐福的、神圣的、诗一般的父亲”。在她心里，这位亲爱的父亲，就是神圣的上

---

〔1〕October 18, 1870, “Volume I of my youthful Journal,” box 3, MLT. 其他更为强烈的修饰语，见以下的日志：October 19, 1871; Seplember 26, November 11, 1872; May 30, June 21, July 18, 1873; June 30, August 14, 30, 1874, Journal I。

〔2〕Mabel Todd to Mary A. Loomis, September 3, 1879; April 11, 1910, Journal XII.

帝。这位万能的、宽容的上帝和艾本·卢美斯颇为相似。无论这位善良的女神做出什么举动，她那位世俗的父亲都乐于接受。伴随着梅贝尔·卢美斯的成长，他逐渐地衰老了。他们一起研究德文；在华盛顿，她通常陪他走到他的办公室。1878 年，当时她 21 岁，她带着一份只有成熟女性才有的怀旧之情，回忆起了她孩提时代的那些“美好时光”：“下午一点钟，我年轻俊朗的爸爸会从办公室来这儿的”，他们在神圣的花园里待了一整个下午。[1] 那位神迷心乱的“年轻爸爸”发现，和与美丽的年轻女子在一起相比，工作是一件多么令人讨厌的事情。直到大卫·托德的出现，经过对这两个男人的对比之后，她才发现，她和奥斯汀·狄金森是多么的惹人反感。

在她那自传式的只言片语里，这种对比写得很清楚。蜜月回来，在写给家里人的信中，她对她的丈夫大加赞扬，“我从来都没看见过如此体贴的男人，除了爸爸对妈妈的情感之外”。直到狄金森出现，
101 他也获得了如此之高的评价。“我和他是最好的朋友。他有很多非常优秀的、高尚的异性朋友，可他偏偏挑中了我——我的年龄只是他年龄的一半——成为他志同道合的朋友。在阿默斯特，或在任何一个地方，除了我那两位最亲近的男人以外，没有任何人能比得上他。”那两位男人当然是指她丈夫和她父亲了。这是她刚开始发现自己爱上了奥斯汀·狄金森时的想法。两年后，她就不再拿奥斯汀和她丈夫来进行对比了，“事实上没有人能和他相比，这不仅是因为他品行高尚，坚定，真诚，也不是因为他脸庞俊朗，风度儒雅（他是我见过的长得最好看的人）；也不是因为他体贴、温柔、独立；也不是因为他热爱大自然；更不是因为所有的这一切优点都融于他一身；因为他是除了

〔1〕 June 12, 1876, Journal Ⅱ; November 9, 1876, 她 20 岁生日前夕；November 11, 1884, Journal Ⅲ; January 12, 1887, January 18, 1878, Journal Ⅱ。

我父亲之外，我所见到的唯一一个内心高尚且神圣的人”。[1] 事实上，奥斯汀·狄金森和她的父亲有很多相似之处：艾本·卢美斯也喜欢写作、喜欢作诗、喜欢抒发对大自然的爱。

正当梅贝尔·托德和比自己大许多岁的狄金森相恋而容光焕发之时，她发觉她父亲的形象在她心中从来没有消退过。事实上，在她正陷入爱河之际，她把奥斯汀·狄金森当成了她的父亲。她喜欢在写给他的信里，或者当着他的面叫他“我的国王”（“my King”）。[2] 从人的本性和习性方面来说，除了性丑闻之外，如果一个女孩赢得了她父亲对她超过对她的母亲的爱，那么她就赢得了俄狄浦斯情结之战的第一场胜利；如果一个年轻女人能够延续第一场胜利的战果，又能赢得一个已婚老男人的“芳心”，那么她就是赢得了双倍的胜利，即便这种胜利只是假想的。如此一来，梅贝尔·托德对奥斯汀·狄金森的爱恋实际上是她早期对她父亲艾本·卢美斯的爱的翻版。

梅贝尔·卢美斯·托德和一个老年人的缠绵爱情，无论从一开始还是其最终结局而言，都是她个人宿命的体现。但其表现方式很特别：她对她神圣父亲的渴望，表现在正处于青春期的她和一个比她大12岁的男人相恋这件事情上；更细微之处在于，她丈夫和她父亲从事着同样的工作，都是天文学家。当她还是一个小姑娘的时候，她就开始担心“情感饥渴”的问题，事实上这个念头一直没有远离她，这是一种十分显著的个人症候，但是她这种畸形的乱伦思想有着广泛的 102
文化背景。对父亲的爱，不会随着时间的流逝而减弱。这是19世纪

〔1〕Mabel Todd to Mary A. Loomis, March 16, 1879, box 31, MLT; September 15, 1882, August 3, 1884, Journal Ⅲ.

〔2〕更多例子，见1886年11月10日，她30岁生日的日志，以及1896年6月4日，她的情人死后一年的日志，Journal V。她的女儿回忆说，她母亲在她的房间里当着她情人奥斯汀·狄金森的面叫他“我的国王”。Sewall, *Emily Dickinson*, I, p.298.

绝大多数女性的共同特征，是在习惯记自传性日记、好争论的年代，很明显的一个特征，比任何一个时代都明显。一些和梅贝尔·托德同时代的、比较活跃的女性，如路易莎·梅·阿尔科特（Louisa May Alcott）、卡瑟琳·比切尔（Catharine Beecher）等，她们都没结过婚，但她们一生都在精心呵护着她们母性的爱。还有一些人，如颇受争议的美国节育倡导者玛格丽特·桑格（Margaret Sanger），还有受人尊敬的瑞典小说家维多利亚·本尼迪克森（Victoria Benedictsson），她们一生都担负着对她们父亲的爱，永远沉浸在兴奋的，也令人恐惧的异性幻想之中，而这种幻想从未减退，也从未被遗忘。[1]

这种反常的、被禁止的爱，或多或少在某种程度上升华了，同时它也被巧妙地隐藏了起来，并在19世纪成了一种显著的现实。即使那些过着艰苦生活的已婚女性也会牢牢地记得，在少女时代，她们的父亲给她们带来的快乐时光，让她们春心荡漾。对于那些过着富裕生活的女性们，父亲是她们快乐的缔造者、自由的使者、假日的创造者。父亲让她们的童年过得更加美好。支持妇女拥有选举权的英国女性朵拉·蒙特菲奥勒（Dora Montefiore）回忆起她的孩提时光：那是在19世纪50年代，她生活在一个大家庭里，“每天傍晚，我们穿戴整齐，下楼来到画室，从6点画到7点，这时我亲爱的父亲正好到家。我们这些小孩都非常高兴看到他，因为他的脸上总是洋溢着灿烂的微笑，我们喜欢他和我们一起做游戏的样子，我们还喜欢他总是为我们制造惊喜”。星期天是最开心的时候，因为能和爸爸一起走着去教堂。能和爸爸一起走，才是开心的原因，而并不是去听布道、祈祷。[2]这样的男人当然是令人难以忘怀的。

---

〔1〕有关本尼迪克森的解释参见下文第一章第1节“两人的天堂”。

〔2〕Dora B. Montefiore, *From a Victorian to a Modern* (1927), pp.12-14.

如果女孩子将其父亲理想化，则会带来无穷的恶果。这会使她在对异性情感的发展上变得愚笨，使她变得丧失理智，她会拿她不完美的追求者与她眼里完美的父亲进行对比，这会使她有可能找到一个年纪比她大得多的专制男人，特别是当她母亲身患疾病，或者早已不在人世的情况下。如果真是这样，那么她将终身受到这个专制男人的奴役。但是，如果她对父亲的爱得到适当的升华，那么这种爱就会丰富她的爱情经历，成为一种身心都很健康的爱、充满激情的爱。俄狄浦斯情结时期也被恰当地称为爱的学校，也的确是这样，而不是一条感情毁灭之路，无论对男孩还是对女孩都一样。

某些批判的心理学家认为，把父亲理想化是女性追求性爱满足感的可能障碍，甚至是女性寻求性爱满足感的想法的障碍。但幸运的 103
是，将父亲理想化，也可能为女性的性爱经历添上一笔浪漫的色彩。梅贝尔·托德在这场婚外恋中尽管不是毫发未伤，但还算是比较幸运的。其爱欲经历，就其强烈，就其受挫地成为梅贝尔·卢美斯·狄金森的梦想而言，严格上说，是一种爱的教育。她对她父亲的爱，尽管从未停止过，却是残缺的。正是她对父亲的这种爱，促使她追求比她年龄大的、在身体和心理两方面都能令她满意的男人。

和无数出生在体面家庭的姑娘一样，梅贝尔·托德从某种意义上来说，是她早期性爱历史的受害者。但和她们不一样的是，梅贝尔·托德后来的所作所为，是大多数姑娘们可望而不可即的。她和奥斯汀·狄金森的恋情实在是太美好了，以至于难以令人相信那是真的，那段恋情与她的情感需求达成了妥协，甚至完美到了令人难以想象的地步。那段恋情不是中产阶级恋情的典型代表，而是一个中产阶级女性梦想的实现。梅贝尔·托德所处时代的婚姻指南对这种幻想仍然是非常反感的，但这种反感正说明了这种老少配婚姻（May-December marriages）的普遍性。根据这些婚姻手册，一个上了年纪的男人，对这种情况应该尽量节制，正如有人说过，“每一次，当他放纵自己沉迷于性爱时，他就是在往他的坟墓上多撮了一撮土”。有一些反感的作者，还言辞激烈地对这个问题大加挞伐，奥格斯特 · K. 加登纳医生（Dr. Augustus K. Gardner）谴责说，“那些近乎衰老的男人与穷苦年轻女子的婚姻”，是“违背自然天性的”，“极其可怕的”，对丈夫和妻子都是有害的，而且如果这种婚姻不幸结出了果实，还将危及他们的孩子。[1]一定程度上的年龄差异似乎还是比较适宜的：许多婚姻手册上推荐说，基于经济和生理上的原因，丈夫应该比妻子大几岁。有许多鳏夫，他们的妻子死于分娩，正好利用这个机会，他们可以重新寻找新的伴侣。因此，中产阶级的人们，非常熟悉成熟男人与适婚年龄的女子结合的婚姻。相反，有些担忧的说教认为，似乎许多年轻的新娘根本没有意识到这种婚姻将给她们带来多么沉重的负担。但是，在那种鼓励女儿将父亲理想化、不限制父亲爱恋女儿的文化中，出现这种情况也就不足为奇了。歇斯底里是 19 世纪广泛流行的一种顽疾，一个主要症状就是从成人性爱转变到了对早年目标复
104 制品的追求。梅贝尔 · 托德就是沾染上了这种歇斯底里症，她充满自信，又会吸引别人的目光；她的拜访者认为她非常迷人，让她的女儿感到难以忘怀的，也正是她这种歇斯底里。她选择与马萨诸塞州阿默斯特最权威的男人发生婚外情，一方面是一种私人行为，但从其本身来说，也是一种文化行为。尽管奥斯汀 · 狄金森是一个非常成熟的男人，但这不足以说明这就是他对梅贝尔 · 托德有吸引力的唯一原因。梅贝尔 · 托德尽管精力充沛，能力超群，正值青春年华，但她从没有否认过她的年龄是狄金森的年龄的一半。

---

〔1〕A Physician [N. F. Cooke], *Satan in Society* (1871), pp.169-170; Gardner, *Conjugal Sins Against the Laws of Life and Health and Their Effects upon the Father, Mother and Child* (1870), p.171 and ch. Ⅱ, “Marriage between Old Men and Young Girls” .

梅贝尔·托德的女儿对狄金森的印象是极其糟糕的。奥斯汀·狄金森对她的女儿来说是一个势利眼：因为他教会了她妈妈蔑视人伦常规，他还是个不懂幽默、永远都不会笑的古板的老头。他从来不主动和她讲话，最糟糕的是，他戴了个红色的假发——这就是她妈妈一生中认识的最神圣的、最好的男人。米利森特·托德对狄金森的回忆性评价是发自内心的，至少部分是这样的。作为一个在这种令她感到反感的家庭里成长的孩子，当然不可能看到这位非法入侵者光鲜的一面。她的最初记忆就是“上了年纪的狄金森骑着他那高头大马，前面驮着我年轻的妈妈，穿过莱弗里特（Leverett）树林，采摘毒芹来治疗脓包”。[1] 她认为这两个一点都不般配的人——她生气勃勃、年轻美貌的母亲，与那个精神阴郁的老绅士挤在一起，让她感到极为不舒服。

还有一件事很糟糕，甚至是毁灭性的。米利森特·托德常特别压抑地回顾过去，她试图解开心中的一个谜团，试图卸下心中的一个包袱。她认为她心中的压抑感肯定跟她的家族有关系，这是“血统使然”。“这种家族关系使我直不起腰来——现在仍然如此。我似乎觉得我要承担起其中所有的责任。”我们更清楚这一点，是她母亲的不贞以及她父亲的耻辱使她一直抬不起头，并深感困惑与沮丧。16 岁时，她写了一首长诗，措辞激昂地驳斥蒲柏（Pope）的观点：存在的就是合理的（“Whatever is, is right”）。她从个人经历得出结论，存在的就是错误的（“Whatever was, was wrong”）。她感到一种内心深处的动力，有一种无法控制的责任感将她引向几乎无法达到的目标——这种压力无论在过去还是现在都一直存在在她的心里。“在这种责任感中，

〔1〕Millicent Todd Bingham, *Emily Dickinson's Home.The Early Years, As Revealed in Family Correspondence and Reminiscences, With Documentation and Comment* (1955; corr. ed. 1967), p.411.

不可或缺的一部分就是不容许不公正存在，我决心要除恶扬善。”

根据弗洛伊德理论，无辜者心中的罪恶感是最难以忍受的。如果105 说米利森特·托德的母亲毫无顾忌地将传统习俗抛在一边，而她的父亲也成了她母亲的皮条客，那么以一个年轻人的眼光来看这件事，她感到非常惊奇，这也使她感到恐惧，使她感到这种无法逆转的境况都是她的错。她觉得自己是哈姆雷特似的人物，天生就是来收拾她自酿的恶果的，天生就是要让世人看到一切都毫无瑕疵了。自从她打心眼里认为任何一件事都是她个人的错的时候，她的任务就变得艰巨起来，世人都是没有同情心的严厉的审判官。她回忆到，她很害怕阿默斯特镇上人们的白眼，她永远都不会忘记那些对她母亲的行为感到不满的人对她的冷落。她坚定地认为，她母亲的那些行为，将她母亲排挤出了社交圈，“当妈妈选择那么做的时候，她同时选择了耻辱，这是新英格兰各个社团对那种行为的反应”。[1]

这些记录是带有偏见的，或者说至少有点言过其实，因为这些结论是片面得出的，不能通过她的个人体验来判断她母亲的社会地位，她的个人体验只能为判断她母亲社会地位增添某种色彩。她对她母亲的评价非常贴切地描绘了19世纪中产阶级的生活景象：私底下过着淫乱的生活，表面上却道貌岸然，虚伪地指责他人的过失，而那些人只不过是没有勇气，或还没找到合适的机会，来犯这种错误。在梅贝尔·托德的日记里也零散地记录了一些有关这方面的内容，“那些按时去教堂做礼拜的阿默斯特的人们，他们目光短浅，刻薄，自以为是”。从这些记录中可以看出，她肯定是遭受到了，也许是感觉到了，由于自己的过错而带来的痛苦，她也注定要遭到那些自视清高的伪君

---

〔1〕“Talk with Frances Hersey,” pp.1-2, MTB; Sewall, *Emily Dickinson*, I, pp.298-299, 295.

子们的指责。大卫·托德十分清晰地记得，1896年，也就是在他生命的最后阶段，他和他的妻子从日本回到阿默斯特的时候，“每个人”都在“背后议论着”，说托德夫妇不可能再在阿默斯特住下去了。[1]

个中缘由其实很清楚：那年正好是奥斯汀·狄金森去世的第二年，原本那些胆小、害怕权势的势利小人现在可以放开他们的舌头尽情地嚼舌根了。原因不仅如此，毕竟，托德一家还在阿默斯特住着。在阿默斯特镇还有些人支持梅贝尔·托德的婚外恋，因为他们认为，奥斯汀·狄金森是当地有身份、有影响力的人，他是不可能做错事的：权势的影响长久地停留在阿默斯特，并没有因他的逝世而被带进棺材里。奥斯汀·狄金森在当地这么有名望，得益于他致力改善阿默斯特大学校园环境，以及他辛勤致力于当地的各项事务。尽管不是所有的人都爱戴他，但是大部分人都尊敬他。在熟知他的人眼里，他“充满了力量”，是一个“高大、健美、威风凛凛”的人物，有一种“军人的威 106
严”，他的“声音洪亮如雷”。[2]在他早期写的情书中，他不自觉地称自己为“水仙王子”。[3]他外在的充满力量的表现实际上掩饰了他内心的脆弱。他屈从于家人的意愿，娶了苏珊为妻，去法学院学习，留在阿默斯特工作。他这种顺从的个性，说明奥斯汀·狄金森要比他展示给世人的一面更为复杂，而且说明他不能够冷静地控制自己。但是考虑到他的样貌，他的声音，他的风度，他在当地的地位，他几乎可以在他力所能及的范围内为所欲为。阿默斯特镇有些人，包括他的妹妹艾米莉，对他与已婚女子发生婚外情也抱有宽容的态度，因为他们认为，他的婚姻很不幸，所以奥斯汀·狄金森有权在外面寻求快乐。

但更重要的是，该镇上对奥斯汀·狄金森彬彬有礼的人们，对

---

〔1〕November 12, 1890, Journal V, MLT; October 2, Diary 1933, MTB.

〔2〕MacGregor Jenkins, *Emily Dickinson, Friend and Neighbor* (1930), pp.70-72.

〔3〕Sewall, *Emily Dickinson*, I, p.108.

事件中的女主角也抱有一种宽容的态度。梅贝尔·托德发现，奥斯汀·狄金森在世的时候，她自己成了一位名人，尽管她这种荣誉似乎只存在于表面；在奥斯汀去世后，她的名人地位也没有下降。在她的日志里写满了那些让人嫉妒的、简短的、真诚的话语，“奥斯汀也在场”，同时她也被邀请参加该镇或大学举办的上流社会的重大活动。

梅贝尔·托德也被邀请参加私人茶话会，参加毕业典礼，被邀请到教授、院长家做客。她是舞会上得宠的舞伴。1889年5月的一次舞会上，DKE联谊会必须得从她和她的情敌——苏珊·狄金森中选出一个人来参加，联谊会的人选择了作为“情妇”的梅贝尔·托德，而非狄金森的妻子。之后，狄金森夫人和她的女儿曾在大庭广众之下斥责梅贝尔·托德，这时，DKE联谊会的代表，首先对梅贝尔·托德表示了歉意，而后告诉她，“DKE联谊会以后不会再邀请她们了。”[1]梅贝尔·托德，在人们眼中似乎是一个不思悔改的罪人，但正是她这些年来给无数的显贵宾客们带来了欢乐。她在葬礼上吟诵诗歌，每个周日都到教堂去唱诗，她还为女孩子们主持茶话会，她是阿默斯特镇妇女俱乐部的第一任主席。不久，她又成了阿默斯特镇女子俱乐部的主席。她创建了阿默斯特镇的历史协会；她常年致力于公众事业，美化阿默斯特镇及其周边的环境。1913年，她还被任命为当地林业协会主席。更令人敬佩的是，1894年初，她承办了阿默斯特镇“美国
107 革命妇女会”（Daughters of the American Revolution）的分会——产生于中产阶级社会，一直受人尊重的组织。梅贝尔·托德成了这一组织的第一任主席。直到1903年，也就是奥斯汀·狄金森死后的第八年，她仍然是这个组织的常务理事。梅贝尔做这些事的目的并不是想

---

〔1〕关于该事件请参见梅贝尔·托德1889年5月15日以及18日的日志。莎朗·怀特（Sharon White）告知我这件事情。

要恢复她受损的名誉，她主持、服务于这些活动，是为了阿默斯特这个镇，特别是为了这个镇上的妇女。每一次活动她都举办得很成功。邀请值得尊敬的女士来做客某茶话会是一回事，人家接不接受邀请是另外一回事，值得庆幸的是，受到邀请的女士都来参加聚会了。

从这个角度来看，梅贝尔·托德的爱欲经历，为19世纪中产阶级文化投下了一束意想之外的光芒。也许，阿默斯特镇这个小社会，不是西方世界里最好吹毛求疵的社会。一个采访记者，在梅贝尔·托德住在那个镇上的时候去那采访过，发现当地的居民对他们很“宽容”，并且还赞扬了“小镇居民与众不同的想法，小镇的文化以及小镇居民对自由的理解”。[1]与此同时，他还说，阿默斯特绝不是一个放荡的泥潭；在这里，人们对行为规范的定义，或多或少代表了当时社会背景下典型的观念。

我们知道，不同的文化对激情的界定是不同的。各个社会构建出强有力的防御措施来防范谋杀、乱伦之事的发生，更不用说用来阻止违法事件的发生了。像在19世纪欧洲、美洲更为复杂的文化中，这些界限当然也很复杂，容易被某些新鲜事物所打破，同时也容易被某些特别的阻碍所加强。文化的各个组成部分，如宗教的教派或者社会阶层，都有它们各自的禁律。描绘出这些界限和这些障碍，要比自我委任的代言人发表有关道德管束的言论难得多。文明边界的捍卫者们自然会使这些界限呈现出来。这些边界和声明是用来描述愿望的，而不是用来描写现实的。对于不同的事物，其界限的划分是不同的，通常只是模糊地规定出有哪些界限，并容忍一定程度的不同行为。

19世纪的中产阶级似乎将其社会的理想边界划得过于狭窄了。但是，即使是历史研究中揭示的更广泛的边界，也不一定就是那么清

---

〔1〕Jenkins, *Emily Dickinson*, pp.12-13.

晰，或者是那么地具有决定意义。中产阶级可以寻求快乐，许多令人尊敬的人也是这么做的，他们寻求感官的满足感，但仍然处在这个边界之内。遵守边界规则的路径之一就是秘密行事，第二种路径就是遵守传统习俗。当代的卫道士们习惯将某些事情称为“虚伪”，但实际上这是在理性的范围内，为激情寻求某种空间。毫无疑问，梅贝尔·卢美斯·托德为了她不正当的秘密性爱付出了应有的代价：她失
108 去了心灵上的宁静，失去了同时代人慷慨的支持。尽管她有这个世界上最善良的意愿，她还是伤害了她的丈夫以及她的女儿。但是她有逃避的方法，并且她确实选择了某些逃避的路径。对 19 世纪中产阶级经验做出的评价中，有一点非常重要：就是看她能否承受得起她需要付出的代价。

第一章　甜蜜的布尔乔亚性爱 109

由于中产阶级时代的保守和沉默，许多关于它的爱欲生活的记录无法考证。1898 年，西格蒙德·弗洛伊德在考察他所处时代占主导地位的性道德时，很快发现这件事是非常令人震惊和困惑的。他写道："对于性的问题，如今我们所有的人——包括身体健康和不健康的——都是伪君子。"[1] 当然，弗洛伊德是在抨击他认为的中产阶级不可救药的虚伪，但同时他也认识到在面临那种无法逾越的模糊性时，任何研究都可能遭遇失败。可以确定的是，梅贝尔·卢美斯·托德对自己性生活的描述很具体、很直率：她在这方面是无人能比的，即使乔治·桑（George Sand）也不可能达到如此详尽而富有启示意义的地步。但是否在其实质上也算作无人能比的，就不那么确定了。梅贝尔·托德如此勤勉地写下的记录，其历史价值和趣闻轶事不同，尚需要进一步研究并验证。她可以不断反复地回忆"我所熟悉的那种美妙的高潮感觉"；她可以重新体验她"甜蜜的性生活"，[2] 那种即使重复多次也不会削弱的快乐的感觉。即便如此，究竟有多少人——包括其他中产阶级主妇或丈夫，甚至是那些与伴侣正处于热恋阶段的人，能如此甜蜜而又频繁地把性爱回忆记录在日记里，这就不得而知了。

---

〔1〕"Die Sexualität in der Ätiologie der Neurosen" (1898), *St. A.*, V, S.18; "Sexuality in the Aetiology of the Neuroses," *S. E.*, Ⅲ, p.266.

〔2〕见"Millicent's Life," I [p.21], box 46, MLT, Y-MA。

这个问题也许永远不会有确定的答案。众所周知，19 世纪的中产阶级文化由于时间、地点、地位的不同而有明显的差异，因此人们的态度也各不相同。更何况，每一种性爱经历都与体质、早期的性满足
110 和以后的机遇紧紧相连，并根据出生先后次序、最初的诱惑、痛苦的遭遇等不同而有所不同。因此，没有任何爱欲经历能完全代表另一种。保存下来的性爱记录只是很偶然的事件，并且大多数情况下都是对集体记忆的扭曲。从那些碰巧被保存下来的、或历史学家竭力研究的性爱经历中得出的结论，很可能与从那些占绝大多数的、未被记录的性爱经历中得出的结论完全不同——这些记录要么已经永远丢失了，要么被漫不经心地忽略了。我在本书使用的资料只是这个庞大的亲密关系文献中极小的部分，这些文献深藏于无人问津的阁楼或档案馆中，更不用说那些毁于无意的文献，或被震惊的后人销毁的文献了。把自己的性爱经历写成文字，并公布于众——就像梅贝尔 · 托德以令人佩服的勇气所做的那样，这种行为本身就使得作为目击者的作者身份令人怀疑，因为在整个 19 世纪，绝大多数中产阶级仍然对他们的性爱过程守口如瓶，即使是那些勤于写日记的人也是如此。

研究中产阶级爱欲生活的历史学家不应该跟随他们一样也保持沉默，他也不该仅仅作为传记作家。但是由于他所用材料的特点非常独特，而且是支离破碎的，这些又迫使他考察尽可能多的目击者并使得他们作证。间接的、无意的透露有时和直接的、显性的证据一样有价值。为了研究梅贝尔 · 卢美斯 · 托德一生中有几个伴侣以及其伴侣的性格，我利用了三种证据：日志、日记和他人的信件。这三种证据部分地相互印证、部分地相互补充，但有时与她所记录下来的性爱经历相矛盾。对女性整体性行为的研究极其稀少，并缺乏可靠性，但仍然能提供有用的信息；而 19 世纪对女性性行为的普遍观点被证明是公众急于分享个人隐私的幻想的析出物。所有这些材料只能作为例证，

而不是确切的证据：它们是“文化素描图上的几个重要的点”。这种历史是不可能找到确切证据的，这张地图只可能是一张草图。要验证它的可靠性，则只能去找出是否有其他的例证表达了另一幅“图景”。

从严格意义上说，历史学家只能利用他已经可以设法运用于他工作中的记录，而且只能像他运用他的所有资料一样：怀着一种质疑的态度。如果有可能的话，他的怀疑应当突出地表现在针对那种经历记录的“温柔的部分”——性行为，因为在这种记录中，作者的笔触受到骄傲、羞怯或尴尬等情绪的直接影响，因而虚构的征服、否认失败、情感的扭曲，甚至有时是抄袭的公式化表达，所有这些都是司空见惯的。日记的作者，或曰自传者之中，不论他们是怎样敏感或是多么聪明，很少有人能真正理解自己所有的情感冲动，或是对自己所有的矛盾情感都是有意识的。他们常常不能清楚地了解自己真正说了多少。这就是为什么，虽然怀疑是必不可少的，但对于一个具有专业素 111
养的研究者来说，仅靠怀疑又是不够的。正如我已提到过的，弗洛伊德的方法和理论，对于我来说是不可或缺的。他提到了如何通过书面词语的表层意义来挖掘深层次的性需求和矛盾。通过明显的证据去解读无意识的幻想是一种方式，也是最重要的一种方式，这样就能扩大个人对自己生活的公开范围，同时把他与同时代的人联系起来，并与他的过去联系起来。这种解读方法确实不易，但是通过利用弗洛伊德的方法，我已经成功地走过来了：即使一个人试图掩饰其内心最深层的欲望和好恶，但每一个细微的方面都能显示其内心。问题的关键在于确认这种内心的自我袒露，并能理解它的隐含意义。

1. 两人的天堂

像梅贝尔·托德的日志那样毫不隐晦的情爱记述很少，但她的记录并不是唯一。类似的记录，无论是羞涩的告白，还是充满激情的回忆，都会时时出现在日记、与其他人来往的信件中。事实上，他们记录的经验并不都令人满意。性爱可能会是孤独的，有时性爱这一想法的出现似乎就是对道德节操或身体健康的一种威胁，而不是一种愉悦的迹象。德国记者兼编辑，奥托·冯·莱歇纳（Otto von Leixner），1987 年还在格拉茨上学时，在日记中写道："现在，我内心的肉欲蠢蠢欲动，尽管我极力抗拒，它比以前更强烈。我到现在一个女人都没有抱过，但我不知道自己是否有足够的意志再去抗拒。这种禁果我还是不尝试的好。"显然他很害怕，他观察自身性放纵邪恶的征兆，越发觉得恐惧。"我看得很明白肉欲在我几个熟人身上产生的影响。他们很虚弱，不仅仅在肉体上，感情上也是。"对莱歇纳来说，通往爱欲满足的道路是曲折的、崎岖的，还可能是不值得一试的。然而结局是：经历几番不幸福的恋情之后，他找到了他寻求已久的"精神和肉欲之间完美的平衡"，娶了"挚爱的蒂尔达"。他旅行的时候写了很多充满渴望的信，并且撰写了深情款款的"旅行小日记"（"Little Travel Diary"）。[1]

还有很多其他类似的男女，从来没有尝试走过那条道路。亨利-弗里德里希·阿米尔（Henri-Frédéric Amiel），这位生活在日内瓦的优秀日记作者，年轻时经常向他的医生吐露或在日志里袒露心声。
112 他有"一个非常危险的习惯"：油腻食物或淫秽幻想的刺激，夜间会令他无意识地射精。他在 1841 年 5 月写道："星期一的早晨，梦里的一次射精，很多，令人疲惫。"他沉醉于爱欲的白日梦中；聚会上罚金的天真游戏、关于婚姻的讨论、关于维克多·雨果婚姻出轨的讨论：这些都能引起他的性欲，甚至仔细研究有关婚姻的法律法规的章

---

〔1〕*Tagebuch* begun June 10, 1867, p.3; *Tagebuch II*, September 16, 1869; *Kleines Reisetagebuch*, June and July 1887. All box 2, Lexiner Nachlass, Stabi, Berlin.

节也能引起，例如某些能使人兴奋的词汇：“通奸（*fornicatio*）、姘合（*concubinatus*）、暴发狂（*raptus*）、婚外恋（*adulterium*）、乱伦（*incestus*）、童贞（*virginitas*）”，更不用说“*debitum conjugale*”（婚姻义务）或“*usus naturalis et contra naturam*”（婚姻存续期间的自然和非自然义务）[1]。就汉斯·克里斯蒂安·安德森（Hans Christian Andersen）来说，他通过沉浸于对他所爱的女人的幻想来满足自己的性渴望，所有这些幻想都是幸福的、不可触及的、通过手淫实现的。1834年初，在一次游览意大利的途中，他写道：“我的血液在强烈地流转。强烈的性欲在我体内挣扎。如果满足这种欲望是一种罪的话，我会极力抗争。我还是天真清纯的，但我的血液却在燃烧。在梦中，我所有的内脏都在燃烧。南方人当然会认为这是很正当的权利。我几乎要病倒了。那些结了婚、订了婚的人多幸福啊！”[2]这种幸福是安德森或阿米尔体会不到的。

然而，婚姻本身并不会成为幸福性生活的保障——这似乎是毋庸赘言的。19世纪有记录这一忧伤的现实最著名的文献，比我提到过的那些沮丧的单身汉揭露出来的痛苦更加令人心酸；这资料就是瑞典小说家维多利亚·本尼迪克森坦白而详细的自传式记录；她和阿米尔差不多，备受后人推崇的是她的日志和日记，而不是她出版的作品。她那本宝贵的“大书”（*Stora Boken*）几乎成了她的知己、她“亲爱的旧书”、她最值得信赖的贮藏室，记录了她最私密的感觉、最特别的遭遇。她觉得自己非常痛苦，因为她毕生都在矛盾的两个极端之

---

〔1〕August 20, 1839, May 31, 1841, November 21, 1848, *Journal intime*, ed. Bernard Gagnebin and Phillipe M. Monnier, 4 vols. so far(1976-　), I, pp.133, 189, 375. 另见 March 5, October 16, November 1, 1840, I, pp.146, 164, 178。

〔2〕February 23, 1834, *Aus Andersens Tagebüchern*, ed. and tr. Heinz Barüske, 2 vols. (1980), I, S.189. 安德森真实的性取向仍不可知。

间飘忽挣扎：从她少女时代开始，她都频繁做同样的梦。在这个梦中，一个男子总是以朋友和敌人的身份同时出现，而且还是同一个男子。她出生于1850年，21岁那年嫁给了一个比她大两倍的鳏夫。这绝不是一个幸福的结合：她的婚姻一部分是为了兑现一个草率的承诺，一部分是想从她父母那里解放出来，还有一部分是想再次拥有父爱。“我对你是有感情的，克里斯蒂安，”她警告那个将要娶她的男人，“但我从未体验过人们都称作爱的这种感情，或许我将来也不会
113 体会到”。这几乎是一个不吉利的开始。[1]

结婚不久，维多利亚·本尼迪克森就觉得被困在了枯燥的环境当中，她不甘于只是作为被期望的顺从的家庭主妇的角色，她异常渴望精神上的伴侣。她不和丈夫吵架，却将自己隔绝起来，越来越沉浸于她那让人焦虑的、雄心勃勃的幻想中。她如饥似渴地阅读大量书籍，之后便开始写作——书评、小品文以及故事。1884年，她发表了一部倍受好评的短篇故事集《来自斯科纳》（*Från Skåne*）。这部故事集标志着她文学事业的开端，埃德蒙·戈瑟（Edmund Gosse）称赞她为“当代瑞典最有创造力的女作家”。[2]她的事业起步了，她却很悲惨：她最终与她充满耐心和包容心的丈夫分居了，广泛地游历，用恩斯特·阿尔格林（Ernst Ahlgren）这个男性笔名冒险尝试更体现抱负的小说题材，而她的小说也颇受欢迎。

在这个中产阶级世纪中，女性作家为了掩饰自己，采用明显男性化的笔名是司空见惯的。但对于维多利亚·本尼迪克森来说却有一层特殊的悲凉的意义：这种掩饰只不过凸显了她的自我鄙视，“身为女

〔1〕March 31, 1871, Lucien Maury, *L'Amour et la mort d'Ernst Ahlgren (Victoria Benedictsson).Le roman vécu d'une romancière suédoise* (1945), pp.72, 24.

〔2〕E[dmund] G[osse], “Swedish Literature”, *Encyclopaedia Britannica* (11th ed., 1911), XXVI, p.220.

人而感到羞耻”。这种羞耻的记忆一直萦绕不绝，每天都苦苦纠缠，折磨了她一生：“该死的。我有着男人的智慧，竟然是个女人。”1887年，她自杀的前一年，她在日记中竭力呼喊。“女人什么都不能为自己做，什么都不属于自己，我只是个女人。”[1]少年时期那充满创伤的回忆从未消逝：她无法忘记，她父亲让她明白他是多么鄙视女性，鄙视女性的懦弱无能。她的不安、间歇性自杀倾向是由多种因素决定的：有生理原因，也有更重要的社会的、心理的根源。1876年，她生了一个女孩，却夭折了，之后她就生了一场大病。还有很多更让她沮丧的事情：无爱的婚姻；对她大女儿的失望，因为她大女儿曾嘲弄地说长大后要成为像她丈夫那样的人；最重要的是，这样一个聪明、敏锐、有进取心的女人在男人主导的、约束女人的文化里所遭受的命运。她并没有反对所有的中产阶级价值观：她毕生都对婚姻坚信不疑，反对斯堪的纳维亚式先锋派的自由恋爱观。但什么都不能满足 114
她。这种不满有待超出生理学和社会学的研究。

维多利亚·本尼迪克森选择了反抗，从这一点来说，她是非常成功的。她丈夫任由她过着她自己满意的生活；她在文学上取得了巨大的成功。那么她间歇性抑郁、纤弱的身体、偶尔冒出的自杀念头必定源于她的潜意识、模糊的愿望以及那些模糊的罪恶。本尼迪克森绝不会从她初恋的感觉中抽离出来，这种感觉是来自她那高深莫测、倔强倨傲、让人崇拜的父亲。她选择了48岁的鳏夫（显然是她的选择），成了五个孩子的继母，这就证实她的恋父情结。自从她被公认为是一名作家以来，她开始与许多男性文人结交为友，值得注意的是，她对待他们就像兄弟，有的像儿子。她觉得自己相貌不佳、骨瘦如柴，如

〔1〕“羞耻”（Shame）：Maury, L'*Amour*, pp.18-19. 关于采用男性笔名的论述，参见本书第236页。“该死的”(Damnation, March 2, 1887): Fredrik Böök, *Victoria Benedictsson och Georg Brandes* (1949), S.147.

果真的能变成男人的话，只是一个有头脑的、不成功的男人。没有任何线索表明，她曾与她丈夫体验过任何性方面的乐趣。

1886 年 10 月 1 日，她与格奥尔格 · 勃兰兑斯结识：她那本“大书”生动而又详尽地记录了这一致命的邂逅。勃兰兑斯自诩为传统文学与哲学的牛虻，作为一个杰出的局外人，他因为激烈地反对布尔乔亚阶层（尽管他本人也是布尔乔亚分子）而在欧洲颇有声誉。他结识每一个值得结识的作家；他一直笔耕不辍，作品也广泛流传。他是一个有名望的文学评论家，发现和造就了一大批新现实主义文学的天才和先驱；他即将出版他的名人传记系列作品：狄斯累利、拉萨尔、恺撒；他的公共演讲往往是情绪激昂、义愤填膺，很有煽动性的。他发表了很多激进的声明，与当时丹麦的保守文学界以及上层学术界屡有摩擦和冲突：所有这些都使他具有了无可抗拒的吸引力。勃兰兑斯是一个善于调情的丈夫、一个慈爱的父亲，也是一个精于处世的人。女人们拼命讨好他，他也经常乐于接受她们的投怀送抱，尽管他觉得更审慎的做法还是拒绝她们。可怜的维多利亚 · 本尼迪克森正寻求感情上的稳定、知识上的认可，她更是无法抵抗他自信满满的判断和温文尔雅的讽刺。在勃兰兑斯看来，尽管本尼迪克森对他似乎只有兄弟般的情谊，也总是避免有任何情爱上的纠葛，但她的姿态也难敌他致命的吸引力。早在 1886 年 12 月 16 日，认识勃兰兑斯还不到三个月，她便在日记中写道：“我彻头彻尾地处于爱恋中了”。她经常用代码，意欲隐藏她内心不愿承认、却又无法抗拒的性暗示。就在同一天，她记录了“期待已久的时刻：格奥尔格 · 勃兰兑斯亲吻了恩斯特 · 阿尔格伦”。但是她也承认——通常用代码和第三人称——她喜欢勃兰兑斯抚摸她、亲吻她的手，她用美妙的幻想诱惑自己，幻想他真正地亲
115 吻她：“她躺在长沙发上，他弯下腰，贴近她的脸。”她也无法完全否认他的到访引发她表达出情爱的愉悦：“在勃兰兑斯面前，我被满足

包围着。”[1]对于 36 岁的她来说，这是一个巨大的觉醒。

无论是真实还是想象的，他们之间也不仅仅是接吻。他们两个有很多话题可以讨论：斯堪的纳维亚小说的先锋运动、文学的政治、自由爱情的道德标准、他们过去的经历，当然也包括各自的情爱纠葛。在最后一点上，勃兰兑斯可说的比她可说的多得多，他只不过想把维多利亚·本尼迪克森列入他长长的征服者的名单。他自豪地告诉她，他从未诱惑任何女人上床，但也从未遭到拒绝。但是她却显得捉摸不定、难以启齿。他第一次亲吻她的时候，她没有做出任何回应；她追求的是心灵的亲密结合、宁静安详的感情，这种追求麻痹了她。她“渴望”更亲昵的称呼——你（*du*）：这使勃兰兑斯好几个月都拒不见她。他们分离的时候还总是写便条或互通神秘的电报；他们见面时便尝试了亲密的举动：“他亲吻了我的嘴唇，”她于 1887 年 1 月写道，“轻轻地、毫无激情地，就像我们是两个女人。”[2]

对勃兰兑斯来说，这种游戏太平淡无奇了；他很快就变得越来越热情，越来越渴求。1887 年 3 月 15 日，维多利亚·本尼迪克森写道：“他第一次要求我。”他反复问她：“你想吗？”或者争辩地、以退为进地问道：“你为什么不想呢？”他充满激情地拥抱她、摸索她内衣的纽扣，还主动撞击她：对于这种威胁，她总是以她那充满罪恶感、不啻受虐狂的方式，迎合他、挑逗般地鼓励他。从那时开始，他们便处于痛苦、漫长的芭蕾双人舞（*pas de deux*）状态之中，不时地被偶尔的分离或无结果的争吵中断。他们忘我地亲吻着，常有激情四射的语言交流，或者时常讨论她想或是不想的话题。勃兰兑斯经常由于她敷衍搪塞而愤怒不堪；他动不动就发怒，但也容易冷静下来。他们亲

---

〔1〕Fredrik Böök, *Victoria Benedictsson och Georg Brandes* (1949), S.42, 46, 44, 99.
〔2〕Ibid., 171, 163, 83.

密地会晤，与其说是谈话，不如说是一种搏斗的形式。这些都详尽地记录在她的“大书”或者是其他形式的日志中，人们能从中看出她是如何下定决心体验最终折磨内心的性爱的。最终，1887年11月13日，勃兰兑斯再次要求她与他共度良宵，她第一次斩钉截铁地回绝
116 了，但也给出了自己的理由，“今晚不行”。她正处于月经期。勃兰兑斯立刻恢复了平素的自制与镇静，说道：“‘好吧，那等你想要的时候吧。’然后他就离开了。”但是六天后，她的借口不存在了，这对情人将他们之间的情感发展到了极点。不知怎的，连她自己都感到惊奇，她觉得自己净化了，觉得无比的幸福、平和、纯真，丝毫没有感到羞耻。[1]但这种美好的感觉却慢慢消逝了。大约两个月后，她吞食吗啡，唯求一死。1888年7月22日，她割喉而死，她的死不是由于后期的婚外恋，而是由于纠缠她一生的自我怨恨。

这种自我怨恨大部分都是由她的性冲突导致的，前者也造就了后者，两者互生互长。与梅贝尔·卢美斯·托德不同，维多利亚·本尼迪克森从来没享受过甜蜜的性爱；她从不怀疑，也承认，她厌恶性行为。1886年下半年，她与勃兰兑斯刚认识的时候，她记道，“无眠的夜晚，她曾想象过某种身体接触”；但是她的想象中的那些接触是轻柔的、细腻的，绝不是粗暴的、狂野的。她意识到“她会感到失望”——对性爱感到失望。回想面对勃兰兑斯她恪守原则、采取保守时，她发觉抑制感情非常“振奋人心”，她还说：“我一点都不在乎那事。”她拒绝了他早先的要求，1887年3月，她向他解释他早该明白的道理：“至少对于我来说，这种方式的爱是十分恶心的。”[2]或许他根本就不相信她所说的；显然，他不愿就这样认输。她对勃兰兑斯

〔1〕 Fredrik Böök, *Victoria Benedictsson och Georg Brandes* (1949), S.162-163, 243, 248-249.
〔2〕 Ibid., S.68, 105, 162.

说，正是由于她爱他，她才不愿屈从于他。对于毫无耐心的勃兰兑斯来说，这种逻辑有点奇怪。但对维多利亚·本尼迪克森来说，这个逻辑在心理上完全说得通，她把性和爱完全分开，对于"那种事情"毫无兴致。

她的性冷淡与基本的性方面的困惑以及内心深处的悲痛相互纠葛：她觉得自己是个被阉割了的男人，困在女人的身体里面，焦躁愤怒、压抑沮丧。她曾写过一句令人困惑、自相矛盾的话，她说她只惧怕一件事："被剥夺！"我认为我们应该补全那句话：被割除了阳具——那个力量的源泉和象征，是一件非常可怕的事情。例如，她否认她曾经必定有过的想法："被剥夺？"她不停地摸索，寻找更安全的角落，将她的痛苦与黑暗、死亡联系在一起。可以看得出的是，她曾将自我毁灭的想法与无法挽回的剥夺联系起来："我开始考虑自杀"，她于 1887 年 4 月写道，后来又直接说："我并非不幸福，而只是不完整。身为女人，却感受不到女性的天职。"她绝望地发问："我 117
也是个作家；难道从某种意义上来说，我不也算个男人吗？"众所周知，西格蒙德·弗洛伊德认为，女孩都有阴茎嫉妒情结：当一个女孩"说出'我宁愿自己是男孩'时，我们知道她愿望中的不足应该得到更正"。[1] 大多数女孩学会了与她们的生理命运妥协，听任于、甚至纵情于其女子本性。但是本尼迪克森不是这样的人；她对男性的嫉妒，对于命运感到的无计可施的不公正，常常压得她喘不过气来。

她觉得她的命运非常悲惨，因为这个世界，尤其是她最为重视的世界，并不认可她有男人特性的自我定义，尽管她对这种定义寄予很大的被认同的希望。这也就是为什么她无法从勃兰兑斯不加掩

〔1〕Fredrik Böök, *Victoria Benedictsson och Georg Brandes* (1949), S.240, 192, 262. Freud: "Über infantile Sexualtheorien," (1908) *St. A.*, V, P.178; "The Sexual Theories of Childen," *S.E.*, IX, p.218.

饰的鄙视中恢复过来，因为他鄙视她的小说《玛丽安夫人》（*Fru Marianne*）——她的“婚姻赞歌”。出版后不久，格奥尔格·勃兰兑斯的兄弟，爱德华·勃兰兑斯（Edvard Brandes）撰写了匿名书评，对该书进行了严厉的批判。她也害怕他的代言人，这些都迫使她写下最简洁的感受：一言以蔽之——“绝望”。她毫不夸张地说：“我的作品被判了死刑，或许是我被判了死刑。”格奥尔格·勃兰兑斯自己甚至更具有毁灭性。1887 年 6 月，她送了他一本《玛丽安夫人》，但他用伤她最深的语言残忍地说：“这部小说女性味太重。这就是你我之间的区别。”〔1〕

现在我们知道，她自杀的冲动由来已久；随着年岁增长，这种冲动总是浮出表面。正如在济慈死后，拜伦对雪莱所说的，书评不会置人于死地。〔2〕但是她爱过的男人竟然对她表达了轻蔑的拒绝，并把她归结到女性范畴的语言使她不堪一击。她是一个女人，却想要成为男人，并越来越对此感到内疚和愤怒。最后一次成功地结束她的生命之前，她写了一封很长的告别信给勃兰兑斯，再一次坚持爱情和性欲分离，总结道：“在我心里，我是多么地爱你！”〔3〕

所幸，在 19 世纪以这种悲剧方式告终的爱情并不算太多。出版
118 的自传或者是秘密的日志，都提供了丰富有力的证据，证明在这个中产阶级世纪，还是有一些成功的中产阶级婚姻，这些夫妇把共有的感官享受提升为婚姻必不可少的因素。例如，莫莉·休斯（Molly Hughes）撰写了迷人的多卷自传：这位年轻的伦敦少女，在 19 世纪

---

〔1〕Maury, *L'Amour*, pp.145-146; Böök, *Victoria Benedictsson,* S.136, 201.

〔2〕1821 年 4 月 16 日，雪莱曾写信给拜伦，信中说道：“年轻的济慈”死了，“原因是《评论季刊》（*Quarterly Review*）对他的书做出了轻蔑的攻击，他对此感到绝望，突然发作起来，由于血管爆裂而死。”拜伦也曾批评过济慈，他理性地回复道：“我不认为批评会有如此大的杀伤力。”Leslie A. Marchand, *Byron: A Biography,* 3 vols. (1957), Ⅱ, p.905.

〔3〕Böök, *Victoria Benedictsson*, p.201, 281, 287.

后期始为人妻，待人亲切热情、少言寡语，但是通晓事理、无微不至，与她丈夫亚瑟过着平静幸福的生活。[1]再者，如金斯利夫妇、查尔斯和范妮等，在婚姻这个神圣的围城中，至少还持续享受了几年性方面的满足。纳撒尼尔·霍桑（Nathaniel Hawthorne）与索菲亚·霍桑（Sophia Hawthorne）认为，在婚姻中能够自由地感受情欲快感（虽然不能自由地表达）。[2]还有，伊丽莎白·坎迪·斯坦顿（Elizabeth Cady Stanton），这位美国19世纪最有影响力的女权主义者，从她日记的条目和信件中的某些片段可以推测，她与亨利·斯坦顿（Henry B. Stanton）这位著名的废奴主义演说家，至少在结婚刚开始几年，享受过最满足的婚姻生活。

接下来的岁月，斯坦顿夫妇之间不时产生很严重的矛盾；他们都很忙，大多数时候忙于自己的事务。她对于幸福婚姻的阐述，与其说都是对现实的回忆，毋宁说是美好愿望的表达。1853年，一次颅相学分析发现她“能够高度地享受夫妻关系的幸福”——能够而且愿意。[3]这对夫妻生了七个孩子，一个接一个，几乎没有间断。伊丽莎白·坎迪·斯坦顿从年轻的时候起就忙于女权主义组织和宣传，她享受着幸福的家庭生活，在家务、孩子、政治活动方面都尽到义务，也没有顾此失彼。为女性争取选举权是她的使命，但作为女性主义改革者，她也非常重视婚姻。1853年，在结婚12年之后，她写

---

〔1〕结婚20年后，回想他悲惨的死亡时，她写道：“事实上，我们从未想过要把我们对彼此的爱用语言表达出来，直到最后也没有。”他“在仕途的起点以男爵的身份被谋害。我及时赶到他那里，半个小时后他就离我而去。他用尽全身力气，将积蓄的所有爱意，一下子倾诉出来，他不断地重复着‘极好’这个词。我当时极度痛苦，没有想到要回答同样的话，只是一直央求他要活下来。‘不，莫莉，我就要去了’，他说完，又开始重复他胜利的曲调”。M.Vivian Hughes, *A London Girl of the Eighties* (1936), pp.202-203, 261.

〔2〕关于金斯利夫妇，参阅下一卷《黑衣爱神》（*The Tender Passion*）第四章；关于霍桑夫妇，参见本书第649—651页。

〔3〕Lois W. Banner, *Elizabeth Cady Stanton: A Radical for Woman's Rights* (1980), p.35.

信给她的密友苏珊 · 安东尼（Susan B. Anthony）说，“如果谎称只有深沉的、炽热的爱和同情才构成了婚姻，这就是对我们神圣情感的亵渎，是一种犯罪。对于婚姻的正确观念才是所有改革的基础”。她追
119 求法律的、政治的、经济的和性的平等。卢克丽霞 · 莫特（Lucretia Mott）是伊丽莎白 · 坎迪 · 斯坦顿的朋友，也是女权主义者。后者高度赞同前者最后几个声明中的一条，并且引用道：“在真正的婚姻关系中，丈夫和妻子双方独立平等，他们互相依赖，互利互惠。”当然斯坦顿也做了评论：“这是对婚姻的一个很好的定义。”又过了一年，她写道：“我认为女人的首要伟大任务是改革一些教条的思想，不再把性看作一种犯罪，把婚姻看作污秽的东西，把母性看作一种毒药。”显然，在她的生活中，她并不把性看作一种犯罪。“我从来都不恨男人”，她坦白说。1883 年末，她写道，她一直都在读《草叶集》（*Leaves of Grass*）。她欣赏惠特曼的坦率，但也反对他对女性这一生物的理解：“瓦尔特 · 惠特曼（Walt Whitman）似乎理解自然中的一切事物——除了女人。在‘有一个女人在等我’这首诗歌中，他的话语透露出，女性必须被强制才能做出创造性的行为。显然他忽略一个非常自然的事实，一个健康的女人和男人一样充满激情，她不需要什么更强大的力量，只需要遵循吸引力法则就能使她走向男人。”[1] 这是她在 68 岁时，说出的自己早期享受的十分满足、充满激情的经历。

无论对于男人或者女人来说，性欲都可能是问题重重的；它就像一个秘密的恶魔，人们在与其斗争中常常会失败。詹姆斯 · 霍普金森（James Hopkinson）是英格兰一个制作家具的木工，他手艺好、待人热心，在感情上有些木讷；他的回忆录在拼写上存在一些不确定

---

[1] March 1, 1853; November 13, 1880; February 22, 1881; August 28, 1884; September 6, 1883, *Elizabeth Cady Stanton, As Revealed in Her Letters, Diary and Reminiscences,* ed. Theodore Stanton and Harroit Stanton Blatch, 2 vols. (1922), Ⅱ, pp.48, 178, 183, 220, 210.

性，在说教方面还是颇有启发意义的，浓缩了一个惊心动魄的梦魇中出现的一些典型冲突。“我做了几个不同寻常的梦”，霍普金森开头写道，而在大多数梦里他似乎“有战斗的力量”。西格蒙德·弗洛伊德在《梦的解析》里提到，这些梦通常情况下是（虽然并不一定就是）渴望性方面英勇能力的象征。这些分析在很大程度上也适用于霍普金森，他在年轻的时候孤独、失意，一直对性充满了渴望。实际上他的自传里也有详细叙述，这些梦以撒旦为主角，恰恰反映了这些渴望。约是 20 岁那年，他做的梦反映了他混乱而且未能满足的性欲。他梦到自己在诺丁汉（Nottingham）的一个公园散步，“一只小狗跟着我。我走到山谷的最低处，突然，撒旦出现在我面前，衣着、面目都极其恐怖”。在梦中，霍普金森并不想慌乱逃开，因为那样显得自己很害怕；相反，他“紧紧地盯着他。他说我是来要你命的。我觉得他是认 120
真的，因为我去过教堂。他说我想与你一决高下。我非常高兴，欣然答应”。撒旦与霍普金森约定第二天的 12 点见面，然后“他拖着巨大无比的尾巴，满身鳞片，像一条巨蛇，慢慢地消失了”。见到这一幕，霍普金森不由思考起来（还是在梦中），思考如何对付这个敌人，后来他“决定到木工房里做一根结实的棒子，上面钉很多长钉。钉子能穿出另一面，这样无论在哪里遇到他，这都能当很好的武器。我还决定带着那一只小狗（*terrier dog*），我在前面攻击他的时候它可以咬住他的尾巴”。决斗的时间终于到来了，霍普金森于 12 点整准时到达了约定地点。“不一会他也到了，比以前更加恐怖。他的眼睛看起来非常红，就像是用红毛线缝起来似的。我一言不发，正打算示意那只狗去对付他的尾巴，他突然变成了一个女人，美丽绝伦，眼睛乌黑明亮。”

或许是霍普金森从未想过要深究这些梦的深层含义，他回想起为这些梦提供素材的现实时，还是停留在感知方面，没有分析研究。“正在这时，我醒来了，”沉浸在他最近阅读的清教徒文学中，“才知道这原来是在做梦。”他还充满自信地说道：“我能解释这个梦。我最近一直都在读基督徒在《天路历程》中穿越耻辱山谷的那一段。”对于一个虔诚的浸礼会信徒、常上教堂的人来说，这是非常适合阅读的一段。事实上，基督徒在“危险的旅程，成功到达渴望已久的国度”这一旅程中，他在耻辱山谷遇到了丑恶的亚波伦（Apollyon），他是个凡人，谄媚和诱惑的化身，基督信仰的敌人，“以鳞片为衣，宛如鱼类（这些鳞片是他的骄傲）”，非常像霍普金森梦里出现的撒旦的“巨大无比的尾巴”。基督徒和亚波伦起初进行激烈的唇枪舌剑，后来发展到生死决斗，就像撒旦在梦中挑衅霍普金森一样。剑从基督徒手中飞出，但是正当亚波伦要断送他的性命时，这个朝圣者敏捷地拿起他的剑，刺伤并赶走了亚波伦。对于霍普金森来说，这种戏剧性的遭遇，这种善良与邪恶、纯洁与原罪的斗争，是由多种因素决定的。他曾提过他一直都很喜欢班扬（Bunyan），就像喜欢“弥尔顿的失乐园一样”，在该段中他尤其喜欢“弥尔顿对亚当和夏娃的第一次相遇的描述”，还有“好天使和坏天使的斗争，以及由于上帝之子（Son of God）的胜利，坏天使是如何最终被逐出天堂的过程”。失乐园（*Paradise Lost*）第一部的大部分内容都与这次伟大的战斗有关，这次战斗是在基督徒和亚波伦决斗的大背景下展开的，霍普金森与撒旦的斗争只是一个缩影：人类内心善良与邪恶、压抑与冲动无休止的
121 斗争的表现。至于“亚当和夏娃的第一次相遇”，霍普金森肯定曾想到撒旦第一次瞥见人类祖先阳具时的情形，宁静安详、纯真无邪：

> 那高大挺拔的俨然神的挺立，
> 显示出裸体的庄严。

弥尔顿笔下的夏娃的意象一定为这个年轻人提供了令人难以忘怀

的画面，激起了他的性幻想：

> 她那没有装饰的金发，
> 像头巾披垂到她的纤纤细腰，乱蓬蓬的，
> 好像葡萄的卷须，曲成波轮，
> 这意味着她的服从，要她使用委婉的主权，
> 她的服从，含着羞怯，带着骄矜，
> 温情脉脉，欲顺故忤，欲爱还嗔，
> 这样的态度，受他的极度欢迎。
> 那时人体的神秘部分袒露着；
> 但还没有不纯洁的羞耻。

对于这个涉世不深、渴望世俗经历的人来说，这简直就是令其陶醉不已的尤物。

霍普金森的梦境反映了他的性欲、需求、焦虑以及困惑，如果最初对这些还有任何疑虑的话，那么在他的回忆录后来的一些记载则完全可以消除这些疑虑了，因为他的这些回忆录详细记录了梦到的那些戏剧化的遭遇，就像是躺在精神分析师的躺椅上接受剖析一样："在我即将完成工作的前几个月，我真正开始觉得该有个心上人了。我感到很孤独，心里空空的，需要有个人来填补这片空白。"他和一个"有魅力的年轻女人"有过插曲，最终12年之后才稳定下来，成为一个幸福满足的丈夫。

但是，至少在霍普金森年轻的时候，他认为性欲是既迷人又危险的。他的梦境戏剧化地呈现了他复杂的思想和情感，而他与爱神之间的斗争结局还远未见分晓。一方面，这个梦境呈现了他的俄狄浦斯情结，就如同大卫勇敢地面对巨人歌利亚："我在梦中总是很勇敢。"霍

普金森的自我评价略带几分嘲讽，也几乎难以掩饰他对男性力量的渴求。这个孤单的学徒只有他的狗陪伴左右，他只以那沉重的大棒为武器，傲然挺立，准备挑战那个摇动着他那硕大的男根式尾巴的强大恶魔。这个对手看起来坚不可摧，但撒旦随即显得更为可怕：他变身成了一个美丽的女人，黑色眼眸十分深邃。霍普金森在无意识间回应了
122 一个久远的传统，而这个传统在19世纪获得了强力的复兴：即作为恶魔的女人，他的梦境只是将女人视为恶魔的另一种表达方式而已。可怕的撒旦奇迹般地变成了一个可爱的女人，这具有复杂但并不矛盾的意味：对于性身份，至少是男性力量不确定性的衡量；就像我们已经得知的那样，霍普金森对他自己的勇气做出了某些贬低的评价。所有这些掩盖的，可能是某些原始场景的记忆，在梦境中得以呈现、扭曲：霍普金森想象出的战斗，是一场令人眼花缭乱的混战——霍普金森用那个钉满大头钉的木棒攻击魔鬼的正面，他的狗咬住撒旦的尾巴。在儿童的眼中，与之相联系的是对强奸、丑恶、暴力的记忆，当儿童面对这一切时，他们对此只能感到无助、恐惧。难怪霍普金森第一次做这个梦，这个梦便给他“留下了深刻的印象”，而且一直伴随着他，直到半个世纪后把它写入他的自传中。[1]

实际上，还有些时候，夫妻之间的性挑逗无比丰富，甚至达到了不正常的地步，仿佛只有在色情小说中才能见到。1904年5月，波士顿的名流、著名的实业家，戈德莱·洛威尔·卡伯特（Godfrey Lowell Cabot）给他妻子密妮（Minnie）寄了一封感官上的告白——也是一种挑逗和刺激。他当时在西弗吉尼亚出差，突然醒来，性欲无法忍受。那是清晨4点12分。“我做了个梦，欲火焚身，无法入睡，”

〔1〕*Victorian Cabinet Maker: The Memoirs of James Hopkinson, 1819-1894*, ed. Jocelyne Baty Goodman (1968), pp.55-56. 从霍普金森有限的教育来看，值得记录的是，他认为自己是一个彻彻底底的中产阶级，事实上他按照他自己的意愿，称自己是一名“绅士”(p.110)。

接着他又用德语写道，“我梦到你朝我嘴里尿尿，很多，很多。我贪婪地咽下你的尿液”。他还用德语说他“非常”爱她，然后用英语写道，那里的气候非常温暖，他正在写信。[1]

这明显是戈德莱·卡伯特脑海中不断出现的一个幻想。一年后，他再一次去西弗吉尼亚出差，他再次写信给密妮：“你不知道我多么渴望与你在一起。今天我在火车上，这一路，我非常想念你，几乎要疯了。”他充满欲望，又用德语写道：“我多么希望你的膀胱涨满尿液，这样你就能保留你的生命力，尿进我的嘴里来释放你自己，直到 123
你已尿尽，直到我的身体涨满你的尿液。”他又用德语描写另一个幻想，这个幻想更夸张：“啊，如果你是一个女巨人，饥饿难耐，急于吞噬一个人类，我多么希望我就是那个牺牲品。如果你能生吞下我，如果你修长的舌头伸出你亲爱的双唇，我的脚、腿、臀、身体，还有我的头，就能经过你美丽的喉进入你挚爱的腹部，这样我就能感觉你的心跳和呼吸，它们是如此甜美、如此温柔，我幸福地入睡，在你彻底的消化中一点一点地消失。”卡伯特想象出来的渴望似乎让他自己也感到难为情，但还不能致使他止笔：“你还是销毁这封愚蠢的信为好。”他又用英语对他的妻子说：“如果你查阅德语字典还不能理解的话，我回来给你翻译。”尽管他结婚已经15年了，他的署名还是“你的亲密爱人”。[2]

---

〔1〕Leon Harris, *Only to God: The Extraordinary Life of Godfrey Lowell Cabot* (1967), p.228. 哈里斯书中既提供了德语原文，也提供了英语译文，但此处的英文为本人所译。

〔2〕Ibid., pp.229-230. 半个世纪前，龚古尔的兄弟之一做了一个与之非常相似的梦。他发现自己处在一个盛大的、装饰华丽的路易十五式的沙龙中，并且在那里结识了一个女人：“我将自己的嘴唇接触到那个女人的嘴唇，将我的舌头和她的舌头交织在一起。我体会到了无限的快感，就像是我的灵魂就在我嘴中，被那个女人吸住、灌醉了。我在梦中体会到的这种特殊的快乐超出了真实的快乐。完美的交媾。”November, 1854, Edmond and Jules de Goncourt, *Journal; mémoires de la vie littéraire 1851-1896*, ed. Robert Ricatte, 22 vols. (1956-1958), I, p.157.

如果没有卡伯特这些丰富的幻想，对他的成长经历做诠释会得出错误结论，这是件冒险的事。卡伯特曾非常依赖他的母亲，她尽可能使他年轻时代的环境保持“健康”；尽管他大学时代有过多次恋爱经历，29岁进入结婚殿堂时，他还是个处子。早先，他因不自信而非常困扰，在短时间里连续追求了三个女友，似乎是为了证明他有足够的男子气概来面对这个粗陋的世界。他即将进入这个工商业占主导地位的社会，用独到的眼光寻找赚钱的机会。后来，他熟识的人都觉得他假装一本正经，并且令人厌烦；他会大声斥责那些赤身相见的夫妇。“他所做的，”他女婿评价道，“是合法的强奸。”[1]他脑中所呈现的更加可耻，尽管给别人的感觉可能也更加不雅。

卡伯特抱有的这两个幻想是互相对应、环环相扣的。在第一个性幻想中，他装满他妻子的排泄物；在第二个幻想中，他妻子从头到脚
124 吞噬了他。这两个幻想似乎代表了受压抑的愿望，第二个比第一个更加夸张。在他的幻想之中，卡伯特像一个小孩子似的，在寻求滋养，因为这是他一切滋养的源泉。他渴望回到他母亲的子宫，甚至最终进入她头部，颠倒事物的自然发展规律，就像记录他出生过程的电影在屏幕上回放，而这个屏幕正是他的脑海。他还想象他会像胎儿在母亲子宫中享受那种安静的生活，最后慢慢消失，回到怀孕前的样子。这两个幻想还在其他方面互相联系着：卡伯特的尿液和尿道的意象都时常是性渴望的象征；他的身体被吞噬与那些性交相似，只不过在梦中，整个身体代替阴茎，女人的嘴代替了阴道。

尽管这些精神分析的推测更多地阐明了戈德莱·卡伯特的独特需求，而不是描绘布尔乔亚性爱图景，这些推测还是可信的。但是，他

---

〔1〕很显然，就像密妮·卡伯特对她的女儿说的那样，这对夫妻的蜜月是一个可怕的灾难。Harris, *Only to God,* p.33, p.137. 关于他女婿的评论，p.323。

把这些幻想记录下来，并且寄送给他的妻子，对此似乎可以得出更多的推论。密妮·卡伯特是一个绝对典型的新英格兰主妇，也是一个无可救药的势利眼；习惯于终日唠叨抱怨，整日因金钱、名誉以及社会地位而焦躁不安。密妮看到这些信到底有何反应，我们不得而知；但戈德莱·卡伯特信中揭示的图景却并非不可想象的：密妮·卡伯特作为中产阶级的公正纯洁的典型代表，可能要费尽心思地解读她丈夫的性幻想；更加可能的是，她丈夫，这位无可指摘的波士顿婆罗门，为了他的妻子能够更好地理解而翻译这些密码文字。戈德莱·卡伯特还完全有可能在波士顿审查机构的观察与防护协会（Watch and Ward Society）工作；在这个挑剔的机构中，他是警觉性高、积极活跃的一员；如此看来，他会写下这些幻想则更让人震惊。审查机构的工作为他提供了诸多令人艳羡不已的便利，更有机会翻阅淫秽书籍和图片。

几乎可以肯定的是，从总体上说来，布尔乔亚婚姻与戈德莱以及密妮·卡伯特的幸福相比，并不如此幼稚、前后矛盾。约瑟夫·利曼（Joseph Lyman）和劳拉·利曼（Laura Lyman）的信件以及偶尔写下的文章也能证实，婚姻中的乐趣有时也会表现在随意地开玩笑以及相互的比喻之中；这也证明，甚至在布尔乔亚阶层中，习惯不会导致厌烦，重复也会增添乐趣。约瑟夫·利曼是一个律师、记者，耶鲁大学1850届的毕业生。他过了几年物质贫乏、飘忽不定的生活，最终在19世纪60年代后期成了一位颇有声望的编辑，还成为农学方面的作家。年轻时期，他与艾米莉·狄金森结交为友，还曾追求她的妹妹拉维尼亚（Lavinia）。1858年，他娶了劳拉·贝克尔（Laura Baker），劳拉的文学修养与他不相上下；也和他一样非常热衷于颅相学，很相信颅相学家。约瑟夫请了一位颅相学家勾画出他的颅相，以分析他的性格以及性方面的特征，他的妻子则为颅相学的有关出版社写作。
1865年10月，约瑟夫在纽约，用两人惯有的诙谐语气给劳拉·利曼 125

写信，“我的挚爱、以‘L.E.L’这个不朽签名而闻名遐迩的、美国颅相学期刊的投稿人”。[1] 很显然，这对夫妇把对方视作自己的搭档，不仅在学术上，在床上也是完美的伴侣。“我想有些写作素材能使我们一起工作一周，”两周后他给她写道，“我们精神上的伴侣关系就跟身体上的伴侣关系一样是令人愉悦的，或许也会硕果累累”。[2]

1864 年初开始，他们这种精神和身体上的伴侣关系暂时中断，约瑟夫·利曼到纽约寻找一个稳定的工作，他的妻子和孩子们仍留在马萨诸塞州的伊斯特汉普顿。当时他替人写一些打杂的文章，偶尔也会在纽约时报上发表一些社论。他非常思念他的妻子，不仅仅思念她的思想：“我希望能占据你的身体（我坚信一种身体上的转化）”，1865 年 2 月 14 日他给她的信中提到，“我希望你能和我守在一起，一天一夜……”他的这些想法都很夸张，他和妻子通信毫无顾虑，亲密得听起来就像故意装疯，就像一个自夸的男孩，想要用无可比拟的功绩来赢得母爱一样：“七年来，难道你没和律师同床共枕过吗？如果你是个女人，那么你就是布鲁特斯（Lord Brutus）娶之为妻的女人，能做这样的妻子，这样的母亲，还有什么是你不能做的？听我说，鲍西亚（Portia）。我正在酝酿一个伟大的阴谋，我要谋杀本·巴特勒（Ben Butler）和亚伯·林肯（Abe Lincoln），把他们的头装入袋中，献给里士满（Richmond）在南方的邦联，谋得一官半职，还要和戴维斯（Davis）去欧洲……为了全球的永久和平进行谈判！我将

---

〔1〕October 17, 1865, box4, LF, Y-MA.

〔2〕November 1, 1865, box 4, LF. 1867 年，这对夫妇出版了一部在当时很著名的、内容翔实的专著，副标题巧妙地总结了其内容，也透露出其基调：《持家哲学：食物准备、衣饰裁剪、保持健康与每个家庭事务所智慧技巧之工作的科学实用百科指南》(*The Philosophy of Housekeeping: A Scientific and Practical Manual for the Preparation of All kinds of Food, the Making Up of All Articles of Dress, the Preservation of Health, and the Intelligent and Skilful Performance of Every Household Office*)。

会成为墨西哥王国的总理。你将会有银质的床架。”[1]约瑟夫·利曼和妻子分离的时候，他的脑内充满丰富而瑰丽的想象。

这样令人沮丧的分离使这对夫妻极不自在。“我期待投入你的怀中，期待那种无法言喻的欣喜。”1865年3月11日，约瑟夫·利曼给劳拉写道。两天后，他更激烈更深入地表达他的感情，希望他能够“切实地感受到爱抚的双手，甜蜜地沉浸在撩人的抚摸中！不久我 126
们就会充分享受这种甜蜜”。不过，看起来还要等相当长的时间。十天以后，他又写道：“我似乎多……么地爱你……我亲爱的妻子。你是那么体贴，将雪白的臂膀环绕着我，让我细腻地接触你光滑的身躯，像水仙一样甜美地沉沉睡去。这些梦就像夏日的风一样温柔。”劳拉·利曼这边也丝毫没有迟疑。“喔！我是多么爱你。”就在那个月她写信给他，幸福地将性和宗教结合在一起。“我是多么渴望见到你。就像布林博士（Dr. Breen）在他的布道中恰当地表达的那样，‘整夜都沉浸在我丈夫的臂弯中’，我是多么渴望啊！我是多么渴望感受思想与你碰触！”——或许并不是，我要重申我的构想，并不仅仅是她的思想。不久之后，她变得表达更加清晰，非常直率。“我保证下周六，我要耗尽你的体力，使你的‘储水箱’干涸。”[2]他们交流这种感情是结婚七年之后的事情；七年间，他们经历了痛苦的财政困难，为失去一个女儿而哀伤，郑重地讨论教育两个幼子的方法。日常的灾难和小胜利、受到社会冷落以及未来的抱负计划，在这些过程中，他们的思想充斥了性愉悦，并且他们的信件中也能发现这种赤裸裸的表达。

这种挑逗，似乎在年轻浪漫的情侣之间比在稳定的布尔乔亚夫妻之间更加适合，它使分离变得不那样痛苦难耐，实际上还产生一种

〔1〕February 14, 1865, box 3, LF; [March 11, 1865], box 4, LF.

〔2〕Joseph to Laura Lyman, [March 11], p.13, p.23, 1865; Laura to Joseph Lyman, March 11, p.23, 1865. Both in box 4, LF.

撩拨、引诱的感觉。确定利曼夫妇的真实感情并不总是那么容易。约瑟夫·利曼笔耕不辍：一部关于美的哲学性著作（只不过是近距离研究女性身体的一个借口），还有健康、幸福、农业、政治、历史方面的文章，一些已经发表，大多数还是手稿；劳拉·利曼尝试将他们在乡下度过的蜜月写成回忆录，她还尝试写家务方面的文章。[1]这对夫妻的作品在很多地方，无论是在诗意的流露、引经据典、宏伟的思想，还是有时高尚、有时不雅的用语上，都有一个共同的特殊习惯，像“非——常”这样地将一些词语加强语气拉长是其中一个习惯。但他们在感官享受上的伴侣关系，他们在生理爱欲方面更共同感
127 受到了愉悦，这些都是显而易见的，甚至成了他们的风格。他们喜欢赤身裸体在海洋中沐浴，没有任何迹象表明她会比他对于自己的裸体更羞怯。1863 年，约瑟夫·利曼编纂了一部书，他称为“色情史”(Historia Erotica)。这本书是通过对希腊和古罗马在性方面的多方位观察而形成的一个松散的、非正式的文集，他还特别指出和清楚表明这个实验，只是为了他妻子劳拉一人的阅读而做的：“仅供劳拉阅读之著作”(“Oculis Laurae Solae Scripta”)。在这个集子中，约瑟夫·利曼极尽勾引和诱惑之能事。1865 年 3 月 11 日，“周六晚 10 点半，”如往常一样，劳拉为她丈夫提供了性幻想的原料：“我刚在炉火前洗了个热水澡，现在我就像玫瑰花蕾一样甜美芬芳。”她还露骨地引诱道：“你不想到这儿来吗？当你的两个室友不在，或用魔法让他们沉睡时，我可以将我的戒指放在桌子上，启用神秘的阿拉伯宝石法

---

〔1〕劳拉·利曼：《洛克斯小山与我们在那里的生活》(Laura Lyman, “Locust Hill and our Life There”)。开头是这样的：“没有比洛克斯小山更好的令人愉悦的隐蔽处了，恋人们可以在这里啜饮金高脚杯里新酿的完美爱情之酒。在一个多山的国度，新婚的夫妻躲藏于中心处偏僻的山坡，没有野蛮、淡漠的世界的野蛮、淡漠的眼光会对这对伉俪在伊甸园的和睦生活里自然流露的喜悦和洋溢的欣喜评头论足……”欲进一步阅读的读者可阅读手稿：box 11, LF。

术，然后我就可以在你的怀中醒来。你给多少？不，这种快乐用金子或银子是买不来的。”她那可怜的丈夫一定曾想过这种快乐可以用金子或银子买来，因为正是经济方面的不景气和匮乏才迫使这对夫妻分离。十天后他回了信，语调有些绝望孤独：“周六晚上，你总是讨论你洗澡，以及你是多么芳香、令人陶醉。这种天堂般的生活现在已不再属于我了。”但她似乎兴致丝毫未减，只是引诱的画面从洁净向脏乱稍微作些改变，劳拉·利曼非常聪明地理解了她丈夫的意图：“我还没洗澡。”3 月 24 日，她写道，“床单不干净，我的内衣也不是新的。我再也不会挑逗你了。现在不是周六晚上，明天晚上我一个字都不会写给你，周日也不会写，直到洗完澡后的清新气息和与之相随的魅力都淡化消失”。她对自己天真、亲密的挑逗并不满足，还深情地总结道：“现在你觉得这样怎样，亲爱的？再见——我更爱你，很爱、很爱、很爱。”[1] 他们继续爱着对方，很爱，很爱，很爱，挣更多的钱，生更多的孩子，直到 1872 年，他突然死于天花，只活了 42 岁。

另外，还有一对幸福的人，婚前无比快乐，婚后也很美满，他们是莱斯特·沃尔德（Lester Ward）和莉兹·沃特（Lizzie Vought）。沃尔德将他们的亲密行为的发展过程生动地展现在日记里，这本日记记录了他们从 1860 到 1870 年间的事情。他用法语写日记，据他说是为了练习这门语言，但似乎也是为了他的白日梦以及追求这个年轻女子 128
的经历腾出一点小空间。他所提到的那个年轻女子，在日记中一直称为“那个女孩”。这本日记非常具有启示意义；对于沃尔德来说，这个贫穷的年轻小伙坚持不懈，自学成才，成为美国最卓著的社会学家之一。他的写作风格不羁，令人羡慕，他能不断地更换写作的主题，

---

〔1〕 Historia Erotica, box 8, LF; Laura to Joseph Lyman, March 11, 1865, Joseph to Laura Lyman, March 21, 1865, Laura to Joseph Lyman, March 24, 1865, all in box 4, LF.

同时很自然透露出这些主题之间的联系。

1860年夏，沃尔德认识并且爱上了一位少女（*la fille*），但起初他克制了自己，只是握了握手，亲吻了脸颊。[1]到10月初，他的“心灵”对未来、爱和婚姻“满怀憧憬”。“我相信，”他写道，“不和那个女孩结婚我不会得到幸福。她是我第一个选择，我只对她一个人有感情”。他经常“想象和她结成一体时的那种幸福，我的精神享受到的甜美无法用言语表达”。他很确信很爱她，也很确信他们之间有很多共同点。“她温柔、亲切的性情会使我成为最幸福的人。喔，是的！投入她爱的臂弯中就像踏入天堂之门。”他通过从这些想象中再度得到慰藉，但他还继续发挥这些想象，并描述一些难以描述的画面：10月末，他写道她已经承认她爱他，她亲吻了他的嘴唇，亲切地叫着他的名字。有一天晚上，他们靠在长凳上休息，他解开了他的衬衫，拿起她的手放在他赤裸的胸口；她很愿意这么做，但是有点羞涩，似乎是在疑惑她是不是做得不对。“喔！我因爱而痴狂，”他评论道，只是他的欲望暂时没有机会得到满足，“喔！要是你姐姐当时不在该有多好！”[2]

幸运的是，莉兹·沃特的姐姐并不总会妨碍他们，但是他们距结婚这个完美的终点还有一段时间。11月下旬，沃尔德将他的渴望和沮丧都用伤感的语气表达了出来，可能他自己都没有意识到。他说道，“刚给那个女孩写了一封信，更确切地说是一页纸，”他还说，

---

〔1〕August 5, 19, 1860、日记原文为法语：“Journal des affaires particulières et générales.”我从中引用的地方没有标记页码。1935年，伯恩哈德·斯特恩（Bernhard J. Stern）翻译了这本书，名为《年轻沃尔德的日记》（*Young Ward's Diary*）。这个译本很有用，总体来说翻译很准确，所以我用括号在那卷附加了引用（在此为pp.6-7）。然而斯特恩的译本经常省略一些句子，有些错误容易引起误解。因此我参照法语原本。法语原本出自莱斯特·沃尔德文件，BU-JHL。

〔2〕October 11, 1860 (p.13); October 21, 1860 (pp.14-15). 由于兴奋，沃尔德写下了“insensensé”。

“我昨晚做了一个和她有关的噩梦。我梦到她嫁给了一个叫麦卡迪（McCarty）的男人，她还写信告知我此事。我内心是多么恐惧、多么绝望！”他把这种反应看作一个很好的征兆：“这让我确定我是真的爱她。喔！如果她死了，我也不想活了！现在这个美妙的小人儿对 129
我来说非常珍贵。”接着他又以他的一贯作风（也是19世纪日记作家的习惯），又突然换了话题记录一些日常的琐事：“昨天晚上下了雪，今天早上非常寒冷。温度一直维持在−2℃左右。”但是对这个女孩的爱，她那甜美娇小的样子萦绕在他脑中，他又接着写那些琐事，不过这次另有所指：“刚才我费了很大劲想把钢笔放到笔套中，它却卡住了，我只好将笔套打破来让它松动一点。”[1]很显然，钢笔并不是沃尔德唯一想要使之活动起来的目标，笔套也不是他唯一想要打破的事物。

但是他必须等待。冬天的时候，沃尔德经常和“这个女孩”见面，1861年初，这对情侣对身体亲密接触的探索达到了新的层次：“我和这个女孩度过了一段非常美好的时光。我亲吻了她美妙的乳房，我和这个可爱的人儿做了很多非常放肆大胆的举动。我们打算就到此为止。”他说，“这真是令人神魂颠倒的体验，逐渐让我们有了美好、温柔、家庭的感觉，最终让我们幸福”。尽管他们很幸福，他也担心他们会做得过火，触犯“道德法则”。他们的决心坚持了一段时间，直到1861年10月25日，即他发现他爱上了那个女孩一年后，他才在日记中写道：“上周二我不得不中断我的写作，当时很突然。现在我必须补上我落下的内容。我刚进入我的小甜心家时，她就温柔地抱着我欢迎我，将她蜜一样甜美的乳房压向我，我们的唇交融在一起，我们的灵魂都进入了天堂。”这是他们半年多以来一步

〔1〕November 23, 1860 (p.22).

一步朝之发展的时刻。“她母亲卧病在床，姐姐不在家，所有的一切都很顺利。那个傍晚，那个夜晚，我们体验到了爱的欢乐，我们感受到了只有婚姻生活中才能享受到的幸福。周日，我一整天都处在幸福的状态。期间我给我母亲写了一封信，还没有寄出去。8 点钟左右我强迫自己不再去想念她蜜一般的乳房以及甜美的嘴唇。”[1] 实现他的性爱目标，或者说他们的性爱目标的时刻，我认为，从那一封似乎具有侵犯性质的信来看，沃尔德实现了他孩提时代的愿望，这种愿望曾经一直被压抑着，现在逐渐被释放出来，还一直徘徊在他脑海。感官上充分满足，这个时刻是曾多么迫切地渴望，多么耐心
130 地一步一步计划才得来，在这个欲望得到满足的重要时刻还想起他的母亲，还记得一项还未完成的子女义务，这都展现了莱斯特 · 沃尔德的恋母情结，这种情结一直潜藏在他内心深处。相对于这个沃尔德而言，梅贝尔 · 托德或许很享受她婚姻中的性生活。然而，她终生都在对他父亲以及对奥斯汀 · 狄金森这两个人的感情中挣扎，而后者只是他父亲的替代品。在我们的内心深处，儿童时代的爱恋将永远不会轻易逝去。

很少有人能把精力完全集中在感官享受上，莱斯特 · 沃尔德也是如此。1862 年，他应征入伍，参加美国内战，还把他另一件重要的事情写到了日记中：“所有的男人都准备加入战争，这一切都令人激动不已。但是还有一件事情更值得记录下来。那是昨天，1862 年 8 月 13 日。我登记结婚了！什么？我，结婚？这么长时间以来我一直

---

[1] February 9, 1861 (p.35); October 25, 1861 (pp.80-81)。有趣的是，16 岁的詹姆斯 · 博斯韦尔（James Boswell）运用非常相似的语言来描述性高潮，他和一个有夫之妇之间有一段疯狂的爱情。那个女人比他大 11 岁，家境不错。1761 年 12 月 16 日，他在日记中写道，“茶，天堂。想着今天晚上”。Frederick A. Pottle, *James Boswell: The Earlier Years, 1740-1769* (1966), p.79.

爱着她，全心全意疯狂地爱着她，我全身心珍视的，现在是我的了。我们还没有对外公布，但是人们都有所猜测，只不过心照不宣而已。喔，能够和她同床共枕是多么美妙！婚姻注册花三美元。”[1]沃尔德觉得，此时，爱情和战争同时来临，生活非常精彩。但是在幸福的同时，他也意识到，每一件事情，包括这种精彩在内，都要付出一定的代价。

他付的钱一点都不算多。婚后的生活完全达到了沃尔德的高期望值；他的日记记满了与他“亲爱的莉兹”或“美丽的妻子”之间充满强烈激情的话语，甚至令人窒息。一言以蔽之，她是“完美的”。他们是一对和睦的夫妻，一起学习、一起娱乐。有了这个天使般的妻子，他体会到了婚姻的幸福；在她的怀抱中，在她美丽乳房的温柔中，他觉得他们在生理上也是天生一对。1866 年 3 月 4 日，他开心地写道，那天是他妻子的生日，也是他母亲的生日。但是他并没有总是想着这个巧合，而是回味着婚姻的幸福。离开他妻子是一件痛苦的事情：“我是多么爱她！”1867 年夏，那时他们结婚已经五年了，莉兹外出不在家，他便写道，“我怎么能再等一个星期呢？”就像大卫·托德、约瑟夫·利曼以及其他无数丈夫一样，在西方，这些中产阶级社会的丈夫在这种情况下都会有这样的问题。[2]莉兹·沃尔德 1872 年逝世，沃尔德非常孤独忧郁——但他并不是孑然一身。然而，不管他第二任妻子多么努力地抹去他第一次婚姻的甜美回忆，他还是 131
一直思念莉兹和他们在一起的岁月。毕竟，他们两个是最先一起探索并进入性爱天堂的人。

沃尔德的回忆录与他的社会学著作也紧密相关。在论述人类在社

---

〔1〕August 13, 1862, p.114.

〔2〕参见 August 19, September 6, November 3, 1863 (pp.118,121,124); March 12, 1865(p.64); March 4, 1866 (p.193); August 4, 1867 (p.236)。

会中的地位时，他认为欲望处于首要地位。欲望促使人们去行动，每一场欲望本身以及与之有关的事物都是好的。“在自然面前，所有的欲望都是相似的——”，他在讨论谦逊的问题时写道，“同样很纯洁，一样的值得尊敬。欲望驱使人行动，都是同样自由的、同样公开的、同样与表面无关。自然不懂得羞怯，她不喜欢谦逊。”他明确地把性欲包含在他总结性的文章中：“这种有助于物种延续的行为并没有特殊之处，与有助于物种生存的行为没有什么不同。”只要一个人欲望的满足不是建立在牺牲其他人欲望的满足的基础上，谦逊是可取的。越不谦逊，假装的羞怯越少，如性交这样自然的行为就越愉悦。容易受误导的人们认为，就像其他很多自然、一成不变的品质，谦逊仅仅是通过社会、传统获得；实际上，它是一种“非凡的感情”，“一大堆的荒唐与非理性之事”。

个人经历与这种哲学功利主义不谋而合，前者使后者更加明显，它们将享乐等同于幸福，并不把享乐视为是不道德的事情。因此，再次体现他和莉兹共同享有的快乐，说明沃尔德是一个性平等主义者，这一点不用怀疑、并且显而易见。对于女性的性特征，他做了惊人的、全新的阐释，他认为那是一个“反常的事物”；在其他动物物种中，雌性是被动的，她的激情是周期性的。但是人类这个物种既有想象力，也有理性，因此作为人类，女性性征的反常性是正常的。女人总是逃避男人，男人很主动的时候她们就很害羞很腼腆，这是事实。但是这仅仅是社会的、历史悠久的传统。这是纯粹的谦逊。“只有身体的各个机能都正常运转才能带来幸福”，1893 年沃尔德在他的《文明的心理因素》（*The Psychic Factors of Civilization*）中写道。事实上，从进化的角度来看，女人都是靠直觉行动的。但这并不就是说女人的理性比男性的弱，也不是说这两性在任何方面都应该是不平等的，也不能说至少在感官满足这个方面的需求和权力是不平等的，当然沃尔德不会赞同这种观点。[1]沃尔德的“欲望哲学”是关于享乐和痛苦、寻求满足和满足后恢复平衡的一个复杂的观点。但是本质 132 上，他的社会学著作都是对莱斯特·沃尔德和他妻子所在婚姻天堂的一种颂扬，一种深刻的、激情洋溢的描述。

其他已婚夫妻的信件只有一部分被保留了下来，这些信对于夫妻双方来说很有挑逗性，也是在最适合的时机以这种不完整的方式见证了爱欲满足的很大一部分内容。亨利·瓦内姆·普尔（Henry Varnum Poor）是美国著名的经济学家、铁路事务方面的多产作家；1842 年 7 月，那时他和他妻子结婚刚九个月，“结婚以来第一次这么长时间的分离”，他就对他妻子说，他晚上无法入睡，几乎不能忍受“独自上床”。他妻子也有同样的感觉，每一次分离都很悲痛；大约 20 年之后，她给她丈夫写了一封充满激情的恳求的信，这些恳求展示了她所关心的事、她的孤独以及对身体亲密接触的最强烈的渴望：“我亲爱的亨利，你昨天为什么不回家呢？我尽量保持平静而不焦虑。如果你病了，我会立即到你那里去。孩子们都很好，”接着她又强调道，“即使他们不怎么好，我也会离开他们到你那里去。”[2]普尔夫人在她丈夫和孩子之间毫不犹豫地选择了她丈夫，非常果断，同时也满怀激情。

研究 19 世纪中产阶级文化的学者经常会轻视这些性爱信件中表达强烈感情的词汇，并且把它们看作表达不加掩饰、毫无意义的感情套话和范本。实际上，这些华丽的词语不仅没有夸大其词，反而是

〔1〕*Dynamic Sociology, or Applied Social Science as Based Upon Statical Sociology and the Less Complex Sciences*, 2 vols. (1883), I, pp.632-633,639; *Psychic Factors*, p.72 and chs.9 and 26.See also *Dynamic Sociology*, pp.602-609.

〔2〕June 5, 1842, box 8, Poor Family Papers, Radcliffe College, Schlesinger Library; August 11, 1861, box 9, ibid.

没有表达出想要表现的含义。它们是强烈感情的象征，不羁幻想的线索。卡尔·海因里希·爱弥尔·科赫（Karl Heinrich Emil Koch）是德国著名的植物学家。他在高加索和俄国南部采集样本时，将他感官上的幻想都写入了长长的信寄给了他的未婚妻。“亲爱的，”1838年他在从圣彼得堡回家的路上写道，“当你看到这些话的时候，你可以尽情地怀想，完全沉浸在甜美的希望中，希望你很快就能将我紧紧拥入你的怀抱。”他还对她说他们“沉重的考验的时刻”将要到达尽头，“我们在一起的美好的生活就像清晨的太阳在炽烈的东方熠熠闪耀，那东方就是我们的重聚”。他对她说，他对她的思念使他感到焦虑，当他期望将她拥在怀中，让她听他“剧烈跳动的心脏”，“为你嗟叹”——他用来表达他未得到满足的感情和爱欲渴望所用的词汇都是老生常谈的，但也有诗歌的美感。七年后，当他去另一个地方采集植物样本时，他已经娶了他的泰蕾莎，他对他的“至爱”、他的“一切”说，他们之前的分别已经大不相同了；那时他们已经强烈地爱着
133 彼此，但是他们现在对彼此的感觉是真正的“无法表达，无边无际”；它已经抓住了“灵魂最真挚、最深刻的生命”。[1]得到满足的欲望并不会削弱爱情，常常会使感情更深厚。

布尔乔亚在这种激情方面的记录非常丰富，从青春期到成熟时期的情侣们都充满这种激情。当事业或家庭事务迫使他们分离时，妻子们会迫不及待地想和丈夫在一起，丈夫也是如此；大多数中产阶级信件以及日记中，孩子们是有趣的、令人发笑的，通常是珍贵的附注、快乐轶事的来源以及中肯建议的目标。比任何事情都重要的是夫妻之间的事。19世纪中产阶级的妻子将所有的感情都倾注到孩子身上，

---

〔1〕April 22, 1838, box 1, Karl Koch(1809-1879) Nachlass, Stabi, Berlin; May 17, 1843, box 2, Koch Nachlass.

并且否认她丈夫带来的一切感官上的温暖，这在很大程度上是一个谜，尽管并不鲜见，也是一种病态的例外。当公众行为和私人感情之间存在很大鸿沟时，这种例外就会产生：吹毛求疵或者一本正经，以及文明的礼仪排斥大多数爱欲的表达。但是还有很多那个时代的布尔乔亚夫妻之间的甜美性爱，为他们提供了很多那样美妙的高潮般的感觉，就如同梅贝尔·托德的感觉一样。

2. 不确定的数字

对于历史学家来说，性经历的性质总是那样隐而不彰、令人困惑，然而这种体验在数量上的特征，在各种文化之间分布以及强度的差异，则更加捉摸不定、更加令人困惑。无论如何，托德夫妇、利曼夫妇以及沃尔德夫妇的婚姻幸福是否代表了他们的阶级和他们的时代，这些都还有待考证。19 世纪热衷于调查和对比，这些探寻当然也包括性欲方面的研究，并且通过将性欲划分到数字的不确定性范围来总结其发生频率。尽管在这些研究中，有一些片段、一些部分仍需要进一步阐释说明，就像莱斯特·沃尔德、梅贝尔·托德记录的那样，他们多次到达乐园、饭后享有短暂天堂般时刻的那些年代，至少这些研究为推断那个时代的布尔乔亚的性生活提供了空间。德国性学家伊万·布洛赫（Iwan Bloch）医生，与作为性方面的医生相比，更以宣传员而出名。1907 年，他对现代爱欲生活做了一个全面的调查，在这个调查中，他也没忽略女性性欲这一敏感的问题。他将著名性学家的互相矛盾的观点都罗列出来，对自己的观点做了一个非正规、134
悲观的、不精确的审视，最后得出结论说："在这一点上，我自己也曾质疑过很多有文化的女性。"并且"毫无例外"，这些中产阶级女性——显然不包括女仆或奶场女工——“都认为女性性敏感度较低的理论必须得到修正；很多人甚至认为，她们在性方面比男人更敏感、更稳固。”〔1〕布洛赫医生的研究方法，以及他非常自信地认为女人的性欲很有可能与男人一样，都令人印象深刻。

大约20年前，苏格兰著名的妇科医生马修斯·邓肯（J. Matthews Duncan）比伊万·布洛赫更加钟情于统计数据的价值，他们得出的结论几乎一模一样。1883年，他在英国皇家内科医师协会就不孕不育发表演讲时说，他认为女性性欲是一个“微妙的”事物，对一些现在可用的术语下的定义很难确定，而这些定义可能会削弱调查的质量。他认为将性欲和性快感（高潮时的那种兴奋）区分开来非常有用，但是即使是这种区别也不会使认真尽职的调查人员得出真正的、确定性的归纳结论。他曾经就爱欲经历对509个不孕的女性做过问卷调查，实际上只有109个会或者能够说，她们感到了性快感；191个说她们感觉到了性欲望；在邓肯医生的样本中，超过60%的大多数人都守口如瓶。但是那些能够回答他这些不够慎重的问题的、不拘谨、甚至有些自夸的病人中，有惊人的一部分受访者断言或承认，她们是有欲望的生物：152人能感受到性欲望，只有39人感觉不到；134人说能够感受到高潮，62人没有。〔2〕尽管这些统计数据不多，却足以让邓肯认为女性有性欲望是正常的。

邓肯医生的讲座事实上就是对性经历多样性的颂扬。“欲望和快感，”他写道，“或许是过度的、激烈的、压倒性的，却不会将女性带入疯狂的境地；它们也可能是暂时的、健康的、适中的；也可能是不存在的或乏味的。”甚至还有些已婚妇女，尽管深爱着她们的丈夫，

---

〔1〕*Das Sexualleben unserer Zeit in seinen Beziehungen zur modernen Kultur* (1907; 5th enlarged ed., 1908), S.90.

〔2〕*On Sterility in Women* (1884), p.90; 参阅表格 , p.99。

但可能会觉得厌恶或疼痛。兴奋剂或抑制力量会从根本上改变欲望或快感的本质，并会随着时代的不同而改变。“社会的影响是众所周知的，并且在增强性的欲望方面也逐渐被认可，此外社会的娱乐方式、饮食、特殊的读物、与男性的关系等，也起到了这样的作用。”或许邓肯的这种定论有更深远的意义，他认为感官上麻木的处女们，在一 135
段时间后通常都会学会享受她们丈夫爱欲的拥抱：“在结婚初期，快感通常是缺失的，但会在这种状态中逐渐开发。”[1]性觉醒和性满足的能力在女性中是隐性的，只不过在男性中更明显。

作为妇女性功能失调方面的专家，邓肯在职业上总是会接触很多性功能紊乱的行为，他也非常严肃地对待这方面的疾病，他认为这些病都是“数量众多、举足轻重的”。但这些都只是小病；邓肯已经作了充分的准备，他将就他称为“几乎是普遍的观点”做权威的申明，“女性的欲望和快感都是存在的，或者受适当的刺激都会被唤醒”。他将这些错综复杂的现实概括入一篇短文当中：“一个强壮、健康的女人在 18 岁时结婚了；她在 23 岁之前生了三个孩子、经历了四次流产。她生完最后一个孩子后的五年中，她都没有感觉到性的欲望，当然也没有体验到快感。从她最后一次怀孕的五年之后，她的性欲望和快感非常强烈，但又经过了四年之后，她都一直没有怀孕，第五年她来寻求治疗她的不孕症。能够生育的时候没有性欲和快感，不能生育的时候性欲和快感就存在。”[2]在邓肯医生看来，与丈夫和谐的充满激情的女性并不罕见。

在这个中产阶级世纪，莫霞调查（The Mosher Survey）可能是对中产阶级性行为所做出的最全面的调查，也有力地得出了这个结论。

---

〔1〕*On Sterility in Women* (1884), pp.90-91, 92, 94.
〔2〕Ibid., pp.96, 100.

从1892年起，克丽利亚·莫霞（Clelia Duel Mosher）开始调查了48个美国女性的性爱感觉和性行为的习惯。她的最初尝试是在威斯康星大学的母亲俱乐部（Mother's Club）进行的，她选取了该俱乐部的几个成员作为研究对象，后来她的研究范围更加广泛了。克丽利亚是一个动物学家，后来获得医学学位，做过内科医师，最后成为斯坦福大学个人卫生学教授，她横跨在两个时代的边缘。她在保守的家庭中长大，但由于职业的原因，她又表现出强烈的好奇心。她对于性的展示表现出了非常谨慎的态度，同时对性问题的含义往往是欲言又止。第一次世界大战刚结束时她正在欧洲，对美国采取“拉丁标准”深表遗憾。她写道，对于她来说，对性的持续不断的关注“令人反感、甚至
136 令人作呕。因此，我宁愿敬而远之。性问题确实可以占有一席之地，但绝不值得持续关注。还有很多更有意思的事情”。[1] 她终生未婚。她很有自制力，自称为维多利亚人；尽管她具有“体面的矜持”，但她对调查者提出的问题却非常尖刻和直白，她想要得到的答案当然是重要而总体上显得非常简洁的。[2]

就她选择的调查对象而言，莫霞医生既是幸运的，又是不幸的。她选取样本的特性使她的结论不能代表美国总体上的妇女特征，甚至不能代表美国的中产阶级妇女，但是这一特性也使她获得了一些愿意讨论她们私生活的回答者。有45名妇女返回了有效的问卷，她们之中大部分人都接受了正规的学校教育或者上过大学，然而在那个时代，

---

〔1〕Kathryn Allamong Jacob, “Clelia Duel Mosher,” *Johns Hopkins Magazine*, XXX, pp.3 (June 1979), 16.

〔2〕“这些关于个人卫生的讲座，”她于1926年写道——这时她已经65岁，离从斯坦福大学退休还有两年，“让我感到筋疲力尽，这本不该这样。我该什么时候停止呢？尽管我的秘书说还没有任何迹象，但是我那维多利亚式体面的矜持一直都备受刺激。”Carl N. Degler, “Introduction,” *The Mosher Survey: Sexual Attitudes of Forty-Five Victorian Women*, ed. James MaHood and Kristine Wenburg (1980), p.xviii.

女孩子需要惊人的力量和进取心才有机会接受高等教育。自然，这些回答者中的大多数都嫁给了受过良好教育的男人。莫霞医生的研究群体有助于勾画出维多利亚式感官方面的灵活性和自由放任的最高限度。之所以称为“维多利亚式的”，原因在于：尽管克丽利亚·莫霞进行问卷调查时，已经进入了 20 世纪，但这些回答者的绝大多数人还属于典型的 19 世纪女性。在这些回答者中，17 人生于美国内战前，还有 16 人生于 1870 年前；还有明显的大部分人，简而言之，都是梅贝尔·托德时代的成员；在这种臭名昭著的“新女性”出场之前，她们已经充分理解吸收了爱欲观念及其拘束感。她们和梅贝尔·托德非常相似还是因为，正如我所指出的，她们都是中产阶级妇女，都受过良好教育，而且大多数人有自己赚钱的经历。梅贝尔·卢美斯·托德教授钢琴课、卖自己的画，后来又因发表演讲、为杂志和出版社写作获得了可观的收入，这些女人则主要担任老师。如果她们能和梅贝尔·托德相遇，她们肯定能有很多共同话题，并很容易达成共识。

尽管她们可能不会讨论婚后性生活的快感，但这可能是她们会达成共鸣的、最有分量的事情。在这 45 个妇女中，1/3 以上的人宣称她们“总是”或“经常”能够达到高潮，其中 9 个，即 1/5 的人说“总是”。另外 40% 的人回答是她们“有时”或“不总是”能体会到快乐，听起来只是没那么满足。尽管莫霞医生的有些问题显得模棱两可，这些数字却得出了合理的推论，即她的样本中 1/4 的女人或多 137
或少是性麻木的——在此，我之所以用“或多或少”这个词，是因为即使在最少的那一组当中，有几个人偶尔也能感觉到性欲觉醒的那种骚动。不止一个例子具有指导意义，性快感的流露颠覆了一个语气最强的否定。当问到莫霞那个略显呆板的问题时，即“你总是会感受到性高潮吗？”23 号坚决地回答“从未”。从逻辑上说，她应该跳过下一个问题：“你什么时候”感觉到高潮，“之后的第一感觉”是什么？

但是23号却选择了平静地回答道："高潮之后情绪更加高涨，更兴奋。"[1]有些享受性高潮的女性不愿承认她们曾享受过性高潮，就可以理解了。由于犹豫和矛盾，这些有文化的已婚女性的性欲虽然相当活跃、机敏，却被扼杀了，但是还有些极少的例外，只是她们不愿意承认。1900年之前，将这些家庭主妇想象成她们在床上采取主动行为，这其实也是毫不夸张的。

莫霞医生的很多回答者认为，达到性高潮的能力意味着期望性高潮的权利。一些人把不能体验到性高潮视为一段令人遗憾的小插曲，只要通过下一次更令人满意、更具有情爱的行为就可以被忽略不计；一些人把其视为一次亲密的性爱灾难。有一个人，她几乎每次都能幸福地体验到性高潮，觉得没有高潮就是"令人沮丧的、令人作呕的"。还有一个人也谈论她的失败，如果"不管这种状态会持续多久，只要我得不到满足，结果是糟糕的，甚至是灾难性的、折磨人的、不平衡的"。她甚至认为她绝经期得的子宫瘤是由于她总是不能达到满意的性高潮。然而，另外一个女性认为没有性高潮的性交也是可以接受的，她说当她没有享受到高潮时，她会辩证地思考："有时候妻子情绪不佳也会屈从，但我并不认为这样有什么不好。可以就当没发生过。但是我的丈夫很善解人意。我不能忍受强迫进行的男人。"她的丈夫会善意地考虑到她性欲的变化，这一点对于她的快感来说是必不可少的。事实上，很多回答者认为男性和女性的性欲的节奏有很大的不同，因此她们丈夫的耐心和自制力对她们的性爱生活很必要。莫霞医生的大多数调查对象似乎都嫁给了体贴的丈夫；有些着重强调了这一点，有些只是隐含在答案中。性交的平均频率大约一周一次，通常
138 过一段时间会减少，还有一些更加频繁或更加稀少；一周一次似乎更

〔1〕*Mosher Survey*, p.263.

加实际，既满足了丈夫，也满足了妻子。性欲方面也有不同点：其中至少有 13 个女人在怀孕期间也继续进行性交，频度也和怀孕前一样；还有 20 多个女性，或许是遵循生理信号，或许是恪守文化禁忌，在怀孕期间的性交次数比以前有所减少，她们对性的渴望也随之减弱。这几个月中发生性关系很大程度上是为了满足丈夫的意愿，尽管大多数妻子并不渴望，但似乎也不会觉得痛苦或感到恶心。觉得自己的丈夫在性方面的要求永远无法满足的回答者非常少，只有一个，即第 27 号回答者，她觉得自己是受害者。尽管她觉得性关系偶尔也很令人愉快，但她的性欲两周才有一回，她说她每周要发生三次性行为，“如果她屈服的话会更频繁”。她屈服，是因为屈服“有助于家庭的完整，并且让男人满足”。[1] 还有一些其他人提到她们的性欲产生的次数比她们的丈夫少得多。但是大多数回答者说，她们很有幸地嫁给了愿意等待的丈夫。然而，事实上只在婚姻最开始的时候等待她们：有一个妇女结婚十天后才和丈夫有性关系；另一个等待了两周之后，还有一个等了整整一年。[2] 只有两个回答者明确地、幽怨地将性快感视为只是男人才能享受的感觉。就像其中一个女人生动地说到的，性方面得到的满足是“男人的特权——偶尔的。就像动物一年也有一两次”。[3] 也许，对于这个回答者而言，她的典型特征就是承认她只有很少的性欲，并且只有偶尔才能感受到高潮。但是她只不过是消失的少数人之中的一员，至少在这个问卷样本中是如此。

与她们的教育背景以及整个文化背景相吻合，莫霞医生的调查对

〔1〕No.12, p.138; No.47, p.453; No.41, p.415; No.27, pp.302-304. 与怀孕期间性交有关的数据是这个调查中最难提取的部分。有九个人根本没有回答这个问题，只有五个人或多或少直接说没发生过。很多其他人的回应都毫无意义。

〔2〕See, in order, No.22, p.251; No.43, p.426; and No.15, p.174.

〔3〕No.32, p.351.No.9 (p.102) 在这一点上并不明确。

象发现，她们的性欲感觉远远超出传统词汇所表达出的意境。她们几乎都是按照虔诚的基督教徒标准来接受教育的，并且被灌输这样的信念：上帝是为了生产才发明性行为。这种信念深深扎根于她们道德想象的范围内。她们中有 30 人，即 2/3，都把“生育”看作性关系的主要目标。但是她们用以表达的语汇，总是那样简洁，也具有某种动人的矛盾性，她们之中的大多数将快感看作性行为的合理伴随物，即使不是以怀孕为目的，或不可能怀孕。纯粹主义者中最教条的第 24 号
139 回答者对此不以为然，她坦率地写道：“没有要孩子的强烈愿望而发生性关系的婚姻就不是真正的婚姻。从这点来看，柏拉图式的爱情已经几乎从我的标准中移除，因为婚姻已经成为所谓的合法妓院的形式。”这种说法是在 19 世纪 80 年代令人厌烦的陈词滥调，并且很早以前就已经出现。第 24 号肯定在很多关于婚姻的小册子中见过，或者在诸如托尔斯泰《克罗采奏鸣曲》（*Kreutzer Sonata*）这样的反性小说中见过。[1] 然而她也容易受到怀疑和歧视，也没有做什么努力来加强自己幸福婚姻的纽带。她非常爱她的丈夫，她也非常率真地坦白她在“努力培养这种激情”。即使现在，结婚多年后，她体验性高潮的时间还不到一半。她发现性令人精疲力竭，却也承认，这样的确“让性从某种意义上来说更令人愉悦”。[2] 经过检视，“合法的卖淫”证明是她对自己经历的非常有偏见的描述。

莫霞医生的大多数其他回答者并不需要经历如此扭曲的推理过程

---

〔1〕No.24, p.277. 愤世嫉俗的龚古尔把婚姻生活称为“公开的姘居”。1858 年 5 月 24 日，日志，Ⅱ, p.237。善于观察的同盟日记作家玛丽·切斯纳特，将奴役看成卖淫，她的评论更辛辣、更间接：“毕竟没有什么比妻子更像奴隶，”后来又评价道，“所有已婚女性，所有居住在父亲家中的孩子和少女们都是奴隶。”所能得出的结论显而易见。1861 年 5 月 9 日，1865 年 2 月 25 日（19 世纪 80 年代的版本），*Mary Chesnut's Civil War*, ed. C.Vann Woodward(1981), pp.59, 729; 参阅伍德沃德（Woodward）的介绍，li。

〔2〕No.24, pp.276-277.

才会发现性关系实际上是令人愉悦的。一个“一般”都能感受到性高潮的回答者提到，她“不喜欢没有这种经历”。还有一个觉得性行为“通常都令人愉快”的人认为它是“镇静剂”，因为它使她“非常困倦，非常舒服。一点都不恶心，尽管我经常听见有人这么说”。她建议道，理想的就是“一个月一次，我们状况都很好的情况下，在月经期，而且”，她又补充道，“在大白天”。[1]她的爱欲想象非常生动，也不矫饰害羞。

对于很多这样的女人来说，性交是健康的，而且也有益于健康。她们需要它，但是正如有些人坚决强调的一样，她们的需求是适度的。“我认为这种欲望就像其他自然需求一样，”正如 14 号所说，“我只在合法的情况下，适度地享受它。”[2]在合法、适度这些限制下，性行为似乎很自然、必然并且有益于健康。其中一个回答者，2 号，离过婚 140
又再结婚，她认为性“有助于促进两个人之间的和谐”，她还认为她的第二次婚姻对她的身心健康都起到了非常大的改善作用：“我的丈夫，”她写道，“是一个非常体贴的人；在刚结婚后几个月。”那时她已经 50 岁了，但“性很频繁，一星期两三次，他和我都同样渴望”。其中有一个女人比梅贝尔·卢美斯·托德小 6 岁，即 41 号，那天在体验过一次性高潮之后，她觉得体验到了“幸福、满足以及对丈夫的尊重的感觉”。她又强调了她的观点，生怕克丽利亚·莫霞不相信她，“这是真正的有益于健康的，医生”。她那小小的强烈呼吁再一次说明，中产阶级世纪私人经验与公众讨论之间存在分歧。中产阶级大多数夫妻似乎都很享受性欲；然而，他们被告知，这很邪恶，并且关于他者的愉悦是无知，关于自身的则是懦弱。尽管她并不经常体会到高潮，但在赞赏

〔1〕No. 5, p.66; No. 11, pp.126-127.

〔2〕No.14, p.162. 值得注意的是，她又补充说：“在不是最适宜的环境下冒险将孩子带到这个世界上来是非法的。”她自己有三个孩子。

性行为对良好婚姻的促进作用时，我们可以看到她的这种反应是清晰易懂、迫切的。“我认为在中年生活中，女人和男人都需要这种关系。这使人更正常。”她生了四个男孩之后，繁衍后代这项任务，正如她所理解的那样，无须再纳入性爱的关系之中了：“即使没有孩子，如果他们继续这种关系的话，男人会更爱他的妻子。最高境界的爱是建立在这个关系基础上的，它是一个美丽的事物。我很高兴自然能将它赐予我们。”[1]她对自然的高度感激之情就是对中产阶级性爱的赞扬。

尽管性欲是一种油然而生的激情，也可以看出这种回应只是经过巧妙处理，也或许是一种顺从的回应。如果她们答应发生关系，“男人将更爱他们的妻子”。莫霞医生的很多回应者在性欲明显减弱的怀孕期也愿意发生性关系就完全说明了这一点。莫霞医生样本中的其他女人也同样承认。“通过性结成的纽带，”其中一个女人评价道，“使人充满爱、变得温柔，使一个男人爱他的妻子胜过爱其他女人。”这种相同的回答将爱情定义成“将两种性结合到一起”的品性。性交是婚姻的纽带这种见解在这些回应中是非常普遍的主题。“一个紧密的纽带，”5号写道，“使婚姻更加稳定”；接着又说，“将人们联系到一起，使家庭团结——这是一个纽带。”另一个说得也很简洁：“这种关系使男人和女人更加亲密。”有时候，丈夫高潮的快感会流露出来以满足妻子，来产生一种亲密的感觉：“男人所获得的快感，以及
141 与你爱的人在一起时性方面的快感。”这种表达上的千篇一律以及偶尔的不合逻辑证实了回应者的渴望。“尤其当人们没有进行全过程而没有产生感情的情况下，亲昵感不会产生。性是一个纽带，其作用不仅仅是带来生理上的快感。”[2]这种想要获得满足的焦虑，想要顺利

〔1〕No.2, pp.24-25; No.41, pp.415-416.
〔2〕No.19, p.224; No.5, p.67; No.23, p.264; No. 30, p.340.

适应生物指派给她的这个角色的焦虑，已经不止使一个女人说漏了她们内心的真实想法。当要求 19 号具体描述她的性爱时，她说道："在生活的全盛时期：对于一个身体健康、精力充沛的男人来说，一周两次。对于一个女人来说，通常是一月两次。"——当然，这样的话通常女性的数量只有男性数量的四分之一，而不是二分之一。"我通常都很好，"紧接着她又说道，"这确实伤害了我，我总是觉得在履行义务。"[1] 然而莫霞医生的很多回应者认为即使是履行义务这也不是很繁重；它确实也有所回报，其间并不纯然是精神性的。这令我想起陀思妥耶夫斯基为一个丰满美丽的年轻女子所写的优美的文字，"这件事给她带来了巨大的快乐，但对于我来说，只是没有太痛苦而已。"，坦白地说，这个女子是一个根深蒂固的原罪者。要不是很多丈夫，甚至更多的妻子，在性欲方面不是如此天真无知的话，莫霞医生在性高潮方面的统计会比原先更有说服力。无知并非福祉。

然而，即使这些丈夫和妻子都很天真无知，他们还是体验到了性的福祉。莫霞调查表明，19 世纪受过良好教育的中产阶级女性认为性生活给夫妻双方带来了相等的满足感，她们很珍视，有些甚至很渴求性爱，并且不假思索地将其囊括入维持婚姻和睦的必需要素，这一理论令人信服。她们几乎没有人能很熟练地找到很好的修辞来形容性的兴奋；即使在克丽利亚 · 莫霞这个审慎、友好的调查者面前，她们觉得仅仅进行性行为比描述性行为要容易。她们的回答通常只是一个一个的词语或者是支离破碎的短语；抒情的完整表达非常稀少，通常是从回答者的话语中不经意流露出来，并没有直接表达出来。这样或许更好：这意味着，这些答案不是从诗歌中借鉴而来，而是基于自

---

〔1〕No.19, p.224. 德格勒已经提到过这种说法。"What Ought to Be and What Was: Women's Sexuality in the Nineteenth Century," *American Historical Review*, LXXIX, p.5 (December 1974), p.1486.

身经验的表达。这些评论中流露出的是这些女人的婚姻经历，所谓感情和激情的幸福结合，是西格蒙德·弗洛伊德称之为的两股爱欲支流的汇合。她们最重视的部分就是在时间上要适度，在需求上要体谅对方，在性爱过程中要有精神的享受。

精神性在莫霞调查中是一个持续不变的中心，非常明显。所有的
142 人都曾被问及除了生育后代，还有什么理由进行性交。其中第45号回答道："深厚的感情。男人和女人精神方面的重要性是最关键的。"另一个没有如此急促，表达更清晰明了："对我来说，这是精神结合在自然和生理方面的表达，对于婚姻誓言的补充。"将性赞扬为纯洁这样抽象的事物是中产阶级文化中司空见惯的现象。正如第29号所说，性方面的快乐起到了"比生理享受更高一层次的作用"。性行为具有"独特性"，第44号说，"正如音乐一样令人振奋"。[1] 第17号认为性爱会产生"完整感，精神上的完整感，其他任何方式都不能获得这种感觉"。接着，从抽象到具体，她又毫不犹豫地说道："对于一个完整的生活来说，性在生理上对于女人和男人都是必需的。"第12号适度地进行性行为但是"几乎每次"都能达到高潮，证实了与丈夫性和谐的愉悦，她认为性行为"不是感官上的愉悦，而是爱情的快乐"。这种说法很有吸引力，却也令人困惑。当然这意味着，她享受感官上的快乐，还有温暖、独有、共同的深情相伴相随并且加深感官上的快乐。她又说道，性"只有作为真挚的、强烈的爱的表达才是合理的、正当的"。有一个回答者的观点非常罕见，第10号，她通过神

〔1〕 No.45, p.442; No.3, p.44; No.29, p.328; No.44, p.435. No.15 也很有口才："总体上来说，完美的习惯是，通过生理将妻子和丈夫的精神结合最完美、最完整地表达出来。"她提到四年后她和她丈夫仍未找到"完美的习惯"。但是她还继续说道："就性本身而言我们深信不疑，当没有性的时候我们会期盼它，并且精神上怀念它，因为它是对我们的独特性的最高境界、最神圣的表达。"（p.176）

明来为性说辞："我认为男人和女人因为爱而结婚，性是由造物主所赐，要把它看作爱的最高境界的表现而适度地使用它。"但是她的想法深深植根于人类的平等："偶尔的性"控制生育，"每一样事物都绝对要互相情愿"。[1]

对这些女人来说，爱在性当中处于中心地位、与性不可分离，是性的基础、顶点以及基本阐释。有一个人曾在1897年对克丽利亚·莫霞说，性是"男人和女人之间爱的表达"，"经常极度与爱的激情相吻合的"一种行动。她比梅贝尔·托德小11岁，她承认，刚结婚的一年间她曾认为生儿育女才是性的唯一合法目标。但是她已经明白，通过"体验"，"这种习惯性爱的身体表达会产生深远的心理影响，可能会引起彻底的精神共鸣，会使心灵的结合更加完美。随着岁 143
月的变迁，爱的激情会慢慢消逝，这种心灵的结合会使婚姻更加持久"。[2]这个女人希望性行为的愉悦比她不成熟的迷恋更长久，并且能巩固她理想中"心灵的结合"的婚姻。

对爱坚信不疑，以及相信婚姻性生活有更崇高意义的愿望，解读这些炽热宣言的途径不止一条。毕竟，莫霞调查对与19世纪性行为有关的传统理论提出了很多重要的修正，以至于历史学家会容易对这些不完整、有时有些自相矛盾的证据做过度的诠释。如果考虑有多少回答者在怀孕前和怀孕期间愿意履行义务，愿意屈从于她们丈夫的强烈要求，或许需要更加慎重地去解读性高潮的最可观的数据。然而即使高估了这些数据，即使这些回答者把莫霞医生当成她们的丈夫一样急于取悦，这也说明中产阶级世纪在性满足方面存在某种偏见，甚至对女性来说也是如此。至少有一些回答者把精神的表达看作对于身体

〔1〕No. 17, p.197; No. 12, pp.138-139; No. 10, pp.113-114.
〔2〕No. 22, p.254.

的否定，与男性爱欲需求一致的方式，这样她们既不会反感与恶心，也会给她们一种完满履行婚姻责任、值得满足丈夫的满足感。但是莫霞医生的很多回答者都如 41 号一样，很感谢自然赋予人类这种美妙的性冲动。对于她们来说，性欲不仅是维持婚后爱情的工具、和睦家庭的催化剂，它本身也是种独立存在的快乐。她们对于精神的绝对崇拜使生理上的满足成为可能。通常，发生性行为的时刻是身处天堂的时刻，是两个人的乐园。在这一个关键的反面，我称之为不确定的数字也并不是非常不确定的。

与此同时，莫霞医生的调查也是有缺陷、令人困惑的。她所选的女人以及她问的问题容易被无意识地扭曲；回答者的数量之少，她们交谈的自发性以及其受教育水平引发了异议，反对者认为她的调查结果非常没有代表性。拒绝加入克丽利亚 · 莫霞在社会调查方面的大胆的实验的人，还有很多像维多利亚 · 本尼迪克森的人，这些人的答案当然会产生关于 19 世纪中产阶级性征的完全不一样的结果。同时，莫霞医生抽出的答案也包含某种确定结果，并且有超出 45 人组的含义。犹豫不定、不假思索、前后矛盾，这些答案实际上也是漏洞
144 百出。她们朴实、认真的坦白流露了她们的欲望和满足，这些她们只意识到一部分；关于爱欲幸福，她们觉得有必要将其列入虔诚的、有社会地位的现有词汇当中——它会通过性行为本身显著流露出来，并且随着必须以生育为目的的道德标准浮现。另外，莫霞回答者的性生活有很多失败的案例，使她具有开拓性的调查成为对性经历多样性的证明。莫霞调查是 19 世纪中产阶级性行为在科学化图表上所做的最好的努力，事实上，是唯一的一种尝试。莫霞调查是我们在这一领域上拥有的唯一的科学分析。它和其他更加非正式的证词一致，也是对利曼的信件和莱斯特 · 沃尔德的笔记的美妙的补充。简而言之，梅贝尔 · 托德代表了大部分中产阶级已婚女性。她细致的文件材料的特殊

之处不是在于她的经验，而是在于她的用语。

3. 性的问题

正如本章的讨论所表明的那样，这种对中产阶级爱欲经验的探寻与 19 世纪对女性的争论是密不可分的。伊万 · 布洛赫医生是一位著名的性学家，但他的观点却是众所周知地过于偏颇；他于 1907 年总结了一个世纪以来的智慧，认为对“男性性欲和色情的表达方式”似乎已经“非常清楚明了”。因此，对这方面的争论很少，但如果考虑到男人对性无能的恐惧和在新婚之夜的焦虑，似乎应该引起人们更多的关注。然而，对于布洛赫以及这个时代众多的性学者而言，正是关于女性性欲的特质及其强度这个“古老的争议”，“至今尚未得到最终的解决”[1]。

诚然，正如布洛赫所言，这个争议已经具有了久远的历史，但并未引起热烈的讨论。古罗马人、中世纪的基督徒、文艺复兴时期和启蒙时期的人似乎都一致认为，这个争议在很大程度上已得到了解决；这在人们经常谈论的关于宙斯（Zeus）和赫拉（Hera）的争吵中得以体现：这个故事争论的问题就是男人和女人在性爱过程中到底是如何分享性快感的。宙斯为了替自己根深蒂固的拈花惹草的本性开脱，辩解说，女人的性欲比男人更强，而他不忠的行为只是女人性欲满足的替代品。赫拉，这位恼羞成怒的、饱受委屈的妻子反驳道，他的行为只会证明结论是相反的。他们询问了先知提瑞西阿斯（Tiresias），因为他曾经分别化身为男人和女人，而且都体验了性交活动；提瑞西阿 145

〔1〕*Das Sexualleben unserer Zeit*, S.89.

斯毫不犹豫地把胜利的棕榈叶奖给了女人，而且是9:1。从古代或以后的时代起，一定有人曾经质疑提瑞西阿斯的这种令人难以置信的结论；但很少有人否认他的裁决包含的基本的真理。大约到了基督时代，颇有影响的犹太哲学家斐洛·犹达欧斯（Philo Judaeus）从寓言的角度来阐释了人类的堕落，他认为，作为理性象征的亚当，受到了作为性感化身的夏娃的诱惑而误入歧途。诚然，从蒙田以后的所有伟大的道德理论家从未质疑过女人就是永恒的夏娃。人们不必成为厌恶女性者，就足以口诛笔伐地谴责女人是一切道德败坏的根源，并将她视为欲望的容器。这就是女性几个世纪以来的形象——直到19世纪。

在此，布洛赫也一如既往地显示了其不严谨的特性，因为他暗示说，有关妇女的性问题直到他的时代仍然没有得到解决；更确切地说，对这个问题的讨论在大约100年前又再次被提出来了。正如那个时代掀起的广泛而令人忧心忡忡的反对自慰的运动一样，医生和布道者对妇女性问题的怀疑也是那个时代极为典型的现象。[1] 正是这个中产阶级世纪使得妇女成为问题的核心。

这种颇为古怪的争论，对于19世纪的女性及其扮演的角色产生了决定性的影响，对男性而言也是如此。毕竟，女性的性反应到底是一种天生的动力，还是后天习得的任务，究竟是一种自然权利，还是合法的义务，这个问题事关重大：这个问题的答案关系到界定女性的婚姻义务，以及这种义务的范围、特性，而且以一种间接的方式，关系到女性接受高等教育或从事某些更自由职业的能力——如果她们具有这种能力的话。要界定女性性能力的特质无异于界定婚姻本身的性质，而且为研究19世纪中产阶级的性爱质量提供了有益的线索。

数世纪以来，这个定论一直是医学界和神学界对此事的权威发

---

〔1〕见本书第416—447页。

言，因此在19世纪，人们对它的怀疑与矛盾引起了轩然大波。医生呼吁做更多的研究，因为他们对复杂的性冲动感到恐惧。“是男人还是女人更渴求性快感”，弗利德里希·西伯特（Friedrich Siebert）医生，这位慕尼黑的皮肤专家和性学家，在1901年写道，“人们已经多次提出这个问题，答案也是千奇百怪。我们缺少一种真正可靠的判断标准。”同样，法国医生保罗·莫罗（Paul Moreau）在他《代际感》（“sense of generation”）的专著中指出——在他写作的时代即19世纪80年代，这个观点就够权威了——“人们普遍知道了生殖器官，但没有科学地研究过。”受相同因素的限制，瑞典专家瑟弗德·里宾医生（Seved Ribbing）在19世纪90年代初指出，“在特殊环境下，人类性驱动力的强度和对性爱的满意度，会有明显的不同”。他还列举 146 了名人的例子，也包括一些女人，“他们身上具有巨大的性驱动力”。他发现男女之间有细微的差别，但毫无疑问二者本性都是好色的。因此西伯特医生作为众研究者的代表，对时下流行的信条提出质疑，“天生的性冷淡在女人身上更广泛”。而且，他勇敢地表明了这样的观点：当很多女人对性交表示厌恶情绪时，她们这样做可能是因为一个笨拙的丈夫“在妻子到达快感的高潮前已经尽了全力”。但是，西伯特医生又补充道，这个微妙的问题还需进一步地研究。[1]

其他19世纪的性评论家认为没有这个必要。愤世嫉俗者、理想主义者和科学家都同意这个观点，即女人和男人一样渴望性交。法国探讨爱情主题的人，比如司汤达和巴尔扎克也同意这个观点。正直的检察官或律师为女性被告辩护是因为激情犯罪——为害死一个残疾的丈夫或杀了一个冷酷的情人，这些都公开地验证了许多人的观点：女

〔1〕Siebert: *Sexuelle Moral und Sexuelle Hygiene* (1901), p.47; Moreau: *Des aberrations du sens génésique* (1880; 3rd ed., 1883), S.317; Ribbing: *Sexuelle Hygiene und ihre ethischen Konsequenzen* (1892), S.43.

人经常主动去做事，她们需要正常的性愉悦来保持精神健全。“被剥夺了这些快乐，”女人将忍受痛苦，一位律师在1882年关于他的当事人这样写道，“当感官快乐没有被满足时，精神就会焦躁不安。”[1]许多医生都支持这个观点，不仅限于在谋杀犯罪上。在1855年，菲里克斯·洛鲍赫（Félix Roubaux）医生，一位法国矿区水域专家或称为医学历史学家，在关于性无能和性冷淡的巨著中论证道，“在正常的性交中，女性的角色并不完全是被动的”。而且他还积极地辩护女性该享有性欲望的权利和性交的快乐。

通常这种辩护都是浮华的语言。一位著名的产科医师詹姆斯·弗斯特·斯科特（James Foster Scott）在他关于性本能的论文中阐述道，女人天生有性欲，但他把这种性欲称颂为高级职责的服务者，“一种纯净的、纯洁的、纯粹的性感觉”是一个“女人天性基本的法则，因为爱是她的基础；这种性感觉绝不是一种轻浮的东西，而是一种
147 坚定不移的渴望，正常而言，是对高尚的母性的向往，这种动力远远高于只重视感官快乐的放荡不羁者和色情骗子”。以一种对19世纪而言，相当坦率、但是又很寻常的逆转态度，斯科特医生论证道，女性的性欲望实际上远远高于男性；比男性更好，女人是“母亲—所有生物的基点”。[2]对于众多中产阶级世纪的人而言（尽管不是所有人），这个观点可以作为真理看待，而未经说教的润色来发表它是另外一回事。

全世界的人通过实验都已得出相同的结论，虽然他们倾向毫不文

---

〔1〕Mary S. Hartman, *Victorian Murderesses* (1977), p.192.

〔2〕Roubaux: *Traité de l'impuissance et de stérilité chez l'homme et chez la femme, comprenant l'exposition des moyens recommandés pour y remédier*, 2 vols. (1855), Ⅱ, p.449-450; Scott: *The Sexual Instinct: Its Use and Dangers as Affecting Heredity and Morals* (1899), pp.126-127, 119.

雅地表达它。“我会对一个单身汉说，他的脸很年轻，但心很老成，剖开全是愚蠢的幻想，”复杂又无情的龚古尔兄弟在日志中坦言，“渴望利用女人，寻找女人不是为了寻求快感，而是寻求成功：总是这样，肆无忌惮地击倒38岁的多血症女人，她正饱受多血症的折磨。对她，他可以为所欲为并敢做得非常利落；一旦这个女人沦为他的俘虏，他就会全部占有她：他能使她成为实现野心的工具或发泄欲望的工具”。龚古尔兄弟凭幻想描述的这个场景丑陋到极端。它预见了许多部莫泊桑的小说中的场景：气喘的、欲求不满的女性，不再年轻——在19世纪中期，38岁的女性显然已是中年——在浪荡子给予她常规的性高潮之前，已经自我贬值。撇开其非道德性不谈，由两位有经验的浪子传达给新手的忠告毫无疑问地表明，至少在龚古尔兄弟的圈子里，女人被视作性交动物，也就比动物更好一点。

这对兄弟当然知道他们在说什么。以外科手术般的精密和解析，他们记述了情妇们的高潮爆发：“今天，这里是对爱的低吟、呼吸和咕哝。这正是女人在说话和呻吟：‘撞到了我的神经……哦！亲爱的，我来了……嗯……嗯……嗯……这样做！……嗯……嗯……嗯……’这是女人正在享受；男人继续。女人：‘哦，我的一条腿 148
疼…… 这样做！说，猪！……哦！所有东西都湿了……’”再一次：“研究来自本性的爱。床单的噪音——‘嗨！嗨！嗨！’——鼻子的呼气声。用低音说：‘这让我很开心……用力……啊！哦！……’床发出吱吱声；呼吸在加速：‘我想去你上面……哦！我的宝贝……嗯！嗯！嗯！……哦！你太快了，上帝啊！……’”[1]龚古尔兄弟无须任何调查，就能证明女人和男人一样产生性兴奋。

---

〔1〕June 13, 1858; November 1 and 16, 1859, *Journal*, II, pp.246-247, III, pp.161, 168 (Suspension dots in the original). 在第二天的日记里，关于11月16日回应性爱的节奏仅仅写道：“文明起源于东方，从南到北：正像地球再次升起的脉搏一样。”

阿米尔（Amiel）尽管同意龚古尔兄弟的观点，当然他会用更体面的语气：“对于每个性别而言，性爱基本上是同一件事，”他写道，“在相互的吸引中，每个人都在寻找他的完满。有人也许会说唐璜只在寻找一个女人；而每个女人都花费一生的时间寻找一个特定的男人，一个只属于她的男人”。[1]在那个时代，这个断定有一个非常粗俗，但很专业的起源。在1865年的某个时候，约翰·巴特利特（John Bartlett），纽约的颅相学者，给约瑟夫·利曼画了一幅肖像。毫无疑问，意识到利曼强壮的身体和他作为作家的雄心壮志，巴特利特谨慎地观察了利曼“长久追逐中持续的能量”，并把利曼的“动物本性”刻画为“一半像鹰一半像马”。他声称，利曼当然是“一个自然性的作家，他的笔和鹰爪一样犀利”。这是一个最振奋人心的赞扬。巴特利特对利曼爱欲情形的评论，附加他的报道，甚至更鼓舞人心：“你的阳具不是向下，就是向上——大多时候是向下的，但当它向上时，你更为精力旺盛；如此彻底，以至于没有一个理智的女人渴望变化。”巴特利特补充道：“如果你的妻子身体健康，而且你也同样健康，你可以让事情随意发展；但一次完整的骑兵突击会让你精疲力竭，应接不暇，正如两三个领导者在你的队列里一样。”他还建议道，“你和妻子发生关系一周最好不要超过一次。那样将会使她满意，还不会伤害你的身体。如果你的生命或是更强壮或是更爱享受，你可以更充分地沉浸其中。你想让事情刚好，在床第之欢这方面恰到好处，那就要适度。”在性活动上，巴特利特非常谨慎地指出利曼妻子的利害关系。“你的妻子，”他总结道，“没有任何嫉妒你的情况。你是一个绅士，除非食物的香味刚好，并用合适的盘子装着，你才会接受它。一旦你这样和一个女人做一次，你将会做很多次，

〔1〕August 22, 1849, *Journal intime*, I, p.514.

因为两个原因，首先你不想有变化，其次，仅仅改变一次的话，她没有任何收获。”[1]

这个评论引起很多争议，很显然它是仓促进行的，并被冠以“淫
秽”的标签。巴特利特所做的比如：犀利的话语、把性爱比作士兵作 149
战的隐喻以及如何取悦女人的建议，这些都表明医生和病人之间有种友情，这种友情有点粗俗，经常是两个男人谈论女人时才有的。不知道劳拉·利曼被比作一盘合适的菜肴时会做何感想。即使我们了解她非常喜欢和丈夫的性生活，我们也不知道她真正的想法。但是这里关系重大的是巴特利特对女人感官的掌握。很显然，这无须任何讨论，更不用提求证了。通过阐述约瑟夫·利曼性能力如此强势以至于没有“任何一个理智的女人渴望变化”，巴特利特真正的意思是理智的女人也和男人一样喜欢性爱。在假定利曼的妻子“身体健康，而你也同样健康”的条件时，巴特利特理性地暗示道，女性的性欲望经常由于生理和心理的原因而有所不同。谈及如果利曼的生命“或是更强壮，或是更爱享受”，他可以纵欲一周超过一次时，巴特利特的意思是男性的性欲望也是随环境变化的。

公众看到的材料，无论是唾手可得的普及作品，还是经过仔细研究写出的专著，通常都走这样的套路：曾经都是令人期待的，而最终都是不精确的。古斯塔夫·德洛兹（Gustave Droz）是一位多产的巴黎记者，他在其作品《先生、女士与婴儿》（*Monsieur, madame et bébé*）中阐述了女人渴望性爱的论点。这本书于1886年首次出版发行，在18年里共经历了121次印刷。它是一本连续的、非正式的文集，记录了人们从求爱期到结婚，再到为人父母的经历，包括快乐的单身汉、怨恨的母亲以及羞涩的新娘。在今天看来，德洛兹的语气过

〔1〕标题为“性的”，这是巴特利特的整体评价。Box 10, LF.

于辛辣，似乎很难让人忍受，但是他的目的是：用自己的方式去平息他所认为的过分拘谨的社会理想，在他的时代，这种理想使得女人对婚姻望而却步。婚礼一结束，新娘的妈妈“和她女儿说些悄悄话，包括新娘的献身、未来、这种事的必要性，以及顺从丈夫，等等”；毫无疑问，新婚初夜，妻子和丈夫小心翼翼地尝试身体接触，直到最后妻子让丈夫上床并亲吻她。最后坦言她爱他，“但是动作如此温柔、缓慢，以至于她感觉好像在做梦一样”。然而，一切进展顺利：毕竟性爱的快乐是婚姻生活的本质，德洛兹说。“上帝啊，我们曾经多次笑着回忆的这些事，现在已经远去了！”[1]女性的性意识只有在遇到男性时才被唤起。

150 法国医学领域有诸多权威的声音，至少是可信的，他们与德洛兹的观点有相似之处，即幸福的婚姻绝不能忽视夫妻双方的性快感。最著名的是奥古斯特·德贝（Auguste Debay）医生，他是一位退休的外科军医，因研究多种课题而成名。他的课题包括浴疗保健学和个性魅力的奥秘。但他的研究都是他的兴趣所在，包括“研究爱情、幸福和忠诚”以及“嫉妒、通奸、离婚和独身”等话题。德贝的《婚姻的卫生与生理》（*Hygiène et physiologie du mariage*）在1848年首次出版发行，与德洛兹畅销的新闻杂志不相上下，并产生深远影响。在1881年这本书已达到第125版，新的读者仍然接踵而至。德贝强烈谴责禁欲行为，对其后果也深表惋惜，因为禁欲对女人危害很大：“禁欲，”他对大众写道，“对女性智性官能影响非常恶劣，以至于在所有的精神病院，女孩子以及未婚女人的数目占总人口数的比例高得出奇。”他还说“很多女孩子会得可怕的神经病，因为她们恪守忠贞的底线，而忽视自己渴望激情的性格”。这样的女孩面色苍白，闷闷

[1] *Monsieur, madame et bébé* (1866), pp.137, 154.

不乐；如果她有男人，那么她就会再次笑逐颜开。[1]虽然德贝医生的精湛技艺备受夸耀，他却从不轻视传统的补救措施。

因此在德贝的书中，婚姻是两性的福祉，无论在生理还是心理上。在以自我为中心的世界里，夫妻双方的同甘共苦、互爱互助、温言劝慰使婚姻成为一种稀缺资源。在德贝看来，夫妻双方共享的活动当然包括性爱：婚姻是“身体与灵魂的愉悦交融。这种交融能帮助夫妻共同承受生活中的压力”。搅动不安的男人和女人如何分享性快感的问题同时也无聊之极，因为现代研究者已通过“生理实验”解决了这个问题。真相是性快感由于多种原因而非常复杂。“性幻想和生殖器敏感度彼此相互影响。人们有爱欲幻想，就像拥有生殖器的超活力一样。带着这种超活力，人们去体验经常产生的欲望，这些欲望总是想获得满足。在小镇或无所事事的人中，发生这样的事很常见。”有人也许会反驳，在中产阶级，尤其是富有的中产阶级中，“人们也会遇到这样的事”。[2]德贝重复了他那个时代盛行的观点，即乡村的性行为在男性方面更蛮横，几乎漠视了女性的感受。他提示，中产阶级的人们有文化、善解人意还有耐心，他们会追求更愉悦的，确切地 151
说，更尊重彼此的性生活。

在揭示有教养的性行为方面，德贝准确地描述了生殖器官的多种感觉。他写道，当性爱过程很短时，女性“在性行为上非常被动”。但是当性爱过程持续很长时间时，“性交会刺激女性整个生殖器官达到最高程度的快感”。这种快感来得非常快。女性的“性系统”比男性的更“广泛”；她的性幻想比男人的更生动，敏感度也更强。因此她会“在

〔1〕Debay, *Hygiène et Physiologie du mariage* (1848), pp.14-15. 亦参见 Debay, *Philosophie du mariage. Etudes sur l'amour, le bonheur, la fidélité, les sympathies et les antipathies conjugales. Jalousie-adultère-divorce- célibat* (1849)。

〔2〕*Hygiène et Physiologie du mariage* (1848), p.101-102.

整个性兴奋持续的过程中，在爱欲拥抱和气息之下，颤抖、战栗”。男人获得的刺激会更高，但很短暂。在性交后，男人通常比女人更疲惫，类似“暂时性无能”；在七八个小时内，他至多能做五六次，像运动员的速度了，但德贝认为这样并不算放纵，也不算过度。相比之下，女性总是时刻期待着性爱。德贝说道，这更多地取决于情人的技巧和情感。“女性比男性更能抑制情欲，男性绝对是愚蠢之极的，若是通过生理方式来证明他更能抑制情欲的话。”实际上，德贝回避一些对女性不雅的性行为。“进入一个经期的女人”的行为是令人作呕的。这样的男人显示的无非“好色淫荡和堕落的品性”。[1]尽管德贝心胸宽广，温文尔雅，但仍有一些性满足的方式令他难以接受。

德贝并不是一个激进的变革者。他建议女性要装作性被男性唤醒，同时要伴有性高潮：“男性喜欢分享这份快乐。”诚然，男人在床上可以是野兽，但如果他真是的话，德贝告诉女性读者，“你可以熄灭他充满激情的欲火”。在德贝看来，“正常的”性交方式应该是采取男上女下的体位姿势。女人跨在男人的身上也许能制造一次酣畅淋漓的性爱，但这颠倒了本能的顺序。从德贝暗示的语调和自信的态度来看，他是一个矛盾的建议者；他尊崇的等级制度与他所提倡的两性尽享性快乐的观点相互矛盾。这样推断的话，在德贝眼里，男性永远高高在上。而他 20 页春药的研究只是强调他对纵欲的研究，以及对女
152 性的定论：女性是天生的爱欲生物，而不是任男性摧残的受害者，或延续种族的工具。[2]书中阐述了德贝的文化教养——文明的、摆脱宗教的法国文化。这让他的书更家喻户晓、经久不衰。

然而，德国人或英国人喜欢把如此宽松的关于性行为的观点归

---

〔1〕 *Hygiène et Physiologie du mariage* (1848), p.103-104, 221-225, 80.

〔2〕 Ibid., p.106, 108-109, 354-378.

咎于不道德的法国文化。可以看到，西方的性学家支持这个观点，并说已婚男人不需要婚外情来满足性需求。安东 · 奈斯特洛姆（Anton Nyström）是一位著名的瑞典医生，他也研究人文史和哲学，其作品被翻译成多种语言。他认为，“是性本能，而不是问题重重的交配欲望，支配女人去吸引异性。这和男人的表现一样。女人的性本能其实和男人一样强，纵然在很大程度上，禁欲的教条和世俗的条件压抑着她们的欲望”。在当时，奈斯特洛姆区分了女性的天性和社会性，能够做到这点的医学专家很少。因为在社会中，禁欲主义和顺从性已被看成了女人本性中最基本的要素。奈斯特洛姆写道，“许多人都声称，对女人而言，性本能起不到重要的作用。如果它在个别人身上表现强烈的话，就意味着道德堕落或不得体的纵欲行为”。和当时其他的批判者一样，对于女性性观念，奈斯特洛姆也认为宗教应该对这种误解负责：“基督教会的伦理观迫使女性压抑性本能。”与其他性学家不同的是，奈斯特洛姆确实查阅了“许多优雅的”女人对女性性观念的看法，包括德国的和平主义者和性改革家海伦娜 · 斯托克（Helene Stöcker）。结果并不稀奇，他发现大量有用的资料显示“女性性本能和欲望恰好和男人一样占主导地位，母性位列其次”。梅贝尔 · 卢美斯 · 托德本可以提出这些观点。过去的案例只是他做的医学实验的小插图，他的实验充分证明了那些优雅女人所说的属实：禁欲包括手淫在内，能导致失眠、 153
头痛和幻觉。而且，性冲动还能突破最可怕的内心阻碍。[1] 他们这些令人印象深刻的观点可谓与德洛兹和德贝有着异曲同工之妙。

尽管他们的阵营不是胆小怕事、与世隔绝、古怪反常的，数十年来在不断壮大，但部分成员的意见却被埋没，迄今为止更多人在否定

---

〔1〕*The Natural Laws of Sexual Life: Medical-Sociological Researches* (1904; tr. Carl Sandzen, 1906), pp.150-151, 157-161.

女性天生好色的观点。这些反对人士彼此也是争论不休。布洛赫引用了很多专家的意见，大多数德国人意见也不统一。没有一个国家达成共识：意大利人、法国人、德国人、英国人以及美国人都是站在两个角度考虑这个问题，因此从未出现过任何共识。提倡清心寡欲的人认为女人在性行为中胆小、被动，他们一直积极提倡这个口号，但是他们的思想并没能垄断这个领域。专家也彼此相互否定。20 世纪以来，一些评论家认为女性和男性一样富有性激情，但其他评论家则坚持女人性冷淡的观点。

著名的威廉 · 阿克顿（William Acton）医生，极力批判女性激情的观点。在他生活的时代，他关于女性性感缺失的主张得到很多赞许并经常被引用，传到了全世界。阿克顿的言语非常犀利，“多数女性在性爱方面没有任何问题。男性是习惯性地有问题，而女性则是例外。”他又补充道，这些例外的女人基本都是反常的人，比如女色情狂或其他精神病人等。有趣的是，阿克顿医生坚称对男人而言，这样的生活是安心的，而不是压抑的：“紧张或虚弱的年轻人不愿自己的婚姻受所谓的男人应尽的义务羁绊。已婚女性更不愿意丈夫像对情妇那样取悦她们。”女性天生的冷淡应该允许男性表露忧虑之情。“在大多数的案例中”，阿克顿医生强调，“谦和的英国女性刚经历过婚礼的焦虑和疲惫，送走宾客后还会感到新婚时的焦躁不安。在婚后起初的
154 几天里，她们因远离最痛苦压抑的忧虑之情而欢欣不已”。在阿克顿看来，这样的女人是天使，不能像待“高级妓女”（courtezan）一样待她们。[1]

---

〔1〕*The Functions and Disorders of the Reproductive Organs, in Childhood, Youth, Adult Age, and Advanced Life, Considered in their Physiological, Social, and Moral Relations* (1857). 经过好几版修订，在副标题做了少许的调整，内容上有了很大的扩充。我在此处引用的是 1865 年的第三版，第 133—135 页，第 103 页。

阿克顿的观点在布道者那里最受欢迎。但很多医学专家，通常是有几十年经验的专家也认可了这个冗长而教条的结论。在 19 世纪 80 年代中期，里查德 · 冯 · 克拉夫特-埃宾男爵（Richard Freiherr von Krafft-Ebing）在他那本畅销并不断修正的《性心理疾病》（*Psychopathia Sexualis*）著作中，让人见识了他的权威。他承认性奠定了高等文化的基础："没有性的基础，艺术和文学会是什么样呢。"但他没有过多地提及女性。迟至 1894 年，在他第九版的著作中，他写道："毋庸置疑"，"男性比女性的性需求多。由于天性的驱动，男性往往对某些比他年龄大的女性产生欲望。他们靠感性生活"。女性则不同："如果女性身心健康，在一个良好的环境下成长，她感官的欲望很小。若非如此，整个世界就成了妓院，更不用考虑婚姻和家庭了。而那时所有的事情，比如男人抛弃了女人，女人寻欢作乐都变得不正常了。"女性比男性更渴望爱，但她们追求精神的爱而非满足性欲。在 1890 年出版的一项关于性变态的"医学心理研究"的著作中，克拉夫特-埃宾重申了他之前所说的：女性天生是被动的。"女性从属于异性是一种生理现象。"她的命运既是自然的也是社会性的：女性在繁衍下一代时是被动的，"现在亦如此"。[1] 就这一情况而言，变革社会秩序也不能消除本性对女人欲望的束缚。

尽管这种说法当时很盛行，但据我所知，它还不是此事的核心观点。在 1881 年首次出版的《人体》（*The Human Body*）中，作为生物学家和生理学家的纽威尔 · 马丁（H. Newell Martin）引用了一位博学的医生的话。取得了这样的效果即性交行为不仅是"上流社会中令多数女性厌恶的东西"，还使许多女人感到痛苦，影响身体的健康。马 155

---

〔1〕*Psychopathia Sexualis, mit besonderer Berücksichtigung der conträren Sexualempfindung* (1886; 9th ed., 1894), S.11, 14; *Neue Forschungen auf dem Gebiete der Psychopathia Sexualis. Eine medicinisch-psychologische Studie* (1890; 2nd ed., 1891), S.38.

丁明显重申了阿克顿医生的观点，阿克顿在数十年前曾说过，女性只是为了取悦丈夫才同意性交。“一个充满爱的女人，当她发现快乐就是为了爱人忍受痛苦时，只要能忍受，她绝不可能告诉丈夫。”[1]

其他非教条主义者对此事也不确定。在19世纪50年代中期，美国的教育改革家、医生威廉·阿尔科特（William A. Alcott）谴责了淫秽出版物，因为它们散播女性“淫荡的流言”，即“女人天生是感性的，喜欢异性”。他还反问道，“流言难道能战胜女性本质纯洁的断言？”阿尔科特承认确实有一些“不知羞耻的女人”，但绝大多数女人几乎像“天使一样纯洁”。多年前，英国宣传家格莱戈（W. R. Greg）在《威斯敏斯特评论》（*Westminster Review*）上发表过一篇关于卖淫的文章，他同样称赞女人：“女人的欲望从未导致她们的堕落。”除非是持续的挑逗和刺激，“欲望很少出现在女人的意识里”，“直到女性堕落才会意识到”。对男人而言，“总体来说，性欲是与生俱来的，并在青春期出现”，而对于女人而言，“欲望是隐秘的，直到兴奋时才会出现”。因此，“女性由于工作和教育的关系很少产生兴奋，经常不会意识到感官的刺激。对她们而言，这是好事！”[2]

格莱戈正朝着妥协的方向缓慢前进：像男性一样，女性身体里已有了性冲动，但当男性对她有强烈的欲望时，女性会隐隐地感觉

---

〔1〕*The Human Body: An Account of Its Structure and the Conditions of Its Healthy Working* (8th ed., 1904). 马丁时任约翰·霍普金斯大学的生物学教授，也担任医学院的生理学教授。亚历山大医生是法国的权威，在该书很长的“论妇女”一章中，也基本上表达了同样的观点，参阅他的著作：*Des rapports conjugaux considérés sous le triple point de vue de la population, de la santé et de la morale publique* (1848; 4th ed., 1860), 特别是第210页，第215页。

〔2〕Alcott: *The Physiology of Marriage* (1855), pp.45-46; [W. R. Greg]: “Art. VIII. De la prostitution dans la ville de Paris, par Parent-Duchâtelet ···,” *Westminster Review*, LIII (June 1850), p.456-457. 格莱戈也承认，妇女的确能感觉到至少在某种程度上的不太明确的性唤醒。

到，但不会表现出来，直到她被引诱进入性兴奋阶段才会表现出来。实际上，很多研究性和婚姻方面的作家都研究过女性好色的本质：男性一定是主动的一方，而女性仍保持神秘；但她们也有性快感。所以，156 在史密斯·普拉特（Smith H. Platt）的小册子《高贵的女人》（*Queenly Womanhood*）中，他引用《圣经》里的话说，性本能"最明显的"目的是繁衍人类，"某些原因能解释性行为的另一目的"，即"增进感情"。两性都有这样的目的。普拉特认为"这个结论被持久的欲望提升了真实度"。尽管他又迅速回到了传统智慧的安全话题上。"这样的结论在男性中更容易发生。"普拉特禁止女性牺牲健康去满足丈夫的性欲，"即使这样做看似是对繁衍种族做出的牺牲，糟蹋了女性的情感"。但他又补充道，为平衡起见，"真正的丈夫不会接受这份牺牲"，他会克制自己。所以男性才会"尽可能不接受，这一举动使丈夫更体贴关爱妻子，因为她不仅把自己奉献给丈夫，而且也为了丈夫着想"。[1] 看来这并不是对女权主义者情感的让步，而是 19 世纪晚期男性作家描述的性的影响。

虔诚的女宣传家，尽管很少像男性作家那样讽刺女性运动，但有时会陷入自卫的女权主义中：她们认为在这个高度发达而颓废的文明中，拯救男人是女人最高的义务。男性在世俗活动的影响下只追求感官刺激，这已危及他们的灵魂。萨拉·斯蒂克尼·艾利斯（Sarah Stickney Ellis）女士的名作反复重申女性必须牺牲自己，为他人而活。

---

〔1〕*Queenly Womanhood. A private treatise; for females only, on the sexual instinct, as related to moral and Christian life* (1875; 2nd ed., 1877), pp.13-14,132-133. 关于一种非常相似的观点，参阅威廉·哈蒙德医生的表述："作为一种性别特征，妇女表现出的性欲强度要比男人弱得多。正如一个英国评论者（无疑是阿克顿医生）所说的那样，这种状况对于保持家庭的神圣来说，确实是非常重要的。"*Sexual Impotence in the Male and Female* (1887), p.278. 与此同时，哈蒙德医生感觉到将性冷淡作为一种疾病来治疗的做法还是显得比较勉强。

在《英格兰妇女》（*The Women of England*）中，她说女性想获得教育有很多原因："为了提升思想"，"培养职业乐趣"，但"更重要的是，我们能挽回英国男性的品格，更确切地说，改变他们在性格和职业中
157 麻木的状态，因为男性正处于堕落的危险之中"。[1] 这样说足够谦逊直接了。艾利斯女士没打算敦促有教养的妇女，使她们靠发挥动物式的激情挽回丈夫的品格。良言和劝告总是混在宣传册里，正像她的书那样；纯粹的文学不会如宣传册那样谦逊、篇幅短小。但家庭生活的理想从未偏离生活表面，宣传册类的文学明显属于理想的内容。

诚然，当时的规劝文学是冗长的宗教式说教，无不涉及女性的性问题。如我在前文所述，这类文学诋毁、轻视或直接否定女人的性。作家们害怕事实而歪曲事实，然后口述结论。公然这样做与为职业向上爬背负恶名没什么两样。在很多论者的观点中，很难在这些动机中做出区分，很大程度是因为信誓旦旦的原则遮蔽了无意识的冲突。在许多赞美性关系的书中，频繁出现坚持男人居上的观点，这间接反映了一个广为传播的焦虑：男人可能沦为下位。关于性位置的说教代表了其他更原始的关注。

总的来说，婚姻手册的目的只停留在天真的表面上；他们抄袭了方便但未证实的民间智慧里面关于两性关系的只言片语。当不知羞耻地抄袭彼此时，最好要谴责女性粗鲁、男性残暴以及整体颓废的状态。这就显示了这些道德家想要一个腐朽的社会，因为人越不坏，越不会从事放荡之事，这样就会使道德家失业。但实际上，许多改进的手册在灵感和语调上是宗教式的，这绝不仅仅是喜欢反复引用的福音派做的。那些虔诚的宣言说女性该遭天谴，并吩咐她们顺从命运，在

---

〔1〕*The Women of England, Their Social Duties, and Domestic Habits,* 2 vols.,in I (1839), II, p.197.

家照看孩子，忽视性欲。奥古斯特·别贝尔（August Bebel）著名的论辩之作《社会主义制度下的妇女》（*Women under Socialism*）曲解了经久不衰的基督教思想。他引述了保罗最广为流传的言辞，内容是女性有必要屈从男性，以及妇女与生俱来的无可救赎的罪过。这些罪过是由偏激而厌恶女人的教会神父大加挞伐的。在 19 世纪 80 年代，当别贝尔在写宣传社会主义的著作时，呼吁男女要在各方面上平等， 158
包括性爱在内，而女性性冷淡缺失的观念仍然广泛存在。

正如我们所见，医学文献与牧师或学者编纂的书籍一样充满争议。当时，这样的著作很少做预测，看起来似乎比宗教或说教类的更权威。尤金·贝克拉德（Eugène Beckland）医生列举了一个早期的例子，这个例子源于 1838 年首次出版的性生理小册子。观点是女性可能是“色情的”（amorous），也可能不是，这一点和男性特别相似。当他写道“处女膜法则”（Laws of Hymen）不“是限制而是促进性快感的产生”，他的意思是男女的快感一样。但这一公正的断言不能阻止贝克拉德医生思考“女性的性”，他认为女性“天生擅长做爱”，同时处于“被动的原则，这一原则与求爱没有任何关系，而是为了回应对方”。[1] 他的小册子是早期现代派的代表作。这本书描绘了互动中的自然倾向和社会抑制行为。这个观点和格莱戈的结果一样，再次表明对争执不休的女性性观念的妥协：女人也许会想自己天生和男人一样强壮，但由于某些原因被社会压制着，社会是以家庭和睦之名强加给了女性不同的角色和感受。

这个观点并不为克拉夫特-埃宾所接受，但道德家和医学专家对此很满意，他们谴责自私好色的丈夫在两性关系中不尝试平等。同意这种中间位置说法的是伊丽莎白·布莱克维尔（Elizabeth Blackwell）

---

〔1〕*The Physiologist: Or Sexual Physiology Revealed* (4th ed., tr. 1846), pp.68, 82.

医生。作为一位有名的医学教育的志愿者，她是美国第一位获得医学学位的女性。尽管进行了反抗，她的反叛行为还是受到宗教的严格限制；她把自己描述为一个“基督教的生理学家”，她关于婚姻的著作反映了两个主要的关注对象——女人和上帝。在她的《给父母的建议》（*Counsel to Parents*）中，她坚持这样的观点，即一个高度发展的基督教文明应该坚持“两性中很有必要对沉溺本能的行为施加某些限制”。但这是对过度行为的限制，而不是对原罪的监督。“激情本身
159 不是邪恶的，它反而是我们本性中基本的一部分，是一种与其他人体机能一样的馈赠，而且具备高增长的动力。”[1]在《性行为中的人性因素》（*The Human Element in Sex*）中，布莱克维尔再次警告要抵制各种堕落，堕落是现代社会诱使性冲动进行的。她重申“身体的快感是人性中珍贵的馈赠。快感伴随着爱情的滋润。而馈赠是由行善的创造动力给予的”。毫无疑问，“在混合的特性方面，人可以正确地理解性行为本身，因此性不是邪恶的，它是目前生活情况实现的极创新的、完全正确的成就”。由于贬低性没有精神快乐重要，告诫不能滥交，布莱克维尔并没有赞颂性交。但她对性交的沉默寡言更使读者难忘，读者就像莫霞医生的调查对象。她和其他人一样，通过强调“精神的成分”，把夫妻间的爱看作柔情和欲望的混合体。她同情地写道：“许多寡妇经历过悲怆的丧偶之痛，她们曾非常依恋丈夫”，“医生非常了解这种现象；不能简单地说是她们失去精神支柱，而是巨大的生理损失。”[2]在基督教的生理学家看来，衡量生理损失的是女性天生的性感觉。

---

〔1〕*Counsel to Parents on the Moral Education of Their Children, in Relation to Sex* (1879; 4th rev. ed., 1881), pp.62, 76.

〔2〕*The Human Element in Sex: Being a Medical Inquiry into the Relation of Sexual Physiology to Sexual Morality* (1884; ed.1894), pp.14, 49-51.

诚然，有几个作者已经敏锐地觉察到，或者说有某种模糊的倾向去表现这种非同寻常的矛盾之处：即女性性行为对19世纪中产阶级社会成为一个难题，自我意识曾经倾向于维持社会的行为标准，现在期待实现，或者说，更期待见证社会的变化。一个受到普遍尊敬的美国医生乔治·纳菲斯（George H. Napheys）就很充分地证明了这一点，尽管他英年早逝，死于1876年，当时他还只有30出头。他关于性别政治的观点无疑具有进步的特征：他可能会争辩说（这一点甚至先于笛福和狄德罗），女性明显的低于男性的地位是由她在繁衍中的角色决定的；女性“具有某种超过男性的能力，但这种能力受到男性自私的动物本能压抑而变得暗淡无光”。只要赋予她们以时间和机遇，她们就有可能展示她们的能力，女性的这种低等地位就会随之消失。在他看来，性冷淡并非一种美德。他写道：“如果有人说女性身上具有的性激情是对她性别的贬低，这种观念是错误的，有违自然法则。生理科学已经非常清楚地证明了其特性和尊严。”对于他们的婚姻关系义务，“有些妻子热衷于展现她们强烈的反感，表达其厌恶，有些 160
表示冷淡，有些只是泰然接受”，所有这些做法都是因为她们没有能够清楚地理解这些行为本身所显示的“缺陷”。对于这个神秘法则的运行规律，“有些妇女能够全身而退，但并未遭受痛苦，而且获得了某种满足感，这清楚地显示在这种她们的结构组织之中，这个事实并不是完整的”。[1]

纳菲斯是一个敏锐而慷慨的妇女研究专家，尽管他可能清楚地知道他对于妇女的期待，但他并不是非常清楚地了解妇女的经验。援引某些未列出姓名的医学权威，他继续写道：“大部分妇女，享受了一

〔1〕*The Physical Life of Woman: Advice to the Maiden, Wife and Mother* (1869; 3rd ed., 1888), pp.21-22, 96-97.

定程度的性满足感。”同时，他又言之凿凿地指出，“但是，只有在某些极少的情形之下，妇女才能体验到性的满足，但这种感觉还不到男人体验到的十分之一。她们之中的很多人处于完全的性冷淡状态，即使在婚姻之中，也绝少体验到真正的欲望”。而另外一种相反的观点，认为女性“是与我们一样，具有性激情的生物”，这是一种确定无疑的“庸俗观点”。[1]当然，可能只有某一个富有天分的诡辩家才能在这种自相矛盾的臆测之中寻求到某种妥协之道。

另一方面，如果要理解奥托·阿德勒医生（Otto Adler）发表于1904年的关于女性性感觉缺陷的那篇艰深、晦涩的论文，也同样需要所有诡辩家的才能和素养。这篇非同凡响的论文与其说是揭示了19世纪的妇女性问题，毋宁说为解释19世纪医生的心理状态提供了更好的途径。阿德勒医生引证的权威就是马修斯·邓肯；如前所述，邓肯医生已经清楚明白地表述过，女性的性是很正常的事情，而且在这个方面已经从医学上达成了共识。阿德勒医生利用自己的职业经历和其他妇科医生的观点，总结了他关于妇女性问题的结论。“事实上，所有的作者都一致认为”——显然，他忘记了邓肯医生认为所有的作者都反对这种观点——“妇女的性驱动力（欲望、冲动、力比多），无论从最初的起源还是从后期的表征而言，都要比男性的小得多”；而且“女性的力比多必须以某种适当的形式才能唤起，或者更多的情况是这种欲望根本无法唤起”。他也诉诸有经验的男性观点：有多少男人经常抱怨他们的妻子性冷淡啊！男人们不定期或常常光顾妓院，而那些激情四溢的妓女似乎都足以动摇阿德勒医生对其结论的信心。缺乏可靠的统计数据在阿德勒医生看来也无关紧要。就他了解

[1] *The Transmission of Life. Counsel on the Nature and Hygiene of the Masculine Function* (1871), p.173.

的病人和见证者而言，他坚持自己的顽固立场，并大胆估计说性冷淡困扰了所有妇女中的“比例绝对不低于10%”，他甚至认为这个比例可能更让人担忧：“20%，或30%，甚至可能高达40%！”尤其是最高的那个数字让阿德勒医生感到释然，而且他认为这个数字是很精确的。[1] 161

但是，如果至少有五分之三的女性被唤起了性快感，而且其中有相当的比例进一步体验过性高潮，那么关于女性性冷淡问题的主要原因就不可能从生物学的角度加以解释；而女性的性驱动力就不可能是有缺陷的，不管其他作者对此做过何种描述。对于他自己的论证和说明，尽管有人指责他的估计缺乏可靠的依据，而且有过分夸大数字以迎合他自己案例研究的嫌疑，但在阿德勒医生看来，充满性激情的中产阶级婚姻只能算作对某种令人压抑的婚姻规范的偏离。事实上，阿德勒医生用以支撑他论点的那些案例在很大程度上损害了他的结论，因为他案例中的患者在某种意义上都是梅贝尔·卢美斯·托德的姐妹。在他的15个相关案例中，至少有十个显示出了强烈的性感受：要么是通过手淫获得高潮，要么是表现出强力的性倾向。实际上，阿德勒医生的两个患者在他的办公室里戏剧性地展现了其性兴奋的程度，其中一个妇女还达到了性高潮，主要是因为阿德勒医生检查她的性器官，并触碰她的阴蒂。这些被假定性冷淡的妇女与19世纪其他医生报告中的那些女性有相似之处：当医生用内窥镜检查她们的生殖器时，她们表现出了某种程度的性唤起。在阿德勒医生的其他病人中，大部分出于谨慎或焦虑，明显表现出压抑或无意识压抑了她们的性激情：其中一名女性担心自己的性激情可能会伤害患有心脏病的丈

〔1〕*Die mangelhafte, Geschlechtsempfindung des Weibes: Anaesthesia sexualis feminarum. Dyspareunia. Anaphrodisia* (1904), pp.124（阿德勒在第67—69页引用邓肯医生的观点），13-15。

夫；另一个是带着八个孩子的寡妇，在她幸福的婚姻终结后通过手淫来获得快感，同时让她感到惊讶的是，她有意识、有计划地引诱一个18岁小伙后，并没有给她带来性快感。这些案例史中显示了多种形式的歇斯底里转换症症状（hysterical conversion symptoms），但这些症状并不是暗示了某些基本的性能力的缺失，而是一种神经性的功能失调，即用以激发性快感的能力缺陷，或者说更多的情况是由于爱的伴侣缺乏这种意识，或过于以自我为中心，或是性无能，导致了女性的力比多受挫。另一方面，在一本专门旨在说明妇女性功能缺陷的书中，阿德勒医生提供了大量令人印象深刻的证据，以证明婚姻中性功能失调的普遍存在，以及复苏的幼年神经官能症：随着时间的流逝，童年时期的性冲突被转换为潜意识状态，但这种冲突并未得到解决，
162 在成年的早期生活中再次返回到意识状态之中。不管阿德勒医生对每一个案例做出何种精确的诊断，这些案例都是为了证明激情四溢的女性性欲望并未得到满足。

阿德勒医生的其中一个患者，被称为“第14号案例”，尤其具有启发意义，因为她再一次证明了困扰上流社会的那种经验与表达之间的脱节，而这种脱节则是由于中产阶级文化通过有意识或明确表述掩盖了这种性激情。她的案例非常生动形象，因为在此无论是医生和患者都未能从明确无误的材料中得出必然的推论。第14号案例是一个31岁的妇女，她在青春期之前学会了手淫，从而获得了“充分的满足感”，而且“总是伴有外阴的湿润”。这样，她一直通过手淫获得性满足。她在22岁时经历了第一次真正的爱情，他是“一个受过良好教育的高级军官，她也出于真心地爱他”；但是她告诉阿德勒医生说，当她与他性交时，她“没有任何感觉”。而且，让她非常吃惊的是，“不管后来他做了多大努力，总是不能激发她的感觉，尽管患者的性兴奋已经达到很高的程度，而且非常地期待那个男人的拥抱和

爱抚”。从那时起，这种缺乏感觉的状态一直是她爱情生活中一个阴影，尽管她已经与十个男人有过那种亲密关系。“她总是能感觉到兴奋，而且很强烈，由于那个男人的爱抚，特别是当他亲吻她或抚摸她的乳房时。她当时也能立刻感觉到外阴的湿润；然而只有当她的爱人或她自己用手刺激阴户的某些部位时，她才能达到高潮。通过正常性交（*coitu normali*）她完全感受不到任何性兴奋，即使是经过长时间的努力。”开始，她觉得很沮丧，但最后承认自己性冷淡，特别是当她见到那些遭受同样的性爱命运的其他女性之后。[1]

但是，那种命运究竟是什么呢？第14号案例并不是一个“毫无感觉”的女性，只不过她强烈的性欲望需要某些特定的条件才能得到满足。不管这个患者的心理史是什么——很显然，阿德勒医生并没有致力于发掘这一点，在他的这个案例，或者说他所有的其他案例中，没有任何证据来支持他的结论：按照其天性来说，女性的性要比男人的“低一等”。即使不考虑他的证据，奥托·阿德勒医生也很好地秉承了威廉·阿克顿医生的观点，因为后者在几十年前就争辩说“最好的母亲、妻子和家政管理者对性爱知之甚少，或者一无所知。对家庭、孩子的爱以及家庭的义务，是她们感受到的唯一的激情”。诚然，在19世纪的很多中产阶级女性只感受到了阿克顿医生列举的那些家庭的激情，但她们自己也认为这是不正常的状态，意味着她们自 163
身出了严重的问题。否则她们也用不着向阿克顿医生、阿德勒医生或者是他们的同类寻求帮助了。如果这些医生抱有这些成见，他们能否为患者减轻痛苦，这是非常值得怀疑的。在阿克顿医生看来，一个已婚的女性之所以能够忍受性交的痛苦，因为那是她丈夫的法律权利，

---

〔1〕*Die mangelhafte, Geschlechtsempfindung des Weibes: Anaesthesia sexualis feminarum. Dyspareunia. Anaphrodisia* (1904), pp.146, 22, 109-114.

而且是因为她自己也不能确定能为他提供多少快感。因此，阿克顿医生写道："通常的情况是，一个贤惠的女性很少期望她自己能获得多少性快感，但是母性的欲望能够在很大程度上减轻她对这个问题的关注。"[1] 事实上，一种更大的可能性是，在一个19世纪的布尔乔亚家庭中，如果夫妻双方在性的问题上不协调，如果妻子期望得更多，那么就会出现另外一种截然不同的情况，丈夫的关注程度就会更少，特别是当生育时过去之后，或者因为避孕的焦虑已经成为家庭生活常态的一个组成部分。为什么一个19世纪的女性很少就性的问题向妇科专家请教，这其中有很多的原因。但是，很显然不能将她们的现状归结于羞怯、无知，或者说期望不高，或者是对她们的性奴役状态完全听之任之。她们早已不再像过去那样羞怯了，而她们所期望的远比过去要多得多。她们之中越来越少的人满足于受奴役的状态。她们性满足的期望是赋予了现实的意义，或者说这才是比较准确的理解。

随着19世纪的发展，医学出版物越来越多，也越来越厚重，从小册子发展到学术论文、专著，当然所谓客观性的陷阱也越来越引人注目。从19世纪20年代以降，无论从斯堪的纳维亚国家到大不列颠，从德意志诸国到美利坚合众国，医生都越来越多，他们出版了大量的书籍，为年轻人、即将结婚的人、家庭主妇们提供各种建议。这些书大多比较短小，很快写出来、很快被翻译、很快被修改，往往令19世纪渴望读书的读者们应接不暇，而且通常是连续一个系列：一本书很快出了第2版，甚至第8版。在这些书籍中，医生们（更多的是虚有其表的冒牌货色）则将他们的头衔和学术修养发挥到了极致，迎合当时流行的迷信，诸如红头发女郎比黑头发的女人更谙风情之类，或者诉诸古老的智慧或权威，或以引经据典为荣，比如从蒙田

---

〔1〕*Functions of Reproductive Organs*, p.134.

的散文中寻章摘句。从19世纪中期以后，诸如此类的书籍当然更是繁荣昌盛，著书立说的医生们讨论性的问题时，针对的读者更多的是同行医生，而非普通大众；他们大部头的著作中充满了各种表格、插图、栩栩如生的绘画，或者是他们对患者诊断过程中的趣闻轶事；每每他们在讨论各式各样性交的细节描写时，特别是那些“非正常”的 164
方式时，为了显示其体面，他们往往喜欢用一些拉丁词语表达，但这些词语不过是一层薄纱似的遮羞布，细心一看就透。通常情况之下，在这些令人望而生畏的著作中，他们更多的是为了显示其渊博的学识，而常识在他们著作中当然是少之又少。乔治·比尔德（George M. Beard）是美国著名的医生，发明了“神经衰弱症”（neurasthenia）这个词；在他的书中，他在猛烈抨击了体外射精、使用避孕套，以及其他“非自然的性交方式”之后，心平气和地说，那些“得体而不过度的正常性交”，能够起到一种“镇静和滋养的作用，有利于促进睡眠，镇定和强化神经系统，有助于促进消化机能以及其他的身体功能”。当然，比尔德医生在定义方面采取了灵活的姿态。尽管他认为大部分的夫妻为了满足他们的性欲望，往往有一种过度的倾向，但他同时说“性交的过度与否只是一个相对的概念”。[1] 性冷淡和挑剔显然不是比尔德医生关注的话题。

综上所述，关于人类经验中这个敏感的领域，真正能做到不偏不倚的医生很少，而富有真知灼见的医生更少。他们的著作受制于未经检验的命题和潜意识的忧虑，而算不上是医学的真知灼见。在这个布尔乔亚世纪，直至1914年以后，在有关性的愉悦方面，医学文献得出的结论与这个时期的日记、札记、小说、问卷调查所揭示的内容

---

〔1〕*Sexual Neurasthenia*, ed. A. D. Rockwell (1884; 5th ed., 1900), pp.126-127. 关于比尔德医生的观点，参阅下一卷，《黑衣爱神》第五章。

是背道而驰的，而且与现代心理分析的研究相抵牾。当然，对于奥托·阿德勒医生这样的专家来说，无论是他所有的临床诊断经验，还是他对所有案例史的展示，无不使其自身陷入了这种显而易见的矛盾之中；乔治·纳菲斯医生也不过是得出了某些模棱两可的猜测。尽管他们都处于某种特殊的有利地位，能够倾听他们的患者发自内心的声音，但这些似乎也未能唤起他们足够的信心，使他们能够从这些内心独白中得出某些合理的推论。

到 19 世纪末为止，关于女性性问题的争议，与其说使中产阶级婚姻关系的谜团更加明晰了，毋宁说是使其更加的扑朔迷离，因而这些争议从整体上来说毫无建树。任何尝试性的观点总是会遭遇完全相反的观点；争论的各方提出的观点基本上都是拾人牙慧的陈词滥调，还硬要将其贴上创新的标签。只有那些与他们的观点颇为接近的人，才会认为被这些陈旧的材料所说服了。这些争论不仅在知识上几近彻底失败的边缘，相对于真实的世界而言，也显得更加抽象、无关宏旨，似乎注定将成为历史的陈迹。现代妇女对政治家、教育者和医生提出了更加具体而紧迫的问题，她们强烈地要求人文的和职业的教育，要求在财产、离婚和选举权方面的平等待遇。然而，尽管女性运
165 动使得对女性性问题的宽泛讨论在很大程度上变得更加隐晦，但人们似乎也对相关的性的问题视而不见；一方面，关于避孕和流产的斗争不可避免地与女性的性问题联系在一起，另一方面，也与女性的法律权利和经济上的解放联系在一起。随着家庭生育的子女越来越多，丈夫们似乎乐此不疲地以成为这么多小孩的父亲而自豪，而陈旧的家庭权威的形态持续不变，许多中产阶级女性因为家务和照管小孩而精疲力竭，她们根本没有任何能力来改善自身的处境，实现她们自身的才能，从而注定都要进入一种未老先衰的状态。在这种氛围之下，有关

女性天生的性倾向问题，从其结论上来说不仅难有定论，而且这些陈旧的争论不仅是对女性的不尊重，也是毫无必要的。

现在，迫切需要一个新的起点，而到世纪之交时，正是弗洛伊德提供了这个新的起点，他不仅提出了全新的研究方法，而且返回到了最古老的智慧。从他的第一篇精神分析的论文开始，他就论证了关于女性天生的性唤起与完全的性满足的观点；早在1895年，他发表了一篇关于焦虑神经官能症的论文，直接谈到了“女性性冲动的**人为**阻滞和机能萎缩”。[1]在他于1900年就已经完成的第一本代表著作《梦的解析》中，他就提出了关于人类性欲的革命性理论框架；五年以后，在第一版《性学三论》中，他详细讨论了这个理论，并提出了将这种理论融入人类心理发展的总体叙述的方法。到第一次世界大战爆发之前，弗洛伊德的精神分析理论就已经使得19世纪关于性问题的争论变得无足轻重了。

这个时代对于弗洛伊德而言既做好了准备，又没有做好准备。说做好了准备是因为在医学文献以及与事实无涉的哲学沉思中，为弗洛伊德的革命性观念服务的弹药已经初步成型了，尽管还处于一种零散的、原始的、一知半解的状态。一些前卫的性学家，如极度浪漫的哈夫洛克·艾利斯（Havelock Ellis），开始寻求以某种方式宣传大胆的、实证的性观念，包括女性的性观念。无可触及的无意识状态、性冲动的力量、甚至是性驱动的婴儿期起源等等，所有这些观念在精神分析的方法出现之前就具有了初步的形态。但是，从诸多方面而言，这个时代又没有为弗洛伊德做好准备：作为一个普遍的综合症候，迟至

〔1〕“Über die Berechtigung, von der Neurasthenia einen bestimmten Symptomenkomplex als ‘Angstneurose’ abzutrennen” (1895), *St. A.*, Ⅵ, S.43; “On the Grounds for Detaching a Particular Syndrome from Neurasthenia under the Description ‘Anxiety Neurosis,’” *S. E.*, Ⅲ, p.109. Italics mine.

1906 年，伊万 · 布洛赫医生还宣称关于女性性问题的争议还远远没有
166 “定论”。关于高等教育可能对脆弱的未成年女性身体造成何种伤害，医生和教育者仍然余兴未尽、争论不休，而他们丝毫没有觉得对于女性的性特征问题的争论，已经很令人厌烦了。[1] 对这些争论的本质的解读就是衡量弗洛伊德创新性的尺度。

弗洛伊德之前的研究者有充分的机会获得诸多性方面的信息，但他们都无一例外地未能注意到这些信息所隐含的意义；相反，他们将当地获得的现实信息赋予了普遍的生理上的意义。只有一小部分的专家们注意到了女性所具有的性驱动力，他们将这些归结于偶然的趣闻轶事；即使他们是对的，他们也只不过是碰巧没有错。医生们从整体上来说是细心、充满智慧而观察入微的，他们把从病人身上获得的信息归结于其他原因。1889 年，一位勇敢的女性给伦敦的一家报纸写信说，“判断的失误是显而易见的，因为医生们假定女性比男性在激情的唤起方面略逊一筹”。[2] 包括那些权威的人士在内的很多男性，也感到很迷惑，不知道该听取谁的意见。相反，弗洛伊德则是历史的伟大倾听者之一。梦境、语误、姿势、症状、沉默，所有这些在弗洛伊德看来尽管是无意识的，但一旦能够确认，就能够作为充满意义的信息，作为探索内心奥秘的指引，而这种内心的奥秘才是人类性欲望的藏身之所。他充分地注意到了以前的性研究者忽略的信息：他的病人记不起来的情感和经历，在他看来不是无足轻重的琐事，相反，这些信息构成了他们的性历史中最重要的事例。对弗洛伊德来说，强调

---

〔1〕在这个年代，掀起了一种国际范围内的大讨论，即女性能否经得住现代兴起的严厉的教育制度，而且有一种普遍的观念认为女性的精神负担可能过重。但总体结论认为女性是真正的可能受到伤害的性别。

〔2〕*New York Herald* (London ed.), August 14, 1889, in Hartman, *Victorian Murderesses*, p.252.

的行为或者在噪声中凸显的信念，很可能成为——事实上经常构成了——明确表征的反面。因此，弗洛伊德可能将一个女性患者的性冷淡诊断为一种浓缩的冲突，它不是证明了一种内在的缺陷，而是以性激情作为其内核的各种因素之间的冲突。他对于人类心理信息的解码，已经获得了某种解析的自由，而这种自由实际上是这种机制赋予——事实上是强加于——医生和研究者之上，同时也为他解读性经验提供了一种历史的机遇。这种经验尽管非常复杂，但只有到弗洛伊德为止，它才获得了一种前所未有的完整解读。

如此一来，弗洛伊德的研究产生的一个重大结果，就是他发现——或者更准确地说，是重新发现了——隐藏在女性性欲望之下的因素：即羞耻、缄默、冷淡的当代文化伪装。进而言之，弗洛伊德不 167
仅仅是要解决关于女性的争论。这个问题成为他一生关注的目标；早在 1905 年，他就不无遗憾地明确指出，女性的性爱生活“仍然包裹在难以穿透的模糊性之中”，部分的原因是她们隐晦的不诚实；迟至 1932 年，他仍不得不承认，心理学不可能“解决女性性问题这个谜团”。[1] 早在一战之前，他曾断言说，男孩和女孩的性发展是以某种平行的方式向前推进的，但到此时，他的结论似乎更复杂了。早期和后期的弗洛伊德明显地表现了某种程度的迷茫：即隐含在“男性”和“女性”概念中隐而不彰的价值判断，他将前者标示为“主动性”，后者标示为“被动性”。

弗洛伊德对于女性性问题的观念尽管有点前后矛盾，而且表现令人惊讶的某种传统性，但他对于自己的信念从未动摇：不管男性和

---

〔1〕*Drei Abhandlungen zur Sexualtheorie, St. A.*, V, S.61; *Three Essays on Sexuality, S. E.*, VII, p.134; “Die Weiblichkeit,” *Vorlesungen zur Einführung in die Psychoanalyse, Neue Folge, St. A.*, I, S.547; “*Femininity*,” *New Introductory Lectures on Psycho-Analysis, S. E.*, XXII, p.116.

女性之间具有何种差异，进一步的生理学和心理分析的研究将最终揭示，女性性欲望的强大事实将超越任何理性的挑战。不管当时的心理学家，或者是后期的社会历史学家对其做出何种解读，弗洛伊德关于婴儿的性冲动及其发展阶段的理论，使得他能够将对上流社会性问题的研究——包括其适度的成功和病态的失败，与其相关领域的研究——神经官能症和变态问题——结合在一起。进而言之，这使得他能够对艺术、文学、政治和宗教的无意识的性冲动基础做出某些富有成效的推测。弗洛伊德为成人的性经历提供了其历史的起源与历史的发展阶段。他的性驱动力的观念又为诸多现象提供了解释，尽管这些现象不是19世纪的布尔乔亚们所独有的，但最终成为其主要特征，至少在它的批评者心目中是如此：家庭中的天使、对母亲的崇拜、对父亲的理想化、中产阶级对隐私的推崇，并致力于对莎士比亚和《圣经》的纯洁化。为了丑化19世纪的布尔乔亚而臆造出来各种神话，弗洛伊德甚至为解释这些神话提供了材料。

最重要的是，弗洛伊德发现了潜意识及其机制，从而为分析男性为妇女性问题的情感投资提供了坚实的基础。因为对男人和女人的防御机制的精神分析研究能够直抵这种情感投资的动态起源，即在这个时代的重大社会变迁中那种充满冒险、并被精心掩饰的因素。宣
168 称女性性欲微弱、甚至不存在的观点是最富有讽刺意味的，但这种机械的论点根植于广为流传的愿望和焦虑之中，而不是生物学或生理学的事实。有一种观点更是甚嚣尘上，宣称男人对性的欲望具有垄断的特权，或者至少是在这个领域占有无可争议的优越性，然而在这种论调的背后，则是一种由来已久、难以根除的焦虑，即男人对女人的恐惧。

对于这种恐惧，本书将——也将被证明值得——用一章的篇幅专门论述。在此，我只想指出的是，不管弗洛伊德是如何使他的理论变

得更便于理解，他对于女性性欲望问题的讨论仍然是充满悖论的。他为这个问题提供了大部分的解答，但同时也导致了某些问题。无论如何，弗洛伊德不仅是布尔乔亚文化的颠覆者，也是这个时代的产物。在发现了男人对女人的恐惧这个从来没有人讨论过的主题多年以后，在弗洛伊德看来，这种长久以来就存在的恐惧，与其他同样强大的具有毁灭性的恐惧共同作用之下，必将威胁到婚姻中的性爱满足。当然，就弗洛伊德在他的诊室中见到的性功能紊乱的牺牲者而言，他倾向于低估了在这个布尔乔亚世纪，不管男人还是女人，他们获得的性爱幸福方面的机会。对克丽利亚·莫霞问卷的那些反应，或者是梅贝尔·托德日记中的很多内容，可能会让他感到惊讶，但这并不妨碍它们在布尔乔亚文化中存在得那么真实、那么富有力量。

169 第二章　攻势的女人与守势的男人

男人对女人的恐惧由来已久，但只有在这个中产阶级的世纪，它才成为通俗小说和医学论文中显著的主题。这种恐惧吸引了新闻记者、牧师和政治家的关注；它也侵入了男人的梦境，同时又为他们的诗歌、绘画提供创造的素材。在19世纪下半叶，与男性在私下见到的羞涩胆怯不同，女性在公共场所越来越多地展现自己的能力，这种现象引发了反对女性解放的激烈讨论。对大多数奢侈地享受着主导地位的男性来说，一个抛弃了她既定活动领域的女人，无外乎是一个怪物、一个像男人一样的悍妇；而且这样的女人也迫使男人极不情愿地反思自己的角色，因为这种角色并不是孤立存在的，而是与女性有着复杂而令人不安的联系。

女性的进步体现了她们想要找回失去的自我的愿望，也正因如此，在这个中产阶级的世纪，男性对女性的防御才如此敏感。几个世纪以来，女性就参与经营小型的家庭商店、帮助管理手工作坊的事业，同时还从事家庭看护等重要的工作。此后，逐渐地、而且是不可避免地出现了各种现代职业，以及大规模的现代化生产和销售行业，但女性却被剥夺了进入这些行业的权利。随着财富的普及，很多富裕家庭的女性不再需要外出工作。在19世纪中期，美国第一位成功的女医生哈里奥特·亨特（Harriot Hunt），在回顾1800年前后波士顿的状况时，曾经说过：“在这种年代，如果女性喜欢操持家务，或在

全国范围内女性都从事家务劳动，这种情况并不令人感到耻辱。”[1] 170
男性尽管有时能够支持女性，但更多的时候是诋毁女性，他们这样做其实想要维持的不仅是长久以来他们已经拥有的东西，还有那些他们最近才获得的东西。

在男性自我防御中，一个最常用的手段就是那种让人感到厌烦，但又永不消退的陈词滥调：女性是一个神秘的性别。就像现代生活中常见的事情一样，这种现象自古就有；但经历了几个世纪以后，男性强加在女性身上的这种观念不断得到强化，而在此后不久又声称她们难以理解。她们的羞涩、妩媚，她们的敏感和对感情的三心二意，所有这些都被世人看作女性神秘个性的体现。在18世纪的启蒙运动中，由于注意到女性的这些秘密，人们开始试图从人道的角度，但更多是从科学的角度来解释她们的神秘特性。但是，甚至连那个时代思想最自由开放的怀疑论学者大卫·休谟也认为，女人“很难被理解”。和那些毫无根据的迷信想法不同，这个话题引起人们极大的兴趣，所以直到19世纪，它仍然继续成为讨论的主题。由于女性捉摸不定、充满矛盾的性格，男性惊奇地发现，女性既胆怯又充满威胁；既让人期待，又让人畏惧。长久以来，女性都在男性苛刻的压迫下生活，到了19世纪，男性的这种压迫更加肆无忌惮。1905年，在弗朗兹·雷哈尔（Franz Lehar）的歌剧《风流寡妇》（*The Merry Widow*）中，他就写下了一句经典的台词：“是的！对女人的研究真的很难！”并借此来取悦他的观众。大部分看了首映的男性，就像他们的前辈一样，都欣然赞同这个观点。

亨利-弗里德里希·阿米尔在他的日记中对此进行的沉思，实则反映了他那个年代和他所在阶级的特点。1849年，在读了卡萨诺瓦

---

〔1〕*Glances and Glimpses, or Fifty Years Social, Including Twenty Years Professional Life* (1856), p.4.

（Casanova）的《自传》后，他写道："自从上帝创世以来，女人一直都是男人的一个谜：是他的诱惑，是他的天堂与地狱、梦想与梦魇、甜蜜与痛苦、愤怒与欣喜。"1850年年初，他和一位熟识的女士进行了一次很长，却很有趣的交谈，在这次交谈中，他们讨论的主题包括，"女性的本质、在女性面前的性无能的客观分析"，并坚持认为每个女人的命运中都包含某种神秘的因素。剧作家和道德学家小仲马，也在一本书中以颇为忧郁的笔调谈到同样一个问题：在一个关于女性不忠的有争议的小册子中，他谈到了"那个妩媚而可怕的X，即女人"。似乎对他来说，无论是从群体角度还是个体角度来看，整个人类将仍然持续被女性所困扰。"女人孕育了我们，我们又为她而死；她给予婴儿
171 生命，又从男人那里带走它。"1870年，美国医学家尼科拉斯·弗兰西斯·库克（Nicholas Francis Cooke）首次发表了匿名论文《社会中的撒旦》（*Satan in Society*），在文中他对手淫、婚姻和宗教等问题进行了详尽的分析，他是这样概括这个问题的："女人的脾气使她们易于遭遇极端的麻烦和矛盾性：她们可能极端善良，也可能极端邪恶；她们可能反复无常、对爱情不忠；她们可能温顺地同意，可能固执地反对。"更重要的是，她们"很容易就对自己曾抱以极大热情追求的东西产生厌恶心理；从爱到恨，她们似乎游刃有余。总之，她们的身上充满了矛盾和神秘"。当然，西格蒙德·弗洛伊德也未能幸免，对这个古老的话题充满兴趣。直至1926年，在对女性进行了长达30年的精神分析研究，以及对他诊室内外的女性做过不计其数的评论后，弗洛伊德仍然认为，成年女性的性生活是"一片黑暗的大陆"。[1] 这也就不

---

〔1〕 Hume: to William Mure of Caldwell, November 14 (1742), *The Letters of David Hume*, ed. G. Y. T. Greig [pseud.], 2 vols. (1932), I, p.45; Amiel: December 3, 1849, February 4, 1850, *Journal intime*, ed. Bernard Gagnebin and Phillippe M. Monnier, 4 vols. so far (1976-　), I, pp.584-585, 648; Dumas: *L'Homme-Femme* (1872), p.3-4; Cooke: *Satan in Society*, pp.280-281; Freud: *Die Frage der Laienanalyse*, *St. A.*, Ⅺ, S.303; *The Question of Lay Analysis*, *S. E.*, ⅩⅩ, p.212.

奇怪为什么其他人都认为女性很难理解了。

男性在艺术、文学、社会方面，甚至是床笫间对女性作为神秘性别的高度建构，支持了我对经验的定义，即经验就是心理与世界的一次际遇，是有意识的认知与无意识的困境之间的一场斗争。现在，女性女现实状况的转变已经成为大多数中产阶级男性无法逃避的问题，这也意味着对于很多中产阶级女性而言，她们需要表明自己的态度、面对不公正的待遇，并做出相应的决策。男性对本身的自我认知已经受到了威胁。有些人可能还没有充分地认识到，无意识的情感在塑造社会形态和政治意识形态方面将产生重大的推进作用，那么对于这些人而言，由此而造成的情感激化，以及由此而导致的激烈争议将使他们感到震惊。

1. 前进中的女性

在 19 世纪，制约两性之间相互关系的法律和社会习俗，清楚地表明并加剧了弥漫在中产阶级文化中的动荡不安。同时，日益加剧的改革的热切吁求也遭遇到了逐渐高涨的抵制情绪。女性与男性之间的差异，仿佛作为一种生物学上不可避免的魔咒，对女性的健康、需求和欲望施加了重大的影响。但是其结果证明，这种惩罚的后果并不是无可挽回的；在某种程度上，由于快速发展的科学技术、不易察觉的私下抵制，或者因为嫁了一个体贴入微的丈夫，女性在怀孕、生育、 172
职业限制，以及其他各个方面的压力都得以相应地减轻了。儒勒·米什莱（Jules Michelet）曾以他特有的夸张，甚至有些歇斯底里的方式，一以贯之地将女性描述成人类中活生生的受苦受难的群体。他在一本颇受欢迎的关于爱的著作中，深有感触地写道：“女人的一生承载了太多的宿命。”月经显示了她的无奈，而分娩又进一步证实了这种无可奈何。“大自然更偏爱男人。”女人每月的持续失血给了他足够的理由感叹道：“大自然对女人是多么残酷啊！”〔1〕但是到了19世纪后期，这种残酷程度似乎越来越减轻了；女性必须承受的负担与其说是一种宿命，不如说是一种根深蒂固的偏见，是男人从其自身利益出发所鼓吹的性别偏见。诚然，中产阶级文化中广泛流行的风俗习惯，尽管显现出顽强的生命力，但注定不会长久。亘古未变的观念、理想目标和各种关系，在这个布尔乔亚的世纪中显得异常脆弱，易于遭受到各种冲击，似乎也随时等待着修正。

然而，女性在家庭生活、法律、学校、工作等方方面面所取得的进步必须付出高昂的代价；在那些坚持不懈的改革者的观念中，女性的困难处境越容易解决，大多数女性对其命运就越觉得难以忍受。为争取女性权利的斗争逐渐上升为一种社会运动，人们在女权运动中意识到了，并修正从前强加于女性身上的各种偏见。〔2〕女性受到的不公正待遇实在太多，而且非常严重。诚然，迄今为止，女性在19世纪所遭遇的悲惨命运已经在各种文献中得到了充分而完整的记载。这些文献记录着重表现出了女性对其命运的无能为力，以及她们巧妙的抱怨，但也一针见血地指明了严重的不满，而正是因为这种不满情绪，才造成了男性和女性之间的紧张关系，有时甚至构成了两性之间的战争。在当时的大众报纸、小说、戏剧和绘画作品中，这种两性之间的战争引起了广泛的讨论。然而，对于布尔乔亚经验来说，这种冲突的重要意义仍然保持着它相当的神秘性，即作为一种情感隐藏于关

---

〔1〕*L'Amour* (1858; 4th ed., 1859), pp.16, 351.

〔2〕参阅 John Todd, *Women's Rights* (1867)，作者是一位公理派牧师，在各种巡回演讲中大受欢迎；Mary A. Dodge, *Women's Wrongs: A Counter-Irritant* (1868)，作者用的假名是盖尔·汉密尔顿（Gail Hamilton）。

系密切的通信和私密的笔记之下。

1880年，生活在美国康涅狄格州哈勒姆镇的一个家庭主妇，坚持记录了简短却寓意深远的日记。我们只知道她当时33岁，除此之外，关于她的生平没有任何记录流传于后世：我们不知道这本日记是否有上文或是下文，她没有留下任何书信，我们甚至不知道她的名字。她简洁的记载控诉了不幸的境遇，其中还习惯性地穿插着关于天气、收支情况以及她的健康状况的记录，这些仿佛构成一首讽刺且又幽默的诗作。厌倦、沮丧而又愤怒，她用简洁的寥寥数言——幸福或者说是忧伤的语句，浓缩了她所代表的女性困境和不满。3月28日，她写道：“这个令人讨厌的复活节，我没有去做礼拜。”很多周末她都待在家里；当她参加教堂的礼拜时，她又显得异常反感。6月20日， 173
她记载说：“傍晚去了浸礼会教堂，纳普先生在那里大放厥词。”她一遍又一遍不停地收拾房间，忙得不可开交。4月27日，她写道：“一件件事情慢慢做，所有的高山都会变成小山丘。”第二天，她忙着收拾厨房，她写道：“现在，‘最糟糕的事情都做完了’。”她所用的引号表明了某种自我意识；她在这种情况下用的最平常的一句话，似乎是以一种讽刺性的语调评价了她那种徒劳无益的苦役。有时，她甚至使用更简洁明了的记载，这也不足为怪了，正如她在9月12日写道：“无聊的一天。”同样，在9月19日，也是她没有去教堂礼拜的一个星期日，她又一次写道：“无聊的一天。”

事实上，她的生活永远都是在千篇一律、无休无止的家庭苦役之中，而不是无所事事地消磨时光。11月13日，她写道：“辛苦劳作的一天，但我已经习惯这样了。”即使生病对她都是一种无力承担的奢求：10月8日，她写道：“今天身体不适，但是如果我病了的话，我就不得不更加努力地工作，因此生病实在没有什么好处。”而当她生病再也不能工作时，她则既有些内疚，也有点反叛了。6 月 15 日，她写道："今天不能工作。即使是一个铁打的人也会劳累的啊。"她时而温顺又时而自嘲的语气，使得这些简短的记录听起来更像是一种温和的反叛。但更多的情况下，她的不满则显示出了更强烈的反抗。6 月 18 日，她写道："一整天都在家。那些高高在上的人只会看着别人做事。"虽然她喜欢朋友的支持，但是这些支持并没有减轻她的愤怒。她对 9 月 6 日的评价是"愉快的一天"，但只是天气非常好，因而显得精神愉快："今天索菲亚阿姨来了，帮我洗洗衣物，一天的生活很'惬意'。"对于她而言，她不得不把对自由、闲暇和出外郊游的幻想搁置一边，忍受着一成不变的空虚又无聊的生活。5 月 5 日，她写道："一成不变的一天！如果生活再这样下去，我想有一天我一定会疯掉的。"6 月 12 日，她在日记中表达了她的绝望："又是一成不变的一天，我真想获得永远的休息，不再醒来。"她觉得她的智慧都慢慢消失殆尽了，8 月 10 日她写道："快乐，好像被锁起来了。斯纳芙夫人来看望同病相怜的我。"生活对她来说似乎是一条昏暗狭长却永无尽头的走廊，在走廊的两边则是一件又一件生活琐事。9 月 10 日，她这样反问自己："我能试着忘掉这些无聊的日子吗？"9 月 11 日，她这样写："清爽微凉的日子，但是我却这么可怜，每天都要重复这些无聊的日子。"[1] 其实，不仅仅是她，在她所在的那个时代，大部分中产阶级女性都忍受着这种乏味无聊的日子。正如文笔犀利的英国记者莉恩 · 林顿（E. Lynn Linton）对她姐姐说的那样，当时女性所忍受的生活，"在我们
174 看来是那样的恐怖、无聊，没有任何生活色彩和乐趣"。[2] 而更多的女性，因为不知道更有意义的生活方式是什么，反倒习惯了这种生活

〔1〕Vol. 12, box I, Diaries, Miscellaneous, Y-MA.

〔2〕Duncan Crow, *The Victorian Woman* (1972), p.21.

模式。与此相反，另外一些女性，则从她们无聊的生活中得到了一些完全不同的结论。她们明确地表达了自己对这种生活的厌恶，随着时间的推移，这种呼声越来越大，而变革似乎迫在眉睫。

纵观整个西方世界，在这个中产阶级世纪的大部分时间里，女性仿佛一直就是一种实质上的动产，首先由其父亲掌控，后来又转移到了她们丈夫的手中。男性限定并维护着这种对女性的双重标准，在很长一段时间里从来没有被撼动过。1869 年，约翰 · 斯图亚特 · 穆勒出版了女权运动史上最为重要的文献《论女性的屈从地位》（*The Subjection of Women*），而此时一部关于离婚的现代成文法令，在英国仅仅实行了 12 年时间，而该法令的条款将男人和女人置于不平等的地位来对待。1857 年《婚姻诉讼法》（The Matrimonial Causes Act of 1857）虽然经过严肃的修改和定期的修订，赋予了丈夫在不满的情况下的权利，可以对出轨的妻子提出离婚的诉讼；另一方面，妻子却必须列举丈夫除了通奸外其他情节严重的行为，如残忍、强奸或者鸡奸等才能提起离婚诉讼。就像英格兰的妓女，不得不接受毫无尊严的医学检查，而嫖客们却可以心安理得，不受警察的任何打扰，英国的已婚女性在离婚的过程中，与男人相比也处于劣势地位。

包括苏格兰和瑞典在内的一些国家，所实施的婚姻法在一定程度上将男性和女性置于平等的地位；尽管不乏其保守主义的特点，到了 19 世纪 60 年代，英国的法令在当时还相对开明一些。在法国，女性的离婚权利仿若一株短暂盛开、娇艳脆弱的花朵，在激烈的大革命的洗礼中，颤抖着顽强盛开；到拿破仑时期，虽然在家庭法方面出现了严重的倒退，但女性获得的离婚权利却并没有被废除。不久以后，到 1816 年，复辟的波旁王朝重新统治法国，离婚法令被废止，直到 1884 年，才再次在法国施行。但即使从那时起，无论是在法国、英国，抑或是在其他国家，男尊女卑的观念依然盛行，并影响着立法和日常生活的方方面面，这更进一步助长了在一些政府公务员和银行职员中，男人对女人的专横，甚至是盛气凌人；而另一方面，这种男尊女卑的观念也使得一些富有同情心的人试图规避这些把女性当成孩子对待的规则或社会习俗。几乎无一例外的情况是，女人站在耶稣格言的阴影之下，正如《马可福音》中记载的那样，一对夫妇成为“同一整体”，而婚姻所带来的必然结果就是丈夫在婚前的庄严宣誓“我的
175 妻子和我从此融为一体”，而他的妻子则说：“我就是他。”在英国，这种自负的态度在习惯法传统中已经根深蒂固了，男性可以借用这个强有力的依据处处针对女性：女性不能单独处理她们的继承财产，不能在法庭上作为代理人出庭，不能在银行申请独立的账户，不能以自己的名义贷款。最糟糕的情况是，在离婚之后，那些行为不端、目中无人、举止粗鲁的丈夫却可以行使孩子的监护权，嘲笑事实的真相，并无视常识的存在。1868 年，在搜集了有记录的英国成文法令和当时的社会习惯后，当时颇有影响力的女权主义者弗兰西斯·鲍威尔·科布（Frances Power Cobbe），提出一个发人深思的反问：“罪犯、白痴、女人和孩童：这种分类合理吗？”[1]

这实际上就是当时女性生存状态的真实写照；在接下来的 1869 年，穆勒出版了《论女性的屈从地位》。在该书中，穆勒这样写道：“妻子实际上就是丈夫的契约仆人：就法律规定的义务而言是这样，亦即通常所说的奴隶而已。”他分门别类地分析了当时束缚英国女性的锁链。“她在圣坛前发誓，要终生服从她的丈夫；通过法律，把她所有的一切都毫无保留地献给他。她不能单独实施任何行动，除非得

---

〔1〕“Criminals, Idiots, Women, and Minors,” *Fraser's Magazine for Town and Country*, LXXVIII(1868), pp.777-794.

到她丈夫的许可，至少是默许。她不能获得任何财产，除非是为了她的丈夫；一旦她获得了财产，即使是通过继承的方式，财产也依据事实（*ipso facto*）为他所有。”即使是婚姻财产处置的法律规定——虽然只是针对富人而言的，也只对丈夫肆意挥霍妻子财产做出了有限的规定；实际上，“在绝大部分的案例中，没有任何关于财产处置的协议：丈夫对妻子的所有权利、所有的财产、所有的行动自由，拥有完全的控制权”。穆勒还提醒他的读者，夫妻“在法律上成为一体”只传递了一个信息：“凡属于她的一切都归于他的名下。”但是，“这种平行的推论：凡属于他的一切都归于她的名下”是不成立的。如果说女性向妻子角色转变后地位是相当令人惊讶的，那么女性完成了向母亲的转变后，她的处境就变得更糟了：“从法律上说，孩子只是丈夫一个人的孩子，男人拥有控制他的妻子、孩子以及所有财产的各种合法权利。”简言之，英国女性无非就是“一个暴君的私人贴身女仆”、一个自愿的苦工差役和一个可怜的牺牲品。[1]

穆勒对当时女性悲惨地位的控诉是有充分依据的，尽管他对这件事情的态度很激烈，他整个的表达方式还是颇为理性的。但是，具有讽刺意味的是，就在 1870 年，即他的书出版第二年，《已婚女性财产法案》（Married Women's Property Acts）得以施行，穆勒书中的一些观点被认为是与法案相抵触的。在接下来的几年，诸如 1882 年和 1893 年《已婚女性财产法案》的补充法案，以及 1886 年《婴幼儿监护权法案》（The Guardianship of Infants Act），还有其他一些相关的法令，开始动摇英格兰历史久远的父权制度体系。当时社会上很多有影响力的人，像律师、法官和政治家等，虽然他们远非女权主义者，但意识到相关的婚姻、财产继承和财政问题处理时的极端不平等现 176

〔1〕*The Subjection of Women* (1869), pp.55, 57-59.

象，他们呼吁修正由这些法律而导致的社会不公正现象。从 19 世纪 50 年代开始真正国际化的妇女运动，在各地不断取得令人瞩目的成就，一个国家女权运动的胜利带动另一个国家女权运动的蓬勃发展。比如，从 1845 年起，瑞典开始实施一系列法律，来保障女性获得并保留自身财产的权利，同时这些法律承认女性是其个人财产的法律主体。[1] 另一方面，就像我提到的，法国的民法典把女性当成未成年人看待，规定在婚姻或离婚后（1884 年又再次实行），禁止妇女处置个人财产或行使对子女的监护权。愤怒的改革者们一直将法国妇女描述为缺乏法律存在的个体，严格说来，这种描述还是十分准确的。

在新兴的德意志帝国，妇女的境遇也没有什么两样。直到 1907 年，玛丽安娜 · 韦伯（Marianne Weber）在一项关于德国女性法律地位的调查中说："在我们德国民法典的家庭法之中，父权主义和个体主义的婚姻观念仍然顽强地占据着绝对的优势地位。"[2] 海伦娜 · 朗格（Helene Lange）毕生都致力于倡导女性的各项权利，特别是女性受教育的权利，她回忆说，当穆勒的《论女性的屈从地位》（西格蒙德 · 弗洛伊德翻译）于 1880 年在德国出版时，书评作家们都极力贬低其价值，认为其观点缺乏创意，毫无引人入胜之处。[3] 尽管作为该书的译者，弗洛伊德也没有充分表明穆勒的书在思想和知识上的创新；而弗洛伊德正是在后来利用这种思想成就，试图阐释男性对女性的复杂认知。他有一次甚至告诉他的未婚妻说，穆勒缺乏"那种荒诞意识"；按照穆勒的观点，女人完全有能力与男人挣钱一样多，但弗

---

〔1〕Rosalie Ulrica Olivecrona. "Sweden," in *The Woman Question in Europe. A Series of Original Essays*, ed. Theodore Stanton (1884), pp.211, 211n.

〔2〕*Ehefrau und Mutter in der Rechtsentwicklung. Eine Einführung* (1907), S.413.

〔3〕*Lebenserinnerungen* (1921), S.112.

洛伊德认为，穆勒忽略了一点：女性在照管家务、关爱丈夫和子女方面倾注了全部的心力。“他完全忘记了这一点，就像关于男性和女性相互关系中的其他诸多方面一样。”穆勒也许认为，女性像黑人奴隶一样受到了压迫，但是“任何一个女孩，即使她还没有选举权，也没有法律地位，但是当一个男人亲吻她的手，并准备好不顾一切地要赢得她的爱情时，这也许能让他改变观念”。在弗洛伊德看来，让女性投身到争取其自身权利的斗争中，这种想法注定要“胎死腹中”。他承认“法律和习俗”对女性有失公允，对此她们自己也是无能为力的，但对弗洛伊德而言，这又是一个不争的事实：即“自然所赋予女性美貌、魅力和温柔的情感，从一开始就决定了女性的必然命运”。[1] 对这种关于女性天性和命运的传统评价，玛莎·伯内亚斯 177
（Martha Bernays）是如何回应的，我们现在已经无从考证，但我们也找不到其他证据来证明她不认同这种观点：19 世纪的女性同男性一样，要想进入女权主义者阵营，需要付出艰难的努力，有时她们比男人还要付出更艰难的努力。

事实上，德国女权主义者的前景不容乐观；作为诗人、教育家和社会活动家，玛利亚·卡尔姆（Marie Calm）向我们证明了这一点：她充满愤慨地详细分析了普鲁士和巴伐利亚民法典中关于婚姻问题的严重不平等现象。她在 1884 年写道：“这就是普鲁士法律：第 45 条，未经父亲允许，子女不可擅自结婚。（这就是说，在子女的婚姻问题上，母亲的决定是无关紧要的。）第 205 条，通过婚姻，丈夫自动获得对妻子财产的控制权。第 221 条，在婚姻期间，妻子的一切所得都无条件地归丈夫所有。第 318 条和第 319 条，妻子不能签署任何以

---

〔1〕Freud to Martha Bernays, November 5, 1883, Ernest Jones, *The Life and Work of Sigmund Freud*, vol. I, 1856-1900, *The Formative Years and the Great Discoveries* (1953), p.176.

她的嫁妆作为抵押物的借贷协议。（但是丈夫却有权肆意挥霍妻子财产，她本人不允许花费一分钱，而这些曾经是属于她的财产！）至于离婚，第685条这样规定：严重的身体虐待可作为离婚的理由，如果这种虐待危及了妻子的身体健康和生命安全。”接下来，卡尔姆又列举了巴伐利亚成文法中更有说服力的条款：“第2条，通过婚姻，丈夫成为妻子生活中的权威，法律允许丈夫对妻子进行适当的惩罚。第90条，除了作为母亲和祖母的例外，女性不可以作为监护人。（未成年人、疯子和挥霍无度的人也是如此！）”[1]就像弗兰西斯·鲍威尔·科布已经证实的那样，这种让人痛心疾首、充满侮蔑意味的分类，伤害的远不止是女性的感情，而且这种痛苦的侮辱在很长时间内都难以消退。直到1911年，大英百科全书中还有这样的一条：“丈夫对妻子的体罚，曾经在某些时期在一定程度上是合法的，但现在几乎可以肯定是构成了一种伤害。”[2]但是，还需要经历几代人的艰苦努力，包括女权主义者以及女性和男性的共同努力，他们发表和出版了大量的文章、请愿书、游说和听证，才能改善这种状况，不仅是在成文的法律条款，更是在人类的意识之中消除这种痛苦。

对于那些满腔热情、坚忍不拔，却长期不能如愿以偿的改革者来说，女性问题改革取得的进步微乎其微，整个改革似乎裹足不前。有组织的妇女运动越来越多，她们呼吁改变女性在法律和社会习俗中的屈从地位，到19世纪末，她们的呼声也变得越来越响亮了。然而，越来越多的宣传和不断取得的进步，更加刺激了她们对胜利的渴求欲望，也加剧了她们的不安，最终使得当时的反抗情绪比以往更加激烈了。1890年，哈夫洛克·艾利斯（Havelock Ellis）在他的第一本书

---

〔1〕Marie Calm, “II, The National Association of German Women,” in Stanton, *Woman Question*, p.159n.

〔2〕“Women,” vol. XXVIII, p.785.

《新精神》(*The New Spirit*)中强调，随着科学的进步和民主的发展，女性的进步是不可阻挡的。他曾自信地写道：“随着女性地位的崛起，她们将分享更多的权利，这是确定无疑的。”[1]但是，许多经历过实践考验、有丰富经验的女权主义者，他们却没有如此乐观。当然，很 178
多女权主义者对女性选举权的问题予以特殊的关注，尽管在长达半个世纪的艰苦斗争中，女性在这个问题上取得的进展微乎其微。在艾利斯出版《新精神》的1890年，美国刚刚成立的怀俄明州成为第一个正式宣布女性享有选举权的州。但从那之后，女性参与政治的步伐却停滞不前了。几十年来，在美国的一些州，女性可以参加学校的各项选举，而在英国，从1870年以后，女性不仅可以参加学校的选举，也可成为校方董事会的成员。随后，女性也获得了一定的地方选举权。但是，对于议会或国会的选举却完全是另外一回事：在这个至关重要的问题上，女性选举权遭遇了来自男性的强大阻力。1893年，美国的科罗拉多州赋予了女性选举权，随后在1896年，在爱达荷州和犹他州，女性获得选举权，然后是华盛顿州（直到1910年）。同时，在与欧洲文化传统相去甚远的一些国家，女性获得了选举权，例如新西兰在1893年，南澳大利亚在1894年，都赋予了女性选举权。大约在20世纪20年代，就在主要西方国家步履维艰地进入全民选举之前，它们大多数对女性选举权问题所取得的进步，置若罔闻；在这期间，它们几乎全部经历了残酷的战争和汹涌的革命、纷争不断，却充满乐观的选举权运动，以及无休无止的论战。但直到1944年，法国女性才获得选举权。有趣的是，在19世纪广泛兴起的争取全民选举权运动，却只限于男性的选举权。甚至在19世纪80年代，一个荷兰激进的演说家曾高呼“普遍权利”(“Algemeen Stemrecht”)或者

---

〔1〕Ellis, *The New Spirit* (4th unchanged edition with new prefaces, 1926), p.10.

“全民选举权”（“Algemeen Kiesrecht”），却没有将女性纳入他们的运动议程之中。作为教育家、诗人、公众活动家，玛丽·道奇（Mary A. Dodge）曾不遗余力地揭露社会上对女性的不公正待遇，并对男性颐指气使的态度感到义愤填膺，但即使是她，也不相信女性的选举权。[1]对大多数男性和很多女性来说，赋予女性参与全国性选举的权利，这个想法本身就是难以想象的。

与争取选举权相比，女性在经济方面所取得的进步要相对乐观一些，但也好不了多少。男女同工同酬的观念，仍然是一个遥不可及的幻想；女性为得到受人尊敬又收入丰厚的工作职位而进行的斗争，尽管并没有取得太多实质性的胜利，但也并非一种完全绝望的努力了。在那时的女医师或是女律师的自传中，常常流露出无畏和失望的情绪。任何女性都不得不为成功付出艰苦的努力，而这种成功随之而来
179 的结果就是人们对女性予以更多的关注：当男人们看到一个优秀的女医师或是女律师所取得的傲人成绩时，尽管他们会用刻薄的口吻嘲讽这些优秀女性，但已经不能对她们视而不见了。

与此形成鲜明对比的是，这时的女性更喜欢通过写作来获得报酬，这样也能做到不引人注目，而在写作领域，女性确实也取得了相当大的成就。无论是女小说家或是女记者，都无一例外地使用男性笔名出现在公众面前：恩斯特·阿尔格林（瑞典）、乔治·桑（法国）和丹尼尔·斯特恩（Daniel Stern）（法国）、乔治·艾略特（英国）和卡勒尔·贝尔（Currer Bell）（英国）、A. M. 巴纳德（A. M. Barnard）

〔1〕E. H. Kossmann, *The Low Countries, 1780-1940* (1978), p.327；Aristide Astruc, “Le Suffrage universel en Belgique,” *La Nouvelle Revue*, XXI(1883), p.39-63. 关于道奇，参见本书第 226 页，注释 2——并非所有反对女性选举权的国家都是属于保守势力、激进的天主教国家，像法国或是意大利，担心女性在牧师的诱导下，可能会在全国性的选举中盲目地扩大反对党的实力。

（美国）和 E. 玛里特（E. Marlitt）（德国）。在法国，研究女性状况的学者西奥多 · 斯坦顿（Theodore Stanton）于 1884 年这样写道："在《两个世界评论》（*Revue des Deux Mondes*）、《天气》（*Temps*）和《费加罗报》（*Figaro*）以及巴黎的一些其他主要刊物上，一些很受欢迎的撰稿人，实际上都是女性，她们用虚构的男性名字作为掩护，把自己的经历写成故事或文章，然后发表。"[1] 她们这样做仿佛就能平息男性作家对她们这些不受欢迎、对写作完全陌生的门外汉的怒气。但是，这个小伎俩并不能取悦任何人；往往还不到一年的时间，她们的女性身份就被人识破了，再也掩饰不住了。夹杂着男人们的嫉妒，她们在某种程度上也激起了女性的愤怒情绪。

同时，如前所述，在 19 世纪，伴随工业革命而来的中产阶级力量的加强和国际贸易的发展，女性更多地发展自己的价值。女孩们蜂拥而至来到工厂的招工处，出卖廉价的劳动力，由此得到一个报酬低、又不体面的工作，所有这些并不是因为女权主义，而是理性的、复杂的现代资本主义经济造成的结果。手工艺人或是小店主家的女儿长大以后就成为职员、打字员或秘书；而那些受过良好教育、家境不宽裕的未婚年轻女孩，则通过协议成为家庭女教师，而这种工作让人感到痛心疾首、深恶痛绝，因为她们会受到严重的剥削和利用，还会遭受到五花八门的冷酷待遇，当然也许还会有（往往是莫名其妙的）浪漫经历，因此 19 世纪的小说家都将家庭女教师的命运作为引人入胜的小说主题。在这个时候，大多数的教师职位都被女性占据了，不管是出身工人阶级家庭还是中产阶级家庭的女性，至少在小学阶段的学校都是如此。

---

〔1〕Theodore Stanton, editorial note to Kristine Frederiksen, "Denmark", in *Woman Question*, p.230n.

对女性来说，从事教师职业似乎是她们宿命的选择。尤其在19世纪60年代以后，小学和初中学校如雨后春笋般大量涌现，而老师的数量远远满足不了学校的需求，这时女性就成为这个职业的最佳人选。更重要的是，无论在教育或是其他职业中，女性获得这些工作机
180 会的一个主要原因是：她们的报酬要远远少于男性。这对雇主来说是一个难以抗拒的诱惑，为了获得更多的利润，雇主们逐渐抛弃了对女性的偏见。女性教师当然并没有辱没在人们心中关于女性的特点和职业角色根深蒂固的观念：在家庭生活中，女人不就是孩子的老师吗？她们在教室里，只不过是这个角色的一点扩展而已。然而，女性作为教师的命运，要比她们作为母亲的职业更加悲惨。在回顾她自己开拓从事的医生职业，以及这种职业给其他女性带来的压力时，哈里奥特·亨特在1856年这样评价："少得可怜的薪酬让女教师们悲哀地觉得她们自己一无是处。这更让她们低估了自己的能力和工作价值。除此之外，这也让她们觉得她们的尊严受到了侮辱。"这也就不奇怪，为什么她们要躲进没有爱情的婚姻："她的付出不被认可，得到的回报很少：这就是说她是一个无足轻重的人；接着，她觉得自己失去了自尊，她的辛劳得不到任何感谢；如此一来，她的人生是失败的：深受压迫、低人一等、遭人白眼、百无聊赖、痛不欲生"，所以"即使是嫁一个白痴，她也要摆脱这种痛苦的生活，躲进平静的私人生活，也能得到公众的尊重。谁能指责她呢？"——当然，这不是哈里奥特·亨特的个人生活写照。[1]

尽管这种渲染有点夸张，但亨特的义愤填膺确实暗示了19世纪中产阶级女性生活中某些悲惨的事实。当然，在表面上，女性的命运并不是完全的绝望；如果女性从总体上说在收入和权力方面都集中处

〔1〕 Hunt, *Glances and Glimpses*, pp.102-104.

于社会阶梯的最底层，但还是有一些女性几乎接近了这个阶梯的最顶端。左拉小说中的奥莱莉夫人（Madame Aurélie）就是一个精明能干而又冷酷无情的百货公司巡查员（*chef du rayon*），她大权在握，令人望而生畏；她威严地巡视着她的领地——小说中的“女士天堂”（Au Bonheur des Dames）百货公司。从这个意义上来说，她的确还是一个令人颇为信服的人物形象。哈夫洛克·艾利斯曾坚定地预言：随着女性地位的崛起，她们将“分享她们应得的权力”，如果说即使在1890年的时候，她的想法还仍然让她的读者觉得过于天真，那么她的预言也并不是毫无根据的。

但是，正如女性在医生领域的地位一样，像奥莱莉夫人那样的商业和职业女性仍然属于少数例外。1856年，哈里奥特·亨特预言：“几年以后，医生的职业将会是男人和女人平等分享的领域。”但是大部分人并不认可，在他们看来这只是一种空谈。她坚持说：“公共舆论将对这种情况起到推波助澜的作用。”[1]事实上，对于医生的职业，尽管公共舆论一般总是走在那些中庸保守的改革者之前，但似乎没有起到那种作用。当然，人们确实公开讨论这个话题了。德国家喻户晓的家庭杂志《凉亭》（*Gartenlaube*）一直致力于倡导进步的观念，该杂志风格轻松诙谐，乐观向上；1890年杂志上刊出了瑞士医生赫尔曼·冯·迈耶（Hermann von Meyer）的一篇文章。在这篇文章中，迈耶医生耐心而机智地驳斥了反对女性行医的三种代表性观点：女性 181
体力不支、学识有限、情感脆弱，他还倡导医学院应当不加限制地为女性提供教育机会，允许女性参加医学实践。[2]当然，迈耶医生的大部分同事对此却持相反的观点。

---

〔1〕Hunt, *Glances and Glimpses*, p.153.

〔2〕“Die Frauen und der ärztliche Beruf”, *Gartenlaube*, XXXVIII (1890), S.654-656.

诚然，医生的职业是女性在争取崇高职业的长期奋斗过程中，获得的一个宝贵的胜利成果，同时也充分证明了女性坚定的意志和男性的节节退让。生活在19世纪的女性作为妻子和母亲，就如同她们在所有历史时期的角色一样，在日常生活中要照顾家人和护理病人，她们好像天生就有这样的能力似的，医生和教师这两个职业，对女性来说很容易适应。人们很容易联想到这样一幅让人倍感亲切和温馨的图画：一双温暖体贴的手，行医施药、擦拭滚烫的额头上的汗水、安慰将要辞世的病人。人们想到这种情景，并不觉得有任何的不恰当或是不称心之处，而完全是再自然不过了。此外，由女人来医治照看女人的观念，让很多保守或神经紧张的人倍感安心，因为他们一直担心，如果由男性医生为女性看病，有损女性患者端庄贤淑的形象。虽然在19世纪中期，女性开始艰难地争取进入医学院学习的机会，显示了她们百折不挠的坚定意志，在某些情况之下，还发挥了女性医生的重要影响；但在那时，女医生仍然凤毛麟角，她们在这个领域中施加的影响也受到了严重的制约。1883年，荷兰为拥有阿勒塔·雅科布斯（Aletta Jacobs）这样一位专业妇科和儿科的女医生而感到自豪，而她自己也感觉到她的医生同行们都完全接受了她，并认为她是今后越来越多的女医生的典范。但是，实际上多年以后，整个荷兰还只有一个这样的女医生。[1] 事实上，在19世纪80年代初，挪威和奥匈帝国没有一名女医生，意大利有几个，而法国也不过十几个。到1900年，法国的女医生人数达到95名，但纵观整个医生的行业，这仍然是个极小的数量。似乎只能由英国和美国来开风气之先，事实上也确实如此，英美不仅允许女性进入医学院学习，而且鼓励女性从事医生的职业。但是英美医学界的权威却缺乏足够的勇气；尽管他们偶尔也表现

---

〔1〕Elise van Calcar, “Holland,” in Stanton, *Woman Question*, pp.165, 165n.

出鼓励的姿态，但常常在女性的从医资质上闪烁其词，或者不准女性参加专业的医学团队或担任医院职务，或者参加国际性的研讨会等。1882 年，英国只有 26 名注册的女性医生；18 年后，这个数字上升了 10 倍，大约有 258 人。而在美国，女权主义者似乎受人追捧，女性在医学界的前景似乎更好一些。到 1880 年，美国注册的女医生共有 2432 人，占当时医生总数的 2.8%；20 年后，这个数字上升到 7387 182
人，占医生总数的 5.6%。[1] 尽管女医生的数量一直在曲线上升，但事实上，她们在医生总人数中所占比例依然不高。

但是这些数字还不足以显示那些积极进取的女医生的心酸奋斗历程，以及她们在面对屈辱的否定和社会的轻视时的那种持之以恒的精神。哈里奥特·亨特、玛丽亚·扎克祖斯卡（Marie Zakrzewska）、伊丽莎白·布莱克维尔（Elizabeth Blackwell），她们都经历艰难的奋斗历程才得以进入医学院，并进入医生的行业；她们也需要足够的毅力、自信、机智和耐心。但她们的对手却认为她们缺乏女人味，他们还找出种种理由，剥夺了女性接受高等教育的机会，而不仅仅是医生的职业学校。

总的来说，与女性获得选举权相比，19 世纪女性可以进入大学学习，才是女权主义最后取得巨大进步的重要原因。围绕女性是否该进入大学学习这个主题，引发了十分激烈的、甚至是火药味十足的辩论。很快，女性接受高等教育的想法就成了现实：美国的教育专家们率先承认，女性的智力水平和其本身所有的忍耐力，使得她们适合接受高等教育。从 1833 年，奥柏林大学（Oberlin College）创立伊始，就接受女性学生入学；第一批女学生在完成所有的必修课后，于

〔1〕Mary Roth Walsh, "*Doctors Wanted: No Women Need Apply*" : *Sexual Barriers in the Medical Profession, 1835-1975* (1977), pp.181, 187; Millicent Garrett Fawcett, "Women in Medicine," in Stanton, *Woman Question*, pp.63-89.

1841年顺利毕业。对于一直只对男性敞开大门的高等教育来说，允许女性入学的这种转变，似乎是迄今为止做出的最重要的改变。但是奥柏林大学，至少在其创立最初的几年，并没有让男女在身份、地位或是机会面前完全平等。显而易见，尽管大学的创始人同情这些“被错误对待和忽视”的性别，但和社会上的大多数人一样，他们也认为，一名受人尊敬的女性的最主要工作应该是一个家庭主妇——这是从很早以前开始女人就在扮演的角色。不同的是，他们认为一个轻佻、无知或是毫无主见的女人不可能成为一个好的妻子或母亲。

随着时间的推移，对于年轻女性相对比较谦卑的期望也不断地演进。正如教育机构对社会产生了影响一样，社会也改变了教育机构。作为美国妇女教育的先驱，玛丽·劳茵（Mary Lyon）做出了艰苦卓绝的努力进行游说和筹款之后，终于创立了曼荷莲女子学院（Mount Holyoke），并于1837年正式招生；经过几十年的发展之后，成为一所深受社会尊重、学科门类齐全的学院。同时，艾奥瓦州立大学于1858年也对女性敞开了大门；其他州立大学紧随其后，纷纷开始接受女性入学。康奈尔大学在其创立六年后，于1874年建立了一个规模较小的萨基学院（Sage College），专门招收女生。很长一段时间里，康奈尔大学一直是年轻女性向往的高等学府，因为这儿可以考验
183 她们的意志品质，要求她们具有自信和自尊，以及更多的自我控制的能力。尽管这非常引人瞩目，但她们只不过是男性的“附属品”——这让哈佛大学的女性学院也蒙上了受人轻视的名声。但是，所有这些努力对女性进步的贡献真是不可小觑的。在19世纪90年代，这种改变更为明显，那时的女性学生人数从20000人增加到了50000人；1893年，由于女性为获得高等教育而进行的不懈努力，莉达·罗斯·麦卡贝（Lida Rose McCabe）统计，约有36229名女性在“美国为女性提供教育机会的高等学府里学习”，毫无疑问，这个鼓舞人心

的数字中当然也包括专门的教师进修学院。[1]尽管对女性的歧视仍然在继续，但高等教育却终于逐渐对女性敞开大门。

在欧洲，情况也大致如此。从19世纪50年代起，英格兰开始出现很多名声显赫的全日制女子学校，比如多萝西娅·比尔（Dorothea Beale）于1858年创建的切尔滕纳姆女子学院（Cheltenham Ladies' College），而在好几个城市中实行的校外辅导讲座制度，也为女性获得高等教育提供了前期不可或缺的准备。在19世纪70年代，英格兰两所历史悠久的高等学府牛津大学和剑桥大学，谨小慎微地、尝试性地为女性学生提供学习机会，剑桥大学开始在格顿学院（Girton College）和纽汉姆学院（Newnham College），牛津大学开始在玛格丽特·霍尔女子学院（Lady Margaret Hall）和萨默维尔学院（Somerville College）招收女生，但不为她们授予学位。1878年，伦敦大学开始招收女生，三年后，剑桥大学开始对女生进行入学考试。法国也不甘落后。1879年，法国人以其典型的中央集权和命令式作风，在所有的大学都增设了师范学院。这些教育机构的开设，证实并强化了一个古老的理念：即女性作为教师的观念。在1880年，古板保守的巴黎索邦大学允许女性学生听讲座：又一个壁垒被打破了。当然在其他一些地方，男性堡垒的退让相对比较缓慢：德国一直要等到1900年以后，才允许女性进入全日制大学学习。

有一点颇有启发性，但并不令人惊讶：在欧洲学习的大部分女性学生，尤其是在德国大学学习的女生，大都是外国人。美国人来寻求自己国家不能提供的东西；俄国学生到这里学习的更多是因为

〔1〕McCabe, *The American Girl at College* (1893), p.108. 她同时记录：11718名女学生进入男女都可以就读的高等学府，大部分女性则进入州立的综合性大学学习（第108—109页）。而最后女性学生的毕业比例是：15%的女性得到了学校授予的学士学位；到1890年，这个比例达到了17%；而到了1910年，这个比例高达23%。

政治的原因，而非纯粹是要学得更多的知识。对于那些没有任何女生的大学来说，与其招收一些本国的女性学生坐在课堂上，比如那是某一个男学生的妹妹或他朋友的妹妹，还不如招收国外的女性学生，这样也许更容易被人们接受。就像在艺术中一样，在高等教育
184 之中，充满异国风情的因素，出现在人们熟悉的事物中，总是更能被人们接受。

特例并不能代表一般规律。但是，由于达到或重新定义了某种可能的局限，一些超乎寻常的个体往往充分地证明了一般人所遭遇的痛苦和犹豫，而那种进步的领域也许曾经只能存在于幻想之中。正是从这个意义上说，凯丽·托马斯（Carey Thomas）非同寻常的个人事业，就戏剧性地展现了19世纪女性寻求自尊、自立和自爱的奋斗历程。

作为一个美国人，凯丽·托马斯的成功，也戏剧性地反映了19世纪西方中产阶级文化取得显著进展的历程：美国中产阶级引领发展的方向，就是欧洲即将经历的变革之路。“欧洲正在美国化”——1889年，德·瓦里格尼以此为题，在《两个世界评论》（*Revue des Deux Mondes*）上发表了两篇“论美国女性”的文章，以发人深省的笔触，全面讨论了这个问题。文中她这样写道：“每个民族都有各自对女性的不同定义。”在法国人看来，“她是理想的化身”；在西班牙人看来，“女人是教堂里纯洁的圣母”；意大利人则认为，“女人是花园中娇艳的花朵”；而土耳其人则认为，“女人是幸福的源泉”；对于英国人来说，“女人是孩子的母亲和家务的管理者”。[1] 可是现在，美国人却教女人们要活得像男人一样，教她们要争取平等，展现女性

〔1〕“La Femme aux Etats-Unis,” *Revue des Deux Mondes*, XCIII (1889), p.349-374, 432-464; 引用在第353—354页。

的妩媚和能力。以凯丽·托马斯为代表的美国女性，更多地体现了她们的工作能力，这些都将成为让整个欧洲惊叹的前兆。

凯丽·托马斯还完美地证实了一些其他的事情：摒弃消极的心态，用积极的心态面对生活。她从小聪明伶俐，做事果敢，当然她也更幸运，因为她的父亲支持女性接受高等教育，当然她母亲态度更坚决，她也不负众望，取得了最辉煌的成功。1898 年，也就是她担任布林莫尔学院（Bryn Mawr college）[1]校长的第四年，在她 41 岁的生日上，她回顾了自己的事业，并满怀希望地告诉一位好友说，她想要“做更多的事情”。[2]虽然最终她没有做得更多，但在她担任校长的 28 年中，她把布林莫尔学院变成全美最难入学又最难毕业的大学。她明确表示不会追求当时社会所推崇的荣誉，因此拒绝了斐陶斐荣誉
协会（Phi Beta Kappa）[3]要将该校列入荣誉会员的邀请，因为她认 185
为，布林莫尔学院的任何一个毕业生都要非常优秀，要以骄人的优异成绩赢得人们的称赞。[4]所有的男性似乎可以由此得出结论，在凯丽·托马斯眼中，女性不是远远低于男性，而是比他们更优秀。长期以来，女性都是在男性轻视的眼光中生活，因此凯丽·托马斯的例子

---

〔1〕美国著名的“七姊妹”女校（Seven Sister Colleges）之一，1885 年由贵格会创建，开始只在本科阶段招收女生，后来在研究生阶段男女兼招。凯丽·托马斯是该校第二任校长，该校很多专业在全美久负盛名。艾米莉·狄金森（Emily Dickinson）、希拉里·克林顿（Hillary Rodham Clinton）、玛德林·奥尔布莱特（Madeleine Albright）等都是该校校友。——译者注

〔2〕To Mary Garrett, January 2, 1898, *The Making of a Feminist: Early Journals and Letters of M. Carey Thomas*, ed. Marjorie Housepian Dobkin (1979), p.16.

〔3〕斐陶斐荣誉协会（Phi Beta Kappa）：是全美第一个以希腊文字为名的协会，全称是“philosophia biou kubernetes”，意为“哲学，生命的指引”。该协会由威廉及玛丽学院（College of William and Mary）创立于 1776 年，最初为学业优秀学生自发的自我管理组织，只接受文学和哲学方面成绩优秀的男生入会，后也接受女生。现在仍是美国大学中很有影响的荣誉协会。——译者注

〔4〕Dobkin, “Introduction,” ibid., p.17.

真让她们扬眉吐气，使她们真正能抒发长期压抑在心中的怒气。无论如何，女性的出色表现才是对轻视的最有力的回击。

凯丽·托马斯于1857年生于巴尔的摩一个有教养的贵格派家庭，作为家中的长女，她必须面对九个兄弟姐妹之间的激烈竞争；不久，她把这种兄弟姐妹间的妒忌和竞争总结成一条马尔萨斯式的规则——1877年在她21岁时，在日记中这样写道："如果人们认识到，他们养育超出他们能力范围更多的孩子就是严重的罪行，我敢肯定事情会好得多。"弗洛伊德告诉我们，在某种程度上，对知识的渴求也是一种派生的紧迫而急切的需要，正如小孩都想知道自己来自哪里，这种紧迫而急切的需要涉及的不仅仅是对科学的兴趣在起作用；它反映了小孩痛苦地长期关注的焦点：父母对她的关爱是否会减少，或者是否会分给家庭新生的孩子，尽管对凯丽·托马斯的母亲而言，众多的子女中她对长女无尽的鼓励和支持从来没有减少过。凯丽·托马斯从小就异常聪明、活泼，但性格专横。因为兄弟姐妹众多，所以她从小就坚决地捍卫自己在家中的权利。潜意识中，她始终要求自己从不退让。1871年初，当时只有14岁的她在日记中这样写道："一个女孩当然可以像男孩一样选择自己的工作。我长大以后，你们就知道会发生什么了。"总之，她需要一种积极的生活。一年后不久，她又写道："我想明年开始学习古典文学和数学，因为我很想到瓦萨学院（Vassar College）去学习，然后到宾夕法尼亚州学医。我无法忍受依赖任何人，即使是我的爸爸妈妈。除了吃饭、看书和穿衣之外，我想做些其他的事情。"[1] 对她而言，消极的生活本身就是难以容忍的恶行。

正如她很早就意识到的那样，这意味着她将要不停地学习。那时

〔1〕December 17, 1877; First month, 1860; January 6, June 20, 1871, ibid., pp.123, 32, 48-49, 55.

她还只有14岁，仍然待在家中，她不想去其他学校学习，她曾这样解释："我不是假小子，但也不是什么淑女，我只是与社会有些格格不入，想要一些惊喜，所以我要到瓦萨去读书，我很想去那里，并决心接受很好的教育。"[1]在寄宿学校里，一个与她一样迫切地想要证 186
明女性能力的老师劝她不要上瓦萨，因为这不过就是一个女校而已，并建议她上康奈尔大学。因此，她后来去了康奈尔大学的萨基学院，两年后从那里毕业。她想要证明女性才能的决心始终促使她不断地前进。

然后就到了她研究生阶段，她遇到了人生第一个巨大的挫折。其实，当她还是一个14岁的学生时，她就认真地去倾听女权主义者们的演讲，但她实在忍受不了那些洋洋得意的男人们关于"对女性的神圣崇拜"的布道式的讲座。有一天晚上，她听到了安娜·狄金森（Anna Dickinson）这个口才极佳的女权主义者所做的演讲，并对她关于一对兄妹的故事大有感触。兄妹两人都"天资聪颖"；故事中的哥哥想要到外面的世界闯荡，"尽自己的力量，推动人类的进步"，这尽管让他的父母感到伤感，但他们仍然祝福他。然而，他同样聪明的妹妹，却绝不可能实现这种雄心壮志，"她父母把她关在屋子里，并且锁上大门，然后把钥匙放进自己的口袋，甚至认为自己对女儿做了正确的事情"。这个故事使得凯丽·托马斯这位年轻的女权主义者勃然大怒："上帝，这是多么残忍又是多么的不公平啊！"更糟的是，她父亲的一位叫莫里斯的医生朋友，有一次在送她回家的路上，对女性在生活中的地位发表了一通自己的看法。在他看来，女性的位置理所当然是在家里："不管一个女人有多聪明，比起成为一个称职的妻子和母亲来说，她不可能更好地把这些聪明才智用到其他任何方面。"

---

[1] October 1, 1871, ibid, p.58.

听到这种说法，她感到非常愤慨，她在日记中写道，莫里斯医生“在关于女性才能的问题上，完全走入了歧途，他完全忘记了并不是所有的女性在生活中的角色都是妻子或是母亲，我想她们一定是在神情镇定地等待一种更好的工作”。莫里斯医生的话真太过分了：“无聊透顶！一派胡言！”[1]

凯丽·托马斯一再遇到这类无聊又没有任何意义的事情。这种观念就如同空气，无处不在。听到狄金森的演讲后不久，她家里宴请“一位叫约瑟夫·贝克（Joseph Beck）的英国客人”，吃饭时，她只能安静地坐在一边，听他的高谈阔论。“他不赞同女性接受教育，他完全不顾别人的感受”——**他们**让她坐到一旁，静静地倾听，不许发表任何意见。“他们说，一个女人根本用不着学什么拉丁文或希腊语，她们只要能取悦她们的丈夫就足够了。一个女人每天都有很多事情要做：缝补、做饭、照顾孩子、打扮，还有调情，等等。”对于这些人来说，婚姻似乎是女人“**在人世间最大的幸福**”——只有她母亲的婚姻是一个高贵的引人注目的例外；只有在婚姻中，女人才可以完成她“取悦丈夫的责任，但仍然头脑空空；正是这样，丈夫才会因为知道
187 的比妻子多而得到**强烈**的满足感”。如此轻蔑的语气证明了她心中强烈的愤怒。她日记中的注释，也同样证明了她强行压抑的怒火之下，愈加深刻的敏锐洞察力。他们说“女人们太弱小、太高贵，不应该鼓励她们做其他的事情，除了要她们双手轻合，无知而安静地坐在某个角落，让男人拜倒在她的石榴裙下”。她反感这些“套话”。在她看来，这些话无非就是说，女人“只应该成为让男人们快乐的玩偶，他们可能会轻抚自己的宠物或是爱人，但至于要女人获得平等的问题，他们好像从来都不会想到这样的事情”。这真让人难以忍受：“我真的

〔1〕January 6, 1871, ibid., pp.48-49.

是异常愤怒。”[1]就像托马斯相信的那样，唯一合适的回应就是用她一生的成功来驳斥这种对女性的偏见。

1877年末，在凯丽·托马斯进入约翰·霍普金斯大学进行古典文学的研究生学习时，她发现自己在一种奇怪又极为不便的环境中学习：虽然学校提供给她阅读书目，并让她去听一些讲课，但对于她的学业，她不得不依靠教授的私人辅导。学校并不允许她到班级里听课。一年后，在给学校董事会寄了一封措辞严厉的信后，她从那里退学，然后到莱比锡继续求学。那时的德国大学正在朝男女同校教育的方向缓慢发展：对于一些女生可以在为数不多的课堂上和男生一起学习的现象，时任康奈尔大学校长和美国驻柏林大使的安德鲁·迪克森·怀特（Andrew Dickson White）对凯丽·托马斯的父亲这样说，“如果一个女人进入任何一流大学的教室和男人一样接受高等教育，这一定会引起极大的混乱。”柏林在这个方面似乎总是最保守的。[2]另一方面，莱比锡大学已经有了一个来自美国的女学生，而那里的一些教授又对女性在求学路上遇到的困难表示同情。最后在朋友玛米·格文（Mamie Gwinn）的陪伴下，凯丽去了莱比锡大学，并在那里学习了两年多。

她的经历令人愉悦，但她的处境却不是很稳定。一些教授和他们的妻子很热情好客，而他们的学生，尽管常常显示出尴尬，但也不会有粗鲁的举动。[3]意识到来自俄国的女学生遭遇的敌视后，她写信把事情告诉家里说，“这种敌视像是一种潜在的灾难”。像往常一样目光敏锐，她把这种政治上的恐惧只当成是一种焦虑的攻击，“这种害

〔1〕February 26, 1871, ibid., pp.50-51.

〔2〕见 M. Carey Thomas to Mary Garrett, July 1879, quoting or paraphrasing A. D. White; Andrew Dixon White to Dr. James Carey Thomas, July 4, 1879, ibid., pp.163, 164。

〔3〕To her mother, February 7, 1880, ibid., p.208.

怕纯粹是专制政府的体现”。她告诉她的母亲：“德国的大学一直处在恐惧笼罩的阴影之下——对女性接受高等教育最大的反对力量来自对俄国女学生，以及她们在苏黎世造成的混乱局面的恐惧，因此她们不
188 久就被开除了。我想一个俄国女生就足够使得莱比锡大学已经对女性敞开的大门最后关闭。那时有传闻说，在莱比锡大学有六名俄国女学生，而且她们还在从事社会主义的宣传。”很明显，这种谣言毫无意义：“当然，如果说莱比锡没有俄国人在学习，这也是一种谎言。”[1]总之，凯丽·托马斯认为这些事情颇有启发的意义。

尽管她不是被迫离开莱比锡，但她在苏黎世大学拿到了学位；和在美国获得学位相比，这种漫长的求学之路在欧洲大陆还是比较常见的。她来到苏黎世主要是为了完成论文写作并参加最后的哲学考试，同时开始学习新的科目，当然也结交了新朋友，尽管她对自己充满信心，但所有这些仍然让她很疲惫。她已经很接近最初的梦想了；同时她也得到了她最想要的东西：社会影响力。1882年，她写信给一直支持自己的母亲说，“我不会为了任何事情放弃我的博士学位”。她最后的笔试与口试，是一个艰苦而漫长的过程，但是她肯定自己会以优等成绩毕业，她甚至认为自己可以获得更优等的成绩。当答辩结束的时候，就像她在信中对母亲详细说明的那样，校长为她获得最优等的成绩而向她祝贺。[2]从来没有女性，甚至也只有很少的男性曾经获得这样的最高荣誉。不久后，在史帕亚斯度假的时候，借着毕业时的喜悦，她坦诚地表述自己的雄心：“我将非常喜爱布林莫尔校长这个职位。”[3]经过12年的努力后，她得到了这个职位。她毕生的事业是意志与才智战胜冷酷现实的成功。但是有多少女性拥有凯丽·托马

〔1〕To her father, February 29; to her mother, February 1, 1880, ibid., pp.211-212, 207.

〔2〕To her mother, no date, ibid., pp.257, 260-264.

〔3〕To her mother, November 30, 1882, ibid., p.265.

斯的热情、头脑和决心，以及她获得的支持呢？

2. 危险中的男人

第一次有组织地努力，要把女性从依附的牢笼里解放出来，并改写女性以家庭生活为主导的理念，从最充分的意义上来说，都只是一种迟到的反应，因为在过去看来，女性受到的伤害都是理所当然的。那些毫无同情心的人指责女权运动是对当时社会一次又一次的侵犯，而实际上它是对当时反复出现的轻视和无法忍受的挫折进行的反击。1840 年，伊丽莎白 · 坎迪 · 斯坦顿（Elizabeth Cady Stanton）、卢克丽霞 · 莫特（Lucretia Mott）和其他女性代表在伦敦世界反奴隶制大会（World Anti-slavery Convention）上被拒绝给予座位，而且必须跟 189
观众一样接受检查。值得注意的是，一些人意识到改革者的呼声，很可能要改写社会把女性看作弱者的不公正待遇：比如改革者中的一位，威廉 · 劳埃德 · 加里森（William Lloyd Garrison），也加入了女权主义奋斗的队伍之中。这是历史进程中自然发生的举动；女权运动向前发展的背后，有忠诚坚决的男性支持者、态度始终如一的开明人士、认真严谨地对待他们自身信条的共济会成员，当然还包括那位理性十足、古怪但又目光敏锐的社会理论学家圣西门。英国坚定不移的生育控制论者乔治 · 德莱斯代尔（George R. Drysdale），在他 19 世纪中期时的日记中就要求“平等地对待女性”。[1] 过了 25 年后，作为精神分析的两位发现者之一的约瑟夫 · 布鲁尔（Josef Breuer）认为，他治疗的具有划时代意义的患者“安娜”（Anna O.），在智力水

〔1〕见 *The Political Economist; and Journal of Social Science*, No.11 (January 1857), p.85。

平上完全同男性一样，她能够理解，同时也需要——却从来没有得到过——健康的精神食粮。[1]没有明确的限定条件，也不可以得出关于男性对女性恐惧的结论。并非所有的男性都把女权主义理解成是女性对男性的反抗。

虽然很明显地带有个人兴趣的某些因素，斯坦顿和莫特也像加里森一样，从内心里反感世界反奴隶制大会将她们排斥在外的保守决定；她们觉得这种决定既不合逻辑，又令人愤慨。但直到八年后，她们才有所行动。1848 年 7 月，伊丽莎白 · 坎迪 · 斯坦顿在纽约的赛尼卡 · 福尔斯（Seneca Falls）召开了一次女权主义者集会，希望广泛地听取关于女性权利和不公正待遇的建议，并希望在此基础上采取行动。在这之前，社会上就有了关于女性权利的激烈论战，一些人也承认了女性权益的重要性。现代女权主义的经典著作可以追溯到 18 世纪末那个革命的年代，例如玛丽 · 沃尔斯通克拉弗特（Mary Wollstonecraft）的《为妇女权利的辩护》（*Vindication of the Rights of Women*）以及奥里姆佩 · 德 · 高基（Olympe de Gouges）的《论妇女权利》（*Les Droits de la femme*）等。大约在 1810 年前后，柏林的一些高雅的文化沙龙非常流行，而主持这些沙龙活动的女性，包括获得解放的聪明的犹太女性，如多萝西娅 · 怀特（Dorothea Veit），亨利亚特 · 赫尔茨（Henriette Herz）和拉合尔 · 冯 · 伐恩哈根（Rahel von Varnhagen）等。那些来自美国的无畏的宣传者，如格利米克姐妹（the Grimké sisters），在 19 世纪 30 年代末发表了她们的女权主义文章和小册子，1837 年，一封来自马萨诸塞州公理会理事会的牧师信件，就指名道姓地谴责她们卷入了公共争端的领域。很多女性的杂志，像《新女性》（*La Femme Nouvelle*）和《女性杂志》（*La Gazette*

〔1〕见 Breuer, “Case Histories…Case I, Fräulein Anna O.” (1895), in Freud, *S.E.*, Ⅱ, S.21。

des Femmes）等，内容很有趣，在 19 世纪 30 年代中期受到人们短时间的关注。早在 1848 年之前，乔治·桑就以其大胆开放而又引人 190
瞩目的行为，证明了相对于其他女性来说，她就是一个激烈的、反传统的、又令人不安的女性典型；她大胆地向世人展现了她的恋情、她的男式套装、她的香烟以及她超前的信念。在赛尼卡·福尔斯的女权主义者大会召开的那一年，默瑞斯（F. D. Maurice）最终在伦敦建立了女王学院（Queens College），这所学院成立之初的宗旨在于为积极上进的家庭女教师提供职业培训，同时就像默瑞斯在庆典演讲中所说的那样，学院的成立不仅要向学生传播知识和信息，而且要教给她们“对原则的正确理解”。[1] 当伊丽莎白·坎迪·斯坦顿和卢克丽霞·莫特把她们为数不多的女权主义者召集起来开会的时候，她们就可以依靠这一小部分的反抗者，同时也为她们的事业扩大女权主义者阵营。

赛尼卡·福尔斯的女权主义者大会发表了《民情与意志宣言》（“Declaration of Sentiments and Resolutions”），明显是借鉴了美国的《独立宣言》。宣言条理清晰，合乎常理，语气谦逊，就如发表了这个宣言的秘密集会一样。关于呼吁女性选举权的决定过于大胆，因此并没有提出这项主张，因为她们知道，即使提出来也不可能获得通过。具有典型意义的是，在这次大会召开的过程中，男性仍然在起主导作用：卢克丽霞的丈夫詹姆斯·莫特（James Mott）是这次大会的主席；废奴主义者弗雷德里克·道格拉斯（Frederick Douglass）要求大会提出女性选举权的问题。这次女权主义者大会在各方面都谨慎周到，见证了有组织的女权运动的雏形，最初的女权主义萌芽开始逐渐发展。其他国家的女权主义者从美国的女权运动中得到了勇气，开始撰写宣

---

〔1〕Rosalie G. Grylls, *Queens College, 1848-1948* (1949), pp.2-3.

言，制定方向，并且逐渐地具有组织形式。

尽管在赛尼卡·福尔斯的女权主义者大会上，所有程序都谨慎周到而富有理性，但对大会反对的声音却是激烈而毫无理性的。一些口才雄辩的演说家和杂志的专栏作家对这些女权主义者——无论男人或女人，都大加嘲讽，甚至质问他们性别的取向。针对1852年在罗切斯特举行的女权主义集会，一个叫作曼德维尔先生（Mr. Mandeville）的新教牧师，在奥尔巴尼（Albany）对其大加挞伐谴责，他将这些女权积极分子定位为"一个杂交的物种，一半是男人，一半是女人，但同时又不男不女"。1853年，也是在罗切斯特，苏珊·安东尼在一次教师集会上发表演讲认为"女人缺乏牢固的基础"，一位叫戴维斯的教授也发表演讲支持这种观点。同年，《纽约先驱报》（*The New York Herald*）刊登了一篇恶毒攻击女权主义者的文章，称其为"不伦不类的女人"，含沙射影地讽刺这些女性之所以这么积极参与女权运动，是因为她们本身太让人反感而无法找到一位合适的丈夫：她们之中有些人因为这个显而易见的原因将永远找不到丈夫；其他的人，差不多也是同样的原因，被丈夫抛弃。"这些女人身上完全没有个人吸引力。
191 她们大体上都是一些身材干瘪的老处女，要么是一些因为试图剥夺她们不幸的老公的权利和马裤而最终垂头丧气的已婚妇女。"〔1〕对于那些支持女权运动的男性，他们的日子也不好过：1854年，在《奥尔巴尼记录报》（*Albany Register*）上的一篇文章把"女权运动的煽动者"描写成"嘲讽所有宗教的不伦不类的女人"之后，又把矛头对准了支持妇女运动的男性。他们"意志薄弱"，欺骗"所有诚实和不诚实的人"，而且在任何时候"都紧紧地跟随在那些态度强硬的女人的

〔1〕Mandeville: *History of Woman Suffrage*, ed. Elizabeth Cady Stanton, Susan B. Anthony, and Matilda Joslin Gage, vol. I (2nd ed., 1889), p.486; Davis: ibid., p.515; *New York Herald*, September 7, 1853, ibid., pp.556-557.

围裙后”；他们是一群“坐立不安的男人”，只知道“把头发整齐地梳到脑后，十指交叉放在胸前，说话细声细气，眼睛从来都只向上看”。这份19世纪的体面报纸，极尽含沙射影之能事，有时甚至更为过火。1852年，《纽约先驱报》曾诋毁她们是“男性化的女人，就好像是会打鸣的母鸡”，而参加女权主义集会的“大部分男人”都是“穿着衬裙的怕老婆的窝囊废”。[1]也许，女权运动的最初胜利就是把性别问题带进了公开讨论的领域——当然那些反对者是怀着恶意诽谤的心态来参加这样的讨论的。

毫无疑问，这种激烈的论战也有其自身的意蕴，但在这种攻击性的玩笑之后却隐藏着焦虑。1866年，根据《奥尔巴尼晚间杂志》（*Albany Evening Journal*）报道，堪萨斯州的莱恩参议员提交了一份“由124名来自劳伦斯的聪明、漂亮而有成就的女性”所写的请愿书，呼吁修改宪法，不能因为性别原因而妨碍所有公民的选举权。“这种把戏不可能得逞，”该杂志以强烈讽刺的语气评论说，“我们敢用一只大苹果打赌：这个请愿书中提到的女人既不‘漂亮’，也没有成就。毫无疑问，她们十之八九都是‘明日黄花’。她们的鹰钩鼻、笨拙的双脚和深陷的双眼，还有不柔顺的头发也格外引人注目。她们本身就应该是人们讽刺的最佳对象。”如果这种女性碰巧竟然结婚了，这篇社论的作者也只好深切地同情“那个作为她配偶的意志软弱的男人了”。同年，《纽约先驱报》用同样的语气讽刺来自英格兰的女性为争取投票权而进行的请愿：“对于马萨诸塞州这些提交请愿书的女人来 192

〔1〕*Albany Register*, March 7, 1854, ibid., pp.608-609; *New York Herald*, September 12, 1852, ibid., pp.852, 854.《纽约先驱报》以其一贯的风格，在同一期的社论中，把废奴运动和女权运动联系在一起：“在这个世界上，女人是怎样从一开始就臣服于男人的？是因为她的天性，她的性别，就像黑人，无论是现在、将来，他们永远都比白人低一等一样，所以黑人注定要臣服于白人。”（第854页）在下一卷中，我将会研究含沙射影反对女权主义者的性暗示。

说，如果要根治她们的抱怨，只有一个万能良方，就是一个婴儿摇篮和摇篮里露出酒窝的可爱婴儿。”[1]

有时，这些反女权主义者完全抛开了幽默的面纱，或者是他们好意的幽默，揭开了男人以其最原始的力量对女人的恐惧。1872年5月30日，斯蒂文森·阿切尔（Stevenson Archer）在众议院做演讲，警告人们说“虽然有作为共和党竞选副总统的议员的倡议，但女性选举权让人无法忍受”。阿切尔认为，女权运动已经成为一种威胁；“这些标新立异者已经不仅仅是穿着衬裙的小丑了”。事实上，“一支庞大的军队正在向我们袭来——成千上万穿着衬裙的人犹如一股股旋风，正在开始反抗——我们必须予以重视，否则我们可能会被这场来势汹汹的风暴压倒。小妻子们获得相当的勇气和力量，以至于她们反抗的力量让大丈夫们心惊肉跳；曾经细小的指甲如今长成了利爪，撕裂了曾经只能挠痒似的轻轻划过的地方；如果那些性情憨厚的大个子丈夫没有对妻子唯命是从，仰其鼻息，那么他可能马上被掐住脖子，仰面朝天地被拖到一个他们做梦也没有梦到过的境地”。[2] 上帝创造女人本应该是温柔的，但现在她们变得如此强悍，锋芒毕露，更能轻而易举地将她们的丈夫放倒在地。在19世纪的还未长大的男孩子们，看着他们强悍又难以捉摸的妈妈，感到莫名的恐惧。

这种歇斯底里的激烈反应，迅速地扩张，绝不仅仅局限于美国。在法国，人们继承了从中世纪就开始的传统，将那些有知识和有政治意识的女性看成不伦不类的假女人；尽管圣西门的宣传者想象着有

---

〔1〕*History of Woman Suffrage*, vol. Ⅱ (1881), p.101n. 同样的话也被《社会中的撒旦》（*Satan in Society*）的作者，尼古拉斯·F. 库克（Dr. Nicholas F. Cooke）引用过：态度强硬的女人是“性格中的错误造成的。这种女人想要用某种气质来激起男人的喜爱，所以在与人相处时，她们必定与弱者联系起来，因此她们的丈夫大多体质瘦弱，感情脆弱，并对妻子言听计从”。（第280页）

〔2〕Copy in box 2, Anti-Suffrage, SS, SC-WHA.

朝一日女人获得和男人同样的地位，但惊慌失措的社会学家、历史学家、漫画家和小说家则尽力描绘着女人们嗜血的本性，向读者展现她们正煽动着人们变得残酷无情。这种残酷的行为当然包括左拉在《萌芽》中描写的血腥的去势：一群愤怒的矿工的妻子阉割了一个淫荡好色的杂货店老板——当然这只是对这种恐惧的戏剧性呈现。从19世纪60年代末开始，左拉就在他的小说中塑造了一系列充满诱惑而又致命的女性角色，在当时也大受欢迎。在他的笔下，女人既是短暂的性快感的源泉，也造成了男人永远的沉沦。尽管左拉对女性的厌恶情绪可以说是无以复加的，但他的朋友龚古尔兄弟对女性的蔑视——或者说是恐惧，更是达到了顶点，再也无能出其右者。龚古尔兄弟深信 193
不疑的是："除了和很多男人睡觉，并吸干他们知识的精华之外，女人从来就不会干出什么好事：乔治·桑、德施塔尔女士们就是如此。"在他们看来，"从来没有什么品德高尚的女人，她们的知识也值不了两文钱。所谓处女，从来就没有干过什么好事"。[1] 女人是吸血鬼，男人是牺牲品——这就是19世纪法国男人最强烈的普遍共识。

虽然没有龚古尔兄弟那么一针见血的露骨描述，但霍诺勒·道弥尔（Honoré Daumier）也用同样犀利的语言将那些头发蓬乱、自命不凡的女性小说家和满脸凶相的女性社会学家作为他攻击的对象。直到1896年，当女权思想在法国受过良好教育的人中广泛传播时，爱德华·托卢斯医生（Edouard Toulouse）在一本书中研究了疯狂的原因，并声称他所认识的"堕落的女人都是说话声音低沉、全身毛发浓密、胸部扁平"。[2] 在整个19世纪下半叶，"男性化女人"（*la femme-*

---

〔1〕February 19, 1862, Edmond and Jules de Goncourt, *Journal; mémoires de la vie littéraire 1851-1896*, ed. Robert Ricatte, 22 vols. (1956-1958), V, p.57.

〔2〕*Les Causes de la folie* (1896), p.53, in Susanna Barrows, *Distorting Mirrors: Visions of the Crowd in Late Nineteenth-Century France* (1981), p.49n.

homme）见证了恐惧的男人想象中的幽灵：她是家庭生活中最大的敌人，动摇男人的自信心，毁灭了女人真正的职责。阿热诺·德·加斯帕林伯爵（Count Agénor de Gasparin）在其《家庭的敌人》（*L'Ennemi de la famille*）中有关“男性化女人”的一章中写道：“没有必要让女人在最大的程度上获得政治上的解放，这样只会造成更多的灾难。女人得到政治权利，这种想法本身足够毁灭一个家庭；这种错误的观念错误地定位了女人的地位、男女之间的关系以及人与人之间的感情。”[1] 这有悖于经验、天性，还有基督教义，它愚蠢地降低了女人在家庭生活中不易察觉的影响力。

英国的评论家也对反女权主义的观点大加赞赏。英国也几乎无须从美国或法国输入关于“男性化女人”的论调，因为在英国就有丰富的此类资源储备。1896 年，牛津大学的齐舍勒现代史教授（Chichele Professor of Modern History）蒙塔古·巴罗斯（Montagu Burrows），在《季刊评论》（*Quarterly Review*）上提出了所谓“学院派女人”（the University-woman）作为杂交的典型，并对此提出了警告。他认为，“应当将男性和女性严格区分开来。对于那些年轻女士来说，如果她们不能从她们的父母、兄弟、朋友、家庭书籍，或者从城里的各种讲座中获得‘某种高等的教育’，那么就为那些接受训练的家庭女教师提供一个避难所吧；谢天谢地，千万不要在我们的社会中出现那些作为现代女性典型的‘学院派女人’”。“谢天谢地”——这种措辞清楚
194 地揭示了掩藏在男性姿态之后的恐惧。女人应该“通过展现自己真实的、谦逊的、含蓄的、能干的女性魅力，诱惑我们‘年轻有为’的男人，让他们不由自主地跟着她们进入婚姻的殿堂，而不是用阴谋诡计

〔1〕 1874; 4th ed., 1875, p.313. 并参见 Dumas fils, *L'Homme-Femme*, and Jules Bois, *L'Eve nouvelle* (1896), p.8。

或是媒妁之言”。[1] 巴罗斯无须补充，他所说的女性魅力正是那些“男性化女人”所缺少的。

《笨拙》周刊也不甘落后，面对着这样一群如此脆弱而又唾手可得的女性讽刺对象，它开展了一场不知疲倦的、令人反感的战役来反对“穿灯笼裤”（Bloomersim）[2] 和“态度强硬的女性”；在含沙射影地讽刺女权运动方面，比起诸如《纽约论坛报》（*New York Tribune*）之类的榜样来说，《笨拙》周刊是毫不逊色的。在讽刺一个从政的女性面对她的选区中那些“女选举人”（electresses）的演讲时，《笨拙》周刊让这个不可思议的候选人在大力倡导了诸多无关痛痒的“女性式”事业之后，把她描绘成一个笑容可掬的正常女人：“我的头发是深栗色的，但我的体毛很少。”[3] 即使是最愚钝的读者，也不可能不领会到这幅辛辣的讽刺画所要表达的对女权主义者的谴责。在这种低俗的描绘之中，《笨拙》周刊掀起的这场反女权主义的运动，恰如其分地展现了19 世纪英国男人在面对“态度强硬的女性”时的焦虑心态。

《笨拙》周刊也许能够支持女孩获得高等教育的权利，但它定下了不可逾越的红线，那就是女性的选举权，当然更加无法容忍一个女性在议会下院占有一席之地。但是杂志的漫画家们把女权主义者们描绘成匪夷所思的在参议院演讲的泼妇，似乎为了取悦读者——但似乎也让他们感到恐惧。[4] 男人们的城池正在沦陷，没有必要假称他们的包围者们还一如既往地温柔可人。

随着女权运动的快速发展，男人的恐惧感似乎进一步加深了。

---

〔1〕“Female Education,” *Quarterly Review*, CXXVI (1869), in Patricia Hollis, *Women in Public, 1850-1900: Documents of the Victorian Women's Movement* (1979), pp.144-146.

〔2〕19 世纪 50 年代，“穿灯笼裤”是女权运动在着装方面的一个表现与潮流。——译者注

〔3〕*Punch*, XXI (1851), pp.20, 22, 35, 141, 155, 157.

〔4〕Sambourne, “The Angel in ‘the House,’” ibid, LXXXVI (1884), p.279.

1882 年，作为散文家、社会评论家和一位多产小说家的瓦尔特·伯桑特爵士（Sir Walter Besant）出版了一本直言不讳的寓言式小说《男人的反叛》（*The Revolt of Man*），书中将女性的解放推到了其合理的（或不合理的）极限：在伯桑特的想象中，在不久之后的英国，传统的男性分工和角色被彻底颠覆——女人开始享受高等教育带来的好处，获得了选举权，主要从事办公室的工作，而男人却被贬至可怜的依附境地，逐渐开始承担令人感到羞辱的家庭事务。但在这个反乌托邦小说的结尾，在伯桑特这个作为时代寓言的小说中，爱情最终取得了胜利：一位年轻美貌的女内阁成员嫁给了自己意志坚定的反对者；然后这个有悖常理的秩序又被颠倒过来，最后古老的秩序又重新被确立起来。也有一些引人注意的社会预言家，比如乔治·萧伯纳，他把
195 女人描写成大自然的杰作，男人们则仅仅是帮助她们完成生理上的宿命，同时男人也欣喜地发现女人娴静的外表之下隐藏的巨大力量。[1]当然，也有英国的律师和教育者们发现，在很多情况下女性问题都存在着严重的不公正现象。但是大部分的宣传者都像瓦尔特·伯桑特一样：为女性进步感到担忧，但不是害怕。

德国反女权主义者的反应则进一步坚实地印证了其他国家的经验：女权运动触动了社会的敏感神经，而稍微的反应都会引起更激烈的回应。在德国，女权运动的兴起要晚一些，与美国和英国的女权运动一样狂暴，但更具有传统色彩。但是，德国的男性在他们的地位还未受到挑战之前，就已经迫不及待地开始自我防卫了。像其他国家一样，布道、报纸社论以及幽默的人物漫画都是他们常用的武器。1844 年，《散页画报》（*Fliegende Blätter*）在其出版发行的第

〔1〕萧伯纳笔下的女性主义者对进化论的理解之最著名的一个例子当然是《凡人与超人》（*Man and Superman* [1903]）；致亚瑟·宾厄姆·沃克利（Arthur Bingham Walkley）的“献词”，尽管有些嘲讽挖苦、不近人情，仍然值得一读。

一年，就刊登了四幅图画讽刺活跃的现代女权主义者。作为一本在慕尼黑发行的文笔犀利的杂志，它很快就传遍了德国各州——此时的德国人正渴望些许低俗的幽默，而《散页画报》恰好利用对这些“现代的温室植物”的讽刺幽默来迎合读者。用貌似无辜却很恶毒的讽刺，这些画作将寻求解放的女性描绘成从花瓶中走出来（emerging from flower pots），她们手里拿着笔或者其他本属于男人的工具，而这些工具正是她们从男人们手中抢夺过来的。在这些惟妙惟肖的绘画中，最有敌意的是这样一幅图画：一个眉头紧锁、衣衫凌乱的女人，神气十足地一手拄着拐杖，一手夹着香烟。不久之后，尽管这本杂志不再像从前那么有趣，但仍然用“解放的女人”作为一个简洁的标题刊出系列连载图画，旗帜鲜明地攻击女权运动。这个故事描绘了一个打扮落伍的女人，正在给一群男学生上课——“女教授”——也可能是一位女作家：一位邋遢而衣衫不整的女人，嘴里叼着一支笔，戴着一副眼镜，完全沉浸在自己的构思中；她的两个衣衫破烂的孩子在院子里欢呼着迎接他们的爸爸：一个提着菜篮子刚从市场回来的男人。[1]

没有任何评论，其实也无须任何评论。毕竟，德国的公共舆论隐藏在这些反女权主义的漫画中。当奥托·冯·莱歇纳（Otto von Leixner）还是个青年学生的时候，他发现有女性喜欢读他的诗，他在日记中毫无感激且充满嘲讽地写道：“天啊！来自女人的赞扬对我来说毫无价值。”在他认识了活泼可爱的17岁女孩托妮后，她深刻的思想、富有创意的见解以及她的无神论信仰，让他感觉到没有任何合适的词可以表达他的赞誉之情，因而只能称她“具有男性特质”。但是，和其他的德国作家一样，他并不否认女性具有卓越的潜能。1877年， 196

〔1〕I, 6 (1844), p.46; Ⅳ, pp.85, 89 (1846), 102, 135.

他在日记中这样写道：“在大部分情况之下，女人的眼泪比男人的话语更有力量。”[1]威廉·海因里希·里尔（Wilhelm Heinrich Riehl）在他被广泛传阅的著作《家庭》中，用了一章的篇幅来讨论他称之为“从女人统治中解放出来”的问题，以此来尖锐地抨击女权运动。他的观点是：在这个文化衰败的时代，人们过分地追求精致生活，在政治上停滞不前，在精神上紧张过度而毫无活力，因此女人们离开了神圣的家庭生活的范围，被前呼后拥地推着走进了公众领域，干涉这些从前只属于男人的事业。里尔还得意地吹嘘说，德国人最早发现了男性和女性之间巨大的差别，因此德国人并没有奴役女性，反而意识到了女性的真正价值和她管理家庭的才能。在这个混乱不堪的时代，处处充斥着软弱的男人和强力的女人，在里尔看来，他的著作就是要恢复那种和谐幸福的家庭生活。

在这种氛围之中，任何旨在促进女性职业进步的努力必然要遭到一定的阻力，通常在更多的情况下是更大的讽刺。1878年，作为德国中篇小说大师的威廉·拉伯（Wilhelm Raabe），大肆嘲笑一个文学社团试图吸收几名女作家的想法：他写信给他的朋友恩斯特·埃克斯泰因（Ernst Eckstein）说，“这简直就是一个大笑话。听起来好像是他们颇有些害怕这些漂亮的小妇人”。[2]哥廷根的妇产科教授马克斯·龙格医生（Dr. Max Runge），在一次公开发表的演讲中分析了女性的本性，也表达了大部分德国人的心声。像其他的人从前说过的那样，他再次表明同样的观点：“那么就让我们肯定地说，女人的使命就是成

---

〔1〕Dairy 1867-1868, pp.7, 14; *Tagebuch* Ⅲ, December 16 [1877] , box 2, Leixner Nachlass, Stabi, Berlin. 很公正地评价，他的确承认，女人似乎拥有不寻常的敏感：“我承认女孩子通常会发现我散文中的美，而男孩子则不会，或者说从没有注意过。”但这并没有改变有讽刺意味的陈词滥调——这只是证实了它而已。

〔2〕Raabe to Ernst Eckstein, August 10, 1878, *Briefe wilhelm Raabes (1848-1910)*, ed. Wilhelm Fehse (1940), S.162-163.

为妻子和母亲，其他所有的一切都不应该在她的控制范围之内。”[1]如果德国的女权主义者——如果德国确实存在女权主义者的话——不承认这一点，她们要么是太古怪，要么是太激进。甚至到了 1912 年，德国的反女权主义者还认为有必要组建一个德国阻止女性解放协会（German Society for the Prevention of Woman's Emancipation）。[2]

19 世纪对女性的恐惧是一个国际性的、同时又相当敏感的情绪化问题。一个女凶手更是引起了人们充满恐惧的质疑：1856 年，年轻的康斯坦斯 · 肯特（Constance Kent）割断她兄弟的喉咙，一家报纸这样评价这起凶杀案：“要堕落到何种程度，这个女人才会想出这样残忍的手段，没有任何一个男人会这般冷血无情，因为对一个女人来说，最糟糕的状态就是‘病态、冷酷而又精明’。”[3]很多人可能会赞同拉迪亚德 · 吉卜林（Rudyard Kipling）的观点，“女人要远比男人更具致命的危险”。 197

毫无疑问，与当时无所不在的男性危机意识相对应，声名狼藉的 19 世纪小说中反复强调一个重要主题，即女人缺乏性欲：现在看起来，这是一种刺激反应机制，这些既是非常强大的，又是潜意识的。作为心理防御机制的重要组成部分，西格蒙德 · 弗洛伊德最早发现并描述了这些反应；正是这种刺激反应机制将难以理解的、潜意识的或可怕的想法转换成了其对立的观念：虐待成了安抚行为，而对女性的恐惧则变成了外表的强硬姿态。对妇女性欲的否定其实只是一个战战兢兢的自我实现的寓言。否定妇女与生俱来的对性的欲求，只是男人

---

〔1〕*Das Weib in seiner Geschlechtsindividualität* (1896; 2nd rev. ed., 1897), S.18.

〔2〕Richard J. Evans, *The Feminists: Women's Emancipation Movements in Europe, America and Australasia, 1840-1920* (1977), p.112.

〔3〕*Bath Express*, April 29, 1865, in Mary S. Hartman, *Victorian Murderesses* (1977), p.126.

作为其性能力防御的幌子。不管男人的行为如何，反正一切照常。女性不会——难道她会吗？——要求更多。威廉·阿克顿医生曾经鼓励那些胆怯的男人勇敢面对他们年轻的妻子——尽管担心她们可能有强烈的要求，这可以作为一个重要的线索，来理解那个时代中男人的痛苦焦虑。如果女人的性冲动被证明只是暂时蛰伏的，那么男人最好不要去打搅。因为，一旦她们的冲动被唤醒，还不知道她们会对男人干出什么事情呢。很多男人不愿面对这种幻想，于是他们将心里残留的对母性报复的儿时恐惧转移到所有女人身上，因此对男人而言，各种形式的女权主义不啻一种被去势的威胁。

3. 望而生畏的女人

在整个 19 世纪的社会氛围中，去势（castration）往往被视为一个耐人寻味的隐喻。阿米尔曾经将那种压抑的愤怒情绪定义为“去势的等价物”。1887 年，瑞典评论家奥斯卡·列弗廷（Oscar Levertin）对丹麦剧作家、政治家爱德华·勃兰克斯谈到，在瑞典，过分拘谨的著
198 作审查和抑制正在危及富有想象力的文学：“一场精神去势的黑死病正席卷这个国家。”[1] 这种道德观波及之广，使儿童也未能幸免。1845 年，德国医生海因里希·霍夫曼（Heinrich Hoffmann）为他的孩子们创作了一本带插图的漫画书——《蓬头彼得》（*Der Struwwelpeter*）。该书一经问世，立刻就赢得了人们的喜爱，而且经久不衰。霍夫曼这本简洁精练的警世故事集，加以未经修饰且浅显易懂的事例，让人读

〔1〕Amiel: February 24, 1851, *Journal intime*, I, p.895; Levertin: Mary Sandbach, “Introduction” to August Strindberg, *Getting Married* (1884, 1886; tr. Sandbach, 1972), p.26.

起来既感到愉悦又感到十分有趣。德国民众共同领略了霍夫曼这部有着良好评价的书。但是他对孩子们不要玩火的告诫、别不喝汤的告诫，或是在坏天气里当听话的孩子都待在屋里时不许出去疯玩的告诫，并未使他们的顽劣禀性得以收敛。蓬头彼得的著名标题形象，因他那乱蓬蓬、从未修剪过的头发和他那不可思议的长指甲，而容易受到公开的指责。但那个从不喝汤的男孩最后饿死了，那个玩火柴玩得着迷的女孩最后被烤焦了，还有那个爱嘬手指的康拉德，同样在无法挽救的灾难中受苦。当康拉德不听妈妈的话而禁不住去嘬手指时，裁缝用他巨大的剪刀把他的手指全剪了下来——这就是一个孩子对成人工具的理解。零零星星的故事看起来绝对是个合适的方式来对孩子们说教，正是因为霍夫曼看起来对故事描述得漫不经心，而他的读者并未因恐惧而不敢读下去，但这并不意味着这种想法不吓人——甚至从更深的层面上来说，这种想法是极其恐怖的。对于自慰抑或去势，无论怎样掩饰，都不是那么令人发笑的。

尽管在《蓬头彼得》中令人望而生畏的主要对象是男人，但其他文献则表明，女人在这种事上亦有惊人表现。1883 年 7 月 14 日，即巴士底纪念日，埃德蒙 · 德 · 龚古尔（Edmond de Goncourt）在他的日志中记录了这样的一个梦：“昨晚，我梦见自己系着白色领带，出现在一个舞会。在那舞会上，我看见一个女人走了进来，并认出她是林荫剧院的女演员，但人和名字对不上号。她披着围巾，但当她跳到桌上时，我才注意到她是完全赤裸的，还有两三个女孩围着桌子在喝茶。接着，她开始跳舞，在跳舞时她挪动舞步来展现她的私处，而在私处一张一合时竟然暴露了一副极其恐怖的牙齿。这场面并未对我产生情欲的影响，除了使我感到一种令人讨厌的忌妒以及给我带来一种强烈的欲望，支配着我似乎想拥有她的牙齿——仿佛我将要失去所有的好牙齿。如此古怪的梦境究竟从何而来？它与巴士底发生的事件并 199

没有联系。”[1]

像所有的梦一样，这个梦也是一份具有特殊地位的私人文件。埃德蒙·德·龚古尔涉猎广泛，在艺术、社会学、政治学方面均有造诣；一个终身未娶的单身汉，尽管他在年轻时经常光顾妓院，并且有几个情人，但是他真正爱的人是他的兄弟茹尔·德·龚古尔，而且事实上和他是真正的结合。兄弟俩合著了几部有关18世纪法国社会的著作、几部具有令人震惊的现实主义和自我意识的小说、一本被频频引用的日志——这是对他们所处时代的社会生活、政治生活、艺术生活和性生活方面毫不掩饰的记录。兄弟俩多年来共同拥有着同一个情人，这件事似乎以一种恢复过去的方式，明显地促进了他们首次分享的孩童之爱。1870年茹尔去世，也使他的日志永远定格在了未完成的状态；面对这个沉重的打击，埃德蒙内心饱受创伤、性情忧郁、生活形单影只，脾气比从前也更为易怒，但他执拗地坚持下来，继续完成着那详尽而又引人入胜的记录。埃德蒙·德·龚古尔的敏感、体察入微、神经质——在某种程度上对他自己的神经质感到骄傲——都与他的时代格格不入；但他真实地记录了这个世界的变化：这个世界正受到庸俗下流的侵犯、受到民主的威胁、遭到犹太人的打击。这个梦境清晰地展示了他作为一个孤独的、体面的人，系着白领带，独自出现在舞会上的形象。

隐而不彰的梦境中的想法实际上体现了他更多的思想。龚古尔的联想和暗示的解释都是否定，并一定程度上迫使他做出种种努力，来对那些威胁性的材料做出并无恶意的解释：一丝不挂的舞者扭动身躯并没有激起他的性欲，他梦到的牙齿也仅仅是因为它们提醒他：自己的牙齿已经脱落。这种否定揭示了潜伏在龚古尔关于“阴

[1] July 14, 1883, *Journal*, XIII, pp.45-46.

齿”（*vagina dentata*）的恐怖幻象之下对于被去势的恐惧，除了他对于自己性能力的丧失所表现出的懊悔的暗示：“就好像我将要失去所有好的东西。”但是他的担忧只是一个愿望的产物：我们可以从他否定性的解释中得出结论，无论从任何方面来说，那个梦境都与巴士底狱的解放日有关。他的否认无疑过于武断，但他的言辞表明：“7 月 14 日”这个日期是其后遗的影响，而他也正是据此对他的梦境做出了解释。这个节日是为了纪念攻克巴士底狱——即父权力量的隐形象征；不管法国的政治如何变化，在法国节日中，它都是最具意义的一天；与其他所有节日相比，这个节日更浓缩地体现了对权威的决定性反叛——儿子象征性地弑杀了父亲：一个具体的历史事件揭示了人类经验中一个永恒的组成部分。但这大胆的俄狄浦斯式的愿望明显地唤
醒了龚古尔意识中对报复的恐惧——对于被母亲而非被父亲阉割的恐 200
惧，因此他那非同寻常的愿望在实施过程中得以妥协：即使他的幻想能够在想象中得以实现，这个胜利的男孩还是会遭遇到恶毒的母亲。

我还要再补充一点，这不是在龚古尔兄弟的日志中第一次记录有关去势的梦境。在 1855 年 11 月，两兄弟中的一个——几乎可以肯定是茹尔·龚古尔，梦见一个女人在一个石笼里，一种类似装熊的笼子。“我走进去”，接着，“一个打扫房间的女士完全控制了我，她用两个手指捏着我的鼻子——就像一个理发师似的，并用另一只手往我嘴里塞了纸一样的什么东西。我突然意识到，她这样做是为了防止我闻到从这个地方和这位女士身上散发的臭气”。然而，不管他对这个满身臭味的女人多么反感，睡梦中的茹尔还记得他的行为：他告诉那位笼子里的女人说，他来此是为了表达他对于她的尊重，并在后来同她一起在花园中散步。这女人无疑对他的身体进行了侵犯，而他随之对女人的怨恨也是毋庸置疑的。一年以后的日志中仅仅记录了梦境中的一些片段，尽管没有那么露骨但十分具有代表性：“有一次我梦到，

一个男人鼻子垂到地上，并被当作灯芯来点燃雪茄。”[1]这就难怪龚古尔兄弟在他们的小说《玛耐特·萨洛蒙》（*Manette Salomon*）中，塑造了一个俊俏、贪婪，又能毁灭一切的犹太女主角形象。同样，难怪这两兄弟从未结婚了。

从历史上看，对女性的恐惧具有多种形态。这种恐惧曾经被压抑、被掩盖、被升华、被广泛推崇，但从某种角度来看，它似乎又同文明本身一样悠久。历史学家和人类学家的研究发现，在古代神话和原始的民间传说中可以找出有关这种恐惧的证据。埃德蒙·德·龚古尔则对“阴齿”的梦境概述了一个生动的画面，可以说是从多个方面肯定了多个世纪以来或在多种文化中对于致命生殖器记载的传统。在希腊神话、中世纪德国诗歌及特罗布里恩岛（Trobriand Island）的传说中出现过许多凶残的女性形象。对女人的恐惧，似乎是普遍的、永恒存在的。这种恐惧源于男人在早期对母亲的完全依赖，并伴随着他对母亲的渴望及受挫的爱、在成年性交后毫无抵抗的疲惫，以及对女性生殖器的害怕和预先的暗示而越来越强烈：对于那些倾向于将女人
201 当作被去势的男人看待的男孩来说，女性缺少的阴茎就是对他的一种威胁。美杜莎（The Medusa）以及她所代表的对男人生殖力的一切威胁，都是非常古老的故事。

几个世纪以来，这一敏感的主题并未得到画家或诗人的关注，但一旦引起他们注意时，又似乎可以找到惊人的表现方式。诱惑者夏娃（the temptress Eve）曾一度是说教文学和田园文学中的重要主题；专

---

〔1〕November 5, 1855, November 22, 1856, ibid., I, p.231; Ⅱ, p.56.——人类学家发现对“阴齿”原始的恐惧，在许多国家的神话传说中都有所记载。在西方文明影响下一些成人的梦境及幻想中，带有牙齿的私处这样模糊又恐怖的概念，很容易使得一些草率与女人发生关系的男人出现去势的可能。

横对待亚里士多德的菲利丝，还有无情地剪掉力士参孙头发的黛利拉偶尔会出现在中世纪晚期及现代早期的艺术作品中；18 世纪，吉奥瓦尼·巴蒂斯塔·蒂波罗（Giovanni Battista Tiepolo）创作了一幅凶残、诱人的克利奥帕特拉（Cleopatra）的画作：她全裸着胸脯，兴致勃勃地主持着同安东尼（Antony）的宴席。1800 年以前，科德罗·德·拉克洛（Choderlos de Laclos）在他极其优秀而又具有颠覆意义的《危险关系》（*Liaisons dangereuses*）中，构思出一位尊贵华丽又能毁灭一切的马得尔夫人（Madame de Merteuil）：她利用她的智慧、她的魅力以及她的性感，对这个由男人操控的世界进行了报复，在她能力波及的范围内统治着所有人。到 19 世纪，这种女性形象演变成了另一种类型，表现互不相同，但依稀可辨，然而她们之间角色却是可以相互替换的。画家、诗人、小说家从宗教神话、历史传说中提炼出来的那些致命的女性形象，得以再次苏醒并详细阐述，或者由他们自己创作出新的致命女性（*femmes fatales*）形象：如济慈笔下的《无情妖女》（*la belle dame sans merci*），史文朋（Swinburne）笔下的痛苦夫人达洛斯（Dolores）。致命女性的角色开始构成 19 世纪文学和艺术想象世界中首要的主题之一。

致命女性的形象出现在浪漫主义病态表达的另一种形式之后，即致命的男人。如果说在 19 世纪中期，毁灭一切的恶魔般的男人如拜伦等，占据着世界文学的中心舞台，那么同样有破坏力、恶魔般的女性形象则立刻接踵而至。[1] 这种转变并不是绝对的：济慈笔下那梦幻般的残忍美人迷住了孤独的、苍白的、被动的男人；海因里希·海涅笔下性感诱人的女妖罗蕾莱以及梅里美笔下邪恶的吉卜赛女人卡

〔1〕在这段及上段文章中，我要十分感谢马里奥·普拉茨 (Mario Praz) 著名的《浪漫的痛苦》(*The Romantic Agony* [1930, tr. Angus Davidson, 2nd ed., 1951]) 一书，特别是第二章和第四章。

门，她们个个都是男人杀手，但所有这些形象都出现在 1850 年以前。尽管角色分配并没有实质上的改变，但是在 19 世纪上半叶，这种思想还仅仅是涓涓细流，到了 19 世纪下半叶则变成了汹涌的洪流：充满报复的女性、凶残的妓女、阴魂不散的吸血鬼——所有这些致命女性形象依然占据了 19 世纪的想象空间。阉割男人的女人形象也同样如此：莎乐美砍去了浸礼者约翰的头；朱迪思（Judith）以同样不可改变的方式惩罚了荷罗孚尼（Holofernes）；黛利拉剪掉了参孙的头发，尽管更为小心谨慎，但同样影响深远。

202 在所有这些致命女性的形象中，当然还存在某些模棱两可、含糊其词的描绘。在这几十年中，并不是所有性感的女人都被描写或被刻画成手中拿把刀子的形象。但是，在男人看来，与其说她们是可人或安全的，毋宁说她们是天真无邪的。但丁·加布里尔·罗塞蒂（Dante Gabriel Rossetti）笔下的女性形象都如出一辙，尽管他雇用过很多模特。表面上看，他的灵感来自不同的宗教或世俗的文学源泉，但都讲述了同一个故事：那些来势汹汹、让男人防不胜防、充满诱惑的女性力量。她们力量强大，还多少有些势不可挡，但她们都有长长的美颈、丰盈得就好像被蜜蜂叮过的圆润的双唇，并且还拥有一头浓密的秀发。其他艺术家，比如爱德华·伯恩-琼斯（Edward Burne-Jones），以其不朽的笔触，表现了同样的精神创伤，尽管他所用的人物形象稍微温和一些。在伯恩-琼斯的叙事四重奏中，沉思的皮格玛利翁赋予了伽拉忒亚以生命，而她的性情略显中性，也并非丰盈诱人，但还是令她的创造者拜倒在她的石榴裙下，对她仰慕不已。[1] 在瓦

〔1〕艺术评论家、历史学家昆廷·贝尔对这四重奏有着不同的现代回应，他发现它其实是令人恶心、猥亵的。他写道，皮格玛利翁这幅画，是在艺术上对性大加宣扬。雕刻师创造了一个大理石的形象，他仰慕它，女神就将它变成了活生生的女人——由肥皂做成。皮格玛利翁也同样是由肥皂做成的，并且一想到他们之间冰冷、湿滑、令人忧伤的拥抱就畏缩退避了。

尔特·帕特（Walter Pater）的作品中，尽管依然是充满了美化的修辞，可对女人威胁的描绘却更为直接。在分析达·芬奇的代表作《蒙娜丽莎》时——如果“分析”是个合适的词，帕特如痴如醉地称赞她的原型意义。她的“美丽如此富有表现力，使得一千年来男人都对她充满了渴望”。她的美丽是从“奇怪想法、奇特幻想和极大的热情中，由内而外一点点创造出来的有血有肉的人物，美丽充满了她的每一寸肌肤”。她的形象可谓永垂不朽，但她的不朽暗示了可疑的神秘因素；“她比她身后的山峦更加古老；就像一个吸血鬼，她已经多次死而复生，因此深谙坟墓的秘密”。[1] 这样的女人诱使男人进入一种狂热的痛苦中，或者使他们英年早逝。在《参孙的愤怒》（*La Colère de Samson*）这一首表达个人伤感的诗歌中，阿尔弗雷德·德维格尼（Alfred de Vigny）通过描写两性之间无休止的战争——在这场战争中，男人永远都是女人的牺牲品——概述了这种致命类型的女性。他甚至还略带享受地总结道，“从某种意义上说，女人都是黛利拉”。阿米尔（Amiel）得出同样令人紧张的结论：他在日志中写道，“所有的女人都类似于黛利拉，牵绊着心软的男人，使其陶醉在她的力量中”，并且告诫男人对那些诱惑人的歌曲应充耳不闻，以保护他们的内心：“要当心！”[2]

马克斯·利伯曼（Max Liebermann）的现代版油画《辛姆森与黛利拉》（*Simson und Delila*）于 1902 年着色完成，但他最初的线条素 203
描就画了 20 年时间，它可以被看作对阿米尔警告的一种阐释。利伯曼在当时是德国最著名的画家，但对马奈的热爱和他浓厚的印象主义

〔1〕Pater, *The Renaissance: Studies in Art and Poetry* (1873; Modern Library ed., n.d.), p.103.

〔2〕Vigny: “ La Colère de Samson,” written April 7, 1839, *Poèmes*, ed. Robert Abichard (1966), p.251 ; Amiel : November 1851, *Journal intime*, I, pp.1110-1111.

绘画风格，使他成为一个颇为反叛德意志帝国艺术主流的画家。他不是个裸体艺术的画家，他的作品中甚至也没有那种带有挑逗的画面。但在他的画笔下，苗条美貌而又气度不凡的黛利拉却是裸体的，尽管略显紧张，但仍以宣布胜利的姿态，高高举起她割下的牺牲品的头发；参孙也同样是赤裸的，他无力反抗的身体疲乏松弛，脑袋也耷拉在她的腿上。利伯曼作为一个犹太人，选择腓力士人胜利而犹太人失败的这一瞬间作为主题，也许是想到了在德国官方艺术家中的对手，且并未从他们反犹太人的嘲讽中退缩。在这幅令人震撼的富有表现力的画作中，不管他试图表达的是什么，或者他的象征意图是什么，他都冒险性地糅合了性的完美与男性的脆弱这两个主题，这种具有说服力的画作在利伯曼的作品中十分罕见。

作家、画家在不同的女性形象中都展现了黛利拉的身影。在陀思妥耶夫斯基的小说中，这个致命的女人是个富有操纵欲望的少女，因矛盾的需求和无法抑制的激情倍受折磨，并将男人拖入深渊。在普希金和戈提耶（Gautier）的小说中，克里奥帕特拉这个让人无法抗拒的、残酷的女皇，以一个皇室的女色情狂面目出现，她在男人面前糟蹋自己，在被玩弄之后的第二天早上，又下令杀死他们。“你这个伟大的、耽于逸乐的女人！”戈提耶在形容她的死亡交易惯例后大呼：“你多么了解人性啊，你的兽性多么深刻啊！”[1]在这群女性形象中，无论是将男人引向罪恶的夏娃，还是因美丽使无数血气方刚的英雄为之赴死的海伦，相比之下都显得苍白无力。然而她们也是罪恶的渊薮：弗朗兹·冯·斯塔克（Franz von Stuck），一个著名德国画家，在19世纪与20世纪之交时，在他的画作中数次表现了夏娃的主题，还包括用作为她标志的蛇来完成他的作品，并且唯恐人们错过任何主

〔1〕Praz, *Romantic Agony*, p.204.

旨信息，他用大号字在画上刻下了“罪恶”一词。

斯塔克并没有将强力的、嗜杀成性的、蛇蝎般的女性局限在夏娃的形象中。他画过朱迪思和莎乐美；画过在洋洋得意的女人面前，男人彼此战斗厮杀，直到一个个死去；他画了奥尔菲斯——在他与酒神的女祭司致命的邂逅之后，他的头被砍下来，血从脖子喷涌出来。斯塔克笔下的许多女人，无论是夏娃——人类第一个诱惑者，或者是邪恶——这全世界的诱惑，这些女性都将胜利地戴上作为征服标志和阳物崇拜的蛇。如果要在画面上表达出一种邪恶的良知，斯塔克就会画一个强壮但恐惧的男人，惊慌失措之中在女性的狂怒下仓皇逃离。

爱德华·蒙克，一位思想更为深刻的艺术家，在他的艺术世界里
通过刻画致命的、嗜血的、凶险的女人表现了同样的焦虑。除莎乐 204
美和斯芬克斯之外，他的画作展示了四处游荡的吸血鬼、带着死亡眼神的圣母玛利亚，以及刚刚享用完血腥大餐的凶残女妖。当蒙克描绘嫉妒之情时，他笔下的女人总是将男人驱赶到空虚绝望的幽谷之中；当他在描绘相互吸引的性魅力时，他笔下的女人总是用发丝编织的致命之网将男人紧紧缠住。在他的油画杰作《马拉之死》（*Death of Marat*）中，夏洛特·科黛（Charlotte Corday）赤裸地站在躺着马拉尸体的床边——马拉在一定意义上体现蒙克的特点，马拉和夏洛特·科黛一样是赤裸的，床单上沾满了血迹；这令人毛骨悚然的性暗示表现得如此明显，就仿佛蒙克画出了这个女人在他们的缠绵之后杀死了男人的那一刻。在两性的战争中，胜利者永远是女人，至少对蒙克来说是如此——德维格尼也曾这样认为。

奥博利·比亚兹莱（Aubrey Beardsley）笔下的女人——梅萨莉娜、海伦、维纳斯——大都注定会威胁到将落入她们手中的男人，并时刻准备把他们毁灭。在为奥斯卡·王尔德的莎乐美画插图时，他的

画中性感、高傲的莎乐美举起了洗礼者约翰的头，同时他以直率的风格将这幅画命名为“高潮”（The Climax）。我们一看便知，这是女性的高潮，而不是男性的高潮。比亚兹莱画作中的比琳达（Belinda）出自蒲柏《夺发记》（*Rape of the Lock*）中的人物形象，在她的愤怒中仍显露出诱人的魅力，就在她对男人发动攻击时，她的力量似乎远远超出了男人：

武器啊，武器！这个悍妇喊叫着，
如同闪电般迅速投入到了她的战斗中。
对战的双方，开始了混战进攻
香扇噼啪作响，丝绸窸窸窣窣，衬裙龙骨戛然断裂。

比亚兹莱描写的女人拥有强力的控制权，她比在蒲柏笔下更具有致命的威胁。

在古代神话中有一个致命的女人：斯芬克斯；在关于她的现代版故事中，男人们只有带着某种满足感陷入冥思苦想之中。在历史的岁月中，她肆无忌惮地杀死那些不幸的提问者，然而俄狄浦斯以超凡的智慧征服了她，或者如另一版本说的那样，以他无比的男性力量征服了她。在俄狄浦斯一生的最后，倒是真的远没有最初那么光芒四射。正像那个原型中的男孩渴望占有他的母亲，俄狄浦斯——并不具有代表性的——实现了他的愿望，并为他无知鲁莽的潜意识付出了代价。但是他作为懊悔象征的自我去势似乎丝毫没有减损他的地位；他依然是一个传奇英雄，最终征服了女妖：那个半人半兽的女人，淫荡的、致命的女人的化身。

这就是在1827年的美术展上，安格尔展出的画作《俄狄浦斯》（*Oedipus*）的主题，从而这个强悍、英俊、智慧又优秀的男孩终于进

入了 19 世纪上流社会观众能够见到的裸体画名单之中。[1] 但是另一 205
种悲剧性的版本在众多的叙述中凸显出来，关于俄狄浦斯与斯芬克斯的致命邂逅，最先出现在海因里希 · 海涅一首怪异但美丽的诗歌之中。诗人描写到他穿越神话中的森林，陶醉在酸橙的芳香和令人心旷神怡的月色荡漾之中。一只夜莺在歌唱着爱情与泪水，歌唱着充满矛盾的爱情——这正是所有浪漫主义诗歌和海涅要表现的主题；夜莺的歌声中洋溢着无以言表的欲望和进攻、欢乐和痛苦——所有错综复杂的情感。海涅有意地堆积着各种副词，使得他笔下的夜莺仿佛是在悲伤地欢笑、幸福地呜咽——如此的悲伤，又是如此的幸福，以至于将他带到了永远无法忘怀的梦境之中。他走进了一座封闭的、悄无声息的巨大城堡，仿佛死神就住在那荒芜的高墙之内。在那里卧着大理石的斯芬克斯雕像——这个畸形的怪兽，充满了恐怖与欲望；她又那么美丽，她的眼神中饱含野性的欲望，静静的微笑透露出沉溺的性欲。在夜莺歌声的刺激下，诗人再一次采取行动了：如果没有这歌声的冲动，诗人似乎只能陷入游荡和想入非非之中；甜美的歌声使他完全放弃了任何抵抗的意志，他俯下身去亲吻了斯芬克斯可爱的脸庞。这一吻唤醒了斯芬克斯，她也贪婪地吻着诗人，几乎令他不能呼吸。接着凭借着对肉体欢愉的强烈欲望，斯芬克斯紧紧抱住了他，用她的爪子撕扯着他那可怜的身体，留给诗人的是惊讶于这种狂喜中带着折磨、甜蜜中伴随悲哀的复杂情感。他的痛苦，如同他的快乐一样是无法计算的；她的亲吻使他感到快乐，而同时她的爪子又给他带来极度的伤痛：

销魂的酷刑，极乐的苦痛！
痛苦和快乐都是难以形容！

---

〔1〕Robert Rosenblum, *Ingres* (1967), pp.80-81.

它嘴巴的亲吻使我陶醉，
它的脚爪却残酷地给我伤痛。

夜莺在歌声中向斯芬克斯唱出了一个问题，并试图找到答案，这问题不是西格蒙德·弗洛伊德认为的那样，是她和俄狄浦斯之间的那个谜，即孩子从哪里来，而是关于浪漫爱情之谜，即爱情的致命的模棱两可的含义。到底是为什么，夜莺唱道，为什么最甜美幸福的爱情总是伴随着人生永恒的痛苦：

啊，美丽的斯芬克斯！
啊，爱情！你把死亡的痛苦
渗入在一切的欢乐之中，
这到底是什么缘故？

206 对于欲望与防御之间的冲突，在海涅的诗歌中得到了解决，不过不是以男子汉气概的行动，而是以被动的忍受，屈从于带有利爪的、嗜杀女人的淫威。[1]

海涅于1839年构思了这个现代版的斯芬克斯形象。20多年后，古斯塔夫·莫罗（Gustave Moreau）于1861年首先以素描的形式，三年以后又以油画的形式，再次探讨了这个主题；在莫罗看来，俄狄浦斯就是斯芬克斯的牺牲品。莫罗也痴迷于这些致命的女性，也完全沉溺在黛利拉、莎乐美、无头的奥尔菲斯的形象之中——当然还有斯芬克斯，但莫罗并没有将俄狄浦斯刻画成一个软弱的人；在他的画作

---

〔1〕“Vorrede zur dritten Auflage,” *Buch der Lieder, in Sämtliche Werke*, ed. Oskar Walzel et al., 11 vols. (1911-1920), I, S.3-4.

中，俄狄浦斯除了目不转睛地盯着那个致命的雕像之外，他并没有实施任何行动。蒂菲尔·戈提耶（Théophile Gautier）写道："我们很愉快地发现，俄狄浦斯的人物形象中有一点哈姆雷特的影子。"对于这种动态的主题，这是一个很明智的评价。俄狄浦斯因为自己的行动而惩罚了自己，哈姆雷特却因为只有愿望而没有采取行动惩罚自己；在19世纪的文学和艺术中描写男人对女人的恐惧，更多地类似于哈姆雷特，而不是俄狄浦斯。

弗朗兹·冯·斯塔克画笔下的斯芬克斯们，与其说更接近于安格尔的风格，还不如说更类似于莫罗的想象；她们看上去并不像会被任何男人征服。在一幅感伤的自画像中，爱德华·蒙克再一次触及了这个主题，但比他的前辈们表达得更加模棱两可：斯芬克斯，这个男人杀手，再配上强有力的臂膀和硕大的胸部，正是蒙克本人的写照，表现出他对自我身份的困扰和自我毁灭的冲动——正如斯芬克斯一样，蒙克既是凶手也是牺牲品。

我们可能禁不住将这种感伤的个人剖析归结于单纯的个人证明之中。我们知道蒙克像莫罗、比亚兹莱一样，在个人精神极其混乱的状态下饱受煎熬，他承受着极大的不满足，甚至经常保持与女人之间的病态关系。反女权主义者乐此不疲地公开谴责男性女权主义者，就像对约翰·斯图亚特·穆勒的批评一样——他们一方面过分地依赖于母亲，一方面又畏惧女性，但是这样的指控似乎是对那些艺术创造者更为准确的判断。对于艺术家们而言，他们将其创造性焦虑倾注在那些令人不安的对致命女性的描绘之中，他们这样做，并不是因为社会政治状况的急剧恶化，也不是因为他们见到过那些令人窒息的致命女性，而是基于他们自己的内心世界。然而，如果我们看到，他们实际上并不是在表现中产阶级，而是在反抗中产阶级，如果我们理解了他们充满焦虑的主题，以及非传统的表达技巧，我们似乎应该得出结论说：他们只是在表达自我。

毋庸置疑，这样的理论姿态对当今大部分历史学家都颇有吸引力；因为他们颠覆了历史意义阐释中传统的等级秩序，而且他们确信：与其说是重要的艺术家或一流的小说家，还不如说是他们那些平
207 庸的追随者，更能作为可信赖的历史的见证者。可以肯定的是，一些不知名的画家或流行的小说家在揭示普通的认知方面，相对较少地扭曲现实，并且更加贴近于他们身处其中的文化中存在的原始的愿望和焦虑。他们表现了那个时代的最普通、最平凡之处，并扮演出他们所处时代所应有的情感。但是伟大的画家或诗人，尽管他们鄙视并远离了那些世俗的人群，但比起他们那些缺乏天赋的同辈人，他们的观察往往更加敏锐、感受得更加准确，对当代趋势的把握也更加准确，其中包括他们自身的潜意识的维度。

然而，如果我们断言：无论是海涅、莫罗或者蒙克，在他们对女人的描述中，都是在为他人代言，那么做出这种断言是一回事，要揭示他们代言的真正含义却是另一回事。无论如何，有一点可以肯定：没有任何一个世纪像 19 世纪一样，如此坚持不懈、如此系统而有计划地、如此赤裸裸地将女人描写成吸血鬼、阉割者和杀手。行为和刺激反应之间相似的辩证法无疑也成为这个时代的标志：男性评论家对女性的秘密集会和要求做出了迅速的、过激的反应，这一点强烈反映了女权主义者的活动具体影响了男人的焦虑，而男人的焦虑则培养并具体影响了女权主义者的活动。

尽管这种解释看似合情合理，但它既不完整也过于简单化。19 世纪对于有主见的女性的态度过于地程式化了；此外，这种态度在表达上各不相同，并且附加了其他的感情成分。并非所有的男性反女权主义者都明显地诉诸焦虑的诽谤；他们中大多数人也许是新女性的批评者，但看上去并不是特别害怕她们。另一方面，正如我们所知，并

不是所有男性都是反女权主义者：一些男人对进攻的女人并不持批评态度，而他们支持女权主义事业也不是因为在凶残的女性面前表现出的胆怯。最后，并不是所有反女权主义者都是男人，女人对女性运动的反对立场再一次证实，这种立场是不能单单从对致命女性的恐惧中推断出来的。在这三种阵营中，焦虑也许是潜在的，但是所表现出来的意义形态，似乎要比那些诸如打鸣的母鸡或者下蛋的公鸡之类的残忍笑话更加微妙。布莱恩·哈里森（Brian Harrison）在反对英国妇女投票的问题上发表了他权威性的总结，他认为那些最固执、不停叫嚣的“反女权主义者”常常不是厌恶女人的男人。他们之中很少有人赞同托马斯·卡莱尔（Thomas Carlyle）的粗鲁无礼的评论，即“没有任何一个女人有权利抱怨她迄今为止受到的任何待遇”，而是应该“耐心地承受一切苦难”。[1] 相反，他们之中的大部分人做出了诸多努力以促进妇女的权利，以及女人在教育、婚姻，甚至是职业领域的机会。

进而言之，许多“反女权主义者”反对女性选举权的理由都诉诸看似颇为冷静客观的宗教的或科学的论点，他们认为造物主——无论是神还是大自然，已建立起一种不同的劳动分工，一旦女性获得参与政治的权利，这种分工将会被打破。这种简单的理由，从表面看似乎很有诱惑力，同时它与一种更公开的、更令人焦虑的观点——即认为女性权利就是对男性的侵害一样，具有国际影响力。这些反对者天真而乐观地认为，男人在生活的某些领域占据了主导地位，而女人则在其他方面表现卓越：一言以蔽之，不同的性别占据了不同的生活领域。女人的一只手中已经掌握了家庭生活领域的至高无上的权杖，难 208

〔1〕据约翰·艾佛雷特·米莱斯写给乔治·格雷夫人的信件（1854年5月10日）中说，卡莱尔曾说过这段话。见玛丽·鲁琴斯，《米莱斯和罗斯金一家》（1967），第210页。

道她们的另一只手还要握着选票吗？正如我在前面已经总结的那样，在20世纪的读者看来，按照这种逻辑得出的结论似乎并不是那么明目张胆地为自我利益服务；而且它似乎至少比无意识的防御机制或有意识地进行意识形态上的扭曲要好一些。毕竟，正如在这场争论中人们普遍理解的那样，宗教信条或科学知识在这一点上几乎没有出现分歧，至少按照反对者的理解看来，它们的确如此。甚至到了1913年时，《反女性选举权评论》还简明扼要地概括了这种观点，“进步不只是重复，还包括专业的创新”。[1]

诚然，对隐藏在看似合理的理论背后的焦虑提出质疑，还是很有道理的；态度温和的反女权主义者，比起那些更为直言不讳、甚至是歇斯底里的同仁们，也许会更简单地掩饰或者否认他们对于去势的威胁的恐惧。在此，某些焦虑确实发挥了作用：在哈里森称为“俱乐部领域”，即在男性大学、男性节日、男性职业等兄弟会享有特权的小团体中，杰出的反女权主义者都出现了。他们意识到，一旦他们的男性世界受到来自女性的“入侵”，那将是他们能想到的最痛苦的结果，而这些领域一直以来都用各种制度和机制刻意地将女性排斥在外，并且在目前看来还是颇为成功的。在体育运动、军队、政府部门、工商部门的高层，以及其他完全由男性操纵的领域，像大学和其他专业领域一样，男性占据了绝对的统治地位。但是，从诸多重要的方面来看，来自这些男性俱乐部的恐惧，与我们在前面讨论的在报纸社论以及绘画作品中无意识地显示出来的恐惧相比，两者是完全不同的。来自男性俱乐部的恐惧不是来自被去势的威胁，而是他们被迫成长起来、被迫放弃他们坚持的少年时代的各种联系，而他们曾经在这些方

---

〔1〕Brian H. Harrison, *Separate Spheres: The Opposition to Women's Suffrage in Britain* (1978), p.59, and passim.

面享受了明显不同的、尽管在很大程度上是无意识的同性欢乐。如果男性只是将女性传统地看作天生的家庭动物，那么他们完全没有必要遭受这种痛苦煎熬；坚持男性在职业领域或政治生活中的绝对垄断统 209
治，并非总是男人们自卑感的症候。因此，为什么反对女性获得解放的事业还是值得尊重的，其中至少有一个原因：就是这项事业本身的复杂性，而这种复杂性又源自习惯、焦虑以及期待等诸多因素的综合效应。

一些受过良好教育而直言不讳的女性赞同反女权主义者的观点，并且支持女性持续不变的法律上和职业上的依附地位，她们认为这种状态是自然的，甚至是令人愉悦的，如此一来，她们使得女权主义的事业更加复杂了。有些持这种观点的妇女签署了反对女性选举权的请愿书，有些则谴责“有男子气的”姐妹们——因为她们似乎想要摧毁大学或者是医疗和法律的职业，还有一些人则创作剧本，讽刺那个时代的职业女性们。安娜·斯伊（Anna P. See），一个笔锋极其晦涩的剧作家，在 1889 年发表了一部短小且不太成熟的两幕式闹剧《当妇女选举时》（*When Women Vote*）；剧中反英雄式的女主角是一个争取女性参政权的好斗的女人，她完全陶醉在她的“事业”之中，而忘记了她的一切责任，包括“她那残疾而可怜的丈夫”。她的女儿甚至认为妈妈不爱她，是一个不正常的女人。但是安娜·斯伊想要在她的说教中糅合欢乐的气氛，在剧本牵强附会的幸福结局中，那个为争取女性选举权而一意孤行的女主人公意识到了她的责任，并吸取了经验教训，内疚地退回到适合她的家庭小世界里。[1] 同年，一份更有分量的文献，以与之更加相称的严肃性，提出了同样的观点。在 1889 年 6 月，一家很有影响力的英国杂志《19 世纪》（*The Nineteenth Century*）

---

〔1〕 Copy in box 2, Anti-Suffrage, SS.

发表了一篇题为“为反对妇女选举权呼吁”的文章，受到了编辑的支持，还得到了104名女性的签名，她们中有些人因她们自己的努力而小有名气，比如小说家亨弗利·沃尔德夫人（Mrs. Humphry Ward），其他人因她们的丈夫而有名，比如马修·阿诺德夫人（Mrs. Matthew Arnold）和阿斯奎斯夫人（Mrs. H. H. Asquith）。这种安于现状的传统主义的胜利，强调女性“真正的尊严”和她们的“特别使命”，而这两点只有在肮脏的公共领域斗争之外才能枝繁叶茂；一旦进入政治领域，女性的“同情心和公正无私”等诸多美德将受到致命的损害。[1] 严格地遵照这个文件的要求也引起了内心的矛盾冲突：其中一个签名者十分懊悔她的“错误之举”，她正是杰出的年轻社会评论家毕特丽斯·波特（Beatrice Potter），即后来的毕特丽斯·韦伯。在保守环境下成长的她，正如她后来提到的那样，一直从感情上反对民主；她从小倍受宠爱，因为她父亲对女性“非常重视”，同时她也很反感“一些女权主义先驱们那种狭隘的观念和愤怒的腔调”，因此
210 她发现自己轻易地加入了沃尔德夫人的阵营。此外，“我反对女权主义的根源是我从未因为自己的性别而遭受无能为力的痛苦这一事实”。[2] 这是一个重要的自白：作为一个像毕特丽斯·波特一样野心勃勃而又泰然自若的年轻女性，宣布她满足于世界为她设定的活动范

---

〔1〕*Nineteenth Century,* No. CXLVIII (June 1889), pp.781-788. Separate reprint in box 2, Anti-Suffrage, SS. In the July number, *The Nineteenth Century* published “The Appeal Against Female Suffrage: A Reply,” by the feminists Millicent Garrett Fawcett and M. M. Dilke (No. CXLIX, pp.86-103).

〔2〕*My Apprenticeship* (1926; ed. 1971), p.354. 反女权主义的巨大复杂性明显地出现在奥古斯特·斯特林堡的早期著作中。这常常在他的剧作或是小说中为恶毒的（并且焦虑的）致命女性形象所引用，常常被女权主义者易卜生的轻蔑的反对者所引用（如斯特林堡迫使他做的那样）。同时，他可以为女性争取到各种权利，有力地主张了能够保证妇女多项权利的一系列措施，而那正是最为积极的女权主义者所希望的。见《结婚》，尤其是他的序言，第19—50页。

围，那么其他更加传统的女性就会更乐意发现，她们几乎没有什么理由去抱怨她们的从属地位，或者说如何提高她们的地位。

女性被反复地灌输了一种观念：女性的弱点正是她们的力量所在，因此女性也津津乐道地宣称她们只关注如何增强她们的性感魅力，以及如何提高她们的家务技能。如果她们有所抱怨，那么她们可以在自己的日记中发泄不满，而这才是一个受到保护的隐秘而绝望的领域，正如在康涅狄格州的哈姆勒一位不知名的家庭妇女一样，只能在洗衣盆边抱怨她的“浪漫生活”。这种女性的顺从，或者说是彻底的反女权主义，在很大程度上当然只是一种防御的策略，安娜·弗洛伊德（Anna Freud）第一次将其命名为“对入侵者的身份认同”。[1]由于对她们所处情形感到不安，甚至对她们身边的情形感到愤怒而产生焦虑，女性也许会听取男人的意见，效法男人的想法来控制焦虑情绪。这种身份认同也许可以减少，甚至会消除女性所经历的紧张情绪：当女性发现自己身处少数群体，或者要弃绝那些幼时家庭教导的由来已久的价值观时，就会产生这种情绪。除了对入侵的身份认同之外，女性对其他更大可能性的无知，更加阻碍了她们法律上的解放以及她们经济上的独立。女权主义者认识到她们必须做的并不仅仅是缓解男人的恐惧感，还要唤醒女人的不满足感，并劝说她们，真正的女权主义和参与政治或参与某一专业领域是可以共同存在的，并且她们还要驳斥牧师、政客、人类学家和编辑作家宣扬的观点。[2]

但是，无论如何，并非所有“现代妇女”的女性批评家，都简单地或是全部地和对手的力量联系在一起；她们中的一些人处于能明辨是非的位置上。以下我们将讨论艾莉莎·莉恩·林顿（Eliza Lynn

〔1〕*The Ego and the Mechanisms of Defense* (1936; tr. Cecil Baines, 1937), ch.9.
〔2〕关于“家庭的观念”见本书第 615—624 页。

211 Linton）的例子，因为她可能是19世纪末女性解放运动中最令人津津乐道的反对者。林顿一生的事业和经历似乎应当使她自然地成为进攻性的女权主义者的一员。尽管出生在一个贫穷而偏远的乡村牧师家庭，林顿在年轻时却独自从家逃到了伦敦，并以自己的写作谋求生计：身为一个笔耕不辍的小说家和写作了大量评论的记者，她同时为几家报社和一些著名的周刊如《星期六评论》（*Saturday Review*）撰写专栏文章。她的言论体现了反教会、反基督教的观点；她公开宣称自己是不可知论者；她积极支持犹太人；她还进行了广泛的游历——所有这些，使她成为独立女性的化身。她交游甚广，并与很多当时的著名作家和公众人物保持着交往。与著名的雕刻师、鳏居的林顿（W. J. Linton）的婚姻瓦解之后，以及在他离开她之后，她谨慎而广泛地与各种女性保持着令人愉悦的情感交往。她对受压迫女性的同情在她的写作中也得到了反映：她在一部小说中写道，“这世上最孤独的人就是丈夫不再支持和帮助她的已婚女人”。她早期为狄更斯创办的《家常话》（*Household Words*）写过很多评论文章，大多归结在“女性权利与不公待遇”（Rights and Wrongs of Women）这个富有特色的标题之下。在这些文章中，她坦言“女性受到了法律及社会的严重的不公平待遇”，她历数了歧视女性的法律条文：“这些法律否认女性作为妻子的个性特征，完全是一个法律上的谎言；男女同样的罪行却受到不同处罚的法律；还有将女人与婴儿、白痴归为一类的法律，还有其他诸多的法律谎言。”——这些才是“真正、本质上对女性的不公平待遇”。她反感那些外表漂亮但没有头脑的女性，并且强烈地抨击认为女性缺乏能力的流行观点，还要求女性“拥有不受丈夫控制的财产”；要接受良好的教育；在离婚诉讼中要获得孩子的监护权。[1]

---

〔1〕 Herbert Van Thal, *Eliza Lynn Linton: The Girl of the Period* (1979), pp.47, 74.

然而，值得注意的是，为林顿赢得声誉的，并不是她谴责女性受到的不公对待，也不是她对改革可预见的要求，而是因为她强烈地抨击了由妇女自己犯下的过错。那篇使她一举成名的文章，正是在 1868 年 3 月发表于《星期六评论》上的“时代女性”（“The Girl of the Period”）——尽管这篇文章最初是匿名发表的，曾经一度也无人知晓作者是谁。对于这篇文章，有人称赞，有人通过模仿嘲讽，有人以漫画来讽刺，有人转载，引起了无休止的争论。但是作为机会主义者的林顿，见到这一切之后，立刻意识到了这将是一个使她获益颇多的争论话题，紧接着她又发表了一连串的文章，只是对原本猛烈的抨击稍微做了些改动。“时代女性”令人惊奇的流行也是 19 世纪中产阶级混乱思维的另一个写照。毕竟，这篇文章只是对进步女性的谩骂式的、毫无创意的抨击，她们放弃了女性所应有的气质， 212
以及那些可爱又保守的古老标准，而正是这些气质曾让英国女孩比她那不太幸运的对手们更加优秀：“她比法国女人更坦诚，比意大利女人更可靠；和美国女人一样勇敢，但更有教养；和德国女人一样顾家，但更优雅。”认为女性可靠和顾家的这种想法，在林顿看来，现在正处于危险的境地，因为“时代女性是这样的人：她染发，也不惧浓妆艳抹，仿佛这就是她个人宗教中最重要的条款；她生活的唯一目标就是享受生活的乐趣与奢华；她的装束就是她思想与智慧的体现。”时代女性虚荣、轻佻，对时尚“毫无抵抗力”，不加思考地追随潮流，成为时尚的奴隶；她们既不体面也不整洁，她们喜欢“讲话用俚语，说话唐突无礼，不怕禁忌”；她们蔑视“对父母或传统道德的尊敬”；对穿着华丽的“半上流社会女皇”极其羡慕。这样的女人，如此年轻，又已如此堕落，丈夫或孩子的爱对她们毫无作用。她为金钱而结婚，为光彩照人而结婚，或者为肤浅的社会活动而结婚。她的丈夫是这个现代怪物的不幸受害者：“她嫁给了他的房子、他的风度、他在银行里的存款，还有他的头衔。”简而言之，她证明了男人对女人的恐惧：“男人们害怕她，有着一定的理由。”[1]林顿的中产阶级读者们，对于是否该严肃地看待“时代女性”一文，就像他们真正行动的那样，表现出极其地不自信。但是，在如此多变的时代生活，使得他们很容易相信任何事物。现代女人迥然不同的形象似乎同样是合乎情理的，也是受欢迎的。

然而，证据已经很充分了。艾莉莎·莉恩·林顿笔下那些轻佻无礼、肆无忌惮的现代英国女性与蒙克笔下凶残成性的夏洛特·科黛或是比亚兹莱笔下骄奢放荡的莎乐美，有着很多相同之处：“男人们害怕她，有着一定的理由。”画家和诗人最亲密的内心自白被赋予了深厚的文化意蕴，这是因为他们的自我披露与以下诸多方面是相一致的：专栏作家的斥责谩骂、报纸漫画家的含沙射影，以及画家、雕刻家的情感错位。我想强调的是：反女权主义运动并非去势恐惧的唯一症候。实际上，它还是无知的体现，是不合时宜的骑士精神的体现，或是依赖传统的一种胆怯的体现，当然还体现了其他的一些恐惧情绪。总之，它是对不断变化的需求的一套适应机制。斯塔克画笔下的斯芬克斯、《笨拙》周刊上的悍妇、戈提耶笔下的黛利拉，以及《散
213 页画报》上凶恶的老妇人，这些人物形象占据了不同的美学体系，但他们都存在于同一个心理世界之中。

4. 心理和身体的性

对焦虑的男人而言，如果他们不能把对女人的恐惧在诗歌或是油

[1] “The Girl of the Period,” in E. Lynn Linton, *Modern Women* (1888), pp.25-30.

画中表现出来，那么对女性而言，作为一个更加平实——尽管还是有争议的领域，大学教育为她们的自我表达提供了几乎是毫无限制的机会。反对女性接受大学教育的观点多种多样，从微言大义到直言不讳有之，从居高临下的好言相劝到断然的否定有之，很多人只能对这种论调忍气吞声，而凯丽·托马斯（Carey Thomas）是其中唯一的一位最有代表性的人物。那些观点之中，有些认为，女性并不需要大学教育；有些人认为，她们不会利用大学中学到的知识；还有观点认为，女性甚至难以完成大学学业。可以肯定的是，还有一些反对的声音。约瑟夫·佩恩（Joseph Payne）是一位杰出的英国教育家，积极的女性教育倡导者；1865年他在英国促进社会科学协会的年会上指出："人类心理没有任何性别之分。"[1]佩恩是位令人信服、受人尊敬的倡导者，不久以后他成为英国首位教育学教授。但是他的观点明显只代表了少数派的意见。许多男人——当然还有很多女人，都大声疾呼反对无性别差异的高等教育，因为这样可能导致女性违背她们真正的使命。亨利·莫兹利（Henry Maudsley）医生是英国杰出的精神病治疗专家；1874年，他发表了臭名昭著又饱受争议的论文：《心理与教育中的性》（*Sex in Mind and in Education*），试图详尽地驳斥心理无性别差异的观点："心理上的性别差异，就如同身体上的性别差异一样明显。"莫兹利进一步论述说，"如果要使心理接受最好的教育——这是人类心理的本质决定的，那么必须考虑到相对应于性别差异的心理特质"。[2]所以，接下来需要证明的是：这些差异是什么，以及它们可能导致什么后果。

莫兹利对潮流有着敏锐的洞察力，还是一个关注时尚问题的评

---

〔1〕"The Education of Girls," *Transactions of the National Association for the Promotion of Social Science,* 1865, in Hollis, *Women in Public*, p.143.

〔2〕*Sex in Mind and in Education* (1874), pp.7-8.

论家；他一手挑起了那场关于女性接受高等教育的激烈论战，论战的激烈程度也迫使19世纪许多有教养的英国男人感到，他们有必要反对这些喧闹不休的女人们，以捍卫自己的地位。这场激烈的唇枪舌剑的始作俑者是爱德华·克拉克（Dr. Edward H. Clarke）；莫兹利医生直接引述了他的很多观点，并坦言对他有着深厚的敬意。克拉克曾经有一段时间认真思考和研究过女性接受医学教育的能力问题，并于1873年将他的想法集结成了一本书：《教育中的性别》（*Sex in Education*），其副标题为“女孩的公平机会”，显然并无恶意的讽
214 刺。克拉克早年就曾大胆地预言，或许在将来某一时间，女性能够成为令人尊敬的医生，但现在他又对年轻女性接受高等教育的影响做出了评价，而他的评价也许是19世纪出现的类似评价中最令人沮丧的。波士顿医生玛丽亚·扎克祖斯卡（Marie Zakrzewska）也是这方面的开拓者之一，她也是克拉克的朋友；早在几年前，费城医学院学生反女权主义者的喧嚣声曾使克拉克感到震怒。但是现在，当他有时间对此做出反思时，他却让自己作为男人的恐惧战胜了他作为医生的观察力。他认为，让女性接受高等教育，将摧毁她的健康，最致命的是摧毁她繁育后代的能力。“如果这种状况持续到19世纪的下半叶，”他总结说，就会不知不觉地发生“罗马人跟萨宾人抢夺妻子的战争”（unwived Rome and the Sabines）这类发人深省的传奇故事，甚至“无须先知的预言，我们就该知道，在我们这个国家将成为母亲的妻子们，只有从跨越大西洋的另一边输入了”。[1]大约十年之后，克拉克医生又写了令人惊恐万状的反对小家庭的预言，对此他说道，这种种族自杀并不是由生育控制引起的，而是由女性教育引起的。

---

〔1〕Clarke, *Sex in Education* (1873), p.63. 参见 Walsh, “*Doctors Wanted*,” pp.117-128。

根据克拉克的观点，最可怕的生理上的起伏使得女人与男人不一样，最终使她们蒙受羞辱，也最能证明她的软弱的正是妇女月经到来的时候。不幸的是，在青春期的那几年中，正是教育使年轻女孩遭受高强度课程摧残的几年，很多女孩甚至永远不能从繁重的学业中恢复过来，而这些繁重的学业就是那些不明智的教师在不合理的教育中强加在她们之上的。如果不负责任地对待这一段称为“月经作用”的“消除的时期”，“在这个成长的阶段，即从 14 岁到 18 或 20 岁”，那么不仅仅“在这段忽视的时间里埋下了祸根”，而且还为“将来留下了很多祸害的问题”。在几乎可以作为明显的文献记录的很长的一章中，“主要来自临床诊断”，克拉克用不下六个骇人听闻的女性治疗史支撑了他不祥的预言：在她们接受类似惩罚的过于繁重的教育之前，她们的身体状况都十分健康，而最终在他的诊室里，她们的结果却是遭受“长期消化不良、神经痛，以及痛经”的折磨，当然还不包括那些影响会更久的疾病，例如神经紧张和歇斯底里症等。[1]

在克拉克提出的治疗案例中，最引人关注的是 D 小姐（Miss D）的案例。她 14 岁进入瓦萨学院，当时身体健康，心情愉悦，面色红润。在她大学二年级时，她 15 岁，就来了月经初潮，起初并未显现出任何反常的迹象。但是由于被表象所误导，她继续进行着艰苦的课业学习，就好像她的身体并没有发生急剧的变化。“从开学到期末， 215
她学习、背诵、站在黑板前，到处走动，做体育锻炼，就像个男孩一样。”接着，她开始在做运动时会晕倒，变得十分痛苦，身体开始消瘦，还有不规律的经期。在她以差强人意的成绩毕业时，她的体质已陷入危险之中。瓦萨的教育对她身心造成的损害在持续，甚至还在进

〔1〕*Sex in Education*, pp.47, 69, 84.

一步强化；D 小姐变得越来越虚弱。每个月总有两三天时间，她的生理期对她来说简直就是一种折磨；总的来说，她变得“脸色苍白、歇斯底里、对很普通的事也感到紧张，也一直抱怨头痛”。在咨询了几位医生也毫无效果之后，她最终找到了克拉克医生，他轻松地诊断出她问题的根源。“种种迹象表明，生殖器官的发育可能已经停止”，而她的胸部检查结果也支持了这种观点，“卖女帽的小贩提供了器官，那么大自然应该促使其生长”（“where the milliner had supplied the organs Nature should have grown.”）。克拉克医生很明显不是波兹纳普（Podsnap）[1]，他为直率而不拘束的表达而感到骄傲。但他的批评者也不无嘲讽地指出，他似乎不知道卖女帽的小贩似乎应该关注妇女的头部，而非她们的胸部。

无论如何，克拉克医生从 D 小姐的案例中看到了很多明显的教训。当然瓦萨学院难辞其咎。“屈从于大学的体制，她在那里学习了四年之后获得了大学文科教育”，但是“完全背离了女性生理器官的发育周期”。克拉克采用了 19 世纪颇为流行的经济学和定量分析的方法，试图证明，在 D 小姐身上发挥作用的“充满活力的、建构性的力量”都跑到了她的大脑，而不是她的卵巢和其他附属器官之中。最糟糕的结果是注定的：“她父母对她糟糕的身体状况感到震惊，而她却提供了作为反复说教的一篇关于美国女孩身体虚弱的文章。”[2] 结论是可想而知的：克拉克称为“无差别的男女平等教育”的现代理想是极其错误的，愚蠢地违反了控制人类身体成长的规律。

克拉克医生的小论文引起了轰动。直到 1908 年，它出版 35 年之后，在它引起的争议似乎已经变得滑稽可笑的时候，凯丽·托马斯在

---

〔1〕狄更斯小说《我们共同的朋友》（*Our Mutual Friend*）中一位逃避现实、自以为是的人物。后“Podsnap”一般用以指代自我封闭的人。——译者注

〔2〕*Sex in Education*, pp. 79-84.

回忆克拉克在教育方面的性别偏见时，依然能够回忆起“那阴暗的幽灵的锁链仍然发出的叮当作响声”。克拉克写作的那篇看似圆滑练达的论战文章，尽管引用了大量案例故事，并诉诸生理学知识，但它可能 216
是在最糟的时间问世的。女性高等教育正处于实验性的阶段；正如凯丽·托马斯还清楚记得的那样，没有任何人能够确切地知道，女性的健康在重压之下是否还能撑得住。毕竟，对于美国女孩和妇女不稳定的健康状况，许多年前曾经在医生和外行之中都引起过令人担心的评论。因此，《教育中的性别》一书就是要动摇女权主义者坚定的信念。凯丽·托马斯回忆说，“我怀着一种惴惴不安的心情，让我妈妈读了这本书，但是在听了她的评论之后，我的心情立刻明朗了许多。不管是她自己，还是她认识的女性之中，没有任何人见到过克拉克医生在他的书中描写过的那种女孩或妇女，我们就可以放心地行动，就好像那种女孩从来不存在一样”。[1]然而，完全不考虑克拉克的意见似乎是不可能的。他的悲观主义仍然一如既往地阴魂不散，并得到了他同时代支持者的声援。他是波士顿有名的医生、著名的巡回演讲人物；曾是哈佛大学的督学之一。因此，无论他的批评者怎样对他感到气愤，他们都还为克拉克做令人不安的辩护，就不足为奇了，同时他们还承认他的“流畅与优雅的文体”，以及他的“一针见血和颇受欢迎的风格”，还注意到他的“地位、声望和从前的正式职位”。[2]毕竟，他既不是江湖郎中，也不是一个性情古怪的人，并且他与哈佛之间的关联也是无可指责的。

但是，克拉克的批评者被彻底激怒了，他的书取得了显而易见的成功，这使得他们更加气愤。在出版之后直至1874年，《教育中

---

〔1〕“Present Tendencies in Women’s College and University Education,” *Publications of the Association of Collegiate Alumnae*, Ⅲ (February 1908), in William L. O’Neill, *The Women Movement: Feminism in the United States and England* (1969), p.170.

〔2〕George F. Comfort, A.M., and Anna Manning Comfort, M.D., *Woman’s Education, and Woman’s Health: Chiefly in Reply to* “*Sex in Education*” (1874), p.vii.

的性别》也收获了一些好评，并曾11次印刷出版；看来不太好的评论只会增加它的销量。更糟的是，克拉克的论战文章似乎赢得了玛丽亚·扎卡祖斯卡医生的认同："总的来说，我坚持同样的观点"，她的话如名言般被到处引用，"在我20多年的临床实践中，我总是教给患者同样的健康理念"。[1] 克拉克医生也大受鼓舞，1874年仿佛是为了帮助体弱又受了过多教育的美国女孩，在他的新书《大脑的构建》（*The Building of a Brain*）中又重返辩论中来。在这本书中，他又重申了一年前提出的主张；又一次呼吁专门为女孩（这里有弱势群体的意味）提供特别教育，以免她们最后成为不能生育的残废。引用莫利兹医生关于心理上性别差异的表述，克拉克对他的观点做了轻微的修改："因为身体有性别之分，心理也有性别之分，因此教育就必然有
217 性别之分。"[2] 他毫不费力地争取到了有声望的人对他观点的支持。他引起辩论的第一本书，归根到底始于一次讨论，即他在波士顿新英格兰妇女俱乐部上，应邀参与的一次讨论；第二本书，源自全国教育协会对"女孩的教育"问题上，他受邀所做的一篇演讲。简而言之，他使得许多受过良好教育的大众接受他的观点。那么，就让那些激进分子尽情地喧闹吧；权威人士乐意倾听他的观点。

但是克拉克的对手也不完全是当代那些略显夸张的讽刺漫画中乌托邦式的、性冷淡、又似老处女的女权主义者的形象。他们之中有著名的学者、大受欢迎的演说家，也许最重要的是，他们的阵营中还有很多优秀的教育家。其中包括锡拉丘兹大学（Syracuse University）艺术学院院长乔治·孔福特（George F. Comfort）和他的妻子安娜·孔福特（Anna Manning Comfort），在他们合著的《女性教育与

---

〔1〕Facing title page of Edward H. Clarke, *The Building of a Brain* (1874).

〔2〕*The Building of a Brain*, p.64.

健康》（*Women's Education and Women's Health*）一书中，他们对克拉克的观点提出质疑，抨击了克拉克医生的逻辑，指责了克拉克医生的判断力。他们非常失望地指出，他的书“引起了期刊出版社的关注，不仅有新闻日报中简短的报道，还有重要季刊中更为详细的讨论”，他们注意到有些评论往往是不加批判的，还注意到许多家长已经“把他们的女儿从学校接了回来，就因为担心会发生克拉克医生预言的可怕后果”。[1] 在短短一年间，就是孔福特夫妇撰写他们的书的1874年，《教育中的性别》一书产生了深刻的影响。

如果将克拉克的论点贯彻到底，那么“美国妇女平均受教育程度就会连德国女农民也比不上”，这才是最为不幸的事情。但是，孔福特夫妇希望证明，克拉克的案例过于牵强附会，不应该有人相信它们：数千名年轻女性都经历过最为艰难的教育经历，但并没有遭受克拉克医生充满爱心的描绘中任何令人痛苦的症状。甚至他对生理机能，特别是月经周期的分析，也是敷衍了事，并且往往很明显是不准确的。孔福特夫妇并非对生理过程大惊小怪，他们用20页的篇幅讨论月经，并总结道，应该教这些女孩们认识它的重要意义、它带来的不适，以及在最疼痛的几天调节的最佳方法。所需要的一切就是良好的意识和更多的运动。

除此之外，孔福特夫妇发现，克拉克医生对受过大学教育的女人将会变得强悍、好斗、专横、毫无女性特征的预言，是如此荒谬，正如它如此具有攻击性：“那些正享受大学人文学科教育的新英格兰女 218
人和美国女人，她们像这世界上的任何女人一样，纯洁、温柔、女人味儿十足。”克拉克是个危言耸听的人，不关心真相是什么，而且显得过于粗俗。“考虑到女性接受高等教育的总体课程，”孔福特夫妇自

〔1〕Comfort and Comfort, *Woman's Education*, pp.vii-viii.

信地总结道，“这不会有任何疑问，但下一步要做的就是促进她们的身体健康，以及整个人类种族的健康。”[1]孔福特夫妇是一个令人印象深刻的组合团队，他们反对克拉克的观点无疑是正确的。但是这个时代中，克拉克之流依然还是固执地坚持他们的观点。

朱莉亚·沃德·豪尔（Julia Ward Howe）于1874年主编出版的书，是对《教育中的性别》的另外一个回应，它也许更具有说服力。对反击者来说，豪尔是一个理想的编辑：一个废奴主义者、慈善家、女权主义者、和平主义者，最重要的是，她还是《美国论战赞美诗》一文的作者；她是全国知名人物，她所说的话一言九鼎。在她的周围聚集了许多愤愤不平的权威，表达风格迥异，观点各有不同。但是，正如豪尔所指出的那样，他们大多数人都有丰富的教学经验，也都对教育的影响有所观察；在克拉克医生毕竟只是外行的领域，他们都是专家。并且他们一致认为，他们通过从生活中获得的经验以及了解到的事实，都可以得出与他截然不同的结论。他们也都同意，克拉克所做的评判既不客观，也不明智。他的《教育中的性别》一书，正如副标题表明的那样，是“为了让女孩获得更好的成长机会”。但是对豪尔一书的大多数作者而言，“他的书似乎是在女孩身上寻找机会，而不是为她们寻找机会”。他们都希望，他并没有如此苛刻又如此咄咄逼人，或者说以一种公之于众的姿态，来鼓吹他的“性别乐章”。[2]

在她的文章中，豪尔对克拉克医生的观点充满了讽刺的意味：他

---

〔1〕 Comfort and Comfort, *Woman's Education*, pp.17, 91, 155.

〔2〕 Julia Ward Howe, “Introduction,” in *Sex and Education. A Reply to Dr. E. H. Clarke's Sex in Education*,” ed. Julia Ward Howe (1874), p.6. 30年后，著名美国心理学家G. 斯坦利·霍尔依然赞成这一乐章：即使“他可能把”他的性别乐章“弹奏得太刺耳”，他写道，“E. H. 克拉克是对的”。Walsh, “ *Doctors Wanted*,” p.124n.

归咎于令人身心俱疲的教育，但其实还有其他的原因。他看到发生在女孩身上的事情其实也发生在男孩身上；在美国女性身上发生的不幸事件，很明显地也发生在欧洲女性身上。在她的选集中，其他作者抨击了克拉克的不雅，并凭借他们作为教育者的工作经验，否定了他的主张。不止一个人关注 D 小姐——那个接受瓦萨教育的不幸的歇斯底里症病人，“如果他有一个曾接受过瓦萨教育的歇斯底里症病人，”直言不讳的波士顿女权主义者卡罗琳 · 达尔（Caroline H. Dall）言辞激烈地问道，“为什么他不经调查就相信她的言辞呢？”这真是一个很 219
好的问题。达尔指出，接受瓦萨教育的女孩们，在经过大学医生诊断后，都以她们非常健康的身体而为人所知。而且，如克拉克所断言的那样，并不是所有的女孩都在 14 岁时被学校录取，而且都经历了一段时间的预备教育。克拉克所说的，接受瓦萨教育的女孩一点都不重视她们的生理期，这简直是荒谬的，同样也是毫无根据的：她们在特殊的几天受到认真的防范指导，同样也被禁止参加体育活动，比如骑马或异常方式拉伸身体，也都会受到认真的指导。豪尔还发表了瓦萨学院住校医生阿莉达 · 阿维里（Alida C. Avery）写给克拉克医生的一封公开信，郑重其事地反对 D 小姐的案例，并且从每一个方面都支持了卡罗琳 · 达尔的观点。[1]

克拉克的批评者从未指责过他虚构了 D 小姐；他们宽厚地宣称，相信他是受到了一个真实病人的误导。他们或许是对的：克拉克医生不会是最后一个相信歇斯底里症病人幻想的医生。但是，似乎对他们而言，毋庸置疑的是，他太容易被欺骗了，因为 D 小姐的案例轻易地就支撑了他深信不疑的观点。《教育中的性别》的论证让人无法信服，它列出的事实并不可靠，所得出的结论也不正确。这本书

〔1〕 Howe, *Sex and Education*, pp.99，102-104，191-195.

还不如很多人相信的迷信那样具有贴切的表述，豪尔书中所有的作者都认同这一点。玛丽·普特曼·雅科比（Dr. Mary Putnam Jacobi）在 1874 年写的文章中详尽论证，并在三年后再次重申，克拉克医生的案例建立在一个错误的基础之上：月经并没有明显地影响，也不应该明显地阻碍女人需要认真思考的阅读，或是稳定的学习状态。[1] 在这些女权主义者辩驳的文章中运用了一定的反证方法：生理期反应最强烈的几天，会让人感到不舒服，很虚弱，也很痛苦；大体上，男人对这一话题有所保留，他们自己不愿讨论，并有意对女人的能力做出最极端的案例分析。女权主义文献中有关月经的情节，有时也是以避重就轻的态度来描写的。然而，在这些做出概括的结论中，运用了许多事实来支撑这个总体上的结论，即认为女性在生理周期变成身体上、智力上都有缺陷的人，这种观点是隐藏在男性焦虑之中的一种迷信。

但是，这种迷信还是留存了下来，焦虑感也加深了。女性接受教育的学校得到了改善，女子大学的优秀程度可以比得上男子大学。更多的大学也不再是以一些羞辱性的条件来录取女生进校了。1894 年，在豪尔发表抨击克拉克医生的著作仅仅 20 年后，西储大
220 学女子学院的院长查尔斯·斯韦恩（Charles F. Thwing）就斩钉截铁地断言：“关于女性是否有足够的智力和能力接受大学教育，以及能否从中获益，这一令人厌烦又长久存在的问题，现在已经讨论结束了。”[2] 他过于乐观了。这个问题尽管令人厌烦，但美国人并没有真正停止对它的争论；它长期困扰着英国高等教育；这种情况同样也出现在欧洲大陆。关于这一问题，如其他问题一样，不同国家

---

〔1〕Mary Putnam Jacobi, *The Question of Rest for Women During Menstruation* (1877).

〔2〕Charles F. Thwing, *The College Woman* (1894), p.10.

有不同风格的意见以及不同领域提出的意见。但是宣告它已终止的声明，自相矛盾地低估了它持续的生命力。1890年，英国最著名的女权主义者的女儿、非常聪颖的纽汉姆女孩菲利帕·嘉勒特·福瑟特（Philippa Garrett Fawcett），考出了剑桥大学数学竞赛第一名，但是她不能获得她渴望的数学学位考试第一名的头衔，就因为严格意义上说她不是剑桥的学生，然而她的名次要高于男生。听说了这个模棱两可的胜利后，著名的校长、教育改革家弗兰西斯·玛丽·布斯（Frances Mary Buss）高兴地向她的学生宣布了这件事，并评价道："感谢上帝，我们已经摒弃了教育上的性别差异！"[1]事实上，这样的情况还没有真正、彻底地实现，一直要等到西方世界的菲利帕·嘉勒特·福瑟特成了数学学位考试第一名，直到法国人已经彻底抛弃了茹尔·洛查（Jules Rochard）自鸣得意的格言，因为作为一个老学究式权威，他在1888年以不容置疑的口吻说道："当今女人在社会上拥有了属于她们的应享有的机会。"[2]

当然，在德国教育中性别差异也没有被彻底消除，而且对于19世纪末的德国而言，有一点颇为有趣：没有一个国家像魏玛帝国一样吸引到了如此众多的渴求知识的外国学生，没有一个国家对于它的大学感到如此的自豪。根据1896年在布林莫尔学院（Bryn Mawr College）的大力支持下编写的教育手册，在德国，女性"一般只能作为哲学系的旁听生"，尽管除此之外，"她们还去听法学院和医学院的讲座"。手册编纂者伊莎贝尔·麦迪逊（Isabel Maddison）得出了毫无同情心的结论：对于申请到德国的大学学习的女性来说，她们身上的道德压力是难以忍受的。"一般认为，在德国大学求学

〔1〕Josephine Kamm, *How Different from Us: A Biography of Miss Buss and Miss Beale* (1958), p.97.

〔2〕Rochard, "L' Education des filles," *Revue des Deux Mondes*, LXXXV (1888), p.645.

的女性，以她们严肃的目的性以及学习能力，可以说已经做出了艰巨的努力，来消除一些教授头脑中对曾为其工作的女生的偏见。”
221 接着，这位编辑冷静地指出，“每一个申请听课许可的女生，都应该在心理上做好准备，她接受这样一个测试和担负与之相称的巨大责任之后，将来碰到其他类似的事件也会遭到评判”。勤奋好学的女性期望比男人表现得更好，这也是她们在19世纪必须承担的一种现实压力。

德国的观点在不断地变化。“总体上说，准许大学录取女性这一问题，”麦迪逊评论道，“已在德国引起了许多讨论，并且仍未得以解决。”[1]这个评价还是颇为准确的。1897年，一位叫作亚瑟·克奇霍夫（Arthur Kirchhoff）的柏林记者，总结了许多权威人士关于女性高等教育这一问题的观点，并将其汇编成一本饶有趣味的书。克奇霍夫的调查始于新闻报道的刺激：据报道，1896年11月柏林大学的两名教授将他们讲座上的两名女性旁听生驱赶了出去。这两位教授就是海因里希·冯·特莱齐克（Heinrich von Treitschke）和埃里克·施密特（Erich Schmidt），他们一个是著名的德国历史学家，另一个是名气稍逊的德国文学史教授，尽管他们随后否认了这件事，但它也促使克奇霍夫咨询了许多著名的教授，一些博物馆馆长，一些科学研究机构以及许多文学系的教授，询问他们是否认为女性有能力，或有资格被大学录取。

根据其中120份有效的问卷，克奇霍夫得出的结论是：这很难解释。克奇霍夫认为，这样的结果“很出乎意料”，因为支持大学录取女生的教授人数，“在最近的几年中，得到大幅增长”。克奇霍夫觉

---

〔1〕Isabel Maddison, *Handbook of British, Continental and Canadian Universities with Special Mention of the Courses open to Women, for the Graduate Club of Bryn Mawr* (1896; 2nd ed., 1899), pp.62-64.

得一个值得提出的结论是，现在反对者“明显属于少数派”了。由于早几十年前没有出现类似的调查，这样的结论就只能是一种推测，尽管它看起来十分有道理。但是他引出来的答案，比他的表述更加让人迷惑：许多由他再版的小论文，冗长而又含糊其词，在入学资格方面模棱两可，同时他还提到了诸多特殊环境和将来的可能条件。这些回收的问卷中有13份来自文学圈人士，不出意料，他们毫无保留地表明了他们对未来的看法：他们中有十人坚决提倡对女性接受高等教育的条件不加任何限制，还有一两个回应了英国、美国的乐观主义者，他们甚至不明白，为什么有人还认为这问题尚未解决。保守的宗教小说家，达格伯特·冯·杰哈特-阿明托（Dagobert von Gerhardt-Amyntor）写道，试图去证明当今时代女性的智力水平或道德权利的举动，纯粹是多此一举。现实主义剧作家、莫里哀的译者路德维希·福 222
尔达（Ludwig Fulda）认为，这种问卷调查对他简直就是一种侮辱，他迷惑不解地问道：“一个值得冠以现代之名的人，怎么能够对女性学术研究的权利及能力提出质疑呢？这对我来说是完全无法理解的。”[1]其他小说家和诗人也对此感到震惊。

然而，作为克奇霍夫调查样本中的大多数，有107名高等院校教师都认为他的问题是完全可以理解的。共有35人认为，女性应该与男性一样以平等的身份进入大学，这是毫无疑问的；36人同样肯定地认为，她们不应该被允许进入大学；还有36人介于这两种意见之间：有保留地支持录取和有例外地反对录取。正是处于中间态度的这一组，似乎是最难界定的：有人认为少数杰出的女性应该有机会进入大学，但不能作为一种制度规定下来。还有人认为有些精心选择的

---

〔1〕*Die Akademische Frau. Gutachten hervorragender Universitätsprofessoren, Frauenlehrer und Schriftsteller über die Befähigung der Frau zum wissenschaftlichen Studium und Berufe*, ed. Arthur Kirchhoff (1897), X, S.322, 320.

专门领域适合她们，但其他的并不适合，比如说医学不适合，但牙科学适合；外科不适合，但内科适合；神学不适合，但文学适合；艺术史不适合，但博物馆工作适合。仍然有人认为一旦女性在中学做了足够充分的准备，她们进入大学的时机就已成熟。还有少数人提出自我应验的预言说，尽管女性无论从身体上还是智力上都有足够资格接受高等教育，但是在她们毕业之后却永远得不到一份合适的工作，那么给予她们这样的机会就无疑是残忍的。在所有答案中，居高临下的恩赐态度是普遍存在的：在许多人眼中，女性都是以勤奋、努力的形象出现的，在男人们为奔赴兄弟会或是为喝酒而离开后，她们依然很长时间地埋头于书本中；她们还以热情的、永远认真的提问者的形象出现，但是她们缺乏促成将来功成名就的那种非比寻常的天分或干劲。

这些回答涉及了争论的许多范畴；许多人的观点并不新颖，有些可谓是陈词滥调。有一个更是来自不折不扣的古老思想：哥廷根大学的一位语文学家，费迪南·伍斯汀菲尔德（Dr. Ferdinand Wüstenfeld）教授，想要发表他的意见，88 岁高龄的他需要他人的帮助才能写下自己的观点，但是，显然他是希望作为反对者被记录下来的。对于这个问题，无论是著名人物还是无名小卒，都希望对其涉及的方方面面做出回答。著名的法律史学家、政治理论家奥托·冯·吉尔克（Otto von Gierke），在他冗长的答案中承认，他也许会准许少数女学生到他的课堂上；实际上他又会乐意坚持让“她们在被授予法律博士学位时好好打扮她们自己”——当然这并不是一个肯定的说法。其实，吉尔
223 克认为比起女性是否能够听他的讲座，更为重要的是，她们能否保留她们之前作为妻子和母亲的角色。事实上，它会带来有害的“社会后果”：“女性作为医生可能导致有害的后果，如果仅仅是为了获得竞争的胜利。”他相信，同样的事也适用于女性教师身上。在他自己的领域，他认为法律界根本不可能有任何女性的职位。“我们的时代是严

肃的，”他总结道，“德国人有比冒险地参与女学生的实验更为重要的事做。”在此，吉尔克的主要焦虑终于说了出来，“我们该首先关注的是：男人就该像男人！当男人缺乏男子气概，却试图在女人那里寻求避难所时，这永远都是一种堕落的标志！”[1]

这种观点已经足够明晰了，但其他杰出的教授没有如此地自以为是。哥廷根大学著名的希腊语文学家乌尔里希·冯·维拉莫维茨-莫勒恩多夫（Ulrich von Wilamowitz-Moellendorf），很不乐观地（从女权主义的角度）提出了他的看法：“两性之间的差别对专横的世界改良者来说常常变得很不便利”；但是自然天性不容否定。“大多数大学教师，”维拉莫维茨认为，“支持将女性排除在大学之外”，如果高等教育机构将要变成那些“妇女解放”的激进女性极其渴望的玩物，那将是十分不幸的事。与此同时，他不情愿地承认，有些女性的经历已经证明，她们能够从高等教育中受益。并且，现代社会有责任促进这类女性的中学教育，有责任要她们了解她们能力的界限。[2]像克奇霍夫的调查中的很多其他人一样，维拉莫维茨也担心德国的大学受到女性的大规模“入侵”，他谴责那置身事外的、主张为了让女孩们受到更好教育的鼓吹者的政治阴谋，倡导提高女性的中等教育水平，并且也认可一些例外的要求。

还有一些教授直截了当地表达了他们对男女平等教育的支持。柏林神学家赫尔曼·弗莱赫·冯·索顿（Hermann Freiherr von Soden）提出的问题是：“我们所认为的女性首要的使命，在她的天性中难道就如此肤浅地存在，难道高等教育和公共活动就能使之荡然无存

〔1〕*Die Akademische Frau. Gutachten hervorragender Universitätsprofessoren, Frauenlehrer und Schriftsteller über die Befähigung der Frau zum wissenschaftlichen Studium und Berufe*, ed. Arthur Kirchhoff (1897), X, S.223, 225, 227.

〔2〕Ibid., S.222-223.

吗？”海德堡大学的策尔尼（Czerny）教授，一位外科医生，认为“女性已经通过众多的例子证明，她们具有进行科学研究的能力，因而在我看来，她们实际上证明了她们接受高等教育的权利”。如果说这次调查的整体氛围只是令人怀疑、忧心忡忡的，那么还有一些教授则表达了完全、彻底的否定。柏林外科临床医学院院长恩斯
224 特·冯·伯格曼（Ernst von Bergmann）对克奇霍夫说，“我认为女人完全不适合科学研究，以及这些研究将导致的职业领域的活动——无论从身体上还是从心理上来说都不适合”。许多调查对象都与吉森大学的弗朗兹·里格尔教授（Franz Riegel）的观点一致，他们认为，或许一些女性有这样的能力，但“医学职业的社会实践，它与女人作为妻子和母亲的角色从来都是不能兼容的”。另一位教授，柏林梅毒专科医院的院长，医学博士乔治·列文（Georg Lewin）则针对这个问题，将歌德的《浮士德》一书中的结论，做出了另外一番阐释：“真正的女性气质不仅仅会吸引我们积极向上，首先还让我们去爱——这里指的就是婚姻，而这种气质就算没有被完全地毁掉，至少也被紧张、具体的学习和研究完全破坏了。”[1]一言以蔽之，家庭生活才是至关重要的。

对于这些男人——这些在事业上获得成功，并喋喋不休地试图捍卫其职业的男人来说，这种重复乏味的阐述实际上只是强调了这些结论本身的重要性。毕竟，家庭才是女人天生的容身之所。如果一个女孩一时或永远地离开它，她就违背了社会的和神圣的秩序——对大多数调查对象来说，这两种安排其实是一样的。正如一位博物馆馆

〔1〕 *Die Akademische Frau. Gutachten hervorragender Universitätsprofessoren, Frauenlehrer und Schriftsteller über die Befähigung der Frau zum wissenschaftlichen Studium und Berufe*, ed. Arthur Kirchhoff (1897), X, S.13, 95, 77, 73. 关于提升永恒的女性气质，德国人喜爱引用歌德《浮士德》第二部分的最后一行。

长认为的那样，大学学习对女性来说，事实上是对人类生活必须遵循的“游戏规则”的双重背离：高等教育将女性从她被指定的领域中驱逐出来，并且剥夺了男性的职业机会，使他不能找到他自己的家园。我认为，颇有重要意义的是，在克奇霍夫的调查对象中，很少有人提到那个肯定会在他们脑海中出现的问题：月经对女人的影响，无论是她们作为学生，还是作为专业人员。少数几个人谨慎地提及那“特殊几天”，并明确地指出月经期并不会干扰任何体力或脑力的劳动。而其他人则将严肃地讨论月经问题视为一种禁忌，显然是将其归结为古老焦虑的迷信，即将女性月经视为一种特殊的耻辱标志，使女性无法适应男性的世界。因此，受过高等教育的女性将成为更有趣的妻子、令人印象深刻的母亲，这种令人振奋和安慰的观点看来并不受欢迎。[1]

因此，以下将是大多数人关于这个问题的总体上的共识：在不同的教育方式和不同的职业领域中确立的男女性别差异，实际上反映了 225
社会的需要和大自然的巧妙安排。已为柏林大学理论物理研究所主任的马克斯·普朗克（Max Planck）——不久即将成为世界上最杰出的物理学家之一，发言支持这一共识，他的话听上去就与他的时代、他的国家里那些学术界的大多数人看法一致：为少数杰出的显示出卓越的科学天赋的女性，留出高等教育的机会，是仅有的公平之举。但是“大自然指定给女人的职业正是母亲和家庭妇女，这无论怎么强调都不过分”，而忽视或违背自然法则，将会为此付出高昂的代价。[2] 普

〔1〕Prof. Dr. phil. Julius Lessing, director at the royal Kunstgewerbemuseum in Berlin, ibid., S.231; Prof. Dr. med. Ottomar Rosenbach, an internist at the University of Breslau, ibid., S.82-83; Prof. W. Panzerbeiter, who taught at a woman's Realgymnasium in Berlin, ibid., S.297; Prof. Dr. Julius v. Sachs, Director of the Botanical Gardens at the University of Würzburg, ibid., S.280-281.

〔2〕Ibid., S.256-257.

朗克的措辞和克奇霍夫的调查一样，从整体上看，再一次表明了男人们是怎样精心地用不经意的语言来掩盖他们最原始的焦虑。在这场关于女性真正地位的、痛苦而又没有定论的争论中，对女性的恐惧和对变革的恐惧两者相互交织，并相互融合在一起了。

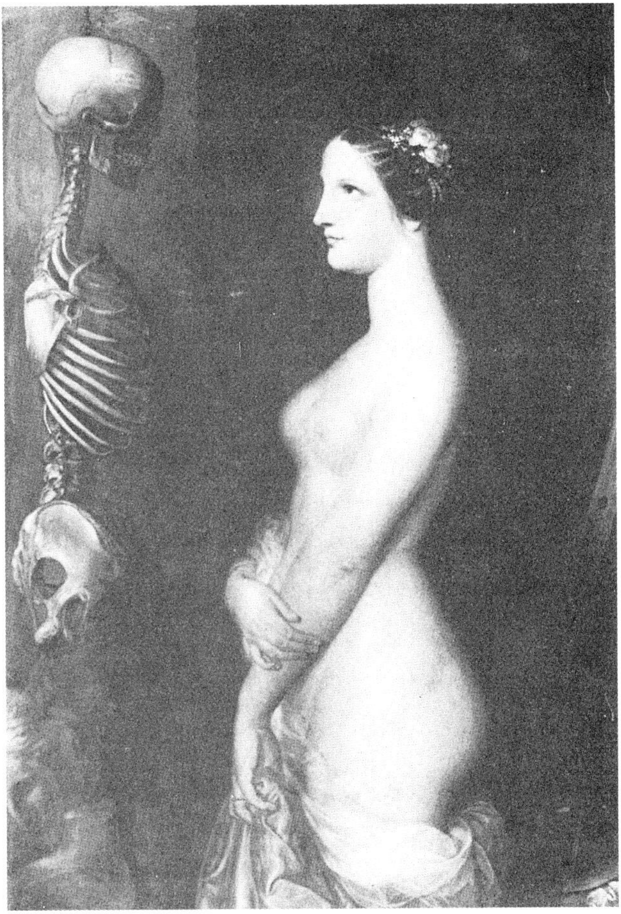

图 1　安东尼 · 维尔茨，《两个美人》(Antoine Wiertz, *La Belle Rosina*，又名 *Two Young Girls*), 1847 年。这幅油画在画家于 1865 年去世时被捐赠给比利时政府(画家正是以他的巨大的画幅和恐怖的寓言而著名)。对于本书的研究而言，这幅油画具有独特的启示意义。维尔茨以生动的笔触表现了一个身材修长、匀称的裸体年轻女子面对与她身材相仿的人体骷髅，陷入了沉思；在此，画家面对着两种基本的力量：爱情与侵犯，爱神与死亡；在弗洛伊德看来，这两种力量处在永远的决斗状态，以赢得控制人类心灵的主导力量。这是中世纪和现代早期一个广受欢迎的主题，维尔茨为其赋予了 19 世纪的独特艺术形式，同时强调了象征表达的永恒意义。用一个裸体模特来戏剧性地呈现他的“珍惜现在”(*memento mori*)主题，维尔茨非常形象地阐明了我称作的“距离的信条”(doctrineofdistance)；正是这种观念使得维多利亚时期的艺术家充分利用机会来展现迷人的裸体艺术，而不会触犯谨小慎微的上流社会规范。

图2 梅贝尔·卢美斯·托德，1882年2月，时年25岁，住在马萨诸塞州的阿默斯特。她苗条匀称的身材和富有磁性的眼神，使其尤为光彩照人。

梅贝尔·卢美斯·托德爱过的男人

图 3-1　艾本·卢美斯，她的父亲。梅贝尔一生都热爱她的父亲。（摄于 1895 年）

图 3-2　大卫·佩克·托德，她的丈夫。他们夫妇之间相互并不忠诚。（摄于约 1890 年）

图 3-3　威廉·奥斯汀·狄金森，她的情人，她见过的最帅的男人。（摄于约 1890 年）

图 4-1 约翰 · 特尼尔爵士,《妇女的解放》(Sir John Tenniel, *Women's Emancipation*),《笨拙》周刊(*Punch*), 1851 年。辛辣而典型地讽刺“穿灯笼裤”的女权主义者。

图 4-2 爱德华 · 萨姆博恩,《“家里(下议院)的”天使》(Edward L.Sambourne, *The Angel in "The House"*),或《妇女选举权的后果》(*The Result of Female Suffrage*),《笨拙》周刊, 1884 年。标题一语双关,当然指的是卡文垂 · 帕特莫尔(Coventry Patmore)在当时极为流行的一首赞美婚内幸福的诗歌。请注意她正在织的一只蓝色长筒袜(blue stocking)。

图 4-3 《现代温室植物》(*Modern Hothouse Plants*),《散页画报》(*Fliegende Blätter*) (德国), 1845 年。这是关于妇女解放的系列讽刺组画之一,图上妇女的装束和手中的雪茄,暗指法国著名女作家乔治 · 桑。

图 4-4 《教授太太》(*Mrs. Professor*),《散页画报》, 1846 年。《解放的妇女》系列组画之一, 19 世纪中叶男人想象到的妇女可能占有的不太相称的职位。

图 5-1 《女诗人》(*The Poetess*),《散页画报》, 1846 年。

图 5-2 霍诺勒 · 道弥尔,《"请原谅,先生,如果我不幸打搅了您"》(Honoré Daumier, *"Pardon me, Sir, If I disturb you a little"*), 1844 年。在他的系列画《蓝色长筒袜》(*Les Basbleus*)中,道弥尔讽刺了当时流行的一类妇女:不修边幅的女知识分子;在德国版本中,更形象地在背景中增加了谨小慎微的、家庭主妇似的丈夫。

图 5-3　海因里希 · 霍夫曼,《蓬头彼得的故事,一个吮吸拇指的人》(Heinrich Hoffmann, *History of a Thumb-Sucker, Struwwelpeter*), 1844—1845 年。三幅插图选自霍夫曼在当时脍炙人口的警示系列故事。如果以精神分析语言来解读的话,警示就是手淫可能导致去势。

图 6-1 《菲利斯骑上亚里士多德》(*Phyllis Riding Aristotle*),青铜水罐, 14 世纪前。男性臣服于女性的艺术表达形式,在中世纪和现代早期艺术的流行主题。15 世纪中期佛罗伦萨的一幅组画,现保存于伦敦国家艺术馆,再次强调了这个主题,画的一边是菲利斯正骑在亚里士多德身上。另一边是黛莉拉正在剪掉力士参孙的头发。富有讽刺意义的是,画的标题为《爱情的胜利》(*The Triumph of Love*)。

图 6-2　但丁 · 加布里尔 · 罗塞蒂,《换心的维纳斯》(Dante Gabriel Rossetti, *Venus Verticordia*), 1864 年。即使在罗塞蒂的性感绘画中,这幅画都显得格外引人瞩目,她手中充满诱惑的苹果和性感裸露的胸部,以及手中紧握的爱神之箭,所有的这些都充满了暗示性。

图 6-3　罗塞蒂,《潘多拉》(*Pandora*), 1879 年。

图 7-1　马克斯 · 利伯曼,《力士参孙和黛莉拉》(Max Liebermann, *Samson and Delilah*), 1902 年。一幅杰出的现代艺术作品,极为鲜明地表现了这个《圣经》主题,在利伯曼的印象主义作品中极为鲜见。

图 7-2　弗朗兹 · 冯 · 斯塔克,《罪》(Franz von Stuck, *Sin*), 1893 年。斯塔克的几幅具有强烈象征主义风格的作品之一,表现了妇女罪恶的权威; 缠绕在夏娃肉欲身体的阳物象征的蛇,以及注视着观赏者及其牺牲品的眼神,突出强调了性感意义。

图 7-3　爱德华 · 蒙克,《悍妇》(Edvard Munch, *Harpy*), 1894 年。蒙克对具有破坏力的妇女震撼的、神经质的描述之一,这是他作品中一贯的主题。

图 8-1　爱德华·蒙克,《吸血鬼》(*Vampire*),1895 年。

图 8-2　爱德华·蒙克,《马拉之死》(*The Death of Marat*),约 1905—1907 年。人们需要观看原作才能体会到那种暴力的场景,鲜血涂满了整个画布。

图 8-3　爱德华·蒙克,《莎乐美》(*Salome II*),1905 年。

图 8-4　奥博利 · 比亚兹莱,《高潮》(Aubrey Beardsley, *The Climax*),1894 年。为奥斯卡 · 王尔德《莎乐美》(*Salome*)一书绘制的插图。比亚兹莱的这幅画将性的高潮与毁灭联系在一起,但整体上是对浪漫主义爱情故事与死亡之间传统联系的揶揄。

图 9-1 奥博利 · 比亚兹莱，《美术与美女的战斗》（*The Battle of the Beaux and Belles*），1895—1896 年。为亚历山大 · 蒲柏的《夺发记》（Alexander Pope, *Rape of the Lock*）设计的插图。

图 9-2 古斯塔夫 · 莫罗，《俄狄浦斯与斯芬克斯》（Gustave Moreau, *Oedipus and the Sphinx*），1864 年。在 1864 年巴黎沙龙上取得了巨大成功，可能取材于海涅的一首诗歌，我在文中已经讨论过，该诗由热纳德 · 内维尔翻译成法语。

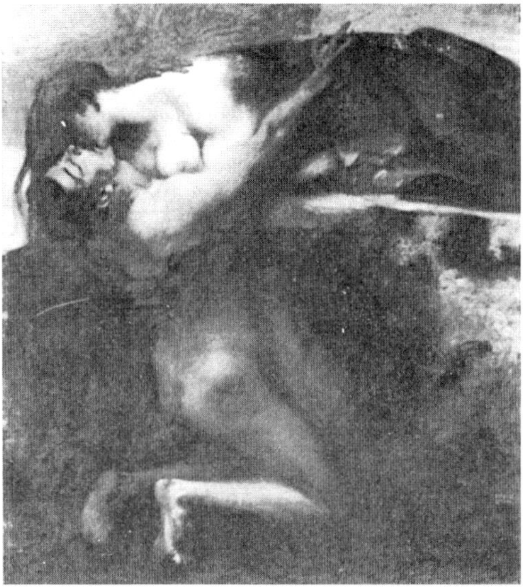

图 9-3 弗朗兹·冯·斯塔克，《斯芬克斯之吻》(*The Kiss of Sphinx*)，1895年。斯塔克另一幅关于毁灭性女人这个主题的比较隐晦的画作。

图 9-4 爱德华·蒙克，《斯芬克斯》(*Sphinx*)，约1927年。在蒙克的众多肖像画中争议最多的一幅，也暗示了具有破坏力的性这个隐晦的主题。

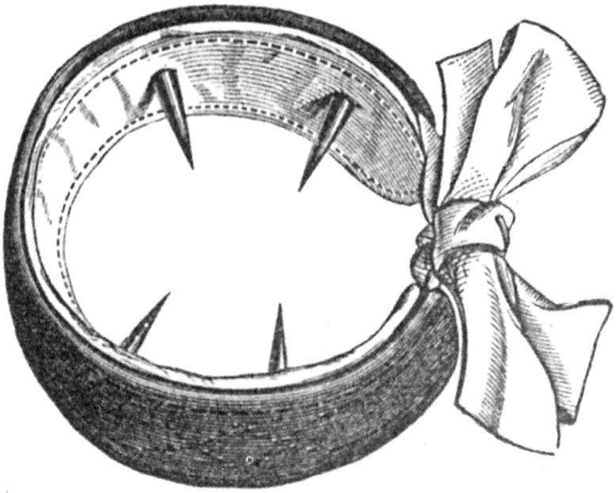

图 10-1　带有四个尖角的尿道环(Four-Pointed Urethral Ring),选自 J.L. 弥尔顿《病理学与遗精的治疗》(J.L.Milton, *Pathology and Treatment of Spermatorrhoea*)(伦敦,1887 年)。无评论。

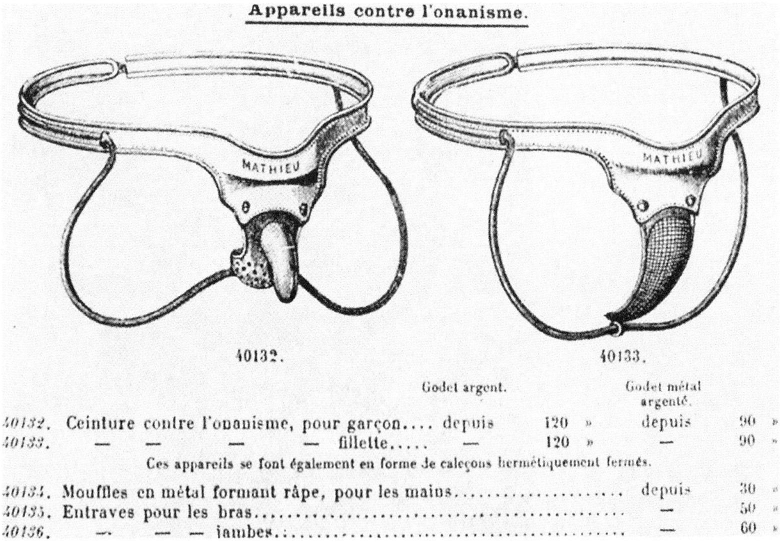

Appareils contre l'onanisme.

40132.　　　　40133.

		Godet argent.		Godet métal argenté.	
40132.	Ceinture contre l'onanisme, pour garçon....	depuis	120 »	depuis	90 »
40133.	— — — — fillette.....	—	120 »	—	90 »

Ces appareils se font également en forme de caleçons hermétiquement fermés.

40134.	Moufles en métal formant râpe, pour les mains....................	depuis	30 »
40135.	Entraves pour les bras..	—	50 »
40136.	— — — iambes.:..	—	60 »

图 10-2　防止手淫的装置,选自梅森 · 马修(Maison Mathieu)列举的物品目录,1904 年。

第三章　现实的压力

226

尽管19世纪的典型态度是在无意识的冲动和焦虑推动下发展起来的，但来自经济学和医学以及其他诸多领域的压力，对中产阶级经验的形成也产生了相应的影响。那种经验为性观念提供了一个略显局促但引人注目的背景。中产阶级经验为性爱观念和性爱行为构建了出口，但也为二者施加了诸多的限制。女性的斗争就被置于这些公开的、强大的现实之中；那些不那么公开、却更加强大的是与爱欲过程直接相关的现实：孕期的紧张、生育的风险、现代避孕方法的有效性。简言之，作为人类心理的组成部分，当人类自我转向外在现实时，它就被淹没于物质的洪流之中，甚至难有招架之功。

自我在不断地、热切地探索着这个世界。航标灯发出矛盾而碎片化的信号，自我就被迫在这种环境中航行，还要承受自身内在的压力，因此它尽可能地从感性和认知中获取更多的信息。它尽可能地躲避危险，重获快乐。它以极高的效率组织起个体的潜能，以应对与其他的人和事物的际遇，并迅速做出反应。它能够推理、计算、记忆、比较，并以这种方式将人武装起来，使他能够探索通往未来的道路。它所做出的评估并非永远是无可指责的，因为这种评估必然会被矛盾冲突所曲解，为心灵创伤而妥协。因此，外在的世界从未以毫发无损的方式真正进入人类心理；个体赖以依存的印象也只是现实事物的诸多心理表征。但是，自我却遵循着人类对经验的渴求，勇往直前、一如既往地试图确定现实的状况；也许更困难的是，还要确定未来的状况。

在对经验的阐释方面，精神分析学家们一直以来都极为冷静，他们从未赋予外在的影响以任何突出的地位。我们不难看出个中缘由。对于哈里·斯塔克·沙利文（Harry Stack Sullivan）和埃里希·弗罗姆（Erich Fromm）的社会精神分析（social psychiatries）而言，这样做似乎是不可逆转的第一步，他们认为各种系统承载了人类性格对社会的责任，并在很大程度上忽视了包括性与侵犯在内的本能冲动的作用，而这正是弗洛伊德建立其心理学的基础。但是历史学家并未被迫做出这种选择。弗洛伊德从未质疑客观现实在人类经验的构建中所具有的强大参与作用。正如弗洛伊德在他生命的后期所说的那样，这是因为爱在寻求着对象。恨，亦是如此。但这些对象是经验的外在动因，而非内在动因。精神分析学家倾向于认为，自我是本能冲动的敌人。如果说本能冲动迫切地要求得到满足，因而将那些延迟或修正其要求的冲动视为敌意的行动——从这个角度而言，自我似乎是本能冲
227 动的敌人。但是，从人类更大的角度而言，自我是本能冲动的真正朋友——伟大的谈判者和妥协者；自我诱使个体放弃现在较小的、冒险的快乐，而追寻将来更大的、更安全的快乐。自我的最终目标是实现与世界共存；在最好的情况下，能够控制世界、征服世界。

在人类心理与外在世界连续不断的关系中，似乎存在一个明显的例外——幸福的恋人们似乎可以将他们周围的场景完全抛开，但这其实根本算不上是例外。恋人们似乎是生活在编织精巧的蚕茧里，对外界什么都不需要，也不需要任何人；他们居住在一个完全自由自主的领域中。但是，他们的处境是人类生存中特殊的时刻，脆弱而短暂，而且远非隔离了现实的压力。恋人们欢庆与愉悦的仪式、他们光荣的孤独得以存在的条件本身，都依赖于外在的世界为他们提供形式、语

汇、意义。情爱生活的所有形式，不管是激情的还是温存的，或两者兼而有之，都与周围生命的事实——以及死亡的事实——息息相关、和谐共鸣。

1. 生命和死亡的事实

1885 年 4 月 27 日，埃莉诺 · 罗杰斯（Eleanor Rogers）从辛辛那提给她远在纽黑文的姐姐苏珊 · 莱特（Susan Wright）写信，“我在床上给你写信”，说她刚刚遭受了最痛苦的一次小产，并特意叮嘱她姐姐要严格保密。她在信头上写下“保密”的字样，还在字下面两次划线，以示特别强调。她又加上了“**看后请烧毁**”，最后，连同第一页 228
一起，她再次恳求，“请记住，不要告诉任何人；看后请把这封信**立刻**销毁”。对隐私的急切之情，在这里得到了最心酸、最痛彻的表达。

实际上，埃莉诺 · 罗杰斯看上去多少有点不情愿吐露这个信息给任何人，即使是她信任的姐姐；她只是在履行承诺，让她知道“我的近况如何”。的确，她的近况非常糟糕，“充满了痛苦和创伤”。对这件事情的回忆，以及长时间的身体不适，让她脾气异常暴躁：“如果生孩子对身体造成的痛苦，比我流产遭受的痛苦还要多，那我宁愿向上天祈祷，我不要再生孩子了！”她吐露说她“身子仍然虚弱，并充满痛苦”。写信的当天是星期二，那场苦难已经过了四天，但是她的医生要求她再卧床一两天。她的磨难从上一个星期五的中午开始，在她晚上上床睡觉的时候，“也就是从那时起，我越来越感到难受和痛苦，到晚上八九点钟的时候，简直痛苦到了无以复加的程度，周围的一切仿佛都不存在了。我身边一个人也没有，我只有号啕大哭起来”。她婆婆碰巧不在家，她丈夫威尔在这个城市。他晚上 10 点半才回到家里，“当时我还在痛苦之中，他急忙去找医生，但医生忙于照看一个产妇分娩，直到1点才来我们家。他只好自己帮我清理流产后的一切，这当然也是一件苦差事”。接下来，她再次变得脾气暴躁，比以前激愤，还信誓旦旦地写道：“我的天啊，如果一个女人要结婚，那就让她看看她将来的下场吧！我认为我真要开始一场讨伐运动，警告所有的女孩，让她们不要结婚。”接着，她还是比较理智地补充说：“我丈夫在所有方面都是出类拔萃的；他温柔体贴，远胜过任何高效的护士，而且无论从哪个方面来说，他的行为都堪称楷模。我也非常清楚，我根本算不上是一个温良顺从的小天使，而我那时真希望自己是这样。我星期六呻吟了一整天，星期天又哭了一天；昨天晚上和今天，我已经稍微能够控制自己的情绪了，但是我内心的愤怒久久难以平静。我简直受够了！”然后她很简要地说了一些其他的家庭琐事，接着又谈起了她难以平复的伤心事。很明显，这些事情还远未结束。“是的……爱丽丝如愿生下一个男孩，我还是很开心的”，她在信中谈到了她的另外一个姐姐爱丽丝·贝尔克纳普（Alice Belknap），“经过这次惨痛的经历，我仍在内心祈祷，如果上天能够赐予我这份幸福，我还是会很开心，即使在这个过程中还将忍受痛苦。你会认为我彻底疯了……也许是吧。”她曾央求家人给她笔和纸，尽管医生吩咐她不
229 要下床活动；她丈夫回家时，她就想那样做了，“我知道我该挨骂了，但你该写你的信，我也要履行我的诺言”。[1]

埃莉诺·罗杰斯可能不愿对任何人做出这种承诺，除了对她“亲爱的苏”——她是西利曼姐妹中最年长的姐姐，也是全家人吐露心

---

〔1〕Box 53, SF, Y-MA. 从她前一年给她姐姐苏珊·莱特的书信中我们得知，爱丽丝·贝尔克纳普也已经不是第一次小产了。“我正卧病在床，希望明天能下床走动。这是两个月之后的第二次小产。这一次比前一次更加严重，因为胎盘组织没有脱落，我只得再次接受手术。幸运的是，这一次没有感染，也没有大出血，我希望这一次比上次恢复得更快。”July 1884, ibid.

声的知己。一个月后再次给她写信，埃莉诺·罗杰斯甚至在信中使她的缄默更明显了。她还远未痊愈："我一点都不喜欢我现在的身体状况。过不了两天就要流血，上周我再也坚持不下去，所以威尔去找M医生，医生给我两天注射一次，但至今也没有什么效果。"在困境中，她比任何时候都更加想念、更加需要她的姐姐："我相信你，胜过50个医生，所以告诉我该怎么做，我会试着去做的。"但所有这一切都需要完全保密："请把这封信烧了，你是我可以吐露心声的好姐妹，但是我不想留下关于我们之间的任何通信记录。"[1]

对历史学家来说，颇幸运的是这些通信记录被保存了下来。她们的通信中表现出的系列相关主题、紧凑的结构、令人应接不暇的节奏丝毫不受标点的束缚，埃莉诺·罗杰斯的生命活力、恣意挥洒的表达欲望，所有这些都与她那略显忧郁的勇气一起脉动、跃然纸上。她想要进行一场反对结婚的运动，但又很快补充说，她的丈夫对她温柔体贴、细致入微，简直是无与伦比。对于她自己的痛苦，她显得非常严厉、脾气暴躁，这在她看来似乎都是不可能的——"我简直受够了！"——但她仍然难以释怀：她姐姐喜得贵子让她感到开心，但这种幸福感又笼罩在自己不寒而栗的痛苦阴影之中，她唯有祷告，祈求上天能使她免于痛苦。她的勇气让她自己也感到害怕："你会认为我彻底疯了"，因为她发现自己的小小宣言对一个温柔顺从的小天使来说是很不合适的："或许是吧。"对于那个所谓的神圣家庭图腾的医生，她也大胆地表明了她的不信任，因此她只有一再恳求她姐姐，为她保守隐私："请把信烧了。"但这些犹豫不决和自我批评也不能掩饰她要表达的信息，以及对她矛盾心态的刺激。尽管他是她痛苦经历的始作俑者，埃莉诺·罗杰斯还是清楚无疑地表明了她对丈夫的深情厚

〔1〕May 28, 1885, ibid.

爱。但是，她仍然要挺身而出，反对性冲动行为而导致的后果。她爱
230 威尔，但恨他对自己所做的事。她要进行讨伐婚姻的运动，反对的正是这种性行为。怀孕的风险使性爱的快乐受到了严重的质疑。

当然，从某种具有决定意义的方面而言，埃莉诺·罗杰斯无疑是幸运的。她能活着来讲述自身的遭遇。与埃莉诺·罗杰斯所处同一时期的成千上万的妇女，都是履行婚姻义务时，在分娩中死去的，其中的创伤和痛苦载入了书信、传记及家用《圣经》之中。卡尔·冯·霍尔泰（Karl von Holtei）是一位德国的演员、剧作家及小说家。在他冗长的自传的扉页上，只留下简短的记载："我母亲生下我之后就去世了；我父亲，一位轻骑队的军官，面对一个嗷嗷待哺的婴儿，完全不知所措。"[1] 在通常情况下，这类性爱的牺牲品的名单还有很长，不胜枚举。古斯塔夫·福楼拜敬慕的姐姐卡洛琳（Caroline），在她生下第一个孩子（一个女婴）的两个月之后，伴随着持续的、巨大的痛苦于 1846 年 3 月去世了。更多的情况下，其他妇女则是毫无征兆突然死亡的。乔恩西（Chauncey）的家用《圣经》——这个家庭的记事手册，是一本装帧考究、印刷精美的对开本《圣经》，上面简要地记载着这个家庭的历史。例如：费城的纳撒尼尔·乔恩西（Nathaniel Chauncey）与波士顿的伊丽莎白·瑟瓦尔·索尔兹（Elizabeth Sewall Salisbury）在 1836 年 6 月 8 日举行了婚礼。这件事就被适时地载入了家用《圣经》中。第二年，家庭手册中使用了不为他人所熟悉的拉丁文记录下，乔恩西的一个儿子夭折了。接着以很快的速度，两个儿子相继出生，一个出生于 1838 年 8 月，另一个出生于 1840 年 8 月：如此密集的孕育生子就是为了逃离死亡。

但死亡本身是无法逃脱的。在生下第二个儿子的十年之后，即

〔1〕 *Vierzig Jahre,* 8 vols. (1843-1850), I,S.1.

1850年5月19日，43岁的伊丽莎白·乔恩西，又生下一个儿子。家庭手册上记录了第二天发生的事：弗朗西斯·加德纳·乔恩西（Francis Gardner Chauncey），纳撒尼尔和伊丽莎白·瑟瓦尔·索尔兹之子，于1850年5月20日下午6点50分死亡。之后记录的内容更加彻底表明了一个悲剧性事件："伊丽莎白·瑟瓦尔·索尔兹于1850年5月22日，周三下午4点55分死亡。她与其婴儿的遗体分别于24日周五及25日周六，被移送到牛顿角（Newton corner），并在1850年5月26日周六，葬于'红山'（Mount Auburn）墓地。"即使用庄严的语言表述、克制内敛的文字记载，或者以虔诚的心态接受上帝的决断，由于致命性问题而导致的惨痛事实也在乔恩西的家庭中留下了无法掩盖的印记。[1]

在伊萨贝拉·乔恩西那个时代，数以千计的妇女同她是一样的结局。充满生气、精力旺盛的年轻女性的生命消逝了。早逝如同肆虐的瘟疫一般吞噬着年轻的生命；无论是对于普通家庭或是富裕家庭，都是如此。伊萨贝拉·比顿（Isabella Beeton），英国畅销书《家庭指南》的作者，同时是一位活跃的、富有感染力的记者。她的第一个孩子在三个月时死亡，第二个孩子在三岁时死亡。比顿本人在生第四个孩子时死于产褥热，年仅28岁。[2]在19世纪，怀孕和分娩的过程 231

〔1〕这本家用《圣经》，刊印于1836年，明显是结婚礼物，见Box 21, Chauncey Family Papers, Y-MA。鳏夫丧妻后的精神沮丧是可想而知的。乔恩西夫人死亡的当日，迪林厄姆(W. H. Dillingham)给他的朋友西奥多·怀特·伍尔西（Theodore Dwight Woolsey）写信道，"我们共同的好友乔恩西先生（N. Chauncey Esquire）遭遇了世上最悲伤的痛苦，他失去了亲爱的妻子……我们的朋友必定因此打击而不知所措；乔恩西先生要求我在第一时间转达关于他已逝妻子的信息给彼此关系较密切的友人们"。Box12, Woolsey Family Papers, Y-MA.

〔2〕Sarah Freeman, *Isabella and Sam: The Story of Mrs. Beeton* (1978), pp.137, 140, 222-223, 233-234. 这类故事，无论在贵族或皇室成员，还是在中产阶级中，都可以找出很多：例如，夏洛特公主，英国继任国王乔治四世的独生女，1817年11月，在生下一个死婴后去世，时年21岁。见Cecil Woodham-Smith, *Queen Victoria: From Her Birth to the Death of the Prince Consort* (1972; ed.1974), p.16。

不但伴随着剧烈的疼痛，经常难以忍受，而且婴儿和母亲面临的死亡威胁也经常存在。1847 年以后，氯仿的出现提供了缓解分娩疼痛的方法。早在 1853 年，连同维多利亚女王这样的知名人物在内也利用了这一令人可喜的新药，用以战胜疼痛。女王的威信无疑使之成了这种潮流的倡导者。但正如对待其他有益的新生事物一样，反对使用氯仿的呼声一直没有停息。医学界、神学界和伦理学界就此展开了激烈的争论，混战持续了很长一段时间，使医生也深感困惑，更使普通人感到诚惶诚恐。氯仿本身可以致命，也时常有因使用不当而致人死亡的案例。更有甚者，一些诋毁者永不知疲倦地吟诵上帝对违反旨意的夏娃的警告：从此以后，夏娃要承受生育之苦。[1] 罗伯特 · 巴恩斯（Robert Barnes）认为，“这种言论是背叛基本规律的可恶行径”。他本人是一位产科讲师，1850 年在《柳叶刀》上发表论文，指出仁慈的上帝若非为了某种更明智、更必要之目的，是不会将疼痛与分娩联系在一起的。中产阶级对此假设予以支持，因为对有关宗教的言论，中产阶级乐于去聆听，与比其更富有的或更贫穷的阶级相比，中产阶级更易受影响。不久以后，缓解疼痛这一愿望终于实现。1855 年 3 月，约翰 · 罗斯金（John Ruskin）的岳母，索菲亚 · 格雷夫人（Sophia Gray）生了一个男孩 ——那时她已 47 岁；她女儿称，“正是
232 由于氯仿的神奇功效”，她母亲免于遭受两个小时的分娩之痛。[2] 尽管许多妇女面临分娩的痛苦仍在继续着，但有意识、主动地缓解生育时的不适感，这种做法不再被当作对上帝的不敬，甚至可以算作有点

〔1〕 *Genesis* 3: 16. 德国版本更加直白，直接讲到了疼痛：“你要孩子会带来痛苦”。

〔2〕 Barnes: *Lancet*, Ⅱ (1850), p.39: A. J. Youngson, *The Scientific Revolution in Victorian Medicine* (1979), Ⅲ; Euphemia (“Effie”) Ruskin (1967), p.254. 迟至 1882 年，德国哲学家爱德华 · 哈克尔 (Edouard Heckel) 仍然坚持认为，有必要赞美法国实施的麻醉方法，尽管当时还远未完全普及。见 Dr. Edouard Heckel, “Les Anesthésiques et la douleur,” *La Nouvelle Revue*, XIV (January-February 1882), p.80-90。

时尚了。

一些人认为，做母亲的过程所经受的疼痛是自然的、有益的，契合神学理论，因此这成为反对使用氯仿缓解分娩疼痛的理由，但也成为更进一步地打开通往隐秘的爱欲生活的通道。男人们为他们对女人分娩疼痛的那份暗藏的愉悦心情给予辩解，理由是疼痛可加速分娩的过程，更何况，自古以来疼痛不总是伴随分娩的吗？这样的辩词显示出19世纪末潜在的施虐狂倾向，同时也不可避免地显示了某种程度的对性问题的恐惧。根据一些产科医生的报告，女人在麻醉剂的作用下会突然使用某些淫秽、放荡的语言，而其他医生也证实了这一点：泰勒·史密斯（Tyler Smith）发现，氯仿将麻醉下的疼痛转变为其他表现形式，并可能激发性兴奋。这种论点甚至还得到了广泛的流传，而且在其不断流传的过程中增加了一定的可信度，不过持这种观点的人们发现，这种观点本身也易受到攻击。詹姆斯·辛普森（James Simpson），一位杰出的苏格兰外科医生，也是氯仿的发明者之一，强烈主张使用氯仿。1848年，詹姆斯·辛普森尖刻地批评了对这种关于氯仿导致淫秽的报告耿耿于怀、念念不忘的人，称他们的做法是在无意识下暴露了在他们自身思想中，对性问题的最严厉的自我困惑和折磨。与辛普森一样，同为苏格兰人的詹姆斯·赛姆（James Syme），也是一位知名的外科医生，一年后对辛普森为氯仿做的辩护给予了回应。詹姆斯·赛姆写道，这些报告是那些使用氯仿的医务人员内心隐藏的想法，而并非那些接受氯仿治疗的女性的思想。[1] 以上的回应都带有强烈的感情色彩，当然远非公正无私的。不过，这些回应很机智地把对怀孕的认识与性问题联

---

〔1〕Dr. Tyler Smith, quoted in F. B. Smith, *The People's Health 1830-1910* (1979), p.21; Simpson, *Anaesthetic Midwifery: Report on its Early History and Progress* (1848), p.19, in Youngson, *Scientific Revolution in Victorian Medicine*, pp.125, 114.

系在了一起，而后者正是前者的起源之所在。他们觉察出来的这项推测比西格蒙德·弗洛伊德更早，而在半个世纪之后，弗洛伊德将这种心理机制嵌入了他正在研究的各种心理防御机制之内，并对其起源和各种表现形式提出了解释。

辛普森和塞姆直言不讳的观点，更由于氯仿无可争辩的效力，在
233 当时占据了主导的地位。尽管在19世纪后半期，无论是在预想之中或是在现实中，女性的恐惧或疼痛都有所降低，但死亡犹如不祥的幽灵一般，继续困扰着无数女性。玛莎·C.莱特（Martha C. Wright）在1859年3月把她们的朋友伊丽莎白·坎迪·斯坦顿（Elizabeth Cady Stanton）的消息告诉了苏珊·B.安东尼（Susan B. Anthony）："斯坦顿夫人又生了个儿子。我很高兴斯坦顿平安地度过了这个严峻的考验。"[1]这仍旧是一种考验，然而，同时也是一种危险：根据西方世界一份重要的统计资料，在维多利亚早期，尽管这种统计资料的重要性还很难预测，但以20世纪末期的角度来看却是令人震惊的。1841年，克里斯托弗·伯诺利（Christoph Bernoulli）博士作为巴塞尔大学产科学方面的教授，进行了基于现代统计学原则上的第一次人口统计学研究。他对整体数值的不清晰表示惋惜："数值估算还够标准，但结果却取自绝大多数并不十分确切的调查，而且也不具有可比性。"他引证了许多关于婴儿死亡率的官方数据，数据统计结果令人担忧，而且彼此间存在很大差异。这门新兴的人口科学证实了常识的推测结果：伯诺利总结道，年轻人中的"大部分"都过早地死去了，而且通常是在其生命的最初阶段。他也比较自信地宣布，阶级差异和收入差异与婴儿死亡率直接相关，尽管以上因素还存在诸多变数。按照他的结论，在他所生活时期的巴黎，死亡率在贫困家庭的孩子和拥

〔1〕March 29, 1859, Folder 1028. 1, Garrison Family Papers, SS.

有舒适生活的孩子中做比较，贫困家庭的孩子死亡的数量是后者的两倍。在贫困家庭的孩子中，弃婴的处境是十分危险的。[1] 有些孩子很幸运地降生在父母婚后仍然富有的家庭，但他们长大成人的机会仍岌岌可危。

在伯诺利编辑其专题论文的几年之中，为获取更准确的社会信息，这种追求几乎达到了一种狂热的地步，并迅速从一国蔓延至另一国，很快形成了一种无可阻挡的盛行态势。比利时的阿道夫·凯特勒（Adolphe Quetelet）和英国的威廉·法尔（William Farr）开启了对社会现象的定量研究，并通过大量的对比分析寻求对这些数据的解释，由此为医疗卫生的改革奠定了坚实的基础。也正是由于这个原因，作为众多研究者之一，威廉·法尔将英国划分为有益于健康的和有损于健康的两种地带，其主要目的就是要找出导致后一个地带中婴儿的高死亡率，并使这个地带遭受严重打击的原因；如有可能，如何尽量减少前一个地带的婴儿死亡率，使其不至于达到那种令人心碎的数量程度。在谈到 19 世纪 60 年代这 10 年间的婴儿死亡率时，法尔在其实用主义的计算数据中糅合了令人痛彻心扉的同情心，他写道：“据统计，在利物浦，10000 个出生的活体婴儿中，只有 5396 个婴儿能活到 5 岁；但是在有益于健康的区域，为了达到这个数字比率，只需要每年新出生 6544 个婴儿。新生儿在短时间内的高死亡率，不仅令人悲痛万分，也是社会资源的巨大浪费，而最主要的是，对于这些幼小 234
生命的逝去，其父母遭受的痛苦则是无可估量的。”在这个充满慈悲心怀的人口统计学家心目中，这种浪费和悲伤固然令人无限痛惜，但在一个因失去孩子而悲痛万分的母亲面前，这些统计数则显得多么的

〔1〕*Handbuch der Populationistik oder der Völker- und Menschenkunde nach statistischen Erhebnissen* (1841), S.233-234, 244-248, 301.

苍白无力："一个母亲，看着刚出生的婴儿，首先想到的竟然是他会很快死亡。"必须采取行动，以扭转这种状况。

也的确采取了某些措施，但是几十年过去了，效果并不明显。到了 19 世纪 70 年代中期，法尔评论说，"婴儿高死亡率仍受到医学统计者的极大关注"。因为现实进展微乎其微，而且前景不容乐观。实际情况更加严峻：例如，以 1875 年的英格兰为例，法尔写道，"在这一年中，婴儿平均死亡率为：每 1000 个婴儿中会有 158 个死亡，这比从 1861 年到 1870 年十年中婴儿的平均死亡率高出了 4‰。这就说明婴儿死亡率是上升的"。死亡率的显著变化颇为令人费解。例如，在利物浦，1873 年至 1875 年间，婴儿死亡率达到 218.9‰，就连被称为英格兰首善之区的朴次茅斯，死亡率平均都为 145.9‰，而整个苏格兰，尽管以医药闻名已久，但婴儿平均死亡率仍达 125.7‰。在整个 19 世纪，这是每一位怀孕的女性不得不面对的现实。一年之中，每 8 个婴儿中"只有"一个死亡，生活在这样一个国家中是一种获得慰藉的理由。在法尔和他的同事们论及的导致死亡的因素中，"麻醉剂的使用、早婚、母亲的身体虚弱"等是主要原因，当然肯定包括"不良的卫生设施"等，以上的原因也为降低婴儿高死亡率提供了希望。[1] 但是，放弃麻醉剂、推迟结婚、提高母亲的体质、改进卫生设施：所有这些做法被推行了几十年，可在减少婴儿死亡率问题上的作用并不显著。可想而知，世界各地的妇女对这一切可谓是感受至深的。

国际间的比较尽管带有一定的启发性，但仍然没有定论。在 19 世纪 60 年代，瑞士的婴儿死亡率令人羡慕地降低到每 100 个婴儿中

---

〔1〕 *Vital Statistics: A Memorial Volume of Selections from the Reports and Writings of William Farr,* ed. Noel A. Humphreys (1885), pp.186, 190, 191-193.

只有 11 个死亡，甚至低于苏格兰。在相同的几年中，普鲁士、法国和西班牙，婴儿死亡率是瑞士的两倍，而且这些令人沮丧的报告并没有完全公开真实的数据。据我们了解，英国记录显示的婴儿死亡率平均数是 100 个婴儿中有 16 个左右死亡。然而，数以千计的死亡数字没有被报道，真实的数字肯定还要高出很多。即使像英国这样为其自身科学成就而自豪的国家也没能显著地降低婴儿死亡率。直到维多利亚女王统治时期的末期：仅仅在 1900 年后，婴儿死亡率 235
才开始下降，1910 年后死亡率才最终达到了瑞士在半个世纪以前的水平。

在挽救处于死亡危险中的婴儿方面取得了巨大成就，却仍无法保证婴儿能够活更长的时间：在 19 世纪，孩子在一至五岁的死亡率与刚出生婴儿的死亡率一样高。甚至，五岁也不是安全的临界点。面对幼儿的死亡，医生们束手无策，而倾向于称之为自然选择——这种说法只是为了减少医生对婴儿死亡所负的责任。1847 年，罗斯金的妻子，埃菲·格雷（Effie Gray）的三个妹妹在几周之内相继死于猩红热；1852 年埃菲·格雷的另外几个妹妹又遭受了疾病的侵扰，但被救活了。格雷一家的状况确实太需要改善了，因为这一家 15 个孩子中只有八个活到七岁以上。这个令人担忧的数字绝不是特例。迈克尔·泽诺·狄默（Michael Zeno Diemer），一位不太知名的德国画家和作曲家，他的父母几乎与格雷一家状况一样：狄默父母 1816 年结婚，生育七个孩子，这些孩子中前两个是女孩，出生后几个月就死了。余下的孩子中两个男孩死于白喉，分别死于三岁和九岁。孩子的死亡是预料中的事，但对大多数人而言仍是可怕的事件。有时，冷漠——更确切的称谓是麻木，就是想方设法使父母接受丧子这个痛苦的事实。在瓦尔特·惠特曼早期带有浓重自传色彩的一部小说中，他提到了一个死于婴儿期的小孩，他的评价是：“《我的男孩女孩们》，这并非一件悲伤的事情——我们不会哭泣，也不会心情沉重。”[1]

这种不动声色的话语并不代表冷酷无情，而是对经历的事已感到习以为常，所以表现出很强的自控能力；当然更主要是为了隐藏被抑制的伤痛。在1890年，格奥尔格·勃兰兑斯这位老成练达的男人，失去了他无比珍爱的十岁女儿，这事件给他造成精神上无法弥补的创伤，勃兰兑斯悲痛不已达几个月之久。[2]与惠特曼形成鲜明对照的是，大部分的普通中产阶级，无论是虔诚的教徒还是无信仰者，发现他们自己在面对孩子死亡时，不胜伤悲；大多数人都禁不住痛哭不已，心情也无比沉痛，当然更担心其他孩子的安危。1854年秋，约翰·里奇（John Leech）——英国著名的插图画家及漫画家，偕同他的家人拜访了约翰·艾佛雷特·米莱斯（John Everett Millais）。根据米莱斯的记载：“里奇的一家人包括他本人、他的妻子、姐姐、孩子、保姆和女佣。这个孩子几乎天天都备受这五个人的关注，里奇家失去了第一个孩子，因此对这第二个也是唯一的孩
236 子格外担心——这个五个月大的小女孩长着一双漂亮的蓝眼睛。”[3]里奇一家颇受命运的眷顾：他们的女儿幸运地活下来了，在第二年，里奇夫妇又为他们的将来增添了一个孩子——这次是个男孩；对于19世纪的中产阶级来说，他们用于平复丧子之痛的惯常方式就是快速地怀孕生育。

在通常情况之下，死亡率在阶级差异方面也有所体现，但对于新

---

〔1〕Grays: Lutyens, *Millais and the Ruskins*, 7n; Diemer (1867-1939): Michael Zeno Diemer Papers, Aba 433, folder I, 1, Handschriften Abteilung, Stabi, Munich; Whitman: Justin Kaplan, *Walt Whitman: A Life* (1980), pp.85-86.

〔2〕Brandes to Alexander L. Kielland, December 19, 1890, and to Jonas Lie, January 8 [1891], *Georg og Edvard Brandes, Brevveksling med nordiske Forfattere og Videnskabsmoend*, ed. Norten Borup, 8 vols. (1939-1942), Ⅳ, part 2, pp.364-365, pp.451-452. 此处引用得益于亨利·吉本斯 (Henry Gibbons)。

〔3〕Millais to Effie Ruskin, July 26, 1854, in Lutyens, *Millais and the Ruskins*, p.238.

生婴儿的死亡而言，中产阶级也同样很少能幸免。在婴儿死亡率的调查之中，19 世纪的统计学家充分证实了显而易见的事实：穷人阶层，由于其自身都很难获得充分的营养及栖身之所，似乎未能博得医生的关注，在社会公共机构中也被极度冷漠地对待，而实际上贫困家庭孩子死亡率是富人的 2 倍，甚至更高。正如伯诺利在 1841 年提到过的那样，这一现象在巴黎也确实存在。在兰开郡（Lancashire）的普勒斯顿镇（Preston），在 1860 年前后，“上层阶级”的 5 岁以下的小孩，每 100 个要死亡 18 个；“中产阶层”的婴幼儿死亡率是上层阶级的 2 倍，即 36%；下层阶级的婴幼儿死亡率则要超过 60%，又是中层阶级的 2 倍。[1] 无论是富人阶层还是中产阶层，他们都必须面对丧子之痛的折磨。在 19 世纪，对于中产阶级家庭而言，如果他们的五个孩子中仅有一个死亡，那么他们会认为自己是最幸运的。

除非一个妇女在生育过程中死去，或者永远丧失了生育能力——这种情况也并不鲜见，否则可以很冷静地说，婴幼儿的死亡并非一个无可弥补的损失。一个妻子本身就是一种可再生资源。19 世纪的很多鳏夫，妻子死于分娩时他们非常悲痛，但也会毫不犹豫地选择再婚续弦，这时另一位更年轻的女人将面临残酷的流产、产褥热，或者是某些慢性疾病的困扰。通常情况下，子女多的大家庭中，母亲更易受到威胁，并最终击垮他们维持生命所必需的能量。弗朗茨 · 约瑟夫 · 勒因巴赫（Franz Josef Lenbach）是巴伐利亚一个小镇上的建筑师，弗朗茨 · 冯 · 勒因巴赫（Franz Von Lenbach）的父亲；冯 · 勒因巴赫后来成为德意志帝国时期广受欢迎、收入最高的肖像画家。约瑟夫 · 勒因巴赫与第一任妻子在九年间生育八个孩子，最后一个孩子出生不久后旋即死亡；同时这次分娩殃及了婴儿母亲的健康，致使勒因

〔1〕Bernoulli, *Handbuch der Populationistik*, p.301; Smith, *People's Health,* pp.65-69.

巴赫夫人自1830年末起变得病弱不堪，并于1832年11月去世。六周之后，勒因巴赫又为自己找了第二任妻子，十年时间内，又生了八个孩子；他第二任妻子与第一任一样，在生下最后一个孩子的一年后去世。[1]生育危险是很大的，很多丈夫也是对此欠考虑的，尤其
237 是那些为了填补自身对第一位妻子忧思而寻找第二任妻子的男人。不过，即使是温柔慈爱的丈夫，尤其是处于19世纪上半叶，也同样没有可靠的方法使他们的妻子免于生儿育女时的致命风险。

这些数据很难解读，各处提供的数据都是不准确或不可靠的。贪心的医生不愿到那些穷得无法付费的家庭出诊，还有一些不称职的医生，面对难产的案例时不知所措，只能寻求验尸官或者同行医生的保护了。妇产医院也尽力保护医生的荣誉，把病人的死因归结为与怀孕不相关的无知、卫生条件差、看护不周，或者是某些难以找出原因的疾病。助产士通常经验丰富，而且称职能干，但也有很多人训练不足，甚至酗酒，在监管不足的情况下从事着充满危险的职业。一直到19世纪末，对生育危险的医学诊断还始终是含混不清的，而且当时也显示出明显的知识不足。所有这些因素，使得对婴幼儿出生死亡的调查研究，如同一个令人沮丧的猜谜游戏。当然，还是可以获得某些方面的数据，但这些数据缺乏可信度；尽管如此，这些数据还是揭示了某些令人焦虑的事实。在1820年与1834年间的普鲁士，正如伯诺利在他的论文中提到的那样，108个分娩妇女中会有一个死亡。在瑞士的圣·高伦省（St. Gallen），产褥热和一些产后引发的病症都仍具

---

〔1〕Siegfried Wichmann, *Franz von Lenbach und seine Zeit* (1973), S.8-10. 威廉·米莱斯（William Millais），这位画家的兄弟，于1860年结婚，两年后由于他妻子朱迪斯（Judith）生第二个孩子时死亡，他成了鳏夫。Lutyens, *Minais and the Ruskins*, p.259n. 由于怀孕以及生育的长期影响，即使产妇有幸生存下来了，剧烈、长久的痛苦也仍然会持续。塞西莉亚·毕肖普（Cecilia Bishop）是埃菲·罗斯金（Effie Ruskin）的一位朋友，在产后一年都在遭受痛苦。Ibid., p.116.

较强的破坏性：1830 年至 1837 年间，婴儿出生与产妇死亡的比率仅为 88:1。德国的符腾堡（Württemberg）提供了一个令人颇感欣慰的对比数据：比例达到了 175:1。这些数据令伯诺利和其他一些人都感到很困惑。伯诺利指出，“一些妇女在生育后的很长一段时间后才死亡，但仍是由生育原因导致的”，他推测大约 100 个孩子的出生必定会导致一个产妇的死亡。1870 年，英国的数据显示 204 个产妇中会有 1 人死亡。在 19 世纪 80 年代，这一情况几乎没有改善，211 个产妇中有 1 例死亡。[1]

如同对婴儿死亡率的研究一样，对产妇死亡率的研究中，国际间的比较研究也是发人深省的。最著名的比较研究是 19 世纪 40 年代早期，出现在维也纳的一所繁忙的妇产医院；在此，伊格纳兹 · 塞梅尔维斯（Ignaz Semmelweis）医生搜集资料数据，并提出了他的假说——这个假说引发了具有争议的抗菌法的发现。1841 年至 1846 年间，在维也纳妇产医院处置的 37833 病例中，有 2680 例死亡，死亡率为 7%。在众所周知的维也纳医院第一分院——其生育病人死亡率与第二分院形成了鲜明的对照，平均死亡率达到了 10% 左右；在一 238
些死亡高发月份，死亡率会上升到 14%，甚至到 18%。[2] 尽管在这一个世纪中，人们时刻处于高度的紧张状态，并为预期中死亡的产妇做好准备，但这一死亡人数仍然高得难以让人接受。

妇产医院中的死亡人数，即使在死亡出现最少的病房中，也暗示了怀孕妇女身处不同阶层带来的明显的对比结果。从具有决定意义的方面而言，中产阶级女性生活条件自然比工人阶级或农民阶层好得多。中产阶级女性去医院分娩是为了逃脱痛苦的折磨。她们的食物富

〔1〕Bernoulli, *Handbuch der Populationistik*, p.283; Farr, *Vital Statistics*, pp.269-281.

〔2〕Sir William J. Sinclair, *Semmelweis: His Life and His Doctrine; A Chapter in the History of Medicine* (1909), pp.29-33, 45, 51.

于营养、病房相对卫生，并且对她们的医疗护理相当受重视——至少在大部分情况下是如此。然而，充满悖论的是，上流社会医生推崇的复杂现代技术、新近的发明和人们不甚了解的医疗器械被广泛使用，致使中产阶级女性身陷于感染和其他一些病症之中，而工人阶级的女性由于一贫如洗而无缘触及，从而使她们免受上述病痛侵害。[1]对于富有的中产阶级而言，无论是急切的或者虔诚的等待中的任何女性，在怀孕期间都会处于一定程度的焦虑之中。

很难找到关于这种焦虑的文献记载——当然更是无法衡量的，尽管这种焦虑稍纵即逝、难以捕捉，但在女性为自己保存的日记或书信等真实的表白中，还是给人留下了深刻的印象。1852 年 12 月 20 日，凯丽 · 托马斯的姨妈汉娜 · 史密斯（Hannah Smith），特别提到她第二次怀孕，带着忧伤并夹杂着一点抱怨："我目前很担心，经历怀孕时期的考验对我来说是痛苦的，现在这种考验再次降临到我身上了。当我的小埃莉两岁时，她将有一个小弟弟或小妹妹了。"很明显，堕胎是不可接受的。"对我来说，这是一个严峻的考验，"她补充道，"我丈夫赞成我的想法：我还太年轻，难以承受这样的焦虑和痛苦经历，他说要等到我 25 岁时再尝试第二胎。"显然，史密斯夫妇曾经讨论过节育的问题，而且史密斯先生也试图保护他妻子，避免怀孕——然而一切却是枉然。"怀孕使我曾经的期望、美好的憧憬，以及回归少女时快乐时光的希望都破灭了。怀孕是女人要面对的命运，我必须试着

---

〔1〕在分析 19 世纪 80 年代英国和威尔士的产妇死亡率时，史密斯（F. B. Smith）写道：在伦敦，"富裕的教区，诸如汉普斯特德（Hampstead）、圣 · 乔治（St. George）、汉诺威广场（Hanover Square）等，产妇患产褥热的概率，以及总体上产妇的死亡率，要比东部的圣 · 贾尔斯（St. Giles）和圣 · 乔治等贫穷教区更高"。和条件恶劣的地区相比，富有的地区会出现更高数量的产褥热及产妇死亡率。他总结称，能雇佣仆人的阶级在分娩问题上大量花费金钱为的是心理上的安慰，但结果是，并未减少其生育面临的危险。*People's Health,* pp.14, 56.

使自己毫无怨言地、耐心地、平静地接受现实，不要因为我现在的状态而使我的家庭不愉快。但是，做起来多难啊！”她的外甥女读到了这些信息，它们给她留下了深刻的印象，如钉子一样钉在她的脑海之中，她于1878年将这些话抄写在日记中。看来，她也同样认为，这做起来确实是很困难的。如此这般的讲述，她虽表现得很勇敢，亦显得很无助，但这一切都加强了凯丽·托马斯的决心：她要完全投身于 239
事业之中，永远不选择婚姻；其实这样做也是为了永远不要经历怀孕生育的那种折磨。[1]

事实上，汉娜·史密斯代表了更多的体面女性的思想——这是她没有想到过的。之前的埃莉诺·罗杰斯，在流产之后愤愤不平地倡导妇女独身、拒绝婚姻的运动。还有梅贝尔·卢美斯·托德，连续几个月都拒不承认自己怀孕的事实；只是在她丈夫向她确认了怀孕状态，并告诉她很快要做母亲时，她才迫不及待地为扮演母亲这一角色着手准备。此外，还有马萨诸塞州的伊丽莎白·德怀特·卡伯特（Elizabeth Dwight Cabot），她于1857年结婚，新婚旅行后到欧洲定居，开始家庭生活。直到1858年，在她第一次怀孕时给她姐姐的一封密信中，卡伯特才向她承认了自己的状况。她承认自己的精神面貌是很好的，但很快就责备自己“过于草率”。当时她的状况确实可谓比较严重，这种情况可能转变成危险。因此，她决定修正自己的行为，甚至还包括她的情感和思想，以符合她所生活的上流社会对她的要求。“我立了遗嘱，把我所拥有的物品做了分配。只要是我能想到的，我不希望留下未做完的事而离开。”[2]她的焦虑是真实存在

〔1〕Diary, September 1, 1878, *The Making of a Feminist: Early Journals and Letters of M. Carey Thomas,* ed. Marjorie Housepian Dobkin (1979), p.149.

〔2〕Carl N. Degler, *At Odds: Women and the Family in America from the Revolution to the Present* (1980), p.60.

的——这种焦虑体现了精神上的坚定和严肃性，但二者都一样是真实的。她对自己的草率行为产生的负罪感，激活了她对现实世界的责任感，而她很可能英年早逝、过早地离开这个世界。

伊丽莎白·卡伯特做了所有该做的事，立下遗嘱，以及处理其他诸多可能涉及的善后事宜，但她也承认，怀孕使她处于良好的精神状态之中。从生物学和人文的角度来看，有充分的理由解释为什么卡伯特和其他数以千计的女性怀孕时感到内心满足。一旦经历了前几个月局部的兴奋之后，荷尔蒙的增加和新陈代谢水平的提高会产生精力充沛的舒适感，从而产生某种自豪感和成就感。1823年，乔治·桑给女修道会学校时的好友艾米丽·维斯莫（Emilie de Wismes）写信，在信中她分析了自己当时那种欣欣然的极度幸福感，同时也坦率地承认了一定程度上的不舒适感，充分表达了数以千计与她一样处于怀孕状态的妇女的经历。乔治·桑经历了轻微的创伤，正卧床休养；她安慰她的朋友说，自己的疼痛是完全能忍受的。“相反，没有什么比宣布自己怀孕更甜蜜的痛苦了。”同时，她也坦白道，“那种不安和令人烦恼的情绪也是真实存在的。”尽管医
240 生、护士和药剂师使她感到害怕，但她坚信所经受的痛苦只是暂时的，只有幸福才是真正长久存在的。“我相信，新生宝宝温柔的爱抚就会让所有的妈妈忘掉她所遭受的一切痛苦。在期盼中，你能感觉到一个小生命正在你的体内微微躁动，你无法想象那是怎样一种快乐的心情。”在信中，也稍稍流露出了一丝矛盾情绪的迹象。在兴味盎然地叙述她怀孕时期的幸福感之前，乔治·桑还在一定程度上对婚姻表达了一丝的赞誉：“在这里，我不想和你大谈婚姻的品味，因为那是由你自己去经历的，同其他人一样。此外，你目前的情况是如此的惬意，而且令人愉悦，我认为你没有必要急切地去改变现状。我只想让你对我处于现在的状况所经受的痛楚感到放

心。”[1]她具有敏锐的感知力，使她没有忽视对这种疼痛的原因以及婚姻状态的探求；她对待朋友的诚恳态度也并未使她压抑对痛苦的表达。她能够享受并沉湎于这种具有生理学意义的幸福感与这种最甜蜜的痛楚之中。当然，很多女性都同她一样，即使是比乔治·桑更焦虑、更害怕生育的女人，都认为分娩的疼痛比起因此而获得的喜悦仍是值得的。到19世纪末，随着生育的疼痛有所缓解，衡量分娩幸福与痛苦的天平更多地倾向生育的幸福感了。

当然，怀孕从来都不仅仅是纯粹的内分泌学方面的问题；到了19世纪亦是如此。社会的需要、经济的驱使、家庭的自豪感等现实压力，总是能够促进某些可容忍的情感或者对它们施加诸多限制；这些情感只有在意志最为坚定、思想最为独立的女性的抗议中才能显露出来，而在那些最具防御力的女性身上，这些情感就被深深地压制着。作为丈夫，所有男人都想有一个男性继承人，又想显示其男性雄风；孩子被视为家庭亲密关系的纽带。能生育是一种福气，不能生育则是因为受到了诅咒——这已成为人们心中不可争辩的事实。这些描述性语言暗示了一种强力的男性情感，也显示出一种沉重的文化偏见：只有那些能够生儿育女的妇女才受到尊重，不能生育当然就是一种耻辱。

进而言之，对怀孕的情感定式受到了各种因素的渲染或阻碍，这主要表现在一贯感情丰富的、近似于宗教颂歌的各种重复说教的形式之中，例如宗教布道、家庭聚会或是流行小说。关于这种创造新生命的神圣性，即生育的“奇迹”，已经积累了太多道貌岸然的说辞，大多数类似的话语都是经由男人们散布的。詹姆斯·彼特里（James

〔1〕January 30 (1823), *Correspondance*, vol. I, *1812-1831*, ed. Georges Lubin (1964), p.103.

Petrie）是新泽西州菲利普斯堡地区长老会教堂的牧师，他的说教最具有典型的特征："我无意论及第一个孩子出生带来的喜悦，或者是父亲、母亲的称谓所具有的特殊情感联系——只有那些经历过的人才
241 能体会到其中的奥秘。甚至，母亲的痛苦很快会转变为欢乐，因为一个新的生命已经降生到这个世界。"[1] 因为上帝所赐予的，足以抹去所有的苦痛。

即使是哈夫洛克 · 艾利斯（Havelock Ellis）也无法逃脱这一主导性的风格，而以他对自己的判断，他是一位头脑冷静、孜孜以求的学者，在性生活带来的痛苦方面也颇有研究。在他《论怀孕期的精神状态》一文的结论部分，他指出了一些围绕于医学科学的尚未能解决的问题，并宣扬他一贯坚持的关于"怀孕的奥秘"的思想，以预言式的语调明确指出："作为一个物种，人类的未来与此息息相关。"在结束语中，他再次陷入了对这种奥秘的宗教沉思之中，而表述其思想的语言也是当时颇受青睐的、富有诗意的宗教风格："我们的精神升华到了一个新的领域，在此最高的智慧将引领我们进入唯一的崇拜的境界，我们正亲眼看见自然运作的进程，与造物主的神圣使命合二为一。"[2] 如果说哈夫洛克 · 艾利斯的思想和语言表述，代表了从 19 世纪向 20 世纪转换交替时先进的思想观念，连他都可能进入这么一种忘乎所以的境界，那么我们似乎也不该责难当时流行的出版物或布道者，以及他们那种歇斯底里的夸张语调和风格了。

然而，这种虚幻的神圣化状态，并不意味着洋溢在怀孕女性心中的那种实实在在的幸福感是做作虚假的，或者纯粹只是对于流行的社会神话的简单重复。在某一个最神奇的时刻，怀孕的欲望可能降

---

〔1〕*Marriage Gift* (1864), p.76.

〔2〕"The Psychic State in Pregnancy" (1906), *Studies in the Psychology of Sex*, 2 vol. ed. (1936), Ⅱ, p.229.

临到任何一个女性身上，并使她为之怦然心动。1899 年 3 月，为了感谢她的情人利奥 · 约格奇斯（Leo Jogiches）给她精心挑选的生日礼物，罗莎 · 卢森堡（Rosa Luxemburg）沉湎在对未来家庭生活的幻想之中。约格奇斯送给她的生日礼物是德国经济学家卡尔 · 约翰 · 洛贝尔图斯（Karl Johann Rodbertus）的著作，而她作为一个富有灵气的政治理论家和活动家，对此感到非常开心。“你无法想象，你的选择令我多么愉快。知道吗，洛贝尔图斯是我所喜爱的经济学家，对于他的著作，我百读不厌，而且完全是为了获得精神上的快乐。”但是，罗莎 · 卢森堡还有另一面——母性的一面；对此我禁不住联想到了中产阶级特性。在给她亲爱的利奥的那一封长信中，卢森堡表达了她的快乐心情，她开始认真考虑他们可能的家庭生活的安排，渴望拥有“我们自己的小房间、我们自己的家具、属于我们自己的书房，安静而有规律地工作，一同散步，不时去看歌剧”，诸如此类的快乐生活。“我们还要有一个小小的、可爱的小孩儿吗？这永远办不到吗？永远实现不了吗？亲爱的，你知道吗，昨天我在公园散步，谁和我搭讪了吗？”她自问自答道，“是一个孩子，三四岁大，金色的头发，穿着漂亮的裙子；她盯着我看，我突然有种强烈的冲动，想夺过这个孩子，迅速带她回我们家。亲爱的，我永远都无法有自己的孩子吗？”[1] 即使是像罗莎 · 卢森堡这样一位毫不妥协的思想者和具有献 242
身精神的革命者，都满怀期待地希望有一个孩子，那么环绕在她周围的那种关于母性本能的陈词滥调，至少在其母性的一面中得到了某种体现。

女人孕育生子，尤其是第一次经历，意味着她在情感的演化方面又前进了一步：这涉及一个复杂的重构过程，即重新建构她与母亲和

〔1〕 J. P. Nettl, *Rosa Luxemburg*, 2 vols. (1966), I, pp.143-144.

丈夫之间的依恋关系，同时这也意味着在一个新的环境之中，对早期受到长期压抑的情感的复兴过程，并有可能导致新的后果。怀孕，即精神分析学家称之为正常危机（normal crisis）的一段时期。在适当的境况下，这种危机将增强对世界和自我的控制；同时通过增强一种暂时的依赖过程，获得一种成年人的自主性感觉。[1]很显然，怀孕的意义之中包括了对承诺的履行，即女性自身的生理禀赋和心理可能性的实现。

但是对于19世纪的一些女性来说，这个承诺就显得十分空洞了，因为有些家庭由于贫困而无法为更多的孩子提供衣食，或者有些女性因为拖家带口、养育子女而身心疲惫，她们就不会再满心欢喜地期待另一个小孩的降生了。对于一些已为人妻的女性，如果她们自己也是稚气未脱，或者热衷于享乐，也不太愿意放弃以往的社会交往——甚至是到国外旅行，那么对她们来说，怀孕就很难说是一件令人愉悦之事了——公平一点说，对于一些丈夫来说，也是如此。但是，对于那些能够承受这种外来强加的幸福感的女性来说，因为丈夫对她们关怀备至，她们的母亲也时刻在周围关心体贴，同时她们也知道，分娩之后将会有一段休养的时间，那么怀孕的承诺对她们而言则是热情而强烈的，也使她们满怀憧憬。但是，这种期待和憧憬却大打折扣了，因为她们心中有对婴儿死亡的根深蒂固的恐惧，她们自己也可能为此付出生命。这是一种充满焦虑的希冀，必须要经过冷静的深思熟虑，但

---

〔1〕在此，“正常的危机”是一个再适当不过的表达了，这个措辞我引自 Grete Bibring et al., “A Study of the Psychological Processes in Pregnancy and of the Earliest Mother-Child Relationship,” *Psychoanalytic Study of the Child,* XVI(1961), pp.9-72。对于哈夫洛克 · 艾利斯的论文“The Psychic State in Pregnancy”，浏览其中的脚注也是大有裨益的，尽管包括艾利斯在内的一些作者浪费很大篇幅探讨了“产妇印象”的问题，但是自从19世纪80年代末期开始，严肃、负责的有关怀孕心理方面的研究就清晰地呈现于欧洲和美国医药文献之中了。

是在情感的矛盾冲突中，希望通常能够战胜恐惧。此外，对性的渴望——女人同男人一样——都是不可轻易忽视的。

在此，笔者愿提到一个著名的案例，作为精神分析的历史学家有充分的理由应该谨记；因为在这个案例中，怀孕成了爱情的象征：约瑟夫·布鲁尔（Josef Breuer）治疗奥·安娜（Anna O.）的案例。她是布鲁尔从 1880 年到 1882 年治疗过的一位患有严重歇斯底里症的患者，同时这一案例也使得布鲁尔成为所有精神分析案例的鼻祖。对于奥·安娜而言，她的性爱连系是单方面的，纯属幻想；代表爱情的特征也完全是虚构的。安娜的父亲长期染病，她对父亲悉心照料，她 21 岁时父亲去世了，她也患上了癔病性瘫痪症，语言不能自控，部 243
分身体也失去了知觉，经常出现神志昏迷的状况，甚至会发狂。经过几个月的悉心治疗和一段时间的深度催眠，布鲁尔说服他的患者讲出了她的症状，回顾了这种症状产生的原因，追溯了这些症状的象征性表达；渐渐地，布鲁尔使安娜恢复到了正常的生活状态。但是，由于布鲁尔长时间地为安娜治疗，使得安娜不知不觉地爱上了他。对布鲁尔来说，如果被这样一位非同寻常的病人所爱慕，成为她的追求目标，那么布鲁尔的妻子不可能不发觉某种蛛丝马迹而开始憎恨他。布鲁尔意识到由此可能导致的家庭纠纷，因此突然地中断对安娜的治疗，并与她告别。在那一晚，布鲁尔被叫到安娜的床边，安娜原本被治愈的迹象消失了，她处于分娩的歇斯底里状态之中。几个月以来，安娜陷入怀孕的幻想中；当她的“爱人”离她而去时，她表现出了分娩的迹象，但都只是她的幻想。对奥·安娜来说，怀孕是她的一种隐秘的胜利，同时是其绝望的引诱。[1]这种纯属想象的怀孕，相反增

〔1〕关于安娜的案例，见 Breuer, *Studies on Hysteria* (1895), *S. E.*, Ⅱ, pp.21-47；关于弗洛伊德的评论，参阅：“On the History of the Psychoanalytic Movement” (1914), *S. E.*, XIV, pp.11-12。

强了其象征意义：只是对爱的特征符号给予了一定程度的加强；它暗示了更广义上的所有怀孕的意义，即爱的基本规律。

2. 从意识到控制

由此看来，身为人母的憧憬犹如英国的天空：有时晴空万里，有时阴沉忧郁，通常情况下两者兼而有之，但无论如何总是处于不断变化之中。只需照顾自身而无须担忧其他方面的富有阶层的女性，在怀孕时也不是完全毫无忧虑的；而那些中产阶层的女性无论在实际能力和心情上，都是喜忧参半的。我们知道，社会思想和舆论总是一贯雄辩地站在支持女性怀孕的一方，而且从遵循生育的必要性而言，不管女性对其是充满忧虑还是充满期待，总是压倒性地处在支持的一方。时至维多利亚中后期，大多数中产阶级夫妇仍然必须面对频繁的、被动的怀孕，这些夫妇需要承受这其中的危险，甚至一些妇女在三十几岁或 40 岁出头时仍会面临怀孕，这更加重了危险；而要克服这种怀孕上的被动性，还需要一个漫长的渐进过程。女性开始幻想着脱离家庭，或者迫使她们的丈夫进行强制的节制性欲的训练，至少开始探寻生育控制的可能性了。

有关这方面的文献少得出奇，而且很零散，但仍然能找到某些
244 蛛丝马迹，甚至是一些零星的案例：例如有些中产阶级家庭中的妻子们会锁上卧室房门不让丈夫进入，或者中产阶级的丈夫们会体贴地保护他们的妻子，使她们免受不期望的怀孕，或者夫妻双方还会遮遮掩掩、害羞地讨论控制家庭小孩数量的话题。整个 19 世纪，有关生育控制的讨论变得更加频繁，也不再显得那样遮遮掩掩了。但是，顽固不化的保守主义者仍宣称，做母亲是一个女人生活中的首要目

标。至少到19世纪中叶，无论是宗教的观点，还是比较温和的世俗观点，中产阶级的普遍良知都认为，如果说持续生育称不上是女性的最高职责，那实在令人费解。在这种被动的行为受到挑战之前——这种挑战构成了19世纪最富特色的戏剧性表现之一，中产阶级的文化超我（cultural superego）最主要地包括对上帝戒律的推崇。尽管处于这种虔诚的被动状态下，当然也由于无所不在的致命疾病的威胁，中产阶级仍然将婴儿或产妇的死亡视为悲剧。尽管频繁地经历新生婴儿或产妇的死亡，中产阶级悲伤的潜能似乎并没有消退太多。中产阶级似乎也并未深入其痛苦的记忆库中，将这些忧伤痛苦加以稀释，或者由许多家庭共同承担。尽管许多的中产阶级仍然在虔诚地称颂上帝之名——上帝赐予的，他又收回了，但至少有些人开始对具有反讽意味的性欲望之结果表现出了疑惑，因为这种赋予生命的机制已经演变成了死亡的机制。

诚然，基督教禁欲主义支撑着数以千计的家庭承受了丧子之痛。对天堂的幻想给人以安慰，尽管这种慰藉只是暂时的，尽管在长期看来，这种慰藉相对于丧子之痛，还是那么的无能为力。在19世纪，中产阶级相信灵魂不朽，并坚信上帝的仁慈，这给予他们某种慰藉的幻想，而这种幻想在他们彼此的通信交流中得到了很充分的体现。1849年7月，作为康涅狄格州一个富裕的、有素养的美国普通中产阶级家庭的一员，玛丽·安娜·吉布斯（Mary Anna Gibbs）写信给她的弟弟霍雷肖·冯·克里夫（Horatio Van Cleve），以其典型的基督教禁欲主义语气回顾了他们的妹妹，他们“亲爱的玛吉”之死。吉布斯回忆她妹妹的幼儿时期，小时候她是一个讨人喜欢的孩子，“纯洁无瑕、生性活泼”；而成年之后，“和蔼、聪明，并且很虔诚”，她的状况一直都“在改善，直到其生命的结束”。她生的孩子只存活了两个小时，她自己也在分娩的一个月之后死去。“那是一个可爱的小婴儿”，由于早产，“身子十分地小，不过孩子样子很可爱，天真无邪”。正是因为妹妹“失去了她可爱的婴儿，她也被召回了上帝的身边”；玛丽·安娜·吉布斯在信中写道：“自从那个婴儿死后，玛格丽特（Margaret）对天堂产生了新的、更强烈的向往。”她搬来乡下，和吉布斯住一起，希望纯净的乡下空气对她的健康有益，并“在上帝的恩赐下与一些在那里的朋友们愉快地交流”。尽管她看上去也很快乐，但“身体极度虚弱”，一直完全沉默不语。她的沉默不是故作文雅，而是因为身体原因：“她几乎完全没有表达她自己的感情，也很
245 少听我们的见解，无论对于她自己还是对于我们来说，这种状况都太揪心了。”然而，她对上帝的信任和接受，表达得却是很完全、很明显的：“偶尔，她会表现出她在这种平静状态下的愉悦之情，以及上帝对她的给予和神圣的旨意，而经过一切的痛苦之后，这是她心灵唯一的慰藉和满足。她感受到她的救世主就在身边，上帝将她的一切都安排好了。”但她死了，留下了她伤心欲绝的家人，来表达对上帝的感恩：“现在她离开我们，与她心爱的宝贝永远在一起，那个已经先于她而去的婴儿，现在上帝永远都与她们在一起了。”[1]

这是令人心酸的文献，只有冷血的实证主义者才会由此联想到屈辱的情感，甚至寻求其中的受虐狂倾向。相似的例子还不止这一个。1865年2月初，约瑟夫·利曼和劳拉·利曼的第三个孩子，哈蒂（Hattie）生病了；12日，约瑟夫·利曼从纽约写信来，仿佛是给他妻子画一幅田园风景画。“你给孩子打扮好，梳洗干净，”下午的早些时候，“哈蒂还在妈妈的怀里撒娇，或是睡去了。”但他们的宝贝女儿已经病得越来越严重了。两天后，劳拉·利曼又去信告知了她丈夫哈

〔1〕Mary Anna Gibbs to Horatio P. Van Cleve, July 5, 1849, box 13, Ebenezer Alfred Johnson Family Papers, Y-MA.

蒂的病情，几乎是在哭喊着："她还活着，看来还要好起来了。我好几次都以为，孩子的灵魂已经离开她的身体了。"她继续补充道："我实在毫无办法，只能顺从上帝的旨意——我多么不愿舍弃我亲爱的宝贝啊！也许她在这时候离去是最好的，我不能违抗上帝的旨意，把她留在我的身边。"第二天，2 月 15 日，约瑟夫 · 利曼给他"可怜的亲爱的妻子"回信，也继续保持着虔诚的宗教气息："你的信使我悲伤、焦虑"；他甚至在想着要陪同他们的宝贝女儿一起离去，但是"她现在这时肯定要比在这个世界时好多了——好多了！"这对精神焕发、彼此恩爱的夫妻，尽管在文采方面稍显逊色，但两人都钟情于乐观向上的颅相学和哲学研究，对他们来说，他们的孩子在天堂享受祝福的生命，比起在人世间焦虑地存活更显得幸福。事实上，就在利曼写完这几行字的几个小时之后，经过一天一夜不停的抽搐，他们的孩子死去了。约瑟夫 · 利曼之后在其很少记的日记中写下了那个日期，以一种自我嘲讽的语气写道："8 点钟。我的女儿死了。我此刻在为《纽约时报》写稿。"[1]

第二天，劳拉 · 利曼记下了其中的一些细节。"我们原以为哈蒂好些了，我把她抱起来喂奶，延续她那幼小而脆弱的生命——但疾病使她的生命枯竭了。"尽管哈蒂在白天的时候状态还很好，但在夜晚她的情况急转直下，变得更加恶化了，"昨晚 8 点半，她停止了呼吸"。接下来，仿佛是为了证明她对孩子悉心的照顾和无微不至的关心："所有的药物和治疗，所有能延长她幼小生命的救治都用过了——但上帝的手指触及了她，她永远地睡着了。"[2] 温柔的委婉话 246

---

〔1〕Joseph to Laura Lyman, February 12, 1865; Laura to Joseph Lyman, February 14, 1865; Joseph to Laura Lyman, February 15, 1865, all box 3, LF; February 15, Diary 1865, box 6, LF, Y-MA.

〔2〕Laura to Joseph Lyman, February 16, 1865, LF.

语并不能抚平劳拉的伤痛。

事实上，利曼夫妇之间的通信往来，持续了近一个月，都与此事件紧密相关，就是要试图从中寻求些许意义和些许慰藉。2 月 17 日，约瑟夫 · 利曼在宿舍收到了孩子死去的最终消息，他突然从午饭的餐桌上离席，要一个人独处。“哲学是无处不在的，”那一天他写信给他妻子，“它是人类经历的总结。我该去阿斯特（Astor）图书馆，查证这种令人沮丧的统计数据，以此证明几百万的父母正在承受同样的悲伤。荷马可能会说‘我要承受这个，正如我已遭受了其他的苦难一样，以此使上帝满意。我所遭受的是上帝对我的惩罚’。宗教带来更高、更深层次的安慰。她先走了，她只是变成另一种形式。”尽管他说宗教时并不像提到哲学时那样，但他还是觉得宗教是好的；宗教没有让人心灵感到缺失。“这些阴郁的事实不会改变：我们幼小的可爱的女儿、我们的心肝宝贝死了，她的尸体在冰冷的地下僵硬、冰冷了；而痛苦的思想犹如锋利的钢铁穿透了我们的心；灵魂在痛苦和忧伤中吟唱。”[1]

利曼家的两个小男孩也随即加入忧伤的行列之中。约瑟夫 · 利曼在“给阿利（Allie）”的信中写道：“我很悲——伤，哈蒂死了。但她将成为天堂里一位美丽的天使。上帝会为她找一位天使母亲。”这一天，他又以同样的语气在“给查（Cha）”的信中写道：“哈蒂已经去天堂了。一位天使带走了她，她也将成为天使。”即使是在强烈的悲伤情感之下，利曼也不忘记说教的机会，他补充道：“查，你要乖，并要爱护你弟弟。阿利，不要再自私。如果你自私的话，将来你无法成为天使。天使们都是无私的。”[2] 在经历了很长一段时间，也经过

〔1〕 Joseph to Laura Lyman, February 17, LF.
〔2〕 Joseph to Laura Lyman and their two sons, February 22 [1865], LF.

了一大摞的书信往来之后，利曼一家人——无论大人和孩子，才恢复到正常的生活状态。

通常情况之下，孩子们在早期教育时就被灌输以顺从的态度看待死亡。他们在适当的时候就懂得了这一点，正如在1884年6月，爱丽丝·贝尔克纳普（Alice Belknap）对她姐姐苏珊·莱特（Susan Wright）说，“上帝自有他的行事方式，这与我们的不一样”。因此，当凯丽·托马斯八岁时，年龄还太小还不能亲自写出日记，她口述了对于一个早亡事件的个人感受——很显然，是经过家庭教育后的观点——由她母亲替她誊写。1865年3月5日，“这天早晨我见到可爱的小弟弟”。但在9月6日，她讲了一条很伤心的消息：“亲爱的小 247
杰米在林中小屋死去了——我最可爱的小弟弟。”在第二天，尽管未完全从矛盾的心理中解脱出来，但她已表现出稳定的心态了。“我无法忍受看到我亲爱的、漂亮的小弟弟被关在黑暗的棺材中，被埋到地下。如果不是想到我弟弟是去了一片乐土，我还能在天堂与他重逢的话，当人们埋葬他时，我一定会大声尖叫去制止他们的。”[1]

爱德华·托尔玛吉·卢特（Edward Tallmadge Root）生于俄亥俄州，是一个新教牧师的儿子，后来也成为一名杰出的牧师；他少年时代的日记显示，这种家庭教育在小孩的心中已经根深蒂固了。1881年3月，在他就要满16岁时，他弟弟威利死了。他在3月18日的日记中写道：“明天早晨7点钟，（如果我还活着）我就16岁了。我很快要成为大人了！但是，这也是我最悲伤、最悲伤的一个生日，在我们全家轻松喜悦的心情上都增添了一份忧伤。因为我亲爱的弟弟威利去了天堂；没有了他，我感觉很孤独。”卢特极度想念威利。“夜晚再没有柔软的双臂搂着我，没有那可爱的声音低声说‘给我讲故事’

〔1〕June 14, 1884, box 53, SF; *Making of a Feminist,* p.38.

了。没有弟弟在早晨给我生日祝福了，也没有他再送上欢快的话语使我们感受快乐了。天啊，威利，威利，没有了你我怎样生活啊！”以挽歌式的悲伤语调表达了强烈的情感，同时作为一个细致入微的观察者，爱德华·卢特用犹如诊室医生一样准确的语言描述了他弟弟最后的病情。爱德华本身曾经患过猩红热和水痘，在爱德华患病六周之后，“威利染病了。今天是周五。在周四的时候，水痘传到了他的脑部，三天以后他完全丧失了智力。后来，状况有了缓解，威利似乎有好转迹象。但是，疾病又侵入他的左腿和肺部。他全身起了水疱，几乎一直在痛苦地呻吟着。他耳朵就像聋了一样，听不懂任何语言，他的喉咙也坏了无法讲话。”在威利生命的最后时刻，他已经“丧失了意识，我最后一次亲吻他时，他的呼吸已极其微弱，已认不出我了。他的眼睛大大地睁着，他的手抓着我的面颊——在 10 点 15 分时，威利闭上了眼睛，他的头歪向一侧，永远地睡了”。

这种重大事件唤醒了他对上帝的虔诚信仰。“在基督祝福声中睡去，”他写道，“在那里再不会有人醒来哭泣。”卢特总结道，“精疲力竭的咆哮都将被终结”。语言表述是借用的，真情实感却是他自己的。几周过去了，爱德华·卢特在日记中吐露了心声，他是经受着怎样极
248 度的悲伤：“我珍爱的弟弟，威利，失去了你，我该怎样生活！”卢特在 3 月 25 日写下，4 月 8 日本该是威利 14 岁的生日，卢特创作了一首感人至深的赞美诗，回顾他已逝去的弟弟：“勤奋而有天赋，在家庭内外皆受到赞誉。”但是，他补充道，“上帝需要他，把他带回到了自己的身边。上帝，请帮助我们说‘属于你的必将达成’”。诚然，作为牧师的儿子，这种话是很难说出口的。“亲爱的威利，你人生的旅程短暂而快乐；你躲过了多少忧伤和痛苦。”[1] 在这个中产阶级世纪，有

〔1〕Root Family Papers, Y-MA.

时青年人看来也是少年老成，因为他们背负了太多意识上的负担。

也许在这个时代最严苛的意识只有在威廉·埃瓦特·格莱斯通（William Ewart Gladstone）身上才能体现出来，而且他的自我意识也留下了某些可资利用的痕迹。格莱斯通似乎天生就具有惩罚性的福音派超我意识，这一点与他那位具有强烈的宗教意识和严格遵循家规戒律的母亲如出一辙——这位母亲树立了格莱斯通的家风，而她的丈夫则忙于贸易和政治事务。格莱斯通夫人的疑病症简直到了无可救药的地步，时刻担忧自己的身体状况；而且她对这个家庭施加的影响也远远超出其他家庭的母亲。在这个家庭的孩子身上都能找到她的影子——当然对格莱斯通的影响最为显著：在上帝面前需要频繁的祷告和持续的自我否定、强烈的负罪感和内心不安，积极参加各种基督教的慈善活动，以期获得宽恕。格莱斯通的日记充满着引人入胜的丰富内涵，充分揭示了中产阶级意识在家庭生活以及生老病死等问题上的表现。从他的日记中，我们知道，上帝对于威廉·格莱斯通和他妻子凯瑟琳具有非同寻常的作用：上帝的仁慈，与他的愤怒一样，在凯瑟琳·格莱斯通（Catherine Gladstone）的频繁生育中表现得尤为突出。格莱斯通一家在诚惶诚恐之中受到虔诚的基督教影响，恪守两项严苛的要求：顺从上帝的神圣旨意，且要成为坚忍的、恭敬的信奉者。格莱斯通一家信奉的上帝更像是一位严厉的、善变的父亲，通常显得很冷酷、从未做过错事，但是受人敬仰。由这位父亲来处理痛苦与喜悦、死亡与生命，无法忍受的焦虑以及出人意料的解脱，由他的智慧来决定的事必须得到彻底的赞扬。面对家庭的现实压力，上帝成为家庭中的主宰而得到赞美——上帝成了真正的居家上帝。

格莱斯通家的第一个孩子威利（Willy），出生于1840年6月3日，妻子分娩时，格莱斯通在场亲眼看见了这一过程。“一大早，凯瑟琳弄醒了我，我给她请来洛科克（Locock）医生”，他很迅速地赶到。

"一整天都在缓慢的等待中度过，但还是颇为顺利。到上午11点时，又开始了轻微的疼痛，到下午3点仍未生下来。大约下午7点半，大
249 家都认为这是妊娠前的征兆了"。这使得格莱斯通开始祷告："赞美并感谢上帝赐予她仁慈，并赐予她刚毅和坚忍。"所见证的情景使格莱斯通惊讶："对我来说，这是前所未见的人生经历。我见到了她坚毅地忍耐了一整天——尽管L.医生说，一般女人的头胎都会这样疼痛的，但在我看来，她承受的疼痛要比我今生所经历的全部疼痛的六倍还要多。"对于此时的格莱斯通，圣经《创世记》中的诗句会不可避免地浮现在他的头脑中，这也是不足为怪的；这时他还加入了自己的评论，当然也纯属精神上的："'从此你将遭受生育的痛苦'，这是对女人特别的诅咒，这是神对亚当的判决中加之于她的；因此'她将在生孩子中受到护佑'，则是女人从耶稣基督那里得到的承诺。"格莱斯通觉得，他亲眼见证的、不寻常的场景给了他灵感，使其沉思着因果联系。"这种痛苦会激发出多少种思想啊：首先是起点与终点之对照；因为我们的缘故所承受的苦痛；对于人类关系问题，谦卑和冷静的观点在此得以表现；混合的、错综复杂的宗教思考，即任意妄为的人类种族的延续性问题。"格莱斯通推断出结论，女人是享有特权的；女人成为基督关爱的一员：女人经历的痛苦的生育过程，必须出于其自身的意愿，因为那是净化女人自身的神圣的方式之一。

最终，"午夜11点25分，一个鲜活的男婴降生了，这一切都幸福地画上了句号。凯瑟琳的安慰和快乐是无法比拟的"。格莱斯通很自豪地写道，"凯瑟琳表现得最坚定、勇敢"，尽管还有两位女性朋友陪伴她，洛科克医生也曾鼓励她大声喊出来。格莱斯通也同样不无自豪地补充道，在孩子出生后，凯瑟琳的"第一个愿望"是"我要祷告了"。第二天，格莱斯通的日记则显示出了巨大的慰藉，并记录下真实的表白。"今天一切都是那么顺利而愉快。婴儿身体很强健，也很

安静，（保姆说）婴儿的性格会很温和。凯瑟琳产后身体状况也是最佳的，她完全沉浸于母爱和幸福之中，一切都难以用语言表达——但她承认那种痛苦太可怕了。”[1]这个过程是可怕的，但是因为有这种强烈的母性之爱，那些痛苦又是可承受的，甚至是颇受欢迎的。

格莱斯通坚信，当女人愿意承受生育痛苦之时，她已成为上帝拣选的人；对于自己的这个结论，格莱斯通感到颇为得意，但他的妻子却将它视为无可辩驳的真理了。她的母性职责感在生第二个孩子时体现得更加明显，她的第二个孩子安尼斯（Agnes）在第一个孩子出生两年后降生了。下午 3 点凯瑟琳开始了分娩的产前阵痛，“下午 6 点半疼痛加剧，而且疼痛的频率越来越快，一个半小时后更是剧烈，终于在晚上 8 点生下一个女婴。这个女婴比威利个头大”，而 250
凯瑟琳忍受了生安尼斯最后的痛苦，表现出了完美的坚忍。“我注意到，凯瑟琳看上去格外美丽，尽管很痛苦，但她脸上毫无憎恨和痛苦的表情”——毫无憎恨和痛苦，不仅对她的丈夫，而且是她对性的态度。“她希望在她分娩之后与我一同祷告，感恩于上帝。这样做并不仅仅是当时的身体状况允许，更重要的是她期望将这种生育的痛苦和为人母的责任升华到一个更高的境界，以期遵循和符合上帝的旨意。同样地，她自己似乎强烈地感觉到获得了回报：就在生下这个女儿的一个小时之后，她就说她已经准备好再经受同样的痛苦再生一个女儿。”[2]此后，她确实又是这样做的，包括女儿和儿子在内，她又生了六胎——又经历了六次痛苦。凯瑟琳·格莱斯通以快乐、顺从的方式接受了女性所承担的生育之苦。

对于威廉·格莱斯通，如果说生育被蒙上了一层令人敬畏的神

---

〔1〕*The Gladstone Diaries*, ed. M. R. D. Foot and H. C. G. Matthew, 8 vols. so far (1968-), Ⅲ, pp.33-34.

〔2〕Ibid., pp.231-232.

秘色彩，那么死亡则调动了他所有的顺从与恭敬的才能，当然这与他博大精深的《圣经》知识不无关系。他的姨妹拉维利亚·格莱恩（Lavinia Glynne）生了一个男婴，但这个男婴在出生当天就死亡了，格莱斯通则利用他虔诚的基督教信仰来理解和化解这一悲剧事件："上午 10 点，拉维利亚生了一个男孩，对于这个男性继承人的出生，整个霍华德庄园都沉浸在幸福和欢乐之中。在下午 5 至 6 点之间，这个男婴死亡了，死于其母亲的床上——直到 7 点以后人们才发现。"格莱斯通既有忧虑也怀着信任的心情补充道："这个婴儿未受洗礼，但上帝因为城里的八万孩童而赦免了尼尼微城（Nineveh），因此我满怀信心地祈求，上帝将其仁慈降临在这个婴孩之上，不仅以其声音，更以其力量拯救这个还不谙世事的孩子。"大约两年之后，拉维利亚·格莱恩本人因为分娩而死，格莱斯通又满怀虔诚地在日记中写着，拉维利亚的兄弟把这个噩耗告诉了他，因此他以最纯洁的仰慕之情评价道："拉维利亚有着纯净的灵魂；她作为女人还有着婴孩般的纯洁，她的一切均是好的；失去了世界，得到了天堂。"[1] 这种观念让格莱斯通感到慰藉，因为他确实是从最基本的意义来理解这种观念的。

时过境迁，后来终于轮到格莱斯通品尝自己的丧子之痛了，他只能再次诉诸其宗教虔诚，但是他记下的心碎日记揭示出他过去一贯温顺、服从的态度很难再出现了。虔诚的信仰可能作为一种疏导哀痛的
251 方式，它可以隔绝痛苦，但并未减轻悲伤之情，更别说彻底消除了。1850 年 4 月，杰茜·格莱斯通（Jessy Gladstone）死于脑膜炎，当时她还不到五岁。这个可怜的女孩受到身体疾病的折磨，在她父母的怀抱中痛苦地呻吟、哭喊，尽管在这过程之中有几天时间有好转的假

〔1〕 *The Gladstone Diaries*, ed. M. R. D. Foot and H. C. G. Matthew, 8 vols. so far (1968-　), Ⅳ, pp.2, 242.

象，但病情不断恶化，两周之后不治而亡。3 月 31 日，复活节那天晚上，格莱斯通的日记中写道，“杰茜在她妈妈不知疲倦的悉心照料下有所好转”。在第二天杰茜的情况被再一次记录下来，“上午杰茜仍状况良好，感谢上帝！”但 4 月 2 日，杰茜的死似乎已在预料之中了：“上帝啊，难道我们现在就该心甘情愿地把她送到您的身边吗？比起这个充满悲伤和邪恶的世界，她到您那里定能得到更多的关爱。上帝的旨意终将得到执行。我妻子凯瑟琳也定能坚强地挺过去。”她崇高的坚韧态度使格莱斯通勉强撑下去。4 月 3 日，洛科克医生称孩子状况有好转的迹象。格莱斯通记录下，“在我们承受痛苦的过程中念想上帝的仁慈，保守我们的灵魂，直到我们听从他宣布的旨意”。接下来的四天时间，杰茜的病情时而看似有所缓解——这令全家人欣喜若狂，时而又继续恶化——这又让全家人清醒地意识到痛苦的现实。4 月 8 日，一切希望都破灭了：“夜幕降临时，所有迹象显示孩子病情继续恶化。我们的心再次陷入痛苦之中，我们每一个人都不再盲目自私地祈求，向上帝祷告，祈求他能拯救我们的孩子，上帝将把他所应得的带到他的身边。”连同科洛克医生一起，格莱斯通一家人注视着这场“死亡之役”。4 月 9 日一早，“一切都结束了。这个受上帝祝福的孩子在凌晨 2 点离开了，被慈悲的上帝带到了他慈爱的怀抱之中”。

格莱斯通决定在他的日记中不再写关于杰茜的事情，但是还是要整理“对小杰茜短暂生活的回忆”。格莱斯通这样做了，尽管他在日记中表现出了极大的自制，但他还是继续记录了作为杰茜父母丧子之痛的经历：凯瑟琳 · 格莱斯通深夜的哭泣惊醒了她的丈夫，之后她最后一次亲吻着“杰茜冰冷的遗物”。在杰茜死去三天后，威廉 · 格莱斯通深陷于孤独的痛苦之中：“深深地思念着女儿，想到孩子仍在不停地召唤我，对我说，‘来呀，爸爸，来呀！’想着她的身影，还有她已经去的天堂。”他永远无法忘记杰茜。我们在 9 月 17 日的日记中仍读到如下内容："下午到杰茜的坟前，为她摆上鲜花"——这是在小女孩死去五个多月后。[1]这种悲剧式的考验，即使是对格莱斯通这样一个受过良好教育、信念坚定的基督徒来说，都是很艰难的，就连他也很难做到他的信仰要求他做到的那种坚忍不拔。对格莱斯通来说，也许他能找到恰当的语言，但他的悲伤之情似乎又是这些语言难以表达的。

事实上，三年前，格莱斯通似乎已经达到了他信仰的更高境界。1847年9月，他第二个孩子安尼斯患上了丹毒（erysipelas）。格莱斯
252 通的日记中充满诚挚的祈祷词，他试图用他一贯的顺从和一贯的哲学思想来解释当时的状况："死亡与儿童之间的斗争是令人担忧的。"格莱斯通回忆说，他自己的母亲死于这种疾病，现在这病又同样来威胁着他女儿的生命。但是，他写道，"我们对安尼斯的状况并不忧虑，她降生在一个充满荣誉的基督徒家庭之中"。格莱斯通的意思是安尼斯同样是一个顺从于上帝的孩子，安尼斯在任何情况和任何时候都没有表现出一个顽劣孩子的样子。然而，格莱斯通内心的斗争却爆发了："安尼斯热切、纯净而善意的灵魂唯一的期待就是能出现在上帝的面前；我们需要从上帝的手中保有上帝的羔羊，使其更好地健康地成长。"这一诚挚的愿望使他自责。"我的内心是痛苦的、不平静的，我不愿意把我的孩子交还给上帝，我不知是怎样的一种力量使我有了反叛的感觉，但是上帝的旨意是：你们在这世上的作为，应该如同在天堂一样。如果要说出安尼斯的存在只是为上帝的荣耀，这并不是十分困难的，但是如果要让上帝评判由什么来代表他的荣耀则不是那样简单的。"整个家庭都在祈祷，并唱着颂歌。当时七岁的小威利也加

〔1〕 *The Gladstone Diaries*, ed. M. R. D. Foot and H. C. G. Matthew, 8 vols. so far (1968-), IV, pp.196-201, 239.

入其中，念着他自己写的祈祷文。在她的丈夫看来，凯瑟琳·格莱斯通比他更“勇敢”，格莱斯通严肃地写道，“每个人的表现都胜过我。我一直在谈起并思考要使自己的意志融于上帝，但我始终未做到这一点。不过，《圣经》的内容依然在帮我治愈心灵上的创伤，抚慰我并给我力量——上帝的教义作为一笔财富拯救了我”。

当小安尼斯逐渐恢复，在父母的注视下进入了甜美的梦乡，格莱斯通只能把安尼斯的康复视为天赐的恩典。他虔诚的感激之情也未曾隐匿他内心的矛盾；格莱斯通自我惩罚，因为他无法抑制的愿望是盼望他女儿可以活下去，他考虑着女儿的未来，期望如何使他女儿远离上帝的召唤。格莱斯通写道，上帝并非有意施加给人们痛苦的折磨，也不愿令人们因为孩子的夭折而悲伤，他只想为人类的苦难肩负起责任。“他的路在广阔的海上，在辽阔的水域上，他的足迹却是无从知晓的。在我们连日遭遇痛苦时，或在几年间使我们遭受灾难时，他会一次次地来安慰我们。他的晚宴已准备好，但其中部分的菜肴是苦涩的。”[1]格莱斯通几乎无法饶恕自己在没得到神准许的情况下，试图把生命中苦涩的菜肴转变为一份甜蜜。

当然，这些甜蜜菜肴的其中一道就是使用避孕法，而且这种方法本来能够免除格莱斯通，以及他的妻子诸多的苦难。但是，格莱斯通一直以来都顽固地反对使用任何避孕方法，他甚至不愿去谈论避孕。1873 年，当他妻子的分娩过去很长一段时间后，约翰·斯图亚特·穆 253
勒刚去世不久，一些民众开始纪念他。穆勒在青年时期就强烈倡导生育控制，在当时遇到了很大的阻力。尽管格莱斯通对穆勒的自由主义思想表达了同情和理解，但在他看来，所有的避孕法都是“痛苦的争

〔1〕*The Gladstone Diaries*, ed. M. R. D. Foot and H. C. G. Matthew, 8 vols. so far (1968-), Ⅳ, pp.648-657.

议”——这种事情令人尴尬，最好的办法是对它不加讨论。[1]格莱斯通的说法已不合时宜了，那时人们都在谈论有关避孕法的事。但是，由于这个问题很明显是以一种最广泛、最根本的方式对性产生了影响，因此中产阶级中的很多人在谈论避孕这个富有争议的问题时，对自身、对国家以及对他们的信仰的责任却远非那么清楚。到19世纪末，对责任的呼吁似乎变得更加难以理解了。对于许多中产阶级家庭来说，他们视《圣经》为家庭的最终仲裁者，他们听从神父、牧师的旨意，这个问题似乎并不太困难，而主要的困难来自身体和心理之上：上帝的戒律要求利用人类的激情只为了滋生繁育的目的无疑是正确的。然而，这种激情用迫切的方式只是为了获得完全的满足，却与世界的人口增长无关了；激情需要通过找寻值得尊重的理由和医学的诡辩来证明其存在是正当的，一旦不能如此，那么它就只能以某种隐秘的方式悄悄进行了。19世纪中叶，在虔诚的信徒中传出了不虔诚的行为，而且这一消息传到了罗马。在1849年，勒芒（Le Mans）主教让-巴蒂斯特·布维埃（Jean-Baptiste Bouvier）向罗马教皇皮乌斯九世（Pius IX）报告说，“几乎所有年轻夫妇都不希望生养太多的小孩，但是他们也不能从道义上放弃婚姻性行为”。当神父质询他们“以何种方式行使他们的婚姻权利”时，他们显然感到无言以对，深感震撼，但即使在受到警告之后，他们“也无法放弃婚姻中的性行为，并且也没有听从上帝的旨意，仅为人类的繁衍而生育”。后果是可怕的。“他们抱怨神父，同时放弃了节制的圣礼与圣餐。这些人为他们的孩子、他们的仆人及其他虔诚的基督徒做了反面的例子”。[2]

---

〔1〕参见 John Morley, *The Life of William Ewart Gladstone*, 3 vols. (1903), Ⅱ, pp.543-544。

〔2〕Hélène Bergues, “L’ Attitude de l’église: Respect de la vie et de la nature,” in Bergues et al., *La Prévention des naissances dans la famille, ses origines dans les temps modernes* (1960), p.229-230.

简言之，面对虔诚的顺从与生育控制二者之间的选择，法国天主教徒，包括那些稳重的中产阶级夫妇，通常会选择生育控制。

美国新教徒的选择似乎也同样如此。当避孕失败时，更为剧烈的、通常带有危险性的第二种补偿手段被利用——流产，在19世纪中叶甚至成为美国的时尚；而正是在此时，勒芒大主教因生育控制在法国的流行而悲叹。避孕失败的高发生率要求更具高效力的避孕方 254
法，很多人愿意使用避孕套或是避孕海绵，而不愿意做流产。在美国，主要由当地医疗协会进行的一系列调查显示，美国女性诉诸流产的方式不仅是为了消除不正当关系造成怀孕的后果，而且也是为了控制家庭成员合理的数量。1859年，布法罗医学会（the Medical Society of Buffalo）惊呼道，“我国有许多女士，而且是那些受过教育的、优雅的女士”，同样利用了流产的手段。1872年，纽约法医学会的一个特别委员会证实了这一推断，“在现今我们这个社会和这个城市中，富裕阶级，即所谓的上流社会之中”，流产也是非常流行的。内科医生在专业期刊中向同行们汇报异常流产的病例，能够确定患者的身份，其中不乏“富有的银行家的妻子”，或“一位知名家庭的女性”，甚至是“一位内科医生的妻子”。这些病例大部分是由医生和评论家搜集整理的，他们关注这个问题更多是出于忧虑的心态，而非引以为豪。但是，一个呼吁使流产合法化（在安东尼·科姆斯托克的那个时代，这可谓是大胆前卫的思想了）的倡导者，在1889年的《法医学杂志》（*Medico-Legal Journal*）上鼓吹，“这个国家中受过良好教育的、优雅的、有文化的女士”，促使流产率在美国达到了前所未有的程度。[1] 在1888年，坡莫罗伊（H. S. Pomeroy），一位明智而

---

〔1〕这些形象生动的引文来自：James C. Mohr, *Abortion in America: The Origins and Evolution of National Policy* (1978), pp.93-99, 101。

又和蔼的波士顿医生，讨论了流产的问题。坡莫罗伊称，“千万不要以为，去找医生流产的那些人会是那些来自社会较低阶层的妇女。在这个方面，她们相对来说不是什么麻烦。她们很少找那些知名的医生。当然，她们即使去找，也会遭到拒绝”。——这就是坡莫罗伊的那个时期，对社会阶层性现实的温和而不加修饰的概括。“真正的麻烦来自那些所谓上层社会的人们，甚至包括各种社会运动和宗教运动的领袖们。我们永远无法得知这些人中的一部分，何时才不会央求我们这些家庭医生，不再为她们去干那种人神共愤的事情；而当她们来恳求实施流产时，更有那些迷人的女士会流着眼泪，这种情况真的让人感到极度的尴尬和不快。”[1]

在美国或在任何一个地方，流产绝不仅是中产阶级的特权，但自从 19 世纪 60 年代以来，反对流产的立法的广泛传播也使流产的费用不断增长，因此流产更多地被富人们广泛使用。越来越多的中产阶级
255 女性开始掌握自己的命运，然而，在整个西方世界，许多家庭仍继续履行着他们的责任，不仅仅是那些虔诚的基督徒——在 19 世纪中叶，格莱斯通一家在 14 年时间内生育了八个孩子；40 年后，弗洛伊德一家在八年间生育了六个孩子。即使在当时，如此大数量的家庭生育也已经不是受过教育的中产阶级家庭的典型特征了。“马尔萨斯主义者（Malthusian）倾向于控制婚姻内的生育数量，”弗洛伊德本人承认，“在我看来，这种家庭设计毫无疑问对我们中产阶级施加的影响也越来越大了。”[2] 在 19 世纪的意识和控制之间的重大斗争中，控制最终获胜，并为世俗意志最终战胜宗教虔诚铺平了道路。19 世纪控制和征服的意志，尽管远未达到完全绝对的意义，有时甚至是不确定的，

---

〔1〕 *The Ethics of Marriage* (1888), p.57.

〔2〕 “Die Sexualität in der Ätiologie der Neurosen, ” (1898)*St. A.*, V, S.27; “Sexuality in the Aetiology of the Neuroses,” *S. E.*, Ⅲ, p.276.

但终于在与避孕有关的方面取得了重大的胜利。特别是从19世纪60年代和70年代之后，随着设备和技术的发展变得更为可靠，而且花费也越来越降低，避孕已经不再如从前那般可怕了。

3. 关于马尔萨斯的争论

在这个中产阶级世纪，马尔萨斯可谓大名鼎鼎，而对马尔萨斯大名的情感态度的转变，在中产阶级心智史上也是一个颇有教益的事件。正是马尔萨斯关于人口的极具说服力的杰出论文，以及关于人口增长终将超越食物供应的固定增长速度的悲观预言，第一次促进了现代关于人口的争论；并由此开历史之先河，尽管在当初还是小心翼翼地讨论，但这种争论逐渐扩展到了生育控制方面。马尔萨斯的《人口论》（*Essay on the Principle of Population*）于1798年首次发表，后来经过修订与补充。鉴于饥饿人群持续的疯狂增长给有限的生活资料造成了巨大压力，马尔萨斯在论文中冷静地提出了两种限制人口增长的方法：积极抑制（positive checks）和防御抑制（preventive checks）；前者指饥荒和战争，后者也同样令人沮丧，因为它指堕胎和杀婴。马尔萨斯严厉抨击了所谓肤浅的启蒙乐观主义，但从第二版开始，他在防御抑制的清单中加入了新的人口调节手段：道德抑制（moral restraint），这对人口抑制而言也具有同样的破坏力。这意味着人们必须耐心地推迟结婚，并在单身时期实行禁欲。马尔萨斯反对其他形式的生育控制，认为那些都是不道德的。马尔萨斯的“道德抑制”尽管令人不快，且很大程度上难以实行，但至少让人们在这自然进程中有了少许的参与。自从19世纪70年代以来，生育控制者们勇敢地顶住了来自公众舆论的压力，之后他们在欧洲范围内成立了 256

马尔萨斯联盟，对马尔萨斯的学说加以修正，从而提出了一项清晰明了、简单可行的生育控制政策。他们认为马尔萨斯的方案过于悲观，并对此做出了修正，使之朝着充满无限希望与活力的方向发展。他们建议的早婚与生育控制措施，至少不像禁欲那样令人沮丧。伦敦马尔萨斯联盟（the Malthusian League of London）于 1877 年成立，在其成立两年后发表的宣传册中，对他们的观点进行了明确的阐释。该联盟规劝读者应该意识到，“对你们而言，应该控制家庭中孩子出生的数量，这样你们也有能力切实而诚实地将这些孩子抚养成人”。[1] 安妮·伯桑特（Annie Besant）和玛格丽特·桑格（Margaret Sanger）是这场运动的积极推动者，她们为这项运动提出了令人振奋的口号，使人们对未来充满了希望：夫妻双方能够通过理性的、有意识的行动实行家庭的生育计划，从而遏制那种对人类生理需求横加干涉、有时甚至是残酷的节制行为。她们谈到了“出于意志的限制”（*volitional* limitation），“自愿的为母之道”（*voluntary* motherhood），以及“生育控制”（birth*control*），“家庭计划”（family *planning*）或是“自愿节育”（*willkürliche Geburtenbeschränkung*），还有生动形象的“肚子罢工”（*grêve des ventres*）等。[2] 这些不同的表达方式既是对行动的呼唤，也是对行动的庆祝。

1892 年，当法国新马尔萨斯主义鼓动者玛利·霍特（Marie Huot）在巴黎呼吁“肚子罢工”之际，现代生育控制技巧已存在近半个世纪了。这些技巧出现于围绕那正统的性爱观念的禁忌而展开的微妙探究之中。此种性爱观念被由各种因素合成的氛围包围着，这些因素包括

---

〔1〕C. R. Drysdale, ed., *Malthusian Tracts*, No. 2 (1879).

〔2〕1891 年，乔治·诺耶斯·米勒（George Noyes Miller）出版了一部女性主义幻想小说，可谓是一本现代版的《吕西斯特拉忒》（*Lysistrata*），在小说中，全体女性都拒绝男人触碰她们的身体。参见《一种性的冲击》（*The Strike of a Sex*）。

对性欲的渴望、对死亡的恐惧、社会的缄默以及宗教的顺从。1839年，查尔斯·古德耶（Charles Goodyear）发明了橡胶的硫化方法，并于1844年获得了这项发明的专利。尽管此前众多发明者做过屡次尝试，但都没有成功。这是现代性观念发展进程中的两个重要时间。到1850年，古德耶及作为竞争对手的其他发明者都对以前的发明做了改进，此后不久，相当可靠的避孕套和避孕子宫帽开始在西方世界上市销售。这是道德意识时代遭遇生育控制时代的开始。

从反面而言，主张生育控制的一方迅速地取得了压倒性胜利。然而，凭借宗教、社会学、政治、生物学以及理性策略的论证，反抗的呼声依然存在，到19世纪末变得更加强烈：一方的进步越大，另一方的反攻也会更加强烈；这种辩证性的论战在避孕的敏感时期明显发挥了作用。然而，反对生育控制的一方并不能抵挡那种明显的合理观点：对家庭规模的限制不仅对父母有利，对他们期待的即将降生的孩子也同样有利。这种既古老而又颇为人们期待的理性的家庭生活方 257
式，虽然在过去产生了大量无效的、有时甚至具有破坏性的民间偏方，但到现在几乎很快就将成为现实了。

这一切的到来都充满了犹豫、不安，甚至还有些转弯抹角。1837年，卡瑟琳·比彻（Catharine Beecher）这样写她的妹妹哈里特·比彻·斯托（Harriet Beecher Stowe）——后者已是两个孩子的母亲，而且正怀着第三胎："这可怜的家伙长得还真不赖。"但她对于妹妹做出的平静断言感到非常疑惑，"她不会再要孩子了，有段日子她非常确信这一点。尽管对于她是如何做出这个决定的"，卡瑟琳继续说道，"我还不清楚，但她看起来非常确信。"[1] 此种自信，正如许多

〔1〕Catharine Beecher to Mary Perkins, Fall 1837, Kathryn Kish Sklar, *Catharine Beecher: A Study in American Domesticity* (1973), p.320.

夫妇经历的那样，是常常被抛在脑后的。狄更斯很少提及这些敏感问题，即使偶尔提及也是小心谨慎的，因而显得弥足珍贵。在他的小说《我们共同的朋友》中，尤金·雷伯恩（Eugene Wrayburn）给他的朋友莫尔提摩·莱特伍德（Mortimer Lightwood）滔滔不绝地讲其短暂的家族史时，引用了这样一个事例：他曾有两个哥哥，父母对于他们的出生应该说是满心期待的。但接下来，“我的第三个哥哥降生了，这尤其出乎妈妈的意料”。[1] 由此看来，一些现代的避孕手段，尽管承诺是可以信赖的，但实际使用起来却相当糟糕。玛丽·哈洛克·弗特（Mary Hallock Foote）在旧金山给她的朋友海伦娜·吉尔德（Helena Gilder）写信，告诉海伦娜说，她从当地一位美人那里学来的“一种绝对灵验的节育方法”。她说“在信中说此种事情实在有点怪怪的”，而且“这种手段有些可怕”，但她又用一种颇具哲学意味的口吻说道，“除了那种根本不能依靠的手段之外，每种方式都是具有危险性、令人害怕的”。这也是许多过于讲究的中产阶级夫妇所面临的两难困境。玛丽·弗特谈到的是一种类似屏障物的东西，“可以在药剂师那里买到”。这让她听起来“十分反感”，但她随后说道，“人们必须学会面对任何一种方式，而不能被动地接受自然方式的无法避免的结果”。这些屏障物被称作“避孕套”，不会伤及夫妇的任何一方，是“由橡胶或皮囊制成的”。[2]

这种略带羞涩的秘密当然要比无知的情况好得多。但它起源于一种对性一知半解的状态，并使之得以持续，而且此种状态存在于即使是最直率的改革者也不能驱散的神秘气氛之中。实际上，对性行为无知的现象仍大量存在，且处理起来相当棘手：爱丽丝·贝尔克纳

---

〔1〕Book I, ch. 12 (1865; ed. 1908), p.138.

〔2〕December 7, 12 [1876], Mary Hallock Foote Papers, Stanford University Library (Carl Degler has already used the same passages in *At Odds*, p.224).

普在 1884 年 7 月告诉大姐苏珊·莱特，她刚刚流产了，比之前的还要严重。她的医生因此坚持认为，她在一年内“不能让自己再有这种情况发生，并说我很快会好起来。恢复后我会向他讨教。你想知道点儿诀窍吗？”而后，贝尔克纳普夫人把其机密的病情报告书，以及从姐姐那打听到的消息置于脑后，再次随心所欲。她希望不停止性交而试想讨求“诀窍”以防止怀孕的做法恰恰揭示了她的无知，所以才有了 1884 年的流产。她考虑周全的问题暗示，她有理由认定她姐姐——这位耶鲁大学教授的妻子，在避孕方面实际上和她自己一样无知。[1]然而，爱丽丝·贝尔克纳普并非传说中维多利亚上层社会女性的化身；无论如何，她的医师也自告奋勇地为她在生育控制技巧方面提供指导，而她自己也不仅仅对此兴致盎然，还愿意与姐姐一起分享这些知识。 258

然而，有许多证据存在于一些引人注目的私人日记以及人口统计之中，这些极具说服力的证据表明，到 19 世纪 80 年代中期——也可能是在更早的几十年前，多数中产阶级夫妇了解某些避孕形式，并有不少夫妇运用了这些避孕措施。在整个西方社会中，只要是那些识字的成年人，他们总是直言不讳地讨论避孕的可行性策略，愿意支付任何代价，以便得到那些确实需要些花费的避孕技巧，并将其运用在实际情况之中。这些成年人在他们需要什么的时候便可轻易地得到。莱斯特·沃尔德（Lester Ward）和他的妻子利兹（Lizzie）讨论并试验了多种生育控制技巧；在 19 世纪 90 年代，克丽利亚·莫霞采访的 45 位女性中，仅有 37 位坦白承认切实实行了至少一种生育控制的形式，其中包括中断性交、避孕海绵，或者是“避孕套”。大卫·托德与他的妻子设计并计算了日期，如何阻止她怀孕。梅贝尔·托德在 1881 年 11 月 11 日——也就是她 25 岁生日后的第二天，想着小女儿米利

〔1〕Box 53, SF.

森特，她在日记中坚定地宣称："如果大卫没有至少三四千的薪水，
我将**永不会**再要孩子。"在当时，很多人都将性与家庭经济情况紧密
259 联系在一起。在整整两年后，她又在日记中沮丧地说自己有可能怀孕
了。"我和大卫一直在等待着。恐怕这次并不是有意的。"[1]她自己
说，如果再生一个孩子，她不会抱怨，但她的决心并没经受考验：她
没来月经实际上有些其他无关紧要的原因。

人们普遍认为，法国是第一个使生育控制为上层社会所接受的国家，尽管事实上法国国内所有著名的生育控制提倡都来源于在英国或美国发行的小册子。从当时的文献来看，法国实施了生育控制，却没有发表这方面的作品；英国人和美国人发表了这方面的作品，却没有实施生育控制。这种反常情况在19世纪90年代有了改变：英美两国出生率的降低水平几乎赶上了法国，至少对中产阶级来说是这样。那些倡导者奔走于急需生育控制信息的人们中间：他们散发传单、小册子及婚姻指南，并予以不断地再版、修订、摘录及翻译，甚至于盗版。另一方面，权威当局，以及现有秩序的维护者、希望保持大家庭或对现状保持沉默的人，则在无意识中站在其对立面，将生育控制倡导者推上了审判台，以吸引公众的注意力，而普通大众对于生育控制者的颠覆性思想仍处于懵懂无知的状态。

当时最引人注目的应该算布拉德劳—伯桑特审判（Bradlaugh-Besant trial）。1877年，查尔斯·布拉德劳（Charles Bradlaugh）和

---

〔1〕Journal Ⅲ, box 46, MLT, Y-MA. — 总结她早年节育的失败—我们一定记得米利森特·托德的出生至少某种程度上是由于梅贝尔·托德相信了错误的生理节奏控制法——必须强调的是在这个方面无知的并非只有她一人：大多数19世纪的内科医师认为自己对于女性月经周期的困惑毫无希望得到解答。他们认为女性发情像动物一样，他们反对在月经期过后立即进行性交，并宣布在月经周期中间进行是安全的。"选择在这每月一次的中间阶段结婚是最圆满的婚姻。"乔治·纳菲斯医生在19世纪60年代写道。"这是生育的季节。"*The Physical Life of Woman* (1869;ed. 1888), p.91。人们想知道19世纪在此种建议的影响下有多少孩子出生。

安妮 · 伯桑特被指控出版发行了查尔斯 · 诺尔顿（Charles Knowlton）在 45 年前发表的宣传册《哲学的果实》（*Fruits of Philosophy*）。新闻界，不管是对避孕节育的事业抱有同情还是敌对的态度，对此次审判都予以高度关注，并使小册子的销量从涓涓细流变成了狂卖的洪流。1877 年 6 月，伦敦《每日新闻》不无讽刺地评论道："过去几十年中，可能只有几百个读者看了这本书，而现在几周内阅读这本书的读者可能超过十万。"[1] 这并非夸张；在三年的审判中，布拉德劳和伯桑特已经售出了将近 20 万册最新版本的《哲学的果实》，而且每一本书必定会有几个读者。对于一本关于生育控制的宣传册，公众给予的关注简直是意想不到的，甚至是史无前例的，还有点肆无忌惮。如此的关注度实在有点令人匪夷所思，以至于整个事件不禁让人想到，尽管是在无意识的状态中，但似乎是有人有目的地在推动着这一切。

贯穿于诺尔顿全书的主旨，或者说贯穿于这份文献最有力的观点， 260
就是试图证明，大家庭必然导致悲惨的、无可挽回的家庭贫困和厄运。早在 1797 年，杰里米 · 边沁（Jeremy Bentham）就曾站在实用主义的立场上模糊地暗示，妇女可以使用阴道海绵避孕，以降低英国贫困人口的比率。弗朗西斯 · 普雷斯（Francis Place）曾是一位技艺高超的裁缝，也是一位自学成才的知识分子和政治改革家。1832 年他在伦敦的大街小巷散发鼓吹避孕的小册子，其中说道，"孩子的数量多是难以消除的恐惧与不安的根源，这也导致了人们身心与物质上的烦恼与痛苦，这似乎是一种必然结果"。普雷斯直截了当地提醒下层社会的人们，工人数量过多只能导致他们工资水平的降低，而收入一旦减少，"工人们将无法抚养他们的孩子，因为上层社会的人要抚养他们自己的孩子"。

---

〔1〕J. A. Banks, *Prosperity and Parenthood: A Study of Family Planning Among the Victorian Middle Classes* (1954), p.153.

有趣的是，在题为《上流社会已婚男女》（*The Married of Both Sexes in Genteel Life*）的另一本小册子上，普雷斯也传达了同样的信息："中产阶级的人们不断地做着最为高尚、值得称赞的努力，以保持家庭的社会地位；但是孩童数量的持续增长使得他们的此种努力最终变得徒劳无益，当所有努力变得毫无希望之时，增长便难以为继，家庭也陷入了贫困与绝望之中。"[1] 作为一名编辑，理查德·卡莱尔（Richard Carlile）是普雷斯彻头彻尾的追随者，他在自己主编的期刊《共和党人》（*The Republican*）中采纳了普雷斯的所有思想和论点。这是对传统教条的机智的转变：真正的高贵不在于能耐心地忍受怀孕和生育，恰恰相反，在于对它的积极防范。

几年之后，罗伯特·达尔·欧文（Robert Dale Owen）在他著名的宣传册《道德生理学》（*Moral Physiology*）中，再次戏剧性地表达了这些观点，既充满激情，又富有深思熟虑的理性。宣传册的扉页是一幅意味深长的版画：一位年轻妈妈转身离开她刚丢弃在圣母玛利亚雕像下的私生子，她掩面而泣，版画上的题记写着，"哎！你本不该出生啊！"欧文是一位马尔萨斯修正主义者，他与马尔萨斯一样，对日益严重的人口膨胀持悲观态度，但他认为马尔萨斯提出的改善措施是不切实际的。他说："如果对人口不加限制，它**必定**会无节制地增长，最终超过地球本身的承载能力。当前，人口的增长完全受到了罪恶和苦难的控制。对于这位英国牧师而言，根据他的正统观念，值得提倡的唯一补救措施就是晚婚。"但他紧接着说道，"人类最开明的观
261 察家都同意这样一种观点：在他们生命的壮年，如果一个国家的年轻人不能与异性结成一种公正合理的关系，那么这将直接而彻底地摧毁

〔1〕*To the Married of Both Sexes of the Working People* and *To the Married of Both Sexes in Genteel Life*, reproduced in facsimile in Norman E. Himes, *Medical History of Contraception* (1936; ed.1970), pp.214-216.

这个民族的道德标准。对于普通大众而言，妓女数量的可怕增长、健康水平的下降、酗酒现象的迅速扩散，以及道德素质的毁灭，都是不可避免的**确定**后果”。对于欧文来说，最后的结论是不言而喻的：“**如果不能确立一些切实可行的非禁欲主义的‘道德抑制’措施**，罪恶和苦难**终将**成为全人类不可避免的命运。”这种预测虽令人沮丧，但并不是无可逃避的，在这个中产阶级世纪以及以后的时代，它将依然是生育控制者们关注的主题。在马尔萨斯联盟出版《马尔萨斯手册》（*Malthusian Handbook*）之时，该书首页就直接点明了写作意图，“劝使人们在力所能及的范围内使用自己的方式限制家庭规模”，[1]尽管这种说法已经算不上有任何新意了。

在 19 世纪的最后 25 年里，避孕措施在中产阶层得以迅速传播，其中的原因不难探究，这在当时也得到了热切的讨论。中产阶层内财富的分配也使得小家庭具有某种特别的吸引力；因为小家庭意味着更好的教育、更美的服装、更别致的楼房，以及可以拥有更好的追求社会经济进步的机遇。对于下层的中产阶级而言，像已婚职员或是级别较低的政府官员，家庭规模的限制显得尤为必要；多加一个孩子就意味着他们生活水平的下降。宗教约束的影响也正逐渐减弱，即使在最虔诚的信徒之中，他们也不再为实行预防性的节育措施而感到内心愧疚了。生育控制的知识得以广泛传播，其技术也在不断提高，许多人起初感觉这一手段值得考虑，而后发现它的确具有吸引力，以至于最终对它无法抗拒。随着生育控制方法的不断完善，那些挑剔的夫妇得以从美学、医学，甚至体育学的角度选择最令他们愉悦的生育控制技巧。关于最有效而不分散注意力的避孕方法，生育控制者们曾展开过

---

〔1〕*Moral Physiology*; Or, *A Brief and Plain Treatise on the Population Question* (1831; 8th ed., 1835), pp.27, 28; *Malthusian Handbook* (1893; 5th ed., 1911), p.1.

激烈而不失和气的探讨，而这种讨论对于读者来说又是一次接受教育的绝佳机会。无论是丈夫出于对家庭经济情况还是妻子出于对个人身体健康的考虑，提出限制家庭规模，他们总能在避孕的必要性方面达成一致。

像避孕套和避孕子宫帽之类的橡胶产品，尽管在广告中得以大肆宣扬，也受到了猛烈抨击，但在现代的生育控制药典中，它们仍然是唯一最引人注目的手段，并以缓慢的进程向那些历史悠久的竞争者
262 展开了挑战。弗朗西斯·普雷斯首先推荐使用阴道海绵，其次是体外射精，当然他更倾向于推荐前者，“因为阴道海绵使用的决定权在女性”。[1] 相比之下，罗伯特·达尔·欧文在他的《道德生理学》一书中仅倡导体外射精的方式。他推荐的方法已经具有了悠久的传统。体外射精不需要任何设备、药物，也不会受到外界干扰，人们几乎不需要任何训练，因而正如长久以来一样它成为19世纪最受欢迎的避孕方法。我们前面提到的托德夫妇就使用了这一手段，其他数百万的夫妇，不论是受过教育的还是没受教育的，同样选择了体外射精。正如欧文所说：“在流行于各国的可行的避孕方式之中，欧洲大陆的上层社会已采用并普遍实行的方法，是由男性在射精之前完全退出而中断性交；我相信，法国人、意大利人，当然还有德国人和西班牙人都会使用这种方式。”让欧文感到满意的是，这种方法简直是完美无缺：“在任何情况下，它都是有效的。”[2]

然而，欧文错了。罗马天主教对其道德神学家称之为“中断性交”（conjugal onanism）的东西展开了激烈的反对运动，再加之诸多的医学研究，以及偶然引用的私人访谈，尽管所有这一切都证实了体

---

〔1〕*To the Married of Both Sexes of the Working People,* in Himes, p.214.
〔2〕*Moral Physiology*, pp.61-62.

外射精持续不断的流行程度，但这种持续的流行更多的是出于长久以来的习惯以及个人的偏爱，而非证明了其可靠性；它的有效性也受到了严重的制约，甚至不如安全期避孕法更让人们感到满足。体外射精要求一定程度上的生理学知识，需要夫妻间一定程度的配合，更为重要的是需要男性的沉着与自制，但是在这个至关重要的时刻，男性都缺乏那种理性。从更现实的层面上说，体外射精只不过是在某种程度上比性交后灌洗稍微有效一点。对那些愿意、并能够使用19世纪的这两项发明避孕套和避孕子宫帽的人，在防止妊娠方面比采取中断性交的人更为安全——而且要安全得多。但当时人们对此并不了解。

不过，欧文关于体外射精实施起来相对简单的说法倒是正确的。“人们可能会反对说，体外射精需要一定的精神力量，或者说某种程度的牺牲。我的回答是，在法国，男性将这看成一种光荣的事情（当性爱的另一方需要体外射精时），所有年轻人都应该对此做出一定的努力；而且一旦习惯之后，就很容易实行了，甚至是理所当然的事情了。”欧文认为，“这种为快乐做出的牺牲是微不足道的”，实际上是“非常微不足道的”，尤其是“与我们最亲最爱的人永久康乐相比的时候”。对于那些拒绝实行体外射精的人，他们获得一时的“身体的愉悦”，丝毫不会超过“他们宣称所爱的人生命中的舒适和健康”。在 263
此，欧文的普世主义思想也得以展现。一位定居美国的英国人，呼吁人们要成为一名“文雅的法国年轻人”，当知道有些男人的行为不如自己高尚，甚至比自己更自私的时候，他会非常震惊。“对法国上层社会的人们来说，被指控导致女性意外怀孕无异于让他们承受‘胆小鬼’的称号”，即使“婚姻法赋予他们占有女性身体的法律权利”[1]。

---

〔1〕*Moral Physiology*, p.61n.

对欧文来说，这一点至关重要，他毫不怀疑法国人在此类事情上的绝对权威。

连同各种授权和未经授权的版本在内，欧文的《道德生理学》在英国至少出版了十几个版本，在美国的版本也不亚于英国，只是到了1832年，它才被超越，这就是查尔斯·诺尔顿博士的《哲学的果实，或已婚年轻人的私人手册》（*Fruits of Philosophy; or, The Private Companion of Young Married People*）。诺尔顿的书不仅在销售量上是欧文的对手，其思想观点也与欧文相反；他不满意于欧文提出的避孕方法，而是倡导性交后的灌洗法。他认为灌洗法安全、简便，而且能使人们获得最大的性满足（尽管他只是暗示）。他同时指出，“女性灌洗注射器使用简单且价格便宜，在任何一家药店都可买到”，它的使用把避孕的主动权交到女性手中，“无论出于任何适当的考虑都理应如此”[1]。欧文和诺尔顿在有一点上是一致的：人们应该给予性活跃的女性以更多的关怀，这是在她们完事之后关怀她们的最好方式。

欧文和诺尔顿的分歧使得生育控制者探讨避孕涉及的术语时，试图从西格蒙德·弗洛伊德和其他精神分析学家那里寻求答案。廉价避孕套以及此后出现的避孕子宫帽并没有从根本上改变问题。有效性当然是要考虑的首要因素，而生育控制的倡导者对此展开的讨论尽管是很诚实的，但留下了太多的疑虑，他们的结论虽然同样诚实，但似乎有点自欺欺人；普通大众面对这种情况，当然只有困惑。他们热心于倡导自己提出的生育控制的技巧，而对其他人提出的所谓技巧缺乏耐心，这都使得一系列问题浮出水面，而这些问题在当时看来却没有确定的答案。人们对各种敌对的技巧的安全问题存在困惑，而对快感

---

〔1〕Charles Knowlton, M.D., *Fruits of Philosophy; or, The Private Companion of Young Married People* (2nd ed., ca. 1833), p.34.

的追求无疑又加重了这一困惑。快感相对于安全虽然是次要的，但并非无足轻重。灌洗法的倡导者认为，他们的方法之所以优于体外射精，不仅仅在于它提供了保护措施，还因为它使人们在性交过程中感到无比的喜悦。有些传教士和内科医生反对任何形式的生育控制技 264
巧，他们认为尽管这些技巧能带给人们些许微妙的欢欣，最终却都是有害的。法国内科医生伯格勒特（L. F. E. Bergeret）发现，形形色色的“中断性交”方法在女性身上导致了许多疾病，意外怀孕自然不必说，还有子宫炎（既有急性也有慢性）、白带异常、月经过多、血瘤、纤维肿瘤、息肉、过敏、急腹痛、神经官能症、子宫癌、子宫疼痛、神经痛、乳房充血、卵巢癌以及绝育现象；男性容易患上尿道炎、前列腺疾病及性无能；同时对采取生育控制技巧的两性来说，其神经系统、血液循环、呼吸器官以及消化道都会变得脆弱。这种避孕方式使正常的家庭生活遭到破坏，使社会变得腐化。[1] 伯格勒特有众多追随者，英国产科医师卢斯（C. H. F. Routh）就是其中一位。他不加批判地采纳了伯格勒特对避孕导致的各种病态的归结，并补充说，这还会在很大程度上导致自杀狂和女色情狂。[2]

当然，生育控制的倡导者在此并不是在耸人听闻，相反他们看待问题也是颇有洞察力的。在 19 世纪 90 年代中期做出的早期关于精神分析的推测中，西格蒙德·弗洛伊德认为，只要采取了“安全无害的避孕方法”，“有教养的年轻男女之间进行自由性交”是无可厚非的。然而，不幸的是，在弗洛伊德看来，由于其严重的副作用，当时可行

〔1〕*Des fraudes dans l'accomplissement des fonctions génératrices* (1868). P. de Marmon 博士由该书第三版所做的英译，其书名为《预防性干扰，或婚姻内的性中断》(*The Preventive Obstacle, Or Conjugal Onanism*)，这个题目既具警示意义而又论述详尽。*The Dangers and Inconveniences to the Individual, To the Family, and to Society, of Frauds in the Accomplishment of The Generative Function* (1870).

〔2〕Banks, *Prosperity and Parenthood*, pp.155, 155n.

的避孕方法就大打折扣了。颇为重要的是，他从不论由于男性还是女性导致的性满足的失败中总结出了一个概念——“noxae”，即歇斯底里与焦虑性神经官能症。我必须重申，这是一次彻底的背离，不是对19世纪中产阶级私人实践的背离，而是对统治医学及神学的意识形态的背离。弗洛伊德把性交中的男性和女性看成是具有同等地位的伙伴关系：对于女性来说，“如果丈夫容易早泄或性交能力明显下降”，她们便会受到焦虑情绪的困扰；对于那些“丈夫进行体外射精”的女性亦是如此。当然，对此也是有应对之策的。“如果受早泄困扰的男性性欲能很快再起，女性就会免于神经官能症。”同样，“如果女性很容易被唤起性欲，且男人的性能力很强，带有避孕套的性交不会给女性带来伤害；否则这种避孕预防措施与其他方法一样是有害的。”至
265 于体外射精，弗洛伊德指出，“几乎总是有害的”。但这种方式仅对女性是有害的，“如果男性轻率地采用体外射精，也就是说，如果男性丝毫没有考虑到女性正在享受着的性高潮，在其即将射精时立即中断性交”。不过体外射精还有另一面：“相比之下，如果男性一直等待女性性高潮的来临，男性就容易患上焦虑性神经官能症”。[1] 正如弗洛伊德清晰地意识到的那样，进行生育控制的人们正在承担新的生理学

〔1〕“Manuskript B: Die Ätiologie der Neurosen” (February 8, 1893), *Aus den Anfängen der Psychoanalyse: Briefe an Wilhelm Fliess, Abhandlungen und Notizen aus den Jahren 1887-1902*, ed. Ernst Kris et al. (1950), p.81; “Draft B: The Aetiology of the Neuroses,” *The Origins of Psycho-Analysis: Letters to Wilhelm Fliess, Drafts and Notes: 1887-1902*, tr. Eric Mosbacher and James Strachey (1954), p.72. “Über die Berechtigung, von der Neurasthenie einen bestimmten Symptomenkomplex als ‘Angstneurose’ abzutrennen” (1895), *St. A.*, Ⅵ, p.36; “On the Grounds for Detaching a Particular Syndrome from Neurasthenia under the Description ‘Anxiety Neurosis,’” *S. E.*, Ⅲ, p.100. 此后在1893年，弗洛伊德给弗利斯写信，信中提到了一个简洁明了的诊断：一位有两个孩子的24岁女病人，“丈夫是一名推销员，常年四处奔波；春季时在家，最近有段时间也在家。夏季，丈夫出门在外，她身体状况非常好。体外射精，以及对生育孩子的极大恐惧，令她患上了歇斯底里症。”“Manuskript B,” S.88;“Draft B,” S.78.

风险。但如果生育控制正常运作的话，它能够改善人们的生活——甚至如牧师马尔萨斯所说，能够挽救生命。

西方社会在 19 世纪进程中的人口数量，随着其统计精确度的不断提高，证实了生育控制实际上取得了一定的效果。[1] 那些反对采取避孕措施的人表现出无尽的焦虑，又进一步为生育控制的有效性提供了证据，尽管此种说法带有讽刺意味。如前所述，法国人开辟了使用避孕技巧之先河，但他们也是最先分析并谴责避孕导致的不良后果的人。在 19 世纪 70 年代，反对"人口减少"的运动变得更加急迫，而在那些危言耸听者看来，这是一场带有虚幻性的怀旧运动。瑙多（C. M. Raudot）在 1849 年出版的《论法国的颓废》（*De la décadence de la France*）为这一运动奠定了基调，表达了对美好过去以及那个消逝了的时代的缅怀；那时每个家庭都是那么虔诚、和睦、毫无怨言——当然也是人口众多。弗雷德里克·勒普莱（Frédéric Le Play），一名才华横溢的工程师、社会科学家和政治家，以他自己巨大的威信和大量的实证研究致力于同样的事业：恢复健康正常的家庭——即虔诚、庞大的家庭。事实也确实如此，似乎有更多的法国人在有意识地控制家庭人口的数量。从 19 世纪 30 年代开始，除了某些特定的间歇之外，法国的人口出生率都呈加速下降的趋势，人口出生率的下降远远超过了死亡率的下降；到 19 世纪中期，出生率超过了死亡率，为 266
人口的自然增长提供了机会，不过速度不超过 5%。法国许多部门实际上确切地显示了，并持续显示人力资源的短缺。正如法国著名的经济历史学家爱弥尔·拉法索尔（Emile Lavasseur）后来指出的那样，从 1800 年到 1805 年间，一对法国夫妇平均生育 4.3 个合法婴儿；从

〔1〕一直以来，人口统计学家都在探究——并将继续探究——人口出生率下降的其他可能原因，其中有自然出生率的下降，居住在工业城市对生育率的破坏力，等等。但所有人口统计学家实际上都一致认为，避孕是当时人口出生率下降的最重要因素。

1851 到 1855 年这个数字下降到了 3.1，而到 19 世纪 80 年代后期它已经达到了一个历史上的最低点——下降到了仅仅 2.9；按这部分的人数计算，每个家庭合法出生的儿童甚至不足三个。[1]

当然，这个令人焦虑的讨论的背景就是 1870 年法国在普法战争中的失利；对法国人来说，这是一个难以抹平的伤痛，而在此后的几十年中，法国人一直苦苦探寻战败原因，对这次创伤耿耿于怀。很自然地，在诸多痛定思痛的讨论中，从军事的角度反对避孕的观点占据了中心地位。纳代拉克伯爵（marquis de Nadaillac）在 1885 年出版的《论法国出生率的下降：原因及其后果》（*Affaiblissement de la natalité en France, ses causes et ses conséquences*）便是其中的典型文本。在该书的题记中，纳代拉克一语中的地告诫人们，应当采取切实有力的行动，而不是仅仅停留在表面的言辞："事实胜于雄辩"（*Facta non verba*）。在序言部分，纳代拉克更是直截了当地表明了立场：服务于国家的防御，或曰为民族报仇雪恨。他提议将法国的人口出生率与他国进行比较："今天是我们的对手，明天可能成为我们的敌人"；他呼吁要广泛传播这个事实，并将它作为"一项爱国的义务"。正如许多评论家很严肃地对避孕倡导者冠以"婚姻骗子"的名称，使纳代拉克忧心忡忡的是，这种情况持续下去将会导致未来士兵的减少，将不足以应对未来的战争："一个国家的命运取决于它的军事优势，而军事优势又通常表现为它能为战场所招募的军人数量。"还有一个更大的战场，并不仅仅局限于军事斗争的战场："在工业竞赛中，竞争同样激烈，同样势不两立，生产的产品不仅需要速度快，而且需要数量大，而拥有众多朝气蓬勃的年轻人及强有力的产品才能确保经济战争的胜利。"[2]

---

〔1〕Levasseur, *La Population française*, 2 vols. (1889-1892), I, p.215, 222.

〔2〕*Affaiblissement* (1885; 2nd ed., 1886), V-VI, p.2.

在纳代拉克伯爵看来，鉴于法国年轻夫妇不愿生育孩子，关于此种战争的胜利前景无异于乌托邦式的幻想。他再次提到了这些令法国人熟悉的数字：1770 年，每 10000 法国人中总共有新出生人口 380 人，一个世纪后竟下降到 245 人。当他将这些数字与其他国家进行比较时更感到不安：每 10000 人中，俄国有新出生人口 507 人，匈牙利 416 人，普鲁士 384 人，英国 337 人，而法国降到了末位，甚至还 267
不及比利时，并且比利时近些年来人口下降趋势已经得到了遏制。纳代拉克用法国的统计数据与德国的人口统计做了一番比较，而这一系列的统计数字就是雄辩的评注，在他看来，这种比较既有趣，又最令他忧心忡忡。他写道："除了某些特定时期的移民移出之外，德国人口正在强劲迅速增长。德国的家庭都是大家庭，而法国家庭则是小家庭：残酷的现实就是如此。"正是人口的增长使德国取得了欧洲的霸权，而面对这种严峻的威胁，法国切不可等闲视之。

对于法国人口出生率的下降，纳代拉克赞同生育控制者所做出的原因分析，但不赞同他们对未来的乐观前景的预见。他认为，法国人口危机的原因是最显而易见的：正是由于人们过分地受到追求物质利益的意志驱使，"自我欲望"膨胀，而这种自我私欲导致的最糟糕的后果就是法国的颓废。"有诸多的原因支配着人们的意志，而在所有这些原因中，影响最大的无疑是我们每天都亲眼看见的、日益严重的道德败坏，它直接导致了人口出生率下降，并威胁到国家和民族的生死存亡。奢靡生活的无节制发展、对享受的极度痴迷、对玩乐及欲望的渴求，将一切置于其所向披靡的控制之下，对自我的责任弃之不顾：所有这一切都源于这个唯一的原因。"对享乐的欲望和以性爱快感为中心的享受，都是由肉体上的满足激发、煽动的，而现代法国人也正是为这情爱的渴望所征服。纳代拉克着重指出了各种展览中"最厚颜无耻的裸体画"、书店里"耸人听闻的书名"、商店橱窗中"更加不堪入目的雕刻品”、标榜“罪恶激情”的戏剧，还有数万本销售着的充满“最露骨的描写”、“最腐化”的小说：所有这一切纠结在一起，败坏了家庭，也败坏了整个国家。所有这些也没有着力培养一种氛围，使得结了婚的法国夫妇为生养更多的法国人进行性生活。[1]很明显，反对避孕的观点把矛头直接指向了享乐，并把追求性爱快感作为首要攻击对象。

阿森·杜蒙（Arsène Dumont）是一位胸怀抱负而又能言善辩的人口学家，在19世纪90年代早期他提出了“社会毛细管现象”理论，用以解释显而易见的法国家庭人口数量下降的问题。他认为法国夫妇实际在根据他们内心的渴望调节生育孩子的数量，他们在仿效他们自己渴望到达的社会阶层；这并不是出于对贫困的恐惧，而是出于对社会和经济进步的渴望，也证明了生育控制的不可抵制的动力。尽管有些人口学家并不认同杜蒙理论具有充分说服力，但他们也加入了反对马尔萨斯主义的事业。著名的统计学家雅克·伯蒂
268 龙（Jacques Bertillon）主持组建了“为法国人口增加的民族联盟”（Alliance nationale pour l'accroissement de la population française），与此同时，另外一些人建立了反对堕胎罪联盟（Ligue contre le crime de l'avortement）。如此一来，反对生育控制的运动组织有序，而且得到了有力的财政支持。

实际上，在法国所有结成同盟的人，都试图净化人们沉溺于自私享乐的观念，这种同盟具有一定影响力，并且包括来自各个行业的人们。天主教和新教徒的神学家自然成为急先锋，对于新马尔萨斯主义给法国中产阶级带来的侵犯，他们不懈地给予猛烈抨击。道德主义者谴责他们为了贪图享乐，忽视了自己的职责；爱国主义者谴责他们

---

〔1〕*Affaiblissement* (1885; 2nd ed., 1886), V-VI, pp.6, 8-9, 17-19, 20, 70-71, 110-112.

给法国军事力量带来的潜在危险。内科医生提供了他们自己的专业诊断：巴黎大学医学院的古瑞埃（H. M. Gourrier）博士，1871 年在他的《婚姻的未来》（*L'Avenir du mariage*）中指出，禁欲、体外射精，以及其他机械的装置，对于夫妻双方的健康都是不利的。如他所言，只有在妻子身体虚弱或其他确实重要的情况使得妊娠成为下策时，采取“中断性交”或“把精液射在体外”，或是“射在避孕套里”，等等，这几种方式才是情有可原的。否则，对性交行为不加限制是尤为可取的，这不仅有利于繁衍子孙后代，对于进行性交的夫妻来说亦是有利的：丈夫射出的精液可以润滑妻子的内部器官，这对她是十分有益的。另外，“母爱”是最伟大的爱，“对母性的渴望”也是最自然、最真实的感情。妊娠时期，“由于妻子的自然欲望已得到满足并予以实现，她们便会平静下来”。[1]

说到人口问题，每个人都有自己的观点。爱弥尔·左拉曾在他的大多数小说中把性看作一种被黑暗笼罩的激情，在晚年他却说服了自己像普通人一样拥护、赞美母性的伟大。对左拉来说，这是一条通向救赎的道路。文学评论家指出，左拉在他后期小说中，开始使用富有宗教色彩的形容词来修饰“做爱”这个词，因此也可以神圣化地理解为“造小孩”（the making of a child）。1896 年 5 月 23 日，左拉在《费加罗报》（*Figaro*）中发表了一篇题为“论人口减少”的文章，参与当时盛行的关于人口问题的辩论，文中他直截了当地指出，“从本质上说，任何人如果不是为生小孩而做爱，无异于堕落放荡”。后来他把自己所认为的“普遍真理”写进了他的后期小说《繁

〔1〕Gourrier, *L'Avenir du mariage ou l'Usage et l'Abus dans l'union des sexes. Propositions et développements rédigés aux points de vue médical, philosophique, et théologique* (1871), p.30, 38, 77, 89. 古瑞埃似乎比其他医生更易于受到舆论的影响，倾向于认为“法国人口正呈现缓慢增长的趋势”，但他同时警告说，“整个人类似乎正走向衰败”（p.97）。

育》(*Fécondité*),这部小说也是他最受争议、最不受读者欢迎的小说
269 之一。小说中提到的所有家庭都经历了可预知的命运——当然这是作为作者的左拉按自己的意向强加于他们身上的:那些有意维持较少人口的家庭,不论是自主决定不再生育、堕胎还是采取其他方式,最后都陷入了不幸的结局;他们或是精神失常,或是犯罪谋杀,或是死于贫困。相比之下,作为小说主人公的一对夫妇生育了12个孩子,以为世界增加人口,他们所有的孩子都健康快乐地长大成人了。

面对如此具有敌意的舆论氛围,整个法国都陷入了一种警醒的状态之中,也迫不及待地要控告新马尔萨斯主义的鼓动者,因此生育控制的倡导者们不得不小心翼翼、如履薄冰地前进着。实际上,尽管法国人口出生率没有恢复,但是旨在促进生育的活动,却有效地减缓了避孕节育的观念及避孕技巧的传播。宗教、道德、社会科学及爱国主义的呼声依然高涨,并颇具影响力,但"一个家庭只要两个孩子"的原则依然悄悄地影响着人们的决定。

如果人们考虑到1870年普法战争中法国的耻辱,就不难理解法国那些"生育狂躁者"的焦虑了。德国虽然最终战胜了法国,并在此胜利的基础上建立了庞大的帝国,但看起来他们承受的焦虑比起法国人来也并不逊色。他们知道法国人并非未能致力于进行人口再生产,但他们担心法国的复仇计划,担心法国会与俄国结盟包围德国,因为俄国人的家庭仍维持较大规模。德国人痛惜威胁性的人口减少现象,是从1870年左右开始的,他们在学术期刊上零散地发表一些小论文;到1900年以后,由于德国对外扩张政策及海军军备扩张,他们的研究论文如洪水般席卷而来;德国人在其大显身手过程中由于优柔寡断、深感迷惑及非正义的行为,也时常表现出力不从心的忧虑与幻想,而这些论文无疑是他们此种心情图解的标志。因此,在1913年,当神学家、教会史学家莱因霍德·齐伯格(Reinhold Seeberg)发表对德国

出生率下降的“社会伦理研究”的小册子时，他不仅援引了大量的官方数据，而且参考了几十本同一主题、同一思路的德国小册子和相关论著，所有这些研究都预言了一场“民族灾难”，并表明了“一种可以称为‘末日即将来临’的可怕现象”。齐伯格支持并引用了埃里斯·施莱恩克（Elias Schrenk）关于“日耳曼民族来灾难的标志”，并于1913年呼吁建立一个维持全国人口的日耳曼联盟。他还从沃尔夫（J. Wolf）研究中引用了一些令人沮丧的数据，沃尔夫的书名相当有趣：《出生人口的下降：论我们时代的性生活的理性化》（*The Decline in Births: The Rationalization of the Sexual Life in Our Time*），该书于一年前刚刚出版。齐伯格也提到了菲利克斯·泰尔哈伯（Felix Theilhaber）与自己同年发表的一本小册子（1913年），其中泰尔哈伯对柏林人口状况进行了煞费苦心的调查，并采用了人口学家惯于使用的富有夸张色彩的书名——《绝育的柏林》（*Sterile Berlin*）。[1] 在这个此起彼伏的大合 270
唱中，莱因霍德·齐伯格的声音代表了多数人的呼声。

齐伯格警钟长鸣式的挽歌旨在昭示德国人：德国人口出生率正在显著下降，而且这一趋势还将继续下去。他从19世纪60年代开始追溯，统计数字显示人口出生呈下降趋势，这个结果会令所有德国人沮丧，正如法国“糟糕的状况”令所有法国爱国人士痛心疾首一样。1911年，尽管德国人口出生率还明显高于法国——法国每1000人中的新生婴儿不到20人，德国超过30人，但当时德国人口减少的趋势是在导向灾难性的后果。“我们正面临着一种威胁，作为一个民族，我们已不再前进，而是在后退。然而，每一个面临此种命运的民

---

〔1〕Seeberg, Der *Geburtenrückgang in Deutschland. Eine sozialethische Studie* (1913), S.75-76, I. The title of Schrenk's book was *Notsignal für das deutsche Volk* (1913); the name of his proposed organization, "Deutscher Bund für Volkserhaltung." 参见 Felix A. Theilhaber, *Das Sterile Berlin. Eine volkswirtschaftliche Studie* (1913)。

族，随着它在世界政治地位的变化都注定要衰败，或是被迫遭受越来越多的外敌侵略，更多的流血牺牲。”他引用“法国伟大的政治经济学家勒罗伊-波利叶（Leroy-Beaulieu）”的话，并预言，“在未来六代至八代人之内，一个纯粹的法兰西民族将不复存在，取而代之的是多种民族的融合，其中有弗莱芒的比利时人、德国人、西班牙人、意大利人，还有波兰人。在德国，我们也将渐渐地不得不面临这种外来民族的混合，首先是斯拉夫人，也可能是东欧犹太人”。这将宣告德国作为世界强国地位的终结。所有这些都因为国家的“日益繁荣”刺激了人们共享财富的愿望；一个家庭“两个孩子”变得异常流行，甚至“一个孩子”也随处可见，更糟糕的是还有“不要孩子”的现象。社会民主主义的激进学说越发煽动了减少人口的事业，大城市奢华的纸醉金迷的生活诱惑也难辞其咎。在齐伯格看来，最具破坏性的是个人主义和物质主义所向披靡的魅力。这种新精神彻底冲昏了“广大中产阶级”的头脑，并将其牢牢控制。毁灭的灾难不可避免，即使不是现在，也是在不久的将来，而正是中产阶级将引领德国走向灾难。[1]

以上就是反马尔萨斯主义文献近几十年来在各国的发展倾向：义愤填膺、焦虑紧张，而在世纪之交变得几近疯狂。尽管在各国的情
271 况不尽相同，但反对避孕节育的国家则形成了一个国际大家庭。反对生育控制信息传播的运动在美国可能达到了高潮，但此种现象在欧洲的文化景观中也显得格外引人注目。一方面，优生优育的遐想在大不列颠及德国非常盛行，而关于人口控制及“人种改良”（race improvement）的倡议在其他国家也隐隐约约地显露出来。对于优生论者而言，有两种极端的情形是很难定位的：究竟是应该鼓励聪明、富有的人多生育以增加其数量，还是抑制愚笨、贫穷的人生育，以免

〔1〕 Seeberg, *Geburtenrückgang in Deutschland*, S.12, 20, 33-38.

他们的孩子如同兔子一样大量繁殖，从而使他们充斥这个世界，对此，人种改良者几乎不能确定哪种决策更为迫切。比起他们煽动性的提议，新马尔萨斯主义者的刊物和著作虽然时常表现得天真且不可避免地重复，但其本身还是清醒冷静的。反马尔萨斯主义者诉诸的文字，以及他们广为传播的统计资料，都成了所有焦虑的渊薮。众所周知，对这些统计数据很难做出令人充满自信的阐释，并且几乎难以做出理性的思索。然而，对于这个已经完全失去控制的世界，这些研究和数据似乎也无能为力。生育率的下降必定震惊了许多反马尔萨斯主义者，让他们反思自己的能力。

关于生育控制的书刊和论著为我们了解 19 世纪中产阶级性观念打开了一扇窗户，同时也有助于我们了解令其得以生存的中产阶级隐私文化。不管这些书刊是持偏执的观点，还是持科学的观点，如同我们现实中看到的那样，要想把这些明确地区分开来确实是不可能的。在各自的明确的宣言中，各种形式的教条主义者丝毫没有表现出有意识的犹豫，但是，从整体上说，他们的写作读起来都是对 19 世纪中产阶级广泛存在的各种困惑和迷惘所做出的评论。他们揭示了自我利益与责任，以及欲望与防护之间难以调和的矛盾冲突。这种由神学家、人口统计学家及政治家赋予的具有规范性的官方地位，急切地提示人们：传统的价值观处于危险中，而且许多中产阶级都认为这一提示颇具说服力。由此也导致了他们的内心冲突。每当中产阶级想到避孕套或体外射精时，常常不免感到内心罪恶感的阵痛，这并非仅是迫于政治及宗教压力，也不是仅仅由于牧师给予他们的恶有恶报的警告，或审查官员威胁他们的法律上的制裁和惩罚，而是疯狂的爱国主义情绪的诉求，以及有关幸福大家庭的感伤描写更能触发中产阶级心目中珍爱的敏感神经，犹如童年的记忆又奇迹般地被重新唤醒。中产阶级家庭继续生育大量的孩子来为西方社会增加人口，这也是中产阶级理想的重要组成部分，而这些体面的人们一直以来都是以这种方式表现自我，
272 而以此教育他们的子女的。在他们看来，生育控制者诱惑人们走向无节制的享乐主义，以及不负责任地宣传快乐至上的理论。

这些诱惑者的观点自然是非常不同的。他们发现自己被迫进行某种隐秘的工作，而他们自己也并不希望这样。实际上，那些已婚夫妇在日常谈话中都很少提到避孕，即使在他们独处的时候也是如此。因此，即使对于这种至关重要的事情，在中产阶级日记和信件中通常读不到，也不足为奇了。但对中产阶级来说，生育控制论者就像精神分析学家一样，把他们未得缓解、无法控制的生育孩子的欲望看成是对古老迷信思想的非理性的重新界定，把他们为自己进行的辩解看成是对理性行为的神经官能性的阻碍。对他们而言，生育控制官方地位的确立是一种防护性策略。随着19世纪历史的发展，生育控制论者大肆宣传并强烈要求人们采取多数中产阶级所谓的体面的态度，但越来越多的人发现这并不可信，生育控制因而变得越加毫无希望。

一方面，避孕为19世纪中产阶级性观念开启了窗户，另一方面，它并非中产阶层独有的专权；自古以来，娼妓、贵族，甚至还有许多农民就一直在实行着某种形式的避孕措施。许多杀婴现象是在将婴儿交给职业看护的掩盖下发展起来的，堕胎以及作为社会顽疾的无数杀婴行为的盛行都强烈地表明，这些团体通常采取的避孕方法经常是无效的。但是，不管这些避孕方法只是某种迷信的姿势，或是某种广泛兜售的草药，或是延长的哺乳期，或是体外射精，这些避孕方法肯定在19世纪之前的若干个世纪就已经存在了，而其也并非仅为19世纪的中产阶级所知。19世纪中产阶级生育控制的独特之处就在于，中产阶级作为一个有影响力的阶层，将其广泛的组成部分都纳入一个系统的家庭生育控制政策之内。正是这种协同一致的反应——我将其称

为现实的压力（the pressures of reality），使得中产阶级生育控制成为维多利亚时代的中产阶级性爱生活中必不可少的组成部分，而在多年以后，人们才听到弗洛伊德的大名。

生育控制的阶级属性，以及避孕技巧由社会上层向社会下层的传播，这些在19世纪的宣传者看来是无可逆转的事实。在1886年，纳代拉克伯爵坚持认为，“不要孩子的欲望”，就是一种“年复一年日渐强烈的罪恶”，“正由富裕阶层向中产阶层扩散”，并由中产阶层扩展到乡村的小业主，以及城镇的工人阶级。七年之后，西格蒙德·弗洛伊德在给威廉·弗利斯的信中写道：“那些不了解马尔萨斯主义的 273
下层社会的人们也在沿着相同道路前进”；弗洛伊德认为，在一定时期他们也会成为神经官能症的受害者，尽管受此折磨的主要是中产阶级。[1]从生育控制最早期的宣传，以及弗朗西斯·普雷斯及其他人的猛烈抨击中，至少在广大宣传者看来，虽然中产阶级需要实行避孕措施，但下层阶级更为需要，不过他们实行避孕要晚于中产阶级，并从中产阶级那里学习经验。避孕的实行既需要知识，也需要意愿，中产阶级向人们表明，它时刻准备着运用其中之一，但却在言辞上鼓吹另外一种。[2]社会主义者对生育控制抱有的消极态度也强调了一个普遍的共识：生育控制在很大程度上是中产阶级的事务。马克思主义

〔1〕*Affaiblissement*, pp.111-112; “Manuskript B,” S.81; “Draft B,” S.72.

〔2〕1895年，雅克·伯蒂龙在《社会统计学杂志》（*Journal de la Société de Statistique*）发表的文章中指出，目前在法国，每1000位极度贫困人口生育108个孩子，每1000位贫困人口生育95个孩子。那些较富裕阶层有72至75个；富裕阶层有53个，极度富裕的阶层每1000人中只有43个孩子。大约在十几年后，维特-克努森（K. A. Wieth-Knudsen）经过详细研究之后，对这些统计数字提出了质疑，见K. A. Wieth-Knudsen, *Natalité et Progrès: Synthèse économique, démographique et biologique* (1908; French tr., 1938), pp.152-153。事实上，伯蒂龙确实忽略了一些重要的变量——已婚妇女、未婚妇女、虔诚的教徒……一直以来——将来这种情况也还会继续存在下去，富裕阶层的大家庭，不论是清教徒还是天主教徒，与教会一如既往地保持着密切的联系。

者，甚至他们中的女性都极其怀疑地看待避孕节育运动；在马克思主义者看来，这如同资产阶级为逃避进行激烈的社会变革而采取的另一种手段，因此其实质只不过是个人主义的反动遗产。要限制无产阶级的数量，其实并不是减少受资本家剥削的工人，而是减少无产阶级革命的斗士。1913 年，罗莎·卢森堡说过："社会问题的解决从来不能通过自救，而是要依靠大众的力量。作为无产阶级的武器，必须无条件反对限制新生人口。"[1]

由此可见，从某种决定性的方面而言，避孕的各种形式总不可避免地与中产阶级文化联系在一起。但关于它对 19 世纪中产阶级性观念和性行为的冲击很难做出评价。相关资料比较匮乏，仅有的一些联系也是根据推论得出的，但社会常识强烈表明，这些联系极为密切。女性每次怀孕之后，就可能受到产褥热等致命疾病的袭击，避孕能够在很大程度上为她们消除这种现实的威胁，或者夫妻双方因为不需要而又无可阻止的怀孕生育，会使本来不宽裕的家庭陷入极度贫困状
274 态，而采取避孕措施就能免除这种痛苦，如此一来，他们就能比以前更加放纵地享受性爱了。事实上，夫妇间的性生活由默许状态转变为有计划的控制，这样也使得他们的性爱活动成为更具活力与自由的享受过程。

但是，从最深层的内心经验来说，这个问题并非如此简单。生育控制当然能带来无法估量的好处，而且人们也能感受到这些好处，但是由性爱引起的无限焦虑，要以引起其他焦虑为代价，尽管后者远没有前者那样令人沮丧。限制生育孩子的数量会引起一些持续的、甚至很大程度上意识不到的问题，这些问题涉及生育孩子后抚养孩子的能

---

〔1〕R. P. Neuman, "Working Class Birth Control in Wilhelmine Germany," *Comparative Studies in Society and History*, XX, 3 (July 1978), p.414.

力。避孕的技巧，无论是中断性交、避孕套还是其他手段，都是性无能和不孕不育的前奏；鉴于性无能和不育是人们出于意志力的作用而造成的，因而是可以治疗的，而这两个方面又降低了引起人们焦虑的能力，但是根据最深刻的内心经验，其威胁依然保留了某些刺激性的力量。此外，在性交之前、之后，或者性交过程中采取预防措施，意味着要牺牲某种程度上的快感，像西格蒙德·弗洛伊德明智地忠告的那样，这种牺牲可能带来神经官能症的痛苦。因此，尽管中断性交在很多方面增强了人们自由的感觉，但同时抑制了人们在其他方面的自由。由于对人们的激情施加了一定的压力，它使得欲望的本能满足感受到了制约；他将自我引入了本我曾经占据最高统治地位的领域，并在快乐原则的运作机制中引进了现实原则，以干扰前者正常发挥作用。

如果暂且不考虑这些抑制作用，现有的19世纪的种种证据足够自圆其说，极具说服力地证明，对男女双方来说，避孕措施是满足性需求的一种工具。饶有趣味的是，当时那些反对避孕的人们严厉斥责生育控制，说它是一种无节制的邪恶的自我放纵的方式，而那些倡导者们则反对马尔萨斯对人们的自愿禁欲的呼吁，认为这是对性冲动的不切实际的评估，实际上是一种侮辱。此外，对家庭规模有计划的控制行为，即使不是从根本上消除了夫妻间的不平等地位，也至少在一定程度上减少了这种不平等，因为它使得对这种问题的讨论更易于接受。当然，不平等现象依然存在；生物学规则决定了它必然如此；社会规范更使它得以强化。一方面，并非男性而是女性，发现她们被迫置身于一场控制自我身体的运动；另一方面，并非女性而是男性，总是专横地提醒对方应负的婚姻责任。但是，任何一种形式的避孕行为都需要性爱双方哪怕是最微小的一点合作。

19世纪的生育控制者们倾向于以下这种说法：某些避孕措施，

275 像避孕套，把决定权交给丈夫，而其他方式，比如灌洗，则要受妻子支配。但这种说法未免过于机械。即使当丈夫套上避孕套或是射精之前主动退出，他这样做并非仅仅出于对妻子的依从，而很可能是在这件微妙的事情上，夫妻双方已达成一致。18 世纪后期，法国一些评论者就已经指责“丈夫对妻子的过分顺从”，或者“对她们过度温和迁就”，当然最终使得其免去了生育孩子的痛苦，但她们依然享受了性爱的快乐。[1] 在 19 世纪，男人时常宣称婚姻中完全的男女平等的思想，并清晰地展望了男女间坦率的沟通。19 世纪中期，在他的系列虚构信件中，美国的社会改革家亨利 · 莱特（Henry C. Wright）尽情赞美了“婚姻与爱情之融合”，他也强调指出，“必须由妻子决定丈夫在什么情况下，以及间隔多久才能享受性爱的激情”。莱特还争辩说，只有建立在夫妻双方真正相互尊重基础上的婚姻才是圆满、完美的婚姻。“过分沉溺于性的激情放纵——即使宣称是一种权利，也是对神圣承诺的粗暴践踏，因为作为丈夫，他在上帝及人们面前曾经承诺，他要全力关怀、尊重、保护这个女人。”莱特还善意地暗示，如果自愿放弃这种“被强加的母性”，那么对相爱的双方都会产生更加强烈、更加持久的性爱快感。“你确实说过，”他书中的那位妻子告诉她的丈夫说，“在那些关系之中，妇女应该掌握充分的决定权，因为在这种事关重大的关系之中，维系着她全部的天性。为了一时的性爱欢愉，她可能需要花费生命中一年的时光；随着小孩的出生，她的人生命运可能因此而改变；对于这种重要的变化，对于她身体的机能，对于自身的心灵和情感，难道她不该表达自己的心声吗？难道不该事先征询她的意见吗？”如果“面对他过于热忱的注视，迎接他的是一

---

〔1〕Jean-Louis Flandrin, *Families in Former Times: Kinship, Household and Sexuality* (1976; tr. Richard Southern, 1979), p.225.

副痛苦或尴尬的表情”，此时他就应该主动地避开；而且要让“丈夫在任何情况下，由此而变得具有敏锐的洞察，还要做到体贴周到”。到那时，“即使年老也会拥有新鲜的爱情。爱情也将如对未来的欢乐期待一样，成为对当前生活的记忆”。[1] 即使对于莱特这位激进的鼓动家而言，这种前景都过于美好，他也不能对生育控制的情色红利过于乐观。

亨利·莱特是一位宣传鼓动家，而非一名如实记录者，而他的《婚姻和生儿育女》（*Marriage and Parentage*）也远远超出了19世纪中期的现实状况。但是人口统计数字表明，他的观点在三四十年后变得普遍，至少在情感上是如此。一位匿名的生育控制者早在1885 276 年就明确地说过：如果女性知道是由她们来决定子女的数量，“那么在享受此种快乐的同时，她们又能以多么大的激情投身于爱的怀抱呢！”伊丽莎白·布莱克维尔博士作为一名基督徒和科学家，对此表示了极大的赞同：“对于那些满怀情愫而又健康的妇女而言，只要她们没有受到生育痛苦的折磨而心灰意冷，那么她们一定会在每次爱的交流中享受越来越强烈的身体满足感。”[2] 当然，这种无生育负担的性爱回报在克丽利亚·莫霞调查问卷中随处可见。对这种性满足的期望尽管不是处于核心地位，但也绝非无足轻重，它总萦绕在一些19世纪女性对敏感渴望的微妙表达之中，这种渴望尽管没有明确地表现出来，但从这种呼声中却能深深地感受到女性不需要生儿育女时的那种身体感觉。诚然，这就是所谓的在安全中，会体会到的无限愉悦。

我们也只有以这种方式解读梅贝尔·托德的情色日记。在她意识到意外怀孕的那一天的日记中，我们就清楚地了解到这一点。我们现

---

〔1〕Wright, *Marriage and Parentage: or, The Reproductive Element in Man, as a Means to His Elevation and Happiness* (1854; 2nd ed., 1855), pp.243, 246, 248, 255.

〔2〕Both in Degler, *At Odds*, pp.195-196, 268.

在很清楚了，她关于避孕的理论被证明是多么不合理。但在此更为重要的是该理论所暗含的态度。生物学可能关系到一个人的命运，但托德夫妇及许多其他中产阶级的夫妻，都在努力寻求避免这种最严厉的考验，从而能享受其最甜美的赠礼。即使不能规避对生物学的律令，但人们至少可以梦想让它成为可能。弗洛伊德写他的《梦的解析》（*Interpretation of Dreams*）时，他的一个朋友对他说，"'我妻子让我告诉你，昨天她梦见自己来月经了。你该清楚这意味着什么。'我当然是知道的"，弗洛伊德坦言。"如果这位年轻女性梦见自己来月经了，其实是这次她月经不会来了。我可以想象到，在她艰难的怀孕生育到来之前，她会非常高兴地享受一段自由的时光。这是她宣布自己第一次怀孕的一种机智的方式。"[1] 同时她让我们相信，这也是她宣称自己依然能够、并且想要做爱的机智的方式。

这位女性只是众多中产阶级女性中的一位；对她们来说，19 世纪的道德冲突难以轻易得到解决，即使通过教堂也不会轻易地解决，因为宗教信仰也并没有提供令人信服的答案。随着中产阶级生活水准不断提高，休闲方式更加广泛，预期寿命渐长，对子女的前途表现出更多、更有目的的关怀，所有这些使得新马尔萨斯主义比以往更具吸引力。技术与信息一起使它更易于为公众所知、所得。随着这个世纪历史的推进，越来越多的中产阶级也因而找到了将性观念造成的压力降
277 至最小、甚至做出改变的途径。与此同时，身体、经济、文化等方面的难以驾驭的事实，依然提醒着他们在决策过程中，他们将面对一条荆棘丛生之路。如同他们对待避孕的态度那样，他们处于一种显著妥协的中间状态，这种妥协介于一种一知半解的智慧与文雅的幼稚之间，介于饱学与无知之间。他们所知的很多，但他们不想知道的也有很多。

---

〔1〕*Traumdeutung, St. A.,* Ⅱ, p.144; *Interpretation of Dreams, S. E.*, Ⅳ, p.126.

布尔乔亚经验

1

感官生活

下

[美] 彼得·盖伊 著　赵勇 译 舒小昀 校

上海人民出版社

第四章 饱学的无知 278

1. 虚假的纯真年代

人类的无知经历了几个阶段。当他们呱呱落地、降生于这个世界的时候，他们在精神和身体上都被赋予了各种不同于他人的禀赋；但所有这些天赋都只是各种潜在的可能性，还有待各种经历使之成为现实。从此以后，这个世界上形形色色的知识就纷至沓来，并在他们的心理上留下了烙印。他们在婴儿期的最初际遇经验就是各种广泛的略带尝试的性教育；母亲的乳房、她温暖的拥抱、她抚慰的话语、她可能有时莫名其妙地不在身边——这让他们感到恐惧——所有这些经验都是强制和权威的，有时能为成年后的性爱经历提供严苛的训练和准备。

这些强制和权威的经验在很大程度上是无意识的。当儿童开始区分内在的冲动和外界的印象、建立自我与世界的边界，在与父母的相互关系中他们并不能感觉到快乐，有时甚至有一种强烈的孤独感，其实他们这时候是在积累经验的原始素材，正是通过这些原始素材，他们才能建构自己的爱欲议题。接下来，就是所谓的俄狄浦斯阶段——那种痛苦的家庭三角关系，儿童的情爱史上第一次经历了具有深远意义的危机，对女孩和男孩来说都同样具有决定性。不过这些发展过程中早期的具有指导意义的阶段，尽管被永远保存了下来，但是几乎全部被遗忘了。在经历了俄狄浦斯情结之后，儿童开始压抑他们习得的经验。这些强烈的遗忘行为似乎可以有很好的解释：小男孩很快就会不愿意提起对他曾经珍爱的阴茎公开或虚构的威胁，小女孩宁愿否认她在发现没有阴茎时所感到的悲伤。

但这并不意味着眼不见，心不念。当不可抗拒的遗忘过程开始
279 时，儿童对性的探求，还有他们往往是略显古怪的性观念——当然可能还有他们的性体验，所有这些并未彻底消失，只是不可利用的体验罢了。在以后的岁月里，这些经验还会再次出现，只是被精心地掩饰或装扮，以其他各种形式出现：性爱的倾向、特别的趣味、扭曲的记忆，往往还有神经质的症状。从五六岁到性成熟的初始阶段——这是一段长时间的性潜伏期，经历这个阶段之后，就是人类性教育特有的第二个阶段，即青少年时期。这个阶段的性意识也是不可否认的，因为在这个阶段一种独特的生理欲求迫切地得到认可。青少年的性爱试验和困惑是婴儿期经历某种形式上的重复。但是遗忘机制再次发生作用，尽管这次没有上一阶段那么彻底，但是还是那么具有侵略性，似乎要消耗年轻男女所有可利用的性知识储备。有人可能会怀疑这种遗忘是否真的具有决定意义；年轻人自己经历的或从朋友那得来的对性爱过程的解释毕竟大部分都是不精确的，而对他们最早期的经验回顾甚至是荒诞无稽的。[1] 但是从这个方面而言，在幼儿期和青春期对

---

〔1〕虽然很难找到关于去势的真正威胁的文献记载，但是精神分析文献为我们提供了很多有用的例子。"小汉斯"（Little Hans）是弗洛伊德在 1908 年治疗过的一个五岁小男孩，几乎完全处于失神状态，曾经遭受过母亲的直接警告："在三岁半的时候，他母亲看见他用手拿着阴茎。她就威胁他：'如果你那么做，我就把你送到 A 医生那里；他会把你用来撒尿的小鸡鸡切掉。'"——小汉斯是这么形容他的阴茎的。"'然后你用什么来撒尿啊？'"小汉斯显然被吓着了："'用我的屁屁撒尿。'""Analyse der Phobie eines fünfjährigen Knaben [Der kleine Hans]" (1909), *St. A.*, VIII, p.15; "A Phobia in a Five-Year-Old Boy [Little Hans]," *S. E.*, X, pp.7-8. 弗洛伊德的其他病人，包括著名的"鼠人"（Rat Man）也陈述了同样的威胁，但是小汉斯的事件具有非常重要的意义，因为他的父母曾经公开支持精神分析理论，也是思想开明的追随者，但仍然不能放弃传统的威胁。

性的压抑并不是有所取舍的；没有经验的新郎和新娘在他们的新婚之夜几乎忘记了他们实际上学习到的正确知识，也忘记了他们急切地想要发明的观念。天真一旦丧失，就永远不能再挽回了，但是在 19 世纪那些体面的青年男女总是以某种我称之为虚假的纯真的状态走进了婚姻的殿堂。

这种纯真的假象必然部分地来自人类独特的性心理发展进程，而这是 19 世纪中产阶级与人类整体历史上共有的。人类潜在的乱伦愿望，既让人感到兴奋又让人感到可怕；人类就是在这种分裂的状态中步入了成年，因此存在大量的压抑是不可避免的，而这种压抑有时对人类是有益的：它们保护了人类应对各种亲密关系的能力，也保障人类的心理健康。有些压抑可能得到释放，而最令人满足的方式就是在婚姻的温床上。1884 年，苏格兰杰出的妇产科医生马修斯 · 邓肯（J. Matthews Duncan）指出，“快感，在新婚之夜经常是缺失的，而且这 280
种状态一直在婚姻中得以缓慢地延续”。[1] 15 年之后，德国的专科医生弗利德里希 · 西伯特（Friedrich Siebert）对同样所谓幸福的现象做出了评价：“必须指出，如果不告诉一个女孩结婚之后将会发生什么就让她们结婚，这是完全不公平的——但是实际上这样的情况并不在少数。”他又补充说——听起来还蛮有道理：“然而，女人大多数不会因为那个原因离开她们的丈夫”；她们也不会尖叫以寻求帮助。“她们知道怎样调整自己——即使没有那种快感，她们也会努力发现令人鼓舞的一面。但是有几个年岁稍大的女士告诉我，她们回过头看她们的新婚之夜时，总是感到恐惧，而且很后悔。”[2] 但是这种恐惧是可以治疗的——当然是在某种情况之下。

---

〔1〕 *On Sterility in Women* (1884), p. 94. 参见本书第 177—179 页。

〔2〕 Siebert, *Sexuelle Moral und Sexuelle Hygiene* (1901), p.iii.

能够兴奋地享受性满足——这种能力的出现并非仅仅只是新观念的开花结果，它也是对一种被弃绝的知识、一种记忆的解放。这有助于解释我一直坚持的观点：19世纪中产阶级幸福的感官愉悦的婚姻。在童年的激情中找到了值得全身心投入的成年目标之后，还有敏感配偶的支持，他们终于品尝到了那种滋味——当然，假设是从来没有经历过损害身体的性挫折。

然而这种后期的教育，或者说是感官的再教育有时候注定要失败的，因为19世纪体面的中产阶级常常为这种教育故意设置蒙昧的障碍，而且蓄意破坏。在中产阶级社会中，那些能够呼风唤雨的代言人不遗余力地让年轻人沉溺于无知的状态之中。许多医生、牧师、教师——由医生定下了基调，他们无视年轻人的性事实，捏造或者夸大性沉迷对心理和生理健康的威胁，这种恐吓使公众迷惑、畏惧，而他们也全然忘记了他们所受到的教育是应当为公众服务的。每当应该由他们来向公众传授关于性的知识并影响公众的性态度时，这些饱学的专家们却步履蹒跚，远远落后于当时那些理性的、受过教育的中产阶级大众；这些专家们传播的是蒙昧与无知，而不是光明与知识。但是，正如我将要能看到的那样，这些专家们也完全深陷于他们所处的文化体系之中，是他们所处文化的代言人。

这个时代的纯真并非一个深思熟虑的策略；它只是一种无计划的、具有高度适应特性的防御行为。作为大律师、诗人、让工人阶级妇女一见钟情的理想情人，蒙比（A. J. Munby）曾经说过，“那种对邪恶的无知，正是人们期望在女性身上见到的”，[1]而这个时代的文化风格也助长这种无知。对隐私的狂热、羞怯，在公共场合对身体的
281 活动都不敢直呼其名——更遑论性关系了。所有这些都只是这种文化

〔1〕Diary, February 1, 1859, Derek Hudson, *Munby: Man of Two Worlds* (1972), p.19.

风格中最引人注目的表征，但也是最令人难忘的表征——我称之为：饱学的无知。这种无知表现人们无意识的渴望，是非正式传授的，也是通过各种方式努力促成的。在这个中产阶级世纪，压抑的因素比它所有的知识还多。

人们在谈论维多利亚时代的中产阶级时，在广为流传的传统智慧中，基本的因素就是那些耸人听闻的虚构故事：双唇紧闭的、单方面的、可悲的家庭性爱，或者是那些富有教养的年轻男女对性爱的方方面面都一无所知。有很多故事被指责为流言传闻，或者是毫无根据的一概而论。维多利亚女王，尽管在她当时的盛名之下，也常常被当作笑柄；说她绘画甚至购买男性的裸体画像，并把这样的图画作为礼物，赠送给她钟爱的丈夫阿尔伯特亲王。[1]但是，这些故事有的是真的，它们被精神病专家当作典型案例进行分析，或是禁书中广为流传的丑闻，或是各种自传中心酸的真情流露。鲁琴斯夫人（Lady Lutyens）在回忆19世纪80年代初——当她还是艾米莉·里顿（Emily Lytton）的时候，写道："我是一个好奇的小孩，特别是对性方面的事；但是我从来没想到过，向我母亲问那方面的问题。然而，我缠着我家的仆人问这些问题，我装作自己知道很多的样子，以便她们可以无拘无束地和我交谈。我和一个堂姐约定，找出所有我们能找到的，并告诉彼此各自的发现。"很显然，她的仆人和堂姐都未能给她提供她想要得到的生理和心理上的信息；她后来发现，当她最需要保护的时候，那些当然也不能为她提供保护。1893年在她18岁的时候，她爱上了威尔弗雷德·斯卡汶·布兰特（Wilfrid Scawen Blunt）——那个著名的冒险

〔1〕这个观点来自穆尔勒德。参见 Kathryn Moore Heleniak, *William Mulready* (1980), p.158。

家，但也是放荡的好色之徒，她认为“那是我遇见的最帅的男人，而且我认为也是身体上最吸引人的”，尽管（或者准确地说是因为）他的年龄是她的三倍。布兰特当时 53 岁，向她大献殷勤、试图诱骗她和他上床，但没有成功。

艾米莉·里顿足够聪明，她能够分辨出使她陷入这场错误恋爱的根源，以及这场恋爱的风险性。她责备那些礼貌的回避，还有那些没有帮助的沉默，因为这些不能教她如何应对性诱惑。她在给知己的信中写道，“我们之后的经历明显地告诉我，那些用来保护女性远离堕
282 落传统的行为是愚蠢的。无论是直接的还是间接的，世界上近一半不道德行为和悲惨境遇都是一种独特的强烈欲望导致的。出于仁爱的目的，这种欲望被植入男人体内，成为他们身体的一部分。而且除了上千种不断发生的迹象，或者不只是迹象之外，还有这个内置的活跃因素，所以我们假设是这种可恶的教育缺乏助长了天真无知的状态。”她愤怒地问道：“在这样一个几乎不存在的假想的保护圈里，会有什么样的安全？而且当人们继续坚持这种虚假的保护，或者是完全相信这种保护时，有点近乎愚蠢。”[1] 关于这种强烈的性欲，或者说是“内置的活跃因素”，在青少年身上发出迫切要求，我能想起的像这样精确、详细的例子并不多。接下来事情是这样发生的：带着自己的自尊和纯洁的童贞，艾米莉·里顿逃离了布兰特的引诱。在 1897 年，在她最终从重大的感情纠葛中解放出来之后，她嫁给了颇有前途的建筑师艾德温·鲁琴斯（Edwin Lutyens）。她克服了布兰特给她留下的阴影，但是她仍然坚信，如果她知道得越多一些，她遭受的痛苦就会越少。

事实上，她确实遭受了很多痛苦。她的婚姻经历了所有的风雨变

---

〔1〕*A Blessed Girl: Memories of a Victorian Girlhood, 1887-1896* (1953), p.10; Emily Lytton to the Rev. Whitwell Elwin, September 2, 3, 1893, ibid., pp.228-229.

迁之后，最后成功地落幕了。像她 1929 年对她丈夫说的那样："32 年啦！难道不愉快吗？我们过得多么幸福啊，尽管经历了很多风雨。"这些风风雨雨包括她拒绝了她丈夫很多年，也包括艾德温·鲁琴斯很长时间的婚外恋。就像艾米莉·鲁琴斯几年后给她丈夫所写的，她仍然记着她的蜜月期，"是一场噩梦，有身体上的痛苦和精神上失望的记忆"。一场更可怕的噩梦也是不可避免的：在信仰神智论（Theosophy）多年之后，而且如此的虔诚，以至于在结婚 17 年且身为三个孩子的母亲之后，她完全拒绝任何肉体上的关系，这很显然不是因为艾米莉·鲁琴斯性冷淡，而准确地说是因为她性欲强烈。她告诉她的丈夫，"你要记住，我嫁给了你，爱你，而且在肉体上需要你就像你需要我一样多。我不是一时兴起责备你婚后的所作所为，而是因为你自私，不为我着想，而且我也很傻"。艾德温·鲁琴斯像他的妻子一样是毫无准备走入婚姻的；他非常急切而且性需求很多，显然他在没有满足他的妻子之前就很快射精，并且"离开"他的妻子。就像她坦诚地对她的女儿所说的那样，"每一个夜晚，我都是未能满足的，充满怨气的"。她想要分享他的想法、他的见闻和他的工作。当她可怜地表达她想要在思想上靠近的愿望时，她甚至用身体作生动的比喻，以唤起他对她已经受挫的性欲的注意："不是我不爱你——我如此地爱你，所以我想要更多地拥有你——不仅是你的身体，还有你的灵魂，你的想法，想要有某种很大的东西我能够抓住它，并且和你一起分享。"那个很大的能抓住的东西非常像他 283
的阴茎："当我们还有时间的时候，一定要尝试着让我靠近你——"她在同一封信中还写道，"要有耐心、更温柔——告诉我一点你的生活。我不是难以取悦的——只要你能把我和你的生活看成同等重要。"[1]

---

〔1〕Mary Lutyens, *Edwin Lutyens* (1980), pp.242-296, 297, 77-78. "他们都有强烈的身体需求，但是艾德温没有经验，而且艾米莉的母亲除了教育她不要拒绝丈夫的任何要求，并在床边放一小瓶冷霜之外，没有过任何其他的指导。"（第 56 页）

他祈求她原谅他，要她对他有耐心，但是他的生活圈子就是她的生活圈子，他没有确切发现他怎么和她一起分享，怎么满足她。这两个人都为彼此投入了很多精力；随着他们一起走过的岁月的流逝，也因为他们经历过的风风雨雨，他们更加爱彼此。但是对性的无知，如果导致的不是悲剧，至少也是带来麻烦的诱因，他们共同的无知使这个诱因变得更加紧迫。

从其他像艾米莉·鲁琴斯和她丈夫一样无知的夫妻的婚姻经历来判断，她对她那个年代的中产阶级女孩境遇的描述既不是古怪的，也不是主观臆想的。在她 1893 年出版的自传里，安妮·伯桑特（Annie Besant），作为基督教仪式研究者、怀疑论者、无神论者、性观念的激进者、法律改革家、社会主义者，此后的神智论者，以她经验丰富的事实评论员的洞察力描述了诸多事实。她这本书部分地吸取了她尖锐的控诉，在书中她直言不讳地谴责了她周围的人缺少坦率的精神。在 1866 年夏天，她和一名牧师订婚，但是对他了解得很少，而且把他理想化得接近完美。这对情侣一起散步，驾车游玩，但是除了这些几乎不做什么别的事情，而且就在这不太坚实的基础上她接受了他；但是她很快就悔悟了，可她母亲不让她废除这神圣的婚约，所以在 1867 年冬天安妮·伯桑特结婚了。“对于婚姻关系的观念，在我 20 岁的时候并不比四岁时候知道得多。”她又补充道，“我理想的生活不允许有邪恶的思想进入，在理想生活里我被保护着，不会遭受任何痛苦，没有任何烦恼，对于性的问题都很天真，对婚姻的现实没有任何准备，所以面对这残酷的觉醒，我感到非常无助。”[1]

25 年后，当她重新思考她当时所处的困境时，她审慎地总结道：“在一个女孩成长为成年女性的阶段，如果不告诉她生活中所要承担

〔1〕*An Autobiography* (1893), p.70.

的责任和义务，然后就让她在远离所有的生活群体、往昔的帮助、熟悉的母亲胸怀庇护的情况下，第一次面对这些责任和义务，是最致命的错误。”如果“理想的纯真”是一种“非常美好的”财富，那么她知道那也是“危险的”财富。她极力主张：“夏娃在离开母爱的天堂之前，应该对善良和邪恶有所了解。”她很快从自己的经历概括出：“许多不幸福的婚姻可以追溯到最开始，追溯到对一个女孩敏感的谦 284
逊和自尊的可怕打击，追溯到她无助的彷徨和恐惧。”对于在学校或者是生活中接受过良好的性教育的人们来说，他们很难想象，“许多女孩会缺少这样基本的性知识”，但是她确保她的读者相信这种现象的存在，尽管这种现象精确的发生频率仍然不能确定：“这种无知至少发生在一些女孩身上，不应该有母亲让她的女儿盲目地、错误地把自己的脖子放到了婚姻枷锁之下。”安妮·伯桑特在6年之内逃离那个枷锁；她特有冒险精神，而且能够勇敢地面对遭人唾弃的结果，因此她在1873年结束了婚姻。但是她警告其他女性，如果不像她这样英勇，不这样反叛的话，她们一生都要受到婚姻枷锁的束缚，成为虚假的优雅和不当的羞耻感的牺牲品，她们重新恢复性感生命力的所有希望都将破灭。[1]

实际上，埃菲·罗斯金（Effie Ruskin）的故事——或者更准确地应该叫作埃菲·格雷（Effie Gray）的故事，在讨论19世纪性方面的书籍中经常被引用。简言之，这个故事暗示：健康的性欲能够胜过最优雅的天真无邪，也能挺过罪恶的疏忽。在1854年3月6日，埃菲·罗斯金在一封详尽但简单明了的信中，向她父母诉说道，她结婚长达6年之久，但是一直没有进行过性生活：“我根本不认为我是约翰·罗斯金（John Ruskin）的妻子——我恳求你们帮助我摆脱和他

〔1〕*An Autobiography* (1893), p.71.

生活在一起的这个不真实的境遇。”她回忆她和她这个聪明但是古怪的丈夫生活的情景，包括他几天连续不断地讨论性交，但是没有任何要进行性交的想法。“他说明了各种各样的原因：不想要孩子、宗教信仰、想要保持我的美丽，但是在最后这一年，他终于告诉了我真正的原因（而且这个理由对我来说，和其他余下的理由一样可恶），他对女人的想象和他所看到的我完全不一样，而且他没让我成为他妻子的原因是他讨厌我的身体，在第一个晚上，也就是4月10日”，即1848年的4月10日——他们的新婚之夜。[1] 她和她丈夫最后的婚姻破裂对她影响很大，“心理和身体上都是荒废的、焦虑的”，但是在
285 她近似真实而清醒的回忆中，她从没责备她的父母没有在她步入性生活之前为她作好准备，而使她在约翰·罗斯金的诡计面前表现得十分脆弱。所有她说的一切——几乎是顺便说的，就是：“从来没有人告诉我，结婚以后夫妻间彼此的责任，以及作为人世间最亲密结合的婚姻中两人之间的关系。”[2] 她爱她的父母，尽管她聪明而且充满自信，不想反叛或者是怀恨别人。她的经历揭示了关于繁荣的中产阶级文化的诸多方面，她就是来自这个阶级，但她并不憎恨，至少并没公开地表示憎恨她父母带给她的无知。她的经历也充分地说明她潜在的强烈激情，期待着被唤醒，最后她意识到她的情况是“不正常的”；在经

---

〔1〕埃菲·格雷（她在这里故意这样签名，尽管在法律上她当然仍旧是约翰·罗斯金的妻子）写给她的父亲，Mary Lutyens, *Millais and the Ruskins* (1967), pp.155-156。起初玛丽·鲁琴斯和其他详细叙述这个几乎不可能抗拒的事情的人，认为罗斯金是厌恶他妻子的阴毛，对此，鲁琴斯写道，“他没有任何准备”（p. 156n）。但是她不确定，后期做了更改，参见 *The Ruskins and the Grays* (1972), p.108n，在那里他写到在牛津，罗斯金有“机会看到裸体照片”，照片揭示了关于成年女性身体的所有事实。

〔2〕Lutyens, *Millais and the Ruskins*, p.155.——在著名的美国性改革者和生育控制者，玛丽亚·斯托普斯（Marie Stopes）的身上也发生过非常相似的事情，她发现在他们结婚几个月之后，她的丈夫没能完成第一次性交行为。Keith Briant, *Marie Stopes: A Biography* (1962), pp.66-77.

历了艰难而屈辱的离婚过程之后，她嫁给了画家约翰·米莱斯（John Millais），拥有了一段持久的婚姻，尽管有时会有暴风雨出现，但总体上是令人满意的，而且他们生了八个孩子。

就像艾米莉·里顿和安妮·伯桑特通过她们痛苦的经历发现的一样，对于幸福的婚姻而言，无知几乎可以肯定是不充足的准备。但这不是最致命的。就像莫莉·休斯（Mollie Hughes）在她著名的自传中回忆的，当她在19世纪80年代订婚的时候，她母亲对她说的话，“偶然有一天，当时在毫无准备的情况下，她在写信，而我忙着学习拉丁语，‘我想你也意识到了，你将不得不和亚瑟睡觉？’‘哦，是的。’我回答道，带着感激的笑容，我听到所有其他她对幸福婚姻生活的评论都带着同样的笑容。我认为现在她一定是感到很困惑，因为她不知道我对这种事情了解多少，或者完全一无所知。”我们也不知道她到底知道些什么，因为她母亲“再也没有深入探究”，而且莫莉·休斯也没告诉我们。[1]但是，几乎可以肯定的是，对于这种事情无论她知道多少，都不是在家里学到的。

这里有一些零散的证据，证明法国人的情况也好不了多少。回顾一下古斯塔夫·德洛兹（Gustave Droz）的情况吧，他似乎对19世纪中期法国中产阶级的婚姻提供了富有想象力的建构。他提到了一件事，一位新娘的母亲在女儿婚礼后，向她女儿耳语的很少的几句话——显然是对一个忸怩的无知者说的话，但她母亲关于“献身”和“义务”的教导都来得太晚了，而且这时候的教导也是全然无用的。在几年前，也就是1843年，乔治·桑给她同母异父的兄弟希波莱特·夏狄龙（Hippolyte Chatiron）写了一封说教的信，这封信充满了感情色彩，她希望这封信可以及时地给他带来帮助。她刚刚得知她的

〔1〕M. Vivian Hughes, *A London Girl of the Eighties* (1936), p.303.

一个朋友在分娩时去世了，这个消息让她回想起男性的婚姻行为。夏
286 狄龙的女儿即将结婚，她认为这是他对他女儿未来的丈夫说几句话的最好时机："劝你的女婿在新婚之夜不要粗暴地对待你的女儿，因为除了男人之外，没有别的任何原因能给那些脆弱的女人带来身体器官的伤害和分娩的疼痛。男人没有充分地意识到，这种事情对我们来说是多么大的痛苦。"她建议他告诉那个年轻人，要好好地"控制他的欲望，而且要等到他一点点地让他的妻子明白这件事，并能做出反应为止。没有什么可以像这种可怕的行为，这痛苦的遭遇，和一个可怜的、什么也不懂的孩子一样发现，她自己仿佛被一个粗暴的男人强奸而产生的憎恶情绪更令人毛骨悚然。我们要教育她们"，她更加严厉地补充道，"要尽我们最大的努力教育她们，像圣人一样，然后我们把她们培养得像活泼的小姑娘。如果你的女婿是个聪明人，如果他真的爱你的女儿，他会知道他的正确角色，而且如果你在新婚的前一夜和他谈论这些，他也不会产生反感"。[1]她说，这就是说教的最终目的。显然，她在教育她同母异父的兄弟方面表现得有点主动，但是她也因此迫使自己让自身的经验得以表达。乔治·桑，被那些文雅的人看作臭名昭著的思想开放的女性，她更换情人就像其他女人更换衣服一样，看起来她对婚姻的思想准备比埃菲·罗斯金要充分得多，而且她通过切身体验，有时是痛苦的实验，发现了性爱的乐趣。乔治·桑和其他女人的例子都证明了：无知是一种可以疗救的状态。

在这个中产阶级世纪，不仅仅完全没有这种通向男女性爱幸福的线路图；整个感官的世界还都被一种微妙的氛围所笼罩。有教养的女性结婚之后，只有等待她的姐姐为她传授节育的秘密；受传统约束

---

〔1〕[Mid-February 1843], George Sand, *Correspondance*, ed. Georges Lubin, vol. VI, *1843-June 1845* (1969), p.43.

的母亲在传授女儿月经方面的知识时，使用了很多委婉的词语，她这样传授的知识要比本来纯粹的一无所知更有伤害性。纳塔列·巴尔尼（Natalie Barney）就是其中的一个例子，她是国际知名美女，也是众所周知的女同性恋，1886 年她就是这样了解到她即将到来的月经的概念：她母亲指着水族馆里“正在排着红色鱼卵的鱼告诉她：‘你再大一点也会像它一样。到时，你不用感到太惊讶’”。12 岁那年纳塔列·巴尔尼第一次经历了月经，她没有惊讶，但是震惊：她晕过去了。[1] 几年后，海伦·肯尼迪（Helen P. Kennedy）医生对 125 名已经经历了月经的美国高中女学生做了调查，调查她们“是否在这方面得到过母亲的指导，或者是否和母亲自然地聊过这方面的事情”。在这些被调查的学生中，有 36 人根本没和母亲谈过此事；39 人讨论过这件事，但 287
是交谈的方式很不自然；50 人以完全坦诚的方式讨论过这件事。肯尼迪发现这些结果很令人失望：“能够自然地和她们的母亲谈论这件最重要的事情的女生还不到一半！这种无知几乎是罪恶的”，她认为这是一种“危险的无知，是最无知的母亲留给她们女儿的无知”。[2] 这是一名改革者痛苦地呼吁的声音。我们下面还会遇到这种情况。

还有其他具有同样影响的片段，但是女性总是其中的受害者。的确，卧室里的粗暴行为，好色的丈夫强暴蜷缩着的一无所知的新娘，成为中产阶级自我批评文学作品中的主要场景，特别是在 19 世纪末的时候，也就是从维多利亚时代过渡到弗洛伊德时代的这一段时间。这就导致了情景剧中两个人之间的似是而非的场景——胆小害怕的女孩不情愿地离开母亲的怀抱，被无助地扔到这个陌生人的面前，这个

---

〔1〕Jean Chalon, *Portrait of a Seductress: The World of Natalie Barney* (1976; tr. Carol Barko, 1979), p.7.

〔2〕Dr. Helen P. Kennedy, “Effect of High School Work upon Girls During Adolescence,” *Pedagogical Seminary*, Ⅲ (June 1896), pp.469-482.

陌生人也就是她的丈夫。现在，那个心情急切的男人，欲望横溢，迫不及待地要享受肉体的快感。由于受传统的束缚，他已经被迫把他的行动推迟到现在，所以他必然要抛开绅士风度，最后不受任何束缚地要履行他的“婚姻权利”，他漠视了他这个脆弱的战利品，不管她经受的身体上的疼痛和心灵上的折磨。这就能很明显地看出为什么许多女人都经受讨厌而且恐怖的病态的折磨。玛丽·伍德-艾伦（Mary Wood-Allen）医生在她简明扼要的著作《理想的婚姻生活》（*Ideal Married Life*）中不无忧虑地写道：“在我的患者中有一位女孩，自从新婚当晚就患上了阴道痉挛，当时这位新娘面对突如其来的事件，由于巨大的恐惧退缩了。不管什么时候她的丈夫接近她，她的阴道就不自觉地痉挛紧闭起来。”斯卡德·普劳佐勒斯（Sicard de Plauzoles）医生，一名法国女权主义者，雄辩地呼吁赋予女人安排自己身体的权利——特别强调包括她们“接受或者拒绝性行为，和怀孕”的权利——同时也形象化地用比喻的形式再现了婚内强奸：“丈夫把力量残暴地释放在妻子身上的行为，是对每个拥有自由思想和绅士情感的男人良心的反叛。”[1]

这个比喻既是悲观的，又带有寻衅性，强烈地暗示了婚姻的开始是一种不利于幸福而又冷酷无情的行为，这个比喻被倡导性改革的专家们所认同。即使是在无可怀疑的保守的文章中，尽管所使用的词汇更温和一些，但是也具有同样的暗示。在新婚之夜，合法的强奸看
288 起来是一种流行病。这些宣传小册子也谈到了新娘在她人生中最重要的时刻，“献出自己的身体”，对她进行的“必要的折磨”，也经常谈到她的“屈服投降”。1850 年，英国社会活动家 W. R. 格莱戈（W. R.

---

〔1〕*Ideal Married Life* (1901), p.155; de Plauzoles, *La Fonction sexuelle. Au point de vue de l'éthique et de l'hygiène sociales* (1908), p.344, 347.

Greg）写了一篇备受争议的关于卖淫的报道；在文章中他坦率地指出无论结婚与否，“有礼貌有教养的”年轻女性发现，“自己第一次献出身体，无论是自愿的还是被强迫的，都处在一种爱和羞耻混合的精神极度兴奋的状态下”。[1]

我不怀疑有这样的家庭悲剧发生，而且这种悲剧也造成了严重的不良后果。但是在这些插曲中，有很多只是虚幻臆想，但也有同样的社会现实，也许还会更多。无论这些现象在过去或现在，或在多大程度上被看成一个现实，它们只不过是男人焦急欲望的体现：他们要坚持自己绝对的掌控，还有一些女人也屈服于男主人的皮鞭之下，从而使得这种欲望更加猖獗。我们知道，19 世纪的新郎毕竟总是很有耐心，行为很得体的。我已经引用过莫霞医生采访过的那些女性的丈夫作例子，他们中一些人延迟了所有的尝试，把完婚向后推迟了三天，甚至一年的时间。而且，年轻的小伙子在这方面拥有的知识，并不比他们娶的处女多。安妮 · 伯桑特指出的情况确实很真实，青春期的男性获得性体验的机会要比青春期的女性多得多；对男人和女人的要求标准截然不同，它鼓励年轻男子积累这方面的经验，而他未来的妻子就要顺从地等待着从他那里获得知识，这样的双重标准让我们理解，或者至少是怂恿了，一些表面上明白无误的性行为。[2] 同时，年轻男子也接受并承载了错误的信息，或者有的男子看了某个女人一眼，就觉得她和他们的母亲一样不可碰触——至少在他们的意识里是如此，所以他们就放弃了这样严肃的实验。

一如既往的情况是，性教育在英吉利海峡的另一边看起来似乎要更好一些。劳伦斯 · 琼斯爵士（Sir Lawrence Jones）回忆起他在牛

〔1〕 [W. R. Greg], “Prostitution”, *The Westminster Review*, LIII (July 1850), p.473.

〔2〕 另一方面，“纯洁的文献”总是坚持男人在结婚之前和女人一样纯洁无瑕。

津度过的那段战前的日子，“那个年代，我们有很强的好奇心，那时欧洲大陆的年轻人们是研究男女关系的专家”。1905 年左右这些牛津大学学生们的生活大部分是“完全没有女性的”。劳伦斯承认他和他的朋友们“成天做着白日梦；我有我自己痛楚的幻想”，但是“漂亮的女孩子被完美地理想化而完全不可接触，而相貌平平的女孩子则非常可怜被搁浅在他们的需求之外，而且由于虚构出的男女之间的鸿沟使得双方都很难把彼此看作同等的生物体”。不可避免的是，他们和女孩子之间的交往是“正式的、矫饰的，要保持一定的距离，聊天涉及的内容也很有限”。当劳伦斯爵士和他的朋友们鼓起勇气询问有关性方面的问题时，他们接受到的只是当时流行的文化信仰的教
289 育，甚至是专家为他们提供的这方面的教育。他回想起这些大学生和一个他们非常熟悉的医生一起共进的晚餐；当他其中的一个朋友问到“女人是否喜欢性交”时，那个医生告诉这些参加聚会的年轻大学生说，“作为一名医生，‘我可以告诉你们，十个女人当中有九个是性冷淡，或者主观上是不喜欢的；第十个，可能喜欢性交，但通常是个妓女’”。时隔多年，劳伦斯爵士再次回顾这位医生的判断，认为这话太武断，完全混淆是非，甚至是有害的：“如此权威的论断，我们把它当成真理。很难想象有比这更坑害年轻人的信息了”，因为它“既谴责了所有热情的新郎，又诽谤了所有自愿的新娘”。他补充说，那个医生“也许是最善良的，也是最诚实的，但是由于受传统的束缚，女性都变得虚假的害羞……从而使得这名医生变得如此的无知”。[1] 这是一种可怜的辩解，而不是一种诊断；对于女性患者在医生诊室里害羞的虚假表现，大部分医生感觉都是非常舒适，而且如果他们的患者不那么含蓄和沉默，他们也许会不愿听到她们的消息。

---

〔1〕L. E. Jones, *An Edwardian Youth* (1956), pp.162, 37, 163.

不管像劳伦斯爵士这样的英国大学生在多大程度上受到了压制，在欧洲大陆，这种情况只是在表面上有所不同。在法国的虚构小说中，在校学生守则中最重要的一条是：16岁左右的青少年应该光顾过妓院。但是并不是所有这样的冒险都是值得期待的；福楼拜笔下的弗里德里希·莫罗（Frédéric Moreau）跑到妓院里，却感到非常尴尬，转身就跑了出来；这不仅仅是虚构小说，而是这个社会的集体肖像。出生在法国的虔诚、繁盛的中产阶级家庭的女孩，被送到寄宿制女校，学校不教授生理学方面的知识，更不用说性知识了。弗兰克·魏德金（Frank Wedekind）具有开拓性意义的表现派戏剧《春之觉醒》（*Frühlings Erwachen*）完成于1891年，暗示了德国年轻人的状况也好不到哪里去：有些青春期的女孩子仍然被告知，是白鹤送来了小宝宝，而男孩遭受青春期的“春之觉醒”，就是难以控制的感情洪水和无法解决的情感冲突的伤害。魏德金是反对中产阶级伪善的先锋派，他充满敌意的讽刺是如此果敢、有力，以至于他歇斯底里的讽刺，远不仅仅是对可用的性知识恰如其分的评价。相对于整个德意志帝国肆无忌惮的虚伪氛围而言，他的讽刺也并非完全不公正，因为在这种社会环境中，像特奥多尔·冯塔讷（Theodor Fontane）这样严肃的作家，却以在他的小说中介绍了通奸的罪名而遭受批评。

关于年轻人受到的感情教育（*éducation sentimentale*），当然还包括遭受挫折的幻想、偷偷摸摸而又令人尴尬的自慰，或其他持久的羞辱行为。1914年，在美国，针对在校大学男生进行了一次范围广 290
泛的调查，结果显示大部分男生从他们的仆人和朋友那里获得了性知识，而且这种现象一直没有得到改善。677名受试者回答了他们通过什么渠道获得的性信息，其中544名以上回答的是“男性朋友”，33名从“女性朋友”，还有40种其他的信息来源，像是用人、女仆、谈话、对动物的观察。这项调查的设计者M. J. 埃克斯纳（M. J. Exner）

颇为担忧地总结说，“对 91.5% 的人来说，他们对于性的第一次永久印象的信息来源都是不健康的”。而且与之相对应的是，几乎 4/5 的受试者认为，这种获得性知识秘密的途径对他们来说“产生了不好的影响”。而在几年前，大约在 1910 年左右，根据德国医生的估计，大约有 1/5，或者多达 1/3 的高级中学的高年级学生有过性经历。[1] 这些信息充其量只是来源可靠的推测，而且在任何情况之下，他们都对那次性经历的质量避而不谈，或者是羞涩地回顾那次失败的尝试。无论是性知识还是性经历的本身，都不能保证恰当的性行为，更别说成功的性行为了。

欧洲大陆上的人们对性知识的了解非常少，而且在关键的时刻他们又变得无能为力，这一点可以从西格蒙德·弗洛伊德诊断过的一位患者身上体现出来：她患有强迫性精神病，向弗洛伊德讲述了她的初夜经历。弗洛伊德这样总结她的陈述，“她的丈夫在新婚之夜遭遇了并非罕见的不幸。他发现自己突然性无能，而且在那天晚上他多次从他的房间跑入她的房间，重复地尝试，试图证实那样是否有效。到了早晨，他说他担心自己在宾馆女佣整理房间时感到非常羞愧，于是拿了一小瓶红墨水，把红墨水倒在床单上面”。[2] 这个滑稽的故事，虽说不是如此令人伤感，但还是非常可笑，它又一次暗示了：在弗洛伊德的时代，中产阶级仍然非常珍视新娘的贞操，事实也确实是这样，而且在某些情况之下，丈夫可能比他的妻子更笨拙、更焦虑、更无知。作为新婚之夜创伤的受害者，尽管总是妻子

〔1〕M. J. Exner, *Problems and Principles of Sex Education: A Study of 948 College Men*, Y.M.C.A. pamphlet (1915), pp.6, 7; 另见 Dr. Hermann Rohleder, *Grundzüge der Sexualpädagogik für Ärzte, Pädagogen und Eltern* (1912), S.15, 85。

〔2〕“Zwangshandlungen und Religionsübungen” (1907), *St.A.*, VII, p.16; “Obsessive Actions and Religious Practices” , *S.E.*, IX, S.121.

在恐惧与痛苦中失去贞洁，但其实可能也是她的丈夫被迫显示他力量的时刻。

诚然，比起后来的历史学家，同时代的人对威胁着新郎的羞辱更警觉。1883年，爱丽斯·贝尔克纳普给她的姐姐苏珊·莱特写信，描 291
述了一个亲戚在他结婚之前的表现：他“对即将到来的婚礼的表现和大多数女孩一样，显得那样单薄无助，而且脸色苍白”。男人们自己有时坦诚地承认，这种脸色苍白的表现实际上暴露了他们的某些秘密。金斯利夫妇决定结婚一个月之内先不同房完婚，因此在他们的心目中还是能够从容不迫地期盼他们的新婚之夜：“我一直在想着你见到我的裸体时，你可能表现出的恐慌”，在这个重大日子的几个月之前，查尔斯·金斯利（Charles Kingsley）在给范妮（Fanny Grenfell）的信中写道，“而且我觉得我看到你裸体也会有同样的感觉，直到我能控制看到你美丽裸体时的感情爆发。你可能不知道，在他的新婚之夜，一个男人在身体和思想上是多么的无助。”在19世纪初，司汤达所谓的“惨败”的风险是如此巨大，以至于有些男人发现，他们更明智的选择就是断然否认他们的焦虑。在结婚当天，约翰·米莱斯给他最好的朋友查尔斯·科林斯（Charles Collins）写信说：“现在，这一天终于到来了。我发现我自己断然没有丝毫的紧张，反而非常幸福。”他强烈的否认语气实际上是一种肯定。但他还是坦率地承认，他对于某些方面仍然忐忑不安：“我觉得有些发烫，当然只有那么一点点”；而且他补充道，“多么奇怪啊！我希望我所做的是正确的，但是是否正确只能依靠体验才能知道。”他告诉科林斯说，他非常清楚这将是“一次考验”，而且用他带有潜意识的智慧做出了比喻，他总结说“这确实是令人吃惊的过程，我的朋友，就像是见了牙医的医疗器械——我可怜的头脑和心灵疲于详述不愉快的可能性，尽管我以为已经非常兴奋地准备好战斗”。他想起牙医的医疗器械，想起去势用的钳子，用最激进的形式释放他的恐惧；他详细叙述了“不愉快的可能性”，这也使它变得更真实。埃菲·格雷被国内最著名的医生诊断为纯粹的处女（*virgo intacta*）；现在该由他，不单单非常兴奋地准备好战斗，而是去完成任务。[1] 但是，他并不紧张。

他妻子的日记记录的却是一个截然不同的故事。她对自己的描述是非常自信、幸福，就像她在签署婚约时一样，但是她丈夫表现得“更加紧张不安”。她写道，“之后他说他非常想扔下手中的笔，问他在剧中扮演什么角色，并且拒绝签署”。当他们最后安全地来到火车上去度蜜月，
292 他就完全崩溃了。“他非常不安，当火车开动的时候，他变得异常地紧张和兴奋；可能在通常情况下，在这个时候都是新娘需要安慰的，但我却反过来了，变成我不得不同情他。他可怕地哭喊起来，说他不知道他该怎么度过，感到非常可怜；仿佛他一下子老了十岁；他不是感到幸福和高兴，相反他看起来有些绝望。”他们把通常的角色进行了互换，埃菲几乎是以她母爱般的温柔，“用古龙水帮他擦了脸，让他抬起头，打开一扇窗户，他才感觉好了很多”。[2]

这不只是一位敏感的艺术家想要完成他谨慎而又耐心追求的爱情所做出的极端反应。这也许不是一次典型的经历，但也并非绝无仅有。1869 年 10 月 20 日，当露伊莎·波娃特（Louisa Bowater）嫁给雷纳德·奈特利爵士（Rainald Knightley）的时候，她在日记里写过“没有感到丝毫的紧张——至少我觉得还有很多事情要做，要思考，因此

---

〔1〕Belknap: May 27, 1883, July 1979 addition, box 53, SF, Y-MA; Kingsley: Susan Chitty, *The Beast and the Monk: A Life of Charles Kingsley* (1975), p.86; Millais: July 2, 1855, Lutyens, *Millais and the Ruskins*, p.260, 261. 玛丽·鲁琴斯相信米莱斯像他的处女新娘一样是处男。埃菲·格雷·罗斯金宣告婚姻无效，要求她由两名医生检查，医生然后证明“处女通常具有的标志是完整的，而且是自然完好地形成的……”把这个过程描述给她母亲（1854 年 5 月 20 日），她说，非常明显：“我会保留更多的细节”（第 263、218 页）。

〔2〕Ibid., pp.262-263.

我不会让自己就这样紧张”。另一方面，她写道，她的丈夫——“亲爱的雷纳德”，“表现非常紧张”。当这对夫妇到达他家时，客人都在列队迎候，教堂的钟声响起，“非常美丽动人的演讲”开始了，“我亲爱的丈夫发言很好、很清晰，而且没像我害怕的那样垮掉”。[1]在焦虑与义务的斗争中，义务占据了上风。然而，即使如此，更多的情况是女人向恐惧投降而不是男人。“我害怕，我害怕”，1856年一个年轻女孩在谈到她未来的新婚之夜时告诉龚古尔兄弟，“我想把自己麻醉了！”[2]

毫无疑问，像受到良好保护的女孩一样，男人对婚姻的准备也很不充足，但是他们不想求助于麻药把自己变得麻木了，而更多的是想求助于保护或者恢复他们力量的镇静剂。关于男人性无能的医药学著作尽管不令人信服，但是也有足够的启示作用，而且在精神分析学者开始研究这种病症之前就问世了。这些记载当中最引人入胜的例子就是有身体障碍的男人，或者遭遇过惨败的但有计划地进行异性关系的尝试，但是实际上他们并不想进行这样的尝试。但是，关于这方面的文献并不充足，相关的医药学论文除了指出19世纪男人徒劳无功想要满足女人或者完婚，因而存在心理上的问题之外，并没提供其他有价值的东西。让-马丁·查科特（Jean-Martin Charcot）与瓦列汀·马格南（Valentin Magnan）收集了一些这方面的案例，其中有一位睡帽恋物癖者吸引了弗洛伊德的注意。威廉·哈蒙德（William A. 293
Hammond），著名的精神外科专家，也曾经是美国军队的外科医生，当然对此很感兴趣。他的著作《论男性性无能》（*Sexual Impotence in*

[1] *The Journals of Lady Knightley of Fawsley, 1856-1884*, ed. Julia Cartwright (Mrs. Ady) (1915), pp.171-173.

[2] September 22, 1856, Edmond and Jules de Goncourt, *Journal; mémoires de la vie littéraire 1851-1896*, ed. Robert Ricatte, 22 vols. (1956-1958), Ⅱ, p.32.

the Male）是当代医学文献不可多得的财富。[1] 哈蒙德根据自己的经历和其他权威人士的总结，增添了一些相关的案例，但是这些人都显得有些变态，当然只是那个年代的特例，因而不具有代表性。

当时更加普遍、更具代表性的案例是暂时的性无能，哈蒙德收集了两个这方面的典型案例。第一个案例是“一个已婚男性”，“强健健康的典型”，婚后“非常喜欢他的妻子”。然而“当他试着进行性交的时候，他的脑海里就会出现一些可笑的人物形象，而且在高潮就要来临的时候会把所有的欲望都浇灭了，这样的状况已经持续一年了”。第二个案例没有什么不同：一个年轻人，职业赌徒，他的“思想完全集中”在他的职业上，他发现当他工作之后想要满足自己“强烈的性欲”时，他却做不到：“我脑海里经常浮现一些赌博时的技术问题，而且这些想法会扑灭所有的欲望，还削弱我所有的力量。”根据医学诊断，他患有强迫性神经官能症，哈蒙德把这两位病人诊断为过分敏感：强烈的感官重复使他们丧失信心，结果就导致了性无能。因此，哈蒙德建议第一位患者搬到另一个卧室，三个月不进行性交，第二位患者进行一次长时间的海上旅行，直到他返回之前不思考和性有关的事情。哈蒙德很高兴地报告说：“这种治疗非常成功，当治疗期满之后两位患者都没有困难了。”[2] 这种原始的精神疗法可能会在一段时间治疗效果非常显著。但是这种疗法是否有效，关键在于确认有这种需求。

这些案例，以及弗洛伊德宣称的非常普遍的性无能导致新郎出丑的事情，除了他们描述的精神上的灾难之外，还有其他的含义。那种戏剧性的、可怕的人物，在新婚床上的雄性野兽，足够真实；艾丽

---

〔1〕 William A. Hammond, *Sexual Impotence in the Male* (1883), pp.40-42.

〔2〕 Ibid., pp.16-19.

莎·杜菲（Eliza Duffey）在 19 世纪 70 年代写了一本书《女人们应该知道什么》（*What Women Should Know*），对那些纯真少女提出了许多建议。这本书被广泛地阅读，在书中她说道："考虑到婚姻中身体关系的时候，女人们总是怀疑是否大部分男人不是这么残忍的。通常情况下，女人并不总是向其他女人私下抱怨她们丈夫的不好。所以当她们说话的时候——她们不完全表达，说的只是被压缩了的不完整的句子，那一定是遭受了极端的婚内暴力才被迫说出来的。那样的女人，很多女人，尽管遭受丈夫的折磨，但这些女人也当然不会承认。她们的丈夫在这方面很粗暴，尽管在别的方面很善良。"[1] 然而，我们不是单凭女人的经历对这些粗暴的男人进行描绘；这种男人在否认男性惨败时的投影，主要来自男人自身的经历。在很多方面，无论是对男人还是对女人来说，婚姻都是一场考验。但是，颇为讽刺且意味深长的是，对当时的医生而言，他们并没有使得这种考验无论对男人还是女人都不那么严峻。 294

2. 焦虑的职业

专业的知识传播者充当了无知的帮凶，这种现象绝不是新鲜事了。控诉饱学的专家们是自私的、专权的，是经过授权的骗子，这种观点可以追溯到古希腊罗马时代；更近一点，也就是启蒙运动后期，在孔多塞（Condorcet）对历史的社会学阐释中，主要讨论了他对主流职业的理解。他认为，对于所有传统职业的维护者而言，无论是宗教的还是世俗的，更多的是想要保护他们的特权，维持他们的垄断地

〔1〕 Eliza Duffey, *What Women Should Know* (1873), pp.116-117.

位，而不是为了把他们的知识传授给大众。时至19世纪，这种现象变得比以往更加突出，而且是以一种更加可悲的方式进行的。自然科学迅猛发展；医药学的发展速度更是史无前例，因为医学不断地向化学以及相关学科借鉴，而且发展速度与日俱增。如果说铁路是技术带动科学发展最生动的范例，那么医药学方面的创新也比比皆是，而且可能影响更加深远。约瑟夫·李斯特（Joseph Lister）、路易斯·巴斯德（Louis Pasteur）、伊格纳兹·塞梅尔维斯（Ignaz Semmelweis）、詹姆斯·辛普森爵士（Sir James Simpson），这些名字永久地代表了19世纪医药学在征服细菌感染和疼痛方面取得的巨大进展。

所有这些胜利，以及涌现出来的许许多多令人尊敬的医生，为他们这个职业增光添彩，然而他们因为相信，并且宣传关于身体的迷信而名誉扫地，成为貌似饱学实则无知的堂吉诃德式的人物。他们联合起来与假想的对手作战。在19世纪末期，医生、牧师、教育家们
295 建立起联盟，出版了强力推进性教育的图书，而在同样的领域，他们的先辈们早在几十年前就开始非正式地与自慰进行战斗了。在他们看来，自慰不仅非常有害，而且他们担心这将成为一种流行的性体验。这是一场很有启迪作用的战役，在这个社会里确定不移的东西看起来越来越少，陌生奇怪的东西越来越多，这次战役形象地浓缩了19世纪中产阶级的焦虑，特别是他们关于性的焦虑。

纵观整个19世纪，“手淫”（self-abuse）或者叫作“自我亵渎”（self-pollution）的堕落行为把饱学的男人，还有一些博学的女人吓得大汗淋漓，大声惊呼。他们在有关医疗保健和促进社会道德的著作中写满了恐怖的病例，他们绝望地不断呼吁请求采取行动，以免为时已晚。那些在医疗方面受过良好教育的圣徒们对这些也信以为真，甚至超过了他们信仰宗教的意愿；紧张恐惧麻醉了医生们的智力，但他们可能在其他领域懂得更多。像弗洛伊德1912年指出的“关于手淫的

主题，实际上是无穷无尽的”[1]。诚然，这个主题已经持续一个世纪或者更久了。

与此相映成趣的是，这个饱学的联盟可以具体化成一个人，这个人也就是那位现代手淫恐惧之父：看起来他曾经是一位做过江湖郎中的牧师。不管他做过什么，他在1710年之前出版了一本书，创造了历史舞台，发明了这个词汇，并引起了狂热，书名为《俄南：或可憎的自渎之罪，以及在两性中产生的严重后果》（*Onania, or the Heinous Sin of Self-Pollution, And all its frightful Consequences, in both Sexes, Considered*）。这本书被不断重印，而且很快被翻译。[2]为了给那种渊源久远的行为取一个悦耳的名字，这位匿名作者非常巧妙地利用了权威的《圣经》；在指明手淫是一种罪过，而且是可憎的罪过时，他巧妙地把宗教上的重大后果和他的伪医学讨论结合在一起；在把“手淫”描述成“自我亵渎”时，他试图证明这种行为不仅威胁健康，祸及灵魂拯救的前景，而且肮脏猥亵得出人意料。《俄南》一书的作者还吹捧一种神秘疗法，他承诺该疗法可以使人告别手淫，以及其他悲哀的性行为，如不孕不育、性无能等，这显然使他的论点大打折扣，但似乎并没有影响该书的销量。

《俄南》一定是对当时一种潜在的焦虑的回应，因为在18世纪上半叶，它曾经广泛流行。瑞士著名的医生，萨缪尔-奥古斯特-安德雷-戴维·蒂索特（Samuel-Auguste-André-David Tissot）发现，“英文 296
版的《俄南》真是一片混乱”，只有其中的“观察”有些价值；“作者

---

〔1〕*Die Onanie, Diskussionen der Wiener Psychoanalytischen Vereinigung* (1912), [not in *St. A.*], *G. W.*, VIII, p.345; “Concluding Remarks, to a Discussion on Masturbation”, *S. E.*, XII, S.254.

〔2〕到1736年，德语版本的标题还保留了英文原版那些可怕的字眼：*Onania oder die schröckliche Sünde der Selbstbefleckung mit allen ihren entsetzlichen Folgen*。

所有的评论只是神学上或道德上的琐事”。但是对一名医生而言，那些观察毕竟还是有用的；蒂索特自己的著作《论手淫》（*De l'onanisme*），在1758年首次出版，赋予这个名称以及实践后所受的惩罚以一定的可信度，而他的前辈——也就是《俄南》的匿名作者，从没有获得过这样的可信度。蒂索特对《俄南》一书中叙述的手淫所带来的危害不加鉴别地、完全地照搬过来：脑力和体力下降、全身痛苦不堪、浑身长满脓包，还有各种疾病，这些都会严重削弱性器官的功能，并导致阳痿、早泄、淋病，以及肠道功能失调等。[1]蒂索特完全忠实于《俄南》中的论述，也没有忘记精神疾病，尽管他指出，其后果很可能会相对温和一些，而且不具有普遍性。随着《俄南》中列举的防范条件逐渐消失，手淫带来的可怕影响创造了医药学的历史。考虑到19世纪在饱学的人们中间蔓延的恐惧，这本书的作者看起来还是比较温和的，还颇有人情味。

当《俄南》的作者名气大减，不再引起人们兴趣的时候，蒂索特却成了一名享誉欧洲的名医。作为一名瑞士启蒙运动的领军人物，他和著名的医生像狄奥多·特隆舍（Théodore Tronchin）、奥尔布莱特·冯·哈勒（Albrecht von Haller）等人通信，还有著名的作家如伏尔泰、卢梭等。他是接种天花疫苗的早期倡导者，而且是一名著名的多产作家，著作涉及医学的许多领域。以18世纪医生的特有风格，他对病例的分析多为主观的、随机性的。同时，他被赋予杰出的常识和判断力；他在论述博学的人们的健康问题时，推荐他们要多做运动，培养乐观的情绪，以应对他们缺乏运动和暴饮暴食的生活习惯带来的不良后果。[2]只是对于手淫问题，他的判断力似乎不那么敏锐

〔1〕Tissot, *De l'onanisme* (1758; ed. 1834), pp.17-20.
〔2〕Tissot, *De la santé des gens de lettres* (1768).

了。然而，他关于手淫的论述却和他其余更加理性的著作一样获得了巨大的成功，甚至获得的成功更多；1759 年他亲自把最初的拉丁文著作翻译成法语，而且迅速被抢购一空，在短短的几个月里连续被印刷 7 次，而且在接下来的十年时间内，被翻译成多国语言，像英语、意大利语、德语等。确实，蒂索特的声誉持续了一个世纪，就在他去世 37 年后的 1834 年，该书仍然在继续出版。到了 19 世纪 40 年代， 297
阿米尔（Amiel）仍然像对待一个毫无疑问的权威人物那样引述蒂索特，而且他不是最后一位拜倒在《论手淫》广泛影响之下的人。[1]

如果说对于蒂索特而言，手淫带来的痛苦折磨只是他从《俄南》中引述的那一些后果，那么此后那些更不安的医生们则又添加了许多。1812 年，本杰明 · 拉什（Benjamin Rush）认为，手淫除了导致精神错乱，还可以造成的“病态”包括：“生殖能力减弱、性无能、排尿困难、脊髓痨、痨病、消化不良、视力减退、眩晕、癫痫病、疑病症、记忆力丧失、注意力丧失、痴呆和死亡”。[2] 在整个 19 世纪，随着这种饱学的躁狂症在文明的土壤上逐渐蔓延，这个病症列表被改变、增添、缩减，但是都没有什么逻辑性可言。

这些有影响力的专家们借助他们的声望让这个问题受到关注，让人们紧张的神经毫不松懈。乔治 · 卡尔霍恩（George R. Calhoun）医生，是费城霍华德协会的外科医生，是当地慈善组织的一员，该慈善组织致力于传播性病危害方面的知识。1855 年他写了一份报告《遗精、性缺陷和性无能》，证实了这些煽动者过分的恐惧和他们最胆怯

---

〔1〕June 13, 1841, Henri Frédéric Amiel, *Journal intime*, ed. Bernard Gagnebin and Philippe M. Monnier, 4 vols. so far(1976-　), I, p.193. 在 1870 年，N. F. 库克（N. F. Cooke）把蒂索特的书赠给那些认为男女手淫的图片猥亵的读者。“A Physician”, *Satan in Society* (1870), p.17.

〔2〕*Medical Inquiries upon Diseases of the Mind* (1812), in E. H. Hare, “Masturbatory Insanity: The History of an Idea,” *Journal of Mental Science*, CVIII (January 1962), p.4.

的愿望。他写道，“手淫”第一个后果就是“人类出于性本能而自然拥有的激情会完全消失”，当时一位粗心大意的出版商无意地强调了这件事情的重要性；手淫“使整个人都崩溃，而且彻底破坏性器官”。儿童变得虚弱无力，双颊凹陷，思维迟钝，行动缓慢，情绪难以控制，性情暴躁，动作迟缓，理解力下降，抵抗力降低。对于手淫者生活就会变成痛苦的折磨；简而言之，“手淫是通往坟墓最直接的道路”。[1]当然，卡尔霍恩医生也不会忘记在目录里列举精神失常的症状。

但是，卡尔霍恩医生还是充满希望地认为，这种最根深蒂固的癖好可以用药物治疗和心理疗法进行医治，他提出的疗法包括“每天进行几次冷水浴、灌注法、冷水坐浴、适度的清淡的饮食”，还有“少
298 穿衣物、睡坚硬的床垫”，而且要喝牛奶，而不是像咖啡、茶等有刺激性的饮品。卡尔霍恩医生的威胁和承诺，与19世纪中期的一些智慧相吻合，而且这位慈善的霍华德协会主席还命令把他的报告复印5000份“免费发放”。三年之后，他们投票表决同意进行改版，而且仍然免费发放。[2]可见，反手淫的战役不仅耗费体力，而且浪费金钱。

虽然在有关自慰的医药文献中记载的与之相关的条目总是精神失常，还有倦怠和癫痫，但是这些仍然是有争议的。在对这方面的文献做过仔细的调查研究之后，1900年哈夫洛克·艾利斯（Havelock Ellis）指出，关于自慰存在很多令人费解的不同观点。[3]有些医生，像亨利·莫兹利（Henry Maudsley），更加恶化了病因学和症状学上的不确定因素，过分地强调了自慰的严重性。在1867年出版的一本介绍

---

〔1〕Calhoun, *Report of the Consulting Surgeon on Spermatorrhoea, or Seminal Weakness, Impotence, the Vice of Onanism, Masturbation, or Self-Abuse, and Other Diseases of the Sexual Organs* (ca. 1858), pp.4-6.

〔2〕Ibid., pp.6-7, 16, 23.

〔3〕Ellis, *Studies in the Psychology of Sex*, vol. Ⅱ, *The Evolution of Modesty, the Phenomena of Sexual Periodicity, Auto-Eroticism* (1900), pp.199-231.

精神病的生理学和病理学课本中，莫兹利只是附带地提及了“自慰”，认为自慰会“导致一种特殊形式的精神失常”[1]。第二年，莫兹利在《心理科学杂志》上发表一篇重要文章，更加仔细地解释了自慰，而且对他发现的问题流露出了厌恶的情绪。他解释道，青年男女在青春期这样一个心理和生理上都会发生巨变的时期，就成了“自慰”这种“充满罪恶的习惯”的受害者，在这个时期或其后就为精神失常埋下了隐患。像其他研究这种祸害的学者一样，莫兹利结合分析驳倒了那些解决办法。他只是憎恨自己声称要描述的东西。自慰者是在道德上陷入误区的人，他的精神失常是极其令人讨厌的。这使得他变得病态、自负、以自我为中心，彻底违反道德。如果他结婚的话，他也会是性无能，或者是变得残忍，而且不可避免地要被妄想和自大折磨得精神失常。“他越快地终止这种恶习，对他来说就越有好处，而且对世界也是大有好处的，因为世界上终于少了一个沾染这种恶习的人。”[2]

随着时间的推移，莫兹利对这种论战的热情逐渐减少。他继续争 299
论说，自慰会导致精神失常，但是他现在排除了由个体的特点而导致的“道德上的错乱”，转而注意潜在的遗传因素带来的影响。一旦有

---

〔1〕*The Physiology and Pathology of the Mind* (1867), p.248. 莫兹利把精神错乱定义为一种退化，是一种人类基本“本能、欲望和激情”的不可控制的倒退（第 281—283 页）。

〔2〕“Illustrations of a Variety of Insanity”, *Journal of Mental Science*, XIV (July 1868), pp.155, 152, 155, 153, 161. 莫兹利生活在维多利亚时期，却绝对不是一个在性方面故作正经的人。其中的一个案例描述的是一名“绅士”，积极地谴责这种“邪恶的东西，认为它使许多漂亮的女性不惜降低自己的身份去满足男人们糟糕的欲望”。他治疗“这些恶习和苦难”的方法就是使这个世界上减少精子的存在，他认为精子是这种堕落行为产生的动机所在，而他自己付诸实践，并推荐给所有其他人的做法——“每天早上都自慰，并把精子射入装有水的杯子，然后喝掉”。当然，那个病人也是一位资深手淫患者，他按照莫兹利的建议，调制出了这种饮料，因为他对“性的问题”感到非常困惑，尽管他“并非有意地，而是无意识地养成了这种习惯，而且曾经以一种虚伪的借口，为他自己的邪恶行为开脱”（第 160 页）。这种诊断和疗法可谓是精妙之极，糅合了一种机警而心有灵犀的理解，以及一种教条主义的余孽。

“合适的人”可以把这种病人从这个家族中驱除，也许这种“丑陋的神经官能症”的受害者就可以治愈了。[1]不管以后的发展如何，这种恶习不再是自慰者自身的问题了。

莫兹利不愿意揭开前辈们给自慰覆上的面纱，但是他的观点，虽几经修正，却一直在发展。在19世纪80年代，他承认青少年的精神失常可能会伴随手淫，但是却不一定是由手淫导致的。如果说后期的莫兹利带有恃强凌弱的理性态度，那么他现在建议“反复灌输一种更男人化的思想和感觉”就是合情理的。[2]但是他坚持认为，这种习惯会导致精神失常，而且他一直顽固地坚持这种观念；在1895年，莫兹利还在反复论述说，如果手淫的狂热已经非常顽固，那么医生在救助病人方面所做的就会变得微乎其微。他的教育并没有带来根本的转变。莫兹利试图证明——如果需要证明的话，根除这种恶习的狂热也是根深蒂固的。

随后，出现了怀疑论者的观点，莫兹利关于自慰的最后辩论也开始减退，这时候把最堕落的恶习归咎于自慰的狂热已经开始回落。早在1881年，在《医学百科词典》（*Dictionnaire encyclopédique des sciences médicales*）一书中巧妙地列出了关于自慰的一个条目，在文章中茹尔·克里斯蒂安（Jules Christian）医生坚决否认他观察到了自慰带来的任何不良影响。到了1899年，即使是像赫尔曼·罗勒德（Hermann Rohleder）医生这种焦虑狂热的医生，都不再把精神失常列入自慰的有害影响，尽管德国的年轻人被自慰折磨的恐惧感经常萦绕在罗勒德的心头。[3]

---

〔1〕*The Pathology of the Mind* (1879年的第一版选自 *The Physiology and Pathology of the Mind* 第二部分的第三版，1867年), pp. 276, 453, 462.

〔2〕*The Pathology of the Mind* (ed. 1895), pp.399, 407.

〔3〕参见 Rohleder, *Die Masturbation. Monographie für Ärzte und Erzieher* (1899)。

然而，医生们想象出来的可怕后果仍然是影响深远的。毕竟，从 18 世纪中期的蒂索特开始，他们之中就有些人并不认为精神失常就是自慰者最坏的结局：因为最终的惩罚是过早地结束生命。本杰明·拉什颇具战略意味地将死亡列在这种危害目录的最后，而且在 19 世纪 30 到 40 年代，还有很多人深信这种可怕的后果。像欧洲大 300
陆众多关于自慰的文献一样，利奥波德·迪斯兰德斯医生（Léopold Deslandes）关于自慰以及与自慰相关的著作很快被翻译成英文，他在书中大胆地建议医生要恐吓自慰者，使他们摆脱恶习。他建议医生警告自慰者："三个月之后你的生命就会结束"，这通常非常有效——他"开始颤抖，脸色逐渐变得苍白；他的心跳加速，他全身无力。但是不要后悔，通过这种方法你可以不用支持鼓励，就让他解救自己。"但是恐吓之后，还要让他们看到希望："可以补充说明，如果他能彻底根除这种恶习，几个月之后他会成为一个健康的男人。"迪斯兰德斯医生认为，必须一成不变地执行这个过程。然而，事实上，在大多数最顽固者的情况下，必须更加生动形象地进行解释；当那些恐吓的著作和医生的建议都不生效的时候，"还有一个方法，就是让他看看一位处在生死边缘的自慰者"。[1] 治顽症要下猛药。

对于那些担忧自慰的人来说，自慰者常常导致自己的生命过早结束，但他们认为这样也并不值得同情。19 世纪中期，西班牙医生佩德罗·菲利普·蒙罗·洛卡（Pedro Felipe Monlau y Roca）在他的著作《婚姻卫生》（*Higiene del matrimonio*）中写道，经常性和顽固性的"手淫"会带来以下疾病："肺结核，或痨病、动脉瘤、心悸、羊虱毒病、惊厥、子痫、癫痫、瘫痪、驼背，或者脊柱偏离，还有神智

〔1〕Deslandes, *Manhood: The Causes of Its Premature Decline* (1835; tr. 1843), pp.231-232.

错乱像失去记忆、智商减退或丧失智力，痴呆和冷酷无情。”假设这些手淫者可以幸运活下来，他也要面对“健康隐患和短暂的生命”，以及“最耻辱的性无能”。[1] 按照这种恐怖的文献记载，短暂的抑制不住的兴奋之后却要面对不可改变的耻辱、难以忍受的疼痛，甚至是最终的死亡。

与多数医学界同行的思想一样，蒙罗·洛卡医生在回顾了《俄南》一书之后，断定自慰这种灾难在女性世界也像在男性世界一样盛行，而且灾难性也很大。实际上有些医生专门研究女性自慰者，或者专门针对这些特定的读者写书著作。萨缪尔·格里高利（Samuel Gregory）就是其中的一位，他像19世纪那些研究这些群体的作家一样，针对年轻女性从关于“自慰”的入门书开始写起：他谴责“掩盖了问题”的“过分拘谨的语言”，而且他“似乎对这些人只是漫不经心地提及这个问题感到震惊”。格里高利写道，“人们试图保持沉默，或表现得
301 无知”，但是这结果只是“表示对恶习的纵容”。他认为合理的做法是“传播知识”，“给所有人指明道路”，并且直言不讳地说明，习惯性的手淫事实上会使女性失去美丽，使她们变得痴呆甚至走向死亡。[2]

格里高利引用其他专家的方法，并表示赞同，因此他的治疗方法具有代表性，他强调的是避免和反对过分刺激的治疗方案。他认为空闲时间太多，是滋长罪恶的情欲思想生长的土壤，所以他劝告人们要和空闲时间作斗争：节制饮食、养成早起的习惯、锻炼身体，提高智力，同时避免穿紧身服装，禁止看色情小说，拒绝闲职等类似的奢侈

---

〔1〕Monlau y Roca, *Hygiène de la génération*, 保罗·埃米尔·格尼尔医生（Paul Emile Garnier）翻译并修改。*Le Mariage dans ses devoirs, ses rapports et ses effets conjugaux au point de vue légal, hygiénique, physiologique et moral* (1853; 4th ed., 1885), p.614。

〔2〕Gregory, *Facts and Important Information for Young Women, on the Subject of Masturbation; with Its Causes, Prevention, and Cure* (1847), p.5.

行为。格里高利医生在书中附了一些“有价值的证明信”，作者分别是精神病医院的负责人、洗礼者、神学教授、医药杂志作者、持赞同观点的评论员。这些证明信不仅证实了作者意图的纯粹性，而且它们记录了他的思想受当时文化的影响有多么深刻。所有这些证明信的作者都同意格里高利的看法：坦率是必要的，因为这些事实本身就足够可怕的了。虚伪是最糟糕的政策。

法国的医生也持赞成态度。1876年，其中一位专家，特瑟·坡利（Thésée Pouillet）医生，在女性自慰方面发表了一篇著名的论文，从医学和哲学方面进行了论述。在文章中，他简洁而详尽地列举了导致这种习惯的诱因，其中有：富裕和贫困、误入歧途的忏悔者、色情雕塑、不健康的小说和戏剧、丈夫的性无能、舞蹈、缝纫机，还有其他由于现代文明所导致的危险。坡利列举的后果包括人们意料之中的，同时也增加了一些人们意想不到的灾难性后果，例如女性性欲亢奋，还有最严重的后果：自杀。个人的性格、家庭、社会风俗、艺术和思维的影响，技术创新（19世纪末期，自行车被列为性兴奋的诱因之一）都被认为是毒害的源泉，需要引起人们密切关注。[1]

医生们充满焦虑地研究了手淫这种恶习，并且决心致力于给公众提供这方面的启蒙教育，但是却非常痛心地看到他们的周围仍然是激情洋溢，这种行为仍然泛滥成灾，他们在扼腕痛惜的同时，似乎也对控制这种行为失去了希望。罗勒德医生初次涉及这个领域是在1889年，发表了一篇反对自慰的宣言；他于1912年又再次卷入这场战争，这次他发表了《性教育纲要》（*Outline of Sexual Pedagogy*）。 302
他在文章中发表的观点仍然是悲观的，并再次概括了手淫危险的范

〔1〕Thesée Pouillet, *Essai médico-philosophique sur les formes, les causes, les signes, les conséquences et le traitement de l'onanisme chez la femme* (1876，1877年第二版增订)，总结表格（Synoptic Table），第136—137页。

围。在这次的研究中，他不但再次提出严重的警告，而且还强调结论的精确性。罗勒德医生引用了他在科隆工作的一位同事，米诺夫斯基（Meirowsky）的观点，并且得出结论说，德国中学生中有71%的人都有手淫的习惯。而俄罗斯、德国，还有匈牙利的其他研究者调查得出的数据更高，手淫者所占的比例十分惊人。奥斯卡·伯格（Oskar Berger）教授宣称，德国青少年手淫者占青少年比例的100%；而“美国著名的泌尿科医生”，“荣格”教授得出的美国青少年手淫者占青少年的比例也是100%，男性和女性都是如此。罗勒德医生自己的结论不是那么消沉，但是在某种程度上也不那么精确：根据他“客观广泛的调查”，每10个德国中学生中，无论男生还是女生，有9个有手淫的习惯。他坦率地承认也许其中2/3的人“在他们以后的生活中不会有危险的事发生”。[1]尽管一些反对者不得不承认，他们所反对的这种罪恶的习惯并未给大多数的罪人带来伤害，但是他们坚持认为，这是一个极不愉快的话题。这是一种“孤独的癖好”，就像美国医生约翰·瓦尔（John Ware）1850年形容自己的同行时所说的一样，“研究起来最费力气的领域，如果不亲身经历这种恶习的话，难以思考清楚，难以阐述明白，难以论述具体”。[2]然而，当使命降临的时候，医生们仍然会勉为其难，将他们的反感抛在一边，挽起衣袖，勇敢地和敌人展开斗争。

19世纪医学界人士认为，最严苛的疗法也许能够治愈手淫——至少可以在一定程度上抑制这种恶习，从这一点可以证明，他们确实是严肃认真地对待这种“孤独的癖好”，而同时他们也深深地为这种恶习感到困惑。精神分析学家利内·史毕兹（René Spitz）对自慰

---

〔1〕Rohleder, *Grundzüge der Sexualpädagogik*, S.11-12.

〔2〕John Ware, *Hints to Young Men on the True Relation of the Sexes* (1850), 引自 Horatio Robinson Storer, *Is it I? A Book for Every Man* (1867), p.65。

的疗法做了最广泛的调查之后，毫不犹豫地称这些疗法具有虐待狂倾向。他指出，18 世纪的经典作家，从《俄南》的作者到蒂索特等，都尽力抑制自己对他们的患者造成的侵略，而且事实确实是他们主要依靠的手段是精力充沛的锻炼、令人镇定的洗浴、硬邦邦的床垫，还有合理的饮食。[1] 他们的追随者主要继承了他们崇拜的先驱们在临床表现上总结的观点。他们不允许在诊断和治疗方案之间存在差异，他们把恐怖的治疗方案和这种恶习的恐怖等同起来。19 世纪中期以后，这种相对无害的治疗方法的地位减退，随之而来的是神父和忏悔 303
者，老师和学生，医生和病人之间的精神斗争。新的疗法中还包括类似中世纪的酷刑器具，如进行机械抑制的可怕的医疗仪器，和像烧灼性器官、阴部扣锁术，阉割和阴蒂切除术等手术。1910 年，西格蒙德·弗洛伊德分析了丹尼尔·戈特罗布·莫里茨·施勒伯（Daniel Gottlob Moritz Schreber）的案例，他是著名的有偏执狂倾向的律师兼法官丹尼尔·保罗·施勒伯（Daniel Paul Schreber）的父亲，他对他的孩子的教育就是用皮鞭抽打，从而使他们在心理上忏悔，似乎是教他们保持好的姿态，但同时也有效地使他的孩子们远离“自慰”——关于这一点，他没有明确提及。直到 1900 年以后，以劝服为代表的更温和的方法才逐渐取得其优势。

然而，在恐怖治疗手段盛行的这半个世纪里，人们的思想并不是一致的，即使是医生们，关于怎样战胜手淫的观点都不一致。19 世纪 60 年代以后，教科书中一次又一次展示的都是前些年里温和的态度。E.P. 米勒（E. P. Miller），医学博士，纽约市保健和蒸汽浴专职医生，1867 年发表了《论精疲力竭的原因》（*Treatise on the Cause of*

---

〔1〕René A. Spitz, “Authority and Masturbation: Some Remarks on a Bibliographical Investigation,” *Psychoanalytic Quarterly*, XXI, 4 (October 1952), pp.490-527.

Exhausted Vitality)，但这样的文章本应该在几十年前出现。像所有的改革者一样，米勒医生习惯性地对这种无知给世界所带来的苦难遭遇表示惋惜，而且他著书的目的就是想要整治这种无知的行为。他自己以及其他人的治疗经验告诉他，人们无论男女老少都滥用他们的"性功能"，他所谓的滥用是指三种主要行为：自慰、淫乱以及"夫妻行为过度"。无知具有很强的破坏性，因为儿童都有性欲，但是没有人提供给他们必要的信息，使他们控制性欲并正常成长。米勒提出的结论比弗洛伊德早30年，他认为"儿童遗传了很强的性欲望，他们不知道这是什么，而且对于这种欲望他们得不到指导，所以他们或者不由自主地染上恶习，或者学习那些不纯洁的同伴的行为，最终的结果是他们被毁掉了"。米勒医生认为，疾病需要日常习惯性的控制去治疗，这一点完全是受到别人影响的，但他富有诗意的说明方式更像是他的原创：自慰者常常"无精打采、漫不经心、冷漠无情"，发现"他们对书籍的热爱不复存在，对历史的了解变得一片空白，浪漫的一页不再放光彩，诗人的才华失去了光环，音乐的魅力不再闪耀，对艺术的美感也熟视无睹，最壮观的风景也只不过是干旱的沙漠"。[1]

尽管米勒医生的诊断显得阴郁而不乏诗意，但他的建议还是颇为
304 温和的。他认为，让儿童了解性的欲望以及自慰的真实情况是十分有益的，让他们的大脑里充满纯洁的思想，这样才能和罪恶思想的诱惑作斗争。让他们读有意义的书籍，结交正派的朋友，吃有益健康的食物，并且经常洗浴——医生提倡蒸气浴，显然是因为他觉察到了水的纯洁性。最重要的是，他极力建议要重新回归宗教，信仰基督，因为世人都知道基督是最令人敬畏的手淫反对者。这就是米勒医生的所有

〔1〕*A Treatise on the Cause of Exhausted Vitality; or, Abuses of the Sexual Function* (1867), iii, pp.79-88, 35, 37, 39.

观点，他特别强调说，他反对他曾经看见过的其他医生使用的激进方法；他不需要使用烧灼性器官的方法，也不需要那样的机械用具进行抑制治疗。[1]

许多其他的医生确实需要这些器具，一些最可怕的建议在实践中得以应用。史毕兹叙述了这样一个事件——这样的事件绝非仅此一例：一个焦虑的七岁小女孩在接受了一系列的治疗之后，仍然改不掉自慰的习惯，只有拆开原先缝合她阴蒂的线：所有这些尝试失败之后，她被实施了阴蒂切除术。这个小女孩不再自慰了；手术后的几个星期，她尝试了最后的努力，她承认被击败了。“你知道，现在那里什么都没有了，”她说得合情合理，听了让人心碎，“当然我什么都做不了。”这件事发生在 1894 年美国俄亥俄州的克利夫兰市。让历史记住吧：这次手术的主治医生是阿尔文·艾尔（Alvin Eyer）！[2]

这个可怕的故事是真实的，而且我还可以举出其他类似的故事。但是它们代表的只是这些强硬干预的一小部分。比这些医生的手术刀更流行的是用于抑制的机械器具：现代女孩用的贞操带、男孩用的阴茎环，还有男女都用的紧身衣，所有这些设备的设计都是为了阻止那些处于发育中的青少年进行自慰。医疗设备的供应商们迎合了这种需要，他们商品目录里列举的设备，作为自慰导致的精神错乱的生动征兆保存了下来——从医生的角度看，是精神错乱。利奥波德·迪斯兰德斯医生，就像我们曾经看到的医生一样，相信恐吓病人的成效，而且提倡警觉性和应用那些强制措施，例如把手绑在一起以便“远离性器官”，还有把脚绑在一起“以致使臀部分离”。他认为只有孤独的人才容易手淫。他还特别重视一种特别的“可以固定在后面”的马甲，

---

〔1〕*A Treatise on the Cause of Exhausted Vitality; or, Abuses of the Sexual Function* (1867), iii, pp.117, 120, pp.124-126, 121-122.

〔2〕Spitz, “Authority and Masturbation,” p.125.

这种马甲可以迫使“胳膊停留在胸前”，或者是结实的“一种捆绑”，这种捆绑“可以使性器官接触不到外界联系”[1]。对于染上这种恶习的青少年而言，这些恐怖的改革者的冲动，也是一种侵害他们的噩
305 梦，然而这种冲动具有警惕性、持久性，而且其来源似乎是无穷无尽的。唯一能都克制它们的办法就是一点一点地逐一将它们击败。

这些焦虑的医生赋予自己的使命给他们自己带来了意想不到的负担，这种负担让他们充当起公众的教育者，他们给公众发放婚姻手册，教他们进行宗教沉思。一直到19世纪七八十年代，医学领域的话语一直不正式，所以经常很难决定医生是说给他们的同行听的，还是说给外行人听的。但是其中有些书籍还是没有争议的。威廉·阿尔科特（William Alcott）医生所著的健康手册被广泛阅读，在他的手册里，他把传授知识和为人们提供精神动力巧妙地融合起来，他写这本书的目的就是提前阻止撒旦的侵入，因为撒旦的使者专门传授不道德的性关系方面的知识。为了击败恶魔，指引无辜的人们，拯救坠入陷阱的人们，这位医生兼顾问，将反复给人们灌输良好的行为习惯，指定正确的食物，鼓励健康的运动，传授性知识，并指引青少年走上“信徒般的仁慈道路”。[2]考虑到人类的思想和行为是不可分割的，这些虔诚的医生认为，只有同时兼顾病人和读者的思想和行为才是正确的。他们坚信，帮助一个人，也就是在帮助其他人。

阿尔科特的《婚姻生理学》（*Physiology of Marriage*）于1855年出版，是宗教—医学类图书中很有吸引力的代表作，该书到了19世纪的最后几十年时间里，仍然还出现了一个中产阶级社会的感激和忠诚的追随者。在阿尔克特的书中，撒旦是一个遥远的有点虚无的威慑形象，

[1] Deslandes, *Manhood*, pp.232-234.
[2] William A. Alcott, *The Physiology of Marriage* (1855; ed. 1856), p.245.

用来衬托基督教徒生活的艰难，其实只不过是“拜伦淫乱教条”的一个比喻。[1] 库克（Cooke）医生的《社会中的撒旦》一书在 15 年之后出版，撒旦似乎是一个更真实、清晰的形象了。与《婚姻生理学》相比，书中的忧郁并没有丝毫减轻，这本书也为人们用警觉的心理看待社会所得到的快乐做出了巨大贡献。作者告诉读者，所有美国人的生活都在走向毁灭；通往地狱的征程从冷漠的家庭关系开始，到世俗的公众学校，和充满诱惑的寄宿学校——“滋长恶习最好的温床”，也包括妇女活动的过度发展。《社会中的撒旦》不是一曲纯粹的哀歌，它是一本针对性行为大多数方面的重要论文：包括流产、怀孕或月经期间性交、一夫多妻、体外射精（该书是明确反对这些性行为的）；书中还包括介绍非基督教信仰国家的妇女状况的章节，还有关于男女之间生理和心理的广泛的对比。全书共十一章，在其中的两章中，库克着重 306
讨论了男女自慰的问题，还有其他三章涉及这个问题——很显然，他对这个问题也是耿耿于怀的。他对这个问题的结论也是斩钉截铁的：这种行为是可耻的、罪恶的、经常性的，而且是致命的。但是，如果说他找到了许多让他绝望的理由，他还有一片给他希望的沃土——宗教。库克绝对不是冷酷无情；他在书中总结的“婚姻格言”，其中有一条听起来像是呼吁平等地对待性兴奋：“丈夫不要沉迷于性快感的享受之中，因为他没有那种天赋让彼此都能回应这种快感。”但是世俗的快乐，即使是相互的，也不够维持快感的婚姻——他撰写这本书正是为了这个目的。他在结尾时写道：“维系婚姻生活快乐的唯一良方就是信仰基督教。”[2]

这个结论在那个时代是颇具代表性的。教会对治疗手淫问题表

---

〔1〕William A. Alcott, *The Physiology of Marriage* (1855; ed. 1856), p.45.

〔2〕“A Physician,” *Satan in Society*, pp.62, 91, 409, 412.

现出了持续的关注。卡尔·卡佩尔曼（Carl Capellmann）医生关于宗教医学方面著名的专著也提出了这个问题，这本著作最初用拉丁语写成，19世纪70年代被翻译成包括德语和英语在内的多国语言，1926年又被翻译成法语。他希望“可以和罗马天主教的教义保持一致”。在拉丁语国家，涉及这方面的著作通常被认为是下流的，但是《牧师医学》（*Pastoral Medicine*）这本书大胆地探索了滋长不当的性行为产生的有害土壤，而且书中专门有一部分探讨自慰这个问题，作者认为自慰的普遍存在实属可怕。像许多世俗的作家一样，卡佩尔曼收集了一系列产生自慰的诱因：体操、混合浴，当然更包括“恶劣家庭关系”和“颓废的教育”，或者是“偏激的著作”，还有“不道德的艺术呈现”。这个世界是一个危险的地方，因为堕落的人们天生就是有罪的：就像卡佩尔曼医生特别强调的，悠闲使人们有精力胡思乱想，导致他们产生罪恶的思想，接着伴随着罪恶的行为。他的这一观点与萨缪尔·格里高利医生不谋而合。婚姻“当然”是最好的解决方法。没有一个牧师能够对自慰这种行为视而不见。[1]

因为医生们不愿意触犯神学家和教育家，所以他们欢迎这些人加入医学领域，和医生一起对公众发起呼吁。这其中有塞尔威纳斯·斯塔尔（Sylvanus Stall），还有O. S. 福勒（O. S. Fowler），可能是美国最著名的“应用颅相学者”，他不满意于只研究自己的领域和自我改善，于1846年出版了一本名叫《色情》（*Amativeness*）的小册子，在
307 书中他抨击了色情行为的盛行，以及“手淫”这种“淫秽行为”。女孩染上这种恶习的概率要比男孩低，然而“无论妇女、青少年还是贞洁的人，都可能只因为这种恶习而染上痨病、妇科疾病、神经疾病、脊柱变形、身体衰弱或其他疾病，并可能危及生命，而且有无数的人

〔1〕*Pastoral Medicine* (1866; tr. Rev. William Dassel, 1879)，vol.5，pp.70-73.

可能会精神失常”。为了给他的控诉增加点重量，福勒倾向于依靠阿尔科特医生提出的“权威”。[1] 对一个想充当内行的外行人来说，医生赞同的语言就像一枚金币一样贵重。

O. S. 福勒，作为应用颅相学者，他名副其实地属于那群没有得到许可，却写作医药方面著作的人，而且根据自己的意图引用了医生的见解和观点。阿尔科特医生声称的权威大多数是为了遵循互相帮助这一广泛流传的传统。这一现象最有代表性的说明就是史密斯·普拉特（Smith H. Platt）牧师 1877 年出版的《高贵的女性》（*Queenly Womanhood*）。该书是根据他早期著作《高贵的男性：男人必读》（*Princely Manhood. For Males Only*），转为女性读者改编的。在这本书中，普拉特旁征博引，书中的引用比其他宗派主义的作者更加丰富，这些作者更加喜欢自己的观点，而且对自己的判断更有信心。O. S. 福勒“医生”是普拉特较为感兴趣的专家之一。普拉特在选集中再次应用了福勒“医生”的观点，作为一个警示故事的论据，这个故事讲述的是一位母亲警告她的三个儿子不要自慰，但是发现她的警告为时已晚，尽管当她意识到这一点的时候，她最小的儿子已经 10 岁了。[2] 普塔特先生涉猎广泛，对于这个敏感话题的研究，他当然大力推荐福勒，因为福勒的观点竟然和著名医生的观点不谋而合。19 世纪反对自慰的战役并不像表现出来的这么如火如荼；尽管人们不会过分地低估其热情，但是似乎过分估计了这支军队的数量。这场讨伐运动中的噪声，大部分是由回声构成的。

教育家们加入这场战役的时间更早。在 18 世纪 80 年代，欧洲

---

〔1〕*Amativeness: Or Evils and Remedies of Excessive and Perverted Sexuality: Including Warning and Advice to the Married and Single* (1846), pp.12, 13, 15, 16.

〔2〕Platt, *Queenly Womanhood, A Private Treatise: For Females Only, on the Sexual Instinct, as Related to Moral and Christian Life* (1877), pp.21, 25, 119-120.

大陆的改革派教师，以及著名的“慈善家”们已经注意到了这样的警告以及警告的根源：不要碰触德语中生动描述的“羞耻的部位”（*Schamteile*）。约尔契姆·海恩里希·坎佩（Joachim Heinrich Campe）在1783年写道：“没有比刺激或者玩弄我们身体的秘密部位更危险的事情了。这些部位不仅要对别人保密，也要对自己保密；不是必要的
308 时候不要碰触它们，而且碰触它们时，更千万要小心、谨慎。”坎佩列举的违反规则所带来的可怕后果与蒂索特所做的预测一致，坎佩认为不遵守规定所带来的瞬间快乐会养成习惯。伟大的教育家约翰·贝纳尔·巴斯多（Johann Bernhard Basedow），指责这一“不正常的恶习”比坎佩还早了十年，他认为手淫是邪恶的、不道德的、有害的：它“毁坏了幸福婚姻的所有希望”，而且“带来令人恶心的和虐待的想象”，而且“将来很难戒掉这个愚蠢的行为”[1]。

一个多世纪之后，查尔斯·里奇蒙·亨德森（Charles Richmond Henderson），芝加哥大学社会学系的教授，也在这个让教育家们付出不懈努力的领域进行了探索，他回忆起那些包括卢梭在内的理论家作为范例，认为在当代社会，他们的信徒只是再一次“接过了”他们的“教育思想”。亨德森警告“那些江湖医生，因为他们只是靠恐吓青少年之后，兜售他们那些无效疗法而大发横财”，但是他仍然相信“手淫持续发生并永久存在，这也是造成社会混乱的一个原因”。这种语气不如几十年前的论调那样歇斯底里了：即使是教育家们也该受到教育。少数反对把自慰看作一种恶习或者特殊疾病的人，获得了一次为自己申述的机会；像哈夫洛克·艾利斯这样百折不挠的宣传者就得到了一些称赞，包括艾利斯在内的理论家们谴责这场反手淫运动是

〔1〕Campe, *Kleine Kinderbibliothek*, vol. Ⅱ (1783), in *Kinderschaukel 1: Einlesebuch zur Geschichte der Kindheit in Deutschland, 1745-1860*, ed. Marie-Luise Könneker (1976), S.85; Basedow, *Elementarwerk* (1774-1776), ed. Theodor Fritzsch, 3 vols. (1909), I, S.533.

毫无意义的，而且是十分有害的。1900 年，F. R. 斯图尔吉斯（F. R. Sturgis）完成了他的《人类的性衰弱》（*Sexual Debility in Man*）一书，并把这本书献给“美国的那些性摧残者，他们的性衰退也部分地支持了他的观点”，而且他语言犀利，用富有说服力的实例抨击那些“歇斯底里的谴责者的愚蠢的行为”，因为他们仍然在迫害那些习惯性的自慰者。[1]

十年之后，精神分析家们又在这种持续到现在的焦虑中增添了讽刺性的新观点：以西格蒙德·弗洛伊德为非正式的领导者，弗洛伊德本人以及他的同事在维也纳对“俄南”进行了系统的研究之后，发现现在证明自慰无罪的努力做得有些过度了。弗洛伊德发现，大多数的医生已经能够说服他们自己，证明自慰这种行为是无害的。动摇不定的看法戏剧性地左摇右摆，对于弗洛伊德和他的同事来说，这种观点的变化太富有戏剧性了。在他们看来，有一点是非常清楚的：习惯性地自慰确实对自慰者造成了伤害。自慰会导致一种罪恶感，随之它又引起一种令人不安的内心冲突，特别是在谴责这种行为的文化中；自 309
慰把恋爱中的人从现实社会中隔绝开来，因为它把自慰者置于幻想的世界；而且它会提高性器官感染发炎和传染疾病的危险。按照弗洛伊德不无痛心的批评，自慰是爱情“短路”。这种观点与 19 世纪的战役完全不同：精神分析家不再以道德标准或宗教性质界定自慰，也不再凭空想象，而是把它放在它所属的位置上，也就是置于社会学、心理学、生理学的范围内进行评论。[2] 不管到了 1910 年以后人们对自慰

〔1〕*Education with Reference to Sex, Pathological, Economic and Social Aspects: The Eighth Yearbook of the National Society for the Scientific Study of Education* (1909), Part I, p.10; Sturgis, *Sexual Debility in Man* (1900), p. 9.

〔2〕*Protokolle der Wiener Psychoanalytischen Vereinigung*, ed. Herman Nunberg and Ernst Federn, vol. Ⅱ, *1908-1910* (1977), pp.502-528.

的观点如何，对这个问题的讨论已经渐渐地消退了。这场论战已经持续了太长的时间。

记录对自慰的持续性的恐慌，要比解释这种现象容易得多。人们对这个问题的观点也许过于武断，但作为一种文化症候，自慰被赋予了许多令人费解的意义，并贯穿了整个19世纪，而在无意识的深处，深深地隐藏着人们对这个问题最费解的关注。也许，这种恐慌最显著的原因就是一种无知：饱学的无知比纯粹的知识匮乏更有抵抗力，因为知识的匮乏可能因为相关的新知识的输入而得到弥补。但是，饱学的无知是由于缺乏一种认知的意愿而导致的，这种无知又由于遵循错误的生理模型而得到加强，这种生理模型的形成是受确立已久的关于人类器官方面的理论指导的，该理论可以追溯到希波克拉底——简言之，这是一种最可怕的无知形式，并且本身就具有防御任何修正的可能。诚然，这种在自然范围内定义可能的系统理由的医学研究模式远非天真；把自慰归咎为精神失常，在科学上要比把自慰归咎为邪恶的精神已经有了很大的进步。[1]从理论上来说，自慰就是耗费精力；这对男性来说是完全真实的，然而对女性来说这也被公认为是事实，无论女性是否像有些医生描述的那样具有射精的机能。当然，无论是对于男性还是女性来说，在自慰之后不说遭遇无精打采，也都会受疲劳所困，仿佛他们做出了巨大的努力，付出了部分精力。这样得出的合理推论只可能是：年轻人必须保持“纯洁”，也就是说独身的时候，为了完成一个使命也必须节制自己，上帝就是因为这个使命才赋予了男人性的本能：在婚姻的界限内生儿育女。

无论是在这个问题以及其他问题之上，蒂索特这位著名的预言

〔1〕参见 Hare, “Masturbatory Insanity” , p.11。

家，都为中产阶级留下了可供参考的指引。他在自己所著的一本关于 310
手淫的书中写道："我们的身体的能量不断地在流失，如果不能弥补我们流失的精力，我们将很快就会陷入致命的虚弱。"就我们"身体的组织结构"而言，我们体内像乳汁、血液等体液必须不断地得以补充，而这些体液中最宝贵的就是"精液"："各个时代的医生一致认为，失去一盎司的精液比失去四十盎司的血液更让人感到虚弱。"他的观点也迫使过去的医学专家们和他保持一致，但是确实有很多人同意他的看法。阿米尔就是其中的一位，他认为蒂索特的理论是无可辩驳的，他引用了蒂索特的结论——更确切地说是进行了错误的引用，他说一次射精的结果和失去四盎司的血液是一样的。[1] 许多 19 世纪的医生也总结了这样的现象，虽然不太精确，例如威廉·阿克顿医生认为，射精会造成严重的、有时甚至是不可修复的身体虚弱。

饱学的无知最开始依靠的是这种一直延续到 19 世纪的古老医学迷信，而接下来他们寻求的依靠更加引人注目，这些医生自己并没有做过多的考虑，就把错误归咎在那些最没有说服力的证据之上，或者是从一些例子中得出过于宽泛的结论。本杰明·拉什得出的关于自慰的结论，就是来自他四年时间内接触到的四个案例。诚然，他列举的症状比社会统计得出的结论早 20 年甚至更多，而且对医学的发展具有划时代的意义。但是常识告诉他，他的论据显然不够充足，不管其实验性多么强，特别是拉什不能指出，他观察到的病理就是自慰的必然结果。半个世纪之后，亨利·莫兹利几乎与本杰明·拉什完全一样，或者更愤慨地分析了"手淫"，他的结论同样缺乏足够的证据。然而在这个时候，具有逻辑性的医学调查，和用统计学进行的研究已经广泛进入社会 25 年，甚至更长的时间了。如果这种饱学的无知全部或

〔1〕Tissot, *De l'onanisme*, xiv; Amiel, June 13, 1841, *Journal intime*, I, p.193.

者几乎全部是不可战胜的，也许情况一定是如此，因为这是无意识导致的结果。可以肯定的是，亨利·莫兹利不是一个无知的人。

如果用经济学方法来计算性行为所消耗的精力，那么一个必然的推论是：婚外通奸或者婚内过度的性行为，对身体造成的虚弱几乎与自慰是一样的。许多反手淫的论战者都急于得出这一结论，而有些人
311 则在数字上做文章：大多数人建议新婚夫妇要谨慎地考虑到他们的年龄、当时的气候，以及日历等因素。蒙罗·洛卡医生出于对大众的关爱，提醒大家“在冬天，还有没有‘r’的月份里，[1]在进行性关系的时候要小心”。其他人也同意此观点。O. S. 福勒认为，“过分纵欲会以各种形式损害身体健康，它会耗尽人的体能，削弱人的思维，损伤人的循环和消化系统，打乱思维和神经系统，并且会招致各种形式的堕落行为”。各种“放荡行为”得到的快乐抵不过“疼痛、溃疡、呕吐和体内排斥”带来的难以描述的巨大痛苦，而“婚姻性行为的过度”则不仅损害妻子的健康，还更不用说丈夫对她的尊重了，但这两种情况都不能与手淫带来的可怕后果相比较：“手淫这种个人的通奸行为，十有八九”会导致“最大的毁灭”。[2]从知识上说，福勒属于冒牌内行的一类，但是那些不如他倾向性这么大的论战者，也充分地利用了公众的焦虑：他们认为纵欲行为是真实存在的，而且威胁性极大。他们在不同的形式之间建立了各种区分关系和层级关系，他们一致认为，在所有的这些行为中，“自渎”比通奸更会带来致命的后果，而通奸又比婚内纵欲行为更有害。

自慰不仅是性罪恶带来的最直接结果，也是最不道德的。最重要的一点，这是该问题的症结所在。除了少数例外，医生和那些追随

---

〔1〕指月份名的单词拼写中没有字母 r。——译者注

〔2〕Garnier, *Mariage*, p.235; Fowler, *Amativeness*, pp.41, 43, 47.

者们不能克服《俄南》的作者所引起的困惑：自慰不只是一个医学问题，也是道德的和宗教的问题。因此，19 世纪的医生们将它与梅毒、酗酒等病态表现相提并论，也冠以罪名。当生物学、地质学、哲学和历史学成为最重要的世俗学科，而且达尔文的著作也引发了世人向物质主义的转变之时，人们又开始转向虔诚信仰的巨大说服力量。毫无疑问，在 19 世纪，这些虔诚的受害者更倾向于相信医生；关于这一点，他们面对的冲突比他们虔诚的祖先们更少，但是牧师职位还是由一些职业的、具有影响力的实践者充当。这个年代盛行的情绪——即面对社会变迁时的不安——将道德放在第一位，而且给了道德主义者无可比拟的范围。不管其最后的结果如何，在这个中产阶级世纪，人们对有关道德的问题做了大量认真的调查。医生们对他们的病人，以 312
及更广泛的社会传达了他们的说教，但他们只不过是加入到了由越来越多的专家组成的大合唱之中，而这些人都一致认为，他们有义务，也有能力，改善世人的道德观念。

然而，从医学角度进行的道德说教有其自身的特质。在手淫或者说自慰的这个问题上，医生对他们的病人进行的说教、恐吓，或者是言语上的虐待，都是极其显著的，因为即使是这些名称也是充满说教性的。他们都是迫不得已采用这些手段的，毕竟这些医生兼哲学专家们称自己是疗救者或者是医治者，而且他们宣称，如果由传教士充当这个职位是极不恰当的。有一种观念认为，科学真理将直接促进良好道德的形成，这种观念是由像狄德罗、歌德等富有天赋但被误导了的科学业余爱好者传承下来的遗产；但是在面对 19 世纪的实证主义思想时，这种观念经历了巨大的衰退，因为实证主义的哲学思想将事实与价值观严格地区分开来了。现在，几乎没有几个科学家会怀疑：知识优于无知，坦率优于隐藏，并且也正是从这个意义上说，对科学知识的勇敢追求是有道德寓意的。但是，参与反对手淫战役的人却在宣扬一种截然不同的观念：手淫的受害者在身体上和道德上，同时遭受由于罪恶感带来的痛苦，而最声名狼藉的方式就是，他不仅玷污了自己，还玷污了他的配偶，甚至从更广泛的意义上，还玷污了整个社会。因此，手淫者需要得到的不仅仅是治疗方法，而是说服教育。医生们施加在手淫者身上的恐怖预言、设计精巧的医疗器械，以及野蛮的手术方式，看起来几乎与复仇的手段相差无几。在这个世纪中，尽管各种学科成功地将自身从哲学，以及各自研究方法的强烈自我意识之中解放出来，但是这些医生的所作所为很明显是一种伪科学。

但是那些杞人忧天的悲观主义者并非都是心怀鬼胎的，也几乎绝不是在兜售冒牌的治疗方案；他们通常是充满智慧的、认真负责的医治者。因此，一个必然的结论就是：他们践行的伪科学，从最根本的层次上说，是受到了内心焦虑推动的结果。而且，在这个中产阶级的世纪，医生们成了两种类型的焦虑的牺牲品：第一是他们作为医生所体验到的焦虑；第二是他们从周围的环境中所感受到的焦虑，并以一种浓缩的形式返还给了社会。

19 世纪的医生会感到内心的焦虑，部分原因是几十年来，在面对疾病和流行病时，他们感到茫然无助，而且值得注意的是，他们几乎都是毫无例外地不愿意承认自己的无能。O. S. 福勒 19 世纪 40 年代写过，“和其他任何职业相比，医生在诊断的时候更需要证据，更需要坦率而不偏见，这才能使他们跟上时代的步伐，运用医学上所有
313 先进的治疗技术。再没有像医学行业这样具有瑕疵，或者更急需改革和发展的行业了。”[1] 医生们隐隐约约地、但有时又痛心地感到他们自己的无用，所以发现他们必须树立起权威的形象，虽然这与他们实

---

〔1〕*Memory and Intellectual Improvement Applied to Self-Education and Juvenile Instruction* (ca. 1845; 25th improved ed., 1846), p.219.

际的形象迥然不同。诚实的医生比那些中产阶级的患者更加清醒地认识到，大多数时间他们只不过充当了患者病床边的旁观者，尽管处于一种有利的地位，但他们也无能为力。

在这个中产阶级的时代，充满了长时间的、令人精疲力竭的抱怨，而且那些可怕的流行病使这个时代不堪重负，在面对可能的疾病或是过早死亡的前景时，人们普遍感到无能为力且忧心忡忡。19世纪中产阶级之间亲密的通信和日记中，最常见的话题除了天气就是健康。在这些书信或者日记中，作者和家人的健康状况，对新近开发的药物的信任和怀疑之间的斗争，比其他的话题占据了更多的篇幅和作者更多的精力。在这些书信和日记的字里行间，总会流露出对医生的信任，但更多的情况下是长久的不信任。就像路易莎·梅·阿尔科特（Louisa May Alcott）事后在日记中写过的一样，1850年她的家人都感染了天花："我们几个女孩并不严重，但是我们的父母病情很严重；那段时间我们面对的是放逐、危险和困难。没有医生为我们治疗，但是最后我们都康复了。"在某种程度上说，这个隐秘的结论暗示：如果阿尔科特去找了医生看病，她和她的家人可能就不能康复了。

这种怀疑是普遍存在的。詹姆斯·霍普金森（James Hopkinson），一个自学成才的英国家具制造商，在1888年的自传中回首自己漫长的人生经历时，吐露出自己非常信任草药商，但他却不信任医生："毫无疑问，我已经证明了，自然界不会偏袒于任何人，而且只需要人类从某些方面从大自然获得帮助。而且，在大自然的面前，一个用拉丁文开出的处方，并不比一个用简明的英文开出的处方显得更为重要。关于执照的问题，就我所了解的情况而言，那些所谓的冒牌的治疗方法治愈了很多疾病，而那些手握营业执照的医生们却以彻底的失败告终。"他以一种非常认真的、甚至是虔诚的方式号召他的读者们，要摆脱"像宗教礼仪一样束缚他们的一切"，要研究"草药、树根、树皮等对人类疾病的治疗作用，因为万能的上帝之手已经慷慨地将这些撒播在每一个山谷，以及河流的两岸”。他对那些持有营业执照的医生表现出了彻底的不信任：“在我的生活中，可以回忆起许多失败的治疗案例，还有那些不称职的医生。但是，不管他们多么不称职，他们在营业执照的保护下仍然是非常安全的。”他的讽刺性语言
314 具有特别的力量，因为一方面霍普金斯对草药医生的信任带有某种轻信的成分，但另一方面他对医生的讽刺性攻击，尽管现在看来可能显得过时了，但毫无疑问还是一针见血的，尽管这种语言在医生们看来可能显得非常刺耳。比他稍早几年，1885 年 5 月，埃莉诺 · 罗杰斯（Eleanor Rogers）在遭受一场流产之后不久，用更简洁的方式表达了同样的态度。她对她的姐姐说：“我对你的信任超过了对 50 个医生的信任，所以告诉我该怎么做，我会尽力按照你说的去做。”[1] 这种对帮助的需求，在受过教育的、思想开放的中产阶级中间经常可以听见，而且具有较大的普遍性和更强烈的程度。

这是一个职业化的时代；在面对命运的沉重打击时，中产阶级的患者们已经越来越不愿意再像从前那样听凭命运的摆布，他们似乎感觉到他们有权对医生提出紧迫的、经常是不合理的要求，而这些医生可能既不能满足他们的幻想，也不能浇灭他们的幻想。城市的穷人和乡下的农民，不愿意接受医生的治疗，是因为根深蒂固的迷信思想似乎已经成为他们的一个主要特质，同时他们还担心昂贵的开支，或者是医学治疗的彻底失败。尽管那些优越的中产阶级对自己能够接受科学感到自豪，但是他们和上面提到的穷人和农民是同样的愚昧和原始。中产阶级的患者怀有的无限希望和恐惧经常表现为显而易见的转

---

〔1〕Alcott: Ednah D. Cheney, *Louisa May Alcott* (1889), p.60; James Hopkinson: *Victorian Cabinet Maker: The Memoirs of James Hopkinson, 1819-1894*, ed. Jocelyne Baty Goodman (1968), p.70; Rogers: May 28, 1885, box 53, SF. 参见本书第 322—324 页 .

换。他们经常赋予医生以那种无所不知的慈父形象，或者是那种神仙下凡的形象，但是他们得到的却是一次又一次的失望。这样，他们对医生无所不能的期待，以及对他们无能的蔑视交替出现，而且他们有时无理性地像偶像一样崇拜他们，有时又毫无理性地诅咒他们。

这种对医生职业的普遍不信任，充满了讽刺的意味：那些使公众对他们的信任度降低的医生，其实也是学识渊博、认真负责的医治者，因此他们也告诫他们的患者不要期盼奇迹的出现。难怪会有无数的普通民众采纳朋友的意见，或者自己服用专利药品，或者求助于江湖医生——对死亡的恐惧，特别是与对生的希望混杂在一起的时候，无疑加重了人类对自身欺骗性的潜力。此外，人们表达抱怨的形式，像廉价的报纸、快递服务、家庭访问，有关这方面的技术在 19 世纪 30 年代之后取得了快速的进步；这一切使得对医生的批评，以及对江湖医生的广告宣传，都得到公平的、不偏不倚的传播。当然，需要抱怨的事情实在太多了：到了 19 世纪中期，以及在此之后的一段时间之中，医生仍然使用导致精疲力竭的放血，以及导致虚弱的腹泻整治病人的身体；在手术台上和病床上导致了病人的感染；当霍乱在人口拥挤的城市中蔓延，且造成了无数人的死亡时，那些医生们却束手无策、无能为力。不无讽刺意味的是，当时流行的所谓“英雄式治疗”，其影响一直持续到了 19 世纪 60 年代。在这种具有执照许可的虐待之 315
中，病人才是最后的主角、英雄，当然经常是在医生的手下，眼睁睁地看着病人去世之后，这些病人才得到这种声誉的。著名的妇科医生马里安 · 西姆斯（J. Marion Sims）在自传中回顾 1835 年左右的生活时，直言不讳地把那个年代的药物描述成“英雄式的，具有谋杀性质的”。[1] 在医生职业之中，对于那些坚持顺势疗法，或者其他类似治

〔1〕 Sims, *The Story of My Life* (1884), p.150.

疗的医生而言，这种表述是最具有讽刺性的。

所有这些诋毁之中，有些是自我诋毁，显然已经足够引发医生的焦虑，特别是对那些谨慎而勤奋的医生而言更是如此。但是，滋生这种焦虑的土壤其实更复杂，更具有戏剧性。除了在启蒙运动时期，医学的发展取得了让医生们颇感欣慰的进步之外，几乎可以肯定的是，从维多利亚女皇即位到第一次世界大战爆发的四分之三个世纪之中，医学和医药的发展比历史上的任何时期取得的进步都要大。某些医生出现的一些令人痛心疾首的失败，是得以在这条发展道路上取得进步的必要前提。这是一个进入了现代医药发展的时代；那个充满讽刺意味的古老迷局——即为了安全起见，患者到底是该相信医生，还是尽量避免医生的干预——现在终于能够得到解决了，当然是以某种令人信服的方式，朝着有利于医生的方向发展。

新药研究成功的标志随处可见；这些至少可以消除恐惧心理，从最好的方面而言，简直不啻创造出了一个奇迹。19 世纪 70 年代以降，那些屡遭挫败的研究者终于取得了巨大的进展，公众对此感到满意，人们也津津乐道地谈论着这些进展，而统计数据也能证明这些进步。一直以来成为敌意笑话或讽刺对象的医生，终于渐渐地变成了中产阶级社会的大众英雄。诚然，尽管怀疑主义一直持续到 19 世纪 80 年代之后，但人类的身体结构就像是一台复杂的机器，生命仍然具有巨大的不确定性，这些都使得对医学界的诋毁难以销声匿迹。但是，在 19 世纪的最后几十年中，那些睿智、慈祥的家庭医生开始成为人们心中珍爱的形象：他们充满爱心地为病人号脉，晚上还不辞辛劳地上门出诊，或者是那些头脑冷静、穿着白大褂的外科医生用专业手术挽救了无数生命，这一切都越来越进入了人们的想象之中，这样也树立了医生可信的形象；当然这种形象有些只是源自虔诚的期望和不可思议的想象。

正是这一场影响深远、但难以预料其发展方向的医学革命，它取得的成就远远多于它造成的灾难，但它也给医学界的从业者带来了令人不安的心理冲突，尽管这种冲突常常并未表露出来。正如我们从涂尔干和弗洛伊德的观念中得知，以及医生在他们一生中所证实的那样，好消息有时会像坏消息一样带来不安。这些好消息带来的令人心 316
烦的焦虑，在公共领域的各个方面都得以表现：国际医学教育、新建的教学医院、大学诊所、学术会议，以及专业期刊。19 世纪医生们的焦虑，不仅仅是愚人被迫装作圣贤时表现出来的不安情绪；相反，这些医生们同时受到了来自公众和他们职业领域巨大的双重压力，他们只能如履薄冰地颤抖着前行。医生们心态的转变和摇摆不定充分地表现出了这种焦虑带来的代价；在失败主义的阵痛中偶尔又浮现出一丝令人欣慰的希望之光，或者他们深信，技术的创新和进步将最终战胜医学行会式的保守主义。从而，以下的进程也就成了必然：当医学行业终于能占据全世界的治疗领域，在各种机构、学校和组织中稳固下来，并最终赢得了公众的坚定信心时，那么它就能从容地展开反对自慰的战役了。一旦医生获得稳定的认可，并向大众展现了他们的能力，那么他们也就能够泰然自若地面对其他挑战了。

但是，19 世纪的医生由于焦虑开始从事反对手淫的战役，这种焦虑不完全是对他们职业压力做出的反应。医生脱离不了他们所处的社会文化。他们自己也充当着丈夫、父亲的角色，所以也像其他的中产阶级一样担心家庭的不稳定性和对他们天真的子女造成的威胁。他们属于——或者说殚精竭虑地渴望成为上流社会，或者是各种排他性的俱乐部中的一员，他们也试图竭力地加强或获得一种绅士的地位。因此，他们处处小心谨慎，不愿意挑战当时社会的占主导地位的道德标准，而且这种道德的标准已经变得越来越保守和具有防御的性质了。他们对像反手淫运动这样的风尚表达出的质疑和敏感，就充分表现了他们内心的焦虑和不安；追逐风尚者不是不愿意，而是不能公然反抗当时流行的偏见，更不用说去纠正这种偏见了。更重要的是，19 世纪的医生也不能超然于普遍的人性之上；他们觉得自己必须依赖普通大众和他们社会的良好意愿。克里斯托弗·威廉·休弗兰德（Christoph Wilhelm Hufeland）——德国著名的医学出版商和管理者，早在 1836 年说过："对于医生而言，公共舆论对他们具有十分重要的意义；或者说从公共舆论这个术语最核心的意义上说，他们是属于普通大众的一群人（*the man of the people*）。"[1] 如果一个医学作者对自慰的观点，与公众意见，以及专家们的普遍共识背道而驰的话，那么他所做出的努力，充其量不过是在供人参观瞻仰的房间里增添一座蜡像罢了。尽
317 管他们在表面上看起来是那样目空一切，他们的权威也无可置疑，但是 19 世纪的医生也的确是属于普通大众的一群人，他们无意识地——当然有时也是有意识地——在公众对他们的宣判面前瑟瑟颤抖。

一些医生们强加在他们的病人身上的焦虑，最初是从请求他们治疗的病人身上吸取到的：医生和病人都很紧张。职业的治疗者把他们患者最初的恐惧用语言表达出来，根据他们所处时代的要求对这些资料进行整理编辑。尽管没有以一种炫耀的方式展示出来，伴随着这些恐惧的是对那个时代的希望。在 19 世纪，性问题被提上了议事日程，特别是对那些中产阶级而言，尤其是这样；体面的传统往往是处于防守的地位。人们有充分的理由期盼医生应该站在创新发现和重新评估的最前沿。随着医生对他们职业秘密的掌握、对人体秘密的洞察，和病人对医生的信心的增长，人们需要医生来减轻由于体面的性行为带来的不良后果，而且需要医生从心理学和生理学的角度，更加清楚地阐释难以抗拒的习惯性行为导致的严重后果。这看起来仿佛是强加在

〔1〕Edith Heischkel-Artelt, "Die Welt des praktischen Arztes," in *Der Arzt und der Kranke in der Gesellschaft des 19. Jahrhunderts*, ed. Walter Artelt and Walter Rüegg (1967), S.14.

医生身上的沉重负担，但是从某种意义上说，这种负担并非完全不合理的，因为医生尽管作为普通中产阶级的一员，他们毕竟属于一些特别的个体。

所有这些都使医生成了他们时代文化幻想的最有价值的目击者。那些嘲笑他们的20世纪的评论家，在描述性高潮的时候用了许多英语口语——“花费”（to spend）之类的词，并且他们认为布尔乔亚的社会文化必然将射精视为一种损失，也会自然而然地谈及性高潮，好像那就是一场商业交易。但是这没有触及问题的重点。这种观点不但很老套——因为早在资本主义出现之前的2000多年就有这样的观点，而且这样的语言在整个中产阶级的文化图景中并不具有普遍性。19世纪的医生和患者如此担忧自慰的问题，因为他们认为这是对宝贵的、有限资源的浪费，而且直接或者间接导致了性无能。这实际上构成了一种对世界和对自我的主宰能力的丧失。旨在彻底根除手淫的战役就是这种担忧导致的一种反应：一种保存力量、维持控制的方式，这两者是19世纪人们高度重视、但难以达到的目标。因此，认为手淫是一种不负责任和有害的行为，滥用了男人的精子和女人的精力，这种观点不顾一切地要在中产阶级革命性的道德选择面前坚持传统的做法，但从长远来看这些都是徒劳的。人口学的统计数据是不可辩驳的：欲望胜过责任。但是这种胜利是要付出极大代价的，因为它导致了一场传播性知识的狂乱的战斗，这场战斗与其说是对问题的解决， 318
倒不如说是问题的症候。

3. 向知识的逃亡

性启蒙方面的文献从19世纪后期开始盛行起来，这是以前任何一个时代都没有过的。这一定缓解了千千万万的读者必须面对的严峻考验，但是这些文献更多的是为19世纪中产阶级文化提供了启蒙的知识，而不仅仅是关于性问题，或者是关于正在经历零星攻击、也正受到压抑的中产阶级性活力的启蒙，也不是与性问题毫无关联的其他方面的焦虑的启蒙。这种文献包括了两种看似完全不同的出版物：一种是针对专家读者的哲学、社会学或医学角度的专题论文或著作，第二种是针对作为父母的人写作的具有典型意义的通俗读物。第一种专著确立一种启蒙的案例，而第二种通俗读物则提出了获得启蒙知识的一些特殊的模式。在这两种作品之中都表现出了普遍的焦虑。所有这些著作都坚持认为——有些甚至不惜以浓墨重彩的笔触，试图证明非常紧急，而且形势十分严峻。他们一方面承认对性知识的无知和对性知识的错误认知并不是起源于这个中产阶级世纪，但另一方面又从事实上描述了他们的关切，并且坚持认为获取知识是获得拯救的必要前提。[1]这些启蒙先驱者的言辞，就像他们的小册子一样，预示了即将发生的灾难；他们警告公众，并呼吁采取行动。查尔斯·里奇蒙·亨德森在1909年写道：“掩饰、沉默、无知和欺骗的政策导致了严重的疾病、痛苦和道德堕落。虚假的谦逊是罪恶的，招致了重大的错误。”[2]他的观点颇具代表性。

亨德森教授的告诫标志着一个雄心勃勃的大规模性教育运动的开端，这是一个发现当今的教育失误，并寻找通往正确教育之路的开端，同时也通过跨国对比使之得到丰富。这本书按照其最初的设计，是作

---

〔1〕William T. Foster, “The Social Emergency”, *Sex Education Sessions of the Fourth International Congress on School Hygiene and of the Annual Meeting of the [American] Federation [for Sex Hygiene]*, 1913, pp.45-54 [henceforth, *Proceedings, AFSH*] ; Hugh Cabot, “Education versus Punishment as a Remedy for Social Evils”, ibid., p.35.

〔2〕*Education with Reference to Sex*, Part I, p.7.

为美国科学教育研究协会（National Society for the Scientific Study of Education）芝加哥会议上进行辩论的基础。以下观点也是有代表性的：20 世纪的前几年时间，人们宣传性知识的兴趣越来越浓厚。这是一个国际性的事件，通过在国际会议上交流经验而不断完善；这些国际性会议加强了与会代表的使命感，而且给他们提供了机会，去体会高于或者低于其自身标准的其他国家教育者的感受。[1] 在美国，有 319
卫生与道德预防协会（Society of Sanitary and Moral Prophylaxis）；英国有白十字协会（White Cross Society），致力于倡导性纯洁事业；德国有反对性病协会（Society for Fighting Venereal Disease）。法国参议员勒内·贝勒格（René Bérenger），又被人戏称为“谦虚的佩尔”（Père la Pudeur），建立了一个联盟，即反对街头放荡行为联盟（League against License in the Streets）。全世界各国各地还有多个这样的组织，倡导同样的运动，都积极投入反对风俗礼节名义之下的性知识愚昧的运动。这些忧心忡忡的正统的专业人士想要用十年时间弥补 1000 多年来的损失。这场远离无知的运动转向成了向知识的逃亡。

各种国际会议的召开使这些团体不可避免地拥有一些相似的特征。这些组织的代言人对他们工作中的新奇变化一直保持警觉，对他们担忧的强烈程度感到骄傲，又对需要迅速采取行动感到困扰。美国性卫生联盟（The American Federation for Sex Hygiene）于 1910 年成立，是这些组织中最警觉、最活跃的。这是一个拥有 27 个分会和 6000 多人的伞状联盟，尽管其中有些成员松懈懒散，但是大多数都精力充沛，表现得异常活跃。他们召开各种会议，发放各种文献。1913 年，该联盟在布法罗举行会议，同时也是第四届学校卫生国际

〔1〕Dr. Laura Satterthwaite, “The Great Need for the Moral Crusade,” an address to the National Purity Congress of 1895, in *The National Purity Congress: Its Papers, Addresses, Portraits*, ed. Aaron M. Powell (1896), pp.58-64.

大会的一个组成部分，这次会议总结了传播性知识这场战役中可能的潜在动力和明确目标。查尔斯·爱略特（Charles W. Eliot）是联盟的主席，同时也是哈佛大学分会的荣誉会长（这些组织一直以来都得到了教育者慷慨的支持），在他讲话的开篇中说道：“在我这么多年的生活中，关于性卫生的问题，在最近的十年中，即使在那些深思熟虑的人之中，我也从没看见过公共舆论对这个问题的态度转变如此之大。”几个世纪以来，广泛地存在着这样一种趋势，“在关于性的功能和关系方面，不管是正常的还是病态的，人们都保持一种沉默的政策”。现在这种沉默被打破了。其他的演讲者都同意爱略特的观点，而且描述了这种“对性卫生的新的兴趣”。托马斯·巴列特（Thomas M. Balliet），纽约大学教育学院的院长，认为“在最近的十年，人们普遍认识到，无论是对年轻人还是对成年人，进行各种形式的性教育是必要的”。但是这种意识并没有马上付诸行动。忧虑的启蒙者把当时盛行的性教育浓缩成三个词：沉默、逃避、欺骗。休·卡伯特（Hugh
320 Cabot），著名的泌尿外科专家，在会议上发言认为，对于男孩子，“人们没有在生理结构方面对他们做系统的教育和指导”，对女孩子来说，她们“得到的知识”比男孩还少，所以大多数年轻人“对性知识一无所知，更不用说他们将要在生儿育女的过程中充当的角色”。父母和老师对孩子们的态度是“‘不许提问’。如果他们坚持要问，我们就骗他们，当然这种欺骗为他们获得真理奠定了良好基础”。[1] 代表们认为，所有这些都是陈旧的观点。吸引他们的新东西就是：那些醒悟的医生和教育者终于认识到他们的失败，同时明白了，社会再也承受不起隐瞒事实所付出的代价了。

---

〔1〕 Eliot, “Public Opinion and Sex Hygiene,” *Proceedings*, *AFSH*, p.13, 16; Balliet, “Points of Attack in Sex Education,” ibid., p.25; Cabot, “Education versus Punishment,” ibid., pp.36-37.

无论是在美国还是在欧洲，在那些性教育传播者看来，现实的情况再清楚不过了：任何对儿童隐瞒性知识的尝试一定会失败，而且这种策略一直以来都是失败的。不管他们是否读过西格蒙德·弗洛伊德的著作（大多数并没有读过），性教育者都表明了与弗洛伊德同样的观点：儿童对性的好奇非常强烈，而且无处不在，就像是一种天生的驱动力一样。卡伯特代表了大多数人的观点，他也直言不讳地说，那种认为儿童是天真的或者无知的想法是错误的："对于儿童来说，他们也从来没有过所谓天真的状态。我们不能将一切都建立在这个假设之上。他们中无知的人不到百分之一。问题是，他们是否能得到他们应该接受的教育，我们是否为他们提供了我们应该给他们的教育。"[1]

早在十年前，爱德华·里特尔顿牧师（Reverend Edward Lyttelton），作为伊顿学院校长，在《对年轻人性知识的训练》（*Training of the Young in Laws of Sex*）一书中，就表达过同样的观点。他以前出版的著作包括关于登山宝训的布道，但是正如他在该书的前言中说的那样，他感到必须要加入性教育这个领域，因为"一直以来，对这些建议的需求都越来越多了"。他也意识到，这将是一个极为艰难的领域，因为"发表言论在最浅显的层面上看是很危险的，但沉默则孕育着更大的危险，因为没有长时间的观察和全方位的思考是难以理解的"。沉默保守才是真正的敌人；向成长中的儿童传授适当的知识时最难应对的障碍"来自父母，特别是父亲的害羞问题"。但是在个人生活中，
无知是灾难性的："善良、爱情、温顺的性情将能安全地度过这些危 321
险。然而，对于性的问题，存在着令人感到悲哀的结果，而这种结果原本是可以避免的，但由于无知和过于保守的思想，直接导致了在性问题上流行的沉默不言的结果。"儿童对性的好奇可以冲破任何障碍；

---

[1] "General Discussion," ibid., p.102.

里特尔顿认为，“尽管这种情况较之以前更少了，但不论男孩还是女孩，都以零星的、偶然的方式获得性知识，或者从同龄的伙伴中，或者从书本中，或者从对动物世界的观察中。”他提出的建议认为，男孩需要得到的关于性的指导比女孩更多——作为伊顿学院的校长，这当然是他所能提出的最好的建议。但是也不应该不对女孩进行教育。他提出的问题是：“难道在快要结婚之前不应该对她们说点什么吗？只有这样，才能防止年轻女子因为不懂婚姻的完整意义而完全地屈从于她的丈夫。”[1]

里特尔顿的著作出版一年之后，弗利德里希·西伯特（Friedrich Siebert）医生出版了他的著作《路标》（*Wegweiser*），从哲学方面为性道德和性卫生提供了指导。他与卡伯特医生的观点颇为相似——实际上与这个领域其他权威人士的观点也颇为相似。西伯特医生发现，令人感到悲哀的现实是，“当今社会”极其缺乏诚实：“任何涉及性生活的事情都要保密、遮掩，就像在一个家庭里，这样的记忆要被埋没，不许提及记忆中的事情。也许只有在极端例外的情况之下，人们才会偶尔提到关于夫妻生活的某些事实。”[2]不管是德国、法国还是美国，大多数性教育著作的作者都对他们的社会感到不满，而且嘲笑整个社会对于性知识的沉默缄言。但是相对而言，爱德华·里特尔顿的论述态度是比较温和的。然而他们的论点在经历普遍的矛盾之后达成了妥协：呼吁坦诚的声音沉默了，责难变得委婉了，其他的方法也不用了。在大多数文献中，最有效的方法就是避开令人尴尬的敏感话题，而这正是它们试图针对解决的问题。总而言之，这就是在宣布隐瞒和声称坦白之间达成的妥协，当然在大多数情况之下，坦白总是要

---

〔1〕Lyttelton, *Training of the Young in Laws of Sex* (1900), pp.vii, 104, 14-15, 3, 65.

〔2〕*Sexuelle Moral und Sexuelle Hygiene*, Preface (n. p.), pp.35, 62.

大打折扣的。

面对他们的使命时，改革者总是犹豫不决，这经常使他们感到茫然不知所措。绝大多数人召开会议或者出版著作，目的在于阻止或者容忍社会的恶习，而不是绘制出通往个人幸福的地图。尽管有一些浪漫主义的反叛者，如保罗·曼特嘉莎（Paolo Mantegazza）或者哈夫洛克·艾利斯，声称性是上天赐予的神圣禀赋，人类真诚地享受上天的馈赠，但大部分性著作的作者很少对性生活抱有褒扬的态度。几乎 322
没有人认为这是一件令人欣慰的事情。他们赞美纯洁，鞭挞欲望。他们的焦虑是可以理解的，他们感觉到进行性启蒙教育具有极大的必要性，这种感知常常导致了传统的沉默与有意识的坦白之间的斗争。他们研究性问题完全是出于一种义务，常常也显示出难以掩饰的尴尬。

只有在极少数的情况下，性启蒙的作者出版著作是为了增加性的快乐。对于那些不读色情文学的人来说，他们的文献并没有起到色情文学能够起到的作用，因为他们对此感到非常焦虑。事实上，不管是出于现实的情况还是出于纯粹的想象，他们最担心的事情是害怕被指责说，他们的著作对性问题构成了一种引诱；因此，在通常情况下，他们往往只是在前言中才直面这个问题，以减轻人们对他们的指责，并且强调说，他们本身无意以任何方式怂恿他人的欲望。当里特尔顿明确地把婚姻的幸福列为获得可靠的性知识之后值得拥有的结果时，他是在为少数人说话，而且无论在任何场合，这种幸福看起来都是温和的、胆怯的，简而言之，就是完全不充分的，对于回答莫霞医生问卷者之中感到最幸福的那些人来说，更是如此。与其说他关心的是培养人们的幸福感，毋宁说他更关注的是减轻人们的痛苦。与大多数他同时代的作家一样，里特尔顿是虔诚的基督教徒，急切地想要寻找一种人们可以接受的、身体的功能和精神的纯洁完全统一的方式。在性教育的改革者中，也有不信仰宗教的作家；例如，西伯特作为德国沙文主义者，倾向于唤起人们关于血和土壤的民族情感，批评基督教式的宣扬节制、并因此导致了虚伪行为的教育方式。[1] 里特尔顿甚至认为，在战术上把教育建议与英国国教的教义分开是完全必要的，正像他明智地提出的观点那样，他想呼吁“更多公众的关注，而不仅仅是那些可能理解或赞成基督教的任何一条教义的人”[2]。

在性启蒙教育的这块园地上，辛勤耕耘的圣徒们进行了不懈的努力；塞尔威纳斯·斯塔尔（Sylvanus Stall）就是其中的一位多产作家。他写作了诸多用于说教的性教育著作：《男孩应该知道的》（*What a Young Boy Ought to Know*）、《年轻男人应该知道的》（*What a Young Man Ought to Know*）、《年轻丈夫应该知道的》（*What a Young Husband Ought to Know*）等等，一长串“著名男性和女性”的名册证实了他说教的有效性。对于他的著作，即使是神圣的医学博士，也没有任何人怀疑他完美无瑕的写作动机和细腻优雅的写作风格，无论是主教和慈善家、宗教手册作家和那些反对自慰的斗士们；这些人包括爱德华·勃克（Edward W. Bok），《女性家园杂志》（*Ladies' Home Journal*）主编，以及安东尼·科姆斯托克（Anthony Comstock），美国反色情和人工流产的斗士。正如出版商和作者一定已经注意到的那样，科姆斯
323 托克的支持格外令人感到欣慰。显然，性教育方面的宗教激进主义者也同样急切地想修复由于性无知而带来的严重后果，正如那些传统的教育或经过科学训练的教学方式一样。科姆斯托克写道：“给我留下深刻印象的是，对现在的男孩进行性方面的指导是非常必要的”，同样他也对斯塔尔的写作天赋印象深刻，因为斯塔尔在讨论这个“敏感的话题”时，表现出了“使人的思想和情感升华到一个更加崇高的层面”

---

〔1〕Siebert, *Sexuelle Moral*, pp.36-39, 95.

〔2〕*Training of the Young*, p. 97n.

的写作能力。像其他笃信的社会改革者一样，科姆斯托克认为性生活的规律将直接影响人类的身体健康：“这本书的需求量很大，我希望这本书能够提升这个国家中男孩的思想和情感，并促成向更高、更好的社会条件的发展。”[1]所有从事性启蒙的教育者在提高公众思想和情感方面达成了高度的一致性。

斯塔尔医生关于男孩和年轻男人应该知道的事情，构建了一个题为“自我与性”的著作系列。他专门负责指导男性；而女性作家负责对女性进行指导，主要是玛丽·伍德-艾伦（Mary Wood-Allen），医学博士，是纯洁学院的主要负责人，兼全美基督教妇女贞洁联盟的代言人；作为妻子和母亲，她与其他男性同行以及偶尔的合作者一样虔诚，也同样多产。她写作了很多性教育的说教著作，其中包括《年轻女孩应该知道的》（*What a Young Girl Ought to Know*）、《年轻妇女应该知道的》（*What a Young Woman Ought to Know*）等。她著作中的宗教意图使其免去了所有的怀疑；与斯塔尔的著作在这一点和其他观点上一样，他们得到了那些品行毫无瑕疵的名人的慷慨支持，还有那些教会的期刊上发表的热情洋溢的支持观点。伍德-艾伦著述的目的和斯塔尔一样，是为了保持纯洁，换言之，就是要阻止自慰。在所有这些文献中，关于人性的悲观思想几乎没有得到任何程度上的减轻。从批判的角度来看，它反映了教育者对这个问题的严正的思考；他们在各自隐秘的领域相互提醒，并发出令人深省的警告。当罪恶和贞洁相互冲击时，贞洁往往是孤立无援的，因而只能对那些虎视眈眈的敌人俯首称臣。那些专供父母们阅读的小册子书籍，也同样笼罩在令人沮丧的阴影之中。当孩子处于孤立无援的境地时，他们轻易地听从邪恶

〔1〕在“Commendations ... From ... Eminent Men and Women”中间，有一页是赞美斯塔尔的书，每页上面都有一幅肖像。Sylvanus Stall, *What a Young Boy Ought to Know* (1897), n.p.

力量的劝诱，模仿罪恶的行为，相信犯罪的故事，最后陷入了罪恶的陷阱。面对此种情况，如果仍然迟迟不推行性的启蒙教育，那么这不啻将一切置于万劫不复之境。伍德-艾伦在《真相教育》上说过，当孩子询问关于性的问题时，你仍然告诉他说，“‘当你长大了，可以理解这个问题的时候，我会告诉你’，这是一个重大的错误，因为这个
324 答案只能进一步激起他们的好奇心，诱惑他们从任何可利用的资源中寻求答案。但是，他们得到答案的途径，往往在他们天真无邪的心灵上留下了不可磨灭的罪恶的印记”。最后，她以充满胜利警告的笔触总结说——无意识地用了一个色情的比喻强调了她的观点：“我宁愿在他真的需要了解这种知识一年之前就告诉他真相，也不愿意推迟五分钟，如果这五分钟里有人在他从未开垦过的处女地上种下了罪恶的莠草。”〔1〕

西格蒙德·弗洛伊德对这种模棱两可的话，表现出了强烈的反感。1905 年在解释“朵拉”的案例史时，他不无自豪地写道：“此时，唯一的呼吁是实话实说（*J'appelle un chat un chat*）。”〔2〕但是那个年代的其他作家，也许会用其他的名称，而不会这样实话实说。这些小册子是直接写给父母的，里面记载了一些小故事，或者是机智的对话；当父母和孩子谈到关于人类生殖的秘密等严肃话题时，这种机智的对话可以作为一种典范，因为父母的谈话可能将那种矛盾表述植入整个总体文化之中。在 19 世纪后期和 20 世纪初期的文献中，性启蒙教育中幽默的拟物化特点已经根深蒂固了，就像谈及“小鸟和蜜蜂”一样。许多作家仿佛是如获至宝，认为这样的比较是可以利用的，总是拿花朵、鸟类和家禽动物进行类比：“在某些安静的时刻，

〔1〕 Wood-Allen, *Teaching Truth* (1892), p.7.

〔2〕 “Bruchstück einer Hysterie-Analyse” (1905), *St. A.*, VI, S.123; “Fragment of an Analysis of a Case of Hysteria,” *S.E.*, VII, p.48.

当小孩子玩耍累了之后，来到母亲的身边，和她进行私密的交流，或者是央求听一个故事，此时她应该充分地利用这种机会，在这个静谧的时刻，充分利用孩子心智澄明的时刻。我们可以设想，她已经收集了一些关于牵牛花的故事，仿佛是在给孩子展现那些色彩明亮的花骨朵时说：‘你想听一些关于牵牛花妈妈和牵牛花爸爸，还有关于他们孩子的故事吗？’”[1]——这是玛丽·伍德-艾伦在《真相教育》中写过的一段话。里特尔顿显得更加成熟，他的笔触似乎不会如此令人腻烦，但是他也在尽量逃避。在此，我们不妨引述以下他建议的如何完整地解释性交的一段话：“在解释关于母亲最初是如何怀孕这一点时，父亲或母亲可以加上这样的话：上帝以美妙的方式把生命的种子托付给了父亲，结婚之后他可以把这个种子给他的妻子，这是他表达爱的一种行为，而这种行为在最初使他娶了她，作为他的妻子。”接下来，他以一种模棱两可的方式描述了男女之间的性别差异，实际上是不失时机地提出了警告——这似乎是一个难以抗拒的机会，作者也正是利用了这种机会说：“对于女孩子来说，我们可以想象，她们很 325
少会有那种不该有的举动。男孩子唯一的不同就是：只能简单而巧妙地提及他们天生的本能，并告诉他们身体上的哪一个部分将具备一种繁殖生命的天然功能；在此基础之上，才又有必要给他们提出让他们感到印象深刻的忠告，告诉他们不要滥用这种天生的功能。”[2]显然没有人告诉过里特尔顿，女孩也像男孩一样自慰；他也没想对此观点提出质疑，即自慰是通往疾病和过早死亡的必由之路。然而，他也是他那个年代中富有理性的、知识渊博的精英。

---

〔1〕*Teaching Truth*, pp.10-12. Gordon Hart [pseud.], *Woman and the Race* (1907), 完整地引用了这个“甜美的故事”作为教育子女的典型案例（第 31—32 页）。

〔2〕Lyttelton, *Training of the Young*, pp.85-86.

伍德–艾伦医生曾经说过，儿童“是一个有生命的问号”。[1]但是令人感到悲哀的事实是，她和其他性教育改革的鼓动家们试图在儿童心灵的处女地上移植的思想是很不完整的。与往常一样，他们的小册子也是从小心翼翼地介绍妊娠开始的：儿童可能对那个小同胞的出现感到迷惑不解，而母亲们则正好利用这个机会，解释婴儿是在哪里、以什么方式长大的。接下来就是对男性和女性身体的解释，但是任何机警的儿童可能注意到的细节之处却仍然是语焉不详。在这些颇受欢迎的文雅的教育方案中，像这样传统的启蒙教育让孩子含着热泪拥抱母亲：他们发现自己也在“母亲身体这个小空间里”躺了九个月，因此他们会更爱自己的母亲。[2]对于婴儿是如何进入这个美妙的小空间的，则从未谈论，或者在极少数例外的情况之下，总是遮遮掩掩地提及这个问题。“艾利斯·艾瑟尔默”（“Ellis Ethelmer”）的《人类之花》（*The Human Flower*）包括这个美妙空间的精美图片，用以推销这本书的副标题是“对生育和两性关系的生理学问题的简单而明确的介绍”。但是艾瑟尔默的书，像其他同类书籍一样，并没有实现其承诺：虽然内容简短，但是并不明确。在谈论性的愉悦方面，它总是闪烁其词，总体上几乎是保持沉默，更不用提性交的机能了。艾利斯·艾瑟尔默并没有掩饰她写有关性方面书籍的主要目的：“是的，毫无疑问，更完整的知识会带来真正的纯洁。”在另一本小书《花骨
326 朵儿》（*Baby Buds*）中她写道，“爱是生命中最珍贵的东西”，但是她说的是纯粹的爱：“正如一些充满智慧的思想家说的那样，所有的人

〔1〕Wood-Allen, *Child-Confidence Rewarded* (1896), p.4.

〔2〕Ellis Ethelmer [pseud.], *The Human Flower: Being a Brief and Plain Statement of the Physiology of Birth and the Relations of the Sexes* (1894), p.34. 艾利斯·艾瑟尔默可能曾经是沃尔斯特恩霍尔姆·艾尔密夫人（Wolstenholme Elmy），也可能是她丈夫本·艾尔密（Ben Elmy）。她曾经担任过妇女解放联盟（Women's Emancipation Union）的秘书。见 J.A. and Olive Banks, *Feminism and Family Planning in Victorian England* (1965), p.101n。

类的爱最初都是从母亲和孩子之间的爱转变而来的。”[1] 她这句话是在 1895 年写的。西格蒙德·弗洛伊德在一两年之后表达了同样的观点。但是艾瑟尔默对爱的定义中的含义，与此后弗洛伊德的表述具有本质上的不同：它与性问题没有任何关系。

这是对于性启蒙要求不断高涨的具有代表性的事实，也成了弗洛伊德精神分析时代的一种风尚：性知识看起来不仅对其本身有用，也是治疗社会病态的一种手段，它是通过暴露私人恶习的方式进行的，如果说还不是试图通过阻止其发展的方式进行的话。这些性教育的先驱们并没有创造出这种社会病态，尽管到了 19 世纪末，作家、艺术家、哲学家、社会学家和教育家们一直都在讨论这个问题；他们只是反映出了这种情况的存在。他们提出的迫切需要改革的呼声正是大众警觉意识的反映。这些教育者以一种近似于恐慌的姿态传播着性知识，他们痛斥那些在引导性教育方面失败的父母，这种恐慌是对他们文化恐惧，以及对政治、军事、生物范围内恐惧的一种反应。他们确信，梅毒使许多年轻男性变得无能，因此他们国家的军队也处在致命虚弱的危险之中；对性选择的无知会使低等的血统淹没全国人口中那些“充满希望的”成分；没被教育的或者是被误导的年轻男女会把可怕的疾病和厄运传给他们的爱人，并对当代社会造成灭顶之灾。易卜生的《群鬼》着重讨论了梅毒的危害和肆虐，这也是大众对这本书感到反感的原因，尽管该书的读者都清楚地知道他要讨论的主旨是什么。赫尔曼·罗勒德（Hermann Rohleder）是个例外，他在小册子中表达的观点听起来有些刺耳，但是他只是把他的同事们小心谨慎地陈述的问题大声地喊了出来。他号召德国所有的出版印刷资源行动起来，把要强调的句子间隔印刷，用黑体字表示要强调的观点，

---

〔1〕Ethelmer, *Human Flower*, p.35; *Baby Buds* (1892), p.42.

并敦促开展家庭性教育和学校性教育，以减少在学校“爆发式”自慰的个案，澄清年轻人性交的“危险”。罗勒德以野蛮人的贪婪本性来描述人的性本能，因此必须通过恐吓才能使之驯服，并通过娱乐和运动来分散人们的注意力。个人道德、军队战斗力，以及人类文明的本身都受到了来自盛行的性无知的严重威胁。他写道，“文明化（civilization）就是梅毒化（syphilization）。”[1]这种表述最清楚地表现了事态的严重性。

这种宣言，以及由此而引发的激烈辩论，以一种奇异的方式糅合
327 了惊慌失措的言辞以及教条化的诊断，在当时时髦的性神话中引起了强烈的反响；其中一些论调还显示出了一种不祥的焦虑：即可能由此导致威胁到种族的纯洁，甚至招致种族自我灭绝。[2]在这个传播性知识的联盟中，极不相称地掺杂着达尔文主义者和高级主教、宗教激进主义者和信仰英国国教者、军国主义者和乌托邦幻想者，但是他们之间的联系却非常坚实。难怪西格蒙德·弗洛伊德在对待关于这些的文献方面态度非常严厉，主要包括这些文献中表现出的犹豫不决的、过于宽泛的概括，以及那种“一本正经但虚夸浮华”的语调。[3]他怀疑这些文献的作者们只不过是不愿意面对真相：他们声称要不遗余力地表示支持，但是实际上他们并没有全心全意地致力于传播这些知识。他们之中的有些人，就像休·卡伯特一样，认识到了这个难堪的

〔1〕Rohleder, *Grundzüge der Sexualpädagogik*, S.70, 77, 112.

〔2〕“社会所有阶层中自由程度的增加看起来促进了背叛、不负责任和罪恶的滋长。”Charles W. Eliot, “Public Opinion and Sex Hygiene”, *Proceedings*, *AFSH*, p.16. “种族自戕和离婚是社会混乱的征兆，无疑是非常严重的，而且是非常明显的，以我之见，治疗这些问题的办法就是对男孩和女孩进行教育。”Professor Marion Talbot, Dean of Women at the University of Chicago (1908), in Henderson, *Education with Reference to Sex*, Part I, p.8.

〔3〕Freud, “Zur sexuellen Aufklärung der Kinder” (1907), *St. A.*, V, S.166; “The Sexual Enlightenment of Children”, *S.E.*, IX, p.137.

事实，即年轻人不能处于一种无知的境地，而且他们要比那些自以为是、忧心忡忡的成年人所能想象到的了解更多。但是在这个中产阶级世纪，这些联盟者同样无知，即使是那些致力于传播性知识的斗士们也是如此。

328 # 第五章 身体知识

1. 柏拉图式的放纵

性交是最显而易见的肉体活动之一；人们普遍认为，适当的性行为无须培训或由他人传授经验，而且人人都能无师自通。尽管学校里讲授的关于人类身体的知识不少，但是该行为也并不能从学校获取的知识中找到答案。1916年，弗洛伊德写道："爱，是伟大的启蒙者。"[1]在所有的生物渴求中，人们对性的欲望相对来说是一种比较自主的冲动。但是这种欲望往往通过生活中的学习受到激发、得到提高、受到指导和获得改变；这种学习的方式更多地来自人们自身的探寻观察和凝神静听，而远非来自书本所学。人们对性的幻想，能激起他对性的探索，或者伴有自体性行为，还容易导致对其所见、所闻、所感的刺激性场景的曲解。儿时的古斯塔夫·福楼拜就听到过从父母卧房传出的声音，而且这样的孩子也绝不仅此一例。弗洛伊德曾经有过一个著名的患者叫"狼人"（Wolf Man），他也只不过是为数不少的偷看或者想象他们父母性行为的孩子中的一个；哈夫洛克·艾利斯给世人留下了一个非同寻常的记录：在他还只有八岁的时候，另一个小男孩就告诉了他关于手淫的乐趣。通过这些方式得到的信息，许多都

---

〔1〕"Einige Charaktertypen aus der psychoanalytischen Arbeit" (1916), *St.A.*, X, S.232; "Some Character-Types Met With in Psycho-Analytic Work," *S.E.*, XIV, p.312.

是误导性的，但是这些误导的信息又俨如正确信息一样，极大地激发人们对性的兴趣，或许比正确信息还更有效。所有这些儿童的性教育并不是源自公开的性活动：孩子看到母亲裸体时受到的刺激，与他们惊奇地发现父母做爱时受到的刺激一样；他们对性的了解更多的是从注意到他们兄弟姐妹的生殖器开始，而不是从偶然发现小狗的交配中 329
获得启发。性知识首先从身体的亲密暗示开始。

在 19 世纪，这种性暗示俯拾皆是，其对象就是一些中产阶级，包括未婚少女。大量的性影射通常出现在一些令人意想不到的场所，传达的并不是直接的性信息，而是营造了一种朦胧的、让人意乱情迷的色情氛围。1878 年，德国的一家“德高望重”、道德上无可指责的家庭杂志《家居》（*Daheim*）上刊登了一张题为《手无寸铁》（*Wehrlos*）的版画。该版画表现的是一个皮肤黝黑、满身脏兮兮的烟囱清扫工，正在抚弄一个少女的脸颊。这女孩的胳膊上挂满了从杂货店买来的东西，正像该画标题渲染的那样，她“手无寸铁”，无力抵挡这种性影射的姿态。[1] 事实上，中产阶层在面对类似这样的冲击时并不一定如此脆弱无力。一些家境良好的有钱人对性的了解要比他们在别人面前展露的要多，或许他们根本就是深藏不露。他们当中最保守的人也可以从街头闲逛，或从年长的姐妹、学校的朋友，或是一些流行小说那里获取到一些性知识。巴尔扎克曾经颇为刻薄地但并非毫无理由地认为，中产阶级家庭的女孩在上寄宿学校之时就学习到不少诱人的性知识，甚或还有一些实践经验。他说：“当一个女孩离开寄宿学校时，她还会是未失童贞的处女身吗？不。”这就难怪在 1895 年，在弗洛伊德职业生涯的早期，也就是他还作为一个刚开始学习性心理学的学生时，他就认真思考过一个问题：“青少年究竟有没有超

〔1〕 *Daheim*, XIV (1878), p.229.

乎人们想象的，或是他们自身预想的青春期性知识呢？”[1]

隐蔽的性知识的暗示可以在很多地方找到些蛛丝马迹：在那些最保守、最合乎规范的小说里，以及那些忧心忡忡的老学究所写的论文中。在安东尼·特洛普（Anthony Trollope）的小说《尤斯达丝的钻石》（*The Eustace Diamonds*）中，有一段最让人津津乐道：当法恩夫人（Lady Fawn）——这个处处合乎礼仪规矩的模范人物到访时，莉兹·尤斯达丝（Lizzie Eustace）迅速地将摆放在她客厅各处的法国小说收起，换上一本《圣经》。我们在阅读这一场景时，也不可赋予其太多的意义，因为在19世纪产生了一大批讽刺这种伪君子的作家，这只不过是他们快意的文学创作中的无数场景之一。但是特洛普也毋庸置疑地表明：只要在那些法恩夫人们（the Lady Fawns）没有打搅她们时，那个时代的莉兹·尤斯达丝们（the Lizzie Eustaces）就会整日沉迷于“研读”那些色情之事。那些最假正经的人也心照不宣地认为：婚姻是进入生活这所大学的入场券。在乔治·艾略特的《米德尔马契》（*Middlemarch*）中，那位好脾气、笨手笨脚的叔父布鲁克先生（Mr. Brooke）跟卡索邦（Casaubon）——多萝西（Dorothea）病中的丈夫——说：“去让多萝西来
330 给你读点轻松的东西吧，斯摩莱特的《兰登传》（*Roderick Random*）和《亨弗雷·克林克》（*Humphrey Clinker*）之类的；是有点不太像话，但是你也知道，她现在可以读任何东西了，因为她已经结婚了。”[2]

在19世纪，可供阅读的风雅的东西其实也不少，但是不少并不代表全部都是。到了19世纪末，大量有关诸如青春期等一些私密话题的自由讨论，开始逾越医学刊物那有限的空间，面向大众杂志

---

〔1〕Balzac, *Physiologie du mariage* (1829), ed. Maurice Regard (1968), S.94; Freud, with Josef Breuer, *Studien über Hysterie* [not in St.A.] (1895), *GW*, I, S.195; *Studies on Hysteria*, *S.E.*, II, p.134.

〔2〕Trollope, *The Eustace Diamonds* (1873; ed.1947), p.84 [ch. 9]; Eliot, *Middlemarch* (1871-1872; ed.1965), pp.320-321 [ch.30].

传播开来。1880 年，在法国巴黎——也只有在巴黎才会有这样的事情——两位小说家为了获得“在小说中首次讨论月经”的殊荣而争论不休。恐怕连他们自己也没意识到，这场争论其实是个大大的笑话。在中产阶级世纪，“The curse”（月经），是一个颇为敏感的话题。即使是在有礼貌的谈话中提及也会被认为是不合时宜，更别说将其写入小说里。但是，在 1884 年，埃德蒙·德·龚古尔发表了一部细致描写一个少女生活的小说《亲密爱人》（*Chérie*）。在小说中，作者形象、细致地进行了描写，比如“沉睡中的身体的热烈觉醒”，“意外流血的恐慌”——她的初潮（menarche）。然而，另一位如龚古尔一样细心的小说家左拉，抢先于他的对手龚古尔，他 1883 年底连载刊出小说《人生乐趣》（*La Joie de vivre*），在该书中同样对这种“觉醒”进行了细致的描写。龚古尔随即指控左拉，说“这个可耻抄袭者”用一套“粗俗的把戏”窃取了他那前无古人的创作主题；他指责说，左拉曾要求他朗读《亲密爱人》的手稿里某些相关的段落，而对这一指控，左拉当然矢口否认。这场争论，既没有使“menarche”走入日常用语，也没有为“月经”一词获取到一张可以出现在更多其他的小说里的通行证。和“自慰”（masturbation）这个词语一样，对小说而言，“月经”始终还是一个讳莫如深的话题。[1] 但是这场论战却凸显了在这个中产阶级世纪，得体的标准衡量问题隐含的不确定性，同时

---

〔1〕*Chérie* (1884), p.137; November 2, 1883, Edmond and Jules de Goncourt, *Journal; mémoires de la vie littéraire 1851-1896*, ed. Robert Ricatte, 22 vols. (1956-1958), XIII, p.59. 关于左拉的反驳，参阅 Henri Mitterand, “Etude”, in Zola, *La Joie de vivre*, *Les Rougon-Macquart: Histoire naturelle et sociale d’une famille sous le second Empire*, ed. Armand Lanoux, 5 vols. (1960-1967), III, 1767-1769。在 19 世纪非色情小说里，对自慰描写的典型作品是戴塞尔 (Lodewijk van Deyssel) 于 1887 年所写的小说《爱丽芙》（*Een Liefde*）：在一个炎热的夏季，一位年轻的少妇在想念自己的丈夫几乎到了要出现幻觉的状态下，在自己的花园中自慰。这段形象、细致而又不合时宜的描写并没有受到好评，戴赛尔也随即改正了自己的露骨描写（此处引用得益于斯米特［J.W. Smit］的介绍）。

也为身体知识的传授提供了机遇。

那些投机取巧和嗅觉灵敏的人往往可以从任何地方为那种知识找
331 到引据。比如，一些报纸上对那些不道德离婚案的耸人听闻的报道，“性”味十足地详细记载了由于丈夫的性无能引发的凶杀案的庭审记录，一些隐秘的桃色事件，或是一些性勾引的琐碎细节。如果我们能相信这些当时的记载，那么越是普遍和让人深信不疑的东西越容易对人产生影响，而受其影响并亲身仿效的人却已经做了让人牵着鼻子走的奴隶。那些讲淫秽笑话的学童少年，或是像龚古尔一样将性知识写入小说的文人们，实际上都起到了多重作用：他们成为性事方面的典范或性学专家，这些淫秽笑话或性知识也往往成为某些排他性圈子成员的象征。但是通常，它们也免不了要承担传播色情信息的重责。事实上，许多孩子通过这样或那样的途径已经觉察到两性之间的差别，也从别的孩子那里了解到不同性别隐含的意义。挪威小说家西格里德·恩德塞特（Sigrid Undset）在她的自传里曾记述了她遇到的一个特殊的事件。那件事就发生在她自己身上，无论是简单的记述，还是身体的感觉都是她的亲身体验。一天，她遇到了邻家的一个小男孩，“发现他穿的短裤前面突起了一个什么东西。突然，男孩叫嚷道，‘小心啦，洒水车来了！’然后边说着就拖着脚步向那边路上跑去，身旁扬起一团白色的尘土。一股细细的水流从他身体上喷洒出，在他身后的路面上留下一个明显的弯弯曲曲的印记”。表演完这个壮举，“他跑回来”，“很骄傲地宣布没有哪一个女孩能做到这样的事，但是每个男孩都可以做到”。小西格里德“意识到他是对的”，这件事让她很沮丧，“但也不完全是这样”。她“将这归功于男孩子们身上具备的‘高级装备’，从此也就心安理得，也就不再嫉妒了”。[1] 可能连她自己

〔1〕*The Longest Years* (1934; tr. Arthur G. Chater, 1935), p.105.

也不记得当时有多嫉妒男孩子们，但是她一定记住了那个场景，一生不忘。

从这个方面而言，1865 年出生于费城的洛根 · 珀索尔 · 史密斯（Logan Pearsall Smith），也有亲身经历。由于出生在一个虔诚的贵格派家庭，从他出生之日起，所受的家庭教育就是要远离“罪恶”。但他发现，尽管自己表面看起来眨着眼睛像是若无其事的样子，但是那些刻意被父母隐藏的信息往往能偷偷地得到。在他小时候，巴纳姆马戏团来费城表演，“贵格派教徒家庭内部争论最多的问题是：是否应该允许他们的子女去观看演出”。观看这些有异国情调的动物表演，“有利于丰富孩子们的创造力”，但看那些“穿着暴露的女杂技演员”就应另当别论了。史密斯家庭最终达成这样的妥协：允许孩子们观看动物表演，但是只要女杂技演员们一登场，就让他们闭上眼睛。事隔 60 多年以后，洛根 · 珀索尔 · 史密斯仍然记得当时的情景：“我们
这些贵格派教徒家的孩子坐在一排，瞪大眼睛看大象表演。但一到不 332
大得体的幕间演出时，就把眼睛闭上，并且用手捂住。只有一个小男孩，也就是我，透过手指缝偷偷地瞧，眼睛一眨不眨地看那些穿着粉红色紧身衣的演员们缓缓地扭动肢体。”从他后来的性经历判断，扭动的肢体和粉红色紧身衣的偶然联系让他开始懵懵懂懂，并且对他以后也影响深远。在史密斯的记忆中，这次罪恶的偷窥影响之大，以至于他对罪恶的概念，“很长时间由于脑海里那些缓慢移动着的肢体的粉红色印象而变得不理智”。不久后，他在英格兰逗留了几个月，期间所见与西格里德 · 恩德塞特一样，也终生难忘。在那里，对于上伊顿公学的孩子来说，他周围的那些同伴可一点也算不上是“纯洁无瑕”的典范。其中一个人把年轻的洛根带到他父亲花园的一棵胡桃树旁，给予了他一种高规格的“礼遇”，那简直是“两国领导人亲切会晤”的水准。尽管洛根说，“我当时并不感兴趣”，但这却是一个英

国人对一个美国年轻人的亲切友好的表示。[1] 史密斯的记述充满了魅力，且笔调轻松，他并没有欺骗读者：从马戏团表演和胡桃树旁边得到的知识累积在一起，激发了他一种对那些极具挑逗性的女性的恐惧，以及一种挥之不去的彰显男性气概的渴望。

那些通常用来搪塞孩子们对身体发育过程疑问的曲折虚伪的解答，不管如何地扭曲事实，也总会与性知识具有某种关系。对 19 世纪的家长们而言，要让孩子们大体了解身体知识，并且具体知道一些性方面的知识，"如何做才恰当"，对于这个问题的困惑，超乎他们的想象。

大家都知道白鹤的故事，或者这个故事的各种版本。很多家庭用这个故事给孩子们解释他们弟弟妹妹的出生。但是，白鹤带来小孩的说法，似乎总是伴随着那些痛苦甚或激烈的迹象，往往笼罩着一层浓重的可疑和神秘的氛围。弗洛伊德有一个有名的儿童病人，叫小汉斯("Little Hans")，他妈妈怀孕以后，父母就跟他讲了这个平常的故事，说白鹤就要为他带来一个小弟弟或小妹妹。他当时只有三岁半，已经开始对大人们的故事产生了某种疑问。当妈妈生产的时候，小汉斯听到了妈妈的呻吟声，于是他问："妈妈怎么老是喘？"过了一会儿，他就自己琢磨："一定是今天白鹤就要来了。"当他看到客厅里放着的医
333 药箱以后，就更加联想到："白鹤今天就来了。"然后，他的小妹妹汉娜（Hanna）降生了，父母叫他进屋去，他最先看到的不是妈妈，而是地上一个个"满是血水"的盆子。[2] 于是，在他三岁半的时候，除了那个让人心生疑问的白鹤为怀孕的家庭带来孩子的故事以外，他还亲自置身于生孩子的过程。从此以后，每当他看到鲜血，在他脑海

---

〔1〕*Unforgotten Years* (1938), pp.21-22, 47.

〔2〕"Analyse der Phobie eines fünfjährigen Knaben" ["Der kleine Hans"] (1909), *St. A.*, S.16-17; "Analysis of a Phobia in a Five-Year-Old Boy" ["Little Hans"], *S.E.*, X, p.10.

里就会产生生孩子场面的联想。孩子们所知道的通常要比大人们告诉他们的多，即使他们的知识是懵懂的、零碎的，甚至很多是错误的。直到19世纪末，每个家庭的孩子数量都相对较多，并且大多数孩子都在家里出生，如此一来，孩子们就有一次次的机会发现身体的秘密，而且在相互之间交流。

兄弟姐妹间的交流知识，尽管少得可怜，但要比父母们极不情愿地传授的那些令人害羞的知识粗俗得多。小古斯塔夫·福楼拜给姐姐写信，像“妈的”这样的话，他不假思索地就写在信里；还会把各种脏话说给他的兄弟听。如果说福楼拜自小顽劣不羁，有意表明自己与做作的中产阶级的与众不同，那么别的还不如他机灵、桀骜不驯的孩子，也是脏话连篇，且例子还屡见不鲜。[1] 在家庭里，身体知识的教育在有些方面比年轻人说的那些私密猥亵之语更令人反感。19世纪末期的那些病例书上，病理学者们那关于早期引诱的令人毛骨悚然的记录绝不是全凭虚构。弗洛伊德的包罗万象的理论曾经认为，所有的神经官能症缘于父亲对女儿的这种引诱，即使在他后来放弃了该理论以后，仍继续坚持认为关于类似这种引诱的报道是足够真实的。医学记录里的这些事例，只有一小部分是这种过早成熟导致性行为的病例，其余的大部分并没有引起任何神职人员或是精神科医生的注意。受害人或是由于羞于启齿，或是由于自己的隐瞒，才并没有身陷尴尬的境地。

要说对性教育的启蒙，一些大、中城市恐怕是最快捷的，事实上也最速成的“学校”了。那些做皮肉买卖的人，要么将自己的艳照贴在她们淫秽之所的外边，用以招揽生意，要么就去舞厅、宾馆，或车站附近招摇揽客。在法国利摩日市的孔德，有一个风力磨坊，这里便 334

---

〔1〕Gustave Flaubert to his sister Caroline [after December 10, 1842]; to his brother Achille, April 26, 1844, *Correspondance*, ed. Jean Bruneau, 2 vols. so far (1973-), I, pp.135, 206.

成了一个临时妓院，当地官员抱怨道，“这些人惹得过往行人和一些孩子都来看她们最无耻的勾当”。在世纪之交的柏林，妓院里的女人早上起来坐在窗前梳妆打扮。她们“裸露着半个身子”，“毫不知耻地让过往行人来观看。惹得不止一两个上早学的男孩子也躲躲闪闪地偷看”，大大“满足了他们的好奇心”。在其他城市，一些妓女专在剧院或宾馆区勾引行人。柏林的这一幕幕在其他的都市中心也是变着花样地上演，不时出现在街头、报刊还有剧院。在被人问及最近巴黎之行的印象如何时，阿米尔坦言他自己“被一种感官的好奇心征服了，对于那种柏拉图式的感官放纵，直到现在想来仍心潮澎湃”。[1]

也许有人会结合阿米尔的例子给这样一种日常体验寻到一个有说服力的表达：柏拉图式的放纵。确切地讲，这是一种大城市的环境提供给住在那里的人们，还有游客的——或者是亲身体验或者只是内心澎湃的性信息。阿米尔，还有其他对感官享受有探究的人来说，尽管他们并没有去亲身体验，但这些所闻所见的东西似乎更具有说服力。况且，众口铄金。1865年初，约瑟夫·利曼在给他不满五岁的儿子亚历克斯（Alex）讲到纽约时，这样描绘道：“这儿的一些人很不守规矩，地下舞厅跳舞的女孩几乎脱掉自己所有的衣服在男人面前跳舞。那些男人边吃着花生边鼓掌起哄。”所幸的是，这位溺爱孩子的父亲在讲到这些艳事时，还能附加一则道德说教：“我想大概那个舞女就是那个砍了施洗者约翰（John the Baptist）的头的女人，所以人们才会蜂拥过去观看。”当然，纽约也并不是处处道德堕落的：“施洗者约翰的头被砍了以后，还是有很多正直的人去约翰到过的那个地

---

〔1〕John Merriman, *Urbanization, Social Change and Class Politics: Limoges and the French Nineteenth Century* (forthcoming), ch. Ⅲ; Hans Ostwald, *Das Berliner Dirnentum*, 2 vols. (1907), I, p.25; Amiel: October 15, 1851, *Journal intime*, ed. Bernard Gagnebin and Philippe M. Monnier, 4 vols. so far (1976-), I, p.1071. 有关这个布尔乔亚世纪的妓院的情况，参见第二卷《黑衣爱神》，第五章。

方。”[1]约瑟夫·利曼对都市生活的一瞥，是比较有代表性的；色情 335
的刺激助长了一个小男孩的俄狄浦斯情结，其影响仍会继续。

19世纪，大城市里性方面的活力，或好或坏，都很容易卷入对全国性的自我标榜或是自我批评的全民运动里。无论是旅行者，或者是记者们，都喜欢对各国的道德或不道德的情况做出某种微型的比较。希波吕忒·泰恩（Hippolyte Taine）就对英国女孩的仪态和见识大加赞赏。他认为，英国女孩比他家乡的法国女孩强多了，法国女孩简直就完全生活在无知的状态之中：“在法国，人们有一个共识：如果一个女人不再是一个玩偶，那么她就算不上是一个女人了。”[2]与此同时，对于某些国家过于性开放的指责声也不绝于耳。1872年，德国的《家居》杂志对法国、美国的色情状况进行了抨击：美国的孩子过早涉足社会；小男孩们打着黑色领结显示家里的富有，女孩们10岁时就像成人那样去参加各种派对，相互调情。当然，在法国，人们完全不顾有关体面行为和良心的是非感的约束。根据《家居》的报道，法国的舆论、舞台，还有整个巴黎中产阶级的道德观都无耻到极点；记者们乐此不疲地把矛头指向城市里大街小巷处处可见的女人们的“令人作呕的装扮”和女人图片，“轻浮、暴露和恬不知耻，真是史无前例”。[3]《家居》杂志断言，至少在巴黎，柏拉图式的放纵比那些猥琐的窥探别人隐私的窥阴癖更有杀伤力，简直就是不道德的全方位的放纵。

然而，性知识的获取也不完全依赖一个充满诱惑或者创伤的环境。

〔1〕Joseph B. Lyman to his son Alexander, February 7, 1865, box 3, LF, Y-MA. 本段也是一个有益的启示：正如一些审查者想要删除《圣经》中某些段落一样，《圣经》实际上也是对于身体知识的一个便捷而明确的引导。

〔2〕*Notes on England* (1872; tr. Edward Hyams, 1958), p.76.

〔3〕“Frühreife Kinder in den Vereinigten Staaten,” *Daheim*, Ⅷ (1872), S.431; H.K., “Die moderne Pariser Bühne,” ibid., S.384.

显然，如果人们想要获取更多的性知识，没有必要成为强奸犯罪的受害者，或是福楼拜的兄弟姐妹，或是利曼的孩子们。无论是在公共文献中，或者是在家庭浴缸中，还有农村的荒郊野地里，那些纯真的发现，也许并不如我之前描绘的那些激动人心的见闻那样充满戏剧性，但也同样对19世纪的中产阶级文化产生了不少的影响。无论是德高望重者，年轻人还是老人，统统都卷入了这场冲突。他们在这样的知识面前进退维谷：人们期望了解性知识，又不敢去了解性知识。1855年，一向愤世嫉俗的龚古尔兄弟讲的一番话也不无道理，他说："当年轻的女孩们对粗俗的笑话无动于衷时，这个世界也将走到尽头了。"[1]

336 ## 2. 身体的经验

1870年5月的一个早上，天气晴朗，弗朗西斯·基尔弗特（Francis Kilvert）牧师当时还是拉德诺郡（Radnorshire）一位年轻的助理牧师，他走着去邻近的一个威尔士小村庄，去拜访另一个牧师。到那儿以后，发现牧师的两个女儿正"帮忙阉割小羊。她们帮忙抓住这些可怜的羊羔，然后站在一旁，亲眼看着整个阉割的过程。看起来，她们被这个宏大的场面深深地吸引了"。年轻的助理牧师则对这个毫无兴趣。他说："我从没见过牧师的女儿帮着阉割小羊，还站在那里看，起先，我着实感到一阵厌恶。"他还描述道，其中一个女孩，"正在羊圈中，和一只又大又壮的小羊搏斗。当她抓到它，并用两腿和膝盖将它夹紧以后，我才敢开口问她爸爸在哪儿。她点了一下头示意我，她爸爸就在我的身后"。她这一粗犷的行为，显然不是偷偷地在干，完全是征得了

---

〔1〕September 1855, *Journal*, I, p.217.

家庭的同意。基尔弗特想到“家里的长者”，大抵是“不大希望一大清早就让一个外人看到这俩女孩在阉割小羊。如果他们事先知道有人要来，或许就会让孩子们干点别的什么了”。这不过是基尔弗特的猜测罢了。事实上，他的这位牧师朋友并没有因为基尔弗特的到来而面露一丁点的尴尬之色。基尔弗特的反应，带有布尔乔亚时代文雅道德教化的烙印：童年时也有许多想干的事，但他都压抑住了自己。现在，他又深感自己有要保护这俩孩子的责任，他要把她们从那些认为孩子不需要保护的观念中解救出来。于是，他马上忍住自己的嫌弃和厌恶，正色说道：“我请求宽恕这俩孩子，看看可怜的孩子们，生活在这么粗野的一个环境中并且不自知，我原谅她们的所作所为。”[1] 也有人不认同基尔弗特的这种道义上的苛刻，认为像阉割小羊这样的事是家庭事务里必须要学会的一项，没什么需要得到宽恕的。

当然，并非所有的有关性的教育都是如此的直截了当。但是，不管那些一惊一乍、刻板的老师们，还是溺爱孩子的妈妈们如何想把孩子从他们所处的世界里隔开，这个世界都始终伴随着他们。一味地避讳，或者假装无知，都可能被人嗤为装模作样、矫揉造作，所有这些远不能算作是抵抗的策略，只会招致讽刺家们的嘲笑和道德卫士 337
们的谴责。[2] 在 19 世纪的中产阶层，同以往的还有其他的社会阶层

〔1〕*Kilvert's Diary*, ed. William Plomer, 3 vols. (reissue 1969), I, p.127.

〔2〕1839 年，萨拉·斯蒂克尼·艾利斯（Sarah Stickney Ellis）在文章里写道，在她那个时代，年轻女郎染上了种种讨人厌的行为，其中假装高雅和一无所知，最让人受不了。要装高雅，她们就得装得一丝不苟：“不能沾染任何与身体需要有关的粗俗的东西，而这些与个人的生活都是密不可分的。若是有人提到厨房之类的事，她们可是痛恨之极，尽管她们在口头上承认她们热衷于烹调。无论如何，她们不可避免地要承担她们的祖母以来就必须承担的家务：为丈夫或兄弟们打扫炉子，好好地料理家务，但每当有人提到这些粗俗的活动时，她们就装模作样地吓得躲到一边。”就在人们都对她们的行为百思不得其解的时候，艾利斯认为，这是“对平常琐事的假装无知”，以及“不知道平常之物为何”，她们完全不能从日常生活的荣誉感中获得自豪感。*The Women of England: Their Social Duties, and Domestic Habits*, 2 vols. in I (1839), II, pp.147, 149.

一样，家庭里孩子的出生、病人的护理，以及老人的寿终正寝都在家中进行。这是查尔斯·狄更斯笔下描绘的世界。在他的小说里，大卫·科波菲尔撞见他的妈妈给他那个同母异父的兄弟喂奶，而他母亲那时也年轻依旧，风韵犹存。对于这一幕，在狄更斯小说的插图者“菲斯”（Phiz）看来，可以算作表现田园诗般温馨的、充满天伦之乐的家庭情景。[1]

一般来讲，在某些情况之下，哺乳期的妇女和奶妈可能具有袒露胸部的某种自由；如果她们不属于中产阶级的妇女，那么她们往往会成为中产阶级的目击者批评的目标。1885年10月，西格蒙德·弗洛伊德在巴黎给他的未婚妻写信，信中描绘了奶妈们大庭广众之下给她们的小主人喂奶的景象，他大胆记述了玛莎·伯内亚斯（Martha Bernays）温柔的哺育过程，尽可能生动地再现了他的所见。[2]由于其作品被普遍认可，狄更斯被人们当作衡量一种文化接受度的普遍标准，甚至他也用一种轻松的、随意的笔触来写母亲给孩子喂奶的情景。大卫·科波菲尔第一次遇见麦考伯夫人（Mrs. Micawber）时，她是“一个瘦削且没有一丝光彩、一点也不年轻的女人”，她“正给一个孩子喂奶”。在小说后来的叙述中，我们了解到，这孩子是双胞胎中的一个。在这个叙述者的回忆中，他补充说，“在这儿，我必须说明一下，以我在这个家里的经历，我从没见过两个孩子同时离开过麦考伯夫人。总是有一个孩子在麦考伯夫人的怀中吃奶”。狄更斯甚至还通过哺乳这件事，对麦考伯夫人的这种大大咧咧、袒胸露乳的习惯稍加揶揄了一番。第一次会面以后不久，麦考伯夫人曾私下告诉小科波菲尔，“这俩孩子以后不用在大自然的源泉处汲取营养了，总之，

---

〔1〕*David Copperfield* (1850), ch. 8; the illustration is entitled *Changes at Home*.

〔2〕October 19, 1885, Sigmund Freud, *Briefe 1873-1939*, ed. Ernst L. Freud (1960), S.167.

我给他们断奶了”。[1] 哺乳在当时甚至是一种司空见惯的现象，就算在公园或在火车上也不稀奇；尽管道弥尔（Daumier）和其他一些同时代艺术家的作品中，这种现象只会出现在三等车厢里。在他 1884 年的一个短篇小说中，奥古斯特·斯特林堡不无挑逗性地描述了一个场景：一个丈夫看着妻子给他们的第一个孩子喂奶而不禁浮想联翩：“这个粉嘟嘟的小家伙，一身奶气躺在妈妈怀里，妈妈的乳房成了他唯一的玩物。”但在他同年出版的另一部小说里，斯特林堡则描写了一个孤独、内向的单身汉形象。单身汉在公园漫步时，看到了一个下层家庭的野餐情景，作者描写的只不过是一个在整个欧洲都再平常不过的场景，“一位母亲给孩子喂奶，胸脯又大，又丰满”。[2] 这一幕却使得单身汉感到反感，不过这种反感在斯特林堡看来，是一种非正常的、对生活厌恶的病态。 338

那些矜持的布尔乔亚妈妈们，有时会在朋友面前履行喂奶这一母性职责，不光展露了身体，还产生了远远超乎她们预想的性刺激。有这样一个例子，26 岁的母亲艾丽莎·施勒辛格（Elisa Schlesinger）在 15 岁的古斯塔夫·福楼拜面前给她的女儿喂奶，并因此成为文学作品中一个不朽的场景。这一景象把当时年轻的福楼拜看得如痴如醉。内心躁动之余，他将这个场景原封不动地写入了他早期的自传体小说《狂人日记》（*Mémoires d'un fou*）之中。在这部小说里，艾丽莎·施勒辛格几乎未加掩饰地化身为另一个人物形象——“玛利亚”：“她有一个孩子，是个女孩；小女孩被爱的拥抱包围，爱抚和亲吻一刻不停地围绕着她。”他多么希望自己也能从这小女孩儿身上，“分享到这些慷慨的亲吻中的一个”。一种无可名状的性刺激更

---

〔1〕*David Copperfield* (ed. 1966), pp.212, 315 [ch.9, 18].

〔2〕“Compensation”, in *Getting Married* (1884, 1886; tr. Mary Sandbach, 1972), part I, p.129; “Needs Must,” ibid., p.111.

加激起了他的雄性嫉妒。“玛利亚自己喂养孩子，一天，我看见她袒胸露乳地给孩子喂奶。”正如我在前面指出的那样，这真实的一幕就发生在度假胜地特鲁维尔：“肉乎乎、圆嘟嘟的胸脯，棕色的肌肤，还有那充满质感的肉下那清晰可见的蓝色血管。我从没见过裸体的女人。哦！看到她的胸脯之后，一阵狂喜袭上我心；我多想用眼吞掉它，多想用手摸一摸它！”福楼拜，或者说是小说的主人公，幻想着狂热地吮吸着那对乳房，“想到这样的吮吸带给我的快感，我的心都酥了”。[1]也许这种反应是不寻常的，但这样的场面又是很常见的。

裸露的身体也一样，尤其是在海边或是湖边。利曼一家人在脱衣服下海游泳之前，都会很努力地寻找一块隐蔽的地方。[2]但是，隐私仍有可能被暴露。1858年，罗斯柴尔德一家人（the Rothschilds）
339 在斯卡布罗（Scarborough）看到，赤身裸体的人们“暴露在光天化日之下，身上一丝不挂”，罗斯柴尔德家一个年轻女孩在她的日记中这样写道，“就像在人类堕落之前的伊甸园一样，游泳的人一会儿钻入泡沫飞溅的水里，一会儿又钻出来。周围站了许多小姐、绅士观看”。看起来太不像话了：“我真的以为警方应该介入此事。”但警察却不管不问。十年以前，阿米尔就曾去过罗讷河（the Rhone）边的浴场，并且还饶有兴致：“绝美的河水；环境简陋的浴室，还可以时不时地透过隔板上的缝隙瞥一眼那边的美女。”看那些年轻可爱的姑娘们“在蓝色的水波里嬉戏”，他说这多么“富有诗意”，尽管他只能看到一丁点那边的景象。“我很享受这些，”他对自己开脱，“我是从一个画家的角度，而不是作为一个好色之徒来说的。这个浴场，”他不顾别人

〔1〕Flaubert, “Mémoires d’un fou,” in *Oeuvres de jeunesse inédits*, ed. Conard, 3 vols. (1910), I, pp.509-510.

〔2〕Joseph Lyman, private memorandum, August 6, 1865, box 4, LF.

的评论，天真地说道，“使我精力充沛。”[1] 同阿米尔一样，或者比他更甚的以偷窥别人隐私为乐的人一定大有人在。像这样的例子，不仅不是难以获得，反而更似乎难以避免，尤其是在朋友面前。这就难怪，萨克雷在他的《名利场》中，让里边的一个人物这样描述诡计多端、美貌可爱的蓓基·夏泼（Becky Sharp）：“长着灰绿色的眼睛、白皙的皮肤、娇美的身材，还有令人津津乐道的胸部发育。”[2] 在这个中产阶级时代，胸部发育，无论是否会令人津津乐道，远不及包括萨克雷在内的批评家们的评论那么神秘莫测。

事实上，除了年轻妇女娇美的身材之外，这个布尔乔亚世纪还充斥着诸多严峻的生活现实，以及对这些事实的报道，而且远非总是令人心旷神怡，其中包括：肮脏、疾病、贫穷、变态、死亡。在伦敦西门著名的纽盖特监狱（Newgate），看守们向参观的人们展示监狱里绞刑死囚头颅的石膏模型；正如当时的一幅插图显示的那样，有钱人家的父母们领着他们的小女儿们来参观这种盛况空前的展览，这些孩子也不过七八岁。这样的一种社会的大环境下，法官们也可以平静地讨论对强奸犯人施行鞭笞，或是阉割刑罚的优点。[3] 医生们通常——但也并非总是——给其他的医生写信，尽可能详尽地描写那些恐怖的身体畸形，或令人作呕的性变态。巴黎大学医学部的法医学教授奥古斯特·昂布鲁瓦·塔迪欧（Auguste Ambroise Tardieu）博士发表过一篇有名的论文，“医生对性犯罪的法律研究”（*Étude médicale-légale sur les attentats aux moeurs*）。在这篇论文里，他并没有使用专业术 340

〔1〕Lucy Cohen, *Lady de Rothschild and Her Daughters*, 1821-1931 (1935), p.93. 在此，作者没有说明，她引用的日记的主人是康斯坦斯（Constance），还是安妮·罗斯柴尔德(Annie Rothschild); Amiel: June 8, 1849, *Journal intime*, I, p.475（另见 pp.996, 1063.）。

〔2〕*Vanity Fair* (1848; ed. 1950), p.190 [ch. 19].

〔3〕Alan Delgado, *Victorian Entertainment* (1971), p.69; Simeon E. Baldwin, “Whipping and Castration as Punishment for Crime,” *Yale Law Journal*, VIII (June 1899), pp. 371-386.

语，而是采用了一种宗教问答的形式，对一些问题进行了详细的阐述。其中一个问题是，一个男人是否真的可以通过和小女孩发生性交治疗性病。他为自己不得不涉及这样的话题感到“悲哀”，但他必须对这种龌龊的迷信思想予以痛击，因为他发现这种思想已经广泛深入人心。[1]还有一个例子，约翰·富兰克林爵士（Sir John Franklin）的极地探险团队在1845年春天大张旗鼓地驶离之后就杳无踪影了，查尔斯·狄更斯便可以任意地将其归因于食人主义——“一种以吃掉死去同伴的身体作为权宜之计的可怕行为。”[2]狄更斯知道读者们会接受这种推测。

有时，布尔乔亚们并不只是通过想象捏造出一些骇人的场面，当他们真正置身于那些令人恐惧的场面时也毫不退缩。我就读到过一个令人震惊的故事。有一个叫费迪南·韦（Ferdinand Weyh）的德国南方市民于1920年，也就是他70岁高龄时，为打发时间写起了自传，故事就记在他的自传里。他事无巨细地将生活的各种琐碎细节记录了下来：他的住址、房屋租金、仆人们的名字，还有他们干活的过程，以及家庭的徒步旅行，或骑车旅行。传记中唯一一次动感情的记录，就是韦想起他唯一的儿子奥斯卡（Oskar）在第一次世界大战中阵亡：“随着儿子的埋葬，我余生所有快乐也被埋掉了。”韦做过军官、幕僚、银行职员，是一个阅历丰富也有不少花边新闻的人物。他到过世界许多地方，最后在慕尼黑定居、结婚。那是在1889年末，韦还孤身一人时，突然发现自己一向认为又勤快、又有能力的管家卡迪·勒

---

〔1〕Auguste Ambroise Tardieu, *Etude médicale-légale sur les attentats aux moeurs* (1850s; 6th ed., 1873), p.115.

〔2〕“The Lost Arctic Voyagers,” *Household Words*, December 2, December 9, 1854, *The Works of Charles Dickens*, National Library Edition, *Miscellaneous Papers, Plays and Poems*, 2 vols. (n.d.), I, pp.462-492.

亨鲍尔（Kathi Lechenbauer）有些异常，总是说一些受压迫之类的胡话。随着她的妄想症状越来越严重，她越发念叨起要自杀，以逃避迫害的话来。在主人韦的再三催促下，她同意去医院诊治，但是后来她却在医院里自杀了。当韦打算将她的尸体认领回来时，却被告知尸体已经送去做一个医学解剖演示的标本了。尽管他没有任何医学方面的资质，但还是径直去了演示会场。那里围满了学医的学生，他定睛一看，管家的尸体就被放在解剖桌上，全身裸露。韦这样记道，讲课的 341
教授"从刚刚用凿子、锤子打开的颅骨，将脑子取出"，研究一番后，指着一块给他的学生们看，并解释说，"一定是这块'畸形变异'出了问题，才导致了尸体病人生前的神经错乱"。然后，韦记述他并没有过多地考虑就自荐认识了那个讲课的教授，教授还向他表示他对死者卡迪·勒亨鲍尔的生前状况非常感兴趣。晚上，他又去拜访了一些和善的朋友。那天的经历一定留给了韦激动而又深刻的印象，因为那天他彻夜未归，单从这点就能证明。[1]毫无疑问，在中产阶级时代，人们可以通过阅读或观察学到不少的东西，许多布尔乔亚们则倾向于两种方法并用。

用于感官教育的这种恐怖景象，通常是令人难以忍受的材料，也并不是唾手可得的。但对于丰富性经历方面有最直接的关联，却是一种相关的、事实上不可或缺的方式。孩子们通过观察和触摸自己和他人的身体，建构自己的性别体系，并且开始讨论有关性的话题，他们热衷于观察身体上的一些缺陷和易受伤害的地方，就像盼望爸爸妈妈说带他们去玩儿的承诺一样热切。对孩子们这方面的教育须是一个持续不断的过程，一直要持续到他们的青春期。他们开始逐步了解生活的基本事实，尽管有时得来的知识尚不全面。在 19 世纪的中产阶

〔1〕"Erinnerungen," S.53, 360-362, Ana 364, Weyh Nachlass, Stabi, Munich.

级文化中，有关疾病和死亡的讨论或者描述，要比讨论性知识更加容易；从直言不讳的现实主义之中，年轻人学会了如何面对严酷的人类身体方面的事实；那些反布尔乔亚的传奇故事听起来让人感到脸红心跳，甚至昏厥，但他们再也不会如此无助了；如此一来，他们也为面对生活的爱欲真实做好了准备。马雅特（Captain Marryat）的日记中，记述了马萨诸塞州的一个女子学校一位刻板的女校长，这位女校长不忍心看到钢琴的“大腿”裸露在外，而给它穿了条带褶边的所谓“庄重的裤子”。[1] 据说她在死后还名声大噪，她便是暴露中产阶级的虚伪、假正经的最好证明。假如这个女校长确有其人，那她也不是中产阶级文化的代表，而成了凡事都要考虑社会道德允许行为的极端代表，无疑也成了那个时代的笑柄。

这些所谓的条条框框确实不胜枚举。想要把年轻人，尤其是年轻女孩们挡在生活真相的大门以外的人，却必须具备能力应付那些坚持反叛的年轻人。有一位聪明、有才气的剧作家叫乔治·布克纳（Georg Büchner），23 岁英年早逝。在他逝世后的两个星期，他的未
342 婚妻米娜·雅格尔（Minna Jaegle）披露了她最后一次去见未婚夫的情景。当时得知未婚夫因为患上了一种可怕的胃肠性热病病倒以后，便恨不能立刻飞到他的身边，但是家里人却以找不到陪伴她一同前往的合适女伴为由，阻止她出行。“谁拦我也没有用！”她想。最终，她执意去了，但是布克纳的医生却不想让他们见面，因为病人已经奄奄一息，由于病痛的折磨脸也变了形，医生警告她：“你要有思想准备，他可能已经不认得你了。”这时候，说什么也阻挡不了她；她弯下腰，他知道是她来了，看了她一眼便死去了。她后来说：“我要让

〔1〕Frederick Marryat, *A Diary in America, with Remarks on Its Institutions*, 2 vols. (1839), Ⅱ, p.45.

他平静地走。看他安详地睡去，我吻了吻他已经闭上的双眼，2 月 19 号星期天，3 点 30 分。”[1] 米娜 · 雅格尔很勇敢，是一个敢于抗争的女孩，她却并没有认为自己是一个了不起的女英雄。

笔者在本书中引用的事例，均来自有关事实的文献，而在这个世纪中，人们倾向于认为，他们都是尊重事实的。既然是事实，那么肯定有一些不是那么令人愉悦的。无论是在对有关穷人生活状况的政府报告之中，还是对穷人状况的医学报告，抑或是对孤儿院悲惨现状的报告，总是充斥着衣衫褴褛、形容憔悴、疾病缠身、传染病肆虐等等现实。在最有代表性的情况下，这些报告都措辞简洁，一针见血地揭示了令人心酸的现实，也能唤起人们的同情心，呼吁采取疗救的行动。这些人都是现代工业资本主义的牺牲品；对于这些血淋淋的现实报道，只要有人能克服由此产生的本能不愉快的恶心反应，每一个人都能自由地获取。

虚构文学，尽管题材狭隘，范围也有限，也并非对生活的事实视而不见——至少对部分的生活事实是如此。多产的英国情感派小说家布拉顿（M. E. Braddon）告诉她的编辑，她将适时根据市场所需改编她的作品；市场需要什么，她就写作什么：“比如，在结尾处故弄玄虚；神秘抽屉中隐藏的几个纸条、几张钞票；地毯下的地契；或者是煤斗中已经腐烂发臭的人肉。”[2] 也有些不依此套路而行的人，古斯塔夫 · 福楼拜就是一例，他在《萨朗波》（*Salammbô*）中描写集体狂欢场面和血腥的战斗场面，给人以感官冲击，收到的反响也不赖；比福楼拜保守多得多的作家莱德尔 · 哈加德（Rider Haggard）在他流行

〔1〕Minna Jaegle to Eugen Boeckel (ca. March 5, 1837), Ernst Johann, *Büchner* (1958), S.160.

〔2〕Winifred Hughes, *The Maniac in the Cellar: Sensation Novels of the 1860s* (1980), p.121.

的传奇小说《她》(*She*)中，描写了一个令人难忘的异族部落欢庆舞会，这个部落的人把古代的木乃伊当作火把点燃：“大约 20 分钟，一具木乃伊就烧得只剩下个脚踝，然后他们便把剩下的这点一脚踢开，再换上另一具接着烧。”19 世纪 40 年代，瓦尔特 · 惠特曼（Walt Whitman）的小说更弥漫了一种可怕的身体描写的血腥；在他的小说
343 中，人类躯体“挤压变形，奇丑无比，一片狼藉——血肉模糊，只看得出人体的大概轮廓——遍布刀砍和打击的痕迹——鲜血淋漓”，而且“浑身都是血块”[1]。在这个时代，仍有许多的禁忌是人们必须遵守的；正如我在前面指出的那样，这个时代的卫道士们还是颇为忙碌的。然而，“煤斗中已经腐烂发臭的人肉”之类的小说还是有相当大的需求。

在这种文化背景之下，死亡这一主题为那些铁石心肠的幽默提供了素材。1885 年，《家居》杂志上径直刊登出一幅漫画，并以一种不无哗众取宠、自命不凡的傲慢，将其冠以“死亡象征”（*Memento Mori*）的标题。在这粗制滥造的版画里，有几只小鸡和一只鸭子，还有一个砍下的鸭头，在鸭头后面清晰可见的斧头形象暗示了一切，所有的小鸡和那只鸭子都盯着这个已经发黑的鸭头发呆。画的旁边煞有介事地写着一句话；“记着，总有一天你的下场就是这样。”[2]对一个聚在一起享受天伦之乐的家庭，还有 19 世纪里玩世不恭这一主流哲学来说，“身首异处”的警示意义是个再合适不过的主题。还有一个例子，哈里特 · 比彻（Harriet Beecher）曾经让她的姐姐卡瑟琳为教区的一只死猫写墓志铭，于是卡瑟琳 · 比彻便附庸风雅地写道：

---

〔1〕Haggard: *She: A History of Adventure* (1887; ed. 1925), p.212; Whitman: “Wild Frank’s Return,” in *Whitman: Poetry and Prose*, ed. Justin Kaplan (1982), p.1105.

〔2〕*Daheim*, XXI (1885), p.57.

此地长眠着
我们的猫咪。
她发了顿脾气
举止乖戾。
身中一枪，
完成了生命里程
长眠于此。

在那个年代，猎人不会想着捂着自己的袋子，屠夫也不会把肉藏起来，没人会遮遮掩掩。1826年，詹姆斯·沃尔德(James Ward)将这种坦率绘成了一幅画《时下的娱乐》（*The Day's Sport*），画的是一群孩子正目不转睛地盯着死亡的猎物。1859年，一家著名的法国期刊《杂志大观》（*Le Journal pour Tous*）刊登了一幅插图，描绘了猎人用刀刺入狼的喉咙而将其杀死。一般情况下，死亡是严肃、庄重的。有时，死亡也会变成教育的工具。美国禁酒令的发起人弗朗西斯·韦拉德（Frances Willard）多年以后回忆说，在她不到五岁时，父亲曾经举着她看"死在我们隔壁家里的人，惨不忍睹"。当她的父亲抱着她"贴在棺木的边沿往里边看"时，那是她"第一次感到恐惧"，儿时的这次所见让她终生痛苦难忘。"那次给我的震撼之大是前所未有的；心灵的灼痛和灵魂的刺痛也是从来没有过的。"[1] 这不是，或者不应 344
该认为是一种虐待，而是一种教育。

一般说来，死人的身体不是什么值得大惊小怪的东西，也没必要回避。1829年，美国新教圣公会牧师哈里·克罗斯威尔（Harry

[1] Beecher: Kathryn Kish Sklar, *Catharine Beecher: A study in American Domesticity* (1973), p.281; *Le Journal pour Tous*, May 21, 1859; Frances E. Willard, *Glimpses of Fifty Years: The Autobiography of an American Woman* (1889), pp.6-7.

Croswell）时任纽黑文的三一教堂教区长，在日记中写道，他“被告知教堂有一位工人从脚手架上摔下，意外身亡”。按照常规，他“去查看尸体”，记录下：“死者年近50，本村村民，从脚手架上摔下，随后掉下的一块巨石，几乎将他的头砸碎了。”履行完职责，没有任何过渡，克罗斯威尔就转身准备他的《圣经》教课，对教徒们安排说“剩下的时间要待在我的书房”。五年以后，他又去探望一个濒临死亡的教区居民，同他一贯的作风一样，“待到仪式完毕”。他的儿子47岁英年早逝，当时他已年过七旬，他在丧子之痛中写下：“大门敞开，好让威廉的朋友们进来跟他告别。人群川流不息，从早到晚——我从未见过如此盛大的悼念。”[1]可以想象的是，克罗斯威尔每次必然待到一个濒临死亡的人最终咽气，或者说威廉的朋友也一定看过了他的尸体。

也正是由于同样的原因，在德意志帝国时期，最负盛名、最炙手可热的幽默诗人和插图画家威廉·布什（Wilhelm Busch），在他那些大受欢迎的押韵的故事中——有时在那些备受折磨的人物的病床上，或者是他们喝的啤酒中——特意地画上一群活灵活现的小虫子、甲壳虫、老鼠——仿佛就是一个动物园，主要就是为迎合读者们满不在乎的消遣心理。布什时常还会毫不犹豫地在他的作品中画上粪便的插图，同样是为了娱乐他的读者，竟然效果还不错。有一次，一位文雅贤淑的姑娘送给他一只沙锥鸟作为礼物，为此他写了一封私人的感谢信；他非常喜欢这个姑娘，并且是看着她长大的，而且这位姑娘管他叫“威廉叔叔”。他信中写了一首粗俗的诗歌，还有一幅生动形象的插图：一个肥胖的贪吃之徒做着一个美梦，梦到一个天使正在他的舌

---

〔1〕June 16, 1829; July 2, 1834, box 2; November 11, 1851, box 5, Harry Croswell Papers, Y-MA.

头尖上拉屎。[1]他一点也没有要吓唬她的意思，他知道她会有什么样的反应。

可以肯定的是，19世纪也与以往的时代一样，即使是在幽默文章或话语之中，也总是体现出某种特定的民族或流派的风格。德国人 345
似乎比他们的邻邦更热衷于排泄物之类的粗俗笑话，在他们的书刊之中总是会出现一定量的此类幽默，而这一点可能触怒英国的非国教教徒。基尔弗特的年轻朋友们也许会理解，甚或欣赏布什所讲的鸟粪之类的笑话，但是英国人却多拿恐怖的事情开玩笑。蒙特菲奥勒夫人（Mrs. Montefiore）是一位富有的土地勘测员和房地产经纪人的女儿，永远也不会忘记她心目中敬慕、且对绘画有鉴赏力的父亲收藏的一幅画。画上的内容是："法国革命时期，松布蕾尔女士（Mlle. de Sombreuil）端着从其中一个革命者手中接过的一个杯子，杯子里是满满一杯血，那些革命者告诉她，只要她喝下这杯血，就能救她父亲的性命。画中那老贵族父亲的痛苦表情，那一群革命者咄咄逼人的神气，还有女孩那既爱自己的父亲、又不愿去接受那份折磨的左右为难的痛苦，经常闪现在我的脑海。"她说，如果自己"碰到这种情况，我就把那杯子砸碎，但是，"转念间又为她父亲开脱说，"这不过是我儿时的不成熟的想法"。[2]然而，她敬重的父亲弗朗西斯·福勒（Francis Fuller）并没有仔细地考虑过他女儿所见到的那个场景，也许他永远也不会想到这幅画将在他女儿的想象中带来可怕的灾难。

这种对人或动物的身体、功能等的幽默或暗示的处理，似乎可以作为一种文雅的隔离，从而不会由于利用人类生理而使人产生震惊和刺激的情感。与此同时，这又把人们的注意力拉回到生活起居，而无

〔1〕Wilhelm Busch to Nanda Kessler, December 24, [18] 96, *Sämtliche Briefe*, ed. Friedrich Bohne, 2 vols. (1969), Ⅱ, S.84. 插图重印于第84页背面了。

〔2〕Dora B. Montefiore, *From a Victorian to a Modern* (1927), p.29.

数的书籍、文章把这种暗示带到厨房和托儿所。对于19世纪的布尔乔亚们来说，当时流行的针对家庭主妇的规劝文学，实际上就清楚地表明，几经痛苦磨难的躯体部位，就全方位地置于中产阶级的审视之下，相对于男人而言，女人受到的影响似乎更大。在维多利亚时代中期，一部畅销书是伊萨贝拉·比顿（Isabella Beeton）写的《家政管理全书》（*The Book of Household Management*）；她这本长篇累牍的大部头著作让那个时代的家庭妇女们不得不面对鲜血和骨头。对于这部百科全书式的家庭教育学而言，理想的读者群是那些家庭生活中等富裕的主妇或妈妈们，尽管她们没有富到能有一帮听命于自己的仆人，却也能雇到一两个仆人，帮忙料理一部分家务。不管读者的经济状况如何，比顿夫人认为都有必要教会她们把牛蹄、甲鱼或豪猪做成美味佳肴。如果要做素甲鱼，那么你就“用开水烫连皮的甲鱼的头，取出脑汁，再用布把甲鱼头封起来，然后再煮一个小时”。做甲鱼汤的食谱步骤也很清晰：“要做这个汤稍微有点复杂，前一天还要把甲鱼头
346 切下，第二天早上再用刀斜着用力从龟身后面的壳开始，将整个壳切下……”[1] 说到这一切时，作者都是直言不讳的，毫无掩饰之处。

无论如何，对19世纪妇女来说，委婉迂回的说法实在与她们大多数都有着良好教养的身份格格不入。她们甚至见到解剖动物都面无惧色。19世纪初的时候，卡瑟琳·比切尔还是一个小女孩，有一次她看到很多人正在动手切割一头搁浅在岸的鲸鱼，切下来的肉就拿去卖

---

[1] Mrs. Isabella Beeton, *The Book of Household Management; Comprising Information for the Mistress, Housekeeper, Cook, Kitchen-Maid, Butler, Footman, Coachman, Valet, Upper and Under House-Maids, Lady's Maid, Maid-of-all-work, Laundry-Maid, Nurse and Nurse-Maid, Monthly, Wet, and Sick Nurses, etc. etc. Also, Sanitary, Medical & Legal Memoranda; With a History of the Origin, Properties, and Uses of All Things Connected with Home Life and Comfort* (1861; first serialized in monthly supplements to *Englishwoman's Domestic Magazine* from 1859), pp.89, 98.

钱。后来她在自传中回忆道，“血淋淋的肉掉落下来，满地都是，有的沾上了很多沙土”，“有的男人和孩子在鲸鱼上切一大块，撕扯下来后，拖回家去当作肥料”。大约80年以后，小艾米莉·里顿（Emily Lytton）用一条鱼的一只眼睛钓到了同一条鱼。“钓到了一条小鲤鱼”，她“在把鱼从鱼钩上取下来时，把小鱼的眼睛弄了出来。至于那条鱼，因嫌它太小，就把它又扔了回去，为了好玩儿，就用刚才弄出来的鱼眼当诱饵。过了一会儿，又钓上来一条和刚才一样大小的鱼，我一看，原来是刚才被我挖掉眼睛的那条鱼”。[1] 以上这两则回忆录里的故事，听了以后可能让人感到颇不愉快，但都是主人公们还没成年的事，后来她们又当作一段轶事引用到各自的自传里，可见这些事情在女孩们的脑海里留下了多深的印记。不管她们有多么复杂的感想，但显然这对她们来说并不是恐怖的记忆。

在此，笔者无意探究这到底是一种由经历满足感官需求的行为，还是一种争强好胜的行为；无疑这两者都有。更为重要的是，这些温 347
文尔雅的淑女们绝非动辄在任何情况下都会羞得满脸通红，而且她们还时刻准备好增长身体方面的知识储备。男人们总爱趾高气扬地埋怨

〔1〕Beecher: Sklar, *Catharine Beecher*, p.9; Lytton: Lady Emily Lutyens, *A Blessed Girl: Memoirs of a Victorian Girlhood Chronicled in an Exchange of Letters, 1887-1896* (1954), p.7. 在19世纪70年代末，凯丽·托马斯还不满14岁时，杀了一只老鼠，她想剖开它看看。于是当着一位好朋友的面，她大胆解剖了它。这俩女孩先是拿着这只死老鼠去了后院，“然后开始动手”。糟糕的是，“这只臭老鼠的毛太滑，刀子根本插不进去，我们又气又害怕，手哆嗦得什么也拿不住。但是正当我们感叹自己是女性感到自己没用的时候，我们终于剖开了一个口子，并把它的内脏挤了出来。这是我有生以来干过的最龌龊的事了。后来，我们扒它的皮，整块皮扒下以后，柔软光滑，简直像只毛皮手套”。然后，她俩把剩下的老鼠尸体煮了之后，“把肉剥掉，剥到只剩下舌头和眼，放到显微镜下观察，看起来真像一具骷髅”。凯丽·托马斯明目张胆做一些让别的女孩感到恶心的事和泼皮胆大的行为——处事像个男孩子，唯恐自己被认为有女孩子气——她自己也声称很喜欢这样的试验，“我非常喜欢解剖老鼠”。最后，她还“把鼠皮缝了起来”。November 26, 1870, *The Making of a Feminist: Early Journals and Letters of M. Carey Thomas*, ed. Marjorie Housepian Dobkin (1979), pp.44-45.

女人们扭扭捏捏，并对男人的直率大加吹捧，各种缘由不难揣测；阿米尔曾在自己的日记中为富有男子汉气概辩护，其中也不乏他借机发泄一下自己的不满，他说“女人们总是遮遮掩掩，她们很少心口如一”。在他看来，女人本性如此。当阿米尔谈及性方面的积极主动时，他的归纳似乎有过头的嫌疑，因为他试图包括所有方面的直率，一个显然并非女性本性的领域。[1]确实，19世纪女性在很多事情上比男人们要更少拘谨，男人们做事有时倒显得有点过于拘束，他们的内心里始终保留着一个得体、近乎完美的标准，并以此约束、规范着自己的言行。当一些男性批评家惊呼瓦尔特·惠特曼诗歌中有些写得使人震惊的时候，有些女性读者们却认为这几页恰恰是迎合了男人们的需求而作。1856年，萨拉·帕顿（Sara Parton）评论了《草叶集》，并大胆指出：“我的道德信条”，她写道，“也许彻底地受到了影响——或者像有些评论家会说的那样，我是腐败到了百毒不侵的地步。但是，坦白地讲，我没有受到这些‘草叶’的毒害——反而是它带给了我许多滋润。”最后，她用一个很有分量的比喻总结作为结论；在这个结论中，她把直面女人身体的自由与阅读关于女人身体文章的自由等同起来。她说：“婴儿吃奶的时候，如果有人要把他的眼睛蒙起来，以免他看到母亲的乳房，那么就让他们那么做吧。”[2]帕顿很好地提醒了读者，也提醒了历史学家们：人们身体知识的获得其实很早就开始了。

伊萨贝拉·比顿也可以在世人的理解中，很实际地从研究动物生理转而从事研究人类生理。她告诉相信她的读者说：“每个女人在她的生命中几乎总会遇到一段履行护理职责的时期”，而且大部分读者

---

〔1〕November 13, 1851, *Journal intime*, I, p.1096; 另见 p.1101。

〔2〕Justin Kaplan, *Walt Whitman: A Life* (1980), p.217.

都认为她是对的，最好的情况是她们“通过观察或者读书”提前作好准备，以应对可能需要她们处理的各种紧急状况。她认为看护人员需要具备几个“主要条件”，那就是“脾气温和，富有同情心，能设身处地地为其护理的病人着想”，此外还要“整洁、利索、轻柔、有做事井井有条、干净的习惯”。一个女人要是具备了这些素质——当然大部分妇女都具备这些必要条件，再加上她有“为病人解除痛苦的愿望”，这都有利于她“在帮助病人减轻痛苦时，也能够克服一般病房 348
中可能出现的某些令人不愉快的情况”。有一种比较中肯的评价：比顿夫人并没有向她的读者隐瞒，看护的工作有时候是很令人不愉快的，比如处理像出血、呕吐、腹泻等情况；当然她并不是鼓吹一种盲目的坚韧和忍耐——看护的工作也并非一种英雄主义行为，甚至完全否认她可能遭遇到的难闻气味和惨不忍睹的景象。有一点可以肯定，像所有其他规劝文学的书籍一样，比顿夫人的书至少在某种意义上提出了一种希望——它为人们应当抱有的态度开具了一剂处方，而并非仅仅是对这种态度的描述。但是，她对于公众的感知与公众对自身的感知之间存在着巨大的差异；她认为，一般有知识的英国妇女似乎对人这种动物有较为透彻的了解：人类还是颇为强壮的，并不像小草那样脆弱。“在一个文明的社会里，”比顿夫人写道，“在现在这个时代，年轻的妈妈们不管是学习传统经验，还是实际的经验，不懂得如何照看孩子的只占少数。”因此，在现实中，她们并不会将人的身体——“这一美妙的机体组织”，看成是一种具有威胁的古怪之物。但是，如果她们还需要进一步的指导，比顿夫人就能及时将这种知识免费地传授给她们。比顿夫人建议哺乳期的妈妈们，应该“准备一个吸奶器，或是一个玻璃器皿，以便在孩子不在身边，或者第一次奶水太多的时候，将多余的奶水吸出来”；针对想要保持乳头“健康、不皴裂”，或者说“避免通常所说的‘乳头皲裂’”，比顿夫人还给妈妈们提供了许多种方法，并且耐心细致地一一做出了说明。[1]

总体上说，哺乳给了比顿夫人某种灵感，从而使她在该书中采取了全然的现实主义的表现形式；在此，她不过是跟随着时代的步伐，而并非为这个时代开启一种传统。最显而易见的情况是，对于这个很微妙的问题，一个妈妈总是能给另一个妈妈提出某种建议。1841 年末，伊丽莎白·盖斯凯尔（Elizabeth Gaskell）建议她的弟妹伊丽莎白·荷兰（Elizabeth Holland）说，“如果你的奶水不够，就
349 去找一个奶妈来”。也正是在此一年之前，威廉·埃瓦特·格莱斯通（William Ewart Gladstone）在他的日记里庄重地记录下**他的**弟妹这一尴尬处境，坦率地揭示了维多利亚时代的家庭生活：“玛丽只好放弃给自己的孩子喂奶了。”比顿夫人认为这种事情还必须引起更多的关注，同时也像他们一样，她更是着重强调，妈妈们应当自己喂养孩子。在她那个时代，奶娘的名声并不好听。但是，在由于“疾病、奶水不足、遭遇事故，或者其他一些自然过程的原因，妈妈不能体会到喂养自己孩子的乐趣时”，奶妈就应运而生了。奶妈的挑选要经过严格检查。“可能的话，年龄最好在 20 到 30 岁之间，各方面健康，身体无突发性疾病或任何的瑕疵。一个健康女人的身体状况，

---

〔1〕Beeton, *Book of House hold Management*, pp.1017, 1060, 1025, 1026, 1036, 1039. 该书例证丰富，并取材于各国实例，都是她对她的中产阶级读者做出的正确的诊断。在写信告诉她的姐姐苏（Sue）关于自己的一次小产之后，埃莉诺·罗杰斯（Eleanor Rogers）又告诉她说，她丈夫威尔（Will）也需要人照顾。“从星期天开始，威尔的另一个肺也开始让他感到非常难受了，尽管他还整天去上班，但他一回到家便倒头就睡。我还是每天要给他擦拭碘酒，涂上芥末膏，然后是氯仿软膏，用毛巾热敷脖子也必不可少，敷一会他的脖子活动就能灵活点了。”May 28, 1885, SF, Y-MA. 另外一个例子，是德国的一位古埃及学家，同时也是一位著名的小说家，乔治·艾贝斯（Georg Ebers）的妻子，她丈夫生命的最后二十几年时间里健康状况很不好，这位妻子详细记载了护理他的过程，丈夫痛苦的叫声、呕吐、同家人大吵大闹、吗啡注射，等等，都是再平常不过的事情了。“Georg Ebers' Krankheit. Aufzeichnungen von Antonie Ebers, 1887-1898”, box 25,Georg Ebers Nachlass, Stabi, Berlin.

应该是五官端正，脸色红润，胸部丰满、圆润且富有弹性，乳头坚实凸出；反之，则是乳房松垂，肌肉松弛，没有弹性；只要存在其中任何一种不健康的情况，产下的奶水也会有问题，奶水的营养也会受影响。”[1]

比顿夫人提出这些指导意见，仿佛就是某一个人以一种自然、随意的方式在谈论一件再熟悉不过的事情了。当然，在她的指导之中，隐含的却是19世纪中产阶级社会最确定无疑的事实；几乎没有富裕的女性会去探讨这些问题，更没有哪一个会想着相互之间检查一下乳头。在此，有一点是最为重要的，比顿夫人期望平常的家庭主妇们可以不带丁点尴尬地去检查一下仆人的身体。就笔者所知她的年龄和所处的阶级来说，比顿夫人的期望还是颇为现实的。

无论自己的身体健康与否，都能将这些写进日记之中，或者写信告诉与自己关系最密切的人，这些都不是19世纪女性独有的特权。她们很乐意将自己的父母或者好朋友——当然还包括丈夫，纳入自己的小圈子里，与他们分享有关的身体知识，并以这种方式进一步促进了身体知识的发展。在结婚后不久，索菲亚·霍桑（Sophia Hawthorne）就告诉她的妈妈，当大名鼎鼎的玛格丽特·福勒（Margaret Fuller）到访时的景象：“看到玛格丽特女皇，我赶紧挣脱了丈夫的怀抱。”19世纪60年代，出身高贵又嫁入望族的达芙·戈登夫人（Lady Duff Gordon），因为健康问题去埃及疗养——因为她被检查出患了肺结核，只能通过书信与远在英国的家人联系，并通过长篇而睿智的书信，与他们分享她在国外的经历。在一些私人琐事的记载 350

〔1〕Gaskell: [Late 1841], *The Letters of Mrs. Gaskell*, ed. J. A.V. Chapple and Arthur Pollard (1966), pp.40-41; Gladstone: July 19, 1840, *The Gladstone Diaries*, ed. M. R. D. Foot and H. C. G. Matthew, 8 vols. so far (1968-), Ⅲ, p.47; Beeton: *Book of Household Management*, pp.1022-1023.

中，有一段是写她的英国女仆和一个埃及男仆产生感情，最终女仆怀孕的故事。她的这段记录详尽而审慎；她责怪女仆勾引那个男仆，还连累自己为她接生。“我想说，”她写道，“她让我当了回接生婆，在船上又给她当了一个月的护士，还让我一直提心吊胆。接生那天是个午夜，并且四周僻静。不管怎么样，她没有很痛苦，很顺利。”[1]如果说她真的吓坏了，她仍然顽强地坚持下来，并且做了接生婆该做的工作——我们可以看得出来她还做得相当不错。她在讲述这个故事时，并不是带着一种冷眼旁观或讥笑傲慢的态度。

达芙·戈登夫人书信，无论从笔调和内容来说，都有力地证明了当时至少还有一些上流社会的人可以面对有关性的问题，或者是身体的机能，也不管这种问题是人们津津乐道的，还是一种丑闻，他们面对这种事情时，至少还能保持某种内心的自由。在这种布尔乔亚文化中，很多女性，当然还有男性，都花费了大量的时间，致力于获得某种生活地位，或者对他人的行为评头论足，而且有些家庭虽然不能接受诸如离婚或未婚同居等问题，但总有一些人会容忍那些违反社会规范的人。并没有证据表明，达芙·戈登夫人对她的仆人大肆宣扬，要求她按照自己的美德从事。1877年初，玛丽·弗特（Mary Foote）从加利福尼亚写信给她亲密的朋友海伦娜·基尔德（Helena Gilder），谈到了她怀孕一事，还有她的丈夫亚瑟（Arthur）正打算在过道的天花板上为未出世的孩子装一个吊床，这就意味着她的女仆莉西的孩子就要挪到别的地方了。“莉西的小男孩就睡在过道的吊床里，我真不想赶他走，那个没有爸爸的可怜孩子！莉西也真够惨的啦，但从来都不提自己的痛苦经历，只是有一次说到她与乔治分手后，自己很难过。”

---

〔1〕 August 22, 1842, James R. Mellow, *Nathaniel Hawthorne in His Time* (1980), p.211; *Letters from Egypt 1862-1869*, ed. Gordon Waterfield (1969), p.189.

玛丽 · 弗特曾经“问过她把心里话讲出来，会不会好受一些”，但莉西就是不说。“最好还是什么都不说。要是换了我，只要一开头，可就止不住的，因为那样也无济于事。”有一次，莉西唱起了给乔治的歌，玛丽 · 弗特随即说，她“从不唱任何联想到孩子**爸爸**的歌”[1]。这些听起来真让人心里难过，玛丽 · 弗特的这封信里处处充满了同情。

像这种谨慎周到、充满温情的故事在男人们身上也有体现。“我给你讲一件发生在旧金山的怪事吧，”一个月前，玛丽 · 弗特给海伦 351
娜的信里写道，“那是我肚子里小生命的第一次躁动。”那次，她和两位男性好朋友，海格先生还有阿什伯纳先生一起去教堂，礼拜刚一开始，“我的肚子让我的感觉变得很奇怪——胎儿的悸动简直让我透不过气，腹中胎儿的脉搏在我的身体里第一次剧烈地跳动，跳得我差点背过气去”。她两边是那两位朋友，突然间她感到一阵眩晕。“周围的一切都变黑了，足足有一分钟的时间我毫无自觉。我也不知道过了多久，当我清醒过来，嘴上和额头都是大滴的汗水。阿什伯纳先生正俯身注视着我；海格先生和阿什伯纳先生都很细致体贴，他们俩什么也没说。”回去的路上，另有一个人随他们三个一起走，那个人“兴致勃勃”地问玛丽是不是得了病，因为她看起来像要晕过去的样子。“‘阿什伯纳也这么认为的吧！’——‘你没注意到吗——海格？’”但是，玛丽 · 弗特的两位朋友像没听到一样并不理会。“海格先生说——‘我看她脸色有点白，还好教堂离家很近’，接着就转移了话题——”此后，玛丽 · 弗特满脑子里都是她体内生命的律动，并没再提到那两个朋友的故事。但这却吸引了史学家们的注意。玛丽 · 弗特

---

〔1〕 January 28 [1877], Mary Hallock Foote Papers, Special Collections, C.H. Green Library, Stanford University.

继续描述那种普通而又“奇怪的感觉”，“两个心跳——生命里的另一个小生命——我还不习惯呢！”[1] 但是很显然海格和阿什伯纳先生已经习惯了；他们从她脸上读懂了一切，了解她的感觉，但他们镇静、自然地保护了她的隐私，同时也注意到了由此可能产生的麻烦。假装的无知在这一刻表现得如此淋漓尽致，在亲密关系和保持距离两个方面都处理得恰到好处。

如果朋友都能自然而然地运用他们有关的身体知识，丈夫们就应该懂得更多了，在照顾到妻子身体方面的需要，或是提及妻子的私密部位时，也完全不会感到尴尬。在一艘开往英格兰的船上，泰恩曾看到这么一幕：“一位年轻太太晕船晕得厉害，她的丈夫，看样子像是一个跑生意的推销员，把妻子扶在身边，抱住她，费尽心思地给她讲一些有意思的事，无微不至地照顾着妻子，动作自如、充满无限的温柔。”没有人知道这位推销员的名字，但在那个时代，他的这一做法并不让人感到怪异。1864 年底，约瑟夫 · 利曼的妻子正怀着他们的第三个孩子，他小心翼翼地量了妻子身体的尺寸，然后细致地把结果记录在一张小纸片上，标题写上“劳拉 280 天时记录”。1885 年 7 月，梅贝尔 · 托德正在欧洲旅行时，她丈夫给她写了长长的一封提醒信，千叮咛万嘱咐让她注意身体，水一定要烧开以后才能喝，防止得霍
352 乱。他写道，“我完全信任你，亲爱的”，“但是，你要知道在这些事情上，你不如我细心”。然后，他便提到了让他担心的事情，“我写给你的另一件有关身体方面的事——我的意思是说，关系到我们两个。”他说话如此拐弯抹角，并不是因为他是个畏首畏尾的人，而是因为他们之前谈过这个棘手的问题。“我查阅了大量有关于这件事的资料，发现可能是你的阴道出了点问题，也许就是那次你患严重感冒和嗓子

〔1〕21 [December 1876] , ibid.

发炎的时候，也或许在那以后。如果以后你常清洗一下阴部，重复出现这种情况的机会就会大大降低。”[1]在此，没有虚情假意的语言，也没有那种对身体的讳莫如深，有的只是博识的婚姻伴侣对另一方坦诚的提醒。

上例中，大卫·托德以一种外科医生似的冷静，也很难掩饰他的焦虑，但在那个时代，这种冷静在平常夫妻之间并不具备代表性。然而，从威廉·埃瓦特·格莱斯通一生的日记中，我们不难看出，对身体的直言不讳并不仅仅局限于那些追求感官享受的人。格莱斯通一生勤勉、虔诚，工作任劳任怨，但也表现出忧心忡忡的迹象，他深厚的良知和严格的态度不啻为一大批忏悔的人学习的楷模；他每天的日记条目都详尽地记载了他如何克制性的诱惑，如何衡量离自己制定的完美目标还有多少差距。他把平时读过的东西、写过的信笺、政治演讲，以及慈善的行动、虔诚的宗教活动，还有他的自我反省和负罪感，统统都记入了他的日记之中。他的日记就像是一个家庭生活记录的仓库，充满了他饱含淡定的喜悦和严肃的责任，就像他从事的政治活动和宗教活动一样。当然，这里面也少不了他对身体方面的记载。

1842 年 10 月末，凯瑟琳·格莱斯通（Catherine Gladstone）刚生完第二个孩子后，就出现了下奶不畅的情况，这种令人不安的奶流不畅可能导致乳房肿块，也有将来出现危险的并发症的可能。从她丈夫简短、准确的日记笔录里，我们可以了解到她备受艰辛的全过程。孩子在 10 月 18 日出生，孩子的母亲则在疼痛面前表现得如此勇敢，如此虔诚，果断坚决。刚开始的几天，“我们可爱的宝贝”和她的母亲都状态良好，但到了孩子出生后的第 28 天，“凯（C.）”（凯瑟琳·格

〔1〕Taine, *Notes on England*, p.6; Lyman, box 8, LF; Todd, July 10, 1885, box 36, MLT.

莱斯通）“一侧的乳房感到有些不适”，过了时好时坏的几天后，到了11月8号，她“感到胸部疼痛难忍”。于是，凌晨两点钟，她的丈夫就去找医生，第二天的日记里他写道“凯真要好好感谢上帝，她在英勇地为自然天性而斗争”，意思是说妻子一直在坚持自己给女儿喂奶。
353 到了14号，“我亲爱的凯还是没有摆脱困境”，请了医生来看，医生也搞不清楚怎么回事。两天以后，两名医生一起来会诊，看完后他们的诊断是“左侧乳房肿块，可能恶化，需要禁止喂奶”。这对一个母亲来说简直太痛苦了：“凯满眼泪水看着我，因为她第一次有了充足的奶水，因此医生只好允许她暂时再喂养一段时间。”后来情况曾一度明显好转，但再后来再次出现了困难，到了12月19号，在咨询了伯明翰的专家以后，这对夫妇非常遗憾地决定给孩子断奶：“现在我们要考虑考虑，看看是否该用手挤奶，或者必须要请一个奶妈。”当然，为了使凯瑟琳的乳房肿块不至于化脓，只能由威廉·埃瓦特·格莱斯通用手来为她挤奶水了。

当格莱斯通的第四个孩子杰西出生以后，“凯的喂奶难问题又出现了；感谢上帝，到晚上的时候，通过用平常的方式，症状有所缓解。”慢慢地平时也不用担心了。随着他们的第五个孩子玛丽的到来，凯瑟琳的乳头有点发炎，孩子满两天后，她的丈夫“为她轻轻按摩，差不多算是我第一次能帮得上她的忙”[1]。到了第六个孩子海伦出生以后，尽管他已经算得上是一个经验老到的家庭帮手了，但在日记里还是流露出了无可奈何的情绪，他写道：“凯今天又和往常一样再次遇到了老问题”，“吃了好几回泻药”，但还是不能解决问题。无可奈何并不意味着漠不关心。当妻子需要帮助的时候，格莱斯通这位日理

---

〔1〕October 28, November 8, 9, 14, 16, December 19, 1842; July 28, 1845; November 25, 1847, *Gladstone Diaries*, Ⅲ, pp.234, 237, 238, 239, 247, 472, 671.

万机的杰出政治家就会立马去做。“不管怎么说，较多的按摩（我和史密斯夫人轮流做）看起来阻止住了右侧乳房的情况变糟。”第二天，他“不停地给凯按摩，除此之外，还采取了其他措施——或许是药效发挥作用了，按摩也使上劲儿了，除了局部还有些发炎以外，感谢上帝一切都要好起来了”。从那以后，情况持续好转，9月3号，他终于可以在日记上写道：“我们再也不用按摩了。”随着又一个孩子亨利的降生，凯瑟琳·格莱斯通的问题又有点不断反复了。“下午开始，凯的下奶困难问题又来困扰她，”他在1852年4月初的一天这样写道，“……晚上长时间按摩使问题有所好转。”当然也只是暂时好转，第二天，他“又在晚间按摩了好长一段时间，也像平常一样向上帝祷告。”但这些都无济于事：“凯的问题仍然存在。”三天以后，他写道，“多次按摩：困境仍没消除。”之后一天，“继续为凯按摩，她也在与肿块作斗争：42天以后情况有所好转。”有所好转并不意味着相当好，4月9号那天的日记可能是通常情况下最后一次的乳房按摩了：354
“凯的状况持续转好：按摩，也许就这一次了。”[1]面对妻子的痛苦，以及一再出现的喂奶困难，威廉·埃瓦特·格莱斯通记录下他的护理过程并不是为了虚荣，凯瑟琳·格莱斯通本人接受丈夫的精心护理也不是故作姿态。

这些朴实无华的家常记录，诚挚且真实，印证了这么一个结论：如果说微妙的性行为能激发起19世纪的布尔乔亚阶层丈夫们的神秘感，那么他们也要深知这一字眼背后连带的一些东西。许多其他的记录，同样家常，同样诚挚，也提供了不少证据。19世纪中产阶级家庭的需要和情感使得结了婚的人认为，身体方面的知识只不过是简单的

---

〔1〕August 30, 31, September 3, 1849; April 4, 7, 8, 9, 1852, *Gladstone Diaries*, Ⅳ, pp.151, 152, 418-419.

必需而已，是再自然不过的事情。据我们了解，托德夫妇确实有许多的与众不同，但两人把彼此的身体方面的事情公之于世，却在中产阶级中并不罕见。梅贝尔·卢美斯·托德怀孕后不久，那个对她宠爱有加的丈夫——当然也是一个货真价实的科学家——试图通过可行的直接的方法，推断出她腹中胎儿的性别。“9月28号，星期天，”她不久后回忆道，“大卫测听了在我的心跳之下微弱的胎心，经过清楚的测量，胎儿心跳每分钟146次，大大超过了一个男胎儿的平均数。之后他又听了几次，有一次差不多是平均数，还有两次稍微少了几下，但也不低于130次”。对于这样的结果，他们也做了正确的解释：他们将会有一个女儿。当米利森特出生的时候，大卫·托德当时也很自然地待在接生的现场。1880年2月5号，凌晨2点左右，躺在丈夫身边的梅贝尔·托德突然惊醒过来，因为“我身上流出了很多的水”。她拿来一条大浴巾垫在身下，但是“不断有水流出，我开始意识到问题有点严重了，就叫醒了大卫”。在煤气灯下，她看到了浴巾上“一小块血迹”，“大卫见状，赶忙坐起来说他最好找块胶皮垫儿铺在床上，以免床褥被染湿”。于是她起床，大卫·托德“铺好了床”。“接近凌晨3点时，大卫认为孩子很可能马上就要出生了”，于是他上楼叫醒了岳父去照看，然后他去请医生和护士。妻子已经开始产前阵痛，节奏越来越快，尽管她不停地叫喊，而且“疼痛很强烈”，她还是能挺得住。恍惚间，格鲁特医生（Dr. Groot）和大卫已经进来。大卫执意要待在
355 接生的现场，但在妻子宫缩的一段时间里打了个小盹儿——“我太困！”快到6点的时候，她的“宝贝儿米利森特出生了！”，她的疼痛也止住了。但是胎盘没有下来，一直精心观察的格鲁特医生，“在等了约五分钟以后，轻轻地把脐带拉出来了”，然后剪断脐带。在梅贝尔·托德的整个生产期间，她的妈妈一直待在自己的房里，因为她不想“亲眼见到我经历的痛苦”，因此在接生的现场，有护士、医生、

她的父亲，还有她的丈夫。[1]

在孩子出生的过程中，大卫·托德多么亲切地参与其中，并且全程陪伴，所有这些都清楚明白地留在了他妻子的日记中。梅贝尔·托德2月4号的日记是丈夫代笔的；之后的三个多星期，都是由他在为她记日记。2月5号那天，他记下了“6点之前的一小会儿，米利森特·托德出生了”；两天以后，他写道格鲁特医生“很惊讶地发现，这位身材娇小的母亲对她的小宝贝在食物方面的支持是如此充足”。此后又一天，他又对这件令他感到高兴的事情加以补充，在家“陪伴着他的娇妻”，并写她“几乎毫不费劲儿地给孩子提供了食物——而且食物非常充足”。直到2月27号，梅贝尔·托德才又开始兴高采烈地在日记中写道：“我又回来了！”[2]此后，又是由她自己来写日记了。大卫·托德的文字用语煞费苦心，并且婉转曲折；他避免使用“奶水”这个词，就像威廉·埃瓦特·格莱斯通有时会在日记中省略用“胸部”这个词一样。这种言语上的保留，尽管能给人些许推断的乐趣，但也绝不是做作和假斯文的表现。在女人生命攸关的关键时刻，不管是多么艰难，她们19世纪的丈夫总是陪伴在她们身边。

在中产阶级的家庭生活中，孩子的出生远不仅仅是诗般的喜悦，而是一项共同分享的痛苦和艰巨的工作。1869年6月6日，西格弗里德·瓦格纳（Siegfried Wagner）出生了，里查德·瓦格纳（Richard Wagner）目睹了科西玛·冯·布洛（Cosima von Bülow）的生产过程。夫妻俩分别睡在自己的卧室，但在这一天凌晨1点钟，妻子叫醒丈夫告诉他，自己已经开始产前的阵痛；丈夫扶着她回到床上，然后“忧心忡忡”地看守着她。3点钟左右，接生婆来了，丈夫想先去眯

〔1〕“Millicent's Life,” Ⅰ[pp.23, 34]; Ⅱ[pp.1-3], box 46, MLT.

〔2〕Diary 1880, box 39, MLT.

一小会儿，“为下半夜的辛劳先积聚点力量”，但由于太紧张，他根本睡不着，于是再一次回到科西玛身边，而她“正处在巨大的痛苦中，接生婆在她身边张罗”。丈夫的突然出现吓了她一跳，科西玛“逼”
356 他离开，但是他不能离开，只能站得远一点；听到她“呻吟”，他急忙冲过去，剧痛中的科西玛抓紧他的胳膊过了很长时间。之后，她又让他离开，他就去了隔壁一个可以听得见妻子声音的房间，听着“孩子出生过程的每一个步骤”。[1]他描述的场景尽管有点纷乱，还有点夸张和自我意识的成分，但是却以其独有的阐述方式再现了大多数的19世纪夫妻的经历。

威廉·埃瓦特·格莱斯通的日记证实了一件事：尽管里查德·瓦格纳的行为表现有点戏剧化的成分，但还是颇具代表性的。格莱斯通的孩子的出生少了那份戏剧化，但是感情成分一点也不少。当第一个孩子韦利（Willy）出生时，他的父亲正亲临这个“漫长而很令人期待的生产过程”。就像他在日记中明确记载的那样，这对他来说是一次全新的经历，但是他并没有逃避。到第二个孩子安尼斯（Agnes）出生时，格莱斯通就不再那么手足无措了，尽管还是置身于这么惊心动魄的场面。他在1842年10月18号的日记中写道：“我最亲爱的凯睡得很香，凌晨的时候有偶尔的产前阵痛——我们11点驾车出发，12点到达医院——3点钟她上楼，到6点半时疼痛逐步加重，然后阵痛的间距越来越近，一个半小时后，女儿在整8点降生，个儿比韦利还要大。凯瑟琳以超强的坚毅忍住了最后的疼痛，我无能为力，只能注视着她异常美丽的脸庞，在严峻的折磨中却丝毫没有流露出痛苦表情。”[2]

---

〔1〕Cosima Wagner, *Die Tagebücher*, ed. Martin Gregor-Dellin and Dietrich Mack, vol. I, *1869-1877* (1976), pp.103-104; 在此，里查德·瓦格纳代替妻子记日记（就像大卫·托德用妻子梅贝尔的口气记日记一样），但是在这里，他用了第三人称代替自己。

〔2〕June 3, 1840, October 18, 1842, *Gladstone Diaries*, Ⅲ, pp.33, 231.

值得一提的是，凯瑟琳·格莱斯通生产时并没有采取麻醉措施，自从1850年以后，许多待产妈妈们才有了能够减轻痛苦的氯仿麻醉。

正是他们本真的淳朴，还有他们毫无掩饰的植根于平常的事实，促使他们对自己的真实生活进行这种自传似的记录。格莱斯通郑重其事地、温柔地为妻子疼痛的胸部按摩，然后真实地记录下他护理妻子的过程——尽管他的护理不是多么专业，只是简单的机械重复按摩。然而，他记下的并不是琐碎无奇之事；他是一个颇具代表性的布尔乔亚好丈夫，一个充满温情的丈夫——全力履行着自己的职责，还有他们夫妻俩共同的爱欲生活。凯瑟琳·格莱斯通终于奶水充足的时候，她凝望丈夫时的“汪汪泪眼”，如此等等，所有的情形都是那么让人印象深刻、难以忘怀，还有把耳朵贴在妻子隆起的腹部，去数未出世孩子心跳的大卫·托德。这样的一幕幕小事，为那些单纯的统计数字注入了生命的活力，尽管初看上去显得有点碎化凌乱而难以辨识，但俨然像是一幅幅描绘了中产阶层感官生活的画卷。家庭生活里的奇闻轶事被提升到了文化的高度，成为了解文化的线索，因为这些已经超越了一件件具体事例的范围，影响到了一个更广阔的空间；这些宝贵的瞬间，光芒闪耀过亨利·詹姆斯（Henry James）小说里写的那些微 357
妙多变的场景，而那些在他的小说中只不过是些插图和只言片语。尽管两者给人的感觉和形式都大相径庭，但这些微不足道又时常显现的故事却打开了一道了解19世纪中产阶级生活的大门。

话又说回来，这些记录也只不过是管窥一斑，当然不可能穷其所有。有时——我想甚至是在更多的情况下，突然获得了某种关于性的知识或许还是很恐怖的。1878年的一个夜晚，已经在约翰·霍普金斯大学念研究生的凯丽·托马斯，还有另外两名她的女性密友一起匆匆浏览了艾丽莎·杜菲（Eliza B. Duffey）写的《女人应该知道的》（*What Women Should Know*）一书。这本书是从她爸爸的那一摞医药书里拿的“大约 15 本”中的一本。她们觉得自己“已经到了该知晓生命中一切力量的时候”——凯丽·托马斯当时 21 岁。她决定除去眼罩，直面生活：“如果说激情和感官是生活中确定无疑的，那么我就要去了解。”毕竟，“对于心地纯洁者，凡事都是纯洁的”，况且这是“自然的现象”，不可能是“让人堕落的”。但是，当这些年轻女孩儿们偷偷读完这本书以后，她们全都感到毛骨悚然，还感到恶心。“我晕晕乎乎地倒在床上。完了——我已经吃下了智慧树上的善恶果，我再也不会相信这个世界上还有纯洁和神圣了，我的灵魂也不再纯净了。”她的那两个朋友也有同样的感想，让她们如此绝望的就是知晓了“男人的那种令人生厌的禽兽般的冲动”，以及此后的震惊；她讨厌看到那句“男人天生就对感官具有浓烈的兴趣”。[1] 她当时还并不怎么明白，或者是她很快地压制了这种意识：其实女人天生也如此，而她也感觉自己像被亵渎了。性知识本身并不能保证性满足，凯丽·托马斯的经历表明了这方面的不良引导将导致的困惑和痛苦。

如此而言，厨房里的伊萨贝拉·比顿与卧室里的梅贝尔·托德还相去甚远。亨利-弗里德里希·阿米尔透过浴室间的缝隙，以及和亲密的伙伴谈论女人积累了大量的性知识，但不能使他的性需求得到满足。他与其他很多人一样，沉浸于柏拉图式的放纵（platonic libertinism），但对于真正的身体放纵（physical libertinism）而言，这些准备显然还不是很充分的。如果说一个女孩懂得如何阉割小羊或割下小牛脑袋，也不见得她就能自发地掌握各种性技巧。在通往幸福的道路上仍有许多不确定因素；在从知识到幸福的转变之中，又尤其以性伙伴的心理成长经历更能产生重要的影响。如果说无知是不幸的，

〔1〕April 7, 1878, *Making of a Feminist*, pp.142-143.

有知也并不**一定**就是幸福的。有知只是比无知更好地充当使人获得性 358
满足的向导，这样说也许要妥当得多；毋庸置疑的是，不管贬低者们如何贬低，这样的知识在中产阶级时代已经是相当丰富了。

3. 冲突中的读者

对于那些缺乏性体验的人而言，色情书刊就成了19世纪最具诱惑力的指导身体知识的方式了，至少在表面上是如此。色情书刊被大规模生产，而对于那些熟悉门径的人来说，又是唾手可得的；书商们聚集在低俗场所，摆放淫秽印刷品和书籍，以满足最热切的需求。巴黎的色情书刊市场主要集中在皇家广场地区（Palais Royal），伦敦的霍里维尔街（Holywell Street）在19世纪中叶已经成为一般意义上淫秽出版物的代名词了。1845年，在对霍里维尔街书商的一次突击搜查中，共查处各类书籍383本、铜版印刷物351份、版画12346张、石印188块、印刷字模3752磅。[1]这些肮脏的商店，就像约瑟夫·康拉德（Joseph Conrad）在《间谍》（*The Secret Agent*）中描述的肮脏商店：污秽的窗户、苍蝇丛生的橱窗、充满诱惑的物品、鬼鬼祟祟的顾客——这种熟悉的场景在大城市无处不在。虽然各国试图在边境检查中阻止色情物品的进口——英国1853年一项法案就授权英国海关查封各种"不雅"物品，但在法国和意大利，色情物品则能够轻而易举地运过边界，以满足读者和偷窥者对国外色情刊物的猎奇心理。对色情物品交易或者是对其他商品来说，这是一个自由贸易的时代，尽管这种自由贸易还不很完善。

---

〔1〕H. Montgomery Hyde, *A History of Pornography* (1964), p.167.

勤勉、认真的执法人员查封了那些臭名昭著的书店；他们销毁了一些书籍，并驱赶那些执迷不悟的人，或是使那些胆小怕事的人遵纪守法了。坎佩尔爵士是英国高等法院的首席大法官，也是英国《淫秽出版物法案》（Obscene Publications Act）的始作俑者，1857 年 12 月，即法案通过的那一年，他在日记中写道，他的立法取得了巨大成功，“立法成绩斐然；霍里维尔街素来无视法律、置正统道德于不顾，但经过几次严厉打击之后也俯首就范了。大半的商店都关门大吉了，余下的书店经营的只是有关道德和宗教的书籍”。他还喜形于色地补充说，在都柏林，“甚至在巴黎”，也已取得了同样令人满意的进展。[1] 但坎佩尔对现实视而不见，甚至简直达到了天真的程度。其实，色情物品几乎有增无减，只不过换了新的地址或新的店铺，或者
359 在同一店铺，只是比以前掩饰得更好。查禁色情出版物起到的作用微乎其微，只不过是为那些具有诱惑力的书刊或狡猾的淫秽出版商做了广告宣传。做这些行当，只要他们能生存下来，仍然是有利可图的买卖。那些囊中羞涩的人再也买不到色情刊物了，这与其说是警察的功劳，还不如说是价格的作用：其中那些最臭名昭著的刊物，因为华丽的装帧和形象精美的插图，而且印数有限，故而价格昂贵，就只有那些出手阔绰的瘾君子才买得起了。但不论贫富，有人还是仰仗着这种色情贸易。安东尼 · 科姆斯托克（Anthony Comstock）领导的纽约反邪恶协会（New York Society for the Suppression of Vice）的主要工作就是净化社会环境，1881 年，由科姆斯托克署名的报告总结了该协会前八年的工作，报告称他们共销毁了 27584 磅书刊、没收了 203238 张照片和刻印的淫秽图画，并没收了 1376939 本挂历、歌曲、传单和

---

〔1〕Diary, December 17, 1857, Hon. Mrs. Hardcastle, ed., *Life of Lord Chancellor Campbell, Lord High Chancellor of Great Britain. Consisting of a Selection from his Autobiography, Diaries, and Letters*, 2 vols. (1881), Ⅱ, p.356.

诗歌。[1] 诚然，科姆斯托克和他辛勤的伙伴们对色情的定义是比较宽泛的，但是数字表明，那些有意通过阅读和图片刺激他们性幻想的人能够通过各种途径，充分满足他们的需求。

那些捍卫社会良好道德的卫士们，对于其他的社会丑恶现象已经到了恐慌的地步，而对于他们称之为淫秽印刷品的急剧上升势头，越来越感到忧心忡忡。照相技术的发明和迅速完善更加深了他们的恐慌。那些惊慌失措的道德卫士们发现，19 世纪的技术发展尽管毋庸置疑地成为文明福祉的源泉，但也促进了这些道德毒药的传播。因此在 19 世纪，打击淫秽物品的力度明显加强了。1857 年是至关重要的一年；正是在这一年，古斯塔夫·福楼拜、查尔斯·波德莱尔（Charles Baudelaire）和尤金·苏（Eugène Sue）均因违反公共道德在法国被起诉，英国也正是在这一年颁布了《淫秽出版物法案》。

正如我们所知道的那样，后来被称为“维多利亚时代的”许多做法，事实上远在维多利亚女王登基前就存在了：早在 1787 年，英王乔治三世就颁布了被广泛引述的《反对邪恶与不道德行为的皇家布告》（Royal Proclamation against Vice and Immorality），命令他的臣民要“查禁所有色情、淫秽的印刷物、书籍和刊物”；从 1802 年起，警觉的反邪恶协会（Society for the Suppression of Vice）就成功地在英国鼓动了诸多反对色情的刑事诉讼。法国皇室要求查禁违反“道德纯洁”书籍的法令可追溯到 1751 年，18 世纪的法国官员也频繁地没收色情淫秽书籍。1791 年，也就是在法国革命最自由的阶段，市镇警察还被授权在治安法庭上起诉那些兜售“色情图片”和违反有关“妇女道德”的商贩。在中产阶级势力上升达到其顶点的前几十年中，诸多统治集团纷纷积极行动，尽管行动还不是很系统，但都旨在不遗余 360

[1] James Jackson Kilpatrick, *The Smut Peddlers* (1960), p.243.

力地捍卫传统道德，使之不至于堕落或颠覆，其积极程度不亚于国家或教会的努力。他们颁布严苛的法律，对书刊审查员发出严厉的指令，对地方警察官员发出严格的行政命令。而到了法兰西第二帝国以及第三共和国早期、1871 年的德意志帝国、维多利亚后期的英国，还有内战后的美国，都实行了比以往任何时期更严厉的房屋搜查、公开谴责，甚至是刑事审判。文学和艺术上的自由受到巨大的限制——那些忧心忡忡的虔诚的诋毁者则称之为放纵，加上整个时代占主导地位的令人眼花缭乱的巨大变迁，进而导致了广泛的焦虑。所有这些因素糅合在一起，产生了前所未有的防御性反应，其强烈程度超过以往任何时候的反淫秽出版物运动。毫无疑问，这些运动也一如既往地在各国之间产生了差异；英国人尽管对本国的淫秽出版物贸易感到震惊，但他们更加震惊于法国的情况，因此他们还颇有点沾沾自喜地谴责法国人猖獗的放荡行为。然而，所有的人——包括法国人在内——都一直认为，淫秽色情是一种现代瘟疫，必须加以彻底根除，以免它不可救药地感染整个人类文明。

反色情运动者积极地没收了成千上万的小册子；德国读者尤其发现他们周围都是宣传着危害国家的布告声明，号召学校反对那些以恶意形式传播的“低级文学”（*Hintertreppen literatur*, “backstairs literature”），并分析色情违法犯罪的缘由。由此引起的愤怒不满的呼声也很高。许多德国中产阶级对改革运动的抵抗也丝毫没有减弱：在他们眼中，那些被改革者视为拙劣、低级的大量素材是无害的，尽管是些粗俗的冒险故事；同时他们也担心世俗之人对实验性文学发泄其焦躁的怒气。但是，尤其是在 1900 年之后，低级文学使许多小型文具店和雪茄店获得暴利，因此那些反对淫秽思想的斗士也在文章中发表自己的主张。厄恩斯特 · 舒尔茨博士（Dr. Ernst Schultze）在他 1909 年出版的《色情文学》（*Die Schundliteratur*）的序言中指出："最后人们意识到，我们正面对着一个危险的敌人——不是一个我们仅仅可以嘲笑的敌人。"四年后，弗利德里克·德莱茵（Friedrich v. der Leyen）在一篇关于通俗文学和大众教育的文章中沮丧地指出，"这种劣质文学令人害怕地快速增长，使许多担忧德国未来的精神风貌和道德风尚的人心中充满了忧虑和恐惧"。[1]

在这种弥漫着忧郁和绝望的气氛之下，一些民间组织为打击无处不在的色情文物而寻找着补救的方法。这次运动的领导者是些狂热的能言善道的宣传家，他们受到名流之士的资金赞助，为游说争取较严厉的法律来抵制那些违反标准的商店，并向出版商施压，清除目录中不适宜的内容。由安东尼·科姆斯托克大力宣扬的纽约反邪恶协会不久也在欧洲建立了同盟。奥托·冯·莱歇纳（Otto von Leixner），是一名记者兼编辑，前面我已经提及了她早期的日记。她于 1901 年成立了反淫秽词语和图片的人民联盟组织（Volksbund zur Bekämpfung des Schmutzes in Wort und Bild），与此同时，法国也成立了妇女道德公众联盟（Ligue française de la moralité publique），并联合同盟于 1905 年召开第一次反淫秽集体会议（Congrès des sociétés）。到 1908 年为止，这些组织已经在巴黎召开了第二次国际会议。越来越多的普通公民也告发出售淫秽书籍和图片的卖主，行政法规充分发挥了其作用，以弥补国家立法的模糊及不充分。19 世纪末，英国、德国、法国和美国兴建免费的公共图书馆，为城市景观留下了永久的痕迹。许多国家的共同参与令反对活动获得了极大的成功，不管这些参与者有什么意图，诱因之一是这种引起争论的文学提供了各种廉价的淫秽物品，让各阶层的青少年选择，这些都暴露在这个印刷和照相技术发达 361

---

〔1〕Schultze, *Die Schundliteratur. Ihr Wesen, Ihre Folgen, Ihre Bekämpfung* (1909), S.7; v. der Leyen "Volks-literatur und Volksbildung" (1913), special offprint from *Deutsche Rundschau*, XIV, I (October 1913), S.49.

的世界之中。在这场反对性挑逗出版物的运动中，布尔乔亚世纪的最后几十年为其自身呈现出一个焦虑不安的时代。

在19世纪，许多从事色情贸易的商贩或许已大赚一笔，但大部分人进行秘密交易。在上一世纪，更多精力用于制止那些煽动叛乱的行为和亵渎的行为；相比之下，如果不是自由开放的淫秽行为，那么它们是很少被阻止的。但到了19世纪，色情者从事秘密交易，不留任何痕迹。大部分坚定的书志学家往往未能确定最畅销色情作品的作者身份，而且许多19世纪闻名的作家包括拜伦勋爵（Lord Byron）、霍夫曼（E. T. A. Hoffmann）、阿尔弗莱德·缪塞（Alfred de Musset）、马克·吐温和居伊·德·莫泊桑，更不用说那些受欢迎的诸如古斯塔夫·德洛兹（Gustave Droz）的宣传家，也有色情小说归属到他们名下，这些现象都绝非偶然。总体说，这些分类和归属还是较为准确的；但更多是毫无根据的流言蜚语，或是从事色情买卖的商贩们肆无忌惮的谎言。在这个黑暗、阴郁的世界中，很难区分真实和幻想。

362 这些书目之谜只会预示着更加巨大而难解的谜团。在当时，对于色情的定义仍是模糊不清的——即使时至今日，仍是如此。不管是立法者还是法官都未能给予更大的帮助——非但没有解决争议，反而使这种争议进一步加深了。坎佩尔爵士呼吁支持他提议的反淫秽出版物法案，并坚持抵制那些“纯粹旨在腐化青年人思想，以及威胁良好道德风尚的书籍”。面对来自上院和下院的激烈反对，他重申并完善了自己公开的主张，这似乎是足够明智的：他并不是针对那些明显与性有关的经典著作，如奥维德（Ovid）的《爱经》（*Ars Amatoria*），或者是王政复辟时期的戏剧。但是好战的激进议员罗巴克（J. A. Roebuck）仍不满地抱怨说，坎佩尔的议案“试图通过议会法案提升人们的道德风尚”。的确，他的提议为主观、批判性地解释提供了很大的空间。鉴别纯粹旨在腐化青年人思想的书籍或许是容易的；但是要衡量，甚至要界定对良好道德风尚的冲击的标准将更加困难——事实上，这两种鉴别的标准不尽相同。1868年，一项权威的提议为英国——乃至一个世纪以来的美国奠定了基调：首席法官科伯恩（Cockburn）提出一项司法建议，给予陷入困境的道德家和雄心勃勃的检察官更多回旋的余地。他写道，“对于淫秽色情的判定，取决于被审查的书刊是否具有一种倾向：即对人的思想产生不道德的影响，并且判定这类出版物会落入何人之手”。[1] 同样的情形，其他国家的法规及其解释也同样的含混不清。法国于1819年立法，并于1881年并入法典，1882年进行了修订，都没有明确界定，也没有进一步地解释，只是简洁地谴责“违反公共道德和良好道德风尚的行为”。同样，德意志帝国刑法第184条也采取了含糊不清的语言：禁止“淫秽”出版物的传播。这种简洁的表述，虽然表面上易于达成共识，但不停地被媒体和法庭提出疑问：“腐化”（depravation）、“堕落”（corruption）、“淫秽”（lewdness）及其“分布”（distribution）的真正含义，为那些富于想象的记者和精明的律师提供了丰富的想象空间。

正如坎佩尔爵士的批评者所担心的那样，旨在遏制淫秽书刊泛滥的良好初衷，在各国都导致了严重的（至少是明显的）非预期后果。无论是色情文学的制作者还是经销商，都不可能指望官僚主义者 363
或法官耐心地听他们虔诚的辩解；他们那种看来令人厌恶的作品，在其绘声绘色的描述之下，其实是一种隐含的道德训诫，就是要鞭挞其描述之中那种罪恶的不道德行为。夏维尔·德·蒙特品（Xavier de Montepin）是一个平凡而狡猾的法国色情小说家，1856年他的作品《女孩石膏像》（*Les Filles de plâtre*）接受了审查。对于他的辩解，法庭却不无嘲讽地记载，“他宣称自己出于纯洁的意图，并声称他唯一

---

〔1〕Norman St. John Stevas, *Obscenity and the Law* (1956), pp.66-70.

的意图是抨击和揭露某一社会群体的道德观念”。[1] 他被判处三个月监禁。其他的审判员，以及伦敦的《星期六评论》（*Saturday Review*）这样自视清高的杂志，对于这种辩解也同样不屑一顾。

更令人忧虑的情况是，虽然这种可疑的作品可能具有重要的文学潜力，甚至在未来可能成为拉伯雷式（Rabelaisian）的经典之作，却没有给那些审查的权威留下任何深刻的印象。那些维护公德的卫道士和检察官都坚定地拒绝对淫秽做出任何本质上的界定，以便将那些全然为性而性的书刊，与那些只包含零散的不雅段落或个别诗句的书籍区分开来。他们高踞法庭之上，寻章摘句，列出不雅的篇章目录，而事实上，许多判决并不是针对整本书，而是删改其中部分章节：1857年，法庭命令查尔斯·波德莱尔和他的出版商从《恶之花》中删除六首色情诗；1900年，经过几番拖延的审判后，德国法庭命令桀骜不驯、自由放纵的现实主义作家理查德·迪米尔（Richard Dehmel），对他的直言不讳、充满激情的抒情诗集《女人和世界》（*Weib und Welt*）进行删节，但最后实际上只删除了一首诗。那些有意或无意地煽动性激情的严肃文学，与那些确定无疑的纯粹色情作品，以及实际上宣传性广告的小册子，都一同坐上了被告席。1877年，在具有划时代意义的布拉德劳-贝桑审判案（Bradlaugh-Besant trial）中，一直处于争议中的查尔斯·诺尔顿（Charles Knowlton）关于生育控制的小册子——《哲学的果实》（*Fruits of Philosophy*），被检控方谴责为“肮脏的、淫秽的书籍”。[2] 政府检察官、律师和道德改良者一心致力于铲除恶习，面对日益加深的危机感，以及自身的使命感的支撑，在

---

〔1〕 Alexandre Zévaès, *Les Procès littéraires au XIXe siècle* (1924), p.69.

〔2〕 S. Chandrasekhar, “*A Dirty, Filthy Book*” *: The Writings of Charles Knowlton and Annie Besant on Reproductive Physiology and Birth Control and an Account of the Bradlaugh-Besant Trial* (1981), p.39.

实际的审查过程中，往往不分青红皂白地任意使用这些标签。在他们的心目中，阿尔吉侬·史文朋（Algernon Swinburne）的情色抒情诗、罗伯特·达尔·欧文（Robert Dale Owen）严肃的避孕手册，以及匿名的色情故事都具有相同的性质，无疑都腐化了人们的心智。因此，本世纪最显著、最受争议的淫秽审判案例（obscenity trials）不在于那些色情的产品，而是充满现实主义色彩的、直言不讳的色情诗、戏 364
剧和小说。

当然不是所有的起诉都能成功：法庭最终宣布了福楼拜无罪，并同意《包法利夫人》不做删节地完整出版。在法国和其他国家，诗人和小说家也设法对当局发起攻势，以捍卫他们的自由。虽然看起来容易，但也可发现一些作家步入了声名狼藉的命运。面对迫近的罚金和入狱的威胁，他们不得不同普通刑事罪犯一样坐上被告席；资金风险也致使印刷商和出版商实行一定程度的自我审查，同时也担心当局的行动会明显地和大多数作家的意图相悖，从而抑制他们对色情的描述。史文朋带有受虐倾向的色情小说《莱斯比亚·布兰顿》（*Lesbia Brandon*）被禁止出版；像穆迪（Mudie's）等在英国有影响力的、有道德观念的主要公共图书馆，以及 W. H. 史密斯等铁路书摊都进行了非官方的自我审查，以反对 19 世纪后期的自然主义作家。有胆识的出版商亨利·维兹特利（Henry Vizetelly），尝试在英国出版左拉的删节版《大地》（*La Terre*），但由于删节不彻底，1889 年，经过二次审判后，维兹特利被判处三个月监禁。就其性质而言，这些诉讼案件是高度公开的，比起行动上的制止所激起的愤怒，这些案件构成了对更多作家的威胁。法国人似乎明显比其近邻的英国人更宽容，但是在检察官的头脑中也存在着充满危险的突发奇想：1883 年，年轻的鲁伊斯·德斯普雷斯（Louis Desprez）关于农村生活的写实小说《周围的塔楼》（*Autour d'un clocher*）被指控有淫秽倾向。他的合著者亨利·菲弗尔（Henry Fevre）因未到法定年龄而不能出庭，尽管有爱弥尔·左拉和阿尔丰斯·都德（Alphonse Daudet）这些杰出文人学士的强烈抗议，而且尽管德斯普雷斯体弱多病，但他仍被判处监禁一个月，并罚款1000法郎。两年之后，德斯普雷斯过世了，他在文学界的盟友宣告，德斯普雷斯是政府谋杀的牺牲品。在整个19世纪，文学和艺术先锋派愤怒地讽刺和鞭挞中产阶级，其根源就在于这阴魂不散的幽灵，以及艺术愿望上的连连挫败。然而，暂时的无罪释放，以及短暂庆祝胜利的喧闹，没有充分确保这个时代作家的地位。如果说在法国，作家的境遇非常糟糕，那么其他国家的作家则处境更为悲惨。

诚然，一些先锋派的实验者一直对性感觉和性行为的各种描述颇感兴趣，他们也一直坚持保有这样的权利，但这也给予了那些试图查禁其作品的官员充分的理由。作为其中的一位代表作家，史文朋在其《莱斯比亚·布兰顿》中津津乐道地描述一个邪恶的教师不断地鞭笞
365 体罚他的学生，小说中性变态的吸引力犹如纯粹描写性鞭笞的色情故事一样，一遍遍地通过细节描述重复这样的场景。史文朋早期的《诗歌与歌谣集》（*Poems and Ballads*, 1866）中的诗句，也不露痕迹地体现了从施虐狂向食人番的过渡。

> 我愿我的爱将你杀死；我心满意足
> 见到你活着，我倒更宁愿食你身体，

在《阿那克托利亚》（*Anactoria*）中，他又写道：

> 我将以悲怆的方式将你杀死。

他的受虐狂倾向与施虐狂倾向并行不悖：

啊，你能否将我杀死，以免我将你杀掉？

但是，至少从这首诗中可以看出，他更喜欢做爱时的虐杀而非被杀死：

啊，我的唇已成无言之唇，但紧贴着
你满布创伤之洁白乳房，那受伤之花朵！
啊，我满嘴舔食着缪斯的乳汁
你甜美的小伤处，正流淌着那甜美的血液！
我用舌头吮吸着你的乳头，品尝
你欣然的肌肤，从乳房到细腰！
我痛饮你的脉血，如甘醇的美酒
食你的胸脯，如甜美的蜂蜜！从脸颊到脚跟
你酥软的胴体正被蚕食，
我血肉之躯是你肉体的墓室。

在那个前精神分析时代，无论这些韵味盎然、充满幻想色彩的诗句能否被充分地理解和欣赏，那些愤怒的评论家只会将这些作品等同于霍里维尔街出售的淫秽出版物。现在，我们可以从容地给予公正的评价：史文朋的散文和诗歌中所呈现出的气魄、语言之精确和旋律之悦耳，后期的雇佣文人、作家无人能及。他所描绘出的清新意象似乎模糊了情色文学和色情商品之间的差别，就先锋派作家及其发言人的论点而言，这两者犹如有天渊之别。然而，他们的论辩也是徒劳的。

不同读者对所读作品截然不同的反应似乎可以充分地解释这一切的混乱。一部作品，有人视之为经典，有人则视之为色情。如前所述，阿米尔甚至可以从法律词典的拉丁文释义中寻求性的快感，当然从“淫秽书籍”中扩充了其性知识的储备，结果是无助地、而且是无

366 法抑制地在耻辱的深渊中痛悔不已。“啊！可恶的人类！”他在日记中嘶喊着，沉痛地忏悔，因为他无法控制自己不去阅读那些淫秽的故事。除了这些淫秽作品的作者之外，大多数人会认为，他们作品的杀伤力之大，恐怕连老头子都难以抗拒。他在日记中痛斥着自己，“我们是多么的邪恶！在天使看来，我们人类一定是多么的丑陋啊！”[1]但是，这种激起阿米尔强烈自我谴责意识的文学作品，其中包括拉封丹的寓言，以及孟德斯鸠选集；这两位的作品尽管不乏某些不雅的片段，但很难说是为了迎合淫秽的品位。

同阿米尔一样，威廉·埃瓦特·格莱斯通也痛悔自己痴迷于“色情书籍”，其实理由也同样不充分。他认为，“为寻求知识”而去阅读佩特罗尼乌斯的作品是一种罪恶。[2]在格莱斯通看来，罪恶是不可小觑的；他曾明确地、庄严地发誓、忏悔，要断然弃绝阅读那种书籍；他承认这些书籍“有些部分很吸引人，而有的确实令人反感”。事实上，他更多地关注阅读时机的选择，而非阅读书目的选择，这也显示出他的痴迷是多么的不明智。他选择在他的第五个孩子受洗，而他心爱的妻子去教堂做礼拜之时阅读色情书籍，他在日记中写道：在接受神的祝福的这段时间，仍继续这种可耻的行为，简直是忘恩负义的表现。[3]正像其他人一样，在格莱斯通的潜意识中，神圣之事与猥亵之事总是结伴而行。但是，格莱斯通因此不断挞伐自己的所谓诱惑，总的说来不过是一些拉伯雷式的文本而已。

不足为奇的是，那些真正享受这种性刺激的人，很少在书籍

---

〔1〕January 14, 1850, *Journal intime*, I, p.627.

〔2〕佩特罗尼乌斯·马克西穆斯（Petronius Maximus, 396—455），罗马巨富、元老院议员；420 年，任罗马行政长官；433 年和 443 年两次担任执政官；晚年发动宫廷政变，当上西罗马帝国皇帝（455 年），旋即被杀。——译者注

〔3〕January 15, December 15, 1847, *Gladstone Diaries*, Ⅲ, pp.594-595, 677.

方面挑三拣四。早在1887年，在托马斯·卡麦隆·比尔（Thomas Cameron Beer）写给弟弟威廉的信中明显地看出，威廉请求比尔给他寄些带劲儿的书籍。托马斯时年27岁，是一位巡回法官的儿子，负责管理全家在俄亥俄州的产业。他告知威廉，会寄“一本《空竹》（*Devil on two Sticks*）”给他；如果喜欢的话，出版于柏林的《曼侬·莱斯戈》（*Manon Lescault*）也一同寄出。他格外地告知威廉《曼侬》这本书是国家不允许公开发行的书籍之一；是在辛辛那提的一个书商那里买下来的，“可是花了大价钱的”。普雷弗斯特（Prévost）的《曼侬》勾起了托马斯·比尔对往事的回忆，“你还记得吗”，他对威廉说，“你从朋友那里借来了这本书，爸爸是怎么大发雷霆的？”直到19世纪80年代，就连年轻人也不得不谨慎地选择阅读的内容。托马斯·比尔接着又说，“我的私人藏书越来越多了，例如，多雷（Dore）插图的拉伯雷选集、拉瓦雷的玛格丽特皇后（Margaret Queen of Navarre）的《魔法大全》（*Heptameron*）、薄伽丘的《十日谈》、《亚里士多德经典》、《对接生婆的规劝》等。”看起来只不过是个大体可预知的、普通的书目表，但托马斯·比尔却为他的大胆之举感到自豪。“你曾看到过这么强悍的藏书吗？我想我与其他的年轻单身汉没有什么大的区别。”[1] 367

正是因为比尔与他同时代的布尔乔亚单身汉一样，都显示了其大胆的男性气质，因此他的书信也是最具有说服力的。但是，这样的例子很罕见，也很珍贵，因为与比尔同时期的人很少留下这种展示

〔1〕Thomas Cameron Beer to William Collins Beer, February 8, 1887, box 18, Beer Family Papers, Y-MA. 1894年，安东尼·科姆斯托克对纽约一家出版社的仓库进行了突击搜查，他发现除了众多其他“淫秽”书籍之外，还有薄伽丘、拉伯雷、拉瓦雷的玛格丽特皇后等著作。Kilpatrick, *Smut Peddlers*, p.46. 即使按照他所处时代的标准而言，比尔的藏书目录也确实是颇为“够劲的”。

他们的欲望被激发的证据。不论是否由多雷做过插图的《巨人传》，还有《十日谈》，以及作为它在16世纪的更加沉稳的回声的《魔法大全》，都是适合于受教育者的、他们所寻找的有关性建议的素材，而且又不会显得过于低俗——这些书的距离感改善了作品的粗俗，书中的睿智拯救了其过分的性刺激。科姆斯托克及其反淫秽同盟者在统计可能会给年轻人带来巨大威胁的书目时，发现这些书刊竟然都乃经典之作。与之相比，安德烈·勒雷·勒塞奇（André René LeSage）的《跛足魔鬼》（*Le Diable boiteux*）历经多次翻版、翻译后，措辞温和流畅，几乎找不出言语低俗的痕迹了。这部曾风靡一时的小说，是基于西班牙原著的一系列传奇故事，于1725年出现了最后的完整版本，实际的色情成分比传说中的要减轻了很多。[1]几乎需要用一种积极的、暗示的，甚至是如饥似渴的想象力才能发现勒塞奇书中的性刺激。

在托马斯·比尔的小书目中，《亚里士多德经典》是唯一的一本可勉强算作色情的书籍——但也只是勉强算作而已。这本书本身可提供丰富、奇特而又纯真的性知识。该书17世纪的一个非正式的辑本，经过诸多无名人士的改写，并伪托为亚里士多德之作；书中很多论文提供了内容丰富、可靠的信息，特别是关于性冷淡、性无能、妊娠、避孕方面的知识和一些真实的论述，书中也穿插了赞誉性交快感的轻快诗句。《亚里士多德经典》于美国革命前的殖民地时期第一次出版。在托马斯·比尔收藏这本书之前，已经过了数次的翻版。

比尔的藏书也说明19世纪的读者对戏剧、幽默和悬疑小说中那

---

〔1〕正如乔治·圣贝里（George Saintsbury）在1917年恰如其分地评价的那样，对于那个将这本书编辑在一起的魔鬼而言，他特别的领域就是色情。但是，“这种描述，或者这种行动的环境可能引发的恐惧或者希望，是令人失望的。勒塞奇描述了大量的冒险的情节，但他的语言从严格意义上说来还是比较‘得体的’”。*A History of the French Novel (to the Close of the 19th Century)*, 2 vols. (1917), I, p.330n.

些温和的色情内容和猥亵情节颇为敏感。众所周知，一些人可以将最 368
平淡无味的词语和图片转变为性刺激的依据；任何东西，包括词典中的技术术语，都可以作为刺激性幻想的添加剂。在力比多寻求表达形式的过程之中，能够找到其该找到的东西——如果有必要的话也能够虚构，甚至在缺少充分根据的情况下，构想、编织出最细腻的手淫情节。就人类的这项偏好来说，19世纪中产阶级的力比多也完全不是例外。

简言之，这个中产阶级时代的色情并不是创造出某些性品味；它只是集中、引导、解放了人类最原始的渴望。通过激发人们的性想象，色情证明了其在人类生活道路的关键时刻具有无可置疑的适应能力。这就解释了色情在孤单的青少年、受挫的单身汉和上了年纪的浪荡汉身上产生吸引力的原因。这种吸引力是由多因素决定的：了解某些色情书目可以刺激人的自我，正如实际阅读某些色情文本能够激发人的性幻想一样。毕竟，有很多读者完全不受这些书籍的影响；一些读者由厌恶而反向形成保护意识，从而将强烈的渴望变为极度的反感；另一些读者由于不情愿违抗文化压力而反对阅读色情书籍。还有另外一些人不需要阅读色情书刊：他们已经接受了性教育，并且可以从其他渠道涉猎有关性知识。

因此，关于19世纪的男人因阅读淫秽书籍而受到诱惑的报道不仅很少，而且几乎是不可信的。也许此类最详细的报道涉及一个年轻富有的英国人弗雷德里克·汉基（Frederick Hankey），此君竟然使一向对色情冷淡的龚古尔兄弟感到震惊。他们的会见是在1862年的巴黎，当时汉基30岁左右，有可观的收入，并用专家般敏锐的眼光收集带有华丽的装帧和精美插图的色情作品。正是汉基向英国政客、藏书家蒙克顿·密尔内斯（Monckton Milnes）的图书馆提供大量他精选收藏的色情作品。汉基谈到了伦敦一些妓院的特殊房间里，顾客可以虐待妓女，或是花钱买到一个有利位置，可以观看同年轻女子性交的场景；而在龚古尔兄弟看来，这个汉克犹如“一个疯子、恶魔”，显示了令人厌恶的“人类的邪恶本能”。在他们以浓烈色彩描绘的肖像画中，他们严厉指责了这个“放荡的《瑞斯丁娜》（*Justine*）的忠实信徒”：汉基不仅宣扬萨德（de Sade）的理论，还将其理论付诸实践。[1] 龚古尔兄弟还写道，在汉基14岁的时候就已迷恋萨德的作品。但是，不管他是否用钉子刺穿13岁的儿童将之致残，还是收集被活剥的非洲少女的外皮，或他是否只是喜欢吹嘘由此带来的快感，
369 可以肯定的是，阅读萨德的作品只会抑制他的理性思考，或许他在选定导师之前就已经有了实施这种行为的倾向。

在19世纪的性教育中，色情只是扮演了适度的辅助角色，这也是人们意料之中的。编写和销售的色情作品只是为了刺激读者的性兴奋，并没有传授性知识。这些作品反复描写各种性行为，言语粗俗暴露，缺少对真实生活的反映，因此语言表达也极其模糊不清。人类的性体验好比是一部复杂的、不断变化的心理和生理的戏剧，有成功，也有失败；新鲜的诱惑与记忆混杂在一起，各种无法言喻的欲望与社会规则纠结在一起。各种蛰伏的无意识相互冲突，可能因为被激发的欲望而复活，从而使得性征服之路犹如真正的性爱充满了各种刺激与冒险。甚至是中产阶级青少年的初次性体验——无论是家中仆人的大献殷勤，还是城里贪财的女侍者的诱惑，在现实生活中，这一切都成为矛盾与理智、困惑与恐慌冲突中的温床。这种初次体验成为19世

---

〔1〕萨德（Marquis de Sade，1740—1814），法国贵族，亦称萨德侯爵。他是性虐待文学的创立者，施虐狂（sadism）一词即由其名而来。由于作品常赤裸裸地呈现人性丑恶的一面，尤其是对于性变态的描写，因此萨德的作品受到当时甚至现在社会的查禁。《瑞斯丁娜》，为其第一部经典色情小说，法文小说书名为 *Justine ou Les Malheurs de la vertu* (1791), 英文译名为 *Justine, or The Misfortunes of the Virtue*。——译者注

纪色情文学的主题，但只是用最粗糙的漫画手法。所有的色情内容都向其悸动的消费者表明，任何生物都能够以令人眼花缭乱的多种方式进行性交。在这种色情文学中，尽管减少了对通奸或者性器官的主要描写，而转向了对个体的或共享的性纵容的诱惑，以某种间接的方式力促那些羞怯的无经验者进入这个领域。尽管色情使人们充满了乐观和愉悦的快感——色情激发的性欲高潮往往也可能达到一种无可言喻、极度美好的幸福片刻，但只是一味地迎合性幻想的陈词滥调，缺少对人性的语境、感觉和差异的描写。正是因为这个原因，就连D. H. 劳伦斯这种性文学的推崇者，与他们厌恶那些正人君子相比，毋宁说他们更加厌恶出售淫秽出版物的商人。在这些虚幻的色情小说之中，尽管其主人公也似乎按照某种最自然不过的人性在从事着一种最解放的游戏，但他们看上去更像某种不可遏制的欲望的囚徒，不再那么合乎自然，也不再那么合乎人性。在这个僵化、呆板的色情世界里，床、阳具、阴器都大同小异。在色情物的展现中，肉欲与情爱达到了彻底的分离之境——对此，西格蒙德·弗洛伊德并非首次指责其为病态的。尽管龚古尔兄弟对那个“魔鬼”汉克将信将疑，他们还是敏锐地觉察出某种本质：在他们看来，此君风度翩翩、道貌岸然，也不乏贵族习气，但总归有某种“内在缺陷”，因而赋予他一种“非人 370
特性”，或者说他只是某种死物之活化。[1]

在此，不难对19世纪霍里维尔街出售的色情作品的主题进行某种形式的归结和分类。第一，女人，虽然可能需要被唤起其初次性体验，但女人可以和任何男人一样充满激情，也许会比男人感觉更加强烈。也许从女人的视角描写会更明智，最好用第一人称，尤其是描写口交的过程中，女人对性行为无法满足的渴望，更能激发读者。第

〔1〕April 7, 1862, *Journal*, V, pp.89-91.

二，男人粗大的阴茎，乍看可能令女人感到惧怕，但经过视觉、触觉的感官刺激，看到或抚弄它的女人会立刻兴奋起来。初次性体验的人会不断追求性爱的感觉，只是不能立即产生愉悦感。但疼痛本身也是一种刺激，直到最后进入完全的肉体享乐中。第三，所有的体验者犹如不知疲倦的性爱运动员；男人射精几分钟后又准备好了再次性交，女人们由于过度渴望而无法重现她们之前的狂热——但未必是与同一个性伙伴。第四，色情作品的消费者宛如观望者，偷偷地目睹他人激情的性高潮；或被动地接受，或通过手淫主动地参与其中。通过在尽可能多的情景下引入窥阴癖者，可以戏剧性地描写性交带来的兴奋。隐藏在树林里和从钥匙孔偷窥的读者为代表和典型，他们通过这样的阅读获悉了这种狂喜的生活现实，并使之及时地融入自己的行为之中。第五，精液的射出，无论是进入对方的肛门、口还是阴道中，犹如湍急的溪流、无可遏制的洪流，都是使性伙伴达到高潮时不可或缺的因素。同样，女人也会在性高潮后排泄液体，这样，两人沐浴高潮后在黏湿的液体中享受着这狂热的缠绵。第六，女人经常做性梦，梦中再现先前性交的场景，会逐渐使自己进入甜美、朦胧的性高潮；梦中的那个男人通常注视着她，提醒着她现实比梦境更甜美。第七，虽然并不是每个故事都包含乱伦、违犯人类禁忌的场景，尤其是由精力充沛的父亲和妙龄女儿呈现的乱伦场面，但这样的配对却能使读者保
371 持很高的兴致。第八，尽管每一篇每一行都应注重性品味，但是灵活多变的场面同样很刺激；性交前的爱抚，尤其是口交，能够释放自我促使性高潮形成；两人之间的性交应当扩展到其他人和其他群体。纵欲从不会让人感到乏味。第九，有着性施虐或性受虐嗜好的顾客，需要故事中有对鞭打、残害、堕落和受奴役的情节特写。即使是只限于男人和女人性交的传统故事，也会利用其中残暴触摸的诱惑：第一次强烈的诱惑、处女膜破裂的刺痛，都是混合着恐怖和狂喜的美好时

刻。第十，尽管有时描述做爱主人公所处的生活、经济背景也引人入胜，但这些因素只是在提高诱惑力的有利时机才会使用；那种打破阶级界限的性欲高潮，犹如那些违背伦理的乱伦禁忌，仅为故事添加一些更为刺激的佐料。性冲突，这才是唯一重要的，没有任何因素被允许侵入这个精心编织的空间；无论是人物性格的发展，还是复杂的感情经历，甚至是对某种可行性的精心推敲。

在他们商品化的色情物中，19 世纪的色情小说家没有时间，或者说没有能力创造展示自我个性的作品；他们少有玩弄语气，风格上又显得那么畏怯、呆板。众多的色情文本中散布着色情和猥亵的感叹语，模仿实际性交中的充满激情的喊叫声，以煽动、刺激读者。有些则引入一些嬉戏的变体：当放荡的、有性施虐狂倾向的莎德露斯夫人（Madame de Chaudelüze）被一穿女士服装的年轻男子施以手淫时（此处引用 1815 年《莫尼卡妹妹》——有性变态倾向的一本色情小说，曾被错误地归结为 E. T. A. 霍夫曼的作品），她大喊道："快！我的小宝贝儿！啊！……我的小乖乖！快-点！我-受-不-了……！"还有些则矫饰地在书上印出了"p—k"或"c—t"等字样，这些做作的优雅似乎也缓解了高潮时紧张的氛围，而这些淫秽的字眼儿似乎在这些地方又显得颇为得体。更有甚者，有些人模仿约翰·克莱伦（John Cleland）在他的《芬妮·希尔》（*Fanny Hill*）中首次使用的矫揉造作的克制风格，完全避免使用粗俗、暴露的语言来描绘性情节和性交，而是通过隐喻、委婉语和迂回的方式激发读者的性幻想。然而，这些语言游戏也必定会让人感到枯燥乏味——除了那些冥顽不灵、病入膏肓者；即使是最富有想象力的色情作家，用于描写男女性行为所创造的新词在数量上也不是无可限量的，这些词都具有明显的家族类似性。所有的语言只不过是在可预知的主题上可预知的变体而已。男物犹如工具，女物则为容器，两者悸动共鸣，即可付

372 诸行动。其他作品的文体手法也没有太多的新意：19 世纪的一些作品通过使用“优雅”词汇，矫饰地引用法国、英国的一些经典之作的格言警句来提升自身的文学价值。长篇大部头作品如《郊外的灵魂》（*Suburban Souls*）于 1901 年在伦敦第一次出版，小说事无巨细地集中描写了口交的过程。作品的部分章节还引用了莎士比亚、缪塞、罗赛蒂等人的诗句来加以修饰，并效仿萨克雷的《名利场》中“响铃落幕”的结局，试图引发人们的道德观和“宏大的情景转换”。但是大多数色情作品不屑于这种明显矫揉造作式的装饰，断然地割裂了其与文雅的文化间一切联系，迫不及待地转入了手头上的活计。

这活计既是灵活多变的，又是相对固定的。19 世纪的色情作家迎合了所有能想象到的欲望：恋童癖、恋物癖、乱伦、兽欲、同性恋，甚至是性交高潮时的虐杀——这也是缪塞作品《伽米阿妮》（*Gamiani*）的结局。如同餐厅老板要有自己的特色烹饪一样，色情作品的制造者们只有不断更新自己的菜单，才能尽可能吸引更多的顾客。色情供应商们意识到最忠实的顾客是永不厌倦描述相同场景的专家，而每位不同的专家都会有自己不同的擅长和嗜好。古斯塔夫 · 德洛兹（Gustave Droz）的书信体小说《夏季运动》（*Un Eté à la campagne*），1868 年出版于布鲁塞尔；作品中大量使用“uncle”——这是一种人造的男性生殖器。文中提到一个已婚女人在晚上丈夫不在家时用它自慰，还写到一个年轻的女同性恋者用它为一个她爱恋的女孩提供性服务，因为这个女孩更喜欢男人。这种驾轻就熟的精湛技巧值得称道，但总是显得有点牵强附会。性高潮——无论是以何种方式达到的才是最重要的。

现在，几乎不可能建构一条可靠的线路图，以穿越时空，重现 19 世纪的色情世界：大量作品已失轶，尤其那些当时相对比较廉价的篇目，而那些富有的爱好者收藏的昂贵作品，如今却被封锁在世界大型图书馆的仓库中，也不再具有典型性和代表性。这些现象暗示着民族风格和流行趣味的转变。例如，英国生产和引进大量的鞭笞文学，主要是针对私立学校的男生们回忆鞭打时耻辱的喜悦之情。然而，只有在那个奥地利人，利奥波德·冯·莎瑟-玛索赫（Leopold von Sacher-Masoch）之后，这种性反常行为才得以命名。色情文学的研究者已经敏锐地觉察到一种演进的趋势：从依赖正统文学转向为一种完全独立的体系；现存出版于 1900 年或之后的书刊，都是在小心翼翼地模仿两三代之前的文学风格——这让我想到了 1901 年出版的《郊外的灵魂》。作品中似乎越来越倾向于暴力，特别是对妇女的暴行；然而作为使其得以命名的那个施虐狂鼻祖的人早在 1814 年就去 373
世了。色情文学，尽管宣称有着无穷无尽的资源储备和令人眼花缭乱的高超技艺，却是现存最单调的一种文学形式。

这是必然的结果，因为它满足了人类回归的需求，而这种需求是如此的普遍而又根深蒂固。对于色情文学的作者和读者两方面而言，其内心最原始的潜意识愿望已经迸发出来，结晶为意识，而这一过程尽管是非连续的，但是永恒不变的。色情文学的回归以一种戏剧性的方式，复活了依然存续的古老欲望，虽然这种欲望在通常情况下得以很好地掩藏和控制。总之，色情终于逾越了人们小心谨慎地建构起来的心理防线，勾销了纯洁之物。这种回归不是简单地返回到早先的心理机能模式，而是说成年人总是背负着岁月的重荷。更确切地说，它是一种对尚未完成的事业的悄然建构；是对唤起人们思想和情感的碎片的重新拼装组合。弗洛伊德在 1905 年奠定了其理论基础，认为人类性驱动力由一系列的冲动构成，随着孩子的成长，这些冲动作为前戏或某种辅助性快感，簇拥在成年后的主要目标周围，幸运地飞越成长过程的暗礁浅滩，最终与异性伴侣充满激情地进行性交。在色情机制之中，这种理智的整合坍塌了，幼年的性机制又一反常态地主张其权利了。

这种向读者最早体验的反向回归压力，看似很容易促使表面的故事向隐藏的信息的方式转变。事实上，在很多方面来说，这些信息还是完全开放的；多数的淫秽文本是完全自然的描写，几乎没有任何的扭曲。实际上，很多色情作品读起来像是复制了幼年的性幻想。第一种实例就是无罪恶感的父女乱伦媾和；第二种，是色情故事中频繁出现的窥淫癖者寻找偷窥情侣性交的场面；第三种性变态是从阴道性交转而到肛交的快感。《伊芙林》（*Eveline*）是一部经过多次修订、流行几十年的维多利亚时期的作品，书中记叙了一个沉溺于口交的年轻可人的女孩。她享受着和她的仆人、哥哥、父亲性交时的快感，在关键时刻为父亲进行手淫时，她戴上了新的羔羊皮手套是为了达到这一目的：“我能意识到所有接近高潮时的征兆。在高潮到来时，我会紧紧地握住它。在他射精后，黏稠的精液会溢出在我的手中，手套也不断在这热情的洋溢中滑动，直到他射出最后的精液。”这是一个小孩通过成人的身体，以及成人的体验，才能讲述的经历。

374 在 19 世纪的色情作家笔下，女性角色的性梦总是具有一定的典型性，再也没有什么比这个例子更有说服力了。在《三个密友：伦敦日常生活故事》（*The Three Chums: A Tale of London Everyday Life*）中，一个有慕男狂的女孩裸体躺在床上时，她禁不住吟唱道：

一天晚上，我裸躺在柔软的床上，
我已融化在爱梦之中，虽为处女，
梦中所见让我遐想联翩，
一个青年，他的脸庞我仿若那样熟悉，

他脱下衬衫，洁白的身躯向我扑来，

就像是新婚之夜的温柔新郎，

如此等等，并由此达到了高潮体验。总体上，这种毫不掩饰的意愿满足感，如儿童梦中和女子的睡姿，尽管很难说是时刻处于蛰伏状态，但这种性满足却是色情作品从整体上的缩影。儿童从很小就具备了拥有、支配、独占、结合和摧毁的意志。他们身体的每个部位都可作为获得性满足的乐土，而区分性欲和侵犯行为的能力充其量只是基本的潜能。在幼儿园这样有限的空间内，触摸、亲吻、爱抚、舔咬、吞食这些行为都是表现爱的行为。弗洛伊德在谈到儿童的多重性满足行为时总结出了这一特性。色情作品再次为其成年消费者详尽展现了这种幼年的性潜能。

这些多重性满足的变态行为是色情作品试图激发的回归性幻想的又一例证，而且完全没有爱情的色情作品也证明了狂乱与性饥渴的并存。这种“情侣”间施加的暴力——而大多数是男人对女人的暴力，也证明了色情作品在其最惊人的性场景中力图满足读者幼年施虐的快感。但是读者发现，有些场景中的性发泄几乎远远超过他们的性需要，以致他们仍难以区分色情作品中为人津津乐道的强奸、鞭打，以及其他各种肉体上的折磨。

也许还有一点更为重要，因为儿童没有等待的耐心，因此色情作品在成年人的阶段再次确立一种幼年模式，精神分析学家称之为主要过程的思维模式（primary-process thinking）。色情作品中所谓的高潮，是指无法控制的冲动的爆发。色情中的主人公甚至为了满足自己的性渴望而不愿花费时间脱光衣服；他们勇敢面对将被发现的危险，这种行为不仅仅是为了加强性交时的兴奋感，更主要是因为他们不能忍受拖延的痛苦。身体里不断充满着性冲动，在极为短暂的间歇后他 375

们又开始新一轮的性交。"给我快点！"一位叙述者愤怒地、不耐烦地向不知疲倦的情人大喊道："按我吩咐的去做，快些吧，否则我不会再爱你了。"片刻之后又说："立刻按我说的做！"几天之后，他们同这个女人的丈夫外出散步，当和情人独处几分钟时，男人说，"'我的宝贝儿，让我们此刻共同享受吧！''你疯了吗！''不，我爱你，按我的意愿做吧。''我的上帝啊，我们会被发现的！这样我会很难堪的。''抓紧时间的话是不会被发现的。快蹲下来！'"在此引用的是《一位法国时尚夫人放纵的忏悔》(*Voluptuous Confessions of a French Lady of Fashion*)，连续六期刊载于英国维多利亚中期的色情期刊《闺房》(*The Boudoir*)；我还可以引述很多其他作品。这些故事中的情人们经历着欲望和满足之间最为短暂的停歇，这是一种时间上的折磨，也是恣意的剥夺。行动的延迟，是理性和体谅他人的表现，是爱情的试金石，但这种延迟在色情世界中几乎难觅踪迹。

当然，色情不仅仅指这所有的一切——色情的含义也不仅仅停留在其表面。色情的制作和消费终究是成人的活动，这一不可避免的事实确保了显露与隐藏的部分并非完全一致。偶尔也会有某种令人惊讶的文雅表现，例如女主人公不愿在月经期性交，或者是某种虔诚的结局，例如性行为让步于某些善行——当然，这一切还需要进行更深入的分析和研究。同样，相对于色情作家们狂热的想象而言，母子间乱伦作为一种至关重要的禁忌，出现的频率相对较少。

尽管男孩充满着对母亲的愤怒和对父亲的爱，但这种复杂的感情还是不能消退男孩想要占有母亲的欲望，这虽是未成熟的表现，却是最受抑制的青春欲望。由于这种抑制是如此有效，这种欲望很少不加掩饰地表露出来。甚至在色情作品中，这种欲望也差不多是所有作品中最无耻的。19 世纪的色情作家精心策划母子乱伦情节，但在他们笔下往往是母亲对儿子的诱惑。对男性读者而言，这样也为他们露骨的

欲望减轻了负疚感。虽然他们经常厌恶恋母情结；但在《闺房》杂志
上，所有的淫诗、笑话、轶事和短篇小说都以隐晦的方式来掩饰这种
乱伦关系：一个年轻人与他那放荡、经验老到的中年女房东“干了那
事”；另一个年轻人与一个40岁的女管家有染，但出于虚荣和避免别 376
人的闲言，那个女管家称自己只有33岁；还有一个年轻人受到一个
30岁的法国寡妇引诱，也沉溺于那神秘的爱情游戏之中。在别处，母
子乱伦也就便利地转换为父女乱伦，从而来表达无可言喻的欲望。

在母子乱伦的主题上少有的缄默似乎能很好地解释一个司空见惯的现象：色情作品是由男人所写，也是为男人所写的，尽管也有很多例外的情况。几乎可以肯定的是，在色情作品中，男性处于支配地位：男主人公总是戏剧性地表现其被无限夸大的幼年欲望，而这种欲望总是能得到尽情的满足。男性对失败的恐惧，只有付诸无休止的超人式成功的行为，才能得以克服。他硕大的阴茎，无论在长度、强度、粗壮方面都无可比拟，犹如一件所向披靡的武器，在富有传奇色彩的表演行为中尽显其威力：这正是男性统治的象征。在性欲方面，女人是贪得无厌、欲壑难填的，因此女人远远超过男人成为堕落题材描写的对象。她们被粗暴地蹂躏、强奸，即使是在心醉神迷的高潮时刻，她们也更多的是受害者，而不是施虐者。她们如饥似渴的性欲望是一个征兆，即她们必须依赖男人，也只有强壮如种马的男人才能给予她们急于获得的快感。因此，色情作品中的女人代表着最极端的形象，一种是被男人统治、分裂的形象，而另一种也是男人生活中最重要的女人形象——他的母亲。小男孩的意识还不能将他珍爱的那个女性形象整合起来——那个既养育了他，又让他倍感挫折的女人：下午他恨不得要杀掉她，晚上又想娶她。起初产生的愤怒是由于他发现，作为他心目中完美女人的母亲竟然和一个男人（他的父亲）做了“那种事”；虽然这种怒气很快被抑制下来，但也经常使他处于幻灭的心

境：她不是天使，就是娼妇。有些男人是幸运的，在他们成年之后，能将母亲的形象整合为一个现实的整体——她既不是天使，也不是娼妇，而是一个复杂的、非完美的、但值得爱戴的人。然而，在通常情况下，那些色情作品的忠实读者，不管他们是有意识地崇拜或者憎恶他的母亲，都未能愈合他们幼时严厉的创伤；在他们心中，母亲的形象要么是最纯洁的女人，要么是最淫荡的女人。他们不仅受到悬而未决的恋母情结的困扰，也受到早先的、古老的、前恋母情结心绪的折磨。因此，他们脑中不断浮现的念头是：必须要与最下流、最淫荡的女性一起，体验肉体之乐和享受性交的快感。西格蒙德·弗洛伊德在1912年指出，诸如那些有性功能障碍的人一样，男人所采取的“主要防御措施”，就是“在心理上贬低其性客体（sexual object）”。一旦他们达成这个目标，“他们的性欲望就会自由释放出来，体验性活动带来的无比强烈的愉悦感。”更重要的是，弗洛伊德又补充道，“这样的男人大多数过着相当粗俗的性生活；他们保持着反常的性目
377 的”。[1]这种描述，虽然不能作为所有淫秽出版物读者的肖像，但近乎完美地适合于色情读物的瘾君子，不管他是通过手淫还是妓女来寻求其性欲的发泄。由此，让我们再次回顾弗洛伊德的著名论断：男人有爱情，就不能有欲望；有欲望，就不能有爱情（Where he loves, he cannot desire, and where he desires he cannot love.）。

然而，这无损于其善良之人性。正好相反，色情以其特有的有悖常理的方式颂扬了亘古不变和简朴率直的人性。色情可以持续不断地对所有人类隐藏的幻想做出详尽的阐释。有许许多多的色情作品如《好色的伪君子》（*The Lascivious Hypocrite*）、《穿裘皮大衣的维纳斯》

〔1〕“Über die allgemeinste Erniedrigung des Liebeslebens” (1912), *St. A.*, V, S.202-203; “On the Universal Tendency to Debasement in the Sphere of Love”, *S. E.*, XI, p.183.

（*Venus im Pelz*）等，都是对人类潜意识的深刻探索。如果从其公开宣扬的主题来判断，那些痴迷于邪恶色情读物的幻想被严重地扭曲了。他们需要快速浏览作品中描绘猥亵姿态的淫秽段落和图片，这实际上暗示了一种期望，而这种期望在潜意识中被转化成恐慌。那些反淫秽运动者，当这些隐含的内在形似性引起他们注意的时候，很少对此做过发自内心的反省，而只是一味地反对做出相应的联想。

但这种相似性确实引起了他们的关注。精神分析学家没有发现反色情者中潜在的色情痴迷的现象。波士顿道德鼓动家戈德弗莱·洛威尔·卡伯特（Godfrey Lowell Cabot），是观察与保护协会（the Watch and Ward Society）一个孜孜不倦的成员，却给他的妻子写过很多包含浓烈色情内容的信件，他专注于色情的一生也引发了人们的嘲弄评价。事实上，那些所谓的纯洁协会，不管是宗教的还是世俗的，往往成为那些不太恭敬的漫画讽刺的对象。那位安东尼·科姆斯托克先生理所当然地成为这些讽刺漫画的最佳目标；幽默杂志和那些受到过他突击审查，但能说会道的受害者，从一开始就嘲笑他的行为，认为他是一个思想肮脏、沉迷于淫秽作品的令人恶心的人。进而言之，他本人使用的语言也引发了人们对他进行报复性的精神分析：科姆斯托克视自己为“出淤泥而不染”，他需要保护那些纯洁的心灵不受淫秽思想的侵害。他相信自己是鉴定“淫秽读物”的专家，哪怕只要一“闻”，不管是装帧多么精美的书刊，他也都能立刻“嗅出其臭味”。1915年，在他生命中最后的一年，他再次回到那个他最熟悉不过的世界——那个淫秽横流的肮脏世界：“只要你打开大门，淫秽物将倾泻而至，对青年人的引诱和堕落也将随之而来。”[1] 为了更崇高的美好

〔1〕参见 Kilpatrick, *Smut Peddlers*, p.36, Robert Bremner, “Editor’s Introduction,” Anthony Comstock, *Traps for the Young* (1883; ed. 1967), pp.xxviii, xxiv。

378 目标，科姆斯托克与这些令人恶心、反感的淫秽出版物共同生活了40多年；也许除了他自己以外，几乎每一个人都会承认：色情作家与其复仇者实际上占据着相同的精神领域，与同样原始的性问题做着殊死的搏斗。

直到19世纪末至20世纪初，弗洛伊德为这种令人反感的分析提供了科学基础，并使用了相对中立的词汇，而这些已经成为中产阶级的共同财产，尽管从审查者的心态看来，这些都是应当受到排斥的。19世纪初，身为牧师和执法官的悉尼·史密斯（Sydney Smith），有着无与伦比的才智，他曾指出“以捕老鼠为业的人以抓老鼠为乐，以抓臭虫为业的人当然乐于见到臭虫，色情审查者则以发现淫秽色情为乐了”。《星期六评论》从其创刊伊始，就坚定不移地支持这种观点。1858年，《星期六评论》严厉抨击了英国新闻界事无巨细地对令人发指的谋杀案所做的报道，指出：“我们一直以来坚持这样的观点，我们强烈谴责的那些出版物中确实存在着（也许是无意识的）猥亵内容的强烈势头，并贯穿着大量自夸为最优良的道德观念的东西。”查尔斯·里德（Charles Reade），这位多产的英国小说家，性格火暴、喜好诉讼论战，也是一个资深的报纸评论员，1864年，针对在道德家和色情作家之间的令人意想不到的联盟，给那个所谓“纯洁”的伙伴命名为：“淫秽的假正经”（the prurient prude）。他争论道，那些自诩为道德卫道士的人，在阅读过程中，目的就在于寻找那些令人反感的段落，断章取义，常常脱离语境并对此做出淫秽的解释，而且夸大其重要性，然后将淫秽的大帽子扣在作者头上。里德所描绘的“淫秽的假正经”是指那些“淫荡的伪君子，他们对一本书中所有美好、纯洁、真诚的内容视而不见，以他们不雅的品味，眼睛只是贪婪地盯着那些只有肮脏的灵魂才会将其曲解，并将其夸大为淫秽的东西”。接着，他补充说“这种人为了达到自己的真正意图，任意地向原文的意义中添加不雅内容，以使作品变得粗俗、下流”。因此，所有的矛头都指向了作品的作者，“这个被玷污的作者，被认为是肮脏的”。“所以，”里德最后几乎用正面的发泄总结了自己争论的意图——甚至还用了一个有关人类排泄物的比喻，“作者就是这样可怜。但这是为什么呢？一大群肮脏的人正蹲在他们头上，玷污了他们。”[1]他用了这个让人震惊的比喻：科姆斯托克和坎佩尔这样的人，简直就是蹲在作者头上拉屎——这个比喻很有创意，其恰当之处甚至超出了里德本人 379
的想象。

在潜意识中，两种极端的状态不期而遇了。19 世纪的纯洁化和净化文字者——他们的名字都很有说服力，无论他们如何标榜自己，他们都不可能被看成是这个时代的中产阶级的代言人。确切地说，与色情小说作家一样，他们也从一定程度上歪曲了事实，但具有讽刺意味的是，他们再现了中产阶级试图主宰其情感，以及试图将肮脏思想与纯洁的感情区分开来；审查者及其煽动者所设置的表达许可的界限过于狭窄，允许对公开展现自然进程表达厌恶的门槛太低了，因此他们也不能成为真正的中产阶级文化的代表。他们的行为表现得像是一个迫切的、苛刻的中产阶级文化超我（cultural superego）。

诚然，诸如英国的阿尔吉侬·史文朋和乔治·穆尔、法国的埃德蒙·德·龚古尔和爱弥尔·左拉，以及德国的一小群愤怒的政论家，这些雄辩的自由论者对压制自由表达的声讨宣言也并非不偏不倚。许多作家也陷入了与当局或公共图书馆的千丝万缕的联系。当然，他们

---

〔1〕Smith: D. R. M. Bennett, *Antony Comstock. His Career of Cruelty and Crime* [a chapter drawn from his *The Champions of the Church* (1878), p.1013] ; “The Purity of the Press,” *Saturday Review*, V (June 26, 1858), p.657; Reade: “‘A Terrible Temptation,’ To the Editor of the ‘Daily Globe,’ Toronto,” October 1871, in *Readiana. Comments on Current Events* (1883; ed. 1896), p.261.

大胆地说出了大多数中产阶级受教育人士的心声——即使大部分是以含蓄的态度，可这并不完全是自私的行为。因为他们有着无数有影响力的支持者和读者，而所有的读者，不管是为了其自身，还是为了中产阶级文化，更期待更多的性知识。

简而言之，在这个中产阶级世纪，呈现了长期争论不断的通过小说进行性教育的态度，无论是以体面还是不道德的形式。他们之中不乏富有深刻思想的人，试图将他们的自由信仰和道德义愤和谐统一起来，并不断地重新界定令他们反感的文学与需要法律进行钳制的文学之间的界限，但他们所有的努力都归于失败。在笔者看来，他们看问题的视角，当然是富有典型中产阶级特色的视角，是一种动摇不定而远非连贯一致的自由主义表现形式，更多的是对各种事件做出反应，而不是从根本上去影响这些事件——无论是关于一本小说的丑闻，还是一次愚蠢的迫害行为。他们时常摇摆不定、犹豫不决，甚至自相矛盾。但是，自从 19 世纪 50 年代以后，也有很多作家做出真正的努力，他们采用某些儿童化的主题试图将小说中性化，例如乔治 · 穆尔 1885 年的《护理文献》(*Literature at Nurse*)，就是一篇杰出的讨伐檄文，使得自由主义的仇视或愤慨跃然纸上。然而，不管审查者和自由主义者的立场如何，他们代表的正是处于冲突中的读者。

4. 距离的信条

对于 19 世纪的布尔乔亚们而言，如果说阅读关于性方面的书籍导致了更多冲突而不是获得更多信息的话，那么观赏裸体画像或是裸
380 体雕塑的时候——虽然男性观看的频率要远远多于女性，人们就会普遍认为，他们是在以一种令人愉悦的方式改善对人体的认知。对于很

多年轻人和小孩来说，有无数的黄色小笑话就是以这种寓教于乐的艺术形式使他们受益匪浅。莫兰为《小笑话杂志》画的一幅讽刺画中的一个小男孩，家里很多兄弟却没有姐妹。1882 年，小男孩和他的父母一起参观了巴黎美术沙龙展览，他眼睛盯着一幅与真人一般大小的直立裸体画像，天真地问他的父亲："那个没穿衣服的可爱女孩是谁做出来的啊？"[1] 事实上，在 19 世纪这样的裸体画展欧洲各地都有展出；它们点缀着公园和喷泉，在公众展览和公共建筑中也占据着重要的位置。这些画像装饰着壁龛，覆盖了大厅的墙壁，一直延伸到天花板。这些裸体雕像几乎可以形象地表现着，或是用讽喻方式叙述着，或是歌颂着，或是象征着任何人或任何物：可能是仰卧着、显露出生殖器的死去的亚伯；可能是顽皮的、由压缩空气推动的电流；也可能是活力充沛、朝气蓬勃，只穿着性感长袜的自行车。

19 世纪 80 年代，瑞典雕塑家佩尔 · 哈塞尔伯格（Per Hasselberg）就是以他的肉感裸体雕塑而声名大噪的。他所雕刻的每组雕塑中都有一对姿势丰富、精力充沛的蹲伏裸体者，甚至是摆出夸张的动作，以象征现代技术所取得的成就，例如炸药、照片、火车动力机车和电话。1903 年，在埃萨 · 德 · 盖罗斯（Eça de Queiros）去世的三年后，葡萄牙雕塑家泰沙拉 · 洛佩斯（Teixeira Lopes）为了纪念他的同伴，一位著名的具有丰富想象力的现实主义者，用与实物一般大小的雕塑群，表现出正如德 · 盖罗斯小说中曾经出现过的那种性感诱惑的主题：一位帅气、成熟稳重、穿着华丽的小说家，正注视着一个裸体的、充满诱惑的年轻少女，而她也以含情脉脉的眼神望着他，张开双臂摆出似是忠诚、似是挑逗的姿势。那些易受感染的观众发现这些

〔1〕 V. Morland, "Au Salon de Peinture, " *Petit Journal pour Rire*, XXVI, 3rd ser., No. 347 (1882), p.6. 这个故事得益于丹 · 谢尔曼（Dan Sherman）。

裸体雕塑比现实的人物更令人兴奋，这一点也是不足为怪的。“你告诉过我，你还没有过一个女人，”年轻的古斯塔夫 · 福楼拜 1841 年给他的密友厄内斯特 · 谢瓦里亚（Ernest Chevalier）的信中写道，“感谢上帝，这样做太明智了，因为在我看来，女人是人类之中的愚蠢尤物。女人是一种粗俗的动物，但被男人过于理想化了。欣赏一个雕塑就会让我们变成一个手淫者，而现实在我们看来却是如此卑微。”[1] 品味可能变化，即使是对裸体画或雕塑，但是，渴望裸体的品味从未随着时代的改变而改变。

皮埃尔–保罗 · 普吕东（Pierre-Paul Prud'hon）的房顶画《引导精灵升天的书房》（*Study Guiding the Ascent of Genius*）是风俗画中优秀的代表作品。此画绘于 1801 年，当时拿破仑 · 波拿巴是法兰西第一共和国首席执政官，卢浮宫的房间里还摆放着拉奥孔雕像；这幅
381 画的名望程度甚至超过了拿破仑。因此，普吕东几十年来都受到了欢迎。拿破仑发现普吕东作品中微妙的感官象征恰好迎合了他的喜好，他授予了普吕东军衔和荣誉。我们识读此画或许有些感觉到一对经过很长潜伏期的暧昧的少男少女互相友好地升上了天堂，其中女孩握着一个暗示性的蜡笔夹，作为皇室品味的暗示。但是中产阶级大众也同样喜欢这对少男少女，此时正是进入了第三共和国的时代。品味挑剔的龚古尔兄弟很难算作中产阶级的典型代表，他们发现普吕东很是令人疑惑：“有时是一位伟大的诗人——法兰西帝国唯一的诗人，有时我们会问自己，他是否在欺骗我们，或者这只不过是画家吸引消费者的微笑招牌。”这种言论巧妙地抓住了普吕东作品中灵活的、具有性爱倾向的模糊性，但是普通艺术消费者的整体趋势却没有这样的犹豫不决：普吕东的房顶画在整个 19 世纪被大量复制，包括先后进行蚀

---

〔1〕 March 28, 1841, *Correspondance*, I, p.78.

刻、雕刻，以及平版印刷，并得到了很高的评价。几十年过去了，普吕东的一个传记作者皮埃尔·戈提兹（Pierre Gauthiez）认为，他的这个作品“常常被复制，但从未得到充分的复制和赞赏”，而另一个传记作者，查尔斯·克莱门特（Charles Clément）称它为“值得赞美的作品，是普吕东最著名的作品之一”，是一部“最优秀的、近乎完美的作品，它倾注了普吕东的所有精力和情感，他那具有独创性的、富有诗意的想象力，对形式具有的强烈个人情感，成熟的技巧和他那迷人的气质。画中的两个孩子堪称完美”。[1] 毫无疑问，这些作品呈现的都是正面的裸体状态。

19 世纪裸体画像的风格和 20 世纪的风格不太一致，经常被认为是夸大或刻板的表现，大部分让人觉得荒唐可笑。只有少数的画作完全显现出了带阴毛的生殖器；有一幅画像看上去是一群孩子，但相对于他们的年龄来看又显得特别宽大结实。事实上，总的说来有相当多的裸体画并没有显露出阴部。但当这些画像第一次呈现在人们眼前时，这种文雅的变形极有可能唤起人们热烈的幻想。通过裸体画像传达身体信息是独具匠心的，从某种意义来说是永恒的；当表现乳房、生殖器特殊的形态，或是身体某一特殊姿态时，每一件裸体作品都传达了身体知识。但是随着个人和文化历史的变化无常，人们产生的感觉也会发生变化：有人会把它视为刺激审美的一种经历，或就此发出嘲笑声，有的人却视之为引诱性欲的手段。我们既不会鼓励色诱，也不会暗示漠不关心。19 世纪那些有名望的人之中， 382
有许多人似乎也曾因一瞥美丽的脚踝而激起欲望，或是通过观赏诸如《亚马逊》（*Amazon*，锌版摹本也曾为 1851 年的伦敦世界博览会

〔1〕Goncourts: May 28, 1858, *Journal*, Ⅱ, p.239; Prud'hon: Gauthiez, *Prud'hon* (1886), p.34; Clément, *Prud'hon. Sa vie, ses oeuvres et sa correspondance* (1872; 3rd ed., 1880), pp.282-283.

增光添彩）这样让人异想天开的作品来寻找精神食粮。时至20世纪，这些绘画和雕塑几乎很难作为唤起性爱感官的视觉形象了，但是作为一种历史想象行为，我们试图发现100年前的人们是如何对这一切做出反应的。

安东尼奥·卡诺瓦（Antonio Canova）那超然冷漠、曾备受人们称赞的大理石雕像证明了潜在的美感和感官反应的多样性。大多数现代的观赏者贬低或取笑卡诺瓦，认为他是一个剥夺裸体雕像任何性欲刺激的专家；肯尼思·克拉克（Kenneth Clark）对这种共识进行了总结，虽然他把卡诺瓦称为“杰出的肖像画家和开创当代绘画独特风格的大师”，却指责他是19世纪虚假裸体雕塑的源头，他那“矫揉造作的古典主义”风格，以及“机械的表现手法消除了人们最后兴奋的战栗。如果要将维多利亚时期的维纳斯大理石雕像作为激发情欲的对象，这犹如追逐一颗陨落的流星那么难”。事实上，卡诺瓦本人也公开说过，“裸体雕像是纯洁的，它充满了高雅的美丽，带我们远离世俗的激情，将我们的心灵提升至对神圣事物的思考”。查尔斯·狄更斯评价卡诺瓦的雕像时，无意识间重复了卡诺瓦说过的“高雅”，带有一丝愠怒却能体现无性之优雅；狄更斯还发现卡诺瓦的雕塑“高雅、精美”，简直无与伦比。但是，另一个极端的代表，海因里希·海涅和古斯塔夫·福楼拜都证实了卡诺瓦的雕像是将性欲具体化的表现。海涅从卡诺瓦的雕塑作品《维纳斯》中感觉到了犹如诗情画意般的爱欲：“到现在，我还经常想起那座雕像；有时还梦见她躺在我的怀里，并且逐渐获得了生命的活力，最后她低低的细语声在我耳边回荡。”而福楼拜表现出的仰慕之情更为强烈：他时常去卡罗塔庄园（Villa Carlotta）欣赏卡诺瓦的雕像作品《丘比特与赛姬》（*Cupid and Psyche*），对美术陈列馆的其他作品视而不见；他最后一次参观时这样写道：“那个女人的雕像令人神魂颠倒，她满怀爱意地舒展着她修长的玉臂，我在她的腋下留下了我的轻吻。”[1] 海涅和福楼拜可谓是情色风月之大师，或至少从他们的语言之中来看是如此；或许他们发现了隐藏在卡诺瓦冷漠的外表下、其他人难以体会的热烈情感，或许他们将自己的情感需求建立在卡诺瓦细腻、优美的作品之上。无论他们的真实情感是什么，将我们自己的情感刺激强加给过去的艺术作品是不符合历史事实的。但是，有一点是非常肯定的：无论历史如何发展，或是受到什么样的阻碍，在整个文雅的时代，这种人体雕像已经成为随处可及的艺术形式了。 383

在这个问题上，19世纪的某些艺术家是无可争议的；他们赋予了裸体艺术作品如鲁本斯绘画中体态丰满的模特般的性感活力。德拉克洛瓦和库尔贝，马奈和雷诺阿正是运用了这种强烈的激情赞美了女性的身体，但是似乎没有任何人误解他们的油画作品之为循规蹈矩的学院派作品或是遁入回避。德加（Degas）并没有专心致力于歌颂、赞美女性的身体，只是如实记录了生活中他见到的景象。他绘制了许多单版画，画中描绘的多是肥胖的中年妓女，她们中大部分都是裸露的，只有颈前环绕着柔软的缎带；她们无精打采地坐在泛着油光的安乐椅上等待接客，劈开双腿，显露出蓬乱的阴毛却又带有腻烦的冷漠。但是，这些艺术家都是典型的中产阶级的代表；他们是反叛者，或被人视为反叛者。不管他们是否有意冒犯当时所谓的文雅品位，但是在当时的画作中这种直率的描绘很显然使文雅品位受到了持续不断的冲击。库尔贝和马奈的裸体画也许有时集中

〔1〕Kenneth Clark, *The Nude: A Study in Ideal Form* (1956), p.162; Mario Praz, “Canova: Ice and Fire,” in Thomas B. Hess and John Ashbery, eds., *Academic Art* (1971), pp.165-166; Angus Wilson, *The World of Charles Dickens* (1970), p.194; Robert M. Adams, *The Roman Stamp: Frame and Facade in Some Forms of Neo-Classicism* (1974), pp.169-170.（在原书中此处引文由作者译出。）

于表现纯粹的欲望，但我们应当将其视作抗议的表达，是对当时刻板的学院艺术和虚伪行为的无声抗议。因此，他们的作品也无助于反驳 20 世纪的流行观点，即 19 世纪文雅的布尔乔亚在性问题上过于拘谨和虚伪。

但是，安格尔（Jean-Auguste Dominique Ingres）描绘的裸体画像备受争议。他的作品显示出对中产阶级声望的否定。作为完美的学院派，法国政府授予他无尽的荣誉。他一生专注于描绘人体画。1891 年出版的巴黎旅行指南中写道，“安格尔是同时期中得到广泛认可的法国最著名的画家”，并指出，他毫无争议地成为“古典艺术的崇拜者和热衷裸体女性形态的赞赏者”。安格尔不是摄像式的现实主义者；学究气的解剖学家或许会发现安格尔绘画方式的缺陷，认为他延伸了模特的脊椎以形成女子背部弯曲的弧线感——他先于毕加索一个世纪从多个角度展示女性的身体之美：安格尔巧妙地展示了女子的背部、胸部和腹部，仿佛他正环绕在模特的身体周围一般，以捕获她那迷人的凹凸有致的身体曲线。安格尔是一位训练有素的古典主义画家，精通古典文学和绘画艺术的传统。尽管他坚持认为，自然天性是他创作
384 灵感的源泉，但是在他的作品中，现实总是要服从艺术的需要。与那一大群对他敬慕不已的追随者不同，安格尔倡导艺术家选择的特权，并强调了结构的重要性应当超越于纯粹的模仿之上。法国的旅行指南杂志认为，《泉》（*La Source*）是“现代绘画中最完美的裸体艺术作品”[1]，也是安格尔经过多次修改的全身裸体画像作品，但长期以来并没有引起太大的关注。安格尔于 1820 年开始创作，直到 35 年后才完成此作，其间也得到了他学生的协助，画作中明显表达出了对现实

---

〔1〕Professor Anton Springer, “Remarks on French Art,” in K. Baedeker, *Paris and Environs with Routes from London to Paris* (1891), p.xxxvi; Baedeker, ibid., p.120.

主义风格的蔑视。他最早的油画作品之一是在1800年左右开始创作的，那时他还是达维特的学生。画中呈现了一名男子裸体的躯干，为了显示身体的动态而稍微弯曲；在画中四分之三的空间，安格尔仔细描绘了阴部毛发的三角区域——正如我在之前提到的那样，这种绘画方式是19世纪的艺术作品中极其稀罕的。如果有人认为安格尔对裸体躯干的选择是在有意回避直接表现男性力量，那么这种观点似乎过于天真；对于这幅画的风格更适当的解释，是把这种选择视为刺激想象力的诱人方式。

毫无疑问，安格尔的后期裸体作品清晰、鲜明。他以新古典主义油画《阿喀琉斯营帐中阿伽门农的特使》（*The Ambassadors of Agamemnon in the Tent of Achilles*）获得了罗马大奖（Prix de Rome），画中正面裸体的普特洛克勒斯显示了安格尔在早期的画室躯干画中未能展现给观众的东西。此后的画作中，安格尔以一种更加直率而坦诚的方式，使绘画的轮廓更加细腻，更加显示出女性躯体的柔美，似乎能使他的观众从画中模特的身体展开其想象之旅，通过他们的眼睛和观察去感受女性的柔美和喜悦。《土耳其浴女》（*The Turkish Bath*）是他引为自豪的一部作品。当他82岁高龄的时候，这部作品可以作为记忆而非欲望的记载；但是它却体现了引人入胜的情色集成，表达了五种感觉官能的完美满足，包含了水、茶、音乐、芳香，以及丰富的伸展姿态，还有女性的肌肤以及舒展的手臂所能展现的美感。安格尔精心选择的圆形浮雕式绘画风格，集中而充分地展示了女性身体所有的感官信息。《土耳其浴女》是他最优秀的创作，是他所理解的美的有力证明，集中体现了他的艺术思想，以及感官和理想化的典型的融合。肯尼思·克拉克曾指出，“或许只有安格尔先生这种享有盛誉的小布尔乔亚——在法兰西学院占有一席之地，身着院士袍，以其荒谬透顶的正统观念，才能说服公共舆论，并使其接受这种显而易见的情色诱惑，而且这正值 19 世纪中产阶级正统观念的鼎盛时期”。[1] 这种观点颇为有趣，而与之相反的观点则更为有趣：它揭示了中产阶级心理状态的某些方面：就连安格尔这种高贵文雅之人，竟然也可能追
385 求如此富有感官色彩的艺术形式。其结果就是，这种艺术形式使某些观众感到震惊，却能使另外一些观众倍感身心愉悦。

诚然，在 19 世纪还有诸多艺术家，他们绝非缄默不言的福音教徒或是与世隔绝的平庸之辈，他们将这种毫无遮拦地展现身体之美的作品斥为典型的法国特色，意即这些都是非道德的。但是，即使连那些来自比利时、美国、德国，甚至是瑞士的道德主义艺术家，也并非将其身体知识囤积起来，而是将这些知识传达给了任何能够用眼睛观察的人。透纳（Joseph Marroad William Turner）是个例外，他的私人笔记中珍藏了许多他自己描绘的色情场景，但也不是刻意地拒绝普通大众接触他对性交之类的场景的描绘。其他的艺术家，如威廉 · 穆尔雷迪（William Mulready）也同样如此，只不过他并不是为了更多的普通大众接触到他的裸体画。可大多数艺术家却没有这样的顾虑，尤其是威廉 · 埃蒂（William Etty），19 世纪英国最多产的裸体画家。如果说裸体画对艾蒂而言是神圣的，这样说也许有些夸张，但也只是轻微的夸大而已。埃蒂于 1787 年出生在英国约克郡，原本是虔诚的循道派教徒，但在他生命的后期转向信奉罗马天主教，在很大程度上是基于美学的理由。虔诚和美德总是出现在他的脑海里。“我一生有两个目标，”他告诉年轻时给予了自己很大支持的哥哥说，“第一个目标是要做一个善良的人，第二是要成为一个伟大的画家。”对埃蒂来说，在女性裸体画中追求善行和伟大总体上来说也是并行不悖的。在 1849 年——也就是他去世的那一年，他在出版的简短自传中写道：

---

〔1〕Clark, *The Nude*, p.161.

“依我之见，女人是上帝最杰出的作品，所有人类之美都集中体现在女人身上，因此我决定全身心致力于描绘上帝这件最杰出的作品，当然不是像那些布商或女帽制造商的作品一样，而要比以往任何作品都更加精致。”为了理解这件最杰出的神圣作品，埃蒂违背了自己的习惯和品味，即使在他成为一名深有造诣的成功画家之后，他仍孜孜不倦地到伦敦和他的出生地约克郡进行人体写生。诚然，并非所有的关于裸体艺术的美学思想都像他为自己辩解的那样完美无瑕。在自传中，他略带歉意地声明：“人们也许认为我是淫秽、好色的，但我从来没有怀着色欲之心去绘画。”[1]

毫无疑问，埃蒂已经诚实地记述了自己的内心情感。然而，艺术给予他的一切在现实生活中是受到严重压抑的。他终生未娶，性格内向、羞怯，又不讨人喜欢，过多地依恋于他的母亲。19 世纪的一个传记作者曾经这样评论说，如果埃蒂在爱情上不幸福，那不用感到吃惊。从社会角度而言，他是“一个无足轻重的人，无论是他的外貌、 386
举止和语言都乏善可陈。他衣着邋遢、身材矮小、动作笨拙；脑袋大、手大、脚大，满脸的麻子，满头浅棕色的头发，长而凌乱”，在年轻女子眼中，他确实是一个长相古怪的人。没有人会想到他是“美的创造者，作品既精致又富有想象力”。但是这种优雅大部分只存在于他的传记作家的眼中。埃蒂创作的裸体画大多类似于那些邋遢的挤奶女工，丝毫没有古典的风韵，更称不上神圣了。当然，他对女性身体的仰慕超越了画家职责的需要。曾经让约翰 · 康斯特布尔（John Constable）感到颇为有趣的是，埃蒂给他推荐了一个身材苗条的“年轻女子”，在给康斯特布尔的信中，埃蒂写道：“她非常渴望成为一名

〔1〕Dennis Farr, *William Etty* (1958), pp.56, 62-63, 106-107; W. Gaunt and F. Gordon Roe, *Etty and the Nude: The Art and Life of William Etty, R. A., 1787-1849* (1943), p.22.

模特儿，她身体正面非常的优美。”[1]萨克雷在描述关于贝基·夏普外貌特征时那“引人注目的正面发育”也是威廉·埃蒂津津乐道的话题。对于这位其貌不扬，但对美不懈追求的画家而言，愉悦和职责是合二为一的；他的超我（the superego）在此并没有过多地表现出来。

既然要公正地服务于上帝的作品，似乎这就有充分的理由不断为裸体女子绘画了。但是埃蒂却提出了另外一个颇为专业的理由：他的志向是成为记载历史的画家，而对历史或神话中动人时刻的描绘，需要熟识人类身体在各种姿态下的线条轮廓。这正是埃蒂要实现的强烈愿望；他的油画上孤独的裸体女子，有的是望着盘中的水果陷入沉思，有的似乎在决定是否该跳进水池，还有的就裸体躺在水池边；除此之外，他还创作出了大受欢迎的新古典主义作品，作品中描绘了一群裸体者摆着各种生动的姿势和动作，甚至还包括虔诚的裸体抹大拉（Magdalens）。[2]埃蒂自认为他研究裸体，目的是为了更好地进行古典主义的艺术创作，但笔者倾向于认为，他进行古典主义的艺术创作，目的在于更好地研究裸体。

这并非简单的历史猜想。1875 年，在埃蒂去世 25 年后，英国著名的艺术评论家兼编辑菲利普·吉尔伯特·哈默尔顿（Philip Gilbert Hamerton）在他主编的艺术评论杂志《卷宗》（*Portfolio*）上发表文章，详尽而深刻地对埃蒂的艺术创作进行评论。他在评论中指出，埃蒂一直以来，特别是在他成年时期研究的一些主题，为他从事裸体创

---

〔1〕T. F. Thiselton-Dyer, *The Loves and Marriages of Some Eminent Persons*, 2 vols. (1890), I, p.279; Farr, *Etty*, p.77.

〔2〕根据《圣经》记载，耶稣周游各城各乡传道时，与他同行的除了 12 个门徒以外，还有他所医治的几个妇女，抹大拉的马利亚就是其中的一位。耶稣曾经到处医治赶鬼，治好了抹大拉的马利亚，赶出她身上的鬼。她信基督教后，奉献自己的财物，供给耶稣和门徒（《路加福音》8：2—3）。主钉十字架时，环境极其恶劣，但她跟耶稣到十字架下，看主受苦，断气，埋葬（《马可福音》15：40—47）。——译者注

作“提供了一个好的借口”。哈默尔顿写道：“随着他年岁越大，阅历越丰富，他就越感到不能放弃他裸体绘画方面的特殊优势，所以他选择了古老神话或历史为素材，这样给他带来绘画的无尽乐趣。”埃蒂的愉悦感使哈默尔顿对他进行较全面的反思提供了材料。“有一种说法认为，如果一个人表现出对裸体的过分偏好，那么这就暗示着他 387
缺乏理智，因为更能明确地向其他人传达一个人思想和理智的身体部位，是他的脸部表情，而非他的手足四肢。对此，或许已得到了明确无误的答案：埃蒂肯定不是富有理智的一类人，但他却富有艺术美感；正如我们经常看到的那样，在每一个人身上，这两种才智都是分离的。因此，他追求那些最能表达他本质的直率的艺术主题。他不是一位启迪思想的画家，而是追求人体美感的画家；他的感情也最显著地在他的裸体绘画中体现出来，而表现人体美感也成为他画作的直接动机。”[1] 由此，我们可以看出，哈默尔顿不遗余力地赞扬埃蒂对属于他的绘画主题的追求。

在此，我们有必要对哈默尔顿的天真幼稚略作评论。他未能发现——甚至他是有意地否认——埃蒂在裸体绘画中表现出的强烈激情和性感欲望，对此哈默尔顿或许是情有可原的。毕竟，埃蒂绘画的主要兴趣并不在于手臂和双腿。但是，如果我们能看出哈默尔顿对埃蒂的慷慨赞誉：“直率的艺术特征”，这一点不无裨益，因为从这我们就能体会到维多利亚中期，人们对色情的典型态度——尽管注意到这一点的人屈指可数，那态度就是既不是过分的拘谨，也不是焦躁的欲望。在 19 世纪对埃蒂的评论家中，一些人称赞他的创作天分，还有一些人质疑他的品味和动机。萨克雷，一方面集中强调庄重的形式，另一方面也对诱惑采取宽容的姿态，充分地揭示了埃蒂的裸体画激发

〔1〕Hamerton, “Etty”, *Portfolio Papers* (1889), pp.83-84.

的复杂情感。他称埃蒂是一位“伟大而富有原创精神的色彩画家，像鲁本斯一样赏心悦目，像提香一样色彩丰富”。他在 1844 年评论说，埃蒂“每年的艺术展览中都是妙趣横生、华丽的油画，和被热烈的仰慕者不懈追求的充满裸体之美的作品”。这种深刻而恰当的描述暗示着埃蒂本身存在的受人仰慕和质疑的双重特性。事实上，萨克雷反对这种评论，即埃蒂于 1844 年展出的“丰腴优美”的油画中，包括他“最高雅、最杰出的古典主义的裸体狂欢作品，对女性形体的刻画过
388 于丰满”。[1] 这是埃蒂受到的评论的典型特征：激情洋溢的赞誉之中总带有反对与不满。

埃蒂的朋友、画家莱斯利（C. R. Leslie）认为，埃蒂“对主题的

---

〔1〕“May Gambols; or, Titmarsh in the Picture Galleries,” *Fraser's Magazine* (1844), in *The Works of William Makepeace Thackeray*, Centenar Biographical Edition, 26 vols.(1910-1911), XXV, p.298. “在这么优雅的展区，完全不理会人们对其反感的议论（报纸的评论如是说），” 萨克雷在第二年写道，“埃蒂先生将他一贯的绘画风格表现得淋漓尽致”。他认为埃蒂油画的色彩简直无与伦比，尽管他的“维纳斯”系列画作甚至比“霍屯都的维纳斯 * 的优美线条更加丰腴；他的线条和色彩比过去的画作更加大胆”。但萨克雷对他表达了极大的仰慕之情，一言以蔽之，他认为埃蒂是“一位伟大的画家”。“Picture Gossip,” *Fraser's Magazine* (1845), in *Works*, XXV, p.331. 在围绕埃蒂展开的激烈论战之中，似乎各方都能引述萨克雷的观点；最能说明问题的就是各方都引用萨克雷的观点来证明自己的论点，这也使得对 19 世纪中产阶级的性观念的认识一直处于扑朔迷离的状态。例如，关于埃蒂的《睡梦中的仙女》（*Sleeping Nymph*），埃里克 · 特鲁吉尔（Eric Trudgill）就引用了萨克雷更加尖刻的批评性评价：“太过于裸露，完全不合适在一个面对文雅人士的展览上展出。” *Madonnas and Magdalens: The Origins and Development of Victorian Sexual Attitudes* (1976), p.4. 19 世纪历史学家之间的矛盾冲突实际上反映了他们所研究的这个世纪存在的矛盾冲突。（* 霍屯都的维纳斯（The Hottentot Venus）并不是一件艺术品，更准确地说，她是一个叫作莎拉 [Sarah Baartman] 的女人，一名来自属于今天南非地区的原住民。1810 年，莎拉被带到伦敦，随后在欧洲各国展览，让那些贪婪的人观看她的胴体，而科学家们则去研究她为何会如此地丰满。还给她取了艺名“霍屯都维纳斯”[“霍屯都”是欧洲白种人对非洲黑人的蔑称]。这种亵玩并没有与这个 26 岁生命一同消失，一直到 1985 年，莎拉的性器官和大脑依然被保存在巴黎的人类博物馆 [Paris's Musee de l'Homme]，他们对外声称是为了科学研究。从 20 世纪 80 年代初开始，南非人就要求将莎拉的遗体归还南非；迫于社会各界的舆论压力，人类博物馆最终将遗体撤出展台。1992 年，当时的南非总统尼尔森 · 曼德拉 [Nelson Mandela]，发出了归还遗体的正式要求，但还是等待了十多年，法国才归还了遗体。2002 年 8 月 9 日，她终于安葬在南非的故土。——译者注）

选择和处理”非常具有“独特性”，相信“他这种具有感官享受的主题处理……带给人们的影响会比那些令人赞赏的艺术品更加强烈”。不是埃蒂朋友的画家托马斯·厄文斯（Thomas Uwins）挖苦他说，在过去的几年间获得的大量收入，是因为他迎合了那些低级趣味的暴发户收藏家：“旧贵族和地主已经荡然无存，而铁路投机商、铁矿开采商、谢菲尔德等地的磨坊主、利物浦和曼彻斯特的商人等等，已经填补了他们的位置。”这样的消费者并不是真正喜爱古典主义艺术作品。“埃蒂作品中的色情特性正适合这些人心理上和精神上的认知水平，因此他成功了。”艺术评论家虽然称赞埃蒂作为色彩画家和工匠的精湛技艺，但也时常谴责他过于裸露的绘画风格。1822年，对于英国美术馆展出的埃蒂的绘画作品，《时代》周刊发表了一篇评论，大胆地建议埃蒂“不要沉溺于那些只能满足低级趣味的风格”。“如果这些裸体画具有拉斐尔作品的纯洁还是可以忍受的。”但是“不具有纯洁的裸体画像是粗俗下流的，那么埃蒂的裸体画只不过是下流的人体画像”。这些都是毫无掩饰、说教性的艺术评论；埃蒂应该知道，“优雅的品位和纯洁的道德观念是同义词”。六年后，埃蒂的成功获得了英国皇家艺术学会永久会员的资格，此时《时代》周刊再次对埃蒂进行指责：虽然他的作品《此刻醒来的维纳斯》（*Venus Now Wakes*）和《唤醒的爱情》（*Wakens Love*）受到了好评，但是从某种程度上说他完全运用自然色彩的主题过于吸引众人的感官注意。[1]裸体画引起了争议，即使是出于技艺精湛、有名望的艺术家之手，即使是明显出于古典主义的意图。但是正当埃蒂的裸体画因充满色情受到指责时，在众人眼中这些作品仍然是最有影响力的，甚至是在英国，甚至是在充满热情正义、不信奉英国国教的年代。埃蒂是一位具有专业水准的

〔1〕Gaunt and Roe, *Etty and the Nude*, p.22; Farr, *Etty*, pp.95, 31, 52.

艺术家，他独特的绘画风格和不拘泥于传统规则的风范，跨越了追求
389 艺术自由的界限。因此，对于他的评论，大多是受到矛盾思想的冲击，而沉默是处理这些问题的有效方式。

对安格尔和埃蒂的作品的接受程度，只证明了19世纪对裸体艺术的态度从随意的接受到焦急的困惑。如果说大多数体面家庭的人能够做的事情，不仅仅是监督他们女儿的阅读，也许还包括她们进博物馆参观的内容的话，那些狂热者则致力于重新塑造艺术作为纯洁道德的形象。众所周知，那些反对手淫的改革者把刺激情欲的色情绘画、照片和雕塑列为孤独的罪恶。在这些坚定的人性悲观主义者中，安东尼·科姆斯托克是唯一一位最积极的改革者，他使人深信“孩子从幼儿时代走向成熟期，期间受到了许多特殊、充满邪恶的诱惑和困扰”。因此，需要永久的警惕来挽救年轻人脱离“艺术和古典的圈套”，这显然包括有诱惑性的裸体绘画、裸体雕塑和裸体照片。自然而然地，科姆斯托克也勉强承认“裸体艺术未必都是淫秽的、庸俗的、不道德的”。但是裸体艺术确实存在这样的问题，却又不全都具备这三个特征。这就是为什么科姆斯托克严厉攻击自由主义者向民众展出女子裸体画像、并称裸体艺术是“公众心智的教育者”这样的主张。他争辩道，“这样的展示或许能提高人们对女性美丽表现形式的认识，却产生了邪恶的欲望；这是一种堕落的趋势；在很多情况下是对于无经验的年轻人精神上的冲击和苦难”。这也是科姆斯托克逮捕赫尔蔓·诺伊德勒（Herman Knoedler）的原因，因为诺伊德勒在第五大街美术馆展示了法国淫秽的艺术品。但即使像科姆斯托克这样一本正经的狂热分子也被迫承认裸体艺术在美术展览馆所占有的一席之地。[1]

---

〔1〕*Traps for the Young* (1883), ed. Robert Bremner (1967), pp.168-172; *Morals versus Art* (1887), pp.8-9.

如果说爱挑剔、讲体面的极端分子科姆斯托克都对裸体艺术持有某种谦逊的态度，那我们可以确切地得出结论：大多数的普通布尔乔亚们都会在各地发现这种恶习，也不会因为窥阴的刺激而惴惴不安，而且对这些艺术品的提供感到非常舒适，包括吸引人的裸体艺术展品。毕竟，艺术作为传播性知识的一种渠道这种观念已经很古老了；18世纪70年代，泛爱主义者约翰·巴斯多在这些年轻人所谓的色情教育者中就已经列举了“赫尔克里斯雕塑和绘画”。[1]因此，艺术直接引发了中产阶级的矛盾情绪，部分是因为创作裸体艺术的艺术家，他们 390
看似是富有冒险精神、神秘而难以理解的一群人。事实上，那些著名的专业艺术家经常出入于贵族住所，涉足于有名望的贵族阶层之中。他们大部分是值得信赖的宴会伙伴和俱乐部会员，其中有些最富裕的人还建造了属于自己的豪华别墅，经营了一流的商号。即使像德国和其他邻国一样热衷于社会歧视，许多画家和雕塑家都被完全接受，而且奖赏最杰出、无失大雅的艺术家一些利润收入、观看皇家宫廷的演出并授予贵族头衔。弗朗兹·伦巴赫（Franz Lenbach）是著名的肖像画家，也是德意志帝国第一任首相俾斯麦的密友，最后成了带有贵族头衔的弗朗兹·冯·伦巴赫（Franz von Lenbach）。弗朗兹·斯塔克（Franz Stuck）是强烈的感官象征主义画家，也是19世纪末慕尼黑的“画坛巨匠”，最后也成为弗朗兹·冯·斯塔克（Franz von Stuck）。

同时，布尔乔亚们也承认自己曾反感许多艺术家引导而产生的这种不道德的、放荡不羁的生活——彻夜不眠的疯狂的舞会和那些裸露的模特。由这些裸体模特引发的争论不休的问题甚至激发了更加疯狂的幻想，更强烈的渴望相应地也在这样无拘束的社交活动中流传。一

〔1〕Johann Bernhard Basedow, *Elementarwerk*, ed. Theodor Fritzsch, 3 vols. (1909), I, p.128.

个朋友曾经对约翰·罗斯金说过，“成为艺术学院模特的女人不可能是一个有操守的女人”，罗斯金总是适时地向打扮体面、仪表端庄的妻子埃菲传达这种古板的观点，也不止一次向约翰·米莱斯提起过。英国皇家艺术学院也持有相同的态度，规定20岁以下的未婚艺术家不许上人体写生课。当然，模特的不好声誉并不完全是不公正的，在这场反对性欲的大型运动中可以获得更多的支持。保守的画家或是那些渴望快乐的人，也对以下的观点表示默许：尽管威廉·穆尔雷迪作为画家和雕塑家，描述和绘制了很多裸体的图画和雕塑，但他仍然坚持认为，模特是一种“危险的职业”，那些“天真的可怜人儿”一定要对此有充分的心理准备。但是在一个人看来是负责任的限制，在另一个人看来可能就是无可救药的堕落；罗斯金眼光很准地把穆尔雷迪挑选出来以证明穆尔雷迪的作品是“充满淫欲、堕落的”裸体雕塑和肖像。同样在美国，这场对于女性的裸体将对有贪欲的年轻人造成不良影响的论战也盛行起来，都是打着古典主义或崇尚古典主义艺术的旗号。在费城，19世纪那些对裸体画像感到震惊的人们坚持认为，
391 符合自然是绘画和雕塑唯一的正确途径；早在1812年，当地的一家期刊《黎明女神》（*Aurora*）就不满于那种自称的端庄——或许我们应称之为故作正经或虚假的端庄，不满于这种反对用粉笔或石膏展示人体画像的“伪善态度”！事实上这些声誉良好、朴实的画家和雕塑家也令这些伪善者感到不安。阿米尔在他这个期刊上撰文说，与那些充满肉欲的艺术家共进晚餐后，似乎觉得生活离肉欲感越来越近，这种不适感离他也越来越近。“这感觉是快乐的，”他写道，“但是，唉！尽管我不是一个在道德上的清教徒，但我认为这种快乐是非常粗俗的，甚至是下流的。”令他感到“羞耻的”是，他发现“哪里有美丽和艺术的象征，哪里就有人们的喜悦”，充满暧昧味道的笑话、歌曲尤为明显。或许这是在安慰他自己，他推断道：“通常说来，艺术

家也是自然的人，也具有生命的力量，但也有其阴暗的一面。”[1]他做出了比他所了解的更为贴切的判断：正是因为艺术家以及他们的创作是如此地接近自然，因此这些既是如此地具有吸引力，也同样存在着危险。

但是应值得注意的是，尽管具有诚实正直的初衷，而且闹得沸沸扬扬，更产生了巨大的社会影响力，反对淫秽运动的成效仍受到很大的局限。大多数正派体面的公民，不管他们是多么的焦虑不安，也没有采取科姆斯托克主张的生硬措施；他们也不具有阿米尔的那种细致入微的敏感。他们满足于艺术家和观众间存在的一种心照不宣的约定，这就是我想要阐明的距离的信条。这种信条是文化防御机制的显著典型，认为越是以一般化的、理想化的方式表现人体艺术，越是赋予其更崇高的联想，那么它给观众造成的震撼就越小。事实上，这就意味着将当代的亲密的体验抽象化，并赋予其一种陌生的诱惑力，而这种魅力只能从历史、神话、宗教的头衔或姿态中，或者异国风情中才能找到。对于一些虔诚的纯洁的人来说，即使是神话或古典思想都无法充分阻止邪恶思想对公众的影响：威廉 · 邓拉普（William Dunlap）于 1834 年写道，“我们尊敬的先生们和女士们，只有在绘画主题是源于《圣经》时，聚在一起观看裸体肖像才能称为是道德的事。”[2]但是，如果艺术家们能说服公众，称自己的作品已经“穿上” 392
了纯净的外衣，许多爱好者还是非常愿意接受低调淫秽的裸体画的。

---

〔1〕John to Effie Ruskin, December 15, 1854, Lutyens, *Millais and the Ruskins*, 54n; 鲁琴斯记述说，埃菲 · 罗斯金因允许自己摆姿态已经遭到了人们的批评；Kathryn Moore Heleniak, *William Mulready* (1980), p.158; *Aurora*, June 23, 1812, in David Sellin, *The First Pose, 1876: Turning Point in American Art* (1976), p.22; Amiel: December 15, 1851, *Journal intime*, I, p.1136.

〔2〕*History of the Rise and Progress of the Arts of Design in the United States*, 2 vols. (1834), I, pp.417-418, in Sellin, *First Pose*, p.25.

对于这种思想意识存在着一些矛盾，而且具有启发性，哪里存在矛盾，冲突也时常被掩饰起来。无论距离是怎样产生的，都会产生相对情欲较少和情欲较多的艺术作品。对于观者来说，情欲相对少的作品应该不会有性吸引的反应，而只是传达历史的或文学的信息；而对于情欲多的作品，当男子看见女子适时的装扮，会以多种途径用色眯眯的眼神欣赏裸体女人，以更多地熟悉裸露的身体。总之，19 世纪的中产阶级尽量完全离开家寻找安慰，以转移情欲的需要。1858 年，《星期六评论》对此发表了评论：“一幅画像经常会在某种程度上被理想化。美慧三女神、居于山林水泽的仙女，或是维纳斯都是非真实的、传统形式的存在，我们只会把她们和美术馆联系起来。”[1] 中产阶级也发现这种可容许的情欲限制的冲突难以得到解决。但在完美无瑕的伪装下，进行全部的掩饰和曲解，这时的裸体艺术可证明是服务于中产阶级世纪的一位实用的、受欢迎的教育者。

无论存在什么局限和差别，通常情况下距离的信条仍是准许未受许可作品的一个途径。布尔乔亚世纪同其他世纪一样，认为“犹太女人”或是吉卜赛人，或是其他外国人都是热血沸腾的或者那些红头发的人都是感情强烈的人，主要是因为他们是稀有人类。这些遥远时间、空间或场景中的肖像能释放人们的性欲望，并征服，或至少是减少对性幻想的阻碍。这种自我保护的意识形态是一种文明机制，此外，正如我前面所提到的，文明还是抵御乱伦的坚实堡垒。这种远距离阻止了乱伦思想的威胁靠近。一个挑逗的、几乎没有穿衣服的女孩倚在文明未开化地区的门口充满着异国风情，而相同的女孩以相同的姿势倚在巴黎的门口却是淫秽的。一幅具有挑逗性、展现完美肉体并被称为“维纳斯”的裸体画可以称得上艺术作品；而相同的裸体者相

---

〔1〕“Holywell-Street Revived,” *Saturday Review*, Ⅵ (August 21, 1858), p.180.

同的姿态，只是出自本国的作品却引起许多博物馆爱好者的不满。威廉·穆尔雷迪不管是冷嘲热讽，或是听任顺从，在他的素描簿里都记录着这样的一条原则："女人的美丽和纯真被广泛地谈论到，而且易于销售。暗地里令人兴奋。如果更接近于肉体上的状态，那么这幅画会被谈论得更多、销售得更好。"但是要牢记"兴奋刺激似乎才是最终的目标，于是伪君子们就要大喊尖叫了，吓跑那些感觉论者"。[1] 393
风靡一时的法国画家和雕塑家让-莱昂·哲罗姆（Jean-Léon Gérôme）在《皮格马利翁和加拉忒亚》中描绘了一个柔软的裸体模特，讲述着古典传说；道弥尔降低了策略的重要性，但效果仍是存在的。著名的比利时画家安托万·韦尔茨（Antoine Wiertz），专门以浮夸的风格描绘历史和隐晦的哲学主题。在他的作品《美丽罗西娜》（*La Belle Rosina*）中，呈现了一个没有穿衣服、身材高大而匀称的模特，这正是韦尔茨以此来唤起死亡象征的讯息。阿诺德·勃克林（Arnold Böcklin），是一个曾经特别受德国文化艺术爱好者喜爱的画家，包括西格蒙德·弗洛伊德。他画中欢跃的、充满田园气息的美人鱼使整幅油画变得栩栩如生，很少带有未探索的女性人体的神秘感，因为他在自己设计的神话戏剧的主要角色中增添了欢闹愉快的成分。

人们都希望那些顽固不化、不知悔改、违背距离主义的犯规者受到教训和谴责。众所周知，这就是爱德华·马奈的结局。早在19世纪60年代，马奈的划时代油画成了整个法国色情、腐化概念的代表。法国有影响力的部门都极端严谨、顽固地坚持女性肉体只有在服从正派体面的传统原则的情况下才能展出。马奈触犯了这些原则，因为他的作品《草地上的午餐》（*Le Déjeuner sur l'herbe*）和《奥林匹亚》（*Olympia*）中的人物显然是热情活泼的，更糟的是他们还是法国

---

〔1〕Heleniak, *Mulready*, p.149.

人。准确地说，反对他精湛的创作《草地上的午餐》主要在于画中前景的裸体少女与和她共进午餐的两个同伴是马奈同时期中可识别出的人物。“一个名声不好的普通女性，赤裸着身体，懒洋洋地躺在两个花花公子中间，毫无羞耻感”，这是马奈读到的典型过激的评论：“这是年轻人的日常玩笑，不值得用这种方式来表达。”他的作品《奥林匹亚》进展得并不顺利。尽管借用了提香的《维纳斯》的风格，但大部分出于这一原因，这幅油画被称为是下流、不体面的拙劣模仿。这种讽刺集中于《奥林匹亚》这幅作品的丑陋上，女子瘦弱的身体，平静似水的乌黑眼睛，正是对现实模型的评论。在这个时期，艺术评论倾向于道德上的评判是如此的常见：批判者们指责马奈拒绝现实理想化，或保持距离，而画中赤裸的年轻女子比他们所知更能能理解他的意图。马奈是一位现代画家，正如他所见，他呈现给公众的是一位现代女性。也就是，无论从审美观点还是从道德观念上，极大激怒那
394 些——至少是在公共场合，喜欢演化或美化他们的性知识的人。1867年，爱弥尔·左拉曾为马奈的绘画新形式辩解，认为《草地上的午餐》和《奥林匹亚》只是单纯的形式分析，他为这种非道德的形式辩护，认为这完全是不相关联的。他认为令马奈感兴趣的是色彩和作品本身的复杂感之间的联系。这是一种对马奈的巧妙辩护，与其他的批评者的观点分离开来。但是，左拉对马奈评价过高了，更确切地说，有点不公平。马奈不是完全的形式主义者，他只不过试图使他的作品具有现代气息。因此，作为一位伟大的画家，他开创了历史。[1]自从《奥林匹亚》发表后，距离的信条与以往就大相径庭了。

简单地说，这种观念是一种复杂的妥协。毕竟埃蒂完成他的新

---

〔1〕 George Heard Hamilton, *Manet and His Critics* (1954; ed. 1969), p.45; Peter Gay, *Art and Act: On Causes in History—Manet, Gropius, Mondrian* (1976), ch.2.

古典主义作品就像完成他的裸体油画一样。这里存在一个性感的尺度，距离的美感不能掩饰一切。尽管付出了努力，埃蒂也从不能平息这种猜疑，他把他的裸体画命名为《在可疑的微风中受惊》(*At the Doubtful Breeze Alarmed*)。埃蒂作品中裸体者的胸部是那么的挺拔、丰满，以此来慰藉群众。但大多数的艺术爱好者对这种精妙之处很不耐烦，对裸体画却很满意。

我把这一原则看作一项心照不宣的协议，因为大体上这项谈判未能达到一般大众的意识。但是尖锐的艺术评论者，艺术机构的监督者和那些忧心忡忡的道德主义者意识到这种观念，有时对它的划分界线不知所措。当让-巴蒂斯特·克勒辛格(Jean-Baptiste Clésinger)在1847年的沙龙上展出他的奢华性感的裸体雕像《被蛇咬伤的女人》(*Woman Bitten by a Snake*)时，蒂菲尔·戈提耶准确地进行了评论。"克勒辛格"，他在评论中写道，"在我们的这个时代以这样的从未见过的勇气和力量来向世人展示自己的画作，画中人既不是女神也不是仙女，只是一位普通的女性。"戈提耶告知其读者说，画作中的蛇只不过是一个幌子，是为了满足距离信条的要求而精心设计的幌子。显而易见，这是个理由不足的借口，弗雷德里克·乔平(Frédéric Chopin)绝不是唯一对克勒辛格的色情现实主义表达愤怒的读者。他曾写道当他走进美术展览馆，呈现在他眼前的不仅仅是一个不体面的裸体女性，而是想把这种姿势变得合理化，因此他不得不在雕像的腿上缠绕一条蛇来形成他想要的效果。[1] 对于这个时代熟识弗洛伊德 395
象征主义的人来说，克勒辛格叙述的遁词也不无讽刺感，一个丰满的女性雕塑，性感地扭动着身体，再加上象征阳具的蛇的装饰，色情意

〔1〕Peter Fusco and H. W. Janson, eds., *The Romantics to Rodin: French Nineteenth-Century Sculpture from North American Collections* (1980), pp.175-176.

蕴被刻画得淋漓尽致。但是，在克勒辛格的时代，这条蛇就构成了一个必要的借口，使得他的裸体作品能为沙龙观众所接受。

35 年后，评论家亨利 · 豪赛（Henry Houssaye）再次清楚地表明了这一信条。当审视 1882 年的美术展览后，他明显地感到有些遗憾，画中缺少神秘的场景和古代的历史，而它们是唯一适合那些裸体画的实物。[1] 19 世纪艺术家当中的一些愤世嫉俗的人期待着迎合那种淫乱的场面，当然是通过制作淫乱的标题或者宣称神秘的地点来利用这一原则。但是那些抱有相对纯粹思想的艺术家们发现距离原则特别具有可延展性。毕竟，这与其说是一种评价的问题，还不如说是对性感的一种大众矛盾的反映。在这一矛盾中，画家和雕刻家共同察觉和分享，并以此指引其画笔或刻刀，创作出另一尊维纳斯和丘比特雕像，成另一幅色情的宫闱画。

这种信条距离的可延展性证明了它的价值。一些 19 世纪的评论家对几乎所有的一切感到愤慨，一些则很少愤慨。大多数的人发现自己在这两个极端之间，并且准备停止说教，如果他们能被说服或者说服自己，他们正在观赏的是一种高雅艺术而不完全是淫秽物。这里也有许多的观赏层次，通过无意识的需求来实现有意识的雕刻，以达到一种与本能欲望相冲突的表面正经。矛盾冲突，因此成为当时的时代潮流。那些最值得尊重的名门望族把那些显露丰满乳房的壁画悬挂在他们的客厅。学术人士都称赞这样的场景，但是具有良好道德与独立见解的观众都将其谴责为腐败的艺术。亚历山大 · 卡巴内尔（Alexandre Cabanel）1860 年的作品《被农牧神绑架的少女》（*Nymph Abducted by a Faun*）详细地说明了这一点。那一年在美术馆展览，并迅速地被拿破仑三世购买，令这幅巨著毫无疑问地诠释了其本身的

〔1〕Hamilton, *Manet*, p.253.

意义。那种淫荡的目光、深黑色的肌肤、奶油般的身体和那飘逸的长发是那么直接地唤起人们的性欲，当然这充满肉感的油画成为一幅有名的艺术品是其主题在发挥着作用。但是，至少评论家兼《美术学杂志》编辑夏尔·勃朗（Charles Blanc），高度地赞赏这幅作品，因为他觉得这些作品的人物是那么的迷人，他写道："这些经过形式选择和色彩柔和的神奇事物，都不是在童话森林里所能发现的；它们来自城市，是巴黎人。"[1]"纯洁"与"堕落"的定论，取决于诸多因素：艺术家处理色情材料的方式；那些赞成纯洁的说客所带来的压力；这十年间占主导地位的社会心理。这些都可能成为一些政府机关检举的政治抱负。这与信条中所描述的距离感有极大的不同。 396

美国19世纪最著名的雕塑之一，希拉姆·鲍威尔斯（Hiram Powers）的巨著裸体雕塑《希腊奴隶》（*The Greek Slave*）完美地呈现了雕刻的工作方式以及雕刻的灵活性。鲍威尔斯于1805年出生在佛蒙特州，后来于1837年移居到意大利的佛罗伦萨，六年之后，就是在这里，由于受这里的古典和新古典主义雕刻的影响，他产生了一种创作裸体作品的灵感，而这将会完全直观地抨击那些最具挑剔性的道德家。他选择了一个近代历史的主题，打算要唤醒购买雕塑品的公众的义愤情绪。鲍威尔斯提到，在希腊独立战争期间，土耳其人俘虏了基督教囚犯，通常是那些所谓的"漂亮女孩"，把她们卖到出价高的投价者那里。鲍威尔斯意识到这种令人兴奋的场景使得这种"赤裸裸"变成是一种必需品。他说："在奴隶贩卖市场，奴隶们被迫赤裸地站在那儿，被人评论，而这是历史事实。"他又补充说，"他把这个作为研究对象是为了避免或者从形式上或者从意义上诋毁最纯洁的心灵"；而这便要求一种境界，在这种境界里，裸体女孩完

〔1〕*The Second Empire: Art in France under Napoleon III* (1978), p.263.

全没有意识到自己的赤裸。在那些希腊女孩的苦恼中他找到了他所想要的：她的家人可能被土耳其人拆散，她对自己渺茫未来的焦虑。但是相信有女神的存在是唯一的一种安慰。鲍威尔斯总结说，把这些痛楚汇在一起，再加工一些基督教式的刚毅和顺从，那么就没有人会为此感到羞耻了。他暗示，在评论者的心里，也是完全没有必要的那些荒诞的思想。[1]

鲍威尔斯的推算，听上去没有什么可控制性，但竟异常成功。喜爱他的《希腊奴隶》的公众变得越来越多，而且毫无例外地在表
397 达上都是抒情的和情感复杂的。六个完整版本，三个中型版本，差不多 70 个人的半身雕像，无数次地被雕刻在大理石上、陶器上、印度瓷器上、雕板上和画板上，这些画中丝毫没有透露任何讽刺、批评的情感，却给作品以空前的评价。在 1851 年的展览上他迎来了最伟大的胜利，他的作品被誉为“狮王之王”、“最精致的雕塑品”、“现代雕刻史上最幸福的体验”。但是在 1851 年以前，英国和意大利的崇拜者们就已纷纷为作品的纯洁性和完全的美感而欢呼喝彩。正如 1845 年一家伦敦期刊上报道的那样，“当人们第一次把目光聚集在《希腊奴隶》上的时候，仿佛把目光再次聚焦在梅第奇的维纳斯像上一样”。同年，一个名叫爱德华兹·莱斯特（C. Edwards Lester）的参观者来到鲍威尔斯在佛罗伦萨的画室，他很欣赏他的雕像以及其他高大的自然裸体像《夏娃》（*Eve*），“长时间徘徊在我周围的灵感就像某种理想主义形式，有时出现在早春清早的酣睡中，掠过一阵奇想，但是始终不能忘却”。美国人菲利普·霍因（Philip Hone）认为这些雕刻作品高于现实，在日记中这样写道：“当然我从来没有见过这么

---

〔1〕C. Edwards Lester, *The Artist, the Merchant, and the Statesmen of the Age of the Medici, and of Our Own Time*, 2 vols. (1845), I, pp.86-88.

好的雕刻品。”[1] 从此，这种双重的评价得以实现，许多人是以一种憎恶的情感去看待《希腊奴隶》的，这种距离是由锁链所产生的，或者，还有其他的说法，脚镣、手铐抑制着任何一种淫秽想法的产生，从而女孩的裸体形象可能会相反地产生一种微妙的神圣感。与此同时，那些无助的，戴着手铐、脚镣的女孩出现在淫荡的旁观者面前时，一定会产生一种施虐狂的暗示。至少，在《希腊奴隶》的许多欣赏者眼里是这样的。但是，如果真是这样的话，这种推测的满足感，遥远而且被认为是违背常规，在公众的欣赏角度来看毫无踪迹，仍然保留在读者的潜意识里。

这里还有一些反对、不赞成的声音。1854 年，一个叫威廉·彼得斯（William Peters）的人写了一本义愤填膺的小册子《雕塑的问题》（*The Statue Question*），向水晶宫商号主席抱怨，“下流的，有目的使用的这种淫秽的雕像”，自从 1851 年的展览开始就一直在展出中。对于彼得斯来说，这些雕像中最淫秽的当属《希腊奴隶》，他很惊恐地发现获得这种精湛雕刻品的制作过程竟是来自裸体人物的复制，来自本土雕刻形式的模子而已，他认为应“把这些告知主妇们，并通过她们告诉英国家庭的所有女儿们，女士们习惯性地被雇佣而把自己暴露在众人的目光之下”。裸体雕像让人产生性欲的幻想，或是受到艺术家的引诱。但是彼得斯性情急躁，又是撰写反对牛顿主义的作者，是另一个决定尽力要做那些办不到的事的人。[2] 398

更加尽责的是《世界艺术杂志》的评论者在 1860 年把《希腊奴

〔1〕C.H. Gibbs-Smith, *The Great Exhibition of 1851, Commemorative Album*, (1950; rev. ed. 1964), p.129; Lester, *Artist, Merchant, Statesmen*, pp.12-13; September 13, 1847, *The Diary of Philip Hone, 1828-1857*, ed. Allan Nevins, 2 vols. in I (1927), p.818.

〔2〕*The Statue Question. A Letter to the Chairman of the Crystal Palace Company, Dated 8th July, 1854* (1854), pp.8-10; 见 Peters, *Newton Rescued from the Precipitacy of His Followers* (1846), and *The Quadrature and Exact Area of the Circle Demonstrated* (1851)。

隶》公开地说成比希腊其他任何艺术都更加淫荡。但是，他却沉溺在极度的欣赏之中。因此，一位以西方主题知名的作家卡罗林·柯克兰德，在一次公开展示中描述这种氛围："男士们摘下他们的帽子，女士们安静地坐在那里，几乎是没有意识的；通常几分钟才说一句话。所有的对话都是以一种安静的语气进行的，每个人在离别的时候看起来都很严肃。"与本世纪大多数的裸体画相比，鲍威尔斯的《希腊奴隶》独创了一种拯救的氛围，奥维尔·德维（Orville Dewey）写道："《希腊奴隶》用情感来包装自己，受每个亵渎的眼神所保护。"在H.S.C. 的《荷兰人杂志》（*Knickerbocker Magazine*）上，一首诗的开始也是传达同样的思想：

她站在那，
裸露着却有着纯洁的外衣。

然而相反的观点也被认为是正确的。1893 年，玛丽·麦克莫尼斯（Mary MacMonnies）为了一幅大的壁画向女士建筑大楼的董事长伯莎·帕尔默（Bertha Palmer）展示了他们的素描，这次展出是在芝加哥的哥伦比亚展厅。当帕尔默夫人反对裸体艺术的时候，麦克莫尼斯为自己"原始女性"的设计风格而辩解，基于怯懦和软弱两者不合时宜，特别是在这样的一个展出中，那些男性雕刻家正准备着大量的具有讽刺意味的裸体人像。而且他坚持说，"从头到脚披上薄纱的人体
399 雕像要比全身赤裸的雕像更让人觉得不雅"。[1] 这是一个看似清白无

〔1〕Margaretta Lovell, "Hiram Powers' The Greek Slave: Virtue in Chains," in Yale Art Gallery, *American Arts and the American Experience* (n.d.), pp.27-29; Jeanne Weimann, *Fair Women: The Woman's Building, Chicago, 1893* (1981), p.211. 我的此处引文得益于南希·科特。——美国雕塑家亨利·布朗因为创作了纽约联邦广场上的乔治·华盛顿的雕塑而闻名遐迩，1843 年 5 月 3 日，他给一个名叫 E. A. 普林蒂斯的潜在顾客写信，说他不（转下页）

辜而令人着迷的诡辩，但这种评价以无以复加的形式揭示了距离信条的虚伪。当然，这可能包含一些心理因素，帷帐可能比赤裸更具有诱惑力。如此一来，人们就可以观赏了；尽管不是完全的心安理得，但毕竟可以观赏了。

因此，19世纪中产阶级发现自己准备享受这种身体艺术是受到限制的，尽管这种限制可能是模棱两可的，甚至是千疮百孔的。福楼拜在给路易丝·科莱（Louise Colet）的信中，用他特有的辛辣言语写道："人们开始指责那些淫荡的雕塑家，他们用裸体来展示一个真实的女性。但是，相反如果他们用棉质的帷帐作为一种掩饰，人们会认为这是理想主义的。'是的，'他们会说，'他忽略了形式，但是他是个思想家！'因此，中产阶级迫使自己欣赏那些让他厌倦的东西。"福楼拜的判断是和他的强烈的反布尔乔亚的偏好联系在一起的。但是，尽管有嘲笑的声音，也几乎不知不觉地让那些布尔乔亚分子在他们伪装的外表下表露出一些淫荡，而那些本分的布尔乔亚却十分欣赏半裸的艺术形式。西格蒙德·弗洛伊德早在1886年给他在巴黎的未婚妻的信中，就描述了查科特在宴会上招待客人的情景；其中一位是他夫人的首席助理，处于一定的裸露状态，但是人们不能责备美好的事物，并且她把一种可爱和可见的形式带到了雕塑艺术中，"就如同一尊无声的半裸雕塑"。[1] 但是其他可敬的客人发现甚至连无花

（接上页）久将要送给他一幅雕塑的画作，并希望普林蒂斯能够买下来："我想你对它只有一个反对的理由，雕像是裸体的；的确是一丝不挂，但想想如果你见到了原作，你可能会希望它保持原状。凡是看到这个雕塑的人，都不希望它会有任何的遮掩。当然，我也理解你对于这种事情的态度，在某些场合下它可以作为观赏之用，但似乎不能摆在你的客厅里。" Mss 669, vol. 2, p.368, Henry Kirke Brown Papers, Art and Architecture Library, Yale University.

〔1〕Flaubert: [September 18, 1846], *Correspondance*, I, pp.350-351; Freud: February 10, 1886, *Briefe*, p.201.

果树的叶子都是不够的：英国的漫画家乔治·克鲁伊克申克（George Cruikshank），本身不是一个刻薄的道德家，1822 年，他的一幅画显示，伟大的英国福音派信徒威廉·维尔伯福斯（William Wilberforce）用他的帽子覆盖了竖立在海德公园以纪念惠灵顿公爵的巨大雕塑上阿喀琉斯的生殖器，以讽刺这些极端主义者。[1] 有人开玩笑说，雕塑家已经把生殖器隐藏在无花果树叶后面了。仍有人认为这是淫荡的，
400 尽管有些地方被隐藏起来。刘易斯·卡罗尔（Lewis Carroll）是 19 世纪最著名的摄影师之一，他选择了一个八岁的女孩作为他最喜欢的模特。皮考克作品中克罗特切特先生的直率与坦诚是很罕见的；很显然，站在作者的角度考虑，克罗特切特先生收集了维纳斯，把裸体的古代雕塑推崇为“真正的诚信学校”，并且宣称让他的可爱女儿也试着做卡诺瓦的模特。就像我说过的那样，他是很罕见的。1871 年 8 月，当时年轻的梅贝尔·卢美斯还不满 15 岁，她拜访了波士顿雅典娜神殿，她看到“‘阅览室’里（那里面装满了裸体的雕像，如维纳斯），拉夫佐伊先生躺在房间里阅读报纸。在这里被人看到，我们感到很羞耻，所以我们走出去，然后坐下”[2]。她总是非常积极热情地收集着性方面的知识，却发现其他人，特别是男性，注意到她对这方面感兴趣。就算她的父母不知情，她也不会坐下来当卡诺瓦的模特的。

允许裸体雕塑进入体面的商号的这种妥协有着它煽动性的一面。从大体上来说，那些可以接受半裸女性的人都是异教徒。虽然这一发展给出了许可通行证，但也给出了红牌。我记得托马斯·哈代的《无名的裘德》中意志坚强的异教徒苏·布里德赫德（Sue Bridehead）：“她从居住的基督大教堂走出，偶遇到一个流浪的小贩，她从他那里

〔1〕“Making Decent—!!” (1822), in Ian Bradley, *The Call to Seriousness: The Evangelical Impact on the Victorians* (1976), after p.160.

〔2〕Peacock: *Crochet Castle* (1831), ch. 7; Todd: August 25, 1871, Journal I, box 45, MLT.

买了两个雕塑，《维纳斯》和《阿波罗》，这是目前最大的雕塑品。”这是一种挑衅的行为。“由于她个性焦虑，对自己的事业举棋不定，她的那些雕塑品看起来那么宏伟，而且都非常地裸露。”她仔细地把它们包裹起来并带到这个最具有基督教义的城市，并冒充是圣彼得和抹大拉的玛利亚的小雕塑，而却只能在夜里将它们打开，一边读着吉本的叛教者朱理安，一边害羞地盯着这些雕像看。[1]虽然哈代从未这么说也未暗示过，似乎《罗马帝国衰亡史》（*The Decline and Fall of the Roman Empire*）含有色情的描写，而且这些裸体的小雕像也让人联想到一些不干净的思想，或许是些色情的行为。这些人像科姆斯托克一样，认为在艺术上的裸体行为不完全是错误的。

在伊迪丝·华顿的自传中我们得到一些令人心酸的事实，当氛围不适宜的时候，一群裸体者很少提供有用的信息。华顿的富有而高雅的母亲几乎十分回避性欲这一话题。她拒绝承认她女儿的这种思想的萌发。后来，华顿回忆说：“现实的生活一直在我耳边响起，流淌在 401
我的血液里，涨红我的面颊，摆弄着我的头发，从每一张美丽的脸庞，每一个温柔的声音传递给我讯息。我不知道是否我还有机会遇到现实中的影子，问问妈妈它意味着什么，她总是说你还太小还不能明白，或者说问这样的问题不太好。”她还记得，“当我七八岁的时候，我的堂兄弟告诉我不是在花丛中而是在人身上找到婴儿。这种说法我一直不能理解，但妈妈告诉我，最好不要问这种事情，我有一种被玷污的感觉，立即去承认我犯下的过错”。她毫无疑问地遵从她妈妈的命令，并“受到了严肃的责备，这使得我无法进一步调查这件事，渐渐地，直到我结婚几周我才明白这件事”。她清楚地记得，“在我结婚的前几天，我独自一人在可怕的夜晚，鼓起勇气去找妈妈，心跳加速

---

〔1〕Hardy, *Jude the Obscure* (1896), part 2, section 2.

快要窒息，乞求她，告诉我婚姻到底是什么样的？她美丽的面庞立刻显露出令人害怕的冰冷表情。她不耐烦地说，‘我从未听过这样可笑的问题’；我立即感觉到她认为我是那么的庸俗。

‘但我极度地想知道我的需要，妈妈，我想知道在我身上会发生什么！’

‘她冷漠的表情对此厌恶之极。她冷冷地沉默了一会儿，说，‘你已经看过了许多图片和雕像，难道你就没有注意到男人和女人是完全不同的吗？’

“‘是的。’我踌躇了一会。

“‘啊，那么——？’

“我沉默着，不想再问下去，她大声说道：‘看在上帝的分上，请不要问我这么愚蠢的问题了。你不要装得那么笨拙的样子！’”[1]

402 她所见过的裸体图片和雕像似乎无法向迷惑的女孩透露纽约的高等社会是什么样子，因为她从不知道或者更确切地说，她感到受到压制不知道该问他们什么。有太多像伊迪丝·华顿这样的女人，和她们的男性同伴们，在19世纪，他们中的许多人都以出现在西格蒙德·弗洛伊德的咨询室而告终。但是，在整个时代，尽管被理想化了，他们个人隐私的部分仍是公共的财产。

---

〔1〕“Life and I,” pp.33-35, Wharton Archives, Beinecke Library, Yale University. 这个长篇的自白出现在 R. W. B. Lewis, *Edith Wharton: A Biography* (1975), p.53。

图 11-1　哈布罗特·布朗,《家里的变化》(Hablot K. Browne, *Changes at Home*), 1850 年。为查尔斯·狄更斯的小说《大卫·科波菲尔》第八章绘制的插图。墙上生动的肖像画强调了这本最富有维多利亚时代特色的小说中直率的母性。

图 11-2　卡尔·朱茨,《珍惜现在》系列画(Carl Jutz, *Memento Mori*),《家居》杂志(*Daheim*), 1884 年。明确的现实主义风格中对古典主义知识的讽刺。

图 12-1　詹姆斯 · 沃尔德,《时下的娱乐》(James Ward, *The Day's Sport*), 1826 年。画作在无意识中提示 19 世纪中期孩子们可能记得的场景。

图 12-2　莫尔兰,《在绘画沙龙》(V.Morland, *Au Salon de Peinture*), 1882 年。在当时的沙龙中大部分女士都不穿衬衣。

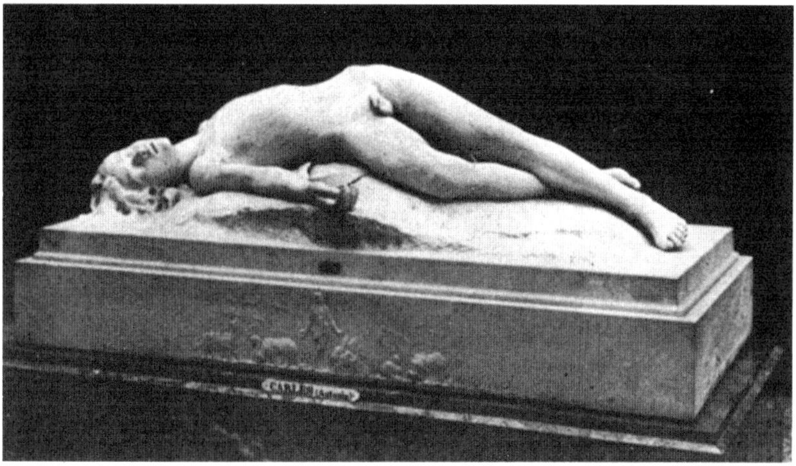

图 12-3　安东尼-让-保罗·查尔斯,《阿贝尔之死》(Antonin-Jean-Paul Carlès, *Death of Abel*), 1887 年。

图 13-1　厄内斯特 · 巴里亚斯,《电》(Ernest Barrias, *Electricity*), 1889 年。现代象征性的裸体雕塑中一个很好的范例。

图 13-2　菲利克斯 · 夏朋蒂尔,《自行车》(Félix Charpentier, *The Bicycle*),约 1895—1900 年。

图 13-3　佩尔 · 哈瑟尔伯格,《磁力》(Per Hasselberg, *Magnetism*),约 1884 年。系列真人大小的浮雕之一,用于装饰哥德堡(Göteborg)的福斯坦堡画廊(Fürstenberg Gallery)。注意它的位置在拉尔森画作的对面。

图 13-4　卡尔·拉尔森,《福斯坦堡画廊的内部》(Carl Larsson, *The Interior of The Fürstenberg Gallery*), 1885 年。裸体林立的画作。哈瑟尔伯格的雕塑《雪花》(*The Snowdrop*) 占据中心位置; 拉斐尔·柯林 (Raphaël Collin) 的《夏天》(*Summer*) 作为整体上的背景。作为颇有趣味的对比, 厄恩斯特·约瑟夫森 (Ernst Josephson) 画哥蒂尔达·福斯坦堡(Göthilda Fürstenberg) 的肖像, 衣着保守, 姿势僵硬。她的丈夫潘恩特斯·福斯坦堡(Pontus Fürstenberg)—— 画廊的捐助者, 在前面读报。

图 14-3　奥古斯特 · 基斯,《亚马逊》(August Kiss, *Amazon*)。此处是 1841 年柏林的青铜原件的镀锌复制品。

图 14-1 (左上)　安东尼 · 泰沙拉 · 洛佩斯,《埃萨 · 德 · 盖罗斯》(Antonio Teixeira Lopes, *Eça de Queiros*), 1903 年,里斯本。在葡萄牙著名作家埃萨 · 德 · 盖罗斯去世三年后完成,雕像描绘了这位衣着华丽的作者与一个意欲向作者奉献自身的象征性动态裸体。雕像基座上的铭文尤其显得无辜:“在真理的强大裸体之上,覆盖着幻想的透明薄纱”—— 克罗兹的小说《遗迹》(*A Relíquia*) 中的一句名言。

图 14-2 (右上)　亚历山大 · 夏波尼尔 (Alexandre Chaponnier), 在继皮埃尔–保罗 · 普吕东(Pierre-PaulPrud'hon) 的《引导精灵升天的书房》(*Study Guiding the Ascent of Genius*) 之后,大约于 1806 年前完成。1801 年起为卢浮宫绘制的房顶绘画,幼年的裸体绘画。

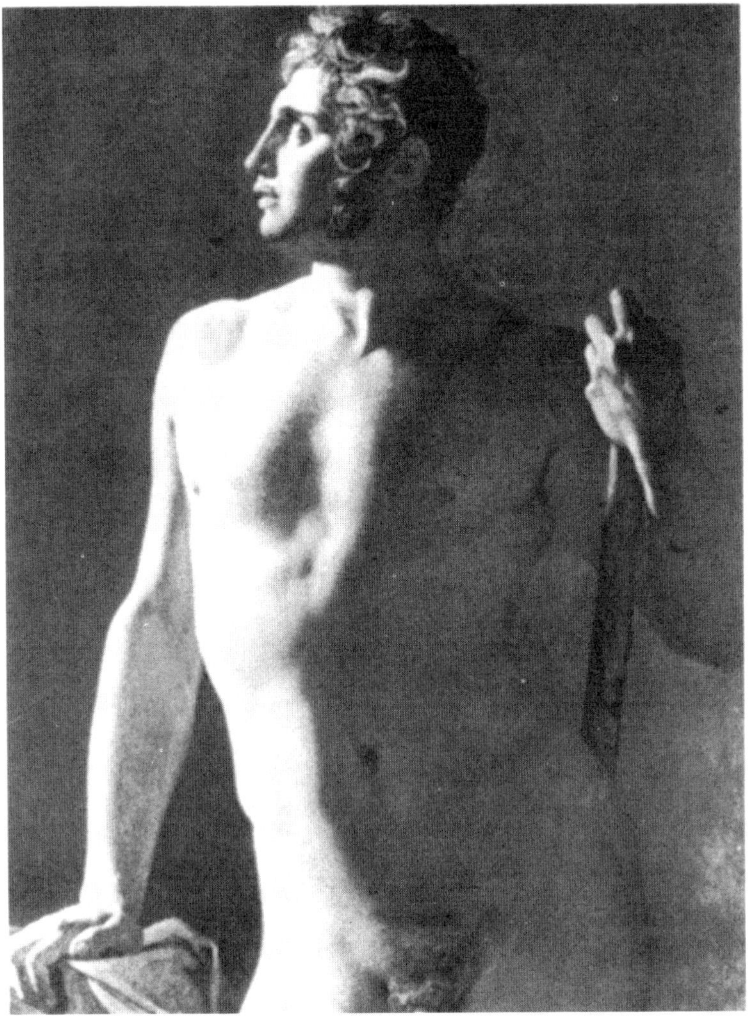

图 14-4　让 · 奥古斯特 · 多米尼克 · 安格尔,《男性躯干》(Jean Auguste Dominique Ingres, *Torso of a Man*),约 1800 年。男性裸体之一,真实但有意不完全。

图 15-1　安格尔,《阿喀琉斯营帐中阿伽门农的特使》(*The Ambassadors of Agamemnon in the Tent of Achilles*),1801 年。男性正面裸体画,19 世纪众多艺术品的典型之一。

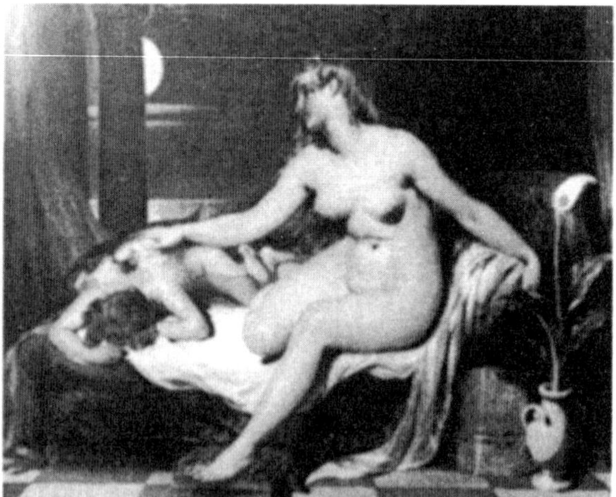

图 15-2　威廉·埃蒂,《醒来的维纳斯唤醒爱情》(William Etty, *Venus Now Wakes and Wakens Love*),1828 年。埃蒂的典型画作之一,专注于体态丰富的女性裸体形象。

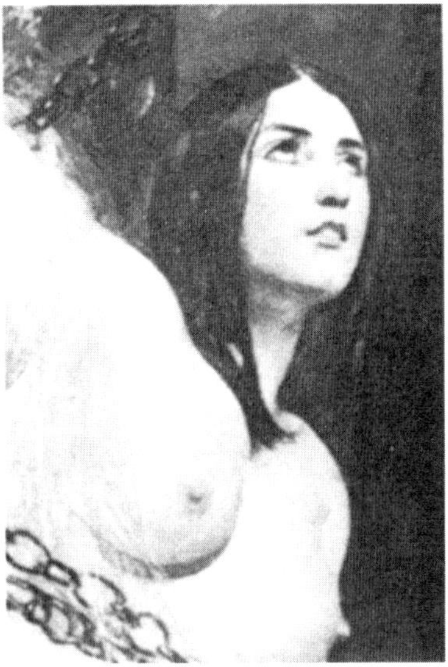

图 15-3　埃蒂,《安德洛墨达》(*Andromeda*),约 1840 年。

图 15-4　埃蒂,《潘多拉》(*Pandora*), 1824 年。

图 16（本页及下页共四图） 爱德华 · 伯恩–琼斯,《皮格马利翁与肖像》（Edward Burne-Jones, *Pygmalion and the Image*）, 1868—1879 年。松懈而柔软的人体绘画,这些形象反映了一个古老的仪式,男人对作为其创造物的女人的崇拜。

图 17-1　让-莱昂·吉罗姆,《皮格马利翁与加拉蒂亚》(Jean Léon Gérôme, *Pygmalion and Galatea*), 约 1881 年。利用神话故事的情节作为性感身体的掩饰的典型画作之一。

图 17-2　霍诺勒·道弥尔,《皮格马利翁》, 1842 年。画作中的加拉蒂亚要求其创造者对她吹一口气。

图 17-3　让–巴蒂斯特·克莱辛格,《被蛇咬伤的女人》(Jean-Baptiste Clésinger, *Woman Bitten by a Snake*), 1847 年后。关于这个主题的大理石雕像曾在 1847 年巴黎沙龙艺术展上引起强烈反响,此处是原件缩小的青铜雕塑(那条蛇并没有在这个雕塑中出现)。

图 17-4　亚历山大·卡巴内尔,《被农牧神绑架的少女》(Alexandre Cabanel, *Nymph Abducted by a Faun*), 1860 年。该画在 1861 年沙龙上展出,随即被酷爱这种艺术品的拿破仑三世购得。

图 18-1　希拉姆·鲍威尔斯,《希腊奴隶》(Hiram Powers, *The Greek Slave*), 1843 年。可能是 19 世纪美国最著名的裸体。有人看了这个雕像以后说激发宗教情感。

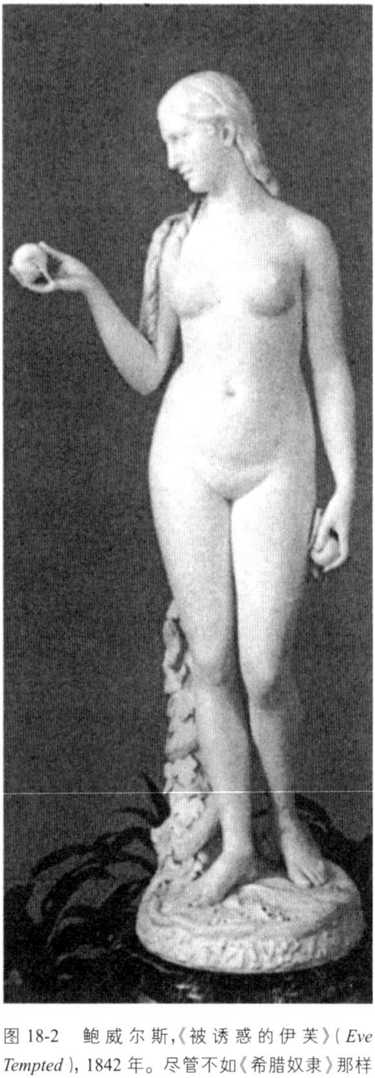

图 18-2　鲍威尔斯,《被诱惑的伊芙》(*Eve Tempted*), 1842 年。尽管不如《希腊奴隶》那样有名,这个伊芙也不乏色情之感。

图 18-3　乔治·克鲁伊克申克,《要体面!》(George Cruikshank, *Making Decent!*), 1822 年。一个道德家讽刺了过分的道德说教。

图 18-4　维尔比·普金,《尖角或基督教建筑的真正原则》(A.Welby Pugin,*The True Principles of Pointed or Christian Architecture*), 1841 年。讽刺了现代的哥特式庄园的建筑。作者要求现代的哥特式建筑"真实",而不仅仅是模仿。

图 18-5　有可移动坐垫的沙发,克拉伦斯·库克,《房间的美化:关于床和桌子,凳子和烛台的论文》(Clarence Cook, *The House Beautiful: Essays on Beds and Tables, Stools and Candlesticks*), 1878 年。色情的舒适。

图 19-1　安东尼奥·卡诺瓦，《意大利的维纳斯》（Antonio Canova, *Venus Italica*），1812 年。

图 19-2　卡诺瓦，《丘比特与赛姬》（*Cupid and Psyche*），1793 年。卡诺瓦的大理石雕塑，20 世纪的大多数评论者嘲笑说这个雕塑太僵硬、冷峻，但是在 19 世纪时却不乏仰慕者，包括海因里希·海涅和古斯塔夫·福楼拜，都认为人物形象颇为色情性感。

第六章　自我的强化 403

无可否认，公共领域对19世纪中产阶级性观念的形成产生了重大的影响。大千世界既充满着警示，又弥漫着诱惑；既有彻底的失败强化着压抑的情绪，又有外界的刺激来化解压抑。经历会唤起童年时代的情感记忆，并以此来定义成年后的性爱需求、机遇和挫折。福楼拜的《情感教育》（*L'Education sentimentale*）——我正是借用了该书的书名[1]——可谓是一个年轻人成长的编年史。该书主人公在情感方面处处被动，但又放荡不羁；在他的一生中，他接受了一系列教育者的熏陶，而这些教育者也都远离其父母家园——这是一种令人幻灭的情感教育，或者说在当时是一种典型的感官教育。在自我和超我的成长过程中，社会提供了大量不断更新、而又矛盾重重的经验教训；社会既滋生着情感，又抑制着情感；简言之，社会教化着情感。

然而，由于色情的欲望和焦虑是在受到庇护的、或者说部分地受到压抑的个人生活领域中逐渐成熟的，因此在讨论了较大范围的社会压力之后，我又将返回到对个人的探讨。我将把讨论的中心再次聚焦到普遍公认的中产阶级虚伪成瘾的特性之上：虚伪懦弱地盲从于专制性的公共舆论的摆布，家庭是他们永生难忘的教育者，日记是他们神圣不可侵犯的内心世界无声而谨慎的慰藉。从梅贝尔·托德开始，又

〔1〕本书英文名为 *Education of the Senses*。

到梅贝尔·托德结束——这条环形的路线对于研究19世纪中产阶级的历史学家具有十分重要的意义。在过去的任何时代，没有任何一个阶级会比中产阶级更加处心积虑、迫不及待地关注外表、关注家庭和关注隐私；没有任何一个阶级曾经为自我构筑如此之高的防御壁垒。

404 1. 寻求安全

对19世纪中产阶级而言，他们的防御策略迅速为他们赢得了一个并不令人称羡的名声——虚伪；而这个名声也与他们如影随形了。毫无疑问，这个中产阶级的世纪培养了足够多的消极教化者：教育他们的追随者，在面对生活的现实时，要选择保留意见、逃避，或者是保持沉默。这些策略在大众艺术品位、儿童教育、教士布道方面留下了其踪迹，而在色情的谨慎控制方面尤其产生了重要影响。虚伪，以它间接的方式，似乎也成了感官的教化者：它负责颁布指令，说明应该如何掩饰情感和信仰，以便使社会能够接受。1911年，乔治·桑塔亚纳（George Santayana）为刚刚过去的维多利亚时代命名，嘲弄地概括了中产阶级特有的虚伪癖好。桑塔亚纳的一篇演讲“美国哲学中的文雅传统”（“The Genteel Tradition in American Philosophy”）曾经被广为引用，其内容涵盖要远比其标题宽泛得多。在这篇演讲中，他认为文雅的文化受到了来自传统的熏陶长达一个世纪之久，变得更加精致，但已严重地脱离生活。尽管美国人曾受到加尔文主义学说中严厉的悲观主义熏陶，但他们已经抛弃了加尔文主义的实质，仅保留了其虚夸之词；最近野心勃勃的超验主义思想在美国大行其道，他们也只不过将这些思想具体化为廉价简便的行为方式，而对周围痛苦的现实视而不见。其结果是造就了明显的横贯于美国文化的风景线：浅薄、虚伪、矫揉造作、不思进取。桑塔亚纳坚定地认为，欧洲的高雅文化也沿袭了一条非常类似的路线。但他并不悲观，他的演说不是一个诊断性结论，而是一次整体性的解剖。他的结论认为，三位著名的美国人已经极大地颠覆了弥漫于19世纪的自欺心理：沃尔特·惠特曼——不拘一格的反叛者；亨利·詹姆斯——目光敏锐的分析家；威廉·詹姆斯（William James）——勇往直前的探索者。“文雅传统钳制了人们的思想、扼杀了人们的希望和憧憬，但现在这种非法的垄断已经被打破。”[1]

对不远的将来，桑塔亚纳还是满怀光明的憧憬，这在19世纪死气沉沉的虚伪背景映衬下显得独树一帜。事实上，溢美之词和委婉之语，既不是19世纪的特产，也不是中产阶级的专利。早在1643年，英国的一位东方旅行家托马斯·赫伯特（Thomas Herbert）已经记录过，在东印度，“女人裸露着大部分身体出行”，除了用一块“缠腰布 405
遮住隐私之处”[2]。仅在几年之后，一个被指控使用巫术的美国妇女被强迫要求“用一个惹人瞩目的奶嘴挂在私处”。大约同一时间，弥尔顿嘲笑了“伪君子们”对性的态度，说他们：

> 一本正经地谈论
> 纯洁、地位和清白

拉·洛希福考（La Rochefoucauld）认为，他的时代明显地弥漫着虚伪的气息，因此他给虚伪下了一个不朽的定义——“邪恶对美德的敬

〔1〕“The Genteel Tradition in American Philosophy,” in *Winds of Doctrine* (1913; ed.1957), p.211.

〔2〕T. H. Esquier [Sir Thomas Herbert], *A Relation of Some Yeares Travaile, Begunne Anno 1626. Into Afrique and the Greater Asia, especially the Territories of the Persian Monarchie: and some parts of the Orientall Indies, and Iles adjacent* (1634), p.41; John Putnam Demos, *Entertaining Satan: Witchcraft and the Culture of Early New England* (1982), p.82.

礼”。在路易十六统治时期，莫里哀创造了塔图非（Tartuffe）这个人物形象，从此后他就成了伪君子的原型。即使在启蒙时代，也存在着未被察觉的灰暗角落、频频出现的怯懦心理和故作忸怩的委婉之词。我们已经讨论过格勒兹（Greuze）的油画，像狄德罗那样的自由评论家认为，那些画的价值在于其高尚的道德，因为这些画展示了一种理性的单纯，尽管不乏关于性的暗示，但仍然表现出了纯洁的形式。在那个直率的时代，含羞的缄默总是受到高度的赞美，不管这种缄默是真诚的，还是伪装的。1700 年，一个叫约翰 · 琼斯（John Jones）的医生描述并比较了鸦片带来的官能快感，“那种无可名状的快感恰到好处，让人终生难忘，只是君子不愿详述其名”。作为一个致力于讽刺伪君子的作家，劳伦斯 · 斯特恩（Laurence Sterne）在他的《项狄传》（*Tristram Shandy*）中指出，在他生活的这个“虚伪的时代”，“对虚伪之虚伪是最糟糕的”。1798 年，为了揭示和讽刺这种“虚伪之虚伪”，剧作家托马斯 · 默顿（Thomas Morton）第一次成功地在英国戏剧舞台上塑造了格伦迪夫人（Mrs. Grundy）这个人物形象，并使之成为干涉别人私生活的假正经的代言人。以至于约翰 · 斯图亚特 · 穆勒在 1869 年写道：“凡是有妻子、儿女的人，都给格伦迪夫人送去做了人质。”[1] 但是，其实这个令人捧腹的人物形象，在戏剧舞台和教学中活跃已达半个世纪之久了。

也正是在这个中产阶级世纪，贵族们经常成为中产阶级愤恨的对象，因为他们被公认为缺少羞耻感，而且越来越缺乏敏感力，此时他们却发现自己已经加入了否定现状者的阵营。在 1839 年 4 月，年

---

〔1〕Milton: *Paradise Lost*, Ⅳ, pp.744-745; La Rochefoucauld: *Réflexions, sentences et maximes morales*, ed.G. Duplessis, after the 5th ed. of 1678 (1853), p.60; Jones: *The Mystery of Opium Reveal' d*, in Alethea Hayter, *Opium and the Romantic Imagination* (1968), p.24; Sterne : *Tristram Shandy*, book Ⅲ, ch. 12; Mill: *The Subjection of Women* (1869), p.167.

轻的维多利亚女王在日记中写道，墨尔本爵士反感狄更斯的《雾都孤儿》，尽管她本人为这本书“极力辩护，但是徒劳”，墨尔本不会接受关于这本书的任何东西。“我不**喜欢**那些东西，”他说，“我希望尽量 406
回避；在**现实生活**中我不喜欢它们，所以也不希望它们以其他形式出现。”[1]但是，如果说19世纪的中产阶级算不上是第一代或者唯一的塔图非，他们却联手创造了世人曾了解到的最浓郁的塔图非文化。至少，在他们的诋毁者看来是如此。

很自然地，这个时代找到了言辞有力的辩护者，甚至就在它的批判者中，也不乏捍卫者。《星期六评论》——这本文笔犀利、论战火药味十足的伦敦周刊，从1855年创刊伊始就一直争论说，尽管社会的虚伪已经达到需要道德教化者大加鞭笞的程度了，但中等阶层的体面、虔诚和真挚的表现是值得称赞的，甚至是令人钦佩的。“相比而言，各种各样的虚伪已经被倾入这个日益虚伪的世界”。一个匿名的撰稿人有力地附和了《项狄传》，于1856年写道，“这种丑恶已经成为一个颇受大众欢迎的话题”，无可否认，“外表的端庄频频掩盖了最龌龊的罪恶深渊”。当然，这就是这个虚伪的世界“需要偶尔特别提醒”的一个事实。但是，当《星期六评论》因为极力主张向读者揭示这些事实时，却对耶利米亚式的悲观预言家（Jeremiahs）的观点失去了耐心，因为这些人绝对消极地认为他们时代的文明“已经是虚伪透顶了”。事实上，“在任何一个社会团体中，端庄有礼和邪恶堕落同时共存的现象都是丝毫不足为怪的”。因此，“将一长串的罪犯和罪行的记录公之于众，并谎称其目的是要谴责社会的虚伪，揭露‘我们文明’的弊病，其实却是为了迎合人性中最低级的趣味之一，即为了满

〔1〕April 7, 1839, *The Girlhood of Queen Victoria: A Selection from Her Diaries, 1832-1840*, ed. Viscount Esher, 2 vols. (1912), Ⅱ, p.144.

足那种因为邪恶产生的无耻好奇心。”这种行为本身“是一种让人嗤之以鼻的失德和虚伪的复合体”。[1]总而言之，最龌龊的伪君子就是这样一群人：他们处心积虑地发掘出虚伪的现象，以满足自己最阴暗的个人需要。

反击可能是最好的防御，《星期六评论》故意的含糊其词尽管在知识分子和富人中拥有忠实的读者，并大受欢迎，却没能让文化评论家保持沉默。当中产阶级在维多利亚时代孤注一掷地沉迷于消极否定的情绪时，另一方面，在他们的时代和阶级中也萌生出一种强有力的反抗情绪。讽刺小说家、反叛诗人、贵族哲学家和鼓动性的心理学家，所有这些人都嘲弄地谴责这个时代，他们大多数人都愤怒地抨击这个时代，称其为一个几乎让人无法忍受的虚伪时代。英国历史学家弗罗德（J. A. Froude）于1849年写道，他发现一种“实际行为和口号主张完全分离的现象，这种现象已经使现代英国的全部生活成了一
407 个可怕的谎言”。[2]福楼拜的书信、海涅的报告文学，还有再近一点的易卜生的戏剧，对那些难以平息怨愤的社会评论家来说，都毫无疑问地证明了这样一个事实：法国、德国以及斯堪的纳维亚国家，特别是中产阶级的整个生活似乎都和英国社会是同样虚伪的。19世纪善于自我批评的传统，在过去几十年经济繁荣之时不断崛起，他们为中产阶级那令人反感的说一套做一套的行径献出了顶级的智慧、运用了最精雕细琢的描述。

纵观各个时代，从以赛亚到苏格拉底的预言家和哲学家们已经把自己的使命精确地定位，即揭露厚颜无耻的奸佞商人和阴险狡诈的感官享乐者，以及他们那虚伪做作的自我炫耀；人们把自己最卑劣

---

〔1〕“Our Civilization,” *Saturday Review*, Ⅱ(June 28, 1856), p.195.

〔2〕“The Nemesis of Faith”, in Walter E. Houghton, *The Victorian Frame of Mind, 1830-1870* (1957), p.405.

的行为隐藏于最高尚的宣言之下，并且用华丽的言辞掩盖了粗俗的欲望，这个毋庸置疑的发现已经不是什么新鲜事了。但是，19 世纪道德教化者名单——小说家、诗人和哲学家，他们都以发现和谴责虚伪行径为己任，他们个个出类拔萃、才华横溢：其中包括义愤填膺的三巨头——古斯塔夫·福楼拜、海恩里希·海涅和亨利克·易卜生，以及查尔斯·波德莱尔、威廉·莫里斯和沃尔特·惠特曼、约翰·罗斯金、格奥尔格·勃兰兑斯和索伦·克尔凯郭尔、雅各布·布克哈特、托马斯·卡莱尔（Thomas Carlyle）和马修·阿诺德（Matthew Arnold），更不用说弗里德里希·尼采和卡尔·马克思、托斯坦·凡勃伦（Thorstein Veblen）和奥古斯特·斯特林堡、乔治·萧伯纳和西格蒙德·弗洛伊德了。他们的攻击对象有很多，并且俯拾皆是，但他们最深恶痛绝的伪君子还是那些自以为是、道德沦丧的祸根：安东尼·科姆斯托克、反邪恶协会的那群衣冠楚楚的绅士们，以及其他那些自身麻烦不断、却时时在为别人制造麻烦的人。资产阶级世纪像是一张温床，孕育了这些令人反感的人。

当然，资产阶级世纪是一个严厉抨击伪君子的时代。早在维多利亚女王执政前几十年，浪漫主义运动开始兴起。拜伦的人生与诗歌、司汤达讽刺性的社会批评、E. T. A. 霍夫曼对养尊处优的中产阶级的讽刺——他们的批判有时隐而不彰，但经常是一针见血地抨击中产阶级的虚伪，而在这群庸俗市侩的敌人看来，这种讽刺让他们寝食难安、如坐针毡。拜伦曾写道，“在现代欧洲，我们所有的语言、举止、宗教、道德，以及我们的整个思维和存在都源于一个单一的契合点：在英语中用一个意味深长的词来表达就是‘cant’（虚伪）”。司汤达对这段文字赞赏有加，并在《伦敦杂志》上为英国读者撰写的一篇文章中加以巧妙地引用和阐发。之后，伪君子的批判家们沿袭了这条批评的路线。诸多幽默杂志，例如德国的《喧声》（*Kladderadatsch*）、 408

英国的《笨拙》周刊（*Punch*）以及美国的《法官》杂志（*Judge*），都毫不客气地讽刺那些体面十足的伪善行为。道格拉斯·杰罗尔德（Douglas Jerrold），曾连续几年都是《笨拙》周刊最多产、最受欢迎，同时又最让某些人感到芒刺在背的评论家，他比萨克雷更有创造力、更加锋芒毕露。他唇枪舌剑的锋芒经常指向那些世俗的教士、唯利是图的商人、自以为是的假正经，还有那些一边口里标榜着仁义道德，另一边却长期欺压房客的虚伪信徒。弗里德里希·恩格斯在他《英国工人阶级状况》（*Condition of the Working Class in England in 1844*）中，带着激进主义的热情探究对手的弱点，寻找在他的发现中存在的乐趣，进而抨击了中产阶级的虚伪。富人和所谓的绅士们不想了解任何社会疾苦，而实际上他们对此应负起主要责任。他们还采取预防行动，以便可以永远避免看见这些疾苦。恩格斯指出，正是英国重要工业城镇的地理布局，使他们安于舒适的消极生活；曼彻斯特的“拜金贵族”可以从他们的豪华住所步行至工作地点，而不必穿梭于任何散布于城市中的贫民区。恩格斯认为，这种“虚伪的设计”最明显不过地体现了资产阶级的特征。他还引用了一个很典型的例子，是一封写给《曼彻斯特卫报》（*Manchester Guardian*）的信，署名是“一位女士”。信的内容是抱怨“我们的主要街道，现在都已经是乞丐成群”，这些可怜的人以最无耻、最恼人的方式——显露他们褴褛的衣衫、憔悴的面容、令人作呕的伤疤和扭曲的身体，来尽力唤醒路人的同情。作者痛苦地问道，如果那些人像她自己一样为穷人捐款，再慷慨地为慈善机构做些贡献，那么我们的城市不是可以“避免那些令人不快、粗鲁无礼的骚扰”吗？市政警察为什么对这些场景视而不见呢？[1]

---

〔1〕Geoffrey Strickland, *Stendhal: The Education of a Novelist* (1974), p.8; Engels, *Condition of the Working Class in England in 1844* (1845; ed. 1892), pp.46-47, 278-279.

在信的结尾，恩格斯突然话锋一转，欣然认定这一切都充分地表明，在中产阶级中广泛存在自我保护式的虚伪。

在艺术领域，也同样充满对中产阶级的讽刺和抨击。奥古斯都·维尔比·普金（Augustus Welby Pugin）是一位富有想象力的天才建筑师，在维多利亚时代早期的哥特式建筑风格的复兴运动中起到了重要作用。出于道德上的义愤填膺，他竭尽所能地谴责当代建筑风格过于简陋和肤浅：“个人判断在肆无忌惮地蔓延；每位建筑师都有自己的一套理论，为自己量身定制的完美理想；或者说是一件披在自己的建筑设计上的外衣。”这样背离建筑真理的设计也违背了建筑作为庇护所的有机功能。“现在的风格是适应的，而不是创造的，”普金失望地指出，“装饰和设计只是与宏伟的建筑本身相**适应**，而并非**发端于**该建筑。”普金提出了建筑真理的原则，并对此原则情有独 409
钟；他为自己钟爱的建筑风格在他的时代中取得胜利而感到欣慰，但他认为这种胜利是模棱两可而不确定的。罗顿（Loudon）的《百科全书》（*Encyclopedia*），在当时是一部大受欢迎的工具书，上面大篇幅地登载了很多哥特式的建筑图片，而在普金看来，大部分选登的这些19世纪的哥特式建筑都是不准确、不恰当，甚至是最糟糕的。在他最著名的论战式著作《带尖角的或基督教建筑的真实原则》（*The True Principles of Pointed or Christian Architecture*）中，他讽刺了罗顿虚无缥缈的赞美之词，因为罗顿自己设计了一幢不堪入目的哥特式建筑，设计中还包括一个让人觉得荒谬可笑的温室，普金在此评论说“所有的一切仅仅是张面具，整个建筑就是一个漏洞百出的谎言”[1]。同样地，在普金和恩格斯的时代，刻画资产阶级人物形象的天才大师

〔1〕Pugin, *An Apology for the Revival of Christian Architecture* (1843), pp.1-2; John Gloag, *Victorian Taste* (1942), p.53.

们——萨克雷、道弥尔、海涅、狄更斯，经常拥有一个很有鉴别力的巨大读者群，这个群体很容易识别出他们嘲弄的对象。我说的“经常”，至少对狄更斯是如此：从《匹克威克外传》（*Pickwick Papers*）的轻快幽默转向《小杜丽》（*Little Dorrit*）及他晚期的社会讽刺小说的过程中，他的读者中出现了素质极高、见多识广的怀疑主义者；他那些富于想象力的讽刺图景看来似乎脱离了社会现实，以至于读者在那个时代很难找到他的讽刺针对的对象。然而，大量反布尔乔亚的讽刺作品，甚至狄更斯的也是如此，都正中要害、入木三分。

诚然，中产阶级世纪在批判虚伪的事情上做得不错，其中部分是基于高度抽象的水平之上，并且需要相当强的哲学思辨能力。此类的批判者们有能力解读出这样一种思想：就像与之对应的古典经济学家的社会悲观主义一样，黑格尔或兰克的普遍乐观主义已经成了消极无为、老练而牵强的说辞。如果世界一定会像哲学家或政治经济学家所描绘的那样，要么充满希望，要么令人沮丧，那么社会行动就要么是没有必要的，要么是徒劳无益的，当权者就会平静地永享太平。对于很多注重实效的人来说，从马尔萨斯和经济自由主义借用来的理念，已经成为一套理性化的权宜之计；对于一个产业巨头或金融寡头来说，没有一种理论会比这样的论调更让人觉得慰藉和精神振奋了：要么赞美普遍斗争，要么将无私慷慨诋毁为违反生产规律，而给工人开出体面的工资则有悖于自然法则。然而，对于那些受害者而言，将剥削美其名曰经济自由主义，也并未使其失去所有噬人的锋芒。

但是最脆弱的抨击目标是中产阶级对性的态度。当埃菲·罗斯金（Effie Ruskin）将要和她丈夫分居时，约翰·米莱斯给她的母亲写了一封感人至深的信；在信中，他对埃菲·罗斯金的坚韧耐心和默默忍受唏嘘不已；他谴责了那个时代在性问题上的冷酷和虚伪，而这正
410 是她无尽痛苦的源泉：“正是社会的不幸使我们如此在乎那种事情是

否败露，使无数人忍受了数年之久的内心痛楚和煎熬，而不是因为真相暴露而仅仅忍受短暂的痛苦。”萨克雷，怀旧似的回顾了言辞犀利的亨利·菲尔丁的时代，在《潘登尼斯》（*Pendennis*）的序言中，以一种不无羡慕的笔触，对他的读者说：“《汤姆·琼斯》的作者尸骨未寒，我们之中就没有一个小说家被允许竭尽其能地刻画一个‘人’（a ‘MAN’）。我们须为他盖上裹尸布，对他报以某种世俗的冷笑。社会不能容忍我们艺术中的天性（the Natural in our Art），很多女士向我提了抗议，许多读者不再阅读我的作品，因为在《潘登尼斯》的故事中，我描写了一个年轻人如何抗拒诱惑，却又是如何受到了诱惑。”〔1〕

正如他那些明察秋毫的读者所观察到的那样，萨克雷本人对于世俗的冷笑也能泰然处之，甚至有过之而无不及；就其深刻犀利、入木三分的讽刺风格而言，他在处理性的题材上似乎总能得心应手、游刃有余。以其惯有的前后矛盾的风格，他有时也会笔锋一转，显得颇有点“朴兹奈普”（Podsnap）风格，〔2〕他写道，自己很“庆幸”，因为在他“生活的时代，男人的写作冲动，不再是为了让女人脸红”。夏洛蒂·勃朗特曾对萨克雷敬仰有加，但她也采用了某种微妙的性暗喻，说他常常把“美人鱼的尾巴藏在水下”〔3〕。因此，19世纪的诸多道德审查其实是一种自我审查。

“被允许”和“被禁止”之间的界限，事实上并不是确定无疑的，

---

〔1〕Millais: April 18, 1854, Mary Lutyens, *Millais and the Ruskins* (1967), p.178; Thackeray: *The History of Pendennis. His Fortunes and Misfortunes, His Friends, and His Greatest Enemy* (1850), *The Works of William Makepeace Thackeray*, Centenary Biographical Edition, 26 vols. (1910-1911), Ⅲ, liv-lv.

〔2〕“朴兹奈普先生”（Mr. John Podsnap），狄更斯小说《我们共同的朋友》中的人物，现多用以讽刺英国维多利亚时期的上层中产阶级，他们往往自以为是、专横跋扈。——译者注

〔3〕Mario Praz, *The Hero in Eclipse in Victorian Fiction* (1952; tr. Angus Davidson, 1956), p.260.

也鲜有人探讨这个问题。无论是在英国还是在其他地方，除了萨克雷以外，所有人在这个问题上都显得有点谨小慎微。在1886年，纳森·哈斯凯尔·多尔（Nathan Haskell Dole）把《安娜·卡列尼娜》译成英文时，出于谨慎的原因，将其中一个关键的句子保留了俄语原文；尽管对心里的一个重大秘密感到羞耻，在面对她的情人渥伦斯基时，安娜·卡列尼娜最终对他的追问做出了让步，说出了正困扰她的事情："Ya béremenna!"因为读者从上下文中很容易获悉，她正在吐露这样的信息——她正处于维多利亚人所谓的"有趣的状况"（interesting condition）之中。只有到了后来的译者才认为，说英语的读者能够接受这种直言不讳的信息了。1901年，康斯坦斯·加内特（Constance Garnett）仍然选择了委婉之辞："我有了。"（"I'm with child"）只是随
411 着路易斯·莫德和埃尔玛·莫德（Louise and Aylmer Maude）1918年版本的出现，才充分显示了俄语在表述上的力度："我怀孕了。"（"I am pregnant."）到19世纪90年代，汉斯·莫瑟（Hans Moser）的德国版本还是有点与康斯坦斯·加内特一样，达到了一种文雅的折中说法："Ich bin gesegnet."[1]德国读者在理解上并不存在障碍，being "blessed"的意思是已经怀孕了，但失去了安娜·卡列尼娜的表述中那种直言不讳的坦率。这种消极的表达模式淹没了19世纪早期及以后的坦率风格。1824年，德·昆西（De Quincey）在评论歌德的《威廉·麦斯特》（*Wilhelm Meister*）时，他一本正经地认为正是歌德本人对"个人的肮脏污秽"明显产生了兴趣，以及对玛丽安娜（Mariana）卧室的细节描写"令人难以置信"；德·昆西发现歌德提到过的女人服饰和化妆用品非常令人反感，以致他评价这段文章时说它"太糟了，

---

〔1〕*Anna Karenina* (1875-1877), part Ⅱ, ch. 22. 在多尔的译本中，本段文字在199页；在加内特的译本（1901; 2nd ed., 1916）中是第212页；在莫德的版本也是212页；而在莫瑟的两卷本德文版（ca. 1890）中，在第一卷第259页。

简直不能引用”[1]。

英国评论家并不是唯一指责歌德文笔粗糙的读者。甚至还包括儒勒·米什莱（Jules Michelet），尽管饶有兴致地细述书中对女巫令人咂舌的猥亵描写，但认为作者尽管“形式上高雅，但精神上却不然”。[2]并且歌德本人，当时作为一个精力充沛的多产通俗戏剧作家兼诗人，素来对于粗俗之事直言不讳，也会躲避到自己创造的委婉语中：在翻译《拉摩的侄儿》（*Le Neveu de Rameau*）时，他把“et coucherait avec sa mère”转译成更容易被接受的“would dishonor his mother（会让他的母亲蒙羞）”，[3]从而缓和了狄德罗著名的俄狄浦斯情结构想中的矛盾冲突。很显然，并非只有中产阶级的庸俗市侩才能发现体面语言的界限。

在那种氛围之下，19世纪90年代与19世纪20年代相比没有本质上的不同，这种故意冒犯的言语对缄默不言的惯例构成了严重的挑战，接下来还会有一系列更加全面系统的猛烈抨击和谴责。当易卜生的《群鬼》（*Ghosts*）1891年首次在伦敦公演时，对于该剧中大量的淫秽修饰语，都做了删节和处理。尽管如此，很明显，由于该剧揭露了体面资产阶级的罪恶，剧中充满了种种非法勾当的桃色事件和各种病态的精神错乱，也因此触及了资产阶级的敏感神经。威廉·阿切尔（William Archer）——剧作家兼制作人，曾为易卜生的戏剧引进到英国做出了主要的贡献，受到了《波迈杂志》（*Pall Mall Gazette*）上一些正人君子的猛烈抨击。对此，乔治·萧伯纳曾在他的《易卜生主义的精华》（*Quintessence of Ibsenism*）中又存心重申了这种声讨；一个评论家称这部戏为“一场令人恶心的演出”；还有一些人称其为“一

---

〔1〕Praz, *Hero in Eclipse*, p.77.

〔2〕See Michelet, *La Sorcière* (1862), ed. Jules Refort, 2 vols. (1952), I, p.25.

〔3〕歌德的措辞是“*entehrte*”，并不算那么严谨，还是不精确的。

412 条敞开的排水沟，一道尚未包扎、疼痛难忍的伤口；一种公然的肮脏行径”。《群鬼》是“露骨的肮脏污秽，是粗鲁的，甚至是迂腐的粗俗”；“是赤裸裸的、令人作呕的行为”，以及是“迄今为止英国剧院董事会最耻辱的、讨厌肮脏的剧目”。易卜生本人被描述成“一个疯狂、变态的家伙”，他“不仅一贯那么龌龊，还无聊得可悲”。但是一些评论家确信，伦敦市光临剧院的大众人群中道德堕落的那部分人——希望这样的人越少越好，真正喜欢这种下流肮脏的东西，那他们一定“认为讨论下流的话题，恰巧满足他们的低级趣味”。就问题的实质而言，他们暗示：易卜生作品的爱好者一定是性变态者；他们一定是“中性人”，“非女人的女人，无性的女性，以及身着衬裙难以给人留下好感的那一大群人”，当然更不用说那一群“阴柔的男人和无女人味的女人了”[1]。即使是专业方面的著作也未能幸免。纽威尔·马丁博士（Dr. H. Newell Martin）所著的《人体》（*The Human Body*）已经成为无懈可击的、广泛使用的专业教科书；1904年，作为其出版商的亨利·霍特（Henry Holt），针对某些特殊的订单，提出要删节该书的最后一章，因为这一章讲述的是人的生殖系统。

总体上说，19世纪的编辑们对于大众所能接受的内容形成了敏锐的嗅觉。托马斯·哈代的出版经历就是一个漫长的妥协历程，因为那些神经紧张的出版商提出了很苛刻的要求。他们会带有歉意地告诉哈代说，他们本身当然不是过于拘谨的人，但是他们的行业赖以生存的读者们无法忍受他的坦率。有时甚至他的修改建议都带有色情暗示。在1874年，莱斯利·斯蒂芬（Leslie Stephen）时任声名远播的《科恩比尔杂志》（*Cornbill Magazine*）的编辑，他向哈代承认说，他

〔1〕Archer, “Ghosts and Gibberings,” *Pall Mall Gazette*, April 8, 1891, quoted in Shaw, *The Quintessence of Ibsenism* (1891; ed. 1912), pp.93-96.

已经在《远离尘嚣》（*Far From the Madding Crowd*）的“最后一次校读中删除了一两行；主要是由于那些过分拘谨的人——这点就连我自己都觉得难以忍受，但作为编辑，我不得不这样挑剔到荒唐的地步”。之后，在1886年，毛勃利·莫里斯（Mowbray Morris）时任麦克米伦出版社的编辑，他提醒哈代说，即使是性方面的某些暗示都可能是很危险的；他写道，因为他的读者都是“中规中矩的苏格兰人，很容易排斥不合情理的东西”。莫里斯也反对《德伯家的苔丝》在杂志上连载刊出，因为他读过之后，感觉到整个故事都给人太多的遐想了。

对于这些小心谨慎的人来说，哈代是很现代的，这里“现代”就是“淫秽”的同义词，因为他的作品很容易腐蚀读者的想象力。因此，编者们会警告哈代说，他的小说和故事涉及了太多“两性关系上的问题，而在传统上人们习惯于给这些问题（有意或无意地）盖上一层薄纱”。哈代也曾抱怨过“格伦迪夫人的专制”，但是在他一系列小说的出版过程之中，他也只能顺从地按要求做了修改，最终定稿中保留了大部分（尽管不是全部）他原创中的情节设计。如果说《苔丝》挑战 413
了人们的情感，那么《无名的裘德》便彻底激怒了他们。1894年8月，时任《哈珀新月刊》（*Harper's New Monthly Magazine*）编辑的奥尔登（H. M. Alden）尽管向哈代表达了歉意，说因为对他作品的干预而“感到羞愧难当”，但他仍然发现有必要提醒哈代，他曾经“发誓”说自己绝对不会出版“任何不适宜在家庭环境中朗读的书”。[1]

如果说这种在对待性的问题上表现出的攻击性的怯懦，标志着矫枉过正的英国非国教信仰者的是非观念，以及美国宗教激进主义者的一本正经，那么法国人也与其他国家人一样，热衷于虚伪的掩饰

〔1〕Michael Millgate, *Thomas Hardy: A Biography* (1982), pp.160, 274, 300-301, 304-306, 349.

和伪装的纯洁。左拉去世后不久，他的遗孀收集了她所能找到的所有左拉的信件，并且在出版时对其中猥亵鄙俗的字句进行了大刀阔斧的删节；对于涉及婚前与左拉同居的那些文字的删节她尤为坚决。[1]左拉的粗俗引起了同行作家的反感。大约在1890年前后，当左拉按惯例拜访著名文学家法兰西文学院的格扎维埃·马米耶（Xavier Marmier）时，请求他能够在填补文学院空缺的投票中为自己投上一票，马米耶却以一种尖酸刻薄的语调回绝了。他自称钦佩左拉的天赋、能力和勤奋，为法国小说注入了新活力。“你创作了极为优秀的作品，”他告诉左拉说，“但我无法原谅你在作品中散布的粗俗和恐怖的东西。在《大地》（*La Terre*）、《小酒店》（*L' Assommoir*）和《胚胎》（*Germinal*）中，你在可敬的场景中染上了污点，这是道德和品位所不容的。”[2]因此，左拉从来也没有被推选为法兰西文学院的成员。

像沃尔特·惠特曼那样始终如一，而又相当有自我意识的反传统诗人，把同性恋嗜好和缠绵至极的做爱场景倾泻于作品之中，但即使是在选择泄露自己的秘密时，像他自己所说的那样，也是以某种“稍微的拐弯抹角”的方式进行的。他的拐弯抹角对于一些像拉尔夫·沃尔多·爱默生（Ralph Waldo Emerson）那样有素养、鉴别力高的读者来说，还是过于直白。爱默生曾提出要删改《草叶集》，惠特曼断然地拒绝了。“如果我删除了有关性的内容，”他在几年之后说，“我可414 能也就删除一切了。”当他强烈谴责那个时代普遍的“可敬品格”时，他表达了所有鞭挞虚伪的人内心的憎恨，他断然宣称说：“世界上最

〔1〕详情请参阅：Zola, *Correspondance*, ed. B. H. Bakker et al., 3 vols. so far (1978-), I, pp.43, 451, and F.W.J. Hemmings, “The Making of a Naturalist,” *T.L.S.* (October 3, 1980), p.1107。

〔2〕记者 Charles Formentin 与 Marmier 一次会面之后，于1890年9月21日发表在《巴黎回声》(*Echo de Paris*) 上。参见 Xavier Marmier, *Journal* (1848-1890), ed. Eldon Kaye, 2 vols. (1948), Ⅱ, p.49。从成为小说家开始，左拉就因为淫秽而遭到指责，这引起了他本人的反感。参见 Zola to Louis Ulbach, September 9, 1872, *Correspondance*, Ⅱ, pp.318-319。

肮脏的书籍是被删节了的书。被删节就是一种道歉——是的，一种屈服——等于承认说，书中的某一些内容是错误的。”[1]

删除不雅内容的行为也许是肮脏的，或者说是一种狡辩，却是这个时代的习俗。像希波吕忒·泰恩（Hippolyte Taine）[2]一样，有些人预见到了他们的传记作家以及后人那一双双窥探隐私的眼睛，焚烧了自己的文稿，并且留下指示说，他们的“私人生活”不允许任何人评论。还有大部分其他人则指望他们授权的传记作家，删除那些令人尴尬的情节；或者尤其是那些已经在变化无常的公共领域引发了流言蜚语的事情；收集信件的编辑们也剔除了那些他们认为与其本人无关的信件。作者删节了自己的作品，而他们的传记作家也并不抱怨。1889年，爱娜·道·切尼（Ednah Dow Cheney）为路易莎·梅·阿尔科特写传记时，在序言中明确指出“如果不了解阿尔科特女士的个人生活经历，就不可能完全地理解她的作品”；幸运的是，“由于她本人最真实和坦率的性格，她为我们提供了机会去了解一个不加伪装的她”。切尼补充说——很明显她丝毫没有意识到自己的前后矛盾，“阿尔科特女士在后期生活的不同时期都修改了日志，删去了别人看起来过于隐私的东西，当然也破坏了很多无疑是很有情趣的情节”。[3]切尼的遗憾之情的确是有点含混不清的：她明显认为，凡是路易莎·梅·阿尔科特试图掩饰的事情，公众没有任何权利去了解。

在此类精心保护模式的受害者之中，查尔斯·狄更斯是最著名的一个。他于1870年逝世；8年后，他的姨妹乔吉纳·霍加斯（Georgina

---

〔1〕Justin Kaplan, *Walt Whitman: A Life* (1980), pp.235, 249, 252.

〔2〕希波吕忒·丹纳（Hippolyte Taine, 1828—1893），法国评论家与史学家，著有《艺术哲学》《人体之美》等。——译者注

〔3〕Taine: Susanna Barrows, *Distorting Mirrors: Visions of the Crowd in Late Nineteenth-Century France* (1981), p.82; Alcott: Cheney, *Louisa May Alcott* (1889; reprint of 1890 ed., intro. Ann Douglas, 1980), p.xxxii.

Hogarth）和他的大女儿玛米 · 狄更斯（Mamie Dickens），提议以他的书信形成一个版本用来充实约翰 · 福斯特（John Forster）著名的《查尔斯 · 狄更斯的一生》（*Life of Charles Dickens*）——当然在她们看来，这本书基本上是完整、真实的。1880 年，编辑们迅速、高效地编撰了两册狄更斯书信选集。两年后，又进行补遗，同年，又出版了一个更简短的修订版。“我们**毫不留情地**删减和压缩”，1881 年乔吉纳 · 霍加斯写道，“但是我希望——并且认为，这样做是**明智的、合适的**”。她引用《奥赛罗》中的语言又明显招致了评论家的批评：她和她的编辑们事实上删减、压缩得并不明智，而且是很不合适的。经过编辑们删节的书信构成了一个选集——剔除了他们认为过于轻浮或令人反感的
415 内容，维多利亚时代晚期的公众实在难以接受；余下来的只是一些精心设计的笑料，例如揭示了卡莱尔反犹太的偏执观念，或者是狄更斯对一个好朋友所表现出来的态度温和的恶作剧；以及狄更斯对催眠术的专注；他与妻子的分居。凡是编辑们认为“完全过于隐私”的私人信件，都成了他们固执和谨慎的牺牲品。[1] 索菲亚 · 霍桑（Sophia Hawthorne）也秉着同样的精神把她丈夫的日志肢解得残缺不全；范妮 · 金斯利（Fanny Kingsley）因为同样的理由剪辑了她丈夫的信件——为了保护隐私。这些表面虔诚的编辑们是在为公众的神圣殿堂塑造素材，而不是按原状展示作品，更别说剖析名人的人生了。

有时候，热衷于隐瞒和修正前人遗作几乎达到了一种随心所欲的程度，充分显示了维多利亚时代的正统观念对这些作品的解读几乎是难以想象的严苛。亚历山大 · 卡莱尔（Alexander Carlyle）编辑了他叔叔托马斯 · 卡莱尔《1858 年秋的德国之旅》（*Journey to Germany,*

---

〔1〕我把这段文字归功于编者玛德琳 · 豪斯和格雷厄姆 · 斯特瑞，*The Letters of Charles Dickens*, Pilgrim Edition, vol. I, *1820-1839* (1965), p.ix-x。

Autumn 1858），该书就是一个缩影，显示了保守道德观念的一种剪辑方式。卡莱尔曾提到在一次旅行中，他生病卧床，口里含着水银体温计，一个说话口齿不清的仆役长侍奉他；早饭时，让他食用蓖麻油，而这位编辑却删节了有关仆役长和蓖麻油的事情。卡莱尔在他的私人记述中无意使用"妓女"（whore）这个词，而称法国著名交际花尼侬·德·恩科劳斯（Ninon de l' Enclos）为"那个老×女"（the old wh-re）；亚历山大·卡莱尔则进一步发扬了他叔叔的谨慎风格，把"×女"（wh-re）直接改写为"女性"（female）。此外，卡莱尔描写了莱格尼兹（Liegnitz）居民倾城出动，到火车站去，"目的在于闻一闻普鲁士王子的味道"，而他的侄子认为民众聚众去"看一看"王子更恰当些。在描写美丽的自然景色后，卡莱尔详述了布拉格的内庞穆克圣约翰雕像（St. John of Nepomuk）——"对我来说尤为丑恶"；"整个故事是一个**有预谋的谎言**；基督四肢伸展着仰卧在它双臂之中；它扭着头，仁慈地嗤笑，轻视地俯瞰着那个可爱而不同寻常的镀金小人儿，仿佛一个总是身着半长裤，不成体统的女性形象；一个可憎的骗子；撒旦的孩子"，而那位不知所措的编辑，当然无意于冒犯任何人，所以选择了从全文中删除这一段。[1] 查尔斯·狄更斯在巧妙地构思杰娜拉尔小姐（Mrs. General）这一人物时，充分地展示了这些文化防御机制的范例，并且相当准确地暗示了它们存在的原因。一旦杜丽那类人继承了财产，这个杰出的典范就会被雇来教授这些人学会虚假的彬彬有礼：杰娜拉尔小姐告诉她的雇主和她的学生，"真正净 416
化的灵魂是指一个人似乎可以无视那些并非绝对合理，高雅和惬意的人和事情"。她的消极观点和《小杜丽》中的主人公亚瑟·克莱纳姆

〔1〕参见 Thomas Carlyle, *Journey to Germany, Autumn 1858*, ed. Richard Albert Edward Brooks (1940), pp.xvi-xix, 90-93。

（Arthur Clennam）内心中固执的欲望——无论他的过去有多么阴暗，但一定要找到其真相，这二者之间产生了尖锐而不可调和的矛盾。“我想要知道”，尽管他并未清晰地表述，但狄更斯直觉上已经意识到充满矛盾的需求和理想已经让那个时代的布尔乔亚们仅仅成为一个伪君子组成的立体密集方队。在中产阶级世纪仍然有很多人不想知道这一切。塔图非，似乎已经激怒了社会观察者，在狄更斯时代，他恰恰成了攻击的目标。

莫里哀的塔图非形象之所以被人们牢记主要是因为他是一个牧师，在他惩戒性的虔诚背后，活跃着他的感官肉欲和机会主义。那种类型的人在中产阶级世纪绝非不为人知。在1870年，当莱斯特·沃尔德还是财政部统计局的一个无名雇员，快乐地和他的莉兹生活在一起时，他起草了一封信，言辞愤怒，寄给了一个曾严重侵犯过他神圣家人的伪君子——威廉·戈瑟·马尔茨（W. G. Marts），一个即将成为公理会牧师的年轻人。“先生，”沃尔德开始便很无理，没有开场白突然开始控诉，“你在我家做出的所有下流行为，我很早就已经知道了。”但是沃尔德却等了一些时间才采取行动。“然而，现在你的黑白混血私生子正因为你的虚伪行径而遭受贫困的煎熬，应他母亲的特别要求，我写了这封信，强烈索要你所应付的补偿，这样可以避免真相暴露和遗臭万年，你应该立刻执行法律要求你这类恶棍应负担的所有补偿，是补偿，而不是你这类坏蛋出于一种荣誉感才乐意承担的——也就是给你孩子的母亲寄送足够她们母子二人生活的钱。”沃尔德表意清晰，言辞有力，但丝毫不装腔作势。在此，他压抑着愤怒的情绪，采用了情节剧惯用的表现方式，威胁说“真相暴露和遗臭万年”，称马尔茨是一个“虚伪的恶棍”。这种雄辩的言辞为当代戏剧和小说的格调形成奠定了一些基础；情节剧的语言距离沃尔德赤裸裸的生活现实并非那么遥远。沃尔德给马尔茨安排了“一个恰当的时机”寄送第一笔钱，“如果不按时送达，我就把你下流的淫荡行为公之于众。”他威胁说要告知马尔茨所在的学校，然后如影随形地紧跟着他，“直到他乞求上帝把他从世界上吞噬”，为了“你诱奸过的那位可怜无知的黑种女人和因你基督徒的淫欲而降生的无辜孩子”，沃尔德同意为整件事保守秘密，只要马尔茨慷慨地付钱。沃尔德认为，马尔茨必须“在一定时间内弥补你的过失。你应该为她买一幢房子和一块地， 417
不要认为她是个黑人，你就可以逃脱惩罚。在这个国家”，他接着说，她乐观的平等主义让她失去了控制——毕竟，这是一个革新的时代——“不会因肤色不同而存在其他方面的差异”。

然后，沃尔德对他真正的主题——马尔茨“基督徒的淫欲”，更加有兴致了。此时，他显然过得很快活，自己的愤恨成了一种享受。“我做的是我所说的全部内容，或者比我所说的要多很多。我会紧随着你并把你排挤于这个国家之外。你是基督徒的一个绝佳范例！一个基督教青年会的成员！总是告诫大家要信奉宗教！而你却是一个伪君子！宗教！难道是那种宗教诱奸你房东家的黑人女仆之后潜逃？是基督教教你做出那样欺软怕硬的勾当？教会的成员！这就是你们嘴里经常信口胡诌的，教会强加给成员的文明开化影响吗？这有损于教会的形象，甚至在考虑了所有可能之后。”通过再次威胁，他总结说：“我向你保证，如果你不按我说的去做，在华盛顿市区内，也包括市区外认识你的每一个人，只要我可以告知得到，都会在六个月后得知你的所有恶行。”[1]马尔茨幸免于这次风波，后来结了婚，还被委任为公

---

〔1〕1870年5月23日。毋庸置疑，这是一个草稿：我在莱斯特·弗兰克·沃尔德的信件中发现了它，BU-JHL，并且沃尔德认为马尔茨理应支付的金额依旧空白，好像沃尔德仍在考虑。威廉·戈瑟·马尔茨出生于1841年，曾就读于伊利诺伊州盖尔斯堡的诺克斯学院和耶鲁神学院，毕业于协和神学院。卒于1914年。（该信息由诺克斯学院档案馆馆长赖恩·麦茨于1981年4月15日提供。）

理会牧师，但是与道格拉斯·杰罗尔德（Douglas Jerrold）最搞笑的笑话，查尔斯·狄更斯最辛辣的讽刺与莱斯特·沃尔德发自心底的愤恨相比都相形见绌了。

对中产阶级的虚伪带有嘲弄心理的见证人中，西格蒙德·弗洛伊德属于其中之一。我已经把他在1898年的话作为格言来引用，“如今，在性的问题上，我们，所有人，无论是健康的还是病态的，都是伪君子。”1915年，想到战争，他勃然大怒，又说了一遍：文明社会强加的高水平道德标准，会迫使人们压抑他们本能的驱动力，于是就产生了神经官能症，人格畸形和妨碍驱动力释放欲望，以及带来满足的那种几乎无法抗拒的强迫力量。“无论谁，如果被强迫做出不能真实反映他们本能驱动力倾向、生活意向、心理状态，以及他本人真实意图的事，可能客观上他会被称为伪君子，无论他是否清楚地意识到这种不协调。”弗洛伊德继续建议说：“无可否认，我们目前的文化以
418 惊人的程度助长着这种虚伪的形成。”他还猜想是否“文化虚伪程度的准确衡量对这种文明的长久存在并不是必不可少呢”？[1]

这些猜想是很值得考究的。事实上，所有的文明开化，即使是最不严苛的，也强要本能驱动力做出牺牲，强迫人们降低需求标准，推迟理想的实现，或者放弃追求理想。这种基本观点构成了我们所了解的弗洛伊德社会理论的核心。既然不管哪一种文化，而并不只是19世纪中产阶级文化，因为某种程度上侵犯了基本的人类欲求而必须强硬地要求个人做出痛苦的妥协，那么一定会被视为一种负担。因此，正像弗洛伊德所说，“文化虚伪”的准确衡量对于文明的长久维持是必不可少的。但是，弗洛伊德光明的前景展望引起了一些难以解决的问题。如果“虚

---

〔1〕“Zeitgemässes über Krieg und Tod” (1915), *St. A.*, IX, S.44; “Thoughts on War and Death,” *S.E.*, XIV, p.284. 另见第120页。

伪”是所有文明都必要的特性，而且可以像弗洛伊德暗示的那样——这种特性可以是无意识的，那么，这个术语就失去了它的特殊性和它的道德责任。真正的伪君子知道他在做什么，而且做事是为了利己。无意识的伪君子仅仅是文明开化过程中的一个人，如果“文化虚伪”有着它自己的历史宿命，那么历史学家想要了解的不是他简单的存在，而是其发展的程度，精确的形式，有意识和无意识的载体，以及它的防御作用。

西格蒙德·弗洛伊德为从这个极具想象力的视角研究文化虚伪，提供了理论基础，同时，他由于忙于收集确凿的相关例证而无暇构思一个新颖的，更加中性的术语。仅仅两年后，他便言简意赅地嘲讽了中产阶级的性虚伪；一连几个月，他分析了心理分析文学作品中出现的像多拉（Dora）一样处于青春期末歇斯底里的年轻人；她的故事暴露了中产阶级自以为圣洁的道德观念中非常可耻的一幕。亨利·克（Herr K.），多拉的密友，也算是家人，曾对多拉有过两次性勾引，第一次时她只有 14 岁，可当她对家人说出实情时，她的父亲却告诉她那是她的幻觉。她冷嘲热讽，但又正中要害地解释说，她的父亲假装不相信她的话，因为那时他正和弗劳·克（Frau K.）打得火热——简言之，多拉的父亲想让亨利·克接受多拉，以便他可以与亨利的妻子继续保持着隐秘的风流事儿。

所有这一切，或者其他诸如此类的事情，在中产阶级世纪都是真实存在的。1905 年，当弗洛伊德决定出版多拉的个案史时，他在序言中采用了一些针砭社会的刻薄言辞——关于自由谈论人体部位和性关系的问题，这个社会曾迫使他提出一个特殊的观点，一种毫无歉意的道歉。[1] 梅贝尔·卢美斯·托德有着如此自由的气魄，虽然她 419

〔1〕“Bruchstück einer Hysterie-Analyse” (1905), *St.A.*, Ⅵ, S.87-89; “Fragment of an Analysis of a Case of Hysteria,” *S.E.*, Ⅶ, pp.7-9.

把与丈夫做爱时的欢娱和与情人通奸时的狂喜仅仅隐藏在日记和日志中；尽管对此她经常敷衍塞责，她还是继续遵守着占主流地位的礼节。那样的自我保护是典型的，但它没有阻止梅贝尔·托德的时代蜕变为这样一个时代——在这个时代里，大家称别人为伪君子，或者因自己摆脱了虚伪（尤其只是表面上的摆脱）而倍感骄傲。这几乎已经成为一种强制性的时尚。史密斯·普拉特（Smith H. Platt），一个提倡改进小册子的作家，1877 年写道，由纯洁的思想所衍生的纯粹谦虚要求使用意义确定无疑、不加修饰的平实文字来表达。他怀疑一些读者由于受到“旧日缄默”的影响，已经变得过于敏感。他警告这些人，如果他们愿意跟随他坦率地揭露人类的性就必须“撇开那种虚伪的优雅”。[1] 此类忠告式的自我吹嘘已变得不足为奇了。

西格蒙德·弗洛伊德留下了一些很有价值的证据：保持缄默和闪烁其词的时刻所暴露的并非一种策略，而是一种冲突。在《梦的解析》中，他非常偶然地发现，“我赞美快乐的童年，因为那时还不懂得性欲”——就是这本书中的这种体会勾勒出了俄狄浦斯情结，就是这个科学家把少儿的性提升为他精神分析理论的一个中心议题。这段陈述遗留了他旧有的传统观念，重申了从他身上得出但遭到固执的自欺者们蓄意反驳的新领悟——而正是这位科学家为了颠覆所谓的维多利亚时代，比其他任何人都付出更多。[2] 在弗洛伊德的免责声明中，并没有现实的欺骗性，没有逢迎敏感脆弱的读者，也不存在虚伪，只有无意识的反抗。

与弗洛伊德同时代的一些最警觉的人绝不会意识不到，心理上的

---

〔1〕 *Queenly Womenhood: A Private Treatise: for Females only, on the Sexual Instinct, as Related to Moral and Christian Life* (1877), pp.7-8.

〔2〕 *Die Traumdeutung* (1900), *St.A.*, Ⅱ, S.148; *The Interpretation of Dreams*, *S.E.*, Ⅳ, p.130.

模棱两可实际上标志着言语上的自相矛盾及表面上的虚情假意。正像英国经济学家，鼓动家，J.A. 霍布森所说的那样，真正的虚伪“暗示了一个人的决断能力和思维的缜密性”，这似乎是要区别于弗洛伊德在同一时期所隐约做出的暗示。他还深信最明显的虚伪行为有其更深层的源头。“不诚实的行为——这里指假装相信自己并非真正相信的 420
事情，在所有时代都是罕见的。”[1] 其次，无意识的不诚实远比有意识的更普遍，也更加受到关注。

霍布森的免责声明中涵盖了很多内容。在中产阶级世纪，无可否认，有很多内容涉及了私密的性行为；还有很多隐瞒了他们的性病态。弗洛伊德公开指责医生会拐弯抹角地透出一点关于对性要虔敬的观点，再用有关手淫或性生活过度会带来致命后果的荒唐论调来吓唬他的病人——在他们不太焦虑的时候，一定会发现这种虚假虔诚和荒唐论调并不可信。现实跟我们所了解到的一样，父母经常任凭他们的孩子在性生理和心理方面总是懵懵懂懂。亨利·詹姆斯本人就是一个善用婉转之辞的大师，可他却指责同时代小说家的作品中没有“做爱”的情景描写。并且，仅是“最谨慎地对待不断更新的环境”——这种做法本身就是谈论性交最谨慎的方式。詹姆斯认为在这些小说家的作品中“很多兴趣的来源被忽视——像未被涉足过的所有礼貌范畴，所有阶级和领域，以及个性和境遇的诸多差异”。但是詹姆斯没有满足仅仅提出这种抱怨，他的判断绝非仅仅体现其观点的明智。他指责说，“这些制造缄默的小说家想当然地误认为安全应建立在所有能以即刻定制的形式反复出现，不够精确而数量又不多的素材之上，悲哀的是用以制造成品还极欠妥当”。[2] 那恰巧就是问题的所在，推诿、伪善、

〔1〕Hobson, *The Psychology of Jingoism* (1901), pp.70, 99.

〔2〕“The Future of the Novel” (1899), in Henry James, *The Future of the Novel, Essays on the Art of Fiction*, ed. Leon Edel (1956), p.40.

拘谨和虚伪在动荡的时代是一种文化防御机制，是寻求安全的庇护。

那就是为什么历史学家们，而且是大多数的历史学家，受到弗洛伊德思想的影响，务必要弄清“虚伪”作为一种诊断性工具在理解任何一种文化，包括19世纪中产阶级的文化方面，到底有多大作用。1891年，保罗·帕金博士（Paul Paquin），一名医生兼鼓动家，为了表明自己的判断，即私密的欲望破坏了那个时代大多数基督徒的生活，他质问道，“难道表面上伪装的大多数人都应该被称作伪君子吗？外界环境会使人们在无意识的情况下助长他们内心的欲望，而竭力抗拒这种欲望的人们就应该被划分为假装正经的邪恶虚伪之徒吗？——绝不应该”。[1] 他们只是有一点油滑，但绝非麻木不仁。这使得历史学家们把中产阶级的消极和矛盾带出愤怒的说教领域，并且
421 将其隔离观察。当然，具有高学识和影响力的19世纪中产阶级虔诚地相信，在他们看来合理的神学基础——性欲是邪恶的；相信他们所接触到的最好的心理证据——淫秽故事和色情油画可以诱导单纯的人走上歧途。弗洛伊德的升华理论，反应模式和其他防御观念仍然没有实现。并不是每一个过分拘谨、自我克制的中产阶级都藏匿着迫切的色情需求——至少在所有成年人的正常欲求限度内是如此。

我不赞成否定正当的伪装会带来物质和心理上的双重回报这种观点。行骗者逃避行为责任的能力，同时也让他从自己面临的负担中解脱出来。这样要比那种极度的紧张焦虑轻松得多——当一种不被允许的欲望悄悄地被驱动，这种欲望开始产生，并且一直坚持敦促着人们去得到满足。但是他无法相安无事地享受这种回报。寄宿学校，被那些对青少年会造成不利影响的一系列罪恶困扰着，可耻的虚伪是其

---

〔1〕*The Supreme Passion of Man; or the Origin, Causes, and Tendencies of the Passions of the Flesh* (1891), p.53. 作为北卡罗来纳州疯人院院长的帕金撰写了一些有关个性紊乱的书籍。

中最可憎的罪过，这一点是19世纪中产阶级文化的典型特点。查尔斯·金斯利（Charles Kingsley）曾填写过一份问卷，在这一议题上已经毫无疑问："你最欣赏哪一种美德？诚实。那你对哪一种性格上的恶癖最宽容？除了说谎之外的一切恶癖。"[1] 通常，我们完全可以这样认为，虚伪——不仅仅是窘迫冲突的后果，更是其诱因。

甚至那些热衷于言说利己的伪善之辞或惯于伪装成纯洁无瑕的布尔乔亚，以及那些一方面拥护僵化的纯粹主义者倡导性观念，而另一方面却包养着情妇或去找妓女的布尔乔亚，也都未必不会因欺骗惹来麻烦。他们通常都是在和自己斗争。霍布森是正确的：纯粹的伪君子是稀有动物，可能在中产阶级世纪比其他时代更常见了些，但即使那时，也是很稀有的。

J. A. 弗罗德倍感担忧的"行为与声明的分离"，是19世纪的自我献给超我的礼物，从而改述了拉·洛希福考对虚伪的定义。在维多利亚时代，中产阶级的道德意识，从未被那样严格地要求过，又那样招致迫害。由于声名狼藉，在公共舆论面前所表现出来的战栗是最压抑的症候之一。来自对抗一方的压力也不纯粹是虚构的；主要体现在生气的修女惩罚她们负责的孩子，只因为他们听到一则略微淫秽的笑话而笑出了声；体现在愤怒的读者索回订阅费，抗议连载小说太粗俗；还体现在野心勃勃的检控官把先锋派诗人拖上法庭。但是对公共舆论 422
的恐惧，特别像心理病患面对心理医生时的感觉，一种要将自己移交别人时的表现；对于这种恐惧，人们赋予了它本身并不具备的抽象力量，倾注了并不值得付出的情感。"你可以谈论尼禄（Nero）和底比留斯（Tiberius）的专制"，在18世纪中叶之后，沃尔特·白哲特（Walter

[1] David Newsome, *Godliness and Good Learning: Four Studies on a Victorian Ideal* (1961), p.47n.

Bagehot）和以往一样机智幽默，又切中主题，他毫不客气地写道“但是真正的专制是你隔壁邻家的专制”。他认为，公共舆论，“强制顺从”，强迫成年男女“思考别人的想法，说别人说过的话，仿效别人的习惯”。当然人们可以不屈从那样的压力，这样也不会招致明文的禁止或严厉的惩罚，但是，“这样的违规者会被称为‘古怪之人’；并且会产生对‘不良观念的低声抱怨’，‘我断言，单枪匹马的年轻人是无恶意的；但太危险，真的太危险了’”。[1]这种无关痛痒的规劝并没有阻止任何人持有和表达某种古怪或危险的观点，尽管没有击中要害，却莫名其妙地让人警觉，并证实了中产阶级中长期存在的内疚感。正像我所坚持认为的那样，19 世纪是一个伟大理想演变为巨大威胁的时代；在这个时代，改变，即使是好的改变都会引起焦虑，因为改变暗示着隐藏的危险欲望可能成为现实。对立一方恐惧的声音受到外界的同化作用而平息，这是一种投向外界的内部声音。但是，那声音听起来是那么的真实，那么具有威胁性，因为它并不总是隐藏于心内的；在有着无上权威的父母、年长的同辈和保姆的命令和责骂中，孩子第一次听见这种声音。这是家人恐吓的声音，先有效地内化为主观意识，再反馈回被放大、被扭曲的世界里。这声音里充斥着丧失理性、肆无忌惮的恐吓、威胁。反抗这种喧闹的势力，寻求安全似乎是绝对理性的。可以寻到安全的地方，确切地说，是不安全因素开始的地方：家里。

2. 作为文化症候的社会科学

长久以来，家庭总作为一种制度出现。这种制度历史悠久，无

---

〔1〕“The Character of Sir Robert Peel, ” in Houghton, *Victorian Frame of Mind*, p.397.

处不在，又不可或缺，以至于想到家庭，人们无论如何都会认为它几乎是永恒存在的，一种没有历史、不会消失的结构框架。然而，在维多利亚女王时代，这一切要发生改变了。原因是人们对生物进化的猜想，对文化比较的热衷，以及对那些看似让所有一切焕然一新，或者至少是动荡不安的社会剧变所进行的或提心吊胆，或兴致勃勃的探索。既然不考虑时代，那么家庭已经成为放任的激情之驯化者；坚贞 423
的信念之保持者；社会化之绝佳工具。家庭详列各种规矩，强加禁忌，还监督着成员们对色情倾注的精力。19 世纪中产阶级的家庭做了所有这一切。但是，在那个世纪，家庭开始引发争议，并且还有合理的理由：维多利亚时代的中产阶级家庭表现出了一些微妙的显著特色，从而使其脱离了旧有模式。

家庭史使所有历史学家开始关注平淡无奇但又四海皆准的保持与改变的辩证法。在迎合与形成基本人类需求方面，家庭坚持不懈的努力令人钦佩；随着人类经验最深的历史洪流而动，它缓慢而无奈地适应其中。但是家庭明确表现潜在的多种危机，呈现出了多样的色彩，以及它转变了掌控成员关系亲疏、严慈的方式。以此看来，家庭正在迅速搅动的时尚浪潮中激流涌上。这又一次证明了人性的基本成分中既有十足的单纯，又有不屈的坚韧，也证明了可以用多种方式完成同一件事。

19 世纪的诗人和画家使这种方式变得理想化，社会科学家将其解剖，而理论家则让它们接受考验。少数思想解放的激进女权主义者宁愿选择不要家庭；乌托邦社会学家为家庭的替代物提供了蓝本；马克思主义者断定：家庭是短暂的，并且到他们那个时代为止，家庭是存在剥削的、虚伪的，而且注定是要被取代的。然而，对现代家庭最喋喋不休的评论性刊物，不是来自左派政党而是右派，即来自保守党，因为他们只从其中洞察出对该政党的完整统一及其历史声誉的威胁。他们既把家庭视作庇护所，又将之视为感染源——作为一个躲避丑恶、功利和堕落的地方，家庭正在被它想要避而远之的腐化颓废一步步地吞噬着。家庭社会学的两个奠基人（更精确地说，是最著名的两位先驱者），弗里德里克·勒普莱和威廉·海因里希·里尔（Wilhelm Heinrich Riehl）都是怀乡症的兜售者和灾难的预言家。

因为勒普莱和里尔是两个截然不同的人，所以他们共同持有的观点——家庭正处于可怕的危险之中，则更有预兆性。勒普莱是一个工程师，在社会研究和改革过程中转行做了企业家；而里尔则由一个新闻工作者转为一个学术方向的历史学家和政治宣传员。勒普莱是一个想象力丰富而且韧劲十足的方法论者。他成立联合会，建立学校，创建刊物，借以传播他的思想观点；里尔，直觉敏锐的印象主义者，他在自己的短篇概述、中篇小说和一些行文流畅的论说文中表述
424 了他的社会信念和偏见。勒普莱的工作涉及了一些更深入的领域，他行遍欧洲、亚洲，研究财政预算，提倡统计学抽样法，还撰写了一些专著；里尔偶尔带着他的笔记簿漫游德国，做实证调查，写专题文章。

但是这些有其独特自我表现的社会诊疗师们也有很多共同之处，他们几乎都是同时代人；勒普莱出生于1806年，卒于1882年；里尔生于1823年，卒于1897年。二人经历了非常相似的社会变迁，因此都成了原则性强、言辞雄辩的历史哀悼者。基于情感上的义愤，他们一心要彻底地抵消方式不同、但目的相同的法国大革命和持续了一个世纪的社会变故。勒普莱所撰《欧洲工人》（*Les Ouvriers européens*）和里尔的《家庭》（*Die Familie*）都出版于1855年，这些书确立了他们的名声。并且，他们的作品都没有脱离自己美丽的出生地，在勒普莱的专著中出现了诺曼底小城拉里维耶尔·圣·索

沃尔（La Rivière-Saint-Sauveur）；同样，在里尔的专论中有莱茵河畔的小城比布里希（Biebrich）。当他们的理想和事业使他们有机会定居大都市——巴黎和慕尼黑时，他们不太友好地利用二者作为取之不尽的佐证来抨击社会腐朽，并且，他们深信现代中产阶级家庭是这种社会腐朽所造就的一个最显著的牺牲品，而且更可悲的是——同时还是一个同谋者。勒普莱一读到这种观点，就由衷地支持里尔坚决的态度和露骨的断言，"巴黎是导致法国持续恶化的脓疮"。[1]

这二人的支持者解释了他们声望很高的主要原因：他们把自己的政治见解囊括进衡量声望高低的标志之中，有时（特别是勒普莱）还将其囊括进社会科学的现实性中。在专心编撰个案史的过程中，勒普莱纵观历史，横视社会，发现了三种家庭：父权家庭、主干家庭和不稳定家庭。第一种类型在东方国家仍很普遍，有着专制、传统和规模大的特点。第二种类型，主干家庭，比起父权家庭既不那么富有派生性，又少了几分专制独裁，它明显体现了成员间义务似的关心照料，一家三代人生活在一起，其中有两代人共同维系着家庭。第三种是核心家庭，这种家庭压缩到只剩父母和孩子的最低限度，而且摆脱了经受过时间考验的大家庭关系网，从而一步步地走向毁灭。孤立、任性、以自我为中心，这些性格弱点阻止了孩子们长大后建立自己新的联盟，也使他们对兄弟姊妹和父母态度冷漠。勒普莱还担忧这种被他直截了当地命名为"不稳定家庭"的现代家庭类型，已经成为西方文明的主流，尤其是盛行在中产阶级中；更糟的是，这并非异常现象，425
也不是偶然事件；它采用的形式和所倡导的价值观都只是过于忠实地反映了那个时代的社会现实，即大规模工业化遗留的残迹和对个人主义信条的灾难性导向。

---

〔1〕*Land und Leute* (1854), p.75.

里尔是唯一一个不太消极的边缘人士。通过描述北部地区的传统德国家庭，他恢复了人们的信心，他本人也从中获取了一些安慰。《家庭》在若隐若现的希望和无处不在的失落之间如履薄冰。在1881年，修订该书第九版时，他高兴地提到德国家庭已经拒绝随着国家和社会做出改变，这值得称赞；在1885年，他提过的希望，在25年后已经成了“应验的预言”。但是他没有成功地调节家庭中的平衡：消极谨慎的分析继续进行着威胁似的规劝。里尔写书与其说是交流科学发现，倒不如说在反复灌输社会理想，引导公众行为；他作品的大标题，很有教育意义——《作为德国社会政策基础的人民自然史》（*A Natural History of the People as a Foundation for a German Social Policy*）。很快，这本书既成了一篇祝词，又是一曲哀歌，既庆幸最珍贵的宝贝——德国的家庭幸存下来，又惋惜逝去的曾经的日子——那时家庭还仍然是一种受到和谐友好和秩序井然的严厉道德规范和由衷的虔诚思想所庇佑的有机组织。[1]

像勒普莱一样，里尔总结了三种类型的家庭，并且发现处于中间的那个类型——主干家庭，用勒普莱的话说——是社会完善之根本。里尔写道“在纯粹的父权条件下，个人被彻底摧毁”，但是现代，由于我们，“家庭实际已经被放任的个人所瓦解”。里尔认为，现代家庭成员居住在忽视个人情感的住宅中有一种不好的预兆：“有机的家庭中各成员都有名字，而对称的家庭只注重成员的排行次序。”[2]里尔被强迫生活在一个革新世界里，在那里，正像量变经常驱动质变一样，心机已经将情感取而代之。

---

〔1〕*Die Familie* (1855), S.xiii, 208, viii. 这是他的四部曲《作为德国的社会政策基础的人民自然史》中的第三卷，《家庭》是其中的扛鼎之作。

〔2〕Ibid., pp.140, 194. 值得注意的是里尔的 *Haus* 是一个双关词汇，既指房子，又指家庭。

父亲的权威对于健康的家庭生活来说很有必要的观点已经逐渐消失，里尔并未对此感到吃惊。在过去，妻子欣然接受丈夫的无上权威，通过放弃自己的姓氏来表明对丈夫的屈服。而且孩子们已经承认父亲拥有绝对权力必须完全服从。一家之主指定的信仰已经成为所有成员的信仰。这已经把家庭生活的第一个基本因素——权威，与里尔定义的第二个因素——"钟爱和虔敬的奉献"，[1]即虔诚，联系起 426
来。在大部分时间里，孩子由父母在家里抚养。这种家庭教育方法已经在反复灌输着举止的礼貌尊重，培养着情感的依恋爱慕，并且保证着教育过程的持续连贯。但是，现代中产阶级家庭无法抗拒自我沉沦的诱惑，几乎已经全部屈从了这种状态——这种家庭精神的重要因素。[2]这只是作为现代中产阶级家庭可能面临的另一个危险现象而触动了里尔。

这种分析研究大部分是虚构的，而且全部都带有倾向性。值得称赞的是，勒普莱和里尔捕捉到了一个被严重忽略的事实：并不像表面上看到的那样，早期的现代欧洲不一定疏远、冷酷或者是暗藏心机。有识之士和社会上层中流行的正统礼貌骇人听闻地耗费着母亲和孩子们的生命，几乎拥有着无限合法权力的丈夫和父亲没有禁止表达亲情或者规定人情淡漠。同19世纪的家庭一样，早期的现代家庭经常能为亲情找到一个位置。甚至是清教徒，简直就像一种反面的嘲讽，竟

〔1〕*Die Familie* (1855), pp.124-125. 里尔对"奉献"一词的定义是 *Hingebung*，该词有些许"屈服"的意味。

〔2〕对于里尔来说，就像对其他人一样，美国是一个昭示未来的国度，可又一次步步走向毁灭。"在北美，家庭生活在激烈的竞争和对金钱利益的追逐中已经几近毁灭，家庭教育已经无人知晓。"美国的妇女，"因过于高傲而无暇经营自己的家庭"，都不愿去教育她们"任性的孩子"，更别说去管束他们。已经离开德国的里尔，在一次前往意大利的短期旅行中，毫不犹豫地加入了19世纪美国专家的行列；他认为，美国人鄙视地认为"家庭权威的严苛训诫是一种封建残余"，这种想法已经造就了美国大城市的"街道青年"，"世界上最粗鲁最暴力的一群人"Ibid., p.137.

然也能热情友好地彼此爱慕。约翰·温斯洛普（John Winthrop），马萨诸塞湾殖民地的著名州长，曾在信中这样写给他的新娘："我可爱的新娘，让我们尽情享受彼此的爱，以此作为尘世间最主要的慰藉。"[1] 如果以宗教的虔诚思想来衡量的话，温斯洛普向他可爱的新娘热情地承诺并不显得古怪。

同时，工业化以前的家庭并不具备传统的神话缔造者们所描绘的那样大的规模和那种和谐恬静的气氛：被称为一种现代创造的核心家庭，尽管在17、18世纪仅是一种理想，此时已经成为一种瞩目的现
427 实。而且，19世纪的中产阶级家庭处于情感世界中，并且控制着情感的变化——正是这种变化，由于速度过快，使它们的诋毁者来不及去否定。它们千方百计地去寻找眼前这个家庭之外的爱与憎，去结识一群群新的兄弟姐妹、叔叔阿姨。

有一些满足于现状的当代人意识到了所有这一切：悲观主义者没能让见多识广的公共舆论专注于家庭。关于家庭的情况和未来，19世纪的中产阶级从来也不会意见一致；在这一点上，让19世纪文化变得如此丰富、如此难以解读的一系列引人注目的观念和偏见也开始盛行起来，这些发现很有意义。勒普莱和里尔哀叹的衰落和孤立，别人却认为是进步和浓缩的力量。19世纪20年代，法国南部的一位地方行政长官克里斯托弗·德·维伦纽瓦（Christophe de Villeneuve）指出，在马赛，富裕家庭中的成员都是完全喜欢家庭生活的。他认为，"早些时候，夫妻之间，父子或父女之间关系很疏远"，在那些日子，"交流很困难，成员之间的情感纽带也不这么紧密，人际关系也有距离"。但是现在，父亲下班回家后，和亲爱的家人们一起消

---

〔1〕Edmund S. Morgan, *The Puritan Family: Religion and Domestic Relations in Seventeenth-Century New England* (1944; 2nd ed., 1966), p.50.

遗，“大家都聚集在他周围，他看着孩子们嬉戏，面露喜色；他因为了解他们而感到自豪，因孩子们取得的成绩而感到高兴。”对于这种前所未有的释放，维伦纽瓦感到非常愉快：对于一个父亲来说，“与家人共度夜晚是最纯粹、最完全的幸福”。四十年后，约翰·斯图亚特·穆勒在他的一篇著名短论中重申了这个喜人的断言，“日常生活中，男人和女人的结合比从前更加密切，更加彻底，男人的生活更家庭化。从前，他们热衷的娱乐和消遣都是在男人们的群体中和男人们一起享受的。”但是现在，“文明的进步和观念的转变抵制了曾经占据男人休闲时光的粗鲁消遣方式和疯狂过激行为”，再加上，“（这一点必须提到）现代情感基调的转变，借把丈夫带回妻子身边的责任互惠原则的转变——已经使男人为了满足个人和社会需求，在很大程度上开始依赖家庭及其成员”。穆勒，一个诚实的辩论家，尽管他争论说自己反对女人的征服欲，所以是顶着压力夸张了她们的困境，但他依旧承认家庭生活少了几分粗鲁，多了几分亲昵。在这之前，麦考莱（Macaulay）在他著名的英格兰史第三章中就郑重地提出了这个积极的观点。1685 年，主人殴打仆人、老师殴打学生、丈夫殴打妻子的现象还在不断发生。现在，19 世纪 50 年代，所有这一切都改变了：“在英国，公共意见变得成熟的同时，也越发温和。在时代的变迁中， 428
我们的民族不仅仅变得更智慧，而且更加友善——这样的表述实在令人高兴。”[1] 大量言辞溢美的模式化作品，由画家、诗人和新闻工作者们为了迎合中产阶级的交易而创作，并发表在以取悦读者为己任的期刊上。真的有像比德迈尔（Biedermeier）描述的那种图景——深深触动了他们沾沾自喜而又有些不安的心情：吃饱喝足、笑盈盈的父母

---

〔1〕Villeneuve: Edward Shorter, *The Making of the Modern Family* (1975), pp.229-230; Mill: *Subjection of Women*, pp.175-176; Thomas Babington Macaulay: *The History of England from the Accession of James II* (1848), ch. 3.

和孩子们，其乐融融地围坐在温暖舒适的壁炉前或花园里的环形树荫下。偶尔，一位祖父母会慈祥地一旁观看，每个人都友善地凝视着，或一脸和气地彼此交换着眼神，专注着他们共同的消遣，眼前的一切没有任何一点冲突或紧张的迹象。

这组图景只表明了几个世纪以来，建设家庭文明的运动距离我们还有多远。这场运动最初发起于文艺复兴时期礼貌用书中，最高潮出现在 18 世纪早期艾迪生和斯梯尔在他们的著名刊物《旁观者》（*Spectator*）和《闲话者》（*Tatler*）中宣传的世俗说教。他们以及欧洲大陆上的效仿者，特别是法国的普雷沃斯特（Prévost）和马里沃（Marivaux），证实了对于这种说教辞令有着的无法满足的需求。德国人把他们的《旁观者》版本称为“道德周刊”——*moralische Wochenschriften*。所有这些行文流畅、言辞恳切的期刊都赞颂了家庭美德：温和的理性，得体的语言，高雅的举止，对妻子体贴，对孩子耐心。这些说教者给女人们带来的影响就是让她们体验到一种长期存在的盛气凌人；这也许应该留给 19 世纪女权主义者去负责批判，如果可能的话，再作一些修正。无论他们当时多么迟疑和怯懦，《旁观者》以及后续的同类刊物都对压抑的文明开化事业做出了贡献。从前曾有过和谐美满的家庭；现在，这种家庭风格已经被作为一个文化议题，为其他家庭充当典范。

刻板的教育者也加入这一进程；洛克，卢梭，还有后来的巴斯多和裴斯塔洛奇（Pestalozzi），他们努力地说服中产阶级读者，让他们相信孩子们既不是小大人，也不是小野人；相信理性是人类最终去形成的能力，死记硬背的棍棒教育只会培养出任人摆布的木偶，而不是自力更生的成人。到 19 世纪为止，尽管父母和教育者们仍然冷静地表明要瓦解孩子们的意志，尽管体罚还会经常采用而且还有人为其热情地辩护，但是越来越多的中产阶级家庭已经开始诉诸言

辞训诫，并且希望把“爱”而不是通常带有畏惧意味的“尊敬”作 429
为维持家庭秩序的主要工具。这足以让一个坚信家长式管制权威的人绝望。

勒普莱和里尔的消极预言不仅是对家庭史的预言，还是对大众文学的预言：包括法律的、神学的、医学的，以及在中产阶级世纪大量涌现的为那些打算建立家庭，或者希望维系家庭的男男女女提供的道德建议。那些总结、争论，以及发表过和未经发表的忠告，因它们直截了当、情感激进和千篇一律的特点而备受关注。它们所体现的这种思想维式为小说、诗歌和戏剧风格的改进和内容的娱乐化提供了标准素材。同时，还为具有思想性的布道文章提供内容，其中有很多都获得了印刷出版的机会。此外，还为渴望著述的律师、医生和教师们提供了取之不尽的素材。在无数谈话中，这被视作理所当然的，横贯西方文明或历经数十年，这些想法并没有太多改变，好像它的倡导者非常希望单靠他们咒语的力量能阻止来自解放与平等的现代思潮的毁灭性侵袭。家庭伦理家并非原创作者，他们也无意于拥有这个身份。他们重复自己的观点或者互相借鉴，因为他们没有自己的新思想，而指望通过大众对信息的熟知来帮助他们的作品说服读者。因此，他们是一群从公共教本中获取教义的潜在传教士。

因为撰写淫秽小说而被公认为臭名昭著的法国人，竟也成了家庭虔诚最执着的倡导者。哲学家保罗·詹内（Paul Janet）在他1856年出版的《家庭》中对此问题的论调正中要害，《星期六评论》立即热情地摘抄了詹内的观点并按照英国人的意愿将其改写：“不要相信那些用调侃语气谈论温馨家庭生活的人。狗嘴里吐不出象牙。”不能简单地忽视詹内的说辞。“如果我们要稳住英国的根基，增进和平与快乐、真理与正义、信仰与虔诚的力量，我们就尽最大努力做一件要靠我们来实现的事——培养一种对家庭权威的敬畏。家庭，国家，人类，这三者中最伟大的是家庭。这就是我们可以从眼前这部作品中汲取的教育意义。”[1]

詹内没有受到英国评论家的横加指责，而是得到了坚决的附议，毫无疑问，他所维护的家庭模式是父权家庭。在后续的一则有意突出
430 詹内作品重要性的短评中，《星期六评论》强调了“一家之主”——父亲使用的“权利和权威”必须遵从至高无上的等级原则。女人也有自己的权利，她们不仅仅是未经雕琢的男人。但是两种性别分别体现了“主动和被动原则”，男人的领域是在户外，而女人的则是在“家中，壁炉边”。[2]

像这样的书面言论有数千种，以不同的语言形式散布于每一个文明国家的刊物上，例如：《两个世界评论》（*Revue des Deux Mondes*）在 19 世纪 40 年代初曾有过此类文章发表，《美画杂志》（*Magasine Pittoresque*）在半个世纪后又将其重申；颇有声望的英国期刊《妇女周刊》（*The Girl's Own Paper*），在伦敦圣教书会（Religious Tract Society in London）的鼎力赞助下，创办于 1880 年，也有此类言论的刊载。还有德国神父们为已婚夫妇撰写的建议性文章，以及美国牧师在他们个人写给教区居民的信件中也以他们各自不同的方式传达着这种思想。女性小说家模仿她们的男性同行重申这种家庭观念。约翰·罗斯金和吉尔伯特（W. S. Gilbert）都曾说过这样的话：女人的真正使命是经营家庭；她把自己小小的家庭王国变成地球上的一方圣土。家庭是女人的国度，外面的世界对于她们来说是陌生而危险的地域。为了鼓舞妇女们从这些天赐的职责中解放出来就必须要违背神与

---

〔1〕“The Family,” *Saturday Review*, Ⅰ(April 19，1856), p.503.

〔2〕“The Family. Second Notice,” ibid., Ⅱ(May 10，1856), p.43.

人的戒律。[1]

把这种理念的所有版本融在一起的黏合剂就是凯丽·托马斯曾愤怒地称之为“胡说八道”的有关男性与女性本质的论述，以及有关男性尤为自立这种说法的剖析——两性在生理耐力、智力过程、情感色彩以及道德感知方面存在很大差异。[2]当各自专注于各自的领域时，他们表现得最好；如果一方侵入对方的领域，一定会给彼此都带来麻烦。女人的分内之事包括照顾家人、配给资财、监督仆人和抚养孩子——琐碎，但是神圣；而男人，在痛苦不堪的外部世界——工作、政治、工业、贸易方面，有辛苦的差事在等着他们。无论如何，说女 431
人有奴役性就曲解了支配人类男女关系的潜在动力。在家里，女人是自由的，因为她可以实现自身价值；而在外界，女人却充当着她本无意充当的时髦观念中的仆人。除此之外，女性和男性一样强，甚至更强：她们的作用平静地体现在幕后，这种观点已经成为虚伪的或者是一本正经的论说文中陈腐的主题，抑或是无数次心存隐忧的笑谈中自我安慰的话题。

19世纪的男人们一次又一次地断言说女人已经被赋予了可以让她们极具女性气质的潜在天赋禀性。对于“美”与“真”，女人比男人更容易受到触动。法国妇女作家丹尼尔·斯特恩说过，女人在任何时候都比男人更接近自然。奥托·冯克（Otto Funcke），一位牧师兼作家相信女性的直觉简直不可思议；女性的直觉甚至几乎总是正确的。但是偶尔直觉发生错误时，女人就会设法用计策、殷勤和眼泪来说服对方——她的丈夫。在中世纪，西班牙医生蒙洛·罗卡（Monlau

---

〔1〕例如：Anon., “Les Femmes moralistes,” *Revue des Deux Mondes* (1843), Ⅳ, p.52; Pierre Goy, “La Vocation des femmes,” Ibid., p.355; Rev. C.I.H.Fletcher, *Woman's Equality with Man in Christ* (1871年3月19日在牛津圣玛丽妓女收容所发布的一篇布道文章), I。还有尊敬的安东尼·斯凯勒在2月寄出的一封长信。

〔2〕见本书第283页。

y Roca）曾说过一句话，几乎是说给所有人听的：“女人武装在自己的软弱中时是最强大的。”[1]

这些认为女人拥有秘密力量的人看起来是将他们对女性之性的神秘——女人的性，巧妙地隐藏于深邃的身体内部，经期时会暴露出不幸的征兆——的畏惧移置向她们对世界的影响力。正像我们所提到过的那样，对女人最大的恐惧是一种颇为流行的老生常谈，但又经常是一个隐匿在这个时代中的主题。约翰 · 罗斯金的父亲曾写给埃菲 · 罗斯金的父亲这样一句话，“告诉我男人应该控制和命令他的妻子很容易”，但他不愿相信“你，或者约翰”曾使埃菲 · 罗斯金“本人经历她不愿经历的生活”。约翰 · 罗斯金本人在一些著名的文段中阐明：顺从的家庭主妇让他感觉自在，理由是她已经顺利地享有足够的权利。下边这段一定是罗斯金的忠实读者——像美国神学专业的学生莱斯特 · 布拉德纳（Lester Bradner），从他前辈的作品中摘录的。他曾与伊迪丝 · 默里（Edith Murray）分享自己的读物和思想，最后她成了他的妻子。在写给伊迪丝的信中他曾说过“两人之间，几乎没有哪种影响会比一个女人给在意她的那个男人施加的影响更强大了。他
432 认为凡是能让她高兴的事情，他都会全力去完成，因此在很大程度上说，他是受到了她的意志的引导。如果女孩们能够以这种方式意识到她们的职责，并以此实行她们真正高贵的品质，那么我们面对的事态可能完全不一样”。[2] 这就是一个普通的布尔乔亚表达的心声。

---

〔1〕 Stern：“De la femme, ” *Revue du Nouveau Monde*, I (1850), p.321；Dr. Otto Funcke, *Vademecum für junge und alte Eheleute* (1908); Pedro Felipe Monlau y Roca: *Hygiène de la génération. Le Mariage dans ses devoirs, ses rapports et ses effets conjugaux, au point de vue légal, hygiénique, physiologique et moral*, freely rendered into French, revised and augmented by Dr. P. Garnier (1853; fourth ed., 1885), p.140.

〔2〕 Ruskin: April 21, 1852, Lutyens, *Millais and the Ruskins*, p.6; Bradner: January 25, 1890, box 1, Lester Bradner Papers, Y-MA.

许多男人更倾向于比罗斯金更严厉的立场，他们坚持认为女性并非没有足够的权力，而是她们拥有的权力太多了。正如威尔第的歌剧《弄臣》中那个公爵所说的那样，“女人善变”（*la donna e' mobile*），难道不正是如此吗？威廉·埃瓦特·格莱斯通在谈论女人时，说得头头是道，显得比任何人都更擅长，但他是那一类要求妇女循规蹈矩的男人的代言人。早在1840年，与布雷布鲁克夫人（Lady Braybrooke）在讨论关于爱尔兰和爱尔兰教会的问题时，格莱斯通就在他的日记中评论道：“这可能是最美的一幕：她是那样的天真无邪、诚恳而又热情、敏锐而又有趣，但又有点前后矛盾；她的立场和观点建立在单一而相互矛盾的本能之上，而不是建立在理性的比较与回顾之上。简言之，这些就是最典型的女性化特征。”[1]格莱斯通是一个能够从经验中学习的人，因而他的语调在此后有所缓和。但其他人要比格莱斯通更固执、更急切地坚持他们的初衷。

这种令人窒息的氛围源自保护男权的陈腐论调，但这种令人窒息的氛围偶尔得到了部分的缓解，因为一种暗示认为：两种性别之间各自的特质和角色并非一成不变的，或不可更改的，也可能随着时代的变化而有所改变。最初有些与众不同的英国牧师就提出过，妇女运动是完全可理解的行为，因为部分的中产阶级女性迫不及待地要扩大她们的生活范围；有极个别出身良好的女性对如何处理好职业和婚姻的问题进行过痛苦的思索。1878年，梅贝尔·卢美斯在和大卫·托德结婚的一年之前，就在日志中对这个问题做出了认真的思考，“我真想知道，老天为什么要让女人有才能？女人有才能对她们来说很荒谬。为了利用自己的才能，或达到某种特定目标，她们就不能结婚，而不

---

〔1〕January 3, 1840, *The Gladstone Diaries*,ed. M. R. F. Foot and H. C. G. Matthew, 8 vols. so far (1968-　), III, p.1.

结婚又是完全不可能的”。有才能的女人保持单身、学习、去欧洲、在艺术领域寻找职位，而只有“平庸的妇女”才选择结婚生子，但这也意味着“再也不可能有聪敏伶俐的小孩出生了，因为子如其母”。但如果有才能的妇女选择结婚，她们可能被迫放弃“任何重要的工作，比如艺术、音乐，诸如此类”。她坦言这个问题一直困扰着她：
433 “为什么？……到底为什么一个女人要被给予两个相反的角色，同时将她拉向两个不同的方向？为什么她们同时拥有才能和爱情的观念呢？”[1] 梅贝尔·卢美斯自认为是激进的女性精英，就连她也很难设想，在一名女性的生活中，她究竟怎样能协调好这两个方面的关系：既要充分发挥自己的才能，又要全心全意地投身于爱情之中。

随着时间的推移，这个问题变得更加令人困惑了，因为女性的生活超出家庭之外的领域，从而这种可能性也正在变成现实。《妇女周报》（*The Girl's Own Paper*）开始登载一些关于职业女性的文章。这些文章或赞扬积极的女性，或拒绝以一种怀旧的眼光回顾往昔年轻女性无所事事的日子，或满怀信心地展望实现女性接受高等教育的时代的到来。该报大声疾呼，要求实现男女同工同酬，并批评了那些普遍存在的对妻子的要求的男性幻想，即认为妻子既要是勤俭持家的贤妻良母，又要是风情万种的美貌佳人。

尽管到19世纪90年代为止，人们已经依稀可以听到要求建立一种新秩序的强力呼吁，但这种呼吁也未能完全摆脱当时主流的家庭意识形态的束缚。而正是在那时，一位勇敢而坚持不懈的女权主义者对主流家庭意识形态的信条提出了挑战。1879年，易卜生《玩偶之家》的女主人公娜拉·海尔莫（Nora Helmer）出走玩偶之家——即逃离了她的婚姻，这不仅仅让她的丈夫感到难以置信、目瞪口呆，也震惊

〔1〕January 6, 1879, Journal II, box 46, MLT, Y-MA.

了整整一代观众。所谓的大团圆结局不过就是让娜拉待在家里相夫教子；在《玩偶之家》的多种演出版本中被强加的这种大团圆结局，实际上也是一种被迫的妥协——这一方面证明了这种意识形态是多么顽固，同时也证明了它不堪一击。梅贝尔·卢美斯虽然更具开拓精神，但她只是试图检验她的才能，而不是以爱为代价来证明她的才能。尽管《妇女周报》以其青春活力和蓬勃朝气为女性读者打开了观察世界的窗口，但仍倾向于将女性的权利定义为在她的小天地中更加完善她的职责，使女性成为那个冷酷社会的慈悲天使。该周刊还开辟专栏，让作者们积极讨论对女性的高等教育是否真的那么让人期待。这是一个新的时代，这些模棱两可的反叛有助于使它戏剧化呈现在大众面前，从而使这项事业得以向前推进。[1]虽然遭受到了猛烈的抨击，并得到某种程度的修正，但这种家庭意识形态并未彻底消除。

但是，家庭意识形态的捍卫者们却颇有些慌乱了。在最早期的作品中，例如吉尔伯特（W. S. Gilbert）在他 1871 年的《皮格马利翁与葛拉蒂》（*Pygmalion and Galatea*）中，形象地描述了中世纪骑士遗风；这些中世纪骑士尽管衣衫褴褛，但不遗余力地试图努力推进这份陷入困顿中的事业。“男人究竟是什么呢？”葛拉蒂天真地问她的雕 434
塑者皮格马利翁，而皮格马利翁不假思索地回答[2]：

男人的强健体魄和生命，

[1]《妇女周报》里的一些代表性文章和诗歌描述了上述的这些冲突，参见 M.P.S., “The Disadvantages of Higher Education,” Ⅲ, p.112 (February 18, 1882); “Education for Women at Oxford, ” Ⅴ, p.240 (August 4, 1884); Nora C. Usher, “How to Secure a Situation,” XIII, p.657 (July 30, 1892); Helen Marion Burnside, “Women's Rights,” XIV, p.680 (January 7, 1893); “One of Them,” “The Girls of Today,” XXI, p.1040 (December 2, 1899)。

[2] *Pygmalion and Galatea, An Entirely Original Mythological Comedy*, in 3 Acts (1871), [Act I] , pp.11-12.

只为女人而期待，并保护她们
竭尽力量和勇气使女人免受苦难；
为女人工作、辛劳，只为让她们歇息；
为女人哭泣、哀伤，只为让她们欢笑；
为女人拼搏、赴死，只为让她们活着！

这是一段语调轻快的对白，但作者有意使其听起来略显荒诞。然而，龚古尔兄弟的一个女性朋友曾经说过，“女人当如香水，散发出一点奴性的气味”[1]，两兄弟对这种“妙论”也赞赏有加，但其中对女性的贬低也是清晰可辨的；男人迫不及待地要贬低女性，就是唯恐女性地位凌驾于男性之上。

毫无疑问，里尔所谓的“家庭保守主义”（“family conservatism”）正承受巨大的压力。里尔为他的《家庭》一书增添了一个颇为古怪的尾声：在目睹他对家庭的理想无可挽回的衰落之势后，里尔不胜悲凉；为了减轻自己内心的痛苦，他为中产阶级家庭精心描述出了一个梦幻般的美好未来，幻想着中产阶级家庭在20世纪能够重拾往昔的辉煌。在这种梦幻般的憧憬中，中产阶级家庭都拥有宽大的宅邸，有供祖辈居住的专用房间；招待亲朋宾客的轮番造访，共庆团聚，重温过去的美好回忆；整个宅院中用人、学徒一应俱全；全家人一起演奏音乐（巴赫的、海顿的，而不是瓦格纳的音乐），同声祈祷，在安息日共同前往教堂礼拜，俨如一支真情的部队。[2]他没有注意到，无论是在德国抑或其他地方，成千上万的中产阶级家庭几乎在各个方面都实现了他孜孜以求的白日梦。

---

〔1〕February 20, 1858, Edmond and Jules de Goncourt, *Journal; mémoires de la vie littéraire 1851-1896*, ed. Robert Ricatte, 22 vols, (1956-1958), Ⅱ, p.200.

〔2〕*Die Familie*, S.297-303.

他未能注意到这一切，是因为他太焦虑，忙于和其他勇气可嘉的拯救者一道，试图竭力将女权主义的妖怪塞回魔瓶之中。对于他的焦虑和他提出的解救之道，里尔是充分直率而又开诚布公的。勒普莱显得比里尔更微妙，但在最后他也立场坚定，观点明确了。对于19世纪女性要求工作的愿望，勒普莱并未显得完全漠不关心，但他坚持认为，妇女最好的工作仍然是在家庭之中，因为她们的命运就是做妻子和母亲。尽管他也承认，回复往昔、一成不变是不可能的，但是他对过去的渴望一直制约他的社会改良计划。个人自由尽管令人期待，但 435
必须受制于“最大限度的父权权威”。一旦“维系家庭的所有情感”消亡殆尽，人类社会将沉沦到“连低等的野兽都不如”的境地。现在法国发生的一切，正是如此，因为法国人已经摒弃了所有对“社会权威”尊敬和服从的情感，而这种恶性堕落的起源就在于父权权威的持续削弱。[1]

勒普莱不遗余力地号召在妻子甚至孩子面前施展男性权威。女权主义者都是空想主义者。“从诸多方面而言，家庭就是一个完整的世界，而对于这个世界的治理要求这个家庭的母亲的全部关爱。”有些妇女“已经偏离了正道，不是因为她们在对抗男性的刚愎自用中处于下风，而是因为她们已经沦为邪恶灵魂的最积极的帮凶”。勒普莱认为，目睹现代妇女试图“抹杀邪恶与美德之间既定的传统界限”，这是令人感到非常悲哀的。[2]尽管勒普莱已经足够敏锐，将这种新女性的崛起归咎于社会和技术的急剧变迁，但他的洞察力只使他更加追忆怀念过去，更加难以抚慰他对现代女性的焦虑。

---

〔1〕M. F. Le Play, *Les Ouvriers européens. Etudes sur les travaux, la vie domestique et la condition morale des populations ouvrières de l'Europe* (1855), p.286, 18, 287.

〔2〕*La Réforme sociale en France, déduite de l'observation comparée des peuples européens*, 2 vols. (1864), I, p.186-190.

里尔也表达了同样的失落，只是比勒普莱更尖锐，更粗俗。我引用了他的号召，“从女人中解放出来”，从现代女强人中解放出来，她们小小的、轻浮的头脑填满了文学名誉、政治影响和其他贪婪的幻想的概念。他写道，我们政治不幸的历史与这些有学识的女人的历史同步。并且，他表达了他蔑视那些有着德国名字、法国习惯的女人，她们公开地展示她们的生活方式，“一个解放了的女人，大吃大喝、抽烟、找警察的麻烦。”他认为，是“时候”该“肃清氛围”了。[1]

因而，里尔、勒普莱及他们的追随者所急切地敦促着的家庭政策，被他们所说的对新女性的恐惧，主要是那些敌意的或紧张的笑话给添油加醋了。她有着为公众所知的愿望，因而她讲话不再羞涩，而是更多地出现在隆重场合中、出现在父系权威一直被掩藏，一直被严格控制的场合——女性的永恒力量胜过男性。正如我在前面的细节中所提到的，这是一个陈旧的男性偏见，但在19世纪，这样的偏见，培养着主观性、自我表达，并宽大地被允许上升到表面。

436 女人惧怕男人，是有多方面原因的。法律和习俗的历史，归根结底是男性统治的历史。而那些法律和习俗，一直被奉为绝对真理，总是被自私地，甚至是残暴地执行着。但是在家庭这个私密圈子里，在精神对抗中，男性的合法的及传统的权威表面上和实质上都是很脆弱的。这种权威能被男性的痴爱或女性那种令人敬畏的母性气质所颠覆。这样看来，家庭既是男性性焦虑产生的原因，也是治愈这种焦虑的良药。因此，里尔和他的同盟者想要的仅是家庭生活里有此无彼，将家庭完全转化为治疗焦虑的事物这一方面。在这种欲望下，他们所言自然是为别物：他们只是比那些读者更清晰明了地表达了自己深深的恐惧而已。并且这使他们的社会科学成为一种信息丰厚

〔1〕*Die Familie*, S.56-57.

的文化症候。

有些家庭社会学家认为，有恋母症状和相关情形的人群是“性欲旺盛的”，尽管他们不情愿用这个词。他们把母亲看作纯洁的化身，把父亲看作权力的象征，母亲被永远地抛除在儿子的性爱圈外，父亲则永远不受到儿子的攻击性挑战。他们这种极度精心的辩护是自私的，但又是真实的。他们对于家庭成员怀念的想象——这种回归的渴望显示出他们企图避开危险世界的无力和脆弱。男性特权和主宰的削弱显现了男性权利的削弱。这些紧张不安的社会科学家和建议者同其他人一样虚伪，其实他们面临的危险主要是想象出来的，但这个事实并没有减轻他们的焦虑。

许多对现代家庭，尤其对性方面的谴责，是故意的诽谤。我们知道，马克思和恩格斯曾说：“资产阶级，不满于任意支配他们无产阶级的妻子、女儿，妓女就更不值一提了。他们对引诱对方的妻子兴致盎然。”实质上，“资产阶级婚姻本质上是一种共享妻子的制度”，这种互相引诱的大桩贸易虚伪地欺瞒了那些一直存在的女性集体和那些共产主义者提倡通过立法来建立的女性集体。[1]这种谴责直截了当，也很不可思议。然而，这种家庭共享的制度在研究资本主义肉欲中尽管模棱两可，但具有决定性作用。

中产阶级家庭野心勃勃的教育工作是这书里的持续性主题。沃尔德夫妇、格莱斯通夫妇及我接触到过他们生活史的、在欧洲大陆的同类人，是通过有意或无意收发的讯息，在家庭生活中向孩子传授有关 437
性行为的内容的。利曼夫妇将这种爱恋气氛传达给他们的小孩子。托德夫妇的教育则是令他们的女儿，一个发育中的、无助的旁观者被迫

〔1〕Karl Marx and Friedrich Engels, *The Communist Manifesto* (1848; tr. Samuel Moore, 1888; intr. A.J.P. Taylor, 1967), p.101.

觉醒，而面对调情同通奸带来的内心撞击。约瑟夫 · 利曼给他五岁的儿子形象地描述纽约的脱衣舞者，通过这种强硬的道德训教和描述使性幻想不再值得兴奋。在车上，米利森特 · 托德坐在她轻浮的妈妈和她妈妈的老情人中间，他们的轻便马车开向乡下，这是一幅难忘的小插图；米利森特一直在痛苦和困惑中学习。安妮 · 伯桑特和乔治 · 桑这些人，她们确信自己成年后才有了性生活的事实——虽然在更早就了解了性的本质，只是压抑着冲动而已。同样，凯丽 · 托马斯在她 20 多岁时，在父亲的书房偷偷地读了一些医学书，首先研究了性激情的恐怖，同时在她姨妈的日记里知道了意外怀孕的那类事。当她嫉妒但无能为力地看着母亲年复一年地给她添弟弟妹妹——这些争宠的小家伙时，安妮，作为一个小女孩，对于性和爱有了更深远的发现。

家庭中关于性的训教很少直言不讳地指导如何寻找动人的性目标或闲谈性经验。这些指导有些过于教育性地讲述了如何避免危险的性企图，总体说来极不科学。一般而言，家长教育孩子要持有微妙的态度，却助长了他们的野心和依赖性。他们还将这种敏感性灌输到细微的社会层面，这样，将来子女就会缩小体面地择偶的圈子，或把这种选择变成内部或家庭冲突的诱因。父亲或母亲灌输的冷漠或热切，经常导致无法治愈的性无能。尽管父母的教诲都是出于最好的本意，但并不是所有的父母的教诲都能为子女将来的性幸福铺平道路。

成人可能还会继续在童年获得的性的训教上汲取营养，他可能发现他自己建立的家庭是不容忽视的航标。明显不能要求像阿米尔一样禁欲或像龚古尔一样世俗地活着的单身汉来完成性的研究。但那些已婚人士能将他们年轻时学到的性经验应用到夫妻生活中。大卫和梅贝尔 · 托德相互教导寓于食物和温暖、分离和团聚时性爱的可能性。利
438 曼夫妇将宝贵的时间用于调情和在海边裸浴，来控制他们的性欲极限。凯瑟琳 · 格莱斯通在生产的阵痛中微笑着，毫无怨言，给正在一旁观

看的丈夫充分的直观材料，让他思考体会这令人愉快的性爱的复杂结果。乔治·桑通过与接二连三的情人的实验使她那著名的性爱方式日臻完善。

这些经验是共同文化主题的变体。托尔斯泰的著名格言需要修正：幸福的家庭用自身的一套方法进行自我教育，不幸的家庭也是如此。因为，家庭是一种情感阻碍的过程，它通过特殊的，通常是性情敏感的父母来缓和、阻止和扭曲社会价值的传播。由医生、牧师，教育人士，还有父母引导的对习惯性手淫的焦躁战争就是这种多样性的典型例子。中产阶级父母被在他们协助下产生的令人震惊的恐慌所感染，企图将孩子从可怕的堕落——“自我污染”中拯救出来，进行诚恳的谈话，对屡次冒犯进行肉体惩罚，或用器械捆绑孩子，防止他们夜晚玩弄性器官。但这种焦虑的确切程度、威慑方式的选择和惩罚的程度，每个家庭都具体不同。倘若19世纪的家庭是爱的私立学校，那么它们不像公立学校那样有连贯的程序，也没有留下一整套可预测的遗赠。

3. 舒适的民主化

当时，随着区域、社会地位、宗教等因素的加入，家庭中性的影响因家庭而异。暴发户可能更细微地注重将成为婚姻伙伴的人的适合程度，而不考虑其悠久的家世。当为爱而结婚在中产阶级中十分盛行时，工商业企业家持续地通过他们理性的婚姻同盟为其繁荣而奠基。但总体来说，在一种不安的、混杂不清的理解和愉悦的气氛中，在新展开的宏大场面下，家庭的性教育得以发生。

可能最惹人注目的现实就是，中产阶级家庭不得不精通我所谓的

舒适的民主化。消费品、设施、使餐桌礼仪丰富和复杂化的发明、夜
439 间娱乐或亲密的时刻，这些东西，自文艺复兴以来以令人吃惊的速度进入了西方文化，如餐巾纸、壁炉、棉面料和拼花地板、舒适的布料和独立浴室等等。隐私——这个显著的发现，在18世纪有了实现的可能性，仅仅为了横扫先前的一切。它作为富裕的需求和穷人的激励迅速地建立起来。[1] 如今，19世纪，各种舒适的物件进入了成功的家庭，而远不是进入那些富人有特权的坟墓。专业人士和商人、雇员已习惯了宽敞的房子、健康食品，在各种家具、衣服、饰品之间广泛地挑选。许多人可以工作得很少，也不像以前那样疲惫不堪。这些中产阶级是勤恳的天主教道德的忠实代表。他们日夜不断地鞭策自己，主要从内心生成这些向上奋进的义务。但那些不是这样被过度鞭策的人们可以将旧有的奢侈品作为他们的社会地位赋予的生活必需品：一些休闲和放松的时间、偶尔的旅行，尤其是舒适的民主化的庇佑。

许多舒适的受益者会有尊严地、诚挚地否认舒适提供了微妙的性引诱。然而人工制品材料和环境中所带有的肉欲总是在没预料到的地方表现出来。劳拉·利曼会在每周一次的洗浴后以邀请性的描述来逗弄她不在身边的丈夫——说自己多干净，闻起来多诱人。梅贝尔·托德会回忆她在一艘短程旅行的汽艇舱室里的诱惑。图画、小雕像、纪念品都是对过去爱的时刻的刺激或情感回忆的偶然事物。家具和陈设提供肉欲暗示，并综合起来为瞬时的所有感官提供养料。他们用抛光的木头和有复杂纹式的土耳其地毯来抚慰眼睛。耳朵里充盈着来自钢琴的渴望般的旋律或协调的声音。腭间有融化的糖果和汁多味美的葡萄。花朵的香气、香袋及食物的香味充斥着嗅觉。触觉上，总是能触摸到物体表面精巧地雕琢或编织的纹路。沉到一个有靠垫的椅子的怀

〔1〕Fernand Braudel, *Les Structures du quotidien: le possible et l'impossible* (1979), p.269.

抱里，放纵了肌肉组织，使身体回归到自然状态。

那些写家居方面的作家，关于物体的性暗示总是能十分坦诚。一个很受欢迎的记者克拉伦斯·库克（Clarence Cook）写给《布纳月刊》（*Scribner's Monthly*）一系列的文章，在1878年集结成一本书。 440
他调查了房子里每一个房间的家具，并高度赞扬了一个有移动坐垫的沙发。它有一个木制座位，“镂空，极有技术地弯曲，就像它从前是易弯曲的材料，被一个有久坐习惯的所有者揉捏到极致”。对这个文雅地表示欢迎身体的容器，库克的描述是极其性感的：“扁平的扶手加宽了一点，末端修圆，这样手有一个舒适和慰藉的物件来把玩。”[1] 舒适的环境会成为对尊敬的人的无声讨好。

与这种温和的诱惑相呼应，小说《北与南》（*North and South*）中的一天也充满了无意的暗示。盖斯凯尔比多数的小说家坦率，但不是肉欲的迎合者。在她的小说《北与南》里，她因女主人公耽于生命的舒适而赋予她一种有个性的品位。盖斯凯尔告诉她的读者，玛格丽特·希尔（Margaret Hale）“对每种感官的愉悦都热忱地享受”。有些东西她买不起，却十分敏感地渴望拥有。感官与肉欲的差别，即便在维多利亚时代也不是很大。正是玛格丽特·希尔所呼吸的空气唤醒了她，在与亲爱的父亲一起意味深长地散步时，“她随时可能与夜里凉爽的、新鲜空气中的兴奋共同舞动”。在为她富有的表妹试穿衣服时，她从壁炉台的镜子里瞥见了自己，并在那儿对着镜子里的自己笑——熟悉的形象穿着公主般的独特装束。她轻轻触摸着缠绕着她的披巾，沉浸在披巾柔软的手感和艳丽的颜色的愉悦中。闲散地脱掉衣服的举动带给她感官享受的刺激。“玛格丽特站了起来，开始慢慢地脱下衣

[1] Cook, *The House Beautiful: Essays on Beds and Tables, Stools and Candlesticks* (1878), pp.56-60.

服，感受着悠闲举止的全部奢华。”盖斯凯尔完全地揭示了希尔的这些无意识的感官享受。莱诺斯（Lennox）先生，她的追求者之一，在赞扬野外吃梨的行为时，言辞达到了纵欲的顶峰。“当牙齿嵌入爽脆、多汁的梨中，没有比它更美味的东西了。同时，阳光照耀着，感受着阳光的温暖。糟糕的是，恰恰在享受的顶峰——这个决定性时刻，冒失的黄蜂嗡嗡地争吵着。”[1]这种更适合用于卧室，而不是花园的语言，在当时并不罕见，也并不可耻。在日常生活的物品中，有数不清的支持感官享受的正面例子。它驳斥了大众观念——将富裕的中产阶级看成麻木地谋取利益的冰冷机器。

441 贺拉斯式指令将惬意的物品与实用的物品混合起来，这实际上是 19 世纪资产阶级不可辩驳的信条。物体不但要美观，同时要有实用性；它们有一个必不可少的功能就是给人愉悦。英国女性服饰权威——艾莉莎·哈维斯（Eliza Haweis）1878 年写道：“头饰必须——首先，合适；其次，美观；再次，有用。”[2]几十年前，在对工业文化早期的评论文章中，托马斯·卡莱尔已经写道，为了炫耀而迅速产生了感官享受的激情，它总是威胁着传统的风俗礼仪。他在《旧衣新裁》（*Sartor Resartus*）中写道，“衣服的首要目的，不是为了温暖或体面，而是为了装饰”。一旦“饥饿与复仇的痛苦消失，人们接下来关心的不是舒适而是装饰”。[3]许多卡莱尔富裕的同辈们认为，舒适与装饰不是泾渭分明，而是密不可分的同伴。

总之，材料的舒适比材料的实惠赠予得更多。中产阶级的物品是中产阶级情感的载体。1882 年 8 月 18 日，西格蒙德·弗洛伊德写信

---

〔1〕Gaskell, *North and South* (1855; ed.1970), pp.49, 220, 39, 106-107, 59 [ch.2, 21, 1, 8, 3].

〔2〕Haweis, *The Art of Beauty* (1878), p.128. 这篇文章要归功于 Valerie Steele。

〔3〕*Sartor Resartus: The Opinions of Herr Teufelsdröckh* (1833; ed.1908), Book 1, ch.5, p.37.

给玛莎·伯内亚斯（Martha Bernays），他围绕着未来的家庭生活编造了一个动人的故事，故事里展示了那些无形的红利。一对夫妇已经订婚两个月了，并很清楚在他们的期望实现之前，必须长久地等待。同时，弗洛伊德列出了自认为会对他们“幸福的小世界”很重要的物品清单。结婚后，他们会需要“三两间小屋”给自己和客人们使用，屋子里要有一个随时可以做饭的火炉，还要有“桌、椅、床、镜子和钟表”、地毯，更要有一把舒服的椅子来进行一个小时的遐想。箱子里应该有带着精致丝带的亚麻织品和最新裁做的衣服和插着人造花的帽子，墙上挂着画，有日常用的水杯和节日里用的酒器、盘子、碗，通常还要有“一个小储藏室，来应付突来的饥荒和贵宾，有一大束听得见撞击声的钥匙”。他还列出别的期盼的物品：书房、小缝纫机和熟悉的台灯。一个家里的物件承担着令家庭团结一致的严肃工作，而其他的并不怎么严肃的物件，则能够证明某人对艺术的热爱，证明他愿意记住的朋友，证明他去过的城市，证明他愿意记起的时光。家是一个避风港，一个记忆的陈列馆，欢乐的源泉。所有人都能被情感征服。“我们会将心灵依附于这样的小物件上？”弗洛伊德如是问，答案是肯定的，“毫无疑问的。”[1]没有人会责怪西格蒙德·弗洛伊德 442
是一个平均主义者或中产阶级的代表。但他喜爱的东西——插花的帽子、快捷的三餐、珍贵的回忆等都是纯粹的中产阶级传统。在他和千万人的印象里，舒适是爱的大背景。

这些富人的性刺激物——上等的香水、诱惑的音乐、进口的食物、迷人的衣服——只有少数人拥有。但体面的中产阶级能继续列出更多的性刺激根源相同的温和版本。最重要的是，列出令人振奋的混合物——令人愉悦的洁净，美丽悦目的健康和进行性行为的空闲时

〔1〕August 18, 1882, *Briefe, 1873-1939*, ed. Ernst L.Freud (1960), p.29.

间。19世纪，疾病与伤残持续地困扰着中产阶级，这与感官的舒适相背离。而布尔乔亚在这一方面的情况比过去有所好转，也比他们贫穷的同类富裕一些。[1]

新的财富在家务工作中发生了明显的和感官上的重大转变。富有的布尔乔亚家庭能使妻子完全免除在外的工作。但家庭在生产功能和经济功能上的缩小并不完全受欢迎。尽管指挥着用人，许多妻子还是觉得家务活很累人，也不如在商店或小车间里工作有趣。但随着公开露面机会的减少，妻子和母亲觉察到自己在家庭中权力上升，并且微妙地提升了她为丈夫而打扮的魅力。当然，一方面，富裕总是招致来丈夫和妻子间、父母和子女间的陪伴；另一方面，隔离的手段——如寄宿学校、俱乐部、家教等则说明布尔乔亚没有抓住这些前所未有的让人变得亲密的机会。但许多中产阶级家庭为总体的时间设定了特权时刻，这种新型亲密的色情后果在它们的暗示中有很多。威廉·埃瓦特和凯瑟琳·格莱斯通，这对理想的布尔乔亚夫妇，歌颂某个傍晚，长时间地散步，下棋，谈论包括政治在内的所有话题，教孩子宗教和拉丁文的知识，并关爱彼此。

布尔乔亚对家庭内可容许的侵犯和合理权利的重新界定，由现代浪漫的爱情来协助实现。这迷人的程式恰当地表明，这些想法
443 能被直接放在这里和他们的初衷相悖。欧洲浪漫主义者——英国人、法国人、德国人、斯堪的纳维亚人，在19世纪的世纪之交及之后，他们的诗歌、小说、哲学箴言，不是作为布尔乔亚基础的原料而涌现，而是因反对布尔乔亚的行径而涌现。浪漫主义者们认为，中产阶级是不会爱的；他们心胸太狭隘，又太传统，因而不能提升

〔1〕我将在第二卷的最后一章，专用于写令人反感的比较这个重要的主题。19世纪的资产阶级最终将自己定义为好色的，至少部分是因为观察了当时的贵族、工人阶级和农民。

他们的感官激情，也不能将婚姻抉择提升到有着柔和感情的高级层面。最具颠覆性的浪漫主义者——弗里德里希·施莱格尔（Friedrich Schlegel），珀西·比西·雪莱（Percy Bysshe Shelley），还有拜伦勋爵，他们或机智地、或狂暴地抨击布尔乔亚制度、婚姻等最不可侵犯的东西，并在他们可耻的广为人知的私生活中宣传开来。爱的浪漫信条是年轻人的信条，是对自发激情的欢度。布尔乔亚的浪漫者很讽刺地逐渐而巧妙地得到爱情，却不再年轻。那些为浪漫派作家辩护，用心去学习他们的作品，时不时无助地模仿一下他们那想象出来的行为的无聊的、不知足的小青年中，很明显包括布尔乔亚。浪漫的爱不是凭空而来，或来自虚无，它要求健康、闲暇和我提到的那些值得争取的实物。但这仅意味着，随着越来越广的中产阶级圈子富裕起来，热烈的爱不再是上等人的特权，尽管在现实中比言辞上通常羞怯一些。[1]

当然，布尔乔亚中许多人继续反对为爱冲昏头脑，而对找寻合适的婚姻伙伴这种严肃的事业稀里糊涂。许多妻子通过公开声称的体验爱欲激情的无能作为生育控制的方式。但对 19 世纪资产阶级中更多的人而言，个人意志在婚姻选择中是必不可少的，尽管父母继续干涉子女婚姻，但他们也在孩子喜欢的对象背后学着练习放弃。爱与利益总是并蒂而生，就如：阿尔弗雷德·丁尼生（Alfred Tennyson）和乔治·梅瑞狄斯（George Meredith）及其他人引用了一个圣人对年轻人的建议：选择新娘时不要为钱而结婚，而要去有钱的地方。但大部分的中产阶级读者白天迫切地消费着刚说过的那种浪漫文学，可能拒绝实践这些讽刺性的策略。19 世纪的布尔乔亚对爱情的发现和他们对性的发现一样少，长长的、无限丰富的爱情故事的历史和爱情诗证明

〔1〕我会在下卷的开头一章详述爱情的浪漫观点。

了这一点。[1] 但他们为深情的爱赋予了一种协调的和有说服力的思
444 想和富有感情的词汇。这些相当的鲁莽和世俗，可能令他们的曾祖父母、祖父母震惊。

这些浪漫的承诺产生了一系列的问题，这些已经全部认真地论述过了。争辩的焦点不外乎人性的本质。一方面，现世主义与提倡伴侣关系不能完全相称；另一方面，虔诚与捍卫父权制度并不完全相称。诚然，那些仍把人类堕落的教条看得很重的人和那些把亚当和夏娃的堕落认为是人类史的决定性事件的人，觉得必须在家里要求秩序和准则，并援引权威作品来证实女性那总是家庭的、甚至是沉默的角色。“否认原罪，”弗里德里克 · 勒普莱 1881 年写道，“是几乎威胁到欧洲未来的大错误。”[2] 但逐渐地，修道士继续对基督教家庭责任做出自由的神学解释，继而向婚姻伴侣关系思想的方向探路，但总是略带有一点负罪的不安。

在严苛的布尔乔亚道德下，新型的享受和新型的亲密并不是安全的。沉溺在这个世界的物质享受里，不管自己被认为好色与否，不道德与否，完全不虔诚地忽略了基督的存在，忽略了一个人慈善的义务。他们更关注家庭生活，是对群众亏欠的一种不负责任的逃避。社会批评家迪斯累利（Disraeli）严厉地警告说，对家庭的狂热是共同体的敌人。他在《西比尔》（*Sybil*）中写道，“家是一个原始的概念，是未开化时期的主意；家意味着孤立，因此是反社会化的”。[3] 更令人警醒的是，尽管不被完全理解和被觉察得不多，现代的中产阶级家庭是性竞争衍生的肥沃土地。亲密的爱、亲密的恨，无尽无休。没有

---

〔1〕参见 Alan Macfarlane, review of Lawrence Stone, *The Family, Sex and Marriage in England 1500-1800, History and Theory*, XVIII, I(1979), p.113。

〔2〕Le Play, *La Constitution essentielle de l' humanité* (1881), p.172.

〔3〕Disraeli, *Sybil, or the Two Nations* (1845; ed.1926), Book III, ch.9, p.197.

那个古代的神话英雄俄狄浦斯，就没有弗洛伊德对“俄狄浦斯情结”的命名。但19世纪的中产阶级家庭比以往更亲密、更不拘礼、更浓缩，这使普通的人世纷争有了特殊的范围和更复杂的结构。已婚夫妇间、父母与子女间，那强大的矛盾感情，爱与恨的较量被深深地感觉到但鲜有人承认，这些屈服于比以前更严厉的审查，屈服于产生神经症的压抑。家庭内毫无保留的爱，这种意识很吸引人但让人筋疲力尽。父亲对女儿的要求，母亲对儿子的要求，对权力的要求或对忠诚的要求总是伪装成过分的慈爱，就在权威的合法基础开始瓦解的同时 445 获得新的效力。逐渐地，像过去一样的家庭战争爆发了，但不是在法庭，而是在人们心里。这些情感受害者的故事出现在医生的记载里，法庭程序中，自传作者的笔记本里，而这些全部发生在家庭里。我不谈论乱伦，这种对亲密的极端违犯仍然是中产阶级至高无上的禁忌，也是严肃的病理学的例外。我谈及隐约难辨的创伤。

但是随着严密的监控，多数布尔乔亚核心家庭所特有的高度的相互作用，不但有风险，也带来了惩罚。19世纪中产阶级家庭不过是比一个不断上演情感冲突和性灾难的舞台好一点的东西罢了。丈夫和父亲像暴君，母亲和妻子像吸血鬼，与戏剧化小说的暗示相比而言，是相当罕见的。家庭形成一个微小的感官世界，在此为依恋筑基，在此基础上，以后的依恋得以建立，充其量又不过是为自发的成人爱情历险积聚资源。

4. 私人的经验

或在家庭中狂欢，或者惧怕家庭的当代观察者们一致认为，19世纪中产阶级家庭是隐私的至高无上的避风港。在这可避风雨的墙壁里，一个人能将好管闲事的治安官、爱打听的邻居，甚至是上门的布料商拒之门外。两个世纪以前，性行为是毫无遮蔽的，被公然地细看。这种现象在边疆地区还仍到处可见。但现代的家庭环境提供卓绝的保护，远离不必要的目睹。有些人思忖着这项伟大的发明，便变得有思想甚至有哲理。1853 年，沃尔特 · 白哲特写道：“在他当着众人的面统帅每个人的外在生活的背后，他还独自统帅着别的东西，就这样他使自己具有了双重性。”我们仅看到我们邻居的一面，就像我们只能看到月亮的一面。毕竟“我们都下楼吃饭，但每个人都有他自己的空间”。[1] 白哲特曾冥思苦想：人类最伟大的描绘者——他指的是莎士比亚——之所以具有才能是因为孤独。但他这简朴的隐喻却非常贴切。19 世纪是一个中产阶级成员渴望拥有自己空间的时代。

446 然而在家庭生活的道德圈子里，由于父母喜欢窥探自己的子女，因此隐私是很不完整的。他们会偷瞄孩子的信件、瞟看他们读书、监视孩子的访客、检查他们的内衣。一旦父母从孩子那逼问真相，这些窥视的证据全部成为大人权力的粗鲁断言的依据，成为对年轻生命的一种傲慢的，有时甚至是淫秽的侵犯。此外，像舒适一样，隐私依靠物质的环境和实体，并且实现隐私的物质条件通常是很不充分的。隐私需要能关上的一扇门，需要能声称为自己所有的一个小时，需要能上锁的一张书桌。许多布尔乔亚，不论年长年少，都没有这些有利条件的全部或其中任何一个。而许多有这些条件的人不被允许享有隐私。不只是日记，这些众所周知的隐私的化身，或受欢迎，或不被认可，也并不是完全安全、不受侵犯的。父母或丈夫趁日记作者不在去揭开原本不想让他们看的秘密，这不只出现在小说里。分享日记可能是单方面的。1886 年春天，玛丽 · I. 巴罗斯（Mary I. Barrows）那时

〔1〕 Bagehot, “Shakespeare — The Man”, in *Literary Studies*, 2 vols. (ed. 1911), I, p.134.

在康涅狄格州的寄宿学校，在她的日记中写道："今天早上，我有段时间在艾塔（Etta）的房间里，看她的日记和我的。"当艾塔要求"看我的日记"，巴罗斯不愿意让她看。[1] 当然，许多日记作者写日记时会有一个想象出来的读者——丈夫、孩子或子孙后代。科西玛·瓦格纳写了大量的日记，为丈夫理查德写的和为自己写的一样多。阿尔科特姐妹家里要求写周记，"在审阅我们的周记时，"路易莎·梅·阿尔科特写道，"爸爸说'安娜（Anna）写的是别人，路易莎写的是自己'。"[2] 梅贝尔·托德将大卫·托德作为她有特权的阅读者——还有奥斯汀·狄金森。然而，尽管像防护性的告解神父一样有缺陷，19世纪的日记仍然是历史性的人工制品；它为了解现代布尔乔亚经验的详细特征提供了路径。我们知道，几乎所有文化都想在个人的和公众的范围间划出某种几乎清晰的界限。但是19世纪的中产阶级文化对此却十分断然，私人的和公众的鸿沟尽可能地扩大。在这样的文化里，日记和它扩大的表亲——周记必然盛行，也只有19世纪，才是两者的黄金时代。

当然，写日记和周记占据了长期的和杰出的历史。莱昂纳多·达·芬奇（Leonardo da Vinci）在他著名的日记中写满了科学的推测、 447
建筑设计、财务记录、人体素描和童年里唯一一件启发性的回忆。事实上，约翰·伊夫林（John Evelyn）和撒缪尔·佩皮斯（Samuel Pepys）的日记是英国文学的宝贵财富。17到18世纪许多不出名的清教徒和虔诚派教徒记录了他们的日常行为或焦虑地记录了他们虔诚的进展。詹姆斯·博斯韦尔（James Boswell）记录了他值得回忆的交谈，也记录了他的性冒险——像天生的收藏家般公平地随意而为，保

〔1〕 May 8, 1886, Private Record, 1885-1886. (Courtesy of Susanna Barrows.)

〔2〕 May 1850, Cheney, *Louisa May Alcott*, p.60.

留了微小的细节和令人羡慕的准确性。但在那个个人主义的、内省的和缄默的19世纪，日记和周记被证明是特别合适的，也几乎成为天生拥有少量空闲的阶级必需的伙伴。教师们会指定学生写日记，将之视为值得称赞的和有益处的活动。青少年会在朋友中散布这种书面的、受约束的表现形式的滋味。父母赠予孩子空白的本子，通常是经过美观的黏合和精美的装饰的，来鼓励年轻人养成记述他们日常生活和小冒险的习惯。

1874年3月19日，爱德华·托尔玛吉·卢特（Edward Tallmadge Root）就收到了这样一个本子，随着母亲揭开的扉页上，是“来自妈妈的生日礼物”。日记作者的第一次记录便不无幽默地固定了腔调。“今天是我9岁的生日，我得到了这本可以写东西的书、一个鸟形糖果、一个木环、一盒彩色铅笔和几本小书，也得到了重感冒。”4月8日，卢特夫人将同样的礼物送给爱德华的弟弟威利（Willie）。威利很明显是个早熟的小孩：“今天是我出生的日子，”他写道，字母正确，只是在标点上有些马虎，“我收到这本书和一双新鞋、一只口琴、一把梳子，我七岁了。”两兄弟大体上都写小猫，但没有忘记短途旅行、天气、拜访和一些特殊的事件：“戈尔登（Golden）先生——酒吧负责人向戒酒协会（Temperance League）的女士们屈服了。”爱德华·卢特不愧为传教士的儿子，在1874年4月12日——事情发生的第二天写道：“这些女士今天接受了戈尔登先生的发誓，即既不卖酒也不喝酒。”三年后，他再次给予宗教空间，“这是我的决定，”他在1877年4月他12岁的时候庄严地写道，“我热爱基督，并且我打算毕生为他服务。爱德华·托·卢特”。在西方世界的另一边，有千万个威利和爱德华，主要是用有污迹的铅笔在他们的本子上写东西。由于没有更认真地持续记录而严厉自责，并发誓做得更好。“可怜的周记，写完上一篇到现在已经很久了。”爱德华·卢特在1879

年 1 月如是写道。这是够真实的，他的上一篇日记是 7 个月前写的。但他并没有改进，在同年的 5 月他懊悔地写道：“可怜的周记，距最后一次写你很久了。”[1] 仿佛他正在向一个被他忽略的重要朋友道歉。 448

成人通常用这样的话批评自己懒惰。但许多日记作者是勤勉的，忠诚于他们沉默的朋友。一般而言，女性更可能将这个习惯持续下来。虽然作为妻子和母亲，她们忙到筋疲力尽，但是她们仍会用安静的片刻，将刚过去的一天写下来。男性虽说也持续写日记，但更频繁地是写简短的日记，记录他们的感受，甚至是内心的感受，以便将来细读。

这些个人记录为很多人做了很多贡献。有些人将之用做医药。哈里奥特 · 亨特（Harriot K. Hunt），美国的第一名女医生，最虔诚的自传者，记得至少有一位病人，她给开的处方是内省的写作练习。那位年轻的病人冷漠、孤立、以自我为中心，还很抑郁，也不理会她母亲的道德说教——去过那种大众的时兴生活。“别吃任何药了，”哈里奥特 · 亨特告诉她，“着手写日记吧，搬回以前的房间，听取妈妈的教导。”结果简直是个奇迹。除此之外，这种形式的自我揭露还意味着：一个亲切的超我，一个记忆的保存者，正式传记的原材料，那些麻烦的宗教、伦理和性的问题落脚的私密场地，并帮助排演理想化角色的确认。尽管有时遵循一定的范式或带有受到忸怩戕害的自我意识，日记仍然是最好的诉说对象。莱昂纳多在他的日记里用第二人称称呼自己，像西格蒙德 · 弗洛伊德一样，表现得就像某人习惯于每天向别人坦白。亨利 · 詹姆斯也是如此。不断敦促自己与另一个自我交

〔1〕March 19, 1874, Edward Tallmadge Root diary, Root Family Papers, Y-MA; April 8, 1874, Willie Scott Root diary, Root Family Papers; [April] 12, 13 (1877), January 2, May 10, 1879, Edward Root diary.

谈："Causons, causons, mon bon。"它是一种严格的体裁，需要理性地、真诚地进行。弗里达·冯·克罗诺夫（Frieda von Kronoff）在1902年的《女儿相册》（*Töchteralbum*）中告诫她的年轻女读者，日记，不应是琐事的罗列，不应是花花公子和礼物的清单，不应是自大的和模糊的青春期幻想的储藏室，而是"一个呈现真实，要求真实的朋友"[1]。在19世纪和别的时代，当出现极端激动人心的愿望或十分可怕的恐惧时，
449 人们甚至不敢向自己承认这些，只有通过迂回的梦境或语误，他们才意识到这些。有别的机密事情只能告诉唯一的至交——亲爱的姐姐，可信赖的校友、配偶。日记和周记能同时代表几个这样的知己。他们谨慎、耐心，总是接受，绝不挑毛病。

当秘密的自传者不十分信任他们沉默的朋友——或他们自己时，他们会用他们自己的语言承认自己的性罪行，日记作者佩皮斯和格莱斯通都会用外语词组来记录他们绝不容许自己讲或想的小过失。但是，任何求助于另外一种语言留存下来的这类储备物可能泄密。但比起最亲密的朋友们，作者通常更喜爱日记。亨利·弗里德里希·阿米尔，他那鸿篇巨制的、敏锐的、清楚的、自我折磨的《私密日记》（*Journal intime*），我在这几页中频繁引用，在1864年他称他的日记"我的谈话、我的团体、我的伙伴、我的知己"，它是"我的慰藉、我的记忆、我的重担的搬运者、我的自我、我的存储内心经历的水库、我的心路历程、我的保护——远离恐惧的霉菌，是我活下来的理由。它几乎是我能抛开的东西中唯一有用的东西。"阿米尔于1881年

〔1〕Hunt: *Glances and Glimpses; or Fifty Years Social, Including Twenty Years Professional Life* (1856), p.401; Leonardo: Sigmund Freud, "Eine kindheitserinnerungdes Leonardo da Vinci" (1910), *St.A.*, X, S.128n; "Leonardo da Vinci and a Memory of His Childhood," *S.E.*, XI, p.102n; James: Edmund Wilson, "The Ambiguity of Henry James," *The Triple Thinkers* (1938; ed.1952), p.123; Kronoff: Siegfried Bernfeld, *Trieb und Trandition im Jugendalter* (1931), S.129.

去世。两年后，经过严格的缩编和深思熟虑的删除，关于他的自我慰藉、自我历程的纯洁本出版了，首先在法国，然后由小说家亨弗利·沃尔德夫人（Humphry Ward）译成英语，在英国出版。这种盛大的成功，或许会使阿米尔震惊。他不过是为自己而写，创造一个他可以告知一切的聆听者。1876年，在他去世的前几年，他终止了他享受的、不正规的自传，他再次澄清了日记在他生命中的位置："我的周记占据着知己的位置——即像朋友和妻子。"[1]至少，对阿米尔来说，我们知道的确如此。

用日记作者的风格，阿米尔经常像称呼一个说话的伙伴一样称呼他的周记。"我已经好久没和你来往了，我可怜的周记。"他在1839年写道。第二年，又一次几乎用与小爱德华·卢特相同的范式："可怜的周记！上一次写你到现在已经有好长一段时间了。"并且他迅即责备了自己："我总是这样，健忘、粗心大意。"这一类的道歉极其 450
常见。"我已经忽视了我的朋友——日记两个多月了"，奥托·冯·莱歇纳（Otto von Leixner）还是个学生时，在1867年6月写道。他还注意到，对他的朋友坦白他在跳舞时有多悲惨时，他感到极其解脱。"真想不到，在和我的日记分享了我的感受后，现在我至少感觉有点放松了。"[2]看起来他好像并没有与别人分享。

在这种分担孤单的气氛中，日记成为喜爱的对象，有时彻底成为感官迷恋对象。著名的俄罗斯日记作者玛丽亚·巴什克采夫（Marie Bashkirtseff），很有天赋、有野心，也很固执，由于肺结核英年早

〔1〕September 20, 1864, *The Private Journal of Henri Frédéric Amiel*, tr. Van Wyck Brooks and Charles Van Wyck Brooks, introd. Bernard Bouvier (1935), xlv; July 26, 1876, *Amiel's Journal: The Journal Intime of Henri Frédéric Amiel*, tr. Mrs. Humphry Ward (1887), p.213.

〔2〕Amiel: October 14, 1839, October 18, 1840, Henri Frédéric Amiel, *Journal intime*, ed. Bernard Gagnebin and Philippe M. Monnier, so far (1976-　), I, p.137, 154; 4 vols; Leixner: June 10, 1867, January 3, 1868 box2, Leixner Nachlass, Stabi, Berlin.

逝。她活在周记中，也为周记而活。“我的日记，”她感叹道，“它是我的半个生命。”当意识到自己不会活很久了时，日记也是她给子孙后代的遗赠。她有点扭捏地写道：“我的日记并不有趣，这个念头折磨着我。”瑞士小说家维多利亚·本尼迪克森会极为痛苦地翻开她珍贵的“大书”来尽情表达她对自由和爱情的渴望。她称它为“亲爱的老书”。思想不如这些人猛烈的人们仍用真实的情感来对待日记，并在日记里写满了通常是保留给现实生活中的人物的情感。“那么小书再见吧”，梅贝尔·托德总结了她 1885 年的欧洲日记，“你曾是我的帮手和快乐，也是沉默但有同情心的朋友”。奈特利夫人在 1856 年 4 月 25 日几乎用相同的话语在她晚年的自传中回忆了她的 14 岁生日，“我开始写日记了——此后它就成为我忠诚的伙伴”。[1] 这是非常传统的修辞。它揭示了在这些沉默但有同情心的朋友身上的一种积极的情感投资，在它们身上，一个人可以寄托那些被抑制的情感和未实现的愿望。

在早熟的卡伦·霍尔尼（Karen Horney）始于 1899 年的周记中，这种天真但有意义的拟人论找到了有趣的表达。她开始写：我为什么写日记？这很容易解释。她那时 13 岁。“那是因为我对任何新事物都很热衷并且我有坚持写下去的意愿。那样晚年时，我能更好地记起我年轻时的日子。”正如期待的那样，自负的年轻人鲁莽爱恋的日子和急躁失望的日子，都带有一种可信赖的亲昵感被记录了下来。“写给你，我的日记，”她写道，“告诉你吧，我送给舒尔茨先生六瓶酒。”

---

〔1〕Bashkirtseff: Dormer Creston [pseud.], *Fountains of Youth: The Life of Marie Bashkirtseff* (1937), pp.90, 168; Benedictsson: Lucien Maury, *L'Amour et la mort d'Ernst Ahlgren* (1945), p.72; Mabel Todd: September 27, 1885, Journal Ⅳ, box 46, MLT; Knightley: *The Journals of Lady Knightley of Fawsley*, 1856-1884, ed. Julia Cartwright (Mrs. Ady) (1915), p.3.

他是一个受学生爱戴的老师，生病了。然而，才一个月后，她有点伤感地打发了她的伙伴："再见我的日记，我的后备厢里没有你的地儿了"。但她的不忠诚，如霍尔尼后来的日记所示，完全是暂时的。1901年，在她15岁时，她称写日记为"玩游戏"或"养猫"，就像她迷恋一个校友一样。她也像许多人那样，当忽略了她的猫时会悔恨不已。"我总是手握着钢笔，向你尽情表达我的心灵，我亲爱的日记，但我从来不能找回平静和找到充裕的时间。"[1]工作和记日记通常是竞赛中的对手。 451

对历史学家来说，很幸运的是，在19世纪，工作鲜有达到垄断经济市场的程度来完全破坏记日记的习惯。毕竟，这个习惯是中产阶级思维方式的症候。虽然它有秩序地为自由、个性提供了空间，有秩序地自我批评，但是也涌出希望和自尊。因此，它是大布尔乔亚妥协的典型，在感情接纳的需求和储备的需求之间，有时是可怜的，但总是可信的。它展示了布尔乔亚们鲜为人知的天赋——不但有记录生活经历的天赋，而且有记录性激情的天赋。日记起源于孤寂，它经常因婚姻而被放弃。正如阿米尔所说，它能成为朋友或妻子的代替物。但是伟大的日记作者并不把日记、周记当作性行为的替代物或情人的敌手，而把它们看作忠诚的伙伴。威廉·埃瓦特·格莱斯通终生写日记，在繁忙的家务和任何英国政客都知道的最活跃的职业中坚持写日常记录。莱斯特·沃尔德的法语日记，在结婚后继续存在，吐露了他最私密的性行为。梅贝尔·卢美斯·托德在婚前和婚后，经常回到她那热情的和信息丰富的日记中，并在日记中作忠实的记录。许多日记作者——事实上认为婚姻刺激了更加雄辩的自我揭露，而不是停止揭

---

〔1〕 June 7, 16, July 7, 1899; April 3, 1901, *The Adolescent Diaries of Karen Horney*, (1980), pp.3, 6, 8, 36.

露的诱因。在中产阶级隐私的感受上，日记的确切地位事实上是因人而异的。但是，这些记录共同致力于确定19世纪揭露与保留的灵活界限。中产阶级的保留物有些支持那个猜疑——怀疑19世纪中产
452 阶级达成了一个保持缄默的密约。但如日记所示，他们并没有什么阴谋，也并不缄默。唯有谨慎，尤其是对于关系重大的事情。

最重要的是围绕爱情的争议点——性、爱、身体、健康——这些对所有的非权威人士来说都是严格受限的内容。体面的布尔乔亚都是审慎的天之骄子，倾向于将非权威人士定义为除了爱侣和事实上的子孙后代之外的每个人。用多种语言写成的信件，幸运地留存下来，郑重地要求它们被“私密和机密地”保存，有时要求毁掉。“不要朗读，烧掉它。”[1]感觉到真正得体有一个很宽的范畴，但规则是有些话题太琐屑，有些事情太神圣，而不能谈论。也许甚至在家里，有些话题也只能被合适的人适度和明确地知道。皮波蒂夫人（Mrs. Peabody）写信给她十分想念的女儿——索菲亚·皮波蒂（Sophia Peabody），在她刚成为那撒尼尔·霍桑的妻子之后。“亲爱的索菲，我能用满满的心事将书页填满，写许多话题。但我愈发确信，这个世界并不是可以毫无保留地尽情表达灵魂的地方。”有些私事，几乎完全神圣地具有禁忌中全部暧昧的、模糊的力量。当收到他未婚妻的情信，霍桑告诉她，他的反应是将它放进口袋。“因为，我总觉得你的信太神圣了，不能在大庭广众下读。并且，（你或许会笑）我不先洗手，就不读这些信。”他承认，他彻底清洗的仪节会令她高兴。这无意间暗示了霍桑时代的情色生活是多么令人不解。它是难对付的，也是私密的：“奇怪的是，诸如我们情感的鲜花应在风雪中盛开——没有诗人，没有小

〔1〕参见 John James Ruskin to George Gray, February 16, 1854, Lutyens, *Millais and the Ruskins*, p.134。

说家的伴奏，据我所知，也从来没写进爱情故事。像我们的故事这样的任何东西从未被写过——将来也不会写。”不久后，霍桑告诉索菲亚·皮波蒂，“因为我们从来不想使我们的秘密公开，假如被公开，我想或许诸如天使都会愿意听。”[1]

这是19世纪中产阶级的情人们采取的典型态度。他们并不否认——相反他们珍惜——强有力的情感，但这些不是外人的事。艾米莉·狄金森，隐居者和旁观者，简述了这种社交方式——或许，更好 453
地简述了无可匹敌的避免社交的方式：

说所有的实话但说得含蓄，
成功就在于兜圈子。

源于中产阶级对于得体的定义的冲突，由于陈腐却通常很剧烈的界限之争——关于适合于男人、女人的标准而加剧。女性由于温和的性别一定比男性保留得更多，这一点异议很小。但具体女性比男性保留得多多少，并不是很清楚。1870年春天，年轻的社会科学家，后来是一个有前途的牧师——威廉·格拉汉姆·萨姆纳（William Graham Sumner），开始追求詹妮·艾略特（Jeannie Elliott），并很快坦白他想见她。他在5月5日写信给她，“在写给我长信之前至少写点东西给我，我的要求很谦恭，但我很饥渴”。他谦恭地坚持和她保持通讯、保持联络的权利。但在这时候，边境线上的小规模冲突几乎不可避免。萨姆纳在5月12日写给詹妮，“你那个在吉尔福德（Guilford）的母亲，真是保守。她说‘你可能得到我的关心，到了某个点了’。

---

〔1〕[Ca.July 15, 1842], James R. Mellow, *Nathaniel Hawthorne in His Time* (1980), p.203; July 15, 1839; January 3, 1840, Hawthorne Papers, Henry E. Huntington Library and Art Gallery, San Marino, Calif。

什么点？我没让她解释”。〔1〕但他告诉他的詹妮，他会反抗阻止见到她的一切限制。

这种阻碍，是更可畏的，用她的得体来阻碍他完成愿望。萨姆纳，达到业余心理学家的程度，想要詹妮·艾略特依她个人意志发展成一个独立的个体，敞开心扉，依自己的步伐放手去爱。一年多来，实际上直到结婚当天，他坚决地强迫她拆除自我保留的墙。她十分坦率地告诉他那并不容易。“我并不是易流露感情的人，也绝不会是。”但她希望成为“在某种程度上甚至很落后的——通情达理的、真正的女人”。他承认可以理解，“我知道所有的这些新感觉一定使你非常惊恐”，他在1870年5月中旬写信给她，“正如我们认为的，你并不热情奔放。昨天通过你的信件，我发现你已经意识到自己应该也需要热情奔放一点”。然后他试图减轻她关于焦虑的焦虑。“从没有一个女人爱一个男人而没有跨越那种恐惧”——唯恐爱得不够热烈。但萨姆纳急切地撕开了他自控的假面具。詹妮告诉他，她不满意于不能“给”
454 他更多。他问她，“你的心醒了吗，詹妮？并且与你保留的东西搏斗，与我和你谈的那些‘得体’的持久习惯搏斗？”将“得体”放在引号里，说明他对她防御的习惯产生质疑，并乞求她看到“到了你的保留该崩塌的时候了，至少在一个人面前”——在他面前。他采取社会上能接受的宗教语言作为他性欲的遮蔽物来试图劝诱她达到性自由。他可能对她太苛求了，他有点邪恶地告诉她，却相反选择了满足于现状的形式，满足于目前她所给的相对不足的爱情证据。这些对他来说已足够：“我比世界上任何人都珍惜它们，有些是那样神圣，甚至我向你都不能提起。”同时她恳求他：“对我有点耐心。”他是在追寻着自己的方式。他观察到了，一段时间后，他承认已破译了她的某些令人

〔1〕Box 36, William Graham Sumner Papers, Y-MA.

费解的姿势：它“好像对我表达了这种真实的茫然，只有我说了非常温柔、非常深情的话后你才用它，我猜那表示的只是这种疑虑和恐惧”[1]。

萨姆纳的欲望只有持续增长。“我害怕自己贪得无厌”，他在 5 月 23 日写道：另一方面，男人比女人更容易性冲动，他预言——那是一个愿望，转化为催眠性的预言——“你最终会被摆平，你会放弃所有保留的骄傲。”到了 5 月 26 日，他痴迷地返回到他的主题，准备污蔑那些可敬的防御——这些防御被教给 19 世纪有教养的年轻女性。“当你的心怂恿着你的时刻来临，你不会坚持任何虚伪的骄傲、虚伪的保留或虚伪的得体。”很像他抗议的那样，他理解并体谅——他甚至告诉她，打探他的朋友后，发现他们都认定“在订婚期间，他们的女士只是这方面令人费神”——她的冷漠很明显地成为对他的考验。当他只是想说很想见她时，他告诉詹妮 · 艾略特：“我一直都很需要你。”更大胆、更露骨的渴望在这悲哀的宣言里回荡着。他将他的挫败归咎于神秘的女性性别的陈旧模式。他写道，“女人的心”，是“一个谜”。并且他无助地问，“难道它总是这样在希望与恐惧——和平与焦虑的两极中摇摆不定？”[2]他把她拥在怀里，但那看起来主要是安慰她，令她放心。其余的事必须等待。

尽管展现得很不完美，其余的事还是要发生。结婚后，詹妮 · 艾 455
略特使她处女般的冷淡持续下去并变本加厉，发展成为虚弱的神经方面的不适，然后求助于药物，或逃往健康的温泉。她的丈夫仍然很喜爱她，仍然保持着性的攻势，她也不去管他，却以生病和一次次的神经极度坚强为借口而熟练地保护自己。然而，对于那些受到这种困扰

[1] Jeannie Elliott to William Graham Sumner, May 5, 1870，21，box 25, Sumner Papers; Sumner to Elliott，[May 15?]，May 16，17，1870，box 36, Sumner Papers.

[2] Sumner to Elliott，May 23，26，June 10，8，1870，box 36, Sumner Papers.

的情侣来说，以及对于所有明显地性错配的悲剧性受害者来说，中产阶级培养了他们的这种感情。

他们总是做得如此笨拙。伤感毁损了大量出版的诗篇和说教的小册子，还有充满深情的通信。而共同地抵御伤感也是如此。它是令人发窘的缄默。这两种极端，尽管时常发生，让人习以为常，但也不是不受注意，不受指责。结婚前不久，纳撒尼尔·霍桑向索菲亚·皮波蒂描述了他的家中盛行的、被他意味深长地称作“关于感情的怪异保留”。他的描述毋庸置疑地表明他可以想象一种不太奇怪的保留，也就是，不太严重的保留。“我们总是能感觉到别人的感情；但似乎有一条缄默的法则，不想说起我们心里最关注的事。我不能当着他们的面滔滔不绝地讲出来——我不能将我的心放在手上，给他们看。在我心中有种感觉（尽管我知道是一种愚蠢的感觉），好像我这样做会很不雅，就好像要向他们展示我裸露的胸部。”这种保留在许多情况下，主宰着许多人。亚历山大·赫尔岑（Alexander Herzen）回忆说：“我的父亲，不喜欢任何形式的放纵，不喜欢任何形式的坦白；他称这些为冒失，正如他称每种感情为多愁善感。”[1]霍桑和赫尔岑证明了布尔乔亚世纪情感的生命力，尽管有些人情不自禁地压抑着它们。

社会批评家在捍卫这些感情时必然嘲笑清教徒和异教徒，他们会将性知识，如性兴奋当作短暂的口粮。1891年，《笨拙》周刊，一反先前那殷勤于合乎道德的姿态，展示了一个“年轻的新娘站了三个小时（开始她的新婚旅行）”，在一个车站的书摊边，用她戴手套的手指着一本书，并向她的丈夫喊着：“噢，亲爱的埃德温！这是《汤姆·琼斯》，爸爸告诉我说不结婚不能看这本书！这一天……终于到

---

〔1〕Hawthorne: February 27, 1842, Hawthorne Papers, Huntington Library; Herzen: *My Past and Thoughts: The Memoirs of Alexander Herzen* (tr. Constance Garnett, rev. Humphrey Higgens, abridged and ed. Dwight MacDonald, 1973), p.68.

了！给我买了这本书吧，亲爱的埃德温。”当然，这里有讽刺一个已婚女人让丈夫给买书，而不自己买。但这幅卡通画的关键更在于，拒 456
绝将优秀的典范赋予一个体面的年轻女人的荒谬性。甚至连威廉·埃瓦特·格莱斯通，数十年来英国宗教和政治统治的顶梁柱，也很肯定私隐的热情有些过火。格莱斯通读着由乔治·艾略特的丈夫克劳斯（J. W. Cross）刚刚出版的乔治·艾略特长长的传记，他抱怨说：“它并不是传记。它是一种缄默，写成三册。”[1]当格莱斯通抱怨过分的保留时，我们会确信它已超越了理性的自我防御的界限。

通常情况下，自传或日记中的描述过于委婉，有时甚至荒唐可笑，因此很难理解其内在的含义。我再一次以霍桑夫妇为例说明这一点。纳撒尼尔·霍桑和索菲亚·霍桑的婚姻可谓是两个志同道合的人意气相投的结合，两人在生理上和心理上都获得巨大的满足。索菲亚·皮波蒂当时还是一个受过良好教育、十分敏感的年轻女性，但是正承受着精神分裂综合征引起的心理和身体的巨大痛苦；在两人订婚以后，她的状况有明显好转；而在婚后，她的症状已经部分地消失了。自从订婚以后，也就是初步确定婚姻关系以后，她与未婚夫就明显地沉溺在性的自由幻想之中——当然还不包括性行为。他给她写的信激情澎湃，而她的回信也似乎同样热情洋溢。“哦！我的最爱，”他在信中写道，高雅地掩饰着他的性激情，用几句机敏的替换词，“我渴望着你；当我想到你时，我心潮澎湃……起伏着、膨胀着（我的心也是如此）……就好像当你的头或你的胸在它上面停歇时，你会感觉到它强烈的激情。然后你我两片心海的洪流汇合了。”索菲亚·皮波蒂并不反对这种行文风格，而且她的回信也同样不乏激情。她写给他说，她做了一个噩梦，梦见他在一封信里称她为“我亲爱的妹妹”；

〔1〕E. F. Benson, *As We Were* (1930), p.111.

这个梦使他感到焦虑，但这梦更令她焦急。中产阶级求爱的游戏规则使他感受了挫折，但这种挫折也激发了他的性幻想。他毫不迟疑地这样告诉她：“亲爱的……到我的胸膛来吧——它从没有如此地渴望着你。上床之后，我会抱着我的双臂，试着想象你贴近了我的心。我淘气的妻子，你难道还有权利到别的地方吗？在这寂静的夜里，我会在你耳边轻声倾诉……甜言蜜语——无数圣洁的吻将印在你的唇上。”当然，这些吻是神圣的，但无论如何还是吻；霍桑把他未婚妻称作索菲亚·霍桑，使他的愿望转为想象的现实。在别处，在订婚期间，他
457 说到他们有一次拥抱是“夫妻关系”的拥抱。他曾经告诉她说：“我有一种最本性和世俗的欲望。”他说的是晚餐，但他脑海里想的却是更令人振奋的食物。此后，他再也掩饰不住他对完美性生活的渴望了。“我们至今还有一些话没有说出来，而那件事至少是可以用笔墨来表达的。”对于那件事，“即便是口头话语也远不充分了。对视、唇与唇的相印、手与手的相握、胸部的抚摸——这些表达相对要好一些，但逐渐地我们的心灵需要一些比这些更加适当的表达”。[1]这里清楚无疑地表明了，在他或她的脑海里，都心照不宣地明白指的是那件事了。

事实上，婚姻为双方长久渴望的爱提供了最为合适的表达方式。他们睡眠时的恩爱缠绵——“今天早上5点钟离开索菲亚的臂弯”，他在日记中写道。在经过他警觉的遗孀整理的日记中，还保留了这一条目。索菲亚·霍桑在性满足方面并不落后于她丈夫。[2]她在婚姻前期经常在丈夫日记中批注，她曾写道：“唯有内心的思想，才使身

〔1〕May 26, April 30, September 23, October 3, 1839; January 20, 1842, Hawthorne Papers, Huntington Library.

〔2〕August 24 [1842], *The American Notebooks, Centenary Edition of the Works of Nathaniel Hawthorne*, 16 vols. so far (1962-　), VIII, p.344.

体要么沉溺于世俗，要么如天使般圣洁。”引用《圣经》的语言，她进一步阐释道：“‘你不正是现世上帝的圣堂吗？’使徒说。啊，是的——我想，有些人就是邪恶灵魂的魔窟，而正是这个魔窟才使得那种奇迹般的行为变得臭名昭著。在我们结婚之前，我对性的潜能一无所知。真正结婚之后才知道，它是以心为目的的奇妙工具。”她很严厉地指责那些因为“只图一时之快或未经深思熟虑”而结婚的人；当然，“那些世俗的人绝不能品尝到理想乐土的快乐，因为那是一种精神上的快乐，他们是难以体验的。”[1]那奇迹般的行为、以心为目的的奇妙工具、理想乐土的快乐——凡此种种，其真谛只有婚姻才能揭示，即合法而深情的性生活。

但是，1864年霍桑去世不久，出版商请求他的遗孀整理其日记以备出版，她审查了她丈夫和自己的日记，毫不犹豫地涂掉了一些语句，也同样毫不犹豫地拿起剪刀删除了很多段落。直白露骨的描述，甚至是关于他们孩子的直露描述，也因太不雅而未能逃过她警觉的目光。她已故丈夫的一些比较尖刻的表述，如“妓女”或“皮条客”等 458
措辞，或偶尔沉溺于烟酒等行为，都未能逃过她严厉的审查。当然，她同等严厉地，或许更严厉地对待自己的日记：她剪除了一段对性生活的赞美，仿佛那曾是可耻的失常行为。[2]但她的性爱享受明显是很持久的，而且对于这些描述相对地没有删节；如果说她的健康状况并非很稳定，至少她的头痛消失了。某些东西，可能是对过去的幸福回忆，在她的剪刀之下幸存下来，就这个方面而言，至少暗示了她的满足。

---

〔1〕Ca. April 11, 1843, M. A. p.580,Hawthorne Papers, Pierpont Morgan Library, New York.

〔2〕参见 Claude M. Simpson, “Historical Commentary,” *American Notebooks*, pp.682-690; Mellow, Hawthorne, p.584。

当然，这就是问题的关键所在——这个小插曲的关键，也是本书的关键。事实上，这也是我致力于描述19世纪中产阶级性与爱的几卷书的关键所在。那些被珍藏的、近乎奇迹般的体验，充满着温柔幸福的婚内性行为，其本身只是亲历者之间的事情。对于神秘的性体验，有一种观念认为，故作正经的布尔乔亚以一种羞耻综合征的态度对待床笫之事，但正是这种神秘性表明了布尔乔亚对爱和性愉悦的重视程度。现在，一切都再清楚不过了：布尔乔亚经验远比它被假定的表达方式更加丰富；它包括男女两性之间大量的感官体验，以及隐蔽环境下一定程度的直率。如果我们认为19世纪中产阶级并不了解，也没有去实践，或者并不享受他们没有讨论过的东西，那将是对布尔乔亚经验的重大误读。

很明显，布尔乔亚普遍分享了性爱愉悦的长久感情，但我们仍然有必要强调其重点。体面的、理性的中产阶级并没有把弗洛伊德所称的两股爱的潜流之间的结合当作一个空洞的宣教，或是遥不可及的理想。“哦！甜蜜的爱献给有价值的目的！”德国犹太教历史学家，海因里希·格雷茨（Heinrich Graetz）在他直率的青年日记中感叹道，“你的快乐是多么神圣啊！它使我们超越了低俗的激情。”[1]这种表述尽管有点冠冕堂皇，但是真切的感受，也不失为他的阶级和时代的典型代表。中产阶级的保守、谦逊、缄默和体面，当然更不用说过分的拘谨或虚伪——所有这一切，都给予中产阶级适当的时间和空间，以便使他们在面对纷至沓来、变幻不定的世界时，组织或重组他们的各种反应。

总之，这些机制实际上构成了防御性战术的全副盔甲，为布尔乔亚在应对躁动而不安的经验中，保留一个封闭的特权空间。这些机制

〔1〕[1834-35], Graetz, *Tagebuch und Briefe*, ed. Reuven Michael (1977), S.8.

既有其私人特性，也有其文化共性，从而将生动的感官体验遮蔽于人们的视线之外，犹如美人鱼的尾巴藏于水下（这是夏洛蒂·勃朗特对萨克雷作品的评价）。因此，正如我在前面所说的那样，“眼不见”并不意味着“心不念”。私人生活成为一个隐蔽的洞穴，人们在洞里包 459
扎好伤口、积蓄了力量，并在可控制的风险下演绎着他们的感情。

以上的反思就将布尔乔亚感官教育嵌入了一个更大的框架之中——即19世纪中产阶级文化中的个人地位问题。1893年，西格蒙德·弗洛伊德引用一个未提及名字的英国作家的观点时提出了一个论题：第一个为敌人命名而不是向他投枪的人，就是文明的奠基者。到维多利亚时代，尤其在中产阶级秩序中，自我控制和升华为符合社会准则的能力已高度发展。本书的首要主题包括性的阵痛、技术的压力、医生的焦虑、怀孕的风险、私密的情感，还有男人对女人的惧怕等，这些主题全部触及19世纪中产阶级在一个急剧动荡的时代里组织他们生活的方式。对于下层阶级反叛的恐惧幽灵，以1789年法国大革命为代表，并周期性地存在于横扫欧洲的后期动荡之中——这是中产阶级焦虑中，唯一最引人注目的，并得到最宽泛讨论的话题。资产阶级对那些不满的农民、工人的恐惧，在人们的意识中表现得很为明显。其他的焦虑则不太明显，至少部分是无意识的。但这些焦虑还是相当强有力的；在物质生活的进步和政治成就之中，中产阶级越来越担忧社会地位、道德规范、宗教传统、家庭冲突，一言以蔽之，即文化变迁。它们致使中产阶级实施新的防御策略，或发展旧有的防御——这些将是我在下一卷中探讨的主题。资产阶级赋予爱情研究以新的紧迫感，并在小说中从被允许和被禁止的爱情的双重维度上预演了他们的情爱观；他们设计出了诸多策略，赋予性爱以可敬的价值，并发现了非正统性爱方式的威胁。从此以后，他们开始为他们的神经紧张而发愁；在他们看来，这是一种典型的现代疾病，而这种疾病对他们而言，则是无可幸免的。

进而言之，我们可以将这个布尔乔亚世纪，作为对弗洛伊德文化学说的一个最严格的测试标准。众所周知，弗洛伊德的一个观点认为：无论是社会制度还是心理机制，它们既控制着人类的感情，也同时满足了人类的需求。缺少了这些制度，人们将不可能生存下去；但人们也不能与这些制度完全单纯地平和并存。正因为如此，他们为自己强加的限制既是不可或缺的，又是不受欢迎的。在最理想的状况下，施加这些限制不会阻挠，而是会促进个人的满足感。但是，最理想的情形很少出现，即使对那些上层中产阶级而言，也是如此。

一方面，中产阶级文化面临着前所未有的机遇，另一方面中产
460 阶级文化的缺陷也被人们敏感地觉察出来了，而人们对这些缺陷的爱憎也莫衷一是。并非所有的性爱防御试验都是成功的；弗洛伊德作为中产阶级文化的代言人，认为在中产阶级文化中，对性行为的压抑已经远远超出了理性的范围。但这种矛盾冲突实际上也在人们的意料之中。毕竟，这个时代要求在很大程度上做出从未尝试过的反应，以确立或重新调整自由与义务之间的相对关系，重新调节人们最基本的冲动，而这些冲动往往是相互矛盾的。但我们仍然有充分的理由怀有乐观主义的态度——尽管在开始我们可能感到心酸失望，但终究还是喜出望外地实现了目标；我们有理由期待：文明的爱神将驯服野蛮的力量，或正如乔治 · 艾略特说的那样，“情欲的力量将被精神的激情所控制”——爱情将最终战胜情欲。

附　录

关于梅贝尔·托德日记中的性象征符号的说明

461

在日记中，梅贝尔·托德对于她的性活动留下了诸多符号，这些象征性的符号含义丰富，但很难辨认和理解。在日记中，她用“x”表示她的月经期（最初只标出起始日期）；后来用圆圈中加一个点表示（她的“经期”）开始日期，并用“st.”代表结束（“stop”）。她用“#”符号标明进行性交的时间，并在此后用一个数字标出这一年中的次数；一般是需要记录下来的场合，例如需要谨慎小心的时候，或者是特别富有激情的时候，或者是这对夫妻需要根据月经周期实行体外射精而中断性交的时候。很多时候，她会在标明时间的数字后用一些省略的符号，要么是解释或自我说明（例如，用“f.m.”代表“for me”），有些则更难理解和断定。笔者认为，“f.m.”代表她的性高潮（“orgasm”），或者是在更多的情况下，她只用字母“o”代替。例如，1881 年 4 月 28 日，她写道，“和大卫一起度过最幸福的夜晚——我自己的。# 15（o），”5 月 1 日的日记上还说，“早晨 8 点 30 分。从凌晨 5 点开始，我度过了此生最幸福的时光”，这一天日记的最后用符号标记：“# 16（o）”（Diary 1881, box 39, MLT）。笔者根据整个日记中条目变化的连续节奏规律以及单个的日记条目，得出了上述结论。我在文中提到了同一个晚上连续两个标记（参阅上文，第 112 页）；在此还有另外一个例证，1882 年 9 月 22 日，大卫与他妻子在华盛顿团聚的时候：“我非常愉快…… # 40 f.m., 41 f.m.” (Diary 1882, box 39, MLT.)。

但是，她日记中的象征符号不乏迷惑难解之处。例如，1882 年 6
462 月 30 日，大卫·托德写信给他的妻子，要她“标出我昨天晚上做的一些事情，对此你在你的小书中已经得知”；因此在她 6 月 29 日的日记中，我们可以找到相关的记载，不过明显是后来才添加上去的：“# 25 / a”（Diary 1882）。此外，还有一些符号（# #）后面跟着一些数字，出现在她丈夫外出时写的日记中。另外一个符号“Sem.”后面也跟着一个数字，在日记中出现了好几处，第一次出现在 1879 年 3 月 5 日他们结婚的前夕。对此，我们可以谨慎地解释为大卫·托德期待着他们的“初夜之爱”，并暗示梅贝尔·卢美斯在结婚之前，“从技术上说”可能还是一个处女。“Sem. 1”第一次出现在她的日记里是在 1879 年 1 月 14 日，而且是由她的未婚夫代笔的。到 3 月 7 日，即他们举行婚礼两天以后，这个符号再次出现在她的日记中，仍然由大卫代笔，日记中记载：“一个可爱的、宁静的婚后的下午。Sem. 8。”同年 5 月 15 日，这一天他们确认梅贝尔怀上了他们的女儿，并出现了符号“Sem. 28”。此后，在 1879 年 8 月间，大卫·托德正在欧洲进行天文考察，梅贝尔·卢美斯·托德的日记中多次出现这个符号，例如 8 月 4 日她也给丈夫写了一封信，日记上出现了“Sem. 45（A）”；还有一次，即一周之后的 8 月 11 日，“Sem. 46（a）.”（Diary 1879, box 39, MLT.）。

我对后一个符号的解读是：这两夫妻在使用“Sem.”这个符号时，出现了前后不一致的情况。在结婚之前，这个符号代表了导致高潮的亲密行为；在 3 月和以后的日记中，它代表性交；再后来，在他们分开的期间，这个符号记录的是手淫的次数，因此“a”或者“A”应该是代表“独自一人”（“alone”）。如果这是正确的，那么大卫·托德在 1882 年 6 月 30 日的信就是要求记录下**他的**手淫。他提出这种要求，知道可能会让他的妻子感到难过，但仍然坚持这样记下来，暗示着在他看来，他的性行为无疑是深刻的个人行为。但是，一般说来（尽管不是一致认同）——无论是医生还是“有知识的”普通人，男人的性高潮就是“支出”了宝贵的精液，如果“过度”的话，就会导致严重的身体和心理后果。

463

文 献 综 述

从两种意义上来说，这篇综述都是不充分的：它是不完整的——我所查阅的书目远比这里列举的要多；它也是颇有争议的——它记录了我长久以来的学术渊源，以及针对我最坚定的反对意见。我简要记录了这些主要的争论，此外还收集了一些支持我的观点的材料，而这些材料可能在脚注中出现过。

总导言

概 论

显而易见，我学术渊源主要受惠于西格蒙德·弗洛伊德。詹姆斯·斯特雷奇（James Strachey）与其他几位弗洛伊德著作的译者完成了一件伟大的工程，但他们的工作也并非毫无瑕疵；弗洛伊德可谓是一位出类拔萃的文体学家，但译者的行文风格却略显拘谨，他们甚至还创造出了“cathexis”（入神）、“anaclitic”（情感依附）等生僻拗口、令人反感的术语。因此，我也提出了自己的译文，但英语的标准版本已然如此，我就同时也进行了引用。德文版的《研究版》（*Studienausgabe*, ed. Alexander Mitscherlich, Angela Richards, and

James Strachey, 11 vols., 1969-1975，以下简称 *St. A.*），是一个不完整的版本，同时很遗憾的是，它是按照主题编辑的，而且其基础就是《标准版西格蒙德·弗洛伊德心理学著作全集》（*The Standard Edition of the Complete Psychological Writings of Sigmund Freud*，ed. James Strachey et al., 24 vols., 1953-1975，以下简称 *S.E.*）。我引用的弗洛伊德单独的著作和富有启发的书信集也将出现在本书中各处。其他的精神分析论文亦是如此。

弗洛伊德致弗里斯的具有划时代意义的通信皆收录于《精神分析的起源：致威尔玛·弗莱斯的通信》（*Aus den Anfängen der Psychoanalyse: Briefe an Wilhelm Fliess, Abhandlungen und Notizen aus Jahren 1887-1902*, ed. Ernst Kris et al., 1950；tr. Eric Mosbacher and James Strachey, *The Origins of Psycho-Analysis: Letters to Wilhelm Fliess, Drafts and Notes: 1887-1902*, 1954）。两个版本对通信的若干章节，甚至是整个信件都有所删节；一个忠实于原文的批评性版本正在出版之中。关于早期精神分析的论述，请参阅彼得·盖伊的“西格蒙德·弗洛伊德：一个德国人及其不满”（Peter Gay, “Sigmund Freud: A German and His Discontents”, in *Freud, Jews and Other Germans:* 464
Masters and Victims in Modernist Culture, 1978），特别是第 36—37 页，第 72—75 页；马克斯·舒尔：《弗洛伊德：生命与死亡》（Max Schur, *Freud: Living and Dying*，1972），第三章和第四章；厄内斯特·琼斯：《西格蒙德·弗洛伊德的生平和著作》（Ernest Jones, *The Life and Work of Sigmund Freud*, Vol. I, *The Formative Years and the Great Discoveries*，1953），第十三章与第十四章。该书虽然观点有所偏颇，且行文不畅，但内容充实、材料丰富，仍然不失为标准的传记。弗兰克·萨洛维的《弗洛伊德：生理学家的精神，而非心理分析传奇》（Frank J. Sulloway, *Freud: Biologist of the Mind Beyond the*

Psychoanalytic Legend，1979），尽管该书颇具争议，且有令人恼火的信马由缰之嫌，但对弗洛伊德与弗里斯之间的关系的现行观点提出了某些修正性的见解，特别是第五章与第六章。作为精神分析学家，伯特拉姆·列文（Bertram Lewin）指出，弗洛伊德在他致弗里斯的通信中使用了拉丁文，在信中他告诉弗里斯，他在无意识中再次见到了"母亲的裸体"（*matrem nudam*），"因为使用了拉丁文，从而证实了弗洛伊德的坦率"，而"医生与医学专业学生的行话"则显示其"私密性与同行之间的亲密性"。这种观点很巧妙，但缺乏说服力；拉丁文的使用可能会为写信人与收信人带来会心一笑，但根据我的判断，这恰恰说明了外语文字具有的疏远功能，毫无疑问，这是弗洛伊德使用拉丁文的主要原因。参阅卢文的"火车之旅：弗洛伊德的一个修辞研究"（ Lewin,"The Train Ride: A Study of One of Freud's Figures of Speech", 1970, in *Selected Writings of Bertram D. Lewin*, ed. Jacob A. Arlow, 1973, p.377, pp. 371-372）。

弗洛伊德进入与社会学领域最为相关的冒险是他一篇鲜为人知的论文"科学兴趣的精神分析观"（"Das Interesse an der Psychoanalyse", 1913 [not in *St. A.*], *G. W*, ed. Anna Freud et al., Ⅷ, 1940-1968, S.389-420；"The Claims of Psycho-Analysis to Scientific Interest," *S. E.*, XIII, pp.165-190）。他否定关于个人心理与社会心理之间实质差异的观点收录于"集体心理学与自我的分析"（*Massenpsychologie und Ich-Analyse*, 1921, *St. A.*, Ⅸ，S. 62-134；*Group Psychology and the Analysis of the Ego*, *S. E.*, XVⅢ，pp.67-163），特别是第69页。参阅海因兹·哈特曼的"精神分析与社会学"（Heinz Hartmann, "Psychoanalysis and Sociology"，1944) 以及"精神分析概念在社会科学中的应用"（"The Application of Psychoanalytic Concepts to Social Science"，1950），两篇论文均收录于《自我心理学论文集：精神分

析理论问题选集》(*Essays on Ego Psychology: Selected Problems in Psychoanalytic Theory*, 1964, pp.19-34，90-98)。在鲁恩希曼的“社会学的地位”(W. G. Runciman, “Sociology in Its Place”, in *Sociology in Its Place and Other Essays*, 1970, pp.1-44)这篇颇具说服力的论文中，该作者主张社会学在本质上是依附于心理学的。

在此，我无意对心理史做详尽的探讨。在一本题为《作为精神分析学家的历史学家》(*The Historian as Psychologist*, 1983)的小册子中，我对历史学家运用精神分析做了固执的、甚至是具有挑衅性的辩护，我期望在即将出版的一部书中详述我的见解，该书题目拟定为《弗洛伊德之于历史学家》(*Freud for Historians*)。对心理史的尖刻而愤怒的回应也在所难免。心理史对诸多方面都构成了挑战——包括对还原主义的耳熟能详的抨击、对常识的反叛，以及科学的程序、证据的规则和对英语语言的挑战，当然预先列举其大体上的错误也并非毫无根据。如果心理学家仅仅在牵强附会的证据或局促的阐释基础上，做出种种自我陶醉的臆断，这些并不能提高他们的研究能力或改善他们的声誉。与此同时，那些愤怒的历史学家旨在扼杀心理史的企图当然纯属防御之举，但这与其说是对他们睿智见解的馈赠，还不如说是因为那些以精神分析为导向的历史学家在他们的盔甲上所留下了冲击的凹痕。虽然有效的心理分析史文献在目前可能还很少，但正在日益增加。[1]

---

〔1〕 如果只单独列举少数几种著作加以分析，可能显得颇为不公，但在这里我仍想要举出几种著作，因为按照我的判断，这些著作成功地将精神分析和历史方法融合在一起。多兹的《希腊人与非理性》(E. R. Dodds, *The Greeks and the Irrational*, 1951)，这是一位经典学者所写的一部经典著作，第一次出版时就受到同行研究者的热烈欢迎；亚历山大·乔治夫妇的《伍德罗·威尔逊与上校之家：性格研究》(Alexander L. George and Juliette L. George, *Woodrow Wilson and Colonel House: A Personality Study*, 1956)，这是一个谦逊而令人信服的心理学分析，在伍德罗·威尔逊研究的众多挑战中颇有建树；（转下页）

465 艾里克·艾里克森的《青年路德：心理分析与历史》（Eric H. Erikson, *Young Man Luther: A Study in Psychoanalysis and History*, 1958）是一部颇具开拓性的著作，但也存在严重缺陷。在该书中，艾里克森确立了一个总体而宏大的理论框架，将心理分析的案例延伸到对历史事件的分析之中，并将这个伟人的一生看作他的心理与他所处时代的一次际遇。然而，无论是艾里克森还是他的继承者，都没有充分地实现他们自己的构想。请参阅罗杰·约翰逊编《心理史与宗教："青年路德"的个案研究》（Roger A. Johnson, ed., *Psychohistory and Religion: The Case of "Young Man Luther"*, 1977），此书附有罗兰·贝顿（Roland H. Bainton）措辞严厉的评论。在心理分析史研究中，一个主要的信条就是抛弃化约主义的研究方法，艾萨克·科拉姆尼克在《埃德蒙·伯克的愤怒：一个模棱两可的保守者的肖像》（Isaac Kramnick, *The Rage of Edmund Burke: Portrait of an Ambivalent Conservative*, 1977）前言中写道："在此，作者将研究伯克的生平及性格与社会思想之间的关系。"布鲁斯·马兹利什（Bruce Mazlish）在他关于穆勒父子的一本书中写道："约翰·斯图亚特·穆勒不是病人，而心理史学也无意把他当作病人来看待。"（Bruce Mazlish, *James and John Stuart Mill: Farther and Son in the Nineteenth Century*, 1975, p.8）。其出发点本来是值得称赞的，但在实际写作过程中被忽略了。在威廉·朗格（William L. Langer）的著名论文中，他向历史学家极力推荐精神分析方法，该文也作为1957年12月29日美

（接上页）约翰·德摩斯的《小共同体：普利茅斯殖民地的家庭生活》（John Demos, *A Little Commonwealth: Family Life in Plymouth*, 1970），该书简洁、平易而严谨，德摩斯的另一本著作《撒旦的娱乐：新英格兰早期的巫术与文化》（*Entertaining Satan: Witchcraft and the Culture of Early New England*, 1982），是一本很好的综合性分析论著；梅纳德·所罗门的《贝多芬》（Maynard Solomon, *Beethoven*, 1977），是一部挖掘得很深刻的著作，非常精彩，而且恰如其分地展示了贝多芬的音乐天才。当然，还有其他很多精彩的著作。

国历史协会主席的致辞，最初发表于《美国历史评论》（*American History Review*，LXIII[1968 年 1 月号]，pp. 283-304），随后又顺理成章地收集在他的论文集《危机中的探索：国际历史研究论文集》（*Explorations in Crisis: Papers on International History*, ed., Carl E. and Elizabeth Schorske, 1969, pp.408-432）。

在众多对心理史学的抨击中，有一些尤为激烈，其中包括雅克·巴尔尊的《克莱奥与医生》（Jacques Barzun, *Clio and the Doctors: Psycho-History, Quanto-History & History*, 1974），以及戴维·斯坦纳德的《缩小的历史：论弗洛伊德与心理史的失败》（David E. Stannard, *Shrinking History: On Freu & the Failure of Psychohistory*, 1980），后者不失为一部优秀的著作，但由于观点过于偏激和愤慨，而且在证据和文献选择上倾向性太强，这使得其价值大打折扣。在《心理史评论》（*The Psychohistory Review*，IX 2［1980 年冬季号］, pp.136-161），刊出了系列论文，最后是斯坦纳德（David E. Stannard）的长篇回复，对这种愤慨的情绪做了很好的总结，但在我看来，这种总结远不是令人满意的。尽管心理史学有其问题所在——同样，精神分析存在问题——但斯坦纳德的评论并没有针对性地找到实质的问题，更别说解决其中的问题了。作为对这种抨击的辩护，最好的作品包括彼得·利汶伯格简洁的综述"心理史"（Peter Loewenberg, "Psychohistory," in Michael Kammen, ed., *The Past Before Us: Contemporary Historical Writing in The United States*, 1980, pp.408-432），以及索尔·弗里德兰德的《历史与精神分析》（Saul Friedländer, *History and Psychoanalysis*, 1975; tr. Susan Suleiman, 1978）。尽管该书观点谦和，但很令人信服。斯图亚特·休斯的"历史与精神分析：动机的解释"（H. Stuart Hughes, "History and Psychoanalysis: The Explanation of Motives," in *History as Art and as Science*, 1964, pp.42-67），该文

非常值得一读；休斯建议年轻一辈的历史学家应该接受精神分析的专门训练，或在心理分析机构工作，但这个建议在历史学界并没有引起太多实际上的反响。从学术角度说，这个建议与要求历史学家谙熟
466 其研究领域的观点如出一辙，正如萨缪尔·艾略特·莫里森（Samuel Eliot Morison），素来仰慕哥伦布的远航，但为了研究哥伦布的航程，亲自体验了他伟大远航之路。对于休斯的阻碍主要是来自财力方面的。

在我们今天看来，对19世纪中产阶级性的研究本身就处于一种令人疑惑的悖论情势之中。我们获得了更多的新时代的言论表达自由，我们可以无拘无束地自由使用禁忌语（four-letter words）、对性活动进行直率的描述，甚至包括对性变态的生动形象的描绘，但是在严肃的历史研究著作中，这种自由却只是使得我们仍然在延续着那种表达上的陈词滥调，而这种表达实际上是爱德华七世时期叛逆的人们及其后继者对于“维多利亚时期”父母的标志性描述。现在大部分被认为是表现了19世纪现实的书籍，在表面上看来是关于假正经和虚伪的，而实质内容却是禁忌而淫乱的：这两者似乎永远是分离的。在这些露骨的描述之中，正派体面的女性仍然是性冷淡的；而她们无趣而沮丧的丈夫则只能在家庭之外寻求发泄的出口了。在这些书中，有些书的标题就是充分说明了这一点：罗纳德·沃尔特斯（Ronald G. Walters）尽管在书的引言（第1—18页）中还是做出了一些合理的评论，但编辑成册后却仍然是一部传统保守的文集，标题也成了“谨慎者的首选读物：对维多利亚式美国人的性建议”（*Primers for Prudery: Sexual Advice to Victorian America*, 1974）。罗纳德·佩萨尔的《花蕊中的蠕虫：维多利亚时代的性世界》（Ronald Pearsall, *The Worm in the Bud: The World of Victorian Sexuality*, 1969），这是该作者最初出版的一本大部头的全景式著作，此后作者又出版了《公共

的纯洁与私人的羞辱：维多利亚时代的性虚伪揭秘》（*Public Purity, Private Shame: Victorian Sexual Hypocrisy Exposed*, 1976），在这本书中，作者认为（在这一点上是公正的），“我们对维多利亚时期人们性的虚伪态度做了太多的抨击，但这种批评是很不理智的，对我们合理地回顾历史是有害无益的……”（第7页）。接下来，该书就煞有介事地分析起了维多利亚时代的“虚伪”，以及该时代在整体上“沉默中的阴谋”（第8—9页），而此后几章的标题包括：“节制的时尚”（“The Cult of Abstinence”）和“对虚伪的探究”（“A Grounding in the Hypocrisy”）。斯蒂芬·柯恩的《解剖与命运：人类身体的文化史》（Stephen Kern, *Anatomy and Destiny: A Cultural History of the Human Body*, 1975）一书，虽然充斥大量有趣的细节描写，却仍然落入传统的窠臼中；因为此时他的观点仍然是“维多利亚时代占主导地位的公众道德开始将身体当作是对正统体面的威胁，而他们对于身体的态度则是一种否定、扭曲和畏惧的复合体”（第1页）。对一些人来说，这是真实的，对其他人则不尽然。弥尔顿·鲁格夫的《审慎与激情》（Milton Rugoff, *Prudery and Passion*, 1971），俨然摆出了一副开拓者的姿态，试图打破历史学家对于维多利亚时期性方面遮遮掩掩的缄默，把开篇最长一章命名为“审慎：对情爱的否定”（“Prudery: The Denial of Eros”），第三章也是最后一章则为“压抑的火焰”（“Hidden Fires”），旨在揭示“对于禁忌和忌讳方面的逃避以及或多或少隐秘的躲躲闪闪”（第7—8页）。邓肯·克罗的《维多利亚时代的妇女》（Ducan Crow, *The Victorian Women*, 1972），在题为“假正经的剖析”（“Anatomy of Prudery”）一章详尽的分析中，强调“无知的文明”(civilizing by ignoring，pp.22—26)；该作者再次煞有介事地讲起了那个老掉牙的低俗笑话：“最理想的情况是，女人可以通过单性生殖来生育孩子；若非如此，那么只能由丈夫爬到黑暗的卧室里，承担起男性受孕、繁衍子息的重任，而妻子则是在不省人事的昏迷中默默承受与此事的关联。”（第 25 页）在最近为数不多的背离这种无聊传统的书中，《沉默的姐妹：维多利亚时代家庭的中产阶级女性》（*Silent Sisterhood: Middle Class Women in the Victorian Home*, 1975）里，帕翠西 · 布兰卡（Patricia Branca）就讽刺性地戏谑了这一社会迷思（第 7 页）。弗雷泽 · 哈里森的《黑暗的天使：维多利亚时代性问题面面观》（Fraser Harrison, *The Dark Angel: Aspects of Victorian Sexuality*, 1977），尽管题目有些冠冕堂皇，但在内容方面还是取得了某种平衡。参阅埃里克 · 特拉基尔的《时髦与从良：维多利亚时代性态度的起源与发展》（Eric Trudgill, *Madonnas and Magdalens: The Origins and Development of Victorian Sexual Attitudes*, 1976）——当代作家对于 19 世纪的性问题书籍似乎更喜欢押头韵的标题。尽管充满睿智且有大量有用的资料，但仍不能抵制诱惑，在有些章节中
467 仍然要使用“英国女神：光鲜体面的尊严”（“The British Goddess: Sleek Respectability”）之类的标题。这些专著所传达的信息是可以信赖的，但是它们探讨的重点，以及一个很微妙的方面——语调通常是完全误导的：它们引起了人们对 19 世纪中产阶级的同情，且毫无半点轻蔑之意。玛丽 · 哈特曼的《维多利亚时代的女杀手》（Mary S. Hartman, *Victorian Murderesses*, 1977）是一部令人愉悦且增进知识的专著，对于女性的性问题提出了许多独立的见解。尽管对中产阶级充满敌意与蔑视，霍布斯鲍姆在《资本的年代》（E. J. Hobsbawm, *The Age of Capital*, 1975）中，还有好几页的篇幅都表达了他对于中产阶级爱情观的理解（第 232—237 页）。彼得 · 柯米诺斯的“晚期维多利亚时代性的可敬与社会系统”（Peter T. Cominos, “Late-Victorian Sexual Respectability and the Social System,” *International Review of Social History*, Ⅷ, 1, 2, 1963, pp.18-48, pp.216-250），该文尽管作为

早期的一部探索性作品而享有盛名，但在我看来有点名不副实。它过分强调中产阶级在性方面的斯文传统，并加入了过多的社会学价值判断——尽管该作者援引了弗洛姆（Erich Fromm）的论点，但这种偏见仍然没有得以纠正。霍夫顿的《维多利亚时代的心理架构》（Walter E. Houghton, *The Victorian Frame of Mind, 1830-1870*，1957）在一定意义上可谓一部经典之作；然而在关于爱的一章（以及关于性的部分，第341—393页）中，尽管它以全面而丰富的信息记录了维多利亚时期的假正经及保守等阴暗面，但未能阐明（这一点实际上同样重要）中产阶级在性方面开朗快活的一面。他过于依赖威廉·阿克顿医生的观点（第365—368页）——参阅下文第671页。对于传统的意义上和精神分析方法之间关系的对比研究在两篇短文中得到了充分的说明，这两篇论文分别由历史学家比尔斯（H. L. Beales）和精神分析学家爱德华·格拉夫（Edward Glover）所著，两人的文章都题为“维多利亚时代的性观念”（“Victorian Ideas of Sex”），载于《维多利亚人的观念与信仰：维多利亚时代的历史重估》（*Ideas and Beliefs of the Victorians: An Historic Revaluation of the Victorian Age*, 1966, pp.351-364）。杰弗雷·威克斯的《性、政治与社会：1800年后对性问题的规制》（Jeffrey Weeks, *Sex, Politics and Society: The Regulation of Sexuality since 1800*, 1981），虽然研究范围仅限于英国，但对最近的文献做了充分的回顾梳理，并做了丰富的评注说明。

从整体上对性历史的研究著作举不胜举，其中自然包括对19世纪性问题研究中的重要篇章。这些著作的价值尽管各不相同，但总体上来说，令人印象深刻的是它们讨论问题的范围，而不是它们对问题的深刻理解。韦恩·布罗夫的《社会与历史中性的变体》（Vern L. Bullough, *Sexual Variance in Society and History*, 1976），特别是第18—20章，非常有价值；维兰德·扬的《被否认的艾洛斯：西方社会的性》（Wayland Young, *Eros Denied: Sex in Western Society,* 1964），对性压抑提出了几乎是谩骂式的猛烈抨击，但内容充实，很有见地；阿历克斯·孔福特的《社会中的性》（Alex Comfort, *Sex in Society*, 1963），正如人们所期望的那样，对性问题做了很好的辩解，而且文笔轻快流畅，还添加了许多有用的历史旁白。吉恩·哈格斯特伦的《性与理智：从弥尔顿到莫扎特的理念与情色》（Jean H. Hagstrum, *Sex and Sensibility: Ideal and Erotic Love from Milton to Mozart*, 1980），是一部学究式的令人愉悦的著作，但已超出了它所标榜的主题范围；爱德华·勒孔特的《弥尔顿与性》（Edward LeComte, *Milton and Sex*, 1978）也同样如此。让-路易·弗兰德林的《性与西方社会：态度与行为的变化》（Jean-Louis Flandrin, *Le Sexe et l'occiden: évolution des attitudes et des comportements*, 1981），也是我受益良多的一本著作。拉瑟尔·戈尔德法布的《性压抑与维多利亚文学》（Russel M. Goldfarb, *Sexual Repression and Victorian Literature*, 1970），是将历史研究成果直接应用到文学史研究之中的典型代表，尽管书中到处充满了阿克顿医生和斯蒂芬·马尔克斯（Steven Marcus）的影响（参阅下文，第 671 页），但在总体上也许是无人可以超越的。许多顽固的世俗观念也可能阻挠我们的视界，就这个方面而言，即使是负责任的专业历史学家们也不能幸免：鲍林·迈尔（Pauline Maier）在臆测维多利亚女王的私人生活时，提出的一个观点认为，她曾经一定为"将来的性接触感到困扰，尽管这是一项令人反感的义务，但世代相传的观念教导妇女说，只有那些不正常的女人才有性渴望"。（*New York Times Book Review*, May 16, 1982, 10）这种观念似乎很难自行消亡。

就这些方面而言，最有影响的反对者当数斯蒂芬·马尔克斯，他
468 被广泛引用的著作《另一种维多利亚人：19 世纪中叶英国的性与色

情研究》（Steven Marcus, *The Other Victorians: A Study of Sexuality and Pornography in Mid-Nineteenth Century England*, 1966），书中的基本观点是：19 世纪妇女的性冷淡是令人肃然起敬的，但到 20 世纪已经堕落为一种淫秽的举动，而马尔克斯的批评也让这种鲜明的对比名噪一时。马尔克斯的观点主要依靠两个渠道：一个是一位不知名作者的《我的秘密生活》（*My Secret Life*）——该书事无巨细地记述了一个男人的性经历，尽管非常啰唆繁复，但还是颇为引人入胜；另一个则是威廉·阿克顿医生的《性器官的功能与失调》（*Functions and Disorders of the Reproductive Organs*，1857，并进行几次修订）。如果像马尔克斯假设的那样，《我的秘密生活》是一部严格意义上的自传，那么它完全不具有任何代表性：那个人一定是性功能令人难以置信的亢奋，而且患有严重的神经官能症。不过我更倾向于认为，如果说《我的秘密生活》只是建构在些许个人性爱经历基础上的一大堆性幻想，那么该书与其说是理解维多利亚时期英国性生活的线索，还不如说它仅仅是那个时代一个英国男人的性想象。阿克顿医生的观点认为，即使说妇女有一定的性欲望的话，在正常情况下这种欲望都是很有限的，而这个观点在《功能与失调》以及《妓院》中均做了陈述……（1857 年）；马尔克斯则认为这种观点“可以说代表了维多利亚时期对于性问题的官方立场。”（第 8 页）。但准确地说，事实恰好完全相反。尽管阿克顿作为一位令人愉悦的作家，在当时大受欢迎，但作为一位负责任的医生，他在表述自己的观点时却异常保守，甚至完全没有展现他自己的才能。然而，阿克顿极力维护的观点在当时却大行其道。大体上说，玛丽·鲁琴斯在当时可谓是一位学识渊博的女性，她在 19 世纪 50 年代时写道：“在现在这个时代，在性方面得到满足的妻子可谓是少之又少，不管她的丈夫是如何强壮；一般人普遍认为，生儿育女就已经充分地满足了妇女在生理和情感方面的需要。一个妇女的感受其实只不过是她生于其中的社会期望她应该有的感受。”（*The Ruskins and the Grays*, 1972, pp.216-217）。一些历史学家至今仍把阿克顿视为权威。布鲁斯·马兹利什曾写道：“威廉·阿克顿医生在他的《性器官的功能与失调》一书中，表述了维多利亚时代［关于妇女性冷淡］的观念。”而马兹利什也在《詹姆斯与约翰·斯图亚特·穆勒》一书（第454页）中引用马尔克斯的观点。但这种立场并非完全没有受到挑战。参阅巴里·史密斯的“1800年—1900年英国的性问题”（F. Barry Smith, “Sexuality in Britain, 1800-1900, Some Suggested Revisions,” in Martha Vicinus, ed., *The Windening Sphere: Changing Role of Victorian Women*，1977, pp.182-198；On Marcus, pp.184-187），这是一篇富有修正主义色彩的极为出色的论文，而且行文非常简洁。另请参阅卡尔·德格勒“理性与现实：19世纪女性的性问题”（Carl N. Degler, “What Ought to Be and What Was: Women's Sexuality in the Nineteenth Century,” *American Historical Review,* LXXIX, 5, December 1974, pp.1467-1490），这是一篇非常重要的文章，也使我受益匪浅。也请参阅帕翠西·布兰卡的《沉默的姐妹》（Patricia Branca, *Silent Sisterhood*）。我已经对马尔克斯的观点提出了批评，请参阅“维多利亚时代的性：旧文本与新观点”（“Victorian Sexuality: Old Texts and New Insights,” *American Scholar*, XLIX, 3, Summer 1980, pp.372-378）。因为有史密斯、布兰卡、德尔格和哈特曼等学者的观点与我一致，我并非完全是在孤军奋战。我还要再补充一位略显古怪的“盟友”：米歇尔·福柯。参阅米歇尔·福柯《性史》（Michel Foucult, *The History of Sexuality*, vol. I, *An Introduction*，1976; tr. Robert Hurley, 1978），在此，福柯仍然坚持了他关于“话语”（discourse）和“技术权力”（technology of power）的一贯主题，并提出了他所谓的“压抑的假设”（the

repressive hypothesis）问题。当然，他还遇到了另一个问题：在我的此卷书以及第二卷书中，就是反驳他那个假设的长篇评论。但是他的方法是趣闻逸事式的，缺乏系统性，而且几乎完全没有事实根据，他惯用的技巧（让我们联想到奥斯卡·王尔德式幽默的原则），就是彻底颠覆人们已经习以为常地接受的观念，也许从他的个人理由来说，他在某些部分被证明是完全正确的。（关于更多的肯定评论，请参阅 Hayden White, "The Archoeology of Sex," *Times Literary* 469
Supplement, May 6, 1977, p. 565.）

关于"经验的构建"问题，请参阅克利福德·格尔茨的"文化观念对人的观念的影响"和"作为文化体系的意识形态"（Clifford Geertz, "Impact of the Concept of Culture on the Concept of Man", 1966 and "Ideology as a Cultural System", 1964），这两篇论文均收录于《文化的解释》（*The Interpretation of Cultures: Selected Essays*, 1973, pp.33-54, 193-233）。詹姆斯·吉布森的《作为认知体系的感觉》（James J. Gibson, *The Senses Considered as Perceptual Systems*，1966）一书中，作为心理学家的詹姆斯·吉布森完美地证明了感官的效用问题。在精神分析学家中，自我心理学家（the ego psychologists）对我是大有裨益的（尽管对他们的称谓往往使人产生误解，但他们是"正统的"弗洛伊德派）。我特别注意到了以下论著：Heinz Hartmann, *Ego Psychology and the Problem of Adaptation*, 1937, tr. David Rapaport, 1958; "On Rational and Irrational Action," 1947; "Comments on the Psychounalytic Theory of lnstintual Drives," 1948; "Comments on the Psychoanalytic Theory of the Ego,"1950; "Notes on the Reality Principle," 1956，以上文章均收于《自我心理学论文集》（*Essays on Ego Psychology*, pp.37-68, 69-89, 113-141, 241-267 等）。同等重要的还有一本论著（虽然有些冗长散漫），就是《厄

恩斯特·克里斯选集》(*Selected Papers of Ernst Kris*, 1975),特别是其中的一篇文章“心理分析中童年记忆的恢复”(“The Recovery of Childhood Memories in Psychoanalysis,” 1956, pp.301-340)。我也深深地受益于汉斯·洛尔沃德(Hans W. Loewald)的一些富有启发性的论文,他的文章通过分析童年记忆的心理驱动力,进一步深化(也修正了)哈特曼的一些假设。洛尔沃德认为,这些驱动力在每一个人出生时,基本上是没有差异的,需要人们的经历来塑造和恢复这些童年的记忆。正如洛尔沃德证实的那样,在人类的成长过程之中,涉及摄入和溢出两个方面:婴儿在渐近的过程中将自己与世界分离开了,即从沉溺于一种虚幻的婴儿全能状态,逐渐地过渡到在自己与他人之间划出界线——因此,从某种意义上说,随着每一个人逐渐长大,他的世界在“逐渐缩小”。同时,儿童还会将在他的生活中扮演了重要角色的人物有意或无意地向他传递的经验教训融入自己的成长过程之中。参阅“Ego and Reality” (1951), “On Motivation and Instinct Theory,” (1971) “Instinct Theory, Object Relations, and Psychic Structure Formation,” (1978) 以上所有文章均收录于《精神分析分析论文集》(*Papers on Psychoanalysis*, 1980, pp.3-20, 102-137, 207-218)。这些文章中思想的成因(如它们的作者也乐于承认的那样),在弗洛伊德的晚期作品中都可以找到根源,尤其是《自我与本我》(*The Ego and the Id*, 1923)和《文明及其不满》(*Civilization and Its Discontents*, 1930)。(Hartmann,“The Development of the Ego Concept in Freud's Work,” [1956] in *Essays on Ego Psychology*, pp.268-296. Roy Schafer, *Aspects of Internalization*, 1968),该书简明流畅、内容丰富,对我的研究非常重要;同样重要的还有两本从技术层面进行研究的专著:艾迪斯·雅克布森的《自我与客观世界》(Edith Jacobson, *The Self and the Object World*, 1964),《心理冲突与现实》(*Psychotic Conflict and Reality*, 1967)。

第一章　定义的张力

在本卷及接下来的几卷中，我将主要致力于讨论中产阶级的各种典型表现及其声誉，因此我在这里只列出了书的题目作为文献的前言。由于文献实在太丰富（如专题著作、自传、论文），以致对于19世纪中产阶级没有一种总体上的处理方式可令人满意。“没有任何事情比中产阶级的定义更难了，因此在一开始就必须假定，这个概念的定义必然是模糊的。”（Theodore Zeldin, *France 1848-1945*, vol. 1, *Ambition, Love and Politics*, 1973, p.12）我完全同意这种观点。在回顾道弥尔时代的社会状况时，理查德·科布（Richard Cobb）写道：“法国中产阶级确实是极度的自私、虚伪、自我满足，而且在受 470
到惊吓时，又变得令人难以置信的残暴。”（“Flaying the Fat,” *Times Literary Supplement*, August 14, 1981, p.932）这种认知观点颇具代表性，不仅局限于法国中产阶级，而且被反复强调，从未受到过挑战。科布对“中产阶级”的描述还是颇有启发性的，充分地说明了要完全放弃这种概念是多么的困难，即使对于系统性地反对归纳的历史学家而言，也是如此。在评价米勒教授的著作《优雅的队伍：中产阶级文化与百货商店》（Michael B. Miller, *The Bon Marché: Bourgeois Culture and the Department Store, 1869-1920*, 1981）时，科布抱怨道：“在整本书中，每当作者涉及‘中产阶级’这个概念时，就好像它就是一个实体，天生具有直达目的的意识及许多的小伎俩。米勒教授眼中的‘中产阶级’就是一群繁忙的蜜蜂，终日忙碌。”（*New York Review of Books*, July 16, 1981, p.35）。我觉得有必要对此略作评论。

对中产阶级进行整体研究的著作中，维尔纳·桑巴特的旧著颇为有趣，但也略显古怪，主要是他那种典型的草率结论，几乎能作为一种有约束力，但也是有说服力的先例（*Obiter dicta*）（Werner Sombart, *Der Bourgeois: Zur Geistesgeschichte des modernen Wirtschaftsmenschen*, 1913; tr. M. Epstein as *The Quintessence of Capitalism*, 1951）。查尔斯·莫拉泽的名著《中产阶级的胜利》是一篇大胆的开拓性著作，但不够深刻（Charles Morazé, *The Triumph of the Middle Classes*, 1957; tr. 1966）。其次是柏格尔的“工业资产阶级与个工人阶级的兴起”（J.-F. Bergier，“The Industrial Bourgeoisie and the Rise of the Working Class, 1700-1914”, tr. Roger Greaves, in Carlo M. Cipolla, ed., *The Fontana Economic History of Europe*, vol. Ⅲ, *The Industrial Revolution*, 1973, pp.397-451），这是一篇重要的概要式论文，并且用了 20 页的篇幅讨论了中产阶级；伯格尔在引用桑巴特的上述著作时，称其为“经典研究”（classic study）（第 449 页），其实反而降低了人们对他文中观点的信心。

对于“布尔乔亚世纪”（bourgeois century）这个术语，参阅汉斯约契姆·赫宁（Hansjoachim Henning）的下引书（参见下文，第 682 页）。约翰·席德的“唯一神教、政治经济学与曼彻斯特自由主义文化的矛盾”（John Seed,“Unitarianism, Political Economy and Antinomies of Liberal Culture in Manchester, 1830-1950,” *Social History*, Ⅶ, I, January 1982, pp.1-25），该文聚焦于一个特定的小镇及特定的时间，但他对于中产阶级的评论还是让人耳目一新的。保罗·柯克然“中产阶级及其他的坏人”（Paul E. Corcoran,“The Bourgeois and Other Villains”, *Journal of the History of Ideas*, XXXVⅢ, 3, July-Septermber 1977, pp.477-485），此文篇幅不大，但是却充分地阐述了一些术语问题以及对中产阶级的一些否定评价。同时参阅科尔的“中产阶级的概念”（G. D. H. Cole，“The Conception of the Middle Class,” *British Journal of Sociology*, I, 1950, pp.275-290），该文试图对“中产阶级”

（middle classes）和“布尔乔亚”（bourgeoisie）两个概念做出区分，正如本书引用尼达姆的论述一样（见本书第一章）。对于概念上总体的混乱状况做出了较为中肯而均衡评价的论文，请参阅威廉·韦伯“中产阶级概念的泥沼”（William Weber, “The Muddle of the Middle Classes,” *Nineteenth-Century Music*, Ⅲ, 1979, pp.175-185）。在各种文献中，这种在概念使用上模棱两可、含混不清的状况随处可见。下面就是一个例子：哈特曼是一位丹麦历史学家，在他一本关于哥本哈根的书中，他描述了丹麦国王弗利德里克六世（Frederick Ⅵ, 1808-1839），“是一个专制的布尔乔亚统治者，爱他的臣民，还有华丽的制服，但他也是一个名副其实的纨绔子弟，身材矮小、令人反感”（转引自 *Mario Praz, Conversation Pieces: A Survey of the Informal Group Portrait in Europe and America*［1971］, 121n）。

对于阶级的理论探索，马克斯·韦伯最简明的概要收录于《马克斯·韦伯社会学论文选集》（*Max Weber: Essays in Sociology*, tr. and ed. H. H. Gerth and C. Wright Mills, 1948）。马克思比较成熟的观点主要在《资本论》第一章（1867 年）。安东尼·吉本斯（Athony Gibbons）的两部近作最有帮助：《资本主义和现代社会理论：马克思、 471
涂尔干和韦伯的著作分析》（*Capitalism and Modern Social Theory: An Analysis of the Writings of Marx, Durkheim and Weber*, 1971）和《发达社会的阶级结构》（*The Class Structure of Advanced Societies*, 1973）。还有莫里斯的《工业革命中的阶级和阶级意识，1780—1850》（R. J. Morris, *Class and Class Consciousness in the Industrial Revolution, 1780-1850*, 1979）。

对于中产阶级的研究，讨论单个国家的研究展开比总体研究更有价值。例如，对于法国的中产阶级，就有阿德林·道玛德关于巴黎的典范之作《1815—1848 年的巴黎中产阶级》（Adeline

Daumard, *La Bourgeoisie Parisienne de 1815 à 1848*, 1963），同时还有节选本《19世纪的巴黎中产阶级》（*Les Bourgeoise de Paris au XIX siècle*, 1970）。泽尔丁的史学著作《1848—1945年法国史》（Zeldin, *France,1848-1945*, 2 vols., 1973, 1977），尤其是第一卷，第1—8章，第11—13章，记载了很多史料。皮埃尔·索林的《法国社会》（Pierre Sorlin, *La Societe Francaise*,vol. Ⅰ, *1840-1914*, 1969），是一份非正式的调查，但也适当地关注了中产阶级阶层。在众多的专题研究中，奥德特·沃拉德的《19世纪的南希(1815—1871年)：城市中产阶级》（Odette Voillard, *Nancy au XIX siècle, 1815-1871: une Bourgeoisie Urbaine*, 1978），是一份关于政治与经济的概论。我们再看查尔斯·莫拉泽的专著《法国中产阶级》（Charles Moraze, *La France bourgeoisie, XVIIIe-XXe siècles*, 1946），以及瑞基恩·佩诺德的长篇历史概论《法国历史上的中产阶级》（Regine Pernold, *Historie de la bourgeoisie en France*, vol. Ⅱ, 1960, 1962），用第二章多半篇幅来概述19世纪的法国中产阶级，但他也断然而简单地将其描述为“专权”（第十章）。从最近的观点回顾过去，杰西·皮兹的论文提出了一些颇具建设性评论的“法国中产阶级的连续性与变化”（Jesse R. Pitts，“Continuity and Change in Bourgeois France,” in Stanley Holfmann et al., *In Search of France: The Economy Society, and the Political System in the Twentieth Century*, 1963, pp.235-304）。戈登·莱特的《现代法国》中有几页是经过字斟句酌的，弥足珍贵（Gordon Wright，*France in Modern Times, 1760 to the Present*, 3rd ed. 1981）。然而，伊曼纽尔·罗梅尼的著作《中产阶级王朝的责任》，凭借推断，它具有强烈的倾向性，且怀有敌意，但是对于我们了解19世纪法国的银行和大商业布尔乔亚的家庭却很有帮助（Emmanuel Beau de Loménie, *Les Responsabilités des dynasties bourgeoises*, 3 vols，1943-1954）。安德

雷-让·图德斯克的《法国名人录：社会心理学的历史研究》是一部权威的里程碑意义的著作。(André-Jean Tudesq, *Les Grands Notables en France. Ethude historique d'une psychologie sociale*, 1964.）赫明斯的《法国文化与社会》为我们巧妙地展示了前卫的文化与落伍的中产阶级间的碰撞。(F. W. J. Hemmings, *Culture and Society in France, 1848-1898: Discussions and Philistines*, 1971.）把“布尔乔亚”一词作为政治用语使用的是梅斯提尔德·菲舍的《法国革命以来作为政治概念的中产阶级》(Methtild Fischer, *Mittelklass als politischer Begriff in Frankreich seit der Revolution*, 1974)。虽然不是很受欢迎，但皮埃尔·吉拉尔的《法国资本主义黄金时期的日常生活》中确有很多有用的材料（Pierre Guiral，*La Vie quotidienne en France a l'age d'or du Capitalisme, 1852-1879*, 1976)。同样还有玛格丽特·佩洛特的《布尔乔亚家庭的生活方式》(Marguerite Perrot, *La Mode de vie des familles bourgeoisies*, 1961)。让·勒姆的《掌权的大布尔乔亚》(Jean Lhomme, *La Grande Bourgeoisie au pouvoir, 1830-1880*，1960)，在“布尔乔亚世纪”上颇具争议，但刨除这一点，它也是内容颇丰的。想要了解家庭发展史，请参阅：Pierre Barral，*Les Perier de l'Isère au XIXe siècle d'après leur correspondance familiale* (1964)。同样还有颇具影响力的让·毛瑞恩的《19世纪法国中产阶级：拿破仑三世的爵士与大臣》(Jean Maurain, *Un bourgeois français au XIXe siècle: Baroche, ministre de Napoleon III*, 1936)。许多作品都涉及法国简史，其内容都不可避免的涉及法国的中产阶级，其中最优秀的当属以下的选集：*Nouvelle Histoire de la France contemporaine*; Vols. 6 and 7; André Jardin and André-Jean Tudesq, *La France des notables, 1815-1848* (1973); vol. 8, Maurice Agulhon, *1848 ou l'apprentissage de la république 1848-1852* (1973); Vol. 9, Alain Plessis, *De la fête impériale* 472 *au mur des fédéres,1852-1871* (2nd eds., 1976); vol. 10, Jean-Marie Mayeur, *Les Débuts de la Ⅲe République,1871-1898* (1973)。

对于英国的中产阶级研究，哈罗德·珀金颇具争议的社会史著作《近代英国社会的发端》（Harold Perkin, *The Origins of Modern English Society, 1780-1880*, 1969），既增进知识又具有启示性。阿萨·布里格斯的贡献则在于他那渊博的知识、恰如其分的幽默感和精确的判断力，我尤其推荐他的《改良的时代》（Asa Briggs, *The Age of Improvement, 1783-1867*, 1959），特别是第4—6章，第8章和第9章。布里格斯的论文“19世纪初英国关于‘阶级’的语言”（“*The Language of 'Class' in Early Nineteenth-Century England*,” in Briggs John Saville, eds.，*Essays in Labour History*, 1967, pp.43-73），是一篇开山之作。在他其余的书中，《伯明翰城市史》第二卷，《市镇与城市，1865—1938》以及《维多利亚时期的城市》（*The History of Birmingham*, vol. 2, *Borough and City,1865-1938* [1952], and *Victorian Cities*,[1968]）关系尤为紧密。我也关注其他的比较优秀的著作，像杰弗雷·贝斯特的《维多利亚中期的英国》（Geoffrey Best, *Mid-Victorian Britain 1851-1975*, 1971），还有基森·克拉克的《扩张的社会：1830年—1900年》（G. Kitson Clark, *An Expanding Society: 1830-1900*, 1967）。切克兰德的《英格兰工业社会的兴起：1815—1885年》（S. G. Checkland, *The Rise of Industrial Society in England, 1815-1885*, 1964），就是一种观点新颖、内容丰富的复合体；这本书的每一部分都很有帮助，尤其是第四章和第八章。我从伯恩的《均衡的时代：维多利亚中期的一代人研究》收益良多（W. L. Burn，*The Age of Equipoise: A Study of the Mid-Victorian Generation*, 1964）。唐纳德·奥尔森的《维多利亚时代的成长》（Donald J. Olsen，*The Growth of Victorian Generation*, 1964），尽管显得有点高高在上，还是涉及了比较底层的中

产阶级。我还注意到，施瓦茨的“社会阶级与社会地理学：18世纪末伦敦的中产阶级”（L. D. Schwarz，“*Social Class and Social Geography: the Middle Classes in London at the End of the Eighteenth Century,*” *Social History, VII, 2, May* 1982, pp.165-185），该文包含了丰富而准确的统计数字。

在总体上英国近代史的研究中，涉及中产阶级的著作中，最优秀的当属R.K. 韦伯的《现代英国：从1760年至现在》(R. K. Webb, *Modern England from 1760 to the Present*, 2nd ed., 1980)；埃利·哈勒维的大师之作《19世纪英国人民史》（Elie Halevy, *History of the English People in the Nineteenth Century*），尤其是他优秀的《1815年史》（*History of 1815*, 1913; tr. E. I. Watkin and D. A. Barker, 1924），仍然具有很高的参考价值。比较次要的，但仍是不可缺少的一部名著是扬，《维多利亚的英国：一个时代的肖像》（G. M. Young，*Victorian England: Portrait of an Age*, 2nd ed., 1953）。

关于英国人不愿在英语中移植“bourgeoisie”这个词，请参阅乔治·沃逊的《英语意识形态：维多利亚政治的语言研究》（George Watson, *The English Ideology: Studies in the Language of Victorian Politics*, 1973），尤其是第十章。关于19世纪英国人的反对工业化倾向，同时与“布尔乔亚特性”密切相关，请参阅马丁维尔纳《英国文化与产业精神的衰落》（Martin J. Wiener，*English Culture and the Decline of the Industrial Spirit, 1850-1980*, 1981），尽管可能不是很令人信服，但很有意思。

关于德国的中产阶级社会与文化，还有待历史学家做出更深入的研究。尽管这样，我们还是能找到诸多专门研究。詹姆士·什翰恩的《19世纪德国自由主义》（James J. Sheehan，*German Liberalism in the Nineteenth Century*, 1978），它主要研究德国中产阶级的政治的重要性，以及德国人的市民观（*Bürgertum*）。同样的还有厄恩斯特·布拉姆施泰德的《德国贵族与中产阶级：德国文学中的社会形态》（Ernest K. Bramsted，*Aristocracy and the Middle Classes in Germany: Social Types in German Literature, 1830-1900*, rev, ed., 1964），尽管主要集中于文学视角，但仍然可与伊尔瑟铎勒·拉里什的《19世纪上半叶德国叙事文学的商业形象》（Ilsedore Rarisch, *Unternehmerbild in der deutschen Erzählliteratur der ersten Hälfte des 19. Jahrhunderts*, 1977）相互对照。沃尔夫拉姆·菲舍的文集《工业化时代的经济与社会》（Wolfram Fischer, *Wirtschaft und Gesellschaft im Zeitalter der Industrialisierung*, 1972），虽然主要是研究经济发展，但是在其他重要方面信息也很丰富。约翰·吉里斯的《危机中的普鲁士官僚政治》
473 （John R. Gillis，*The Prussian Bureaucracy in Crisis, 1849-1860*, 1971），其内容远远超出了其题目所表达的；奥托·辛特兹的杰作《公务员》（Otto Hintze, *Der Beamtenstand*, 1911, in *Gesammelte Abbandlungen*, vol. Ⅱ, *Soziologie und Geschichte*, 2nd enlarged ed., 1964, S.66-125），其地位无可取代。关于企业家，参阅弗里德里希·尊克尔论述比较全面的《莱茵-亚琛的企业家》（虽然还没完全摆脱桑巴特的反犹太的陈词滥调）（Friedirich Zunkel，*Der Rheinisch - Westfalische Unternehmer, 1834-1879*, 1962）。汉斯约契姆·赫宁《工业化时代德国西部的中产阶级》对于有教养的德国中产阶级做出了更全面的评价，对尊科尔的论述是一个补充（Hansjoachim Henning，*Das Westdeutsche Bürgertum in der Epoche der Hochindustrialisierung, 1860-1914. Soziales Verhalten und Soziale Strukturen*, vol. I, *Das Bildungsbürgertum in den Preussischen Westprovinzen*, 1972）。赫宁还写了一篇摘要：《德国社会历史发展》（*Sozialgeschichtliche Entwicklungen in Deutschland, 1815-1860*）（1977），尤其是当我们把他的选集《1815—1860年社会历史发展的起源》（*Quellen zur sozialgeschichtlichen Entwicklung*

in Deutschland von 1815 bis 1860, 1977）连在一起阅读的时候尤其有用。海恩里希·赫夫特的《19 世纪德国的政府组织：历史思想与组织机构》（Heinrich Heffter, *Die deutsche Selbstverwaltung im 19. Jahrhundert. Geschichte der Ideen und Institutionen*, 1950）非常有用。同样还有哈特穆特·克布勒的《柏林早期工业化过程中的企业家：出身、社会地位和政治影响力》（Hartmut Kaelble, *Berliner Unternehmer während der frühen Industrialisierung. Herkunft, sozialer Status und politischer Einfluss*, 1972）。路德维希·施洛特的《慕尼黑的毕德迈尔风格：创作时代的文档》（Ludwig Schrott，*Biedermeier in München: Dokumente einer schöpferischen Zeit*, 1963）对于皇城中的中产阶级的生活进行了详细的描述。对于德国中产阶级也有较全面的研究，参阅艾达·萨加拉的《1648 年至 1914 的德国社会史》（Eda Sagarra，*A Social History of Germany,1648-1914*，1977），特别是第 13—15 章，其中包括对于专业术语方面的讨论研究。路德维希·比顿的“19 世纪的中产阶级社会”（Ludwig Beutin，“*Das Bürgertum als Gesellschafts-stand im 19. Jahrhundert*,” in Hertmann Kellenbenz, ed., *Gesammelte Schriften, 1963*），是一篇名副其实的名作。

德国城市史还需要得到更多的关注，因为现在的研究远远不够。在这些最好的文章中最相关的，也属于本章所涉及的是戴维·克鲁《鲁尔河的市镇：1860—1914 年波鸿的社会史》（David F. Crew，*Town in the Ruhr: A Social History of Bochum,1860-1914*, 1979），还有沃尔夫冈·科尔曼的《19 世纪巴门城市社会史》（Wolfgang Köllmann，*Sozialgeschichte der Stadt Barmen im 19. Jahrhundert*, 1960）。一个颇有说服力的本土中产阶级研究是杰哈德·赫施曼的《1806 年至 1918 年巴伐利亚王国的纽伦堡贵族：一个社会历史调查》（Gerhard Hirschmann, *Das Nürnberger Patriziat im Königreich Bayern, 1806-*

1918. Eine sozial–geschichtliche Untersuchung, 1971）；还有尤尔根·柏兰德的《汉堡的古代和现代公民》（Jürgen Bolland，*Die hamburgische Bürgerschaft in alter und neuer Zeit*, 1959）；以及赫尔穆特·博梅的《法兰克福与汉堡》（Helmut Böhme，*Frankfurt und Hamburg. Des deutschen Reiches Silber- und Goldloch und die allerenglischste Stadt des Kontinents*, 1968）。同时请参阅马克·沃尔克的《德国的故乡城镇：共同体、国家与大地产：1648—1817年》（Mack Walker，*German Home Towns: Community, State, General Estate, 1648-1871*, 1971）。

在其他国家，几乎没有对中产阶级的总体研究。尽管如此，我还从其他的一些题目中有所收获，例如：约尔·默克尔的《1795年至1850年低地国家的工业化》（Joel Mokyr，*Industrialization in the Low Countries, 1795-1850*, 1976），这是一篇很负责任的研究；科斯曼的《低地国家：1780—1940年》（E. H. Kossmann，*The Low Countries, 1780-1940*, 1978），尽管对于现代的"总体历史"而言，这是一个颇为令人感到失望的研究；乔治·顿诺特的《比利时利奥波德二世治下的日常生活（1865—1909年）》（Georges-H. Dumont, *La Vie quotidienne en Belgique sous le règne de Léopold II[1865-1909]*, 1974），虽然有点拖泥带水，但也很有帮助。亨利·查理奥特有趣的旧作《现代比利时：底层的经验》（Henri Charriaut, *La Belgique modern. Terre d'expériences*, 1910）之中，讨论中产阶级的那一部分非常精彩。对于意大利的中产阶级研究，只有观点比较偏执的克罗齐的《意大利史：1871—1915年》（Benedetto Croce，*A History of Italy, 1871-1915*, tr. C. M. Ady, 1929）；同时参与邓尼斯·麦克·史密斯的《意大利现代史》（Denis Mack Smith，*Italy: A Modern History*, rev. ed., 1969），以及塞耶的《意大利与战争：政治与文化：1870—1915年》（J. A. Thayer，*Italy and the Great War: Politics and Culture, 1870-*

1915, 1964)。亚历山大·格申克龙“关于意大利工业增长率的问题”(Alexander Gerschenkron，“*Notes on the Rate of Industrial Growth in Italy, 1881-1913,*” *Journal of Economic History*, XV, 1955, pp.360-375)，如我们所期望的那样，很有启发意义。托马斯·欧文《俄国的资本主义与政治：1855—1905 年莫斯科商人的社会史研究》(Thomas C. Owen, *Capitalism and Politics in Russia: A Social History of the Moscow Merchants, 1855-1905*, 1981)，是一部信息量较大的专著。同时参阅麦克拉伦《苏格兰的社会阶层：过去与现在》(A. A. MacLaren, *Social Class in Scotland, Past and Present*, 1976)。 474

此外，关于对富人的研究，可以参阅一些精彩而简洁的研究：鲁宾斯坦《有财产的人：英国工业革命以来的巨富》(W. D. Rubinstein，*Men of Property: The Very Wealthy in Britain Since the Industrial Revolution*, 1981)。伯尼·史密斯的《闲暇阶层的贵妇人：19 世纪法国北部的中产阶级》(Bonnie G. Smith，*Ladies of the Leisure Class: The Bourgeoises of Northern France in the Nineteenth Century*, 1981)，虽然因作者酷爱“再生产的修辞”等时髦的社会学范畴而使著作大打折扣，但为人们了解北部贵妇们的教育和婚姻的方式方法提供了有用的素材。在此，图德斯克的著作尤其有价值(参阅上文，第 679 页)。莱昂诺·戴维多夫的《最优秀的圈子：社会、礼仪与季节》(Leonore Davidoff，*The Best Circles: Society, Etiquette and the Season*, 1973)，无论在内容上，还是在方法上都是非常优秀的著述。

我对于所谓“不断上升(ever-rising)的布尔乔亚”的观念是深感怀疑的，但无论如何，我的观点并不是独一无二的。参阅戴维·汤姆逊《自 1870 年以来法国的民主》(David Thomson，*Democracy in France since 1870*, 5th ed., 1969)。另外，对比来说，勒诺·欧博伊尔的“西欧的中产阶级：1815—1848 年”(Lenore O'Boyle，“The

Middle Class in Western Europe, 1815-1848," American *Historical Review, LXXI, 3*, April 1966, pp.826-845），部分原因是为了回应真正的修正主义者阿尔弗雷迪 · 柯班《法国革命的社会解释》（Alfred Cobban，*The Social Interpretation of the French Revolution*, 1964），并有得到了柯班机智的回应"法国的中产阶级"（"The 'Middle Class' in France, 1815-1948," *French Historical Studies, V, 1*, Spring 1967, pp. 41-52）。

对于更早一个世纪的单个国家的中产阶级，做出比较彻底的讨论，参阅赫克斯特的"关于都铎王朝时期英格兰中产阶级的神话"（J. H. Hexter，"The Myth of the Middle Class in Tudor England," *in Reappraisals in History*, 1961, pp.71-116）。关于 19 世纪"已经上升的"中产阶级的史前史研究就更广泛了。有各式各样的版本：艾萨克 · 克拉姆尼克的"儿童文学与中产阶级意识形态"（Isaac Kramnick，"Children' Literture and Bourgeois Ideology: Observations on Culture and Industrial Capitalism in the Later Eighteenth Century," in Perez Zagorin, ed., *Culture and Politics from Puritanism to the Enghttenment*, 1980, pp.203-240），它试图探讨中产阶级价值观的社会化问题。皮埃尔 · 古伯特的《古代体制：法国社会，1600—1750 年》（Pierre Goubert，*The Ancient Regime: French Society, 1600-1750*, 1969; tr. Steve Cox, 1973) 是优秀的且完全可靠的一篇概要（尤其是第 323—360 页）。科林 · 卢卡斯在"贵族、资产阶级和法国革命的起源 "（Colin Lucas，"Nobles, Bourgeois and the Origins of the French Revolution," *Past and Present*, 60, August 1973, pp.84-126）一文中，得出一个惊人的结论：即"革命造就了中产阶级，尽管革命不是由中产阶级发动的"（第 126 页）。对于 19 世纪有趣的评价来自安吉诺 · 巴赫杜的"领事馆目录下的法国资产阶级"（Agénor Bardoux，

“La Bourgeoisie française sous le Directoire et le Consulat”, *Revue des Deux Mondes*, LXXIV，1886, pp.307-336）。米歇尔与米莱依·拉凯夫合著的《普罗旺斯和朗格多克的中产阶级和商人》（Michel and Mireille and Mireille Lacave，*Bourgeois et marchands en Provence et en Languedoc*, 1977），对中产阶级做了几个世纪的有趣研究，一直延续到 18 世纪。伟大的人口统计学家路易斯·亨利的著作《日内瓦的家庭》（Louis Henry, *Les Familles genevoises*, 1956），是对中产阶级城市国家研究的先驱之作。

对于 17 世纪荷兰这一伟大的中产阶级文化，当然很令人着迷，但迄今为止还没有这方面的权威研究。但是下面这几种著作可以为我们提供更多的信息：勒尼尔《荷兰民族历史研究》（G. J. Renier，*The Dutch Nation: A Historical Study*, 1944）；查尔斯·博克瑟《荷兰海上帝国》（Charles R. Boxer，*The Dutch Seaborne Empire, 1600-1800*, 1965) 是一部尤为突出的著作；赫伊津哈的《17 世纪的荷兰文明》（J. H. Huizinga，*Dutch Civilisation in the Seventeenth Century and Other Essays*, tr. Arnold J. Pomerans, 1968），是一部经典之作。亦可参阅怀尔利特·巴伯的《17 世纪阿姆斯特丹的资本主义》（Violet Barbour, *Capitalism in Amsterdam in the Seventeenth Century*, 1950）。

以下相互关联的两个问题令人感到烦恼且困惑：中产阶级是否 475
在 19 世纪就掌握了政治权力，还是说传统的权威中心——比如说贵族，仍然部分地掌控着权力，对于这两个问题的争论迄今还非常激烈。较为明智的研究来自迈克尔·布罗克对 1832 年的英国的研究著作《伟大的改革法案》（Michael Brock, *The Great Reform Act*, 1973）；戴维·宾克尼在《1830 年的法国革命》中，虽然振振有词，但是得出了不能令人十分信服的结论：路易·菲利普的“资产阶级”王朝都是真正的波拿主义者（David H. Pinkney, *The French Revolution of*

1830, 1972）。约翰 · 梅里曼主编信息丰富的一个文集《19 世纪 30 年代的法国》，其中大部分文章都是讨论这一主题的（John Merriman, *1830 in France*, 1975）。关于幻想把中产阶级整合进入君主制政体的讨论，请参阅米克尔 · 邓尼斯的"王权自由主义者"（Michel Denis，"Le Monarchisme libéral," *Annales de Bretagne,* LXXVII, 1970, pp.391-415）。我注意到，有一种观点认为，中产阶级是在 1830 年以后开始掌权（尤其是对于法国），而且这一观点仍然占绝对主导地位。关于这一点，我们只需看一个例证，让 · 布雷在《巴比桑画派与 19 世纪法国的风景画》中指出："在 1830 年至 1870 年间，巴比桑画派的活动表明，中产阶级已经完全掌握了权力"（Jean Bouret，*The Barbizon School and 19th-Century French Landscape Painting*，tr. 1973）。但是，完全相反的观点，我们再看帕特丽斯与特勒维 · 希格内特的"阶级、腐败与 1846—1848 年的法国国民议会"（Patrice C.-R. Higonnet and Trevor B. Higonnet，"Class, Corruption, and Politics in the French Chamber of Deputies, 1846-1848," *French Historical Studies*, V, 2, 1967, pp.204-224），对于持续的贵族阶层的影响，提供了丰富的统计数字。戴维 · 卡纳丁的《贵族与地主：1774—1967 年的贵族与市镇》（David Cannadine，*Lords and Landlords: The Aristocracy and the Towns, 1774-1967*，1980），巧妙地记录了英国中产阶级及其家族如何干预城市政治和文化，这种影响迄今犹在。伯恩《均衡的时代》（参见上文，第 680 页），尤其是第 21 页、第 22 页、第 226 页、第 253 页、第 265—266 页、第 304—312 页，记录了 19 世纪中叶英国贵族的持续影响力。诚然，亚瑟 · 马维克在《大洪水：英国社会与第一次世界大战》中坚持认为，英国中产阶级直到一战后才开始掌权（Arthur Marwick，*The Deluge: British Society and the First World War*, 1965）。

反布尔乔亚的运动也具有悠久的历史。请参阅让·阿尔特《法国反布尔乔亚讽刺的起源：从中世纪到16世纪》（Jean V. Alter, *Les Origines de la satire anti-bourgeoise en France, moyen âge — XVI siècle*, 1966），还有前面提到的很多关于中产阶级的历史（参见上文，第675—676页）。对于福楼拜，有很多关于他的文学历史，在此只引用部分有说服力的文献就足够了，例如维克特·布隆伯特的《福楼拜其人》以及他深思熟虑的研究《福楼拜的小说：主题与技巧研究》（Victor Brombert, *Flaubert par lui-même*, 1971; *The Novels of Flaubert: A Study of Themes and Techniques*, 1966）。（在接下来的一卷中我将会详细讨论福楼拜。）对海涅的最好研究是杰弗雷·萨蒙斯的《海恩里希·海涅：缥缈的诗人》，以及关于他的精彩生平介绍《海恩里希·海涅的现代传记》（Jeffrey L. Sammons, *Heinrich Heine: The Elusive Poet*, 1969; *Henrich Heine: A Modern Biography*, 1979），我从这两本书中都受益匪浅。同时请参阅威廉·罗斯独具匠心的著作《海恩里希·海涅：思想与情感的双重研究》（William Rose, *Heinrich Heine: Two Studies of His Thought and Feeling*, 1956)。对先锋派的总体批评，参阅社会学家恺撒·格拉纳《波西米亚与布尔乔亚》（Cesar Graňa, *Bohemian vs. Bourgeois*, 1964），以及他的文集《事实与符号：艺术和文学的社会学论文集》（*Fact and Symbol: Essays in the Sociology of Art and Literature*, 1971）。杰拉丁·佩勒斯的杰作《艺术、艺术家和社会：现代困境的起源》（Gerealdine Pelles, *Art, Artists and Society: Origins of a Modern Dilemma*, 1963），主要讨论了从1750年到1850年的英国和法国画家。最有意思的总体研究是勒纳托·坡吉奥利的《先锋派理论》（Renato Poggioli, *The Theory of the Avant Garde*, tr. Gerald Fitzgerald, 1968），也是一部杰出的著作。对于“反对派”，有赫尔穆特·克鲁泽较权威的总体研究《波希米亚人：

他们的贡献》(*Die Boheme: Beiträge zu ihrer Beschreibung*, 1968)。对
476 于俄国，特别参阅尼古拉斯·利亚萨诺夫斯基《分道扬镳：1801 年至 1855 年俄国政府与受教育的大众》(Nicholas V. Riasanovsk, *A Parting of Ways: Government and the Educated Public in Russia, 1801-1855*, 1976)。它应当和马克·拉耶夫引人入胜的《俄国知识分子的起源：19 世纪贵族》联系起来阅读，它也运用了心理学概念进行细致的分析 (Marc Raeff, *Origins of the Russian Intelligentsia: The Eighteenth-Century Nobility*, 1966 年)。

关于中产阶级缺乏爱的能力，在本书的文献中大部分都是隐晦含蓄的，而在许多文献中则是清楚明确的。许多乌托邦主义者既很含蓄，也很明确地抨击中产阶级对待性爱的方式，参阅弗兰克·曼纽尔夫妇的《西方世界的乌托邦思想》(Frank E. Manuel and Fritzie P. Manuel，*Utopian Thought in the Western World*, 1979)。关于圣西门主义者，参阅弗兰克·曼纽尔《圣西门的新世界》(Frank Manuel，*The New World of Saint-Simon*, 1956)，而利福德的《1825—1865 年法国圣西门主义者的诗歌》(Carel Lodewijik de Liefde，*Le Saint-Simonisme dans la poésie française entre 1825 et 1865*, 1927)，其内容远远超出了它那窄小的题目。关于法国的乌托邦社会主义者埃蒂耶纳·卡贝 (Etienne Cabet) 和他的拥护者，现在我们有令人印象深刻的专著，即克里斯托弗·约翰逊的《法国的乌托邦共产主义：卡贝与伊加利亚主义者》(Christopher H. Johnson，*Utopian Communism in France: Cabet and the Icarians, 1839-1851*, 1974)。关于性幻想的问题，参阅路易斯·柯恩的《有序之爱：维多利亚乌托邦的性角色和性：摇摆主义者、摩门教徒和奥奈达社区》(Louis J. Kern，*An Ordered Love: Sex Roles and Sexuality in Victorian Utopias: The Shakers, the Mormons and the Oneida Community*, 1981)，还有虽然

在对待的态度上有所不同，但严格意义上来说属于同一类型——劳伦斯·弗斯特的《宗教与性：19世纪三个美国公社的实验》（Lawrence Foster，*Religion and Sexuality: Three American Communal Experiments of the Nineteenth Century*, 1981）。那些梦想组织性团体的人需要对其进行心理分析，但现今只有一部弗洛伊德式的专著，罗伯特·戴维·托马斯的《完美的人：约翰·亨弗雷·诺耶斯与乌托邦冲动》（Robert David Thomas，*The Man Who Would Be Perfect: John Humphrey Noyes and the Utopian Impulse*, 1977）。

我将在下一卷中详细探讨中产阶级方式——即曼彻斯特与慕尼黑之间的差异的文献。

第二章　变迁的缔造者与殉道者

关于变被动为主动这一心理学问题，参阅戴维·拉帕珀特两篇比较尖锐的文章“关于主动和被动的几个元心理学考量”和“关于自我独立性的理论”（David Rapaport, “Some Metapsychological Considerations Concerning Activity and Passivity,” 1953, and “The Theory of Ego Autonomy: A Generalization,” 1958, in Merton M. Gill, *The Collected Papers of David Rapaport*, ed., 1976, pp.530-568, 722-744）。关于这种转变的文化表现问题，我在《启蒙：一种解释》第二卷《自由的科学》的开篇一章之中做了比较详细的探讨（*The Enlightenment: An Interpretation*, vol. 2, *The Science of Freedom*, 1969）。

关于进步这一观念的理论，文献资源相当丰富：布里的旧作《进步的观念》（J. B. Bury, *The Idea of Progress*, 1920）仍有其可取之处；罗伯特·尼斯贝特的《进步观念的历史》增补了其中仅仅一小部分（Robert A. Nisbet，*History of the Idea of Progress*, 1980）。莫里斯·金斯伯格的文章“现代的进步观念”既简洁又客观（Morris Ginsberg, “Progress in the Modern Era,” in Philip W. Wiener, ed., *Dictionary of the History of Ideas: Studies in Selected Pivotal Ideas*, Vol. Ⅲ, pp.633-650）。巴罗的《演进与社会：维多利亚社会理论研究》（1966 年，平装；1970 年加入新的引言），以一种独特的视角讨论了“进步的思想”（J. W. Burrow，*Evolution and Society: A Study in Victorian Social Theory*）。关于圣西门，我又参阅了弗兰克·曼纽尔的《圣西门的新世界》（Frank Manuel, *New World of Saint-Simon*），并需要和他的《巴黎的预言家》（*The Prophets of Paris*, 1962）联系在一起阅读。

把社会的反常状态看作社会变迁的代价，参阅斯蒂芬·卢克斯的《埃米尔·涂尔干的生活与著作：一个历史和批评的研究》（Steven Lukes，*Emile Durkheim, His Life and Work: A Historical and Critical Study*, 1972），内容很全面；罗伯特·尼斯贝特的《涂尔干选集》（Robert A. Nisbet，*Emile Durkbeim, with Selected Essays*, 1965）是一部内容丰富多彩的著作；雷蒙德·阿伦在《社会学理论的主要思
477 潮》中用了很长的一章来讨论涂尔干，是一个重要的批判性评价（Raymond Aron, *Main Currents in Sociological Thought*, Vol. 2, 1967; tr. Richard Howard and Helen Weaver, 1967）。尽管西格蒙德·弗洛伊德强调延续性，但他对历史所强加的社会变迁有一种敏锐的感觉。我在本书中注意到了他关于俄狄浦斯情结与哈姆雷特之间对比的一些戏剧性的例子（*Oedipus Rex* and *in Hamlet in Traumdeutung, St. A.* Ⅱ, pp.265-270; *Interpretation of Dreams, S. E.*, Ⅳ, pp.261-266）。理查德·阿帕尔鲍姆在《社会变迁的理论》简洁地总结了多方观点（Richard P. Appelbaum，*Theories of Social Change*, 1970）；作为美国经济学学会主席，托马斯·考克然在《美国的社会变迁：20 世纪》中的内容已远远超出了经济史研究的范畴（Thomas Cochran, *Social*

Change in America: The Twentieth Century, 1972）。布鲁诺·比特尔海姆和莫里斯·雅诺维茨在他们引人入胜的著作《社会变迁与偏见》（融合了早期的《偏见的动力》的主要观点）（Bruno Bettelheim and Morris Janowitz, *Social Change and Prejudice; Dynamics of Prejudice, 1964*），在社会冲突的研究中运用了精神分析法的重要观点。他们对于事实的重视与我在这几卷中所发展的观点是一致的。

古老的观点认为创新将会带来灾难，对于这一观点的简要分析，参阅拙著《掌控的丧失：美国殖民时期的清教历史学家》（Peter Gay，*A Loss of Mastery: Puritan Historians in Colonial America*, 1966, pp.130-131）；还有巴内特的《创新：文化变迁的基础》（H. G. Barnett，*Innovation: The Basis of Cultural Change*, 1953），特别是第四部分。哈罗德·瑟尔斯“对变化的焦虑”是一篇观点鲜明的心理分析的著作，远远超出了其题目所揭示的主题（Harold Searles, “Anxiety Concerning Change, as Seen in the Psychotherapy of Schizophrenic Patients — With Particular Reference to the Sense of Personal Identity,” 1961, in *Collected Paperson Schizpohrenia and Related Subjects*, 1965, pp.443-464）。西格蒙德·弗洛伊德关于焦虑症最新的观点出现在《抑制、征兆与焦虑》（*Hemmung, Symptom und Angst*, 1926, *St. A.*, Ⅵ, pp.227-308；*Inhibitions, Symptoms and Anxiety, S. E.*, XX, pp.77-174）。为精神分析学进行辩护的经典总结之作出自安娜·弗洛伊德的《自我与防御机制》（Anna Freud，*The Ego and the Mechanisms of Defence*, 1936；tr. Cecil Baines,1937）。

虽然我不想过多地引用原文，以证明变化在 19 世纪人们的思想中占主导，但是对于这一点我还想举两个例子。维达·斯卡德在《现代英国诗人的精神生活》中（Vida D. Scudder, *The Life of the Spirit in the Modern English Poets*, 1895），尽管她对现代英国诗人充满了激情的赞美，但略嫌平庸，她写道：“一首伟大的诗歌总是伴随着我们这个世纪在思想和行为上的迅速变化。”1873 年，作为编辑、政治家和哲学家的奥伯伦 · 赫伯特（Auberon Herbert）告诉伦敦的《泰晤士报》说，科学家作为新时代的主要工程师，造成了“道德混乱”，并无情地毁坏了“古老的生活标准与规则”。尽管他们随处都可以听到“男人和女人困惑的怒吼”，但是他们对“人们如何以一种旧的方式面对已经形成的新世界的生活这个问题”显示出一种冷漠的姿态（*Times*, January 17, 1876, Richard D. French, *Antivivisection and Medical Science in Victorian England*, 1975, p.8）。

在促进社会变化的各种力量之中——工业化、城市化，还有其他力量，我在此只想提出关于城市的一个简单样本。艾德娜 · 弗瑞恩 · 韦伯所做一个旧的定量研究《19 世纪城市的成长》（Adna Ferrin Weber, *The Growth of Cities in the Nineteenth Century*, 1899），仍然具有其价值所在。迪约斯主编的《城市史研究》（H. J. Dyos, ed., *The Study of Urban History*,1968）是一部开拓之作，迄今仍然有用。同样还有斯蒂芬 · 特恩斯特洛姆和理查德 · 瑟内特主编的《19 世纪的城市：新城市史论文集》（Stephan Thernstrom and Richard Sennett, *Nineteenth-Century Cities: Essays in the New Urban History*, 1968）。我还引用了查尔斯 · 梯利的《城市的世界》（Charles Tilly, *An Urban World*, 1974)。约翰 · 梅里曼编辑的《19 世纪的法国城市》（John M. Merrimanm, ed., *French Cities in the Nineteenth Century*, 1982）做出了较大贡献，编辑在导读中将更新的城市史融入了语境之中，并附上了很好的参阅书目。在
478 一些专题研究中，比较引人注目的有：刘易斯 · 格林伯格的《自由的姐妹：里昂、巴黎以及对集权国家的反应》（Lewis Greenberg, *Sisters of Liberty: Lyon, Paris and the Reaction on a Centralized State, 1868-1871*, 1971）；戴维 · 平克尼的《拿破仑三世与巴黎的重建》（David H.

Pinkney，*Napoleon Ⅲ and the Rebuilding of Paris*, 1958）；迪约斯和沃尔夫合编的《维多利亚城市：意象与现实》（H. J. Dyos and Michael Wolff, *The Victorian City: Images and Realities*, 2 vols., 1973），其中有几篇文章特别值得一读；同时还有迪约斯的《维多利亚城市：堪布维尔成长研究》（H. J. Dyos，*Victorian Suburb: A Study of the Growth of Camberwell*, 1961）。亦参阅早期的著述，例如克鲁（参见上文，第 683 页）；科尔曼（参见上文，第 683 页）；奥尔森（参见上文，第 680 页）；布里格斯（参见上文，第 680 页），当然还有道玛德（参见上文，第 677 页）。

很明显由于历史原因，"新兴的"中产阶级受到了历史学家的广泛关注，而且不仅仅是来自马克思主义者。我们知道，马克思和恩格斯曾预言布尔乔亚阶级（*Mittelstand*）将会沦为无产阶级，从而使中产阶级更加简单化；而这一预言的失败成为一部分马克思主义者转变为修正主义的主要原因。参阅拙著《民主社会主义的困境：爱德华·伯恩斯坦对马克思的挑战》（Peter Gay, *The Dilemma of Democratic Socialism: Eduard Bernstein's Challenge to Marx*, 1952）。关于英国的状况，参阅格里高利·安德森《维多利亚时代的职员》（Gregory Anderson，*Victorian Clerks*, 1976），以及戴维·洛克伍德《穿黑大衣的工人：阶级意识研究》（David Lockwood, *The Black-Coated Worker: A Study in Class Consciousness*, 1958）。从不同视角看待这一问题，参阅罗伯特·格雷"维多利亚阶级结构中的劳工贵族"（Robert Q. Gray，"The Labour Aristocracy in the Victorian Class Structure," in Frank Parkin, ed., *The Social Analysis of Class Structure*, 1974, pp.19-38），还有杰弗雷·克罗西克的《维多利亚社会的艺术精英》（Geoffrey Crossick，*An Artisan Elite in Victorian Society: Kentish London 1840-1880*, 1978）。

海因里希·温克勒比较明智且详尽的专著《中产阶级、民主和纳粹主义：魏玛共和国的工艺和小贸易的政治发展》（Heinrich August Winkler, *Mittelstand, Demokratie und National- sozialismus: Die politische Entwicklung von Handwerk und Kleinhandel in der Weimarer Republik*, 1972），开头部分比较权威地阐释了“中产阶级”一词的演化。埃米尔·莱德勒和雅科布·马莎克的“新兴的中产阶级 ”（Emil Lederer and Jakob Marschak,“Der neue Mittelstand”）虽有些陈旧，但是仍很有用，同样还有L. D. 珀希尔的“中小企业”（L. D. Pesl,“Mittelstandsfragen,” both in G. Albrecht，*Grundriss der Sozialökonomik*, Vol. Ⅸ, part Ⅰ，*Die gesellschaftliche Schichtung im Kapitalismus*, 1926, S.120-141, 40-119）。

雨伞作为中产阶级的用具，在那个时代获得了很不幸的声誉（据说路易·菲利普国王随身携带，而道弥尔著作中的中产阶级也都带着雨伞），关于这一点，曾有人做过严肃的研究，当然也是很有趣味的；克劳福特《雨伞的历史》（T. S. Crawford, *A History of the Umbrella*, 1970）只是提供了一个梗概。

感官生活

布尔乔亚经验，Ⅰ：情色日记

这一章大部分的材料我都是摘自梅贝尔·卢美斯·托德和她的女儿米利森特·托德优秀、详尽的记录材料，以及相对不太详尽的材料，出自戴维·派克·托德，以及奥斯汀·狄金森（与梅贝尔·托德的材料有重合之处），还有卢美斯的家庭文献，均藏于耶鲁大学档案与手稿中心。

关于梅贝尔·托德，参阅米利森特·托德·宾汉姆的《梅贝尔·卢米斯·托德：她对于阿默斯特镇的贡献》（Millicent Todd Bingham, *Mabel Loomis Todd: Her Contributions to the Town of Amherst*, 1935），这是一个简明扼要的总结，但没有任何批评性，还有她的《祖先的衣锦：艾米丽·狄金森的文学处女秀》（*Ancestors' Brocades: The Literary Debut of Emily Dickinson*, 1945），其中有很珍 479
贵的资料。同样还有 R. W. 富兰克林的《重编艾米丽·狄金森》（R. W. Franklin, *The Editing of Emily Dickinson: A Reconsideration*, 1967）。

关于梅贝尔·托德，理查德·塞维尔在他的《艾米莉·狄金森传》（*The Life of Emily Dickinson*, 2 Vols., 1974）有好几章：第一章、第六章、第九章、第十章、第十二章，还有附录Ⅱ，都谈到了梅贝尔·托德。我在本书中引用的几段文章，在塞维尔关于艾米莉·狄金森的生活、工作和他的世界的博学而详尽，但是又很文雅的专著中都可以找到；但为他已经把所有情色的资料全部删除。即使当他出版有关情色的段落时（例如，第一章第 181 页），他引用了关于爱情的句子，而把一些主要的描写性爱的句子全部删除。无论如何，这一章对于梅贝尔·托德的解读都是我自己所做。

另外一些对我有帮助的文章包括，麦克格勒戈尔·詹金斯的《艾米莉·狄金森、朋友和邻居》（MacGregor Jenkins，*Emily Dickinson, Friend and Neighbor*, 1930），尤其是关于奥斯汀·狄金森的讨论；玛莎·狄金森·比安奇的《艾米汀·狄金森面对面》（Martha Dickinson Bianchi，*Emily Dickinson Face to Face*, 1932），重版时在附录中加入了对于奥斯汀·狄金森表示尊敬的讣告，其中大多数已超出了义务性的虔诚。关于梅贝尔·托德的父亲，米利森特·托德有一篇偏袒的、热情洋溢、内容丰富的著述《艾本·詹克斯·卢美斯》（*Eben Jenks Loomis, 11 November 1828 - 2 December 1912*）（1913 年私人出版）。

还有她的《艾米莉·狄金森的家庭》(*Emily Dickinson's Home. The Early Years, As Revealed in Family Correspondence and Reminiscences, with Documentation and Comment*, 1955; corr. ed. 1967)。

在19世纪的规劝文献中，关于老少配的婚姻(fathers and daughters marriage, November-May marriages)的资料非常丰富。加登纳医生的《婚姻之罪》(Dr. Gardner, *Conjugal Sins*)，我引用了其中的内容(参见上文，第138页)，主要依靠于亚历山大·梅耶医生(Dr. Alexadre Mayer)风行一时的作品，尤其是《婚姻关系：人口、健康和公共道德的三重视角》(*Des rapports conjugaux, considérés sous le triple point de vue de la population, de la santé et de la morale publique*, 1848; 4th corrected and enlarged ed., 1860)。关于一名"受害者"的经历，参阅《玛格丽特·桑格尔自传》(*Margaret Sanger: An Autobiography*, 1938)，以及戴维·肯尼迪的《美国的生育控制：玛格丽特·桑格尔的一生》(David M. Kennedy, *Birth Control in America: The Career of Margaret Sanger*, 1970)。亲密的父女关系是19世纪文学的主题之一；我只引用了伊丽莎白·盖斯凯尔的《南方与北方》(Elizabeth Gaskell, *North and South*, 1855)，其中有关于父女过于亲密接触的精彩描写，由于这个主题过于突显而几乎被忽略了。在心理分析文献中，最有意思的要数菲利斯·格林纳克的"理想的少妻：社会学分析"(Phyllis Greenacre, "Child Wife as Ideal: Sociological Considerations," 1947, in *Emotional Growth*, 2 vols., 1971, I, p.3-8)，以及勒内·斯毕兹"神经官能症转换问题的贡献：少妻与她的对手"(René Spitz, "Ein Beitrag zum Problem der Wandlung der Neurosenform: Die Infantile Frau und ihre Gegenspieler," *Imago,* XIX, 1933, pp.454-467)。

关于19世纪的订婚问题，仍需要更深层的、更合理的比较研究。

与此同时，艾伦罗斯曼的“性与自我控制：美国中产阶级的求爱问题”（Ellen K. Rothman, “Sex and Self-Control: Middle-Class Courtship in America, 1770-1870,” *Journal of Social History*, XV, 3, Spring 1982, pp.409-425），对美国的订婚问题做了完美的论证和详尽的记录；同样还有他的论文“‘亲密接触’：美国1770—1900年间的求爱与婚姻”（“‘Intimate Acquaintance’: Courtship and the Transition to Marriage in America, 1770-1900,” Brandeis, 1980）。

19世纪关于性交“安全”期的混乱状况，卡尔·德格勒的《尴尬处境：美国从革命到现在的妇女与家庭问题》为我们做出了清晰的展示（Carl N. Degler，*At Odds: Women and the Family in America from the Revolution to the Present*, 1980, pp.212-215）。还有詹姆斯·里德的《从个人隐私到公共美德：1830年以来节育运动和美国社会》（James Reed, *From Private Vice to Public Virtue: The Birth Control Movement in American Society Since 1830*, 1978），对该问题做出了详尽而明确的论述。

我把梅贝尔·托德诊断为歇斯底里者，但这个结论是尝试性的。关于这种精神不稳定状态的文献太多且参差不齐。由弗洛伊德和布鲁尔合作的经典案例史《歇斯底里研究》（*Studies on Hysteria,S. E.*, II, 480
1895），现在看来已需要增补并深化了。伊尔萨·维瑟的《歇斯底里：一种疾病的历史》是对弗洛伊德之前的几个世纪的一个较切合实际总结（Ilza Veith, *Hysteria: The History of a Disease*, 1965）；艾伦·克罗恩的《歇斯底里：难以捉摸的神经官能症》（Alan Krohn，*Hysteria: The Elusive Neurosis*, 1978），内容比较平实、简明扼要，而且很可靠，有很多精心挑选的书目；该书的主旨在于强调，这个单一的名称之下，实际上包含了各种疾病的表现形式。戴维·夏皮罗的《神经官能症的形式》（David Shapiro, *Neurotic Styles*, 1965, ch. 4），也使我受益匪浅。奥托·费尼切尔1945年的著作《神经官能症的精神分析理论》（Otto Fenichel, *The Psychoanalytic Theory of Neurosis*）已跟不上时代，但是关于歇斯底里症及其转变的章节（第十一章和第十二章）仍然很值得一读。在最近关于强调歇斯底里症复杂性的技术性文献中，我认为最重要的几种包括：朱迪·马尔默“歇斯底里症人格的口语性”（Judd Marmor，“Orality in the Hysterical Personality,” *Journal of the American Psychoanalytic Association*, I, 1953, pp.656-671）；里奥·兰杰尔的“性格转变的特征”（Leo Rangell,“The Nature of Conversion,” ibid., Ⅶ, 1959, pp.632-662）；尤其是伊丽莎白·瑟泽尔的“所谓好的歇斯底里症”（Elizabeth Zetzel，“The So-Called Good Hysteric,” *International Journal of Psycho-Analysis*, XLIX, 1968, pp.256-260）。

关于“delicious”一词除了作为形容词修饰食物外的用法，参阅查尔斯·狄更斯《我们共同的朋友》（Charles Dickens, *Our Mutual Friend*, 1864；ed. 1953, Book Ⅳ, ch. 5, p.659），形容一个女孩因喜悦而哭泣。惠特曼用“delicious”刻画美国俚语（Justin Kaplan, *Walt Whitman: A Life*, 1980, p.229）。阿米尔曾在小说中用“délicieux”来形容一个事件。我也参阅了玛丽·巴罗斯的日记，这是她在康涅狄格州的圣玛格丽特学校所记下的：“Geometry is delicious.”（[October] 7 [1885], Private Record, 1885-1886），承蒙苏珊娜·巴罗斯惠借。

第一章　甜蜜的布尔乔亚性爱

我确信，我在本书中保留的梅贝尔·托德的记录并是唯一的证据来源，沃兹和其他作者也在他们的脚注中做了引用。巴里·史密斯的“英国的性问题”（F. Barry Smith,“Sexuality in Britain”）（参见上文，第 672 页）是非常珍贵的论文。关于斯坦顿，路易·巴纳的《伊丽莎白·卡迪·斯坦顿：一个激进的女权主义者》（Lois W. Banner，*Elizabeth Cady Stanton: A Radical for Woman's Rights*, 1980）提供了更多的信息；虽然较短但内容可靠。西奥多·斯坦顿和哈里奥特·斯坦顿·布兰科合著《伊丽莎白·卡迪·斯坦顿：通信、日记和回忆录》（Theodore Stanton and Harriot Stanton Blanch, *Elizabeth Cady Stanton, As Revealed in Her Letters, Diary and Reminiscences*, 2 vols., 1922），内容翔实、信息丰富，但是不完整。乔斯利恩·贝蒂·古德曼关于霍普金森回忆录的著作《维多利亚的家具木工：詹姆斯·霍普金森回忆录》是一个传记的典范（Jocelyne Baty Goodman, *Victorian Cabinet Maker: The Memoirs of James Hopkinson, 1819-1894*, 1968）。尽管莱昂·哈里斯《只向上帝吐露：戈德弗雷·洛威尔·卡波特非凡的一生》之中的材料非常丰富，但其中关于心理分析的推测是笔者的个人观点（Leon Harris，*Only to God: The Extraordinary Life of Godfrey Lowell Cabot*, 1967）。

我本应该在此做出注解：对于霍普金森的梦境（事实上，无论是对于卡波特的梦境，或者是对于其他任何人的梦境），我解释都只是实验性的。作为证据的解释者，我不是在试图逃避责任，但是对于为梦境提供一个权威的解析，在没有做梦者的参与，以及更深层的细节和回忆的情况下，在解决这样一个几近不可能的问题时，我也要很留心。人们所期望的是，所做出的解释具有很高的可能性和说服力。

关于约瑟夫·利曼，参阅理查德·瑟沃尔《利曼书信集：对于艾米莉·狄金森及其家庭的新视角》（Richard B. Sewall, *The Lyman Letters: New Light on Emily Dickinson and Her Family*, 1965），还有他的《艾米莉·狄金森》（*Emily Dickinson*, I, pp.134-140; II, pp.422-427）。两者都有很高的学术价值，但是对于利曼家族的著作，我发

481 现很有价值的关于性方面的材料都被删除了。利曼时代关于颅相学的情况已有人进行了详细研究，主要体现在约翰·戴维斯的《颅相学、时髦与科学：19世纪的美国之旅》（John D. Davies，*Phrenology, Fad and Science: A 19th-Century American Crusade*, 1955），以及玛德琳·斯泰恩的《头脑与标题：颅相学猎奇者》（Madeleine B. Stern, *Heads & Headlines: The Phrenological Fowlers*, 1971）。在弗里德里克·布克的著作《维多利亚·本尼迪克森与格奥尔格·勃兰兑斯》（Frederick Böök, *Victoria Benedictsson och Georg Brandes*, 1949）里大段地节选了维多利亚·本尼迪克森的日记和笔记，相比之下，卢西恩·莫利的《爱与死的恩仇》（Lucien Maury, *L'Amour et la mort d'Ernst Ahlgren*, 1945），其中的节选更为短小；但两者都提供了有趣的解释性细节。托拉·桑德斯特罗姆的《女性心理分析研究》（Tora Sandström，*En psykoanalytisk Kvinnostudie*, 1935），据说为本尼迪克森研究中的佼佼者，但笔者迄今无缘拜读。关于莱斯特·沃德，参阅艾米丽·卡普《莱斯特·沃德：个人素描》（Emily P. Cape，*Lester F. Ward: A Personal Sketch*, 1922），以及萨缪尔·楚格曼《莱斯特·沃德：美国的亚里士多德》（Samuel Chugerman，*Lester F. Ward, The American Aristotle: A Summary and Interpretation of His Sociology*, 1939）。理查德·霍夫施塔特的《美国思想中的社会达尔文主义》（Richard Hofstadter, *Social Darwinism in American Thought*, ch. 4, "Lester Ward: Critic", 2nd ed., 1955），论述虽然很简洁，但是一部很优秀的著作。

关于19世纪的性研究者——这个题目本身就可能吸引更多的深入研究，参阅鲍尔·罗宾逊的《性的现代化》之中关于哈夫洛克·艾利斯（Havelock Ellis）的有关章节（Paul A. Robinson, *The Modernization of Sex*, 1976）。早期由阿瑟·卡德-马歇尔所做传记《哈夫洛克·艾利斯传》(Arthur Calder-Marshall, *Havelock Ellis*),如今已被菲利斯·格罗斯布斯的《哈夫洛克·艾利斯:一个传记》所取代(Phyllis Grossburth,*Havelock Ellis: A Biography*, 1980),因为这部著作在各方面都很均衡,而且信息翔实,令人印象深刻。对于莫霞调查的作者,我需要在此再一次表达我的感激之情,参阅卡尔·德格勒的论文"理性与现实"(参见上文,第672页),同时请参阅德格勒在《莫霞调查:45位美国妇女的性态度》一书中所做的"引言"("Introduction" to *The Mosher Survey: Sexual Attitudes of 45 American Women*, ed. James Mattood and Krinstine Wenburg, 1980),以及卡瑟琳·阿拉蒙·雅科布的传记性论文"克莱利亚·杜尔·莫霞"(Kathryn Allamong Jacob, "Clelia Duel Mosher," *Johns Hopkins Magazine*, XXX, 3, June 1979, pp.8-16)。至少有一名性研究的学者丽莲·费德曼,仍然未被德格勒对于这一问题的解释说服,但有可能被我的解释所说服;参阅她的《超越对男性的爱:从文艺复兴至现在的浪漫友谊以及女性之间的爱情》(Lilian Faderman, *Surpassing the Love of Men: Romantic Friendship and Love Between Women from the Renaissance to the Present*, 1981, p.440)。

在19世纪研究女性性问题的医生之中,给历史学家带来很大混乱的是威廉·阿克顿医生。除在英国(他的声望不是太好)之外,其他国家的性研究者明显喜欢他的记录,并且长篇地加以引用或讲述。奥托·阿德勒医生(参阅上文,第210—213页),毫无顾忌地大量地引用阿克顿,甚至根本都不用引号;其他较有名的引用者包括:Dr. Seved Ribbing, *Sexuelle Hygiene und ihre ethischen Konsequenzen* (1892), S.54-55; Dr. Elizabeth Blackwell, *Counsel to Parents on the Moral Education of Their Children* (1878; 4th ed., 1881), pp.69-71; Dr. Mary Wood-Allen, *Ideal Married Life: A Book for All Husbands and*

Wives, ch. xxiv; Dr. Horatio Robinson Storer, *Is It I? A Book for Every Man* (1868), pp.30-32, 141-143。尽管阿克顿医生的书在他那个时代的发行量相当可观，但它最近的声誉主要取决于它在斯蒂芬·马尔克斯的《另一种维多利亚人》中所占据的突出地位（参见上文，第670—671页）。

对于女性的性问题最具争议的现代观点，毫无疑问就是弗洛伊德的观点。这种争议正在精神分析自身的领域内进行得很激烈。其中较有影响的是，玛丽·简·舍菲在“女性性的特点与发展”一文中，对于弗洛伊德关于女性性器官的观点做出了重要的修正（Mary Jane Sherfey, *The Nature and Evolution of Female Sexuality*, 1972），而且更重要的是，这篇文章首次发表在《美国精神分析协会杂志》上（*Journal of the American Psychoanalytic Association*）。哈罗德·布鲁姆的《女性的性：当代精神分析的观点》（Harold P. Blum, *Female Sexuality: Contemporary Psychoanalytic View*, 1977），把这种学术争论引入了最新的议程。弗洛伊德关于女性观点的全部历史仍需
482 要进行归纳梳理。泽尼·奥迪斯·福利格尔的“弗洛伊德理论中关于女性性心理分析的进展：一个历史的重建”（Zenie Odes Fliegel, “Feminine Psychosexual Development in Freudian Theory: A Historical Reconstruction,” *Psychoanalytic Quarterly*, XLII, 3, July 1973, pp.385-408），在对20世纪20年代这一棘手问题的研究者中，他做出了一个可靠并且有力的归纳总结。年轻的卡伦·霍尼（Karen Horney）和厄内斯特·琼斯（Ernest Jones）在他们的研究中主张，女性的性特征并不是男人的失败翻版，而是在生活过程中形成了她们自主的性特征。（Horney, “On the Genesis of the Castration Complex in Women,” *International Journal of Psychoanalysis*, V, 1924, pp.50-65, and “The Flight from Womanhood,” ibid, VII, 1926, pp.324-339; and Jones, “The

Early Development of Female Sexuality," 1927, and "The Phallic Phase," 1933, both in *Papers on Psychoanalysis*, 1961, pp.438-451, 452-484）。但是弗洛伊德比较成熟的观点出现在两篇短文之中（"Einige psychische Folgen des anatomischen Geschlechtsunterschieds," 1925, *St. A.*, V, pp.253-266; "Some Psychical Consequences of the Anatomical Distinction Between the Sexes," *S. E.*, XIX, pp.243-258; and "Über die weibliche Sexualität," 1931, *St. A.*, V, S.273-292; "Female Sexuality," *S. E.*, XXI, pp.223-243）。赞成他的观点的心理分析家，首先是海伦·多伊奇《女性的心理学》（Helene Deutsch, *The Psychology of Women*, 2 vols., 1944-1945），还有玛丽·波拿巴的《女性的性特征》（Marie Bonaparte, *Female Sexuality*, tr. John Rodker, 1953）。女权主义者毫不客气地对弗洛伊德的这一观点进行了广泛而深刻的批评；最近具有代表性的著作是乔安娜·班克·洛尔伯的《女性：心理学之谜》（Joanna Bunker Rohrbaugh, *Women: Psychology's Puzzle*, 1979）。针对这种批评和攻击，女权主义者茱莉亚·米歇尔在《精神分析与女权主义》（Juliet Mitchell, *Psychoanalysis and Feminism: Freud, Reich, Laing and Women*, 1974）之中为弗洛伊德的观点辩护，是一部严谨、优秀的论战式著述。

我们尤其不能忽略南希·科特一篇优秀的论文"无动于衷：对维多利亚时期性意识形态的解释"（Nancy F. Cott, "Passionlessness: An Interpretation of Victorian Sexual Ideology, 1790-1850," in Cott and Elizabeth H. Pleck, eds., *A Heritage of Her Own: Toward a New Social History of American Women*, 1979, pp.162-181）。在此，我还应当指出的是，19世纪末关于女性性特征的争论中道德学家是否占据了主导地位这个问题，我觉得我不能同意约翰·哈勒与罗宾·哈勒两人的观点，两人的合著《维多利亚时期美国的医生与性问题》（John S. and

Robin Haller, *The Physician and Sexuality in Victorian America*, 1974），这是一部非常重要的著作，我从这部专著中受益良多（他们认为道德学家胜了，我则不这么认为）。

关于纳菲斯医生，参阅他在《女性的身体活动：对少女、妻子和母亲的建议》一书中前言中所做的传记概览（Biogaraphical Sketch, *The Physical Life of Women: Advice to the Maiden, Wife and Mother*, 1869; 3rd ed., 1888）。

罗萨林 · 罗森伯格有趣的专著《超越分离的领域：现代女权主义的思想根源》（Rosalind Rosenburg, *Beyond Separate Spheres: Intellectual Roots of Modern Feminism*, 1982），在我订正本书的所引用证据时引起了我的注意。她在讨论莫霞调查的几页（第 98—99 页，第 180—187 页）很吸引人：她对于莫霞调查的解读比我的稍微阴郁一点。

第二章　攻势的女人与守势的男人

关于男人怕女人这一主题，有两本论著既增进知识，又特别有趣：哈伊斯的《危险的性别：关于邪恶女性的神话》（H. R. Hays, *The Dangerous Sex: The Myth of Feminine Evil*, 1964），还有沃尔夫冈 · 莱德勒《对女性的恐惧》（Wolfgang Lederer，*The Fear of Women*, 1968），两者都跨越了各种年龄与文化的界限。在此，西格蒙德 · 弗
483 洛伊德讨论对女性生殖器恐惧的短文很重要："美杜莎的头"（"Das Medusenhaupt," 1922［not in *St. A.*］，*G. W.*, XVII, p.47; "*Medusa's Head*," *S. E.*, XVIII, pp.273-274）。在其他的关于精神分析文献中，我发现最有帮助的有以下文献：Edith Jacobson, "The Development of the Wish for a Child in Boys," *Psychoanalytic Study of the Child*, V, 1950, pp.139-152; Geza Roheim, "Aphrodite or the Woman with a Penis,"

Psychoanalytic Quarterly, XIV, 1945, pp.350-390; Karen Horney, “The Dread of Women.Oberservation on a Specific Difference in the Dread Felt by Men and by Women Respectively for the Opposite Sex,” *Internatinal Journal of Psychanalysis*, XIII, 1932, pp.348-360; Robert Gessain, “Vagina dentata,” *Psychanalysis* [Paris], III, 1957, p.247-295, and *Le Motif vagina dentate*, 1958; and Verrier Elwin，“The Vagina Dentata Legend,” *British Journal of Medical Psychology*, XIX, 1941, pp.439-453。这些文献中，最后一篇是令人印象深刻的从人类学角度的研究。丹尼尔·加夫的著作中也包含了很有用的材料（Daniel S. Jaffe, “The Masculine Envy of Woman’s Procreative Function,” *Journal of the American Psychoanalytic Association*, XVI, 1968, pp.121-148）。多萝西·汀纳斯泰恩的宣言式著作《美人鱼和牛头怪：性安排与人类疾病》（Dorothy Dinnerstein, *The Mermaid and the Minotaur: Sexual Arrangements and Human Malaise*, 1976) 很有启示意义。约瑟夫·莱恩戈尔德的《作为女人的恐惧：母性毁灭性的理论》（Joseph C. Rheingold, *The Fear of Being a Woman: A Theory of Maternal Destructiveness*, 1964），是一部包含许多有趣信息的折中主义著作。在莫里斯·奥格隆的《论战中的玛丽安：国家意象与法国象征主义》追溯了一个象征性的女性玛丽安的命运（Maurice Agulhon，*Marianne into Battle: Republican Imagery and Symbolism in France, 1789-1880*, 1979; tr. Janet Lloyd, 1981）；该书很快有望出版第二卷。娜塔莉亚·泽蒙·戴维斯的“高高在上的女性”（Natalie Zemon Davis，“Women on Top,” in *Society and Culture in Early Modern France*, 1975, pp.124-151），因在论文中大量的比较研究，对任何读者的阅读都是大有裨益的。

迄今为止，关于 19 世纪女性的处境、不满及其渴望的文献可谓相当丰富。普里希拉·罗伯逊的《女性的一种经验：19世纪在欧洲的形态与变化》，把最近的所有学术成就考虑在内，是非常全面的综述研究，而且还附上了一个完整的书目（Priscilla Robertson, *An Experience of Women: Pattern and Change in Nineteenth Century Europe*, 1982）。颇为有益的还包括 Louise Tilly and Joan W. Scott, *Women, Work, and Family*, 1978, and Lee Holcombe, *Victorian Ladies at Work: Middle-Class Working Women in England and Wales, 1850-1914*, 1973。我还要加上虽有些陈旧，但是却仍然有教益的书目：西奥多·斯坦顿的《女性问题在欧洲：原创论文集》（Theodore Stanton, *The Woman Question in Europe. A Series of Original Essays*, 1884）；玛丽安娜·韦伯关于女性法律地位的调查研究颇有教益，《妻子和母亲的成长规律》（Marrianne Weber, *Ehefrau und Mutter in der Rechtsentwicklung*, 1907）；以及埃蒂斯·阿伯特的《工业中的女性》（Edith Abbott, *Women in Industry*, 1909）。关于19世纪早期女性地位的衰落，艾薇·平切贝克的《女性劳工与工业革命》仍然是一部很重要的著作（Ivy Pinchbeck, *Women Workers and the Industrial Revolution, 1750-1850*，1930；1969年版加入了新的序言）。多丽斯·斯特顿的《历史上的英国女性》（Doris May Stenton，*The English Woman in History*, 1957）是一个简明扼要的综述，一直贯穿了整个19世纪。玛丽·罗斯·沃尔什的《“医生招聘：女性免谈”：医疗行业的性别歧视》（Mary Roth Walsh，“*Doctors Wanted: No Women Need Apply": Sexual Barriers in the Medical Profession, 1835-1975*, 1977），书中的情绪是愤怒而公正的，但内容丰富充实；我从中学到了很多。吉恩·多尼森的《助产妇与男医生：行业内竞争的历史与女性的权利》（Jean Donnison, *Midwives and Medical Men: A History of Inter-Professional Rivalries and Women's Rights*, 1977），书中有很多显著的

吸引人的间接说明和重要启示。马乔里·多布金编辑的凯丽·托马斯笔记《一位女权主义者成长：凯丽·托马斯早期日记和书信选》，虽然有些琐碎，却令人震撼（Marjorie Housepian Dobkin, *The Making of a Feminist: Early Journals and Letters of M. Carey Thomas*, 1979）。我还想起由夏洛特·珀金斯·吉尔曼所做的一本名著《女性与经济学》（Charlotte Perkins Gilman, *Women and Economics: A Study of The Economic Relation Between Men and Women as a Factor in Social Evolution*, 1899），由卡尔·德格勒编辑出版（1966 年）。

关于家庭女教师，参阅吉恩·彼得森的"维多利亚时期的家庭女教师：不相称的家庭地位和社会地位"（M. Jeanne Peterson, "The Victorian Governess: Status Incongruence in Family and Society," in Martha Vicinus ed., *Suffer and Be Still: Women in the Victorian Age*, 1973, pp.3-19），这是一篇内容丰富的论文。还有凯瑟琳·韦斯特的《家庭女教师谱：英国小说中的家庭女教师研究（1800 年—1949 年）》（Katharine West, *Chapter of Governesses: A Study of the Governess in English Fiction, 1800-1949,* 1949），还有罗莎莉·格里尔的《女王学院（1848 年—1948 年）》（Rosalie G. Grylls, *Queens College, 1848-1948*, 1949）。 484

对于成功进入政界以及其他专业领域的女性，现在也有诸多总体上的研究。我受惠于理查德·埃文斯的《女权主义者：欧洲、美国和澳大利亚的妇女解放运动》（Richard J. Evans, *The Feminists: Women's Emancipation Movements in Europe, America and Australasia 1840-1920*, 1977），论述简洁，且内容可靠。德格勒的《尴尬处境》（参阅上文，第 699 页），有几章也很不错。同时参阅艾莲娜·福莱西纳的《斗争的世纪：美国的女权运动》（Eleanor Flexner, *Century of Struggle: The Woman's Rights Movement in the United States*, 1959）；

艾琳·卡拉蒂托的《女性选举权运动的观念》（Aileen S. Kraditor, *The Ideas of the Woman Suffrage Movement 1890-1929*, 1965）；莱昂·阿本索尔的《女权运动的历史：从起源到现在》（Léon Abensour, *Historie générale du féminisme des origines à nos jours,* 1921）；理查德·埃文斯的《德国的女权主义运动》（Richard J. Evans, *The Feminist Movement in Germany 1894-1933*, 1976），还有由艾米·汉科特优秀的博士论文“德国魏玛时期（1890—1918 年）的女权主义政治”（Amy Hackett, “The Politics of Feminism in Wilhelmine Germany 1890-1918”, Columbia, 1976)。汉科特已公开发表她的一些成果：“德国妇女运动与选举权”（“The German Women's Movement and Suffrage, 1890-1914: A Study of National Feminism,” in Robert J. Bezucha ed., *Modern European Social History*, 1972, pp.354-386）。玛格里特·特威尔曼的《在明镜周刊及代表性妇女杂志上体现的德国女权运动：起源和最初的发展》（Margrit Twellmann, *Die deutsche Frauenbewegung im Spiegel repräsentativer Frauenzeitschriften. Ihre Anfänge und erste Entwicklung 1843-1888*, 1972），通过德国的期刊颇为有趣地为我们再现了德国女权主义运动。

由于女性的历史是一个相对较新的领域，无论是资料选集或是文章的选集都占有核心地位。很多近期的学术成就，无论论战的气味多浓，都有很高的水准。关于原始资料方面，很优秀且内容充实的文集包括以下著述：Erna Olafson Hellerstein, Leslie Parker Hume, and Karen M. Offen, eds., *Victorian Women: A Documentary Account of Women's Lives in Nineteenth Century England, France, and the United States* (1981); Patracia Hollis, ed., *Women in Public, 1850-1900: Documents of the Victorian Woman's Movement* (1979)。珍妮特·穆里编著的《19 世纪英国意志坚定的女性和其他被遗忘的声音》

(Janet Murray, ed., *Strong Minded Women & Other Lost Voices from 19th Century England*, 1982)，尽管这本书和以上的几本书同样优秀，但是正如其标题所示，有点顾影自怜，而“被遗忘的声音”中竟然包括维多利亚女王和弗洛伦斯·南丁格尔等名人；更为精简的资料选集还有威廉·奥尼尔的《妇女运动：美国的女权主义》(William L. O'Neill, ed., *The Woman Movement: Feminism in the United States*, 1969)；茱莉亚·奥夫莲和劳拉·马丁尼斯合编的《并非按照上帝的意像》(Julia O'Faolain and Lauro Martines, eds., *Not in God's Image*, 1973)，仿佛为我们讲述了一个穿过历史的轻松冒险故事。

最优秀的现代研究文论集包括玛莎维西尼斯的《痛苦，还要镇定》(Martha Vicinus，*Suffer and Be Still*)，还有她更近的作品《扩大的领域：维多利亚女性角色的转变》(*A Widening Sphere: Changing Roles of Victorian Women*, 1977)；南希·科特的《痛苦根源：美国女性社会史文献》(Nancy F. Cott，*Root of Bitterness: Documents of the Social History of American Women*, 1972) 和《她自己的遗产》(*A Heritage of Her Own*，参见上文，第 705 页)。

关于“反女权主义者”，参阅布莱恩·哈里森所著的简洁且整体上说服力很强的作品《分离的领域：英国女性选举权运动的反对者》(Brian Harrison, *Separate Spheres: The Opposition to Women's Suffrage in Britain*, 1978)。还有哈里森令人印象深刻的“英国妇女运动和女性的健康”(“*Women's Health and the Women's Movement in Britain: 1840-1940*,” in Charles Webster, ed., *Biology, Medicine and Society 1840-1940*, 1981, pp.15-71)。哈里森的论文集《宁静的王国：现代英国的稳定和变化》(*Peaceable Kingdom: Stability and Change in Modern Britain*, 1982)，对英国的女权主义运动很多精彩的描述。

德国儿童经典漫画杂志《蓬头彼得》不乏虐待狂、阉割等倾

485 向的内容，还有待心理分析历史学家的研究。同时，还有玛丽-路易斯·科尼克的《海因里希·霍夫曼博士的‘蓬头彼得’：中产阶级图画故事书的起源和功能研究》有趣但颇有争议（*Dr. Heinrich Hoffmanns"Struwwelpeter," Untersuchungen zur Entstehungs- und Funktionsgeschichte eines bürgerlichen Bilderbuchs*, 1977）。在19世纪中产阶级文献中关于阉割的女性，参阅马里奥·普拉茨比较具权威性的《浪漫的痛苦》（Mario Praz, *The Romantic Agony*, 1930; 2nd ed., tr. Angus Davidson, 1951），我也参考过这部著作。关于佩特，尤其要参阅迈克尔·列维的《瓦尔特·佩特研究》（Michael Levey，*The Case of Walter Pater*, 1978）。林顿女士是一位复杂的女性反女权主义者，研究她的主要著作包括：赫伯特·范·塔尔的《艾丽萨·里恩·林顿：时代女孩》（Herbert Van Thal，*Eliza Lynn Linton: The Girl of the Period*, 1979），还有在更早的拉亚德《里恩·林顿女士：生活、书信和评价》（G. S. Layard，*Mrs. Lynn Linton: Her Life, Letters and Opinions*, 1901）。林顿女士颇为异类的自传“小说”《克里斯托弗·柯克兰自传》（*The Autobiography of Christopher Kirkland*, 1853）很值得一读（她在这部小说里化身成了一个男人）。

关于我在本书中引用过的一些艺术家，我从庞大的文献中只单独列举以下文献：罗伯特·罗森布鲁姆的《安格尔》（Robert Rosenblum, *Ingres*, 1967），是一部开拓性著作；让·帕拉代尔与何塞·皮埃尔的《古斯塔夫莫雷》（Jean Paladilhe and José Pierre, *Gustave Moreau*, 1972）；戴维·索恩斯特罗姆的《罗塞蒂与美女》（David Sonstroem, *Rossetti and the Fair Lady*, 1970）；弗吉尼亚·苏尔蒂斯的《但丁·加布里尔·罗塞蒂的油画与素描》（Virginia Surtees，*The Paintings and Drawings of Dante Gabriel Rossetti* [*1828-1882*], 2 vols., 1971）；海恩里希·弗斯的《弗朗兹·冯·斯塔克：象征意义绘画的全集目录》

（Henrich Voss，*Franz von Stuck, 1863-1928. Werkkatalog der Gemälde mit einer Einführung in seinen Symbolismus,* 1973）；《爱德华·蒙克：象征与意象》（*Edvard Munch: Symbols and Images*, 1978），其中有很多由众人所做的优秀论文，并由罗伯特·罗森布鲁姆作的引言；乌尔里希·威斯纳编的《蒙克：爱情、恐惧、死亡：主题与变奏》（Ulrich Weisner, *Munch: Liebe, Angst, Tod: Themen und Variationen*, 1980）是一部很优秀的目录册；马克斯·施密特的《克林格尔》（Max Schmid, *Klinger*, 1901），尽管在作品的年代上有很多问题，但也并非一无是处；《马克斯·利伯曼与他的时代》（*Max Liebermann in Seiner Zeit*, 1979），包括由马萨耶斯·厄博尔（Mathias Eberle）及其他人的论文，包含曾经名噪一时的德国—犹太画家相当完整的作品目录。

第三章 现实的压力

关于氯仿及其应用的先驱，参阅穆特尔·辛普森的《产科大夫辛普森》（Myrtle Simpson, *Simpson the Obstetrician*, 1972），以及J. A. 谢帕德的《辛普森与爱丁堡的塞姆》（J. A. Shepherd, *Simpson and Syme of Edinburgb*, 1969）。关于伊格纳兹·塞莫韦斯医生（Dr. Ignaz Semmelweis）如何努力使医院生孩子更安全，参阅由威廉·辛克莱尔所著的详细传记《塞莫韦斯：他的生平与信条：药物历史的角度》（William Sinclair, *Semmelweis: His Life and His Doctrine: A Chapter in the History of Medicine*, 1909），谢文·纽兰德的“塞莫韦斯之谜：一个解释”是从医学政治的角度进行的有趣研究，也补充了上一部传记（Sherwin Nuland, “The Enigma of Semmelweis- An Interpretation,” *Journal of the History of Medicine and Allied Sciences*, XXXIV, 3, July, 1979, pp.255-272），而恩纳·莱斯基的《伊格纳兹·菲利普·塞莫韦

斯与维尔纳医学院》（Erna Lesky，*Ignaz Philipp Semmelweis und die Wiener Medizinische Schule*, 1964）又对谢文的传记有所补充。我在本书中讨论个人生死故事的可靠细节，都可以从萨拉·弗里曼的《伊萨贝拉与山姆：比顿夫人的故事》中找到（Sarah Freeman，*Isabella and Sam: The Story of Mrs. Beeton*, 1978）；还有玛丽·卢琴斯的《拉斯金一家与格雷一家》（Mary Lutyens，*The Ruskins and the Grays*, 1972），尤其是关于格雷家的孩子命运的附录三。关于英国皇室家庭，在众多优秀作品中，参阅塞希尔·伍德汉姆-史密斯的《维多利亚女王：从其出生到亲王之死》（Cecil Woodham-Smith, *Queen Victoria: From her Birth to the Death of the Prince Consort*, 1972）。关于威廉·格拉斯通有说服力的日记，由福特与马修合编的完美版本，迄今共8卷（M. R. D. Foot and H. C. G. Matthew, eds., *The Gladstone Diarie*, 1968-　），可与切克兰编著的《格拉斯通家族：家庭传记》（S. G. Checkland，*The Gladstones:A Family Biography, 1764-1851*, 1971）
486 连起来读，还有德里克·施罗德的“格拉斯通与一个国家的觉醒”（Deryck Schreuder，“Gladstone and the Conscience of the State,” in Peter Marsh ed., *The Conscience of the Victorian State*, 1979, pp.73-134）。西格弗里德·威克曼的《弗朗兹·冯·莱恩巴赫和他的时代》简要地讨论了莱恩巴赫的家庭史（Siegfried Wichmann，*Franz von Lenbach und seine Zeit*, 1973）。

关于19世纪杰出的统计学家，参阅莫里斯·哈布瓦赫《普通人的理论：奎特利与统计的道德》（Maurice Halbwachs，*La Théorie de l'homme moyen: essai sur Quetelet et la statistique morale*, 1912），而在此基础上补充的论述有：保罗·拉萨斯菲尔德的“社会学量化的历史研究：趋势、起源和问题”（Paul F. Lazarsfeld，“Notes on the History of Quantification in Sociology: Trends, Sources and Problems,”

Isis, LII, 1961, pp.277-333），还有拉萨斯菲尔德和戴维 · 兰德的阿道夫 · 奎特利（Lazarsfeld and David Landau，“Quetelet, Adolphe,” in *International Encyclopedia of the Social Sciences*, 1968, XIII, pp.247-255）。约翰 · 埃勒尔的《维多利亚时期的社会医学：威廉 · 法尔的观念与方法》（John M. Eyler，*Victorian Social Medicine: The Ideas and Methods of William Farr*, 1979）以比较公正的态度讨论了法尔；由诺伊尔 · 亨弗雷斯编著的《生命统计：威廉 · 法尔的著作与报告选集》尽管是一部旧的文集，但充实而睿智（Noel A. Phumpreys, *Vital Statistics: A Memorial Volume of Selections from the Reports and Writings of William Farr*, 1885）。

弗洛伊德一直致力于探讨性预防与精神健康之间的关系；参阅他早期的著述“区分‘焦虑性神经官能症’类属下某一种特定神经官能症症状的理由”（“Über die Berechtigung, von der Neurasthenie einen bestimmten Symptomenkomplex als ‘Angstneurose’ abzutrennen,” 1895, *St. A.*, VI, pp.25-49; “On the Grounds for Detaching a Particular Syndrome from Neurasthenia under the Description ‘Anxiety Neurosis’,” *S. E.*, III, pp.87-117），讨论了关于男性性交中断及未实现的兴奋点而出现焦虑的问题。亦参阅弗洛伊德“神经官能症病理学中的性问题”（“Die Sexualitat in der Atiologie der Neurosen,” 1898, *St. A.*, V, S.11-35; “Sexuality in the Aetiology of the Neuroses,” *S.E.*, III, pp.261-285）。他后期的一篇重要短篇论文“‘文明的’性道德与现代神经疾病”（“Die ‘kulturelle’ Sexualmoral und die moderne Nervositat”,1908, *St. A.*, IX, S.9-32; “‘Civilized’ Sexual Morality and Modern Nervous Illness,” *S. E.*, IX, pp.181-204），预示了他在《文明及其不满》一书中没有提及的诸多核心论点（*Civilization and Its Discontents*, 1930）。

关于妊娠的心理分析研究，我受益最多的文献有：Therese Benedek，

"On the Organization of the Reproductive Drive," in *Psychoanalytic Investigations: Selected Papers*, 1973, pp.408-445; Grete L. Bibring, "Some Considerations of the Psychologcal Processes in Pregnancy," *Psychoanalytic Study of the Child*, XIV, 1959, pp.113-121; Bibring, Thomas F. Dwyer, Dorothy S. Huntington and Arthur F. Valenstein, "A Study of the Psychological Process in Pregnancy and the Earliest Mother-Child Relationship," ibid, XVI, 1961, pp.9-72。关于"Anna O.",即博萨·帕潘海姆（Bertha Pappenheim），参阅布鲁尔的详尽的案例史（与弗洛伊德合作），载于《歇斯底里研究》（*Studien uber Hysterie*, 1895, *G. W.*, I, S.77-312; *Studies on Hysteria*, *S. E.*, II, pp.21-47）；弗洛伊德的评论《关于心理分析运动的历史》（"Zur Geschichte der Psycho- analytischen Bewegung," 1914, *G. W.*, X, S.44-45；"On the History of the Psychoanalytic Movement", *S. E.*, XIV, pp.11-12）。露茜·弗里曼的《'Anna O.'的故事》（Lucy Freeman, *The Story of Anna O.*, 1972），是关于这位著名病人的风靡一时的著作；玛丽安·卡普兰的《德国的犹太女权主义运动：犹太妇女联合会》（Marion A. Kaplan, *The Jewish Feminist Movement in Germany: The Campaigns of The Jüdischer Frauenbund 1904-1938*［1979年］），主要是关于博萨·帕潘海姆引人入胜的后半生，而希拉·吉金格尔的《作为母亲的女性》（Sheila Kitzinger, *Women as Mother*, 1978）则是从一个不同的人类学视角来讨论这个问题的。

过去大约40年以来，历史学家和人口统计学家开始密切关注复杂的生育控制问题。在众多先驱研究者中，最有影响力的历史学家有路易·亨利，尤其是他的《旧日内瓦的家庭：从16世纪到20世纪的人口学》（Louis Henry, *Anciennes familles genevoises. Etude démographique, XVIe-XXe siècles*, 1956）、《历史人口手册》（*Manuel*

487

de démographie historique, 1967），还有与弗洛里合著的《历史上的教区人口登记：关于前国家公务员的手动计数和操作》（with M. Fleury, *Des régistres paroissiaux à l'histoire de la population. Manuel de dépouillement et d'exploitation de l'état civil ancien*, 1965）；戴维·格拉斯的《欧洲的人口政策与运动》（David V. Glass, *Population Policies and Movements in Europe*, 1940），以及格拉斯与艾弗斯里合编的《历史上的人口：历史人口学论文集》（Glass and D. E. C. Eversley, eds., *Population in History: Essays in Historical Demography*, 1965），其中包括重要的方法论以及细节的历史研究论文。E. A. 莱格里的精品论文《前工业化时期英格兰的家庭限制》（E. A. Wrigley, "*Family Limitation in Pre-Industrial England*," first published in *Economic History Review* [Utrecht], 1966），并且经常被编入选集，最好的是于迈克尔·德雷克编《工业化中的人口》（Michael Drake ed., *Population in Industrialization*, 1969），是一部特别关注近期争议的精彩合集。同时参阅莱格里的《人口与历史》（Wrigley, *Population and History*, 1969），以及霍林斯华兹的《历史人口学》（T. H. Hollingsworth, *Historical Demography*, 1969）。可能是最早的现代人口统计学研究，既可用作19世纪的文献材料，又可作为一种探索的论述，是克里斯托弗·伯诺里的《人口手册》（Christoph Bernoulli, *Handbuch der Populationistik oder der Volker- und Menschenkunde nach statistischen Erhebnissen*, 1841）。德里克·勒维里恩-琼斯的《人类再生产与社会》（Derek Llewellyn-Jones, *Human Reproduction and Society*, 1974年），巧妙而彻底地讨论了生殖能力这个时下的流行话题。

关于最新的研究及其成果的论述，参阅安德烈·阿蒙戈德的"欧洲的人口：1700—1914年"（André Armengaud, "Population in Europe, 1700-1914," tr. A. J. Ponerans, in Carlo M. Cipolla, ed., *The*

Fontana Economic History of Europe, vol. Ⅲ, *The Industrial Revolution*, 1973, pp.22-76)；雅克·杜帕奎尔的“人口”(Jacques Dupaquier, “Population,” in *The New Cambridge Modern History*, vol. XⅢ, *Companion Volume*, ed., Peter Burke, 1979, pp.80-114)。赫伯特·莫勒主编的《近代欧洲历史上的人口运动》(*Population Movements in Modern European History*, 1964)，包括很多优秀的短篇文章，主题关于瑞士、法国、城市化、工业化、19 世纪德国等。爱德华·肖特尔的《近代家庭的构建》是一部颇具争议的论著，对我来说毫无说服力，甚至略显粗俗，但包括一些历史人口学研究的材料（Edward Shorter, *The Making of the Modern Family*, 1975)。关于将这些研究发现应用于历史研究之中，在多大程度上会引起争议，参阅罗伯特·洛特伯格和西奥多·拉布主编的《婚姻与生育：跨学科历史研究》(Robert I. Rotberg and Theodore K. Rabb, eds., *Marriage and Fertility: Studies in Interdisciplinary History*, 1980)，它指出了像肖特尔和弗兰德里恩等历史学家研究中的一些瑕疵。乔治·苏斯曼有趣的“19 世纪早期巴黎的婴儿与诺曼的奶娘：统计研究”(George D. Sussman, “Parisian Infants and Norman Wet Nurses in the Early Nineteenth Century: A Statistical Study”）就是这部著作中的一篇（第 249—265 页)。

关于避孕的渴望在古代就已存在，以及 19 世纪的“革命”或多或少不是完全令人满意的，参阅诺曼·海姆斯的《避孕的医学史研究》(Norman E. Himes, *Medical History of Contraception*, 1936; ed., 1970)，这是研究中的必读书目，观点犀利，而且有丰富的注解，但略显不雅。另一部更加优雅的经典之作是约翰·努南的《避孕：天主教神学家和正统经学家讨论主题的历史》(John T. Noonan, Jr., *Contraception: A History of Its Treatment by the Catholic Theologians and Canonists*, 1965)，其内容要比题目的范围广泛的多。亦参阅弗里德里克·希珀斯泰恩《格雷夫论欧洲出生率问题》（Frederic Sipperstein, *La Greve des naissances en Europe et ses problemes*, 1939）。

在国别研究中，我发现了对法国有用的几种书目：年事已高切喜好辩论的埃米尔·拉维索尔的《法国人口》（Emile Levasseur，*La Population française*, 2 vols., 1888-1892）；维斯-克努森的《人口出生率与社会进步：经济学、人口学和生物学的综合研究》（K. A Wieth-Knudsen，*Natalité et Progrés: Synthése économique, démographique et biologique*, 1908; French tr. 1938），对于纠正法国早期不准确的，甚至是有些马虎的统计数字很有帮助。与本书研究的时间跨度大致相当，颇有争议的经典之作主要有阿森内·杜蒙的《人口减少与文明：人口学的研究》（Arsène Dumont，*Dépopulation et civilisation: étude démographique*, 1890），《出生率与民主》（*Natalité et démocratie*, 1898），雅克·贝蒂隆的《法国人口》（Jacques Bertillon， 488
La Dépopulation de la France, 1911），还有保罗·勒罗伊-贝娄的《人口问题》（Paul Leroy- Beaulieu, *La Question de la population*, 1913）。对于一个家庭只生育两个小孩，法国忧心忡忡，参阅亨利·梅代尔·古尔利的《工会中两性婚姻的利用与滥用及其未来》（Henri Medile Gourrier, *L'Avenir du mariage ou l'usage et l'abus dans l'union des sexes. Propositions et développements rédigés aux points de vue médical, philosophique, et theologique*, 1871）。西奥多·泽尔丁的《法国》第十九章很好地总结了这种争议（Theodore Zeldin, *France*, vol. Ⅱ, *Intellect, Taste and Anxiety*, ch. 19）。

对法国马尔萨斯主义者及其论战方的研究可谓成果丰硕，参阅海伦·伯格等编著的《预防家庭婴儿的出生：其近代起源研究》（Hélène Bergues et al., *La Prévention des naissances dans la famille, ses origines dans les temps moderns*, 1960）。弗朗西斯·罗森很好地

分析了所谓“肚子的罢工”（strike of the bellies）的问题（Francis Ronsin，“Liberté-Natalité; Réaction et répression anti-malthusiennes avant 1920,” *Recherches*, 29, December 1977）。现代人口统计学的研究（当然也讨论了关于避孕的问题）包括菲利普·阿里斯的《历史上的法国人口和他们的生活态度》（Philippe Ariès，*Historie des populations française et de leurs attitudes devant la vie depuis le* XVIIIe *siècle*，1948；1979 年版虽有删节但是也增加了一小部分），还有安德烈·阿蒙戈德具有权威性的《法国与马尔萨斯》（Andre Armentgaud, *Les Francais et Malthus*, 1975) 和《19 世纪法国人口》（*La Population Francaise au* XIX *siècle*, 1971）。关于 19 世纪前法国对于人口出生率的控制，在一些著名的论文中进行了讨论，参阅让-路易·弗兰德里恩的《教会与生育控制》（Jean-Louis Flandrin, *L'Eglise et le contrôle des naissances*, 1970），关于更广泛的主题，参阅他的《先前时代的家庭：亲属、家庭和性》（*Families in Former Times: Kinship, Household and Sexuality*, 1976；tr. Richard Southern, 1979）。亦参阅奥勒斯特和帕翠西·拉兰等主编的《工业革命之前法国和英国普通大众对节育的态度》（Orest and Patricia Ranum, eds., *Popular Attitudes Toward Birth Control in Pre-Industrial France and England*, 1972）。

关于左拉与他的著作《生育能力》（*Fécondité*），参阅赫明斯的《埃米尔·左拉》（F. W. J. Hemmings, *Emile Zola*, 1953; 2nd ed., 1966, pp.290-296）；和约翰·拉普的心理学研究“被出卖的旁观者与致命的女人：左拉作品中反复出现的一些主题”（“The Watcher Betrayed and the Fatal Woman: Some Recurring Patterns in Zola,” *P. M. L. A.*, LXXIV, 1959, pp.276-284），还有尚塔尔·伯特兰德-杰宁斯娓娓道来的论著《左拉作品中情色与女性》（Chantal Bertrand-Jennings, *L'Eros et la femme chez Zola. De la chute au paradis retrouve*, 1977）。

当然，海姆斯有很多关于英国的资料，已进行了大量的研究，当然在这个方面的争论也从来没有停止过。班克斯的《繁荣与父母：维多利亚中产阶级的家庭生育控制研究》(J. A. Banks, *Prosperity and Parenthood: A Study of Family Planning Among the Victorian Middle Classes*, 1955)，还有与奥利弗·班克斯合作的《女权主义与家庭生育控制》(J. A. and Olive Banks, *Feminism and Family Planning*, 1964)，建设性地试图把人口控制与社会结构和观念联系起来。海姆斯的论文"边沁与新马尔萨斯主义的诞生"("Bentham and the Genesis of Neo-Malthusianism", *Economic History*, Ⅲ, 1937, pp.267-276)，有点过分夸大了边沁观点的明晰度和责任；对这一观点的纠正，参阅威廉·朗格的"19世纪早期英国生育控制运动的起源"("Origins of the Birth Control Movement in England in the Early Nineteenth Century," *Journal of Interdisciplinary History*, V, 4, Spring 1975)，这是一篇精巧的总结。最近两篇关于婴儿与母亲死亡率及社会舆论的研究，参阅扬森的《维多利亚时期药物的科学革命》(A. J. Youngson, *The Scientific Revolution in Victorian Medicine*, 1979)，以及史密斯《人民的健康，1830—1914年》(在我看来很重要)(F. B. Smith, *The People's Health, 1830-1914*, 1979)。艾夫斯利的《生育的社会理论与关于马尔萨斯的争论》(D. E. C. Eversley，*Social Theories of Fertility and the Malthusian Debate*, 1959)很优秀。关于英国的马尔萨斯者组织的演变，洛萨纳·勒德贝特《马尔萨斯者联盟的历史》(Rosanna Ledbetter, *A History of the Malthusian League 1877-1927*, 1976)进行了很好的总结；此后，达希的"马尔萨斯者联盟与维多利亚后期英国对节育宣传的抵制"一文对其进行了补充(F. D'Arcy, "The Malthusian 489
League and the Resistance to Birth Control Propaganda in Late Victorian Britain," *Population Studies*, XXXI, 1977, pp.429-448)。关于著名的布

拉德拉弗–贝桑特的审判（Bradlaugh-Besant trial），以前在班克斯夫妇的著作及其他地方讨论过，现在有了专门的研究文集，参阅查德拉瑟卡尔的《“一本肮脏猥亵的书”：查尔斯·诺尔顿和安妮·贝桑特关于生育生理学及节育的著作，及布拉德拉弗–贝桑特审判的研究》（S. Chandrasekhar，*"A Dirty, Filthy Book": The Writings of Charles Knowlton and Annie Besant on Reproductive Physiology and Birth Control and an Account of the Bradlaugh-Besant Trial*, 1981）。安格斯麦克拉伦的《19 世纪英国的生育控制》（Angus McLaren，*Birth Control in Nineteenth-Century England*, 1978），其观点比统计数字更有力。约翰·恩尼斯较老的研究《英格兰与威尔士的生育趋势》（*Class Fertility Trends in England and Wales, 1876-1934*, 1938），讨论了节育方面的社会差异，到现在还有仍然有阅读价值。索尔的“19 世纪英国的弑婴与堕胎”（R. Sauer, “Infanticide and Abortion in 19th-Century Britain,” *Population Studies*, XXXII, 1978, pp.81-94），其中的基本观点认为，随着堕胎安全系数的提高，堕胎数量也在逐渐增加。

关于 19 世纪之前堕胎的历史，参阅彼得·拉斯莱特与他剑桥同事合作的研究成果，也是他开拓性的著作《我们失去的世界》（Peter Laslett, *The World We Have Lost*, 1965）和《前几代的家庭生活与非法的爱：历史社会学研究论文集》（*Family Life and Illicit Love in Earlier Generations: Essays in Historical Sociology*, 1977 年）。拉斯莱特、卡拉·奥斯特汶与理查德·史密斯合编的《私生子比较历史研究》中有很多增进知识的资料（Laslett, Karla Oosterveen and Richard M. Smith ed.，*Bastardy and Its Comparative History: Studies in the History of Illegitimacy and Marital Nonconformism in Britain, France, Germany, Sweden, North America, Jamaica and Japan*, 1980）。

在美国也有一些较权威的研究成果，詹姆斯·莫尔《美国的堕胎：国家政策的起源和演变》（James C. Mohr，*Abortion in America: The Origins and Evolution of National Policy*, 1978），是一部法律史研究著作，我从中引用了一些内容；对这本书一个很好的补充，参阅索尔的“美国对堕胎的态度，1800—1973 年”（R. Sauer，“Attitudes to Abortion in America, 1800-1973,” *Population Studies*, XXVII, 1974, pp.53-68）。同时参阅詹姆斯·里德内容丰富的《从个人隐私到公共美德：1830 年以来节育运动和美国社会》（参见上文，第 699 页）。琳达·戈登的《自愿的母亲：美国女权主义生育控制观念的起源》也很优秀（Linda Gordon, “*Voluntary Motherhood: The Beginnings of Feminist Birth Control Ideas in the United States*,” in Mary Harman and Louis W. Banner, eds., *Clio's Consciousness Raised: New Perspectives on the History of Women*, 1974, pp.54-71），同样还有她的《妇女的身体与妇女的权利：美国生育控制的社会史》（*Woman's Body, Woman's Right: A Social History of Birth Control in America*, 1976）。在此，我再次提到德格勒的《尴尬处境》（参阅上文，第 699 页），尤其是第九章和十章，内容很丰富。丹尼尔·斯科特·史密斯的“家庭限制，性控制与维多利亚时期美国的家庭女权主义”（Daniel Scott Smith，“Family Limitation, Sexual Control, and Domestic Feminism in Victorian America,” *Feminist Studies*, I, 1972-1973, pp.40-57），围绕堕胎问题提出了他所谓正在涌现的“家庭女权主义运动”。戴维·肯尼迪《美国的生育控制：玛格丽特·桑格尔的一生》（参见上文，第 698 页），倾向于赞扬关于 19 世纪性话题的“反维多利亚”这一陈词滥调，它表现了美国生育控制的先驱们要表达的观点。

第一次世界大战前，德国有很多关于避孕问题上小题大做的文献（他们往往提出了详尽的统计数字），其中包括莱恩霍尔德·齐伯格的《德国出生率的下降：一个社会伦理研究》（Reinhold Seeberg, *Der Geburtenrückgang in Deutschland. Eine sozialethische Studie*, 1913）；伊利亚斯·施勒恩克（Elias Schrenk，*Notsignal für das deutsche Volk*, 1913）；菲利克斯·泰尔哈伯的《不育的柏林：一个经济学的研究》（Felix A. Theilhaber, *Das Sterile Berlin. Eine volkswirts- chaftliche Studie*, 1913）；朱利叶斯·沃尔夫的《出生率下降》（Julius Wolf, *Der Geburtenrückgang*, 1913）；吉恩·伯恩哈德·伯恩特拉格的《德国出生率下降：对策》（Jean Bernhard Bornträger, *Der Geburtenrückgang in Deutschland. Seine Becvertung und Bekämpfung*, 1913）；马克斯·冯·格鲁伯的《德国人口出生率下降的原因和对策》（Max von Gruber, *Ursachen und Bekämpfung des Geburtenrückgangs in Deutschland*, 1914）。弗里兹·温特斯的《关于一个德国官员的问题》（Fritz Winters,
490 *Die deutsche Beamtenfrage*, 1918），仔细整理了德国政府雇员抚养一个孩子的花费的证据，以实例结尾来展现那些雇员和他们妻子的做法是对的，并主张应该据此而行动。

最近关于德国的研究包括约翰·科诺德尔的“工业革命前德国的人口自然增长率”（John E. Knodel, “Natural Fertility in Pre-Industrial Germany,” *Population Studies*, XXXII, 1978, pp.481-510），论文颇有说服力地证明了，从整体上来说，乡下居民并没有实行生育控制；他另一本重要的书《德国人口出生率的下降》（*The Decline of Fertility in Germany, 1871-1939*, 1974），以及托尼·理查兹的“德国出生率的下降：一个数量经济学的评估”（Toni Richards, “Fertility Decline in Germany: An Econometric Appraisal,” *Population Studies*, XXXI, 1977, pp.537-554），两位作者都倾向于认为，德国人口出生率下降的主要原因是工业化。

关于其他区域或者主题的研究，对我来说很有启发性的著述还包括：桑德斯的《鹿特丹出生率的下降》（J. Sanders, *The Declining Birth Rate in Rotterdam,* 1931），把数据一直追溯到了19世纪80年代；菲尔·范·普拉格的“荷兰新马尔萨斯主义的发展”（Ph. Van Praag, “The Development of Neo-Malthusianism in Flanders,” *Population Studies*, XXXII, 1978, pp.467-480），主要讨论了罗马天主教对节育的反击；还有迈克尔·德雷克内容丰富的《挪威的人口与社会》（*Population and Society in Norway 1735-1865*, 1969）。西奥多·希安弗拉尼的《妇产科简史》很有趣（Theodore Cianfrani，*A Short History of Obstetrics and Gynecology*, 1960）。威廉·彼得森的《人口的政治学》（William Petersen, *The Politics of Population*, 1964），收录了很多比较有启发性的研究论文，特别是“关于社会主义者对生育控制的态度”（“Notes on the Socialist Position on Birth Control,” pp.90-102）。于这一问题，亦参阅纽曼的“德国魏玛时期工人阶级的生育控制”（R. P. Neuman，“Working Class Birth Control in Wihelmine Germany,” *Comparative Studies in Society and History*, XX, 3, July 1978, pp.408-428）。

关于马尔萨斯研究的文献甚广；我曾受益于肯尼斯·史密斯的《关于马尔萨斯的争议》（Kenneth Smith，*The Malthusian Controversy*, 1951）中关于争论的评论；同时参阅乔治·麦克拉里让人颇感惊讶的辩护《马尔萨斯的人口理论》（George McCleary, *The Malthusian Population Theory,* 1953）；当然，最重要的还有格拉斯编著的《马尔萨斯引论》（D. V. Glass, ed., *Introduction to Malthus*, 1953）。彼得森《人口的政治学》（*Politics of Population*）中有些论文，特别是“马尔萨斯的理论：评价与批判”（“Malthusian Theory: A Commentary and Critique,” pp.26-45）和“马克思与马尔萨斯”（“Marx versus Malthus: The Symbols and the Men”, pp.72-89），尤其贴切中肯，同样还有他的

著作《马尔萨斯》(*Malthus*, 1979)。

关于改革者亨利·莱特(Henry Wright),参阅路易斯·佩里的《童年、婚姻与改革》(Lewis Perry, *Childhood, Marriage, and Reform: Henry C. Wright, 1797-1870*, 1980)。

第四章　饱学的无知

一位研究青少年的精神分析学领军人物曾写道:“青少年阶段即将结束的巩固期,这个过程一直伴随着压抑,它会形成一种记忆缺失,使人仅能回忆起潜伏期的最初阶段。然而,两者有本质的不同:在儿童期即将结束的初期阶段,记忆会更倾向于接近情感经历,而事实则被深深地压抑了。相反,青少年期的最后阶段,记忆包括精确的事实的细节,而经历的情感则被压抑了。”彼得·布罗斯《青少年研究:精神分析的解释》(Peter Blos, *On Adolescence: A Psychoanalytic Interpretation*, 1962, p.189)。亦参阅他的《青少年人:临床研究》(*The Young Adolescent: Clinical Studies*, 1970),以及萨缪尔·利特沃的“青少年之于妇女”(Samuel Ritvo, “Adolescent to Woman,” *Journal of the American Psychoanalytic Association*, XXIV, 5, 1976, pp.127-137)。

关于压抑的研究文献很广泛;当然这个概念也是所有精神分析学思想的中心。经典之作就是西格蒙德·弗洛伊德著名的心理
491 学论文“论压抑”(“*Die Verdrängung*,” 1915, *St. A.*, Ⅲ, pp.103-118; “*Repression*,” *S. E.*, XIV, pp.141-158)。同时参阅恩斯特·克里斯的“童年记忆的恢复”(Ernst Kris, “The Recovery of Childhood Memories”, 1956, in *Selected Papers of Ernst Kris*, 1975, pp.301-340);汉斯·勒瓦尔德的“论内在化”(Hans Loewald, “*On Internalization*”,

1973, in *Papers on Psychoanalysis*, 1980, pp.69-86)。关于主导压抑（primary repression）这一复杂的概念，参阅阿尔文·弗兰克和海曼·穆斯林的“弗洛伊德主导压抑概念的发展”（Alvin Frank and Hyman Muslin, “The Development of Freud’s Concept of Primal Repression”, *Psychoanalytic Study of the Child*, XXII, 1967, pp.55-76）；爱德华·格拉夫的《心理分析技巧》（Edward Glover，*The Technique of Psychoanalysis*, 1955, ch.4），还有安娜·弗洛伊德条理清晰的《自我与防御机制》（Anna Freud, *The Ego and the Mechanisms of Defence*, above, p.477）。

19世纪对于女同性恋的无知（实际上与男同性恋现象一样引人注目），莉莲·费德曼在《超越对男人的爱》进行了详细的分析，虽有些尖锐，但很睿智（Lillian Faderman, *Surpassing the Love of Men*, above, p.481）。我将会在下一卷《黑衣爱神》第三章对这一问题进行详细的阐释。

对于艾米莉·里顿的故事，以及后来关于鲁琴斯的故事，参阅她与一位年长知己的感人至深的通信《一个幸福的女孩：维多利亚时期少女时代的记忆》（Emily Lytton, *A Blessed Girl: Memories of a Victorian Girlhood, 1887-1896*, 1953），玛丽·鲁琴斯的《埃德文·鲁琴斯》（Mary Lutyens, *Edwin Lutyens*, 1980），以及伊丽莎白·朗福德的《激情朝圣之旅：威尔弗里德·斯卡文·布鲁恩特的生活》(Elizabeth Longford, *A Pilgrimage of Passion: The Life of Wilfrid Scawen Blunt*, 1980)，尤其是第303—321页。安妮·伯桑特早期激情洋溢的《自传》（*Autobiography*, 1893）应当与以下两本著述一起阅读：Arthur H. Nethercot, *The First Five Lives of Annie Besant*, 1960和*The Last Four Lives of Annie Besant*, 1963。关于埃菲·格雷·罗斯金的故事，玛丽·鲁琴斯在她的三部曲中进行了详述，并加入了大量的

注释（*The Ruskins and the Grays*, 1972; *Young Mrs. Ruskin in Venice*, 1966; and *Millais and the Ruskins*, 1967）。对于文集的编者和传记作家来说，约翰·罗斯金（John Ruskin）实在是难以抵挡的诱惑。对于传记作家来说，我发现最有用的是约翰·罗森伯格的《黑暗的玻璃：拉斯金天才的肖像》（John D. Rosenberg, *The Darkening Glass: A Portrait of Ruskin's Genius*, 1961），以及乔安·阿布瑟的《约翰·拉斯金：激情道德家》（Joan Abse, *Jobn Ruskin: The Passionate Moralist*, 1981）。

关于乔治·桑"所了解的"已经进行了很多的讨论。约瑟夫·贝里《不名誉的女人：乔治·桑传》（Joseph Berry, *Infamous Woman: The Life of George Sand*, 1977, pp.76-81, 392），作者的观点认为，她早期与丈夫的性生活是很满足的；他引用了她的一些信件来证明她们的性生活充满了激情。安德烈·莫洛伊的《莉利亚：乔治·桑传》（Andre Maurois, *Lelia, ou la vie de George Sand*, 1952, p.79），引用了她写给同父异母兄弟的信件，证明了与以上完全相反的观点，我在本书中也引用了这些信件。贝里对这一争议的观点还是比较中肯的，但是——。关于维多利亚时期人们对于这一最具争议人物所抱有的矛盾心理，参阅保罗·布罗恩特的《乔治·桑与维多利亚世界》（Paul G. Blount, *George Sand and the Victorian World*, 1979）。

关于男性性无能这一令人烦恼的问题，参阅威廉·哈蒙德《男性性无能研究》（William A. Hammond, *Sexual Impotence in the Male*, 1883）。四年后他扩展推出了第二版，把女性也包括进去《男性与女性的性无能研究》（*Sexual Impotence in the Male and Female*, 1887）。同时参阅弗洛伊德为马克西姆·斯坦纳的著作《男性性功能的精神障碍》所做的序言（*Die psychischen Störungen der männlichen Potenz*, 1913 [not in *St. A.*], *G. W.*, X, p.451; "*Preface to Maxim Steiner's The*

Psychical Disorders of Male Potency," S. E., XII, pp.345-346）。威廉·斯特克尔的《男性的性无能》（William Stekel, *Die Impotenz des Mannes*, 2nd enlarged ed., 1923），虽有些草率，但并非一无是处。关于这一点，我受惠良多的是理查德·纽曼医生的观点。

近年来，现代社会史学家越来越关注19世纪的药品，这是值得称道的，同时学术文献也相当可观，而且研究成果非常优秀。我主要受惠于理查德·哈里森·施莱奥克《现代药物的发展：对所涉及的社会与科学因素的解释》（Richard Harrison Shryock，*The Development of Modern Medicine: An Interpretation of The Social and Scientific Factors Involved*, 1936; ed. 1948），这是一篇很有启发性 492
的论文，以及施莱奥克的《美国的药物与社会》（Shryock, *Medicine and Society in America, 1660-1860*, 1960）。在其他一些具有很好启发意义的专著中，我列出以下几部：M. Jeanne Peterson, *The Medical Profession in Mid-Victorian London*, 1978, William G. Rothstein, *American Physicians in the Nineteenth Century: From Sects to Science*, 1972, and Leonard, *Les Médicins de l'ouest au XIXeme siècle, 1978*。莱昂纳德的小型文集《19世纪的法国医学》（*La France médicale au XIXe siècle*, 1978），最令人满意。对于一些特殊的问题，参阅詹姆斯·利奇的《妇科百年史》（James V. Ricci, *One Hundred Years of Gynecology, 1800-1900*, 1945），吉恩·多尼森的《助产妇与男医生》（参见上文，第708页），还有哈勒夫妇的《维多利亚时期美国的医生与性问题》（参见上文，第705页）。在无数医生的自传中，我发现马里昂·西姆斯的《我的生活故事》（J. Marion Sims, *The Story of My Life*, 1884）最令人吃惊。参阅埃迪斯·海施克尔·阿特尔特的"世界的医疗实践"（Edith Heischkel Artelt, "Die Welt des praktischen Arztes", in Walter Artelt and Walter Rüegg, eds., *Der Arzt*

und der Kranke in der Gesellschaft des 19. Jahrhunderts, 1967, pp.1-16)。对于这一有趣的专题论文集，大部分其他方面的贡献主要是关于医生的文献。厄纳 · 莱斯基的大部头著作《19 世纪维尔纳医学院》(Erna Lesky, *The Vienna Medical School of the 19*th *century*, 1964; tr. L. Williams and I. S. Levij, 1976)，虽比较枯燥乏味，但是很权威的著作。查尔斯 · 罗森伯格思想深刻的论文集《非其他神祇：论科学与美国社会思想》(*No Other Gods: On Science and American Social Thought*, 1976)，讨论涉及的范围远远超出了药品，但是也对其进行了说明。我称 18 世纪启蒙运动中存在“神经的恢复”的主题，实际上是形象地假定存在一种药物的实践运动，并且成为 19 世纪药品革命的序曲，参阅本人的《启蒙时代》第二卷，《自由的科学》(1969 年)，第一章 (*The Enlightenment: An Interpretation*, vol. Ⅱ, *The Science of Freedom*, 1969, ch. 1)。

关于蒂索特的文献有因纳德的《蒂索特研究论文集》(Ch. Eynard, *Essai sur la vie de Tissot*, 1839)，还有柯歇的《蒂索特研究》(E. Cochet, *Etude sur S.-A., Tissot. 1728-1797*, 1902)，这是一篇巴黎医学院的博士学位论文。柯歇非常清楚地注意到，蒂索特明确提出了反自慰的观点，因而柯歇称他是一位“造诣高深的道德学家和知识渊博的哲学家”(第 16 页)，这样一篇现代的专题研究当然是大受欢迎的。同时，有一部有启迪作用的书信选集《奥古斯特 · 蒂索特致阿尔布莱希特 · 冯 · 哈勒斯的信》(*Albrecht von Hallers Briefe an Auguste Tissot, 1754-1777*, ed., Erich Hintzsche, 1977)。总体上关于自慰的研究文献，特别是关于手淫在 19 世纪的“声誉”，参阅阿勒克斯 · 孔福特的《焦虑制造者：医疗行业某些奇异的焦虑》(Alex Comfort, *The Anxiety Makers: Some Curious Preoccupations of The Medical Profession*, 1967)，第三章“自渎的兴衰”(“The Rise and Fall

of Self-Abuse"）非常生动形象，但其动机略显邪恶。哈夫洛克·埃里斯的《性心理学研究》（Havelock Ellis, *Studies in the Psychology of Sex*），第2卷《自慰的演变：性周期与自我的情色》（*The Evolution of Modesty, the Phenomena of Sexual Periodicity, Auto-Eroticism*, 1900），尤其是第199—231页，简直就是后来文献（包括本书在内）竞相引用的信息储藏库。勒内·史毕兹的论文"权威与自慰：关于书目研究的问题"（Rene A. Spitz, "Authority and Masturbation: Some Remarks on a Bibliographical Investigation," *Psychoanalytic Quarterly*, XXI, 4, October 1952, pp.490-527），后来重印刊于《精神分析年鉴》（*Yearbook of Psychoanalysis*, IX, 1953, pp.113-145），也是其中一篇很重要的文章。除了它华丽炫目的314条书目之外，这篇论文书目虽然内容很丰富，但并为穷尽所有文献。亦参阅赫尔"自慰的疯狂：一个观念的历史"（E. H. Hare, "Masturbatory Insanity: the History of an Idea," *Journal of Mental Science*, CVIII, January 1962, pp.1-25），以及约翰·达菲简洁而内容丰富的文章"自慰与阴蒂切除术：19世纪的观点"（John Duffy, "Masturbation and Clitoridectomy: A Nineteenth-Century View," *Journal of the American Medical Association*, CLXXXVI, 1963年, pp.246-248）。有几个借助外科手术干预的例子，参阅巴克尔-曼菲尔 493
德的《一知半解生活的恐惧：19世纪美国男性对女性的态度和性问题》（G. J. Barker-Banfield, *The Horrors of the Half-Known Life: Male Attitudes Toward Women and Sexuality in Nineteenth-Century America*, 1976, pp.124-131）。

精神分析学对于自慰的观点，参阅"论自慰：维也纳精神分析学会研讨论文"（"Die Onani, Diskussionen der Wiener Psychoanalytischen Vereinigung", 1912），附加弗洛伊德的评论（[not in *St. A.*], *G. W.*, XIII, pp.332-345；"Concluding Remarks" to a *Discussion on Masturbation*

1912, *S. E.*, Ⅻ, pp.241-254)。这可与弗洛伊德在1910年5月25日、6月1日和6月8日，在维也纳精神分析学会（*Vienna Paychoanalytic Society*）上的讨论评价连起来读；弗洛伊德的观点后来总结于《维也纳精神分析学会纪要》（Herman Nunberg and Erst Federn, eds., *Protokolle der Wiener Psychoanalytischen Vereinigung*, vol. Ⅱ, *1908-1910*, 1977, pp.502-528）。至于其他精神分析学文献，我只引用以下文献：Annie Reich, "The Discussion of 1912 on Masturbation and Our Open-Day Views," *Psychanalytic Study of The Child*, Ⅵ (1951), pp.80-94；Erst Kris, "Some Comments and Observations on Early Autoerotic Activities", ibid., pp. 95-116；Jeane Lampl- DeGroot, "On Masturbation and Its Influence on General Development," ibid., pp.153-174。

关于弗洛伊德著名的"施勒伯案例"（Schreber case），参阅他的分析"针对一个自大狂在自传中叙述所做的精神分析"（"Psychoanalytische Bemerkungen uber einen autobiographisch beschriebenen Fall von Paranola [Dementia Paranoides]", 1911, *St. A.*, Ⅶ, pp.133-203; "Psycho- Analytic Notes on an Autobiographical Account of a Case of Paranoia [Dementia Paranoides]", *S. E.*, Ⅻ, pp.3-82）。对此，威廉·尼德兰德写下了引人入胜的评论《施勒伯案例：一个自大狂人格的精神分析简介》（William Niederland, *The Schreber Case: Psychoanalytic Profile of a Paranoid Personality*, 1974）。

"向知识的逃往"要求更多的历史研究。同时，有戴维·皮瓦尔的学究式著作《纯洁的远征：性道德与社会控制》（David J. Pivar, *Purity Crusade: Sexual Morality and Social Control, 1868-1900*, 1973）很可靠，但依照我的判断，我认为过于忠实于社会控制这一概念。约瑟夫加斯菲尔德的《象征性远征：身份政治学与美国的禁欲运动》（Joseph R. Gusfield, *Symbolic Crusade: Status Politics and the*

American Temperance Movement, 1963)，遵循了理查德·霍夫施塔特的身份焦虑这一社会心理分析假说。保罗·伯伊尔的《出版的纯洁：邪恶社会运动与美国的书刊审查制度》(Paul S. Boyer, *Purity in Print: The Vice-Society Movement and Book Censorsbip in America*, 1968)，其中第一章和第二章，在此也密切相关。阿伦·鲍威尔编著的《全国纯洁大会：论文、演讲和描述》(Aeron Powell, ed., *The National Purity Congress: Its Papers, Addresses, Portraits*, 1896)，作为一种征兆还是很有价值的。弗朗兹·哈维尔·塔尔霍菲尔《性教育与慈善之间》(Franz Xaver Thalhofer，*Die sexuelle Pädagogik bei den Philanthropen*, 1907)，是一篇关于18世纪末教育改革者简洁而很有用的研究。与此相关的一个研究，参阅查尔斯·里士满·亨德森的《与性、病理、经济与社会方面的教育》(Charles Richmond Henderson，*Education with Reference to Sex, Pathological, Economic and Social Aspects: The Eighth Yearbook of the National Society for the Scientific Study of Education*, 1909)。

第五章　身体知识

西格蒙德·弗洛伊德写过几篇关于儿童寻求性知识的颇具影响的论文；尤其是“儿童性启蒙”(“Zur sexuellen Aufklärung der Kinder [Offener Brief an Dr. M. Fürst]，” 1907, *St. A.*, V, pp. 159-168; “The Sexual Enlightenment of Children [An Open Letter to Dr. M. Furst]，” *S. E.*, IX, pp. 129-139)；“关于儿童的性理论”(“Über infantile Sexualtheorien,” 1908, *St.* A., V, S.169- 184; “On the Sexual Theories of Children,” *S. E.*, IX, pp.205-226)；还有“家庭罗曼史”(“Der Familienroman der Neurotiker,” 1909; *St. A.*, IV, S.221-226; “Family Romances,” *S. E.*, IX, pp.235-241)。同时参

494 阅瑟尔玛·弗莱堡的“启蒙与混乱”(Selma Fraiberg, “Enlightenment and Confusion,” *Psychoanalytic Study of the Child*, VI, 1951, pp.325-335);还有埃连诺·加勒森和赫尔曼·罗伊费的“早期性发现对心情、防御机制和象征性的影响”(Eleanor Galenson and Herman Roiphe, “The Impact of Early Sexual Discovery on Mood, Defensive Organization, and Symbolization,” ibid., XXVI, 1971, pp.195-216)。菲利斯·格林纳克已把家庭罗曼史(尤其是作者的)转变成她本人的,尤其是在她的“艺术家的童年:力比多阶段的发展与天赋”(Phyllis Greenacre, “The Childhood of the Artist: Libidinal Phase Development and Giftedness,” 1957)和“艺术家的家庭罗曼史”(“The Family Romance of the Artist,” 1958),两篇均登载于《情感成长》(*Emotional Growth*, II, pp.479-504, 505-532, 参见上文,第698页)。琳达·乔安·卡普兰的文献综述“家庭罗曼史的概念”(“The Concept of the Family Romance,” *Psychoanalytic Review*, LXI, 2, 1974, pp.169-202),有很长的参阅书目,内容最为丰富。梅纳德·所罗门的传记《贝多芬》表现出了一个著名的典型家庭罗曼史(Maynard Solomon, *Beethoven*, 1977)。

众所周知,弗洛伊德在研究曾被父亲诱奸的女歇斯底里症患者的报告中,发展出了关于在精神生活中幻想的中心地位的理论,但他对这些报告的真实性产生了怀疑。即使到1897年,弗洛伊德也从来没有写过说,他发现这些报告都是幻想,甚至到后来,他也没有明确表示过对这些报告完全持怀疑主义的态度。弗洛伊德致威廉·弗里斯《早期精神分析》(Freud to Wilhelm Fliess, *Aus den Anfängen der Psychoanalyse*, p.229);还有彼得·盖伊,“西格蒙德·弗洛伊德:一个德国人及其不满”(Peter Gay, “Sigmund Freud: A German and His Discontents,” in *Freud, Jews and Other Germans*, pp.86-87; pp. 463-

464)。弗洛伊德关于这一问题的资料由于他两次否定而变得更为复杂,他在两个歇斯底里症的病史中指出,这两个案例之中都是父亲攻击或者虐待过病人。在1924年的第2版中,他进行了修正,并进行了一些严厉的自我批评(*G. W.*, I, pp.195n, 238n; *S. E.*, II, pp.134n, 170n)。

除了关于个人案例I注脚处的题目外,对于罗根·佩萨尔·史密斯,还有芭芭拉·斯特雷奇所做的引人入胜的家庭研究《显著的关系:佩萨尔·史密斯的家庭故事》(Barbara Strachey, *Remarkable Relations: The Story of the Pearsall Smith Family*, 1981)。

关于月经这一敏感话题,在文献或公众谈论中仍需要进行更多的研究工作。詹尼斯·蒂兰尼、玛丽·简·拉普顿和艾米丽·托瑟等合著的《诅咒:月经的文化史》(Janice Delaney, Mary Jane Lupton and Emily Toth, *The Curse: A Cultral History of Menstruation*, 1976)迈出了第一步,但总体上属于人类学研究范畴之中。帕翠西·克洛弗德的"17世纪英格兰人们对月经的态度"(Patricia Crawford, "Attitudes to Menstruation in Seventeenth-Century England," *Past and Present*, No. 91, 1981, pp.47-73),与更早时期进行了一些有趣的比较研究。关于这一禁忌的一些简洁评论(有对克拉科医生和莫德斯丽医生的严厉批评),参阅艾琳和英格里希·肖瓦尔特的"维多利亚妇女与月经"(Elaine and English Showalter, "Victorian Women and Menstruation," in Vicinus, *Suffer and Be Still*, pp.38-44)。哈伊斯《危险的性别》(Hays, *Dangerous Sex*)和莱德勒的《对女性的恐惧》(Lederer, *Fear of Women*),与这些研究也密切相关。在精神分析学的文献中(对于这一主题不太丰富)可能最有趣的是朱迪斯·基腾伯格的"初潮"(Judith S. Kestenberg, "Menarche," in Sandor Lorand and Henry Schneer, eds., *Adolescents: Psychoanalytic Approach to Problems and Therapy*, 1965, pp.19-50)。

关于在铁路上等公共场所的哺乳，道弥尔的几幅肖像画几乎使之成为不朽的主题；参阅保罗 · 哈斯汀《铁路：一部国际史》中的插图（Paul Hastings, *Railroads: An International History*, 1972, p.99）。关于维多利亚时期英国人毫不害羞的裸浴，埃里克 · 特拉基尔的《时髦与从良》提供了进一步的证据（Eric Trudgill, *Madonnas and Magdalens*,
495 pp.5-7）。关于公共绞刑的衰落，参阅戴维 · 库伯《绞刑架的教训：维多利亚时期英格兰关于公共处决的争议》(David D. Cooper, *The Lesson of the Scaffold: The Public Execution Controversy in Victorian England*, 1974），描述了 1868 年最后一次绞刑的场景，插图出现在第 165 页。死亡似乎总是儿童故事中一个主题，舍伍德女士的《仙童》（Mrs. Sherwood，*The Fairchild Children*）中描绘的臭名昭著一个场面，是其中最令人毛骨悚然的：父亲把他的孩子带去看一个可怕的场景：一个受绞刑的贼腐烂的尸体，就是为了给他们上一堂道德课。参阅戴维 · 克莱里斯的《监护人与天使：19 世纪文学中的父母与孩子》（David Gryllis, *Guardian and Angels: Parents and Children in Nineteenth-Century Literature*, 1978）。

关于如何阅读规劝文学，除了前面所列弗里曼为比顿夫人所做的传记，还需要再次注意帕翠西 · 布兰卡在《沉默的姐妹》（Patricia Branca, *Silent Sisterbood*）中所做的睿智评论。

关于假正经的美国女士们，马雅特的“报告”中提到她们为钢琴的“腿”穿上带有饰边的裤子，这已成为历史上著名的段子。卡尔 · 德格勒书中提到了“马雅特报告”，使他成为这个神话的始作俑者之一，他还列举了最近对这个故事信以为真的诸多历史学家。这种有点独特的假正经，或是完全虚构的、独一无二的，或是极为少见的（德格勒《理性与现实》，参阅上文，第 672 页）。德格勒或许可以加上拉特利 · 泰勒，因为他写道，称鸡腿为“大腿”是对维多利亚人的一种冒犯；称鸡胸脯为“胸部”，“至少用到的是鸡”，而“美国的优雅是用裙衬来装饰钢琴腿——尽管椅子腿太细而不能勾起人的情欲”（G. Rattray Taylor, *Sex in History*, 1954, p.215）。还有邓肯·克劳(Duncan Crow, *The Victorian Woman*, 1971, p.29)。伯尼·史密斯同样也认为这个神话是真的：“对于维多利亚时期的女士们来说，家也充满了性象征，最著名的例子是，她们意识到了桌子腿会勾起她们的性欲，所以为了不看到就把它们遮住了。”（Bonnie G. Smith, *Ladies of the Leisure Class*, 参阅上文，第 685 页）。这已被 19 世纪的中产阶级广泛地印证。1860 年，在对惠特曼《草叶集》的一篇严厉谴责的文章中，伦敦的《星期六评论》就轻蔑地把美国称为“钢琴腿穿上花边裤子的国家”（*Saturday Review*, X, July 7, 1860, p.19）。

色情研究的历史学家冒着双重的风险：他们对于色情要么不够严肃，要么太过严肃。两大阵营的极端分子各执一词：第一阵营坚持认为，如果有人鄙视“肮脏的”书，那么他们都是腓力斯丁式的虚伪卫道士，因为这些书只不过是赞美了人的欲望；第二阵营则坚持认为，要是将这些单调、无聊的东西提拔到艺术的高度，显然是粗俗的，甚至有点自以为是。将色情文学正当地称为艺术，这确实在 19 世纪得到了充分的展示——我们能够想到福楼拜、布朗宁，还有其他很多的作家。与此同时，一些小说，一般很少（或是根本没有）有文学价值，它们在那个世纪被创作出来，唯一目的就是激起人们的性兴趣而获利商业利润，并且是用最机械的方式。在本书中，我就是将这种亚文学种类称为“色情文学”。

关于这一主题的学术成就，虽然在增长，但仍然很有限，其结果迄今还是令人沮丧。黄色书刊（或“色情书籍”）的出版商所做的事，要么太过于廉价，要么太过于花哨和昂贵。而关于色情文学的消费以及产生的心理影响，现在还无从获得。甚至是位于印第安纳州布鲁明顿的性研究所（Kinsey Institute），尽管有丰富的原始资料，但对于这个问题几乎也没有什么学术研究成就。色情文献很难确定作者的身份，对于这一点，一个显著的典型例子是《莫妮卡姐妹告诉你的事……》（*Schwester Monika erzählt und erfährt...*，1815），经常被误认为是 E. T. A. 霍夫曼所做，但是事实上不是。为了谨慎起见，参
496 阅 Claudio Magris, "Das andere Elixir des Teufels: E. T. A. Hoffmann und die Schwester Monika," in *Die andere Vernunft. E. T. A. Hoffmann* (1980)，S.109-118。

对于 19 世纪（和更早时期）色情文学，最重要的信息来源仍然是皮萨尼·弗拉西（亨利·斯宾塞·埃希比）的《禁书索引》（Pisanus Fraxi [Henry Spencer Ashbee], *Index Librorum Prohib- itorum: Being Notes Bio-Biblio-Icono-graphical and Critical, on Curious and Uncommon Books*, 1887），紧随其后还有《世纪禁书》（*Centuria Librorum Absconditorum*, 1879）和《系列禁书》（*Catena Librorum Tacendorum*, 1885），这三部书合起来就像是一座金矿。参阅斯蒂芬·马尔克斯的《另一种维多利亚人》，对其冒险进入文化史的研究领域，我已经提出过批评（参见上文，第 670—671 页），第二章。马尔克斯对个别色情文学作品的分析还是很有价值（尤其是第五章和第七章），尽管我不同意他的观点，因为他认为色情文学的历史发展轨迹是从依赖体面文学到自我封闭的领域。戴维·福克森关于早期色情书籍的几篇文章已经非常著名了：《英国的放纵文学》（David Foxon, "Libertine Literature in England, 1660-1745," *Book Collector*, XII, 1, 2, 3 [Spring, Summer, Winter, 1963], pp.21-36, 159-177, 294-307），都令人印象深刻，且有益于增进知识。一般来说，历史一定会有很多逸事趣闻，并且有点倾向于互相抄袭。我阅读过的一部最优秀的著作是蒙哥马利·海德的《色情史》（H. Montgomery Hyde, *A History of Pornography*, 1964)。韦恩·布罗夫的《社会与历史中性的变体》（参见上文，第669页）有一些分散、有用的些评论，同样还有维兰德·扬的《被否认的艾洛斯》（参见上文，第669页），特别是第54—58页，第87—92页，第361—367页。

很有价值的索引和概略，除了以上皮萨尼·弗拉西列举的清单之外，还包括爱德华·福克斯《色情画的历史》（Eduard Fuchs, *Geschichte der erotischen Kunst*, 3 vols., 1912-1926），书中的插图非常丰富，还有茹尔·盖伊《情爱、妇女与婚姻：一个书目》（Jules Gay, *Bibliographie des ouvrages relatifs à l'amour, aux femmes et au mariage*, 6 vols., 1871-1873）。

关于乱伦的主题，对于早期较烦冗的精神分析学倾向的文献研究中，奥托·兰克《文献和传说中的乱伦主题》（Otto Rank, *Das Inzest-Motiv in Dichtung und Sage*, 1912; 2nd ed., 1926），还是值得一读。亨利·迈尔斯的《禁果：色情文学中的乱伦主题研究》（Henry Miles, *Forbidden Fruit: A Study of the Incest Theme in Erotic Literature*, 1973），有点名不副实，并未与其标榜的题目保持一致；它一直在愤怒的斥责和对色情书籍的大量引用之间来回摇摆。艾伯哈德和菲利斯·科隆豪森合著《色情与法律》（Eberhard and Phyllis Kronhausen, *Pornography and the Law*, 1959; rev. ed., 1964），试图在“色情现实主义”的心理学和赤裸裸的色情心理之间做出区分。这一区分很有效，除了探讨了与色情有关的法律问题之外，这本书还试图提供一个关于色情文学的心理分析框架。加德纳·林兹信息丰富的论文“关于乱伦、乱伦禁忌和精神分析理论的问题”（“Some Remarks Concerning Incest, the Incest Taboo, and Psychoanalytic Theory,” *American Psychologist*, XXII, 1967, pp.1051-1059），对罕见的母子乱伦做出了很重要的评论。

科隆豪森的著作显示了对禁书的法律史研究兴趣。对于德国的情况，霍本的本百科全书式著作《从古典时期到现在的禁书文献》(H. H. Houben, *Verbotene Literatur von der klassischen Zeit bis zur Gegenwart*, 2 vols., 1924, 1928)。关于法国的情形，参阅保罗·拉佩尔的《关于色情书籍的书写和印刷的法律和历史研究》(Paul Lapeire, *Essai juridique et historique sur l'outrage aux bonnes moeurs par le livre, l'ecrit et et l'imprime*, 1931)，尽管很枯燥，但属于很专业的研究论文。赫明斯的《法国文化与社会》(上文，第679页)中有许多生动、明智的部分，尤其是第二章“蓝色铅笔的修订删节制度”(“The Blue-Pencil Regime”)最有帮助，同样还有亚历山大·泽维耶斯的《19世纪文学进程》(Alexandre Zévaès, *Les Procès littéraires au XIXe siècle*, 1924)，它讲述并记录了一些著名的文学审判，像福楼拜、波德莱尔，以及一些不太知名作家的作品审查
497 事件等。诺曼·约翰-斯蒂维斯的《淫秽书籍与法律》(Norman St. John-Stevas, *Obescenity and the Law*, 1956)，对英国法律和文化特征做了很好的研究，我从中受益很大，书后附有很多有帮助的参考书目。阿勒克·克莱格的《英国和其他国家的禁书：猥亵文学概念的研究》，对其进行了有益的补充，并从比较的维度进行了很好的研究(Alec Craig, *The Banned Books of England and Other Coutries: A Study of the Conception of Literary Obscenity*, 1962)。大不列颠艺术协会主席召开了一次工作聚会，发表了一篇研究报告《猥亵文学法》(*The Obscenity Laws*, 1969)，并由蒙戈梅里写了序言，这篇报告非常有意思，其中包括牧师、心理学家以及其他专家的证词。关于美国的情况，参阅詹姆斯·杰克逊·吉尔帕特里克的《色情出版物贩卖者》(James Jackson Kilpatrick, *The Smut Peddlers*, 1960)；鲁格夫的《审慎与激情》(参见上文，第667页)，第124—

125页，第316—319页，不是很有启发性。路德维希·马尔库塞的《色情：历史与愤怒》（Ludwig Marcuse, *Obszön: Geschichte einer Entrüstung*, 1962），是一位德国出版商为了表达对出版审查官的愤怒而作；它包括很多人们熟知案例的生动重述，像对弗里德里希·施莱格尔的《露辛达》（Friedrich Schlegel, *Lucinde*）的攻击，对《包法利夫人》和《恶之花》及其他作品的审判——对于初次进入这个领域的研究者还是很有帮助的。

以上引用的大部分书目，基本上涵盖了由于这种文献而引发的令人烦恼的道德问题。我们还可以在哈里·克罗尔的《色情文学与公共道德：自由社会的审查制度》发现更多的评论，该书试图在严格审查和完全放任之间寻求一条折中的道路（Harry M. Clor, *Obscenity and Public Morality: Censorship in a Liberal Society*, 1969）。迈克尔·戈尔德斯坦、哈罗德·坎特和约翰·哈特曼的《色情文学与性的偏离》（Michael J. Goldstein, Harold S. Kant, and John J. Hartman, *Pornography and Sexual Deviance*, 1973）探讨了淫秽文献产生的心理影响这一难题。它列举了许多最近的研究。对色情书籍收集者的研究还是非常有价值的；可惜仅仅有几页（如果有一点点歉意）是关于主题的这个方面的，参阅詹姆斯·珀普-亨尼斯的《蒙克顿·米尔纳斯：希望的岁月》和《蒙克顿·米尔纳斯：飞逝的青春》（James Pope-Hennessy, *Monckton Milnes: The Years of Promise 1809-1851*, 1949; and *Monckton Milnes: The Flight of Youth 1851-1885*, 1951）。

女权主义者对于色情文学的愤怒完全可以理解；近年来对女人颇有不公平的举动，在数量和富于性幻想的热情方面，在这些出版物中似乎大大增加了。参阅多恩·史密斯“美国色情文学中的性侵犯：原型分析”（Don Smith, “Sexual Aggression in American Pornography: The Stereotype of Race,” 1976, as cited in Laura Lederer, ed., *Take Back*

The Night: Women on Pornography, 1980, ed., 1982, pp.210-211）；整部选集虽有些重复且喜欢争辩，但是还是很有价值的。它再次提出了一个令人头疼的话题，即阅读色情书籍是一种引发模仿的刺激，还是一种无须模仿的精神宣泄。虽然对道德狂热者做出一种好的精神分析研究仍然是一种急需，但由海伍德 · 布朗和马格丽特 · 里奇所做的传记《安东尼 · 科姆斯托克：贵族的稽查员》，还是令人惊讶、富有学术性内涵，而且是负责任的（Heywood Broun and Margaret Leach, *Anthony Comstock: Roundsman of the Lord*, 1927）；而罗伯特 · 布莱姆纳版本的关于科姆斯托克的传记《年轻人的陷阱》（Robert Bremner, *Traps for the Young*, 1983; ed., 1967），前言尽管较短，但是很精彩。

史文朋的两篇色情故事之中，一篇特别有趣的关于性受虐狂《莱斯比亚 · 布兰登》（*Lesbia Brandon*）于 1963 年出版发行，由艾德蒙 · 威尔森作序，编入《史文朋小说选集》（Edmund Wilson, *The Novels of A. C. Swinburne*）。瑟希尔 · 朗格编辑出版了很优秀的《史文朋书信集》（Cecil Lang, *The Swinburne Letters*, 6 vols., 1958-1962），包括了很多引人入胜的材料。在这些特殊的研究中，我注意到了克莱德 · 肯尼斯 · 海德尔著的《史文朋的文学生涯和声誉》（Clyde Kenneth Hyder, *Swinburne's Literary Career and Fame,* 1933），以及他编辑的《史文朋：批评性遗产》（*Swinburne: The Critical Heritage*, 1970)。最优秀的传记有乔治 · 拉福卡德的《史文朋文学传记》（Georges Lafourcade，*Swinburne: A Literary Biography*, 1932），以及吉恩 · 奥维顿 · 富勒的《史文朋：批评性传记》（Jean Overton Fuller，*Swinburne: A Critical Biography*, 1968）。乔治 · 穆尔《托管的文学：流通的道德》（George Moore, *Literature at Nurse: or Circulating Morals*, 1885），笔触辛辣，很值得一读。关于英国流通图书馆起到
498 的审查角色，参阅基纳威尔 · 格莱斯特《默狄的流通图书馆和维多

利亚小说》（Guinevere L. Griest, *Mudie's Circulating Library and the Victorian Novel*, 1970），还有艾米 · 克鲁斯《维多利亚人和他们的书》（Amy Cruse, *The Victorians and Their Books*, 1935），以及波克林顿的《史密斯父子出版社的故事》（G. R. Pocklington，*The Story of W. H. Smith & Son*，1921 年私人印刷）。

最后，但同样重要的是，在“猥亵与艺术”（“Obscenity and the Arts”）的学术研讨会上，维斯顿 · 拉巴尔发表了题为“猥亵：一个人类学的评估”的论文，对猥亵的相对性做出了很巧妙的解释（Weston LaBarre, “Obscenity: An Anthropological Appraisal,” in *Law and Contemporary Problems*, Autumn 1955, pp.533-543）。

艺术中的裸体已引起了学术界一定的注意。引用最多的现代研究著作是肯尼斯 · 克拉克的《裸体：理想形体研究》（Kenneth Clark, *The Nude: A Study in Ideal Form*, 1956），该书显示了作者博学多才，很有价值，但观点略显偏颇。亦参阅吉恩 · 卡索和杰奥弗雷 · 格里森的《绘画中女性人体》（Jean Cassou and Geoffrey Grigson, *The Female Form in Painting*, 1953），是一部有用的历史研究；以及朱丽斯 · 朗格更早的一本书《人体艺术史》（Julius Lange, *Die menschliche Gestalt in der Geschichte der Kunst*, 1903）。爱德华 · 鲁西-史密斯的《西方艺术中的色情》（Edward Lucie-Smith, *Eroticism in Western Art*, 1972），书中的研究跨越了几个世纪；它很有用，但是过分夸大了广泛意识上的犬儒主义：他观察到 19 世纪的学术艺术家“完全凭借本能”成功地“满足了支持他们的同时代公众的需求，同时他们还创造性地运用某些模式，将挑逗和体面很巧妙地结合在一起”（第 121 页）。在笔者看来，那种本能还是存在的，但那种所谓的创造性还值得商榷。福克斯的《色情画的历史》（参见上文，第 610 页）也与这个主题相关。关于 19 世纪最具争议的裸体画画家——爱德华 · 马奈，参阅本人的

《艺术与行为：论历史的原因》（*Art and Act: On Causes in History — Manet, Gropius, Mondrian*, 1976, ch. 2），附带有注解的参考书目。亦参阅比特丽斯·法维尔的《马奈与裸体：第二帝国时期的肖像画研究》（Beatrice Farwell, *Manet and the Nude: A Study in Iconography in the Second Empire*, 1973），以及乔治·赫尔德·哈密尔顿内容丰富的著作《马奈和他的批评者》（George Heard Hamilton, *Manet and His Critics*, 1954; ed., 1969），我从这本书中获益良多。斯蒂芬·柯恩在《解剖与命运》一书中，对于19世纪某些美学传统做出了评论（参见上文，第667页）。很多艺术家——包括乔安·海恩里希·弗瑟里（Johann Heinrich Fuseli），他们并不会刻意地想象（或记得）某些很色情的姿势，偶尔也会画一些忽略生殖器的裸体男性。参阅弗瑟里的铅笔素描《举剑攻击的裸体勇士》（*A Naked Warrior Attacking with a raised Sword*，约1805年至1810年之间），复制品出现在《泰晤士文学增刊》（*Times Literary Supplement*, March 13, 1981, p.281）。

关于普吕东，参阅让·杰弗雷的《普吕东作品研究》（Jean Guiffrey, *L'Oeuvre de P.-P. Prud'hon*, 1924），它恰好补充了更早的有启迪作用的评价（Pierre Gauthiez, *Prud'hon*, 1886, and Charles Clément, *Prud'hon. Sa vie, ses oeuvres et sa correspondence*, 3rd. ed., 1880）。关于我在本书中复制的普吕东所做的正面裸体画，参阅穆西尔的《法国由艺术指导的精灵》（M. Mercie, *Le Genie des arts guide par la France*），明显是借鉴了普吕东的创意（Henri Havard, *L'Art a travers les moeurs*, 1882, p.399）。

关于卡诺瓦，除了克拉克在《裸体》一书中所做的一些评论外，还有马里奥·普拉兹的“卡诺瓦：冰与爱欲”（Mario Praz, “Canova: Ice and Eros,” in Thomas B. Hess and John Ashbery, ed., *Academic Art*, 1971, pp.165-166），以及罗伯特·亚当斯的《罗马的印记：新古典主

义形式中的框架与正面》(Robert M. Adams, *The Roman Stamp: Frame and Façade in Some Forms of Neo-Classicism*, 1974, pp.162-183)。在更早时候对卡诺瓦的评价中，最好的有密姆斯《安东尼奥·卡诺瓦回忆录》(J. S. Memes, *Memoirs of Antonio Canova with a Critical Analysis of His Works, and an Historical View of Modern Sculpture*, 1825 年)；以及卡特梅尔·德昆西的《卡诺瓦和他的作品》(Quatremere de Quince, *Canova et ses ouvrages, ou Memoires Bistoriques sur la vie et les travaux de ce celebre artiste*, 1834)。恩尼奥·弗朗西亚编辑的《卡诺瓦：未发表 499
的书信》(Ennio Francia, *Delfina de Custine, Lusia Stolberg, Giuletta Racamier a Canova. Lettere inedited*, 1972)之中有很多有用的材料。

关于 19 世纪其他裸体画家的丰富文献中，我在此只单独指出尤金尼亚·詹尼斯的《德加斯的单一形态》(Eugenia P. Janis, *Degas Monotypes*, 1968)。古尔贝(Courbet)清晰的裸体画如此熟悉，在此亦无须讨论。让-弗朗索瓦·米勒(Jean-Francois Millet)也是一样，画了一些鲜明的裸体画，其中还包括一对恋人。参阅罗伯特·赫伯特(Robert L. Herbert)的目录《巴比松再探》(*Barbizon Revisited*, 1962, nos. 60, 62)。关于安格尔，这位画面流畅、喜欢画无发却很诱人的裸体画著名画家，我在此想到了罗森布鲁姆的研究(参见上文，第712 页)。

曾经很著名，如今却少有人问津的英国裸体画画家威廉姆·艾蒂(William Etty)，也曾被给予了很高的评价，参阅邓尼斯·法尔的《威廉·艾蒂》(Dennis Farr, *William Etty*,1958)，以及冈特和罗伊合著的《艾蒂与裸体：威廉·艾蒂的艺术与生活》(W. Gaunt and F. Gordon Roe, *Etty and the Nude: The Art and Life of William Etty, R. A., 1787-1849*, 1943)。亦参阅菲利普·吉尔伯特·哈默尔顿的“艾蒂”(Philip Gilbert Hamerton, “Etty”, 1875，in *Portfolio Papers*, 1889, pp.39-

101）。在关于艾蒂的传记部分，哈默尔顿主要依赖亚历山大·吉尔克里斯的《威廉·艾蒂传》（Alexander Gilchrist，*Life of William Etty, R. A.*, 2 vols., 1855）。关于穆尔雷迪，参阅卡斯琳·穆尔·海伦尼亚克的《威廉·穆尔雷迪》（Kathryn Moore Heleniak，*William Mulready*, 1980）。

关于希拉姆·鲍威尔斯，爱德华兹莱斯特的著作中做了大量的引用（C. Edwards Lester，*The Artist, the Merchant, and the Statesmen of the Age of the Medici, and of Our Own Times*, 2vols., 1845, I, pp.86-88）。在对鲍威尔斯研究的可观的文献中，最重要的有威廉格尔茨的“大理石与裸体”（William H. Gerdts, “Marble and Nudity,” *Art in America*, LIX, Part I, 1971, pp.60-67）；琳达海曼的“希拉姆·鲍威尔斯所做《希腊奴隶》研究”（Linda Hyman, “*The Greek Slave* by Hiram Powers,” *Art Journal*, XXXV, 3, Spring 1976, pp.216-223）；尼尔·哈里斯的《美国生活的艺术家》（Neil Harris, *The Artist in American Society: The Formative Years, 1790-1860*, 1960, p.100, pp.132-139）。在格尔茨《美国新古典主义雕塑：大理石的复兴》也有很多重要的评论和例证（*American Neo-Classic Sculpture: The Marble Resurrection*, 1973, pp.30-34, 52-55），以及玛格丽塔·拉威尔的“希拉姆·鲍威尔斯的《希腊奴隶：束缚的美德》”（Margaretta Lovell, “Hiram Power’s *The Greek Slave: Virtue in Chains,” in Yale Art Gallery, American Arts and the American Experience*［n. d.］, p.27）。关于鲍威尔斯在伦敦的情况，参阅吉布斯-史密斯的《1815 年伦敦世界博览会》（C. H. Gibbs-Smith, *The Great Experience of 1851*, Commemorative Album, Victoria and Albert Museum, 1950; ed.1964, p.129）。戴维·赛林以一种很有意思的方式探讨了美国的裸体画（David Sellin, *The First Pose. 1876: Turning Point in America Art*, 1976）。

在关于儿童裸体画的文献在不断增长之中，主要参阅穆顿·柯恩的《路易斯卡洛尔，儿童摄影家》（Morton N. Cohen, *Lewis Carroll, Photographer of Children: Four Nude Studies*, 1978）。格雷汉姆·欧文登所做关于未成年少女的色情插画小册子《小精灵与小仙女：三个维多利亚时期的儿童插图画家研究》（Graham Ovenden, *Nymphets & Fairies: Three Victorian Children's Illustrators*, 1976）从诸多方面来看都是很有启发性的。还有另外一个有趣的例子是托马斯·库切尔的《一个年轻的沐浴者》（Thomas Couture, *A Young Bather*, 1849, in Albert Boime, *Thomas Couture and the Eclectic Vision*, 1980, p.336）。

彼得·弗斯柯和詹森合编的《从浪漫主义者到罗丹：北美收藏品中的19世纪法国雕塑》（Peter Fusco and H. W. Janson, eds., *The Romantics to Rodin: French Nineteenth-Century Scupture from North American Collections*,1980）是一部很有用的目录。关于克莱辛格的原型，以及天真地把蛇看作无害的例子，参阅龚古尔兄弟的《日记：文学回忆录》（第一版）（Edmond and Jules de Goncourt, *Journal; memoires de la vie litteraire 1851-1896*, ed. Robert Ricatte, 22 vols., 1956-1958, I, p.117），在第二版中参阅编者注（第117条）。亦参阅同样很重要的关于展览目录的雕塑部分《第二帝国，1852—1870年：拿破仑三世时期的法国艺术》（*The Second Empire, 1852-1870: Art in France Under Napoleon III*, 1978）。本尼迪克特·里德的《维多利亚雕塑》是一部很优秀、完整的文献记录（Benedict Read, *Victorian Sculpture*, 1982），有零散的裸体画贯穿全书，尤其是第二章；约翰·吉布森的《着色的维纳斯》（John Gibson, *The Tinted Venus*）（第42页插图），是一种试图复制希腊古典时期彩色雕塑的典型例子，如 500
同当代的一位批评家所指出的那样，就好像是一位“放荡的裸体英国女人”（第25页）。

关于瑞典雕塑家哈瑟伯格，有一本插图很丰富但过于简单的回忆录著作《佩尔·哈瑟伯格》（*Per Hasselberg, 1859-1894*, 1898）。

第六章 自我的强化

迄今为止，我所读过的研究维多利亚时代“虚伪”的著作中，最有用的评价是瓦尔特·霍夫顿的《维多利亚时代的心理架构》（参见上文，第669页），第十四章，尽管我的结论是从心理分析学的角度得出来的。我的结论与该书的结论有很大的不同，我也已引用了其中丰富的资料。霍夫顿把19世纪的虚伪划分为顺从一致、道德上的虚饰、逃避，从而为“反虚伪”提供了空间。像霍夫顿一样，我也从乔治·艾略特在“福音教义：卡门医生”（Evangelical Teaching: Dr. Cumming）一文中对福音主义者猛烈的攻击中收获颇多（*Westminster Review*, LXIV,1855, pp.436-462）。就我的观点而言，莱昂利尔·特里林《真诚与真实》（Lionel Trilling, *Sincerity and Authenticity*, 1972）一书似乎关系不太密切——该书的论点显得颇为天真，也颇有斗争精神，但是很值得研究。在本章对性态度的讨论中，我引述过诸多作者的观点（沃尔特斯·佩萨尔、鲁格夫、克罗、弗雷泽、哈里森、特拉基尔、霍布斯鲍姆、柯米诺斯、比尔斯、格拉夫，参阅上文，第667—669页）。除了最后一位作者之外，所有这些论述都令人开阔眼界，但是有一个共同的缺点是，他们都太过于吹毛求疵，以至于难以捕捉到隐藏于自我满足的表象之下潜意识中的矛盾与斗争。相比之下，马里奥·普拉茨富于想象力的、简明扼要的论著《浪漫的痛苦》（参阅上文，第712页）包含一些极为精彩的分析，尤其是对于萨克雷的论述。关于这一关键人物，总体上最佳的传记是戈登雷伊的《萨克雷：逆境的影响》（Gordon N. Ray, *Thackeray: The Uses of Adversity,*

1811-1846, 1955），以及《萨克雷：智慧的时代》（*Thackeray: The Age of Wisdom, 1847-1863*, 1958）。雷伊在早期简洁的《隐匿的生活：萨克雷的小说与个人时候之间的关系研究》（*The Buried Life: A Study of the Relation Between Thackeray's Fiction and His Personal Life*, 1952）很有启发性。西奥多·泽尔丁在他的《1848—1945 年法国史》（第二卷）之中，对法国的虚伪做出了评价（参见上文，第 719 页）。最近关于福音主义者的精神分析是伊安·布莱德利（Ian C. Bradley）所做的《严肃的呼唤：维多利亚时期福音派的影响》（*The Call to Seriousness: The Evangelical Impact on the Victorians*, 1976）。关于对伪君子研究的传记和论文中，我只列出了一些我认为最有帮助艾伦·贝尔的《西德尼·史密斯传》（Alan Bell, *Sydney Smith: A Biography*, 1980），很权威但是对主人公智慧的讨论还不是很充分；理查德·凯利编著的《笨拙周刊最优秀的作者：道格拉斯·杰诺德作品集》（Richard M. Kelly, ed., *The Best of Mr. Punch: The Humorous Writings of Douglas Jerrold,* 1970），是一部内容丰富的选集；还有卡普兰的《惠特曼传》（Justin Kaplan, *Walt Whitman*, 参见上文，第 700 页）；阿拉斯泰尔·布坎《吝啬的财政大臣：沃尔特·白哲特传》（Alastair Buchan, *The Spare Chancellor: The Life of Walter Bagehot*, 1959），在 G. M. 扬看来，这位杰出的编辑、鼓动家和经济学家，是最典型维多利亚人的代表。关于莱斯特·沃德，参见上文，第 702 页。关于普金，有很多优秀的文献，尤其是菲比·斯坦顿的《普金传》（Phoebe Stanton, *Pugin*, 1971）；迈克尔·特拉普斯-洛马克斯的《普金：一个中世纪的维多利亚人》（Michael Trappes-Lomax, *Pugin: A Medieval Victorian*, 1932），是一部很杰出的著作；还有亨利-拉瑟尔·希基科克的《英国维多利亚早期的建筑》（Henry-Russell Hitchcock, *Early Victorian Architecture in Britain*, 2 vols., 1954）。克

里斯托弗·里克斯（Christopher Ricks）睿智而有趣的《济慈与尴尬》（*Keats and Embarrassment*, 1974）讨论了一些令19世纪人们脸红的事情——当然也并非人人如此。奥古斯特·斯汀伯格对“虚伪”（并不局限于瑞典）的严厉批评，仍然还没有对其研究的专著；但有一部较简洁的选集：《一位订单减少的读者》（*Ein Lesebuch für die niederen Stände*, ed. Jan Myrdal, 1977）。

501 马克·沃尔克对德国中小城镇进行了卓有成效的研究——特别是18世纪的德国城镇，并描述出了那里严格的道德观轮廓——多数情况下都是“虚伪的”，也就是说，人们的道德观念中的担忧更多来自周围社会环境的批评，而不是出于自身内心的那份羞耻心：“镇上的居民不会从通奸者、说谎者、散布谣言者或者是骗子那里买香肠，只是怕如果他们那样做了，邻居就会说闲话；如果人们发现隔壁的屠夫也属于那些人，那么他们就会知道，他的生意也就完了。”（《德国的故乡城镇》，第101页，参见上文，第684页）。

围绕狄更斯小说中社会批判的争议，乔治·福德的《狄更斯与他的读者：1836年以来的小说批评观》做出了很清楚的研究（George H. Ford, *Dickens and His Readers: Aspects of Novel-Criticism Since 1836*, 1955），并且由菲利普·科林斯编入选集《狄更斯：批评的遗产》（Philip Collins, *Dickens: The Critical Heritage*, 1971）。关于狄更斯的最著名、且最详尽的传记，是埃德加·约翰逊的《查尔斯狄更斯：他悲剧与胜利》（Edgar Johnson, *Charles Dickens: His Tragedy and Triumph*, 2 vols., 1952），书中的事实很可靠，但是对于狄更斯的社会批判研究显得很幼稚。亨弗雷·豪斯的《狄更斯的世界》（Humphry House，*The Dickens World*, 1941；2nd ed., 1942），是对这种肤浅研究的一种睿智的修正。

哈代曾经作为编辑、出版商和社会评论家，并付出了艰难的努力，关于这些方面的总体评价，参阅迈克尔密尔盖特的《托马斯·哈代：一部传记》（Michael Millgate, *Thomas Hardy: A Biography*, 1982），我也对其加以引用。罗伯特·基汀斯稍早的传记《青年托马斯哈代》和《年长的托马斯哈代》（Robert Gittings, *Young Thomas Hardy*, 1975; *The Older Hardy*, 1978），都很优秀。穆尔·莫赫雷·比汶顿的《星期六评论 1855—1868 年》（Merle Mowhray Bevington, *The Saturday Review 1855-1868 : Representative Educated Opinion in Victorian England*, 1941），是这一家维多利亚时期观点保守、语言刻薄、颇有影响的期刊可靠研究，同样涉及了社会评论家和维多利亚时期家庭思想体系。戴维·纽瑟姆的《圣神和良好的学识：维多利亚理念四论》（David Newsome, *Godliness and Good Learning: Four Studies on a Victorian Ideal*, 1961) 读起来令人赏心悦目，尤其是第 46—48 页，充分展示了 19 世纪人们对于真诚的强烈追求。

近年来，家庭史的研究在历史学家中变得很流行起来了。我当然要集中于资产阶级家庭的文献，至少是包括这些题目的文献。对于我在本书中关注的“前历史学家”，参阅迈克尔·布鲁克的《勒普莱：工程师与社会科学家》（Michael Z. Brooke, *Le Play: Engineer and Social Scientist*, 1970），行文简洁、内容充实；安德烈·米歇尔的“弗里德里克·勒普莱社会学思想的道德关怀”（Andrée Michel, “Les Cadres sociaux de la doctrine morale de Frédéric Le Play,” *Cahiers Internationaux de Sociologie*, XXXIV, 1963, p.47-68）；一部论文集《弗里德里克·勒普莱纪年文集》（*Recueil d'études sociales publié à la mémoire de Frédéric Le Play*, 1956）；还有《弗里德里克·勒普莱选集 》（*Frédéric Le Play 1806-1882. Textes Choisis*, ed. Louis Baudin, 1947），有一篇内容充实的序言（第 3—61 页）。在所有讨论纳粹起源的著述中，总能见到威廉·海恩里希·里尔的大名，但完整的著

述仍付诸阙如。关于纳粹起源与里尔之间的关系，参阅乔治·莫瑟的《德国意识形态的危机：第三帝国的思想起源》（George L. Mosse, *The Crisis of German Ideology: Intellectual Origins of the Third Reich*, 1966），尤其是第19—24页。维克多杰拉姆的《威廉·海恩里希·里尔：生平与著作》（Victor v. Geramb, *Wilhelm Heinrich Riehl. Leben und Wirken 1823- 1897*, 1954），大部分都是充满了爱之情的鸿篇巨制，或者说是充满了爱慕之情。所有的事实还是比较完整的，但是这些事实却淹没在令人尴尬的激情狂想曲之中了。在厄内斯特·巴拉姆施塔德的《德国的贵族与中产阶级：德国文学中社会阶级类型》中有一些点到即止的评论（Ernest K. Bramsted, *Aristocracy and the Middle-Classes in Germany: Social Types in German Literature 1830-1900*, 1937; 2nd ed., 1964），但在克劳斯·伯格曼的《乡村浪漫主义与敌意的城市》（Klaus Bergmann, *Agrarromantik und Grosstadtfeindlichkeit*, 1970) 中，有很多一针见血的评论，颇令人耳目一新，尤其是第38—49页，该书把里尔视为有害的乡村浪漫主义的鼻祖。但同时也参阅格奥尔格·施瓦格勒的《家庭社会学：起源和发展》（Georg Schwagler, *Soziologie der Familie. Ursprung und Entwicklung*, 1970），在开头作者对勒普雷和里尔进行了比较。为了公平起见，我在此想要提到乔治·艾略特的“里尔与德国生活的自然史”（George Eliot, “The Natural History of German Life: Riehl”, *Westminster Review*, LXVI, July 1856, p.51-79，本文承蒙彼得·德梅茨赐借），在这个长篇论文
502 中，作者对里尔的《土地和人民》（*Land und Leute*）和《市民社会》（*Die bürgerliche Gesellschaft*）赞赏有加；作者认识到了里尔保守的一面，但是也称赞了他实际化的意识。关于德国社会学的另一个传统，参阅欧博沙尔的《德国实证社会学研究》（A. Oberschall, *Empirical Social Research in Germany, 1848-1914*, 1965）。

在最近荆棘丛生的争论中，脱颖而出的是迈克尔·米特罗尔和莱恩哈德·希德的《欧洲家庭：从中世纪到现在父权向伙伴关系的转变》(Michael Mitterauer and Reinhard Sieder, *The European Family: Patriarchy to Partnership from the Middle Ages to the Present*, 1977; tr. Karl Oosterveen and Manfred Horzinger, 1982)，该书富有理性，很有说服力，在英译版本中还有附加很多有价值的参考文献。“在工业化过程中，家庭社会学家假设是由大家庭向小家庭过渡的，”米特罗尔简要地评论说，“但这个现象在统计学上是不成立的”(第27页)。(在序言中，彼得·拉斯莱特并不掩饰自己的讥讽，“那真是一个绝妙的讽刺……维也纳的历史学家竟然论证说，俄狄浦斯情结不能称作是人类的普遍现象，而只能说从历史上属于西格蒙德·弗洛伊德曾居住的维也纳帝国”1[第8页]。根据我的判断，该书并没有得出这种结论，但是拉斯莱特的评论再一次强调，用精神分析学主张的大多数历史学家自身内心的不安。)拉斯莱特自己的著作都是很有价值的，最重要的就是他的《我们失去的世界》(参见上文，第722页)。我前文讨论人口和生育控制时列举的所有文献(参见上文，第716—720页)，在此与这些研究都密切相关。同样还有约翰·基里斯的《青年与历史》(John R. Gillis, *Youth and History: Tradition and Change in European Age Relations 1770-present*, 1974; expand ed., 1981)，尤其是该书的前半部分；整本著作都是很一部重要的专论。

在对家庭的社会学研究中，我在此单列出塔尔科特·帕森斯和罗伯特·贝尔斯的《家庭、社会化与互动过程》(Talcott Parsons and Robert F. Bales, *Family, Socialization and Interaction Processes*, 1955)。还有卡尔·德格勒的《尴尬的处境》同样也属于这一部分。

当然，19世纪的英国历史学也讨论了家庭问题。前面引用的很多著述(珀金、布里格斯、贝斯特、基森·克拉克、切克兰德和伯恩，参见上文，第680页），在这里都很有价值。我还要添上哈里森的《早期维多利亚人》（J. F. C. Harrison，*The Early Victorians: 1832-1851*, 1971）。泽尔丁的《1848—1945年法国史》（参见上文，第678页），尤其是第1卷第11—13章，提供了大量关于法国家庭的信息，该书的脚注对于确定其他来源和专题著作尤其有帮助。更早期的作品，无论是在分析现象还是提供信息方面，都非常有趣，包括本塔姆-爱德华兹夫人的《法国的家庭生活》（Miss Betham-Edwards, *Home Life in France*, 1905），以及巴内特·温德尔的《今日法国》（Barrett Wendell, *The France of Today*, 1907; 2nd ed., 1909）。关于北欧富人的家庭生活，参阅伯尼·史密斯的《闲暇阶层的贵妇人》（参见上文，第685页）。玛丽·里安的《中产阶级的摇篮：纽约奥内达郡的家庭》（Mary P. Ryan, *Cradle of the Middle Classes: The Family in Oneida County, New York, 1790-1865*, 1981）很有启发性，记录了主干家庭和共同社区的生活如何直接侵入了19世纪。

这些书目中的大部分以及我即将列出的书目，对于我在此提出的对19世纪之前的中产阶级家庭的评价，都提供有用的信息，最近的历史学家要么对其进行了阐述，要么使其卷入了谜团之中。我受益匪浅的著作是诺伯特·埃利亚斯《礼节的历史：文明进程》（Norbert Elias, *The History of Manners: The Civilizing Process*）和《文明的进程：权力与礼节》（*The Civilizing Process: Power and Civility*），这两本书以前都被忽略了，但现在倍受追捧(两者均是1969年第2版；1982年由埃德蒙德·杰夫科特翻译)。弗吕格尔的《家庭的精神分析研究》（J. C. Flügel, *The Psycho-Analytic Study of the Family*, 1921），虽然有些陈旧，但仍然是最优秀的精神分析著作。我自己的判断，尽管建立广泛的阅读之上，但多少有点是印象主义的，因而也只是尝
503 试性的。劳伦斯·斯通的《英格兰的家庭、性与婚姻》（Lawrence

Stone, *The Family, Sex and Marriage in England 1500-1800*, 1977），是一本雄心勃勃的大部头著作，富于有趣的细节，但是它总体上的大纲——从开放的血统家庭到受限制的家长制家庭，再到封闭式的家居式家庭——尽管有条件进行限制，却不能使人信服；还有对早期的现代粗劣和家族间的那种残忍的悲观评价也同样不能令人信服。斯通的《现代家庭的历史起源》（Stone, *The Historical Origins of the Modern Family*, 1982），是一本由讲稿印刷而成的小册子，提供了更谨慎的免责声明，但是文章论点的基本结构却原封未动。爱德华·肖特的《现代家庭的形成》（Edward Shorter, *Making of the Modern Family*），尽管俚语较多，但总体上的观点与斯通一样。在此，我深感歉疚，甚至有一种负罪感，因为自己曾经宣传冷酷的早期现代家庭的观念，因为后来的证据说服我改变了原有的观点。在我 1964 年版的《约翰·洛克论教育》（*John Locke on Education*, 1964）中，我引用了蒙田的著名论述，“在孩子婴儿期，我失去了两个或三个孩子，我很遗憾，但是却并不很悲痛”（in “Of the Affection of Fathers for Their Children”），并且批评了他竟然都记不清楚具体的数目：“即使在洛克的时代，”我写道，“和在此后，一个孩子的存活都成问题，以至于父母通常都预先准备好了失去他们，就是拒绝在孩子的身上投入过多的感情”（第 2 页）。但是，首先蒙田或许不具有代表性，其次他的言论或许只不过是他为了掩饰失去孩子那种深深的伤痛罢了。

对于斯通的观点，梯利夫妇做过较简短而轻快的评论（Charles and Louise A. Tilly, “The Rise and Fall of the Bourgeois Family, as Told by Lawrence Stone and Christopher Lasch,” Center for Research in Social Organization Working Paper No. 191, January 1979）；凯斯·托马斯做过较礼貌的评价（Kaith Thomas, “The Changing Family,” *Times Literary Supplement*, October 21, 1977, pp.1226-1227）；艾伦·麦克法兰的评

价则较为严厉（Alan Macfarlane, *History and Theory*, XVIII,1, 1979, pp.103-126）。托马斯和麦克法兰（他们称斯通的大部头著作是"一场灾难"）提供大量证据对斯通的主题进行了严肃的修正——如果说不是完全摒弃的话。麦克法兰对自己的观点表示了支持（*The Family Life of Ralph Josselin: A Seventeenth-Century Clergyman*, 1970），他对英国社会历史推理性和攻击性的修正（*The Origins of Englisb Individualism: The Family, Property and Social Transition*, 1978）——尤其要注意第59—60页。在几篇论文中，奥斯维特挑战了斯通的结论（还有肖特的结论）（R. B. Outhwaite, ed., *Marriage and Society: Studies in the Social History of Marriage*, 1981）。埃德蒙·摩根有才气的开拓性著作《清教家庭：17世纪新英格兰宗教和家庭关系》，本来应该对前现代家庭那些冰冷拘谨的陈词滥调予以迎头痛击，并将其摧毁，只可惜他并没有做到。（Edmund Morgan, *The Puritan Family: Religion and Domestic Relations in Seventeenth-Century New England*, 1944; new ed., 1966）关于美国的主题，亦请参阅伯纳德·贝林精辟的短论（Bernard Bailyn, *Education in the Forming of American Society*, 1960）；约翰·德默斯优秀的埃里克森式的专论（John Demos, *A Little Commonwealth*）。奎弗的《淫乱的荡妇与任性的妻子：17世纪早期英格兰农民与非法性爱》（G. R. Quaife, *Wanton Wenches and Wayward Wives: Peasants and Illicit Sex in Early Seventeenth Century England*, 1979年），题目取得实在不太好，但实际上这是一部严肃而富有启发意义的著作，着重研究了1601—1660年之间，萨姆塞特郡（Somerset）乡村人口性生活问题；它着重强调"没有任何隐私"（第16页），但坚持认为，即便是穷人也知道什么是爱——这明显是对肖特和斯通观点的一种驳斥（参阅"结论"，第243—249页，以及贯穿全书的丰富的文献）。尽管奎弗的研究重点是"农民"，他对于爱情的结论却对中间阶层却最有说服力。与这点相关的还有让-路易·弗兰丁（Jean-Louis Flandrin）的作品，他最有名的是他在《性别与西方》 504
（*Le Sexe et l'occident*）和《以往时代的家庭》（*Families in Former Times*）两书中的短论，微妙且很具说服力。另一方面，参阅斯拉特的《最重要的事：17世纪英格兰上层乡绅家庭的婚姻》（Miriam Slater, "The Weightiest Business: Marriage in an Upper-Gentry Family in Seventeenth-Century England," in *Past and Present*, No. 72, August 1976, pp.25-42），它主要通过说明兴趣在早期现代英国的联姻中起到核心作用，从这个方面而言是支持斯通的观点的。作者的系列著作至今仍未完结。

关于家庭史一条有趣的线索显然就是对孩子的态度。它很自然地出现在我所列出的所有题目中。菲利普·阿里斯引人瞩目的著作《几个世纪的童年：家庭生活的社会史》（Philippe Aries, *Centuries of Childhood: A Social History of Family Life*, 1960; tr. Robert Baldick, 1962）就主要涉及这个领域；它把"儿童期的发现"作为近期的现象，这种研究似乎无可抵抗地令人信服。一个显著的成果就是亨特的《历史上的父母与孩子：早期现代法国家庭生活的心理学研究》（David Hunt, *Parents and Children in History: The Psychology of Family Life in Early Modern France*, 1971），该书将艾里克·艾里克森的观点与菲利普·阿里斯的观点结合起来了。但该书过分地依赖让-赫洛德医生的日记，他是年轻的法王路易十三的御医，日记中包括对小王子的性爱游戏的一些较奇怪的断言，产生了一些问题；"儿童期的发现"的概念也是颇有争议的。对于艾里克森，他早期的"强硬的"作品中，《童年与社会》（*Childhood and Society*, 1950; 2nd ed., 1963）堪称佳作，胜过他后期的作品；在该书中，儿童期的性问题已经处于更加边缘化的地位了。近期关于童年研究的著作中，普拉姆非常有见识的《18世纪英格兰儿童的新世界》很优秀（J. H. Plump, "The New World of Children in Eighteenth-Century England," *Past and Present*, No. 67, May 1975, pp.64-95）。彼得·康维尼的《童年印象：社会与个人》包括很多文学证据（Peter Coveney, *The Image of Childbood: The Individual and Society. A Study of the Theme in English Literature*, 1967）。品克贝克与休伊特的《英国社会中的儿童》（Ivy Pinckbeck and Mary Hewitt, *Children in English Society*, 2 vols., 1969, 1973），尤其是第2卷《从18世纪到1948年的儿童法案》（*From the Eighteenth Century to the Children Act, 1948*），在阶级，经济和法律方面论证都很充分。在法国，还有夏尔·德里布的旧著《法国革命前的家庭和社会》（Charles de Ribbe, *Les Familles et la société en France avant la révolution*, 2 vols., 1879），文献和原始资料都非常丰富；还有庇隆的《18世纪的家庭生活》（Edmond Pilon, *La Vie de famille au dix-huitième siècle*, 1923）。再请参阅乔治·鲍尔斯《童年的崇拜》（George Boas, *The Cult of Childhood*, 1966），完全是一位优雅而又睿智历史学家的观点。默斯主编的《儿童史》（Lloyd de Mause, ed., *The History of Childhood*, 1974）有一点大杂烩的感觉；编辑写了一篇冗长的序言，具有某种心理分析学的辉格党历史的特性，认为什么事情都会越来越好。其中个人投稿者讨论了各个时代的儿童研究问题；罗伯森的"作为庇护所的家庭：19世纪欧洲中产阶级的儿童"（Priscilla Robertson, "Home as a Nest: Middle Class Childhood in Nineteenth-Century Europe", pp.407-431），是这一卷中与主题最相关的一篇。

狄特尔·科勒森的《家庭与价值体系》全方位地讨论了核心家庭的命运（Dieter Claessens, *Familie und Wertsystem. Eine Studie zur "zweiten, soziokulturellen Gehurt" des Menschen und der Belastbarkeit*

der “Kernfamilie”, 1962; 3rd ed., 1972)。在致力于家庭研究的德国社会学家中，瑞恩 · 科尼格恐怕无人能敌，尤其参阅《家庭社会科学研究材料》(René Konig, *Materialien zur Soziologie der Familie*, 2nd ed., 1974, “Soziologie der Familie,” in *Handbuch der empirischen Sozialforschung*, vol. Ⅱ, 1969, S.172-305, and *Die Familie der Gegenwart. Ein interkultureller Vergleich*, 1977)。关于德国家庭研究没有很合理的且丰富的历史；韦伯-科勒曼的《德国家庭：社会史研究》的立意很好但是很肤浅（Ingeborg Weber-Kellermann，*Die deutsche Familie. Versuch einer Sozialgeschichte*, 1974)。关于 19 世纪德国家庭的“前历史”，参阅赫尔穆特 · 穆勒《18 世纪小资产阶级的 505
家庭：禁忌与集团文化》(Helmut Möller, *Die kleinbürgerliche Familie im 18. Jahrhundert. Verboten und Gruppenkultur*, 1969)， 这是一部专著的典范，生动地展示了性观念和性行为。里特尔和科卡合编的《德国社会史：文献与综述》是一部很有用的选集（G. A. Ritter and Jurgen Kocka, eds., *Deutsche Sozialgeschichte. Dokumente und Skizzen*, vol. Ⅱ, *1870-1914*, 1974)。埃文斯与李合编的《德国家庭：19 世纪至 20 世纪德国家庭社会史论文集》，是一部典型的近代社会史论文集（Richard J. Evans and W. R. Lee, eds., *The German Family: Essays on the Social History of the Family in Nineteenth- and Twentieth-Century Germany*, 1981)，但在其中的九篇论文只有一篇讨论了中产阶级家庭（Karin Hausen, “Family and Role Division,” pp. 51-83)。关于法国中产阶级家庭，亦参阅弗兰丁的《以往时代的家庭》(Flandrin, *Families in Former Times*)。对战前时期的比较简要但是很好的研究，参阅特雷尔的《18 世纪法国的婚姻与家庭》(James Traer, *Marriage and Family in Eighteenth-Century France*, 1980)； 罗德里克 · 菲利普斯的《18 世纪晚期法国家庭的破裂》(Roderick Phillips, *Family Breakdown in*

Late Eighteenth-Century France: Divorces in Rouen, 1792-1803, 1980）是一部很优秀的专著；还有两篇关于法国人口和法律的研究很值得一读：Maurice Garden, *Lyon et les Lyonnais au XVIIIe siècle*, 1970, and Yves Castan, *Honnetete et relations sociales en Languedoc au XVII siècles*, 1976。理查德·塞内特的《反对城市的家庭：工业革命时期芝加哥的中产阶级家庭》是一个有趣的研究，有很多关于19世纪下半世纪"家庭生活的紧张"的内容（Richard Senett, *Families Against the City: Middle Class Homes of Industiral Chicago 1872-1890*, 1970）。在弗吉尼亚·塔弗特和芭芭拉·迈尔霍弗合编的《家庭形象的变迁》中有一些很优秀的论文，主要是关于欧洲和美国的家庭，有事实也有虚构（Virginia Tufte and Barbara Myerhoff, eds., *Changing Images of the Family*, 1979）。另一部增进知识的选集是沃尔编著的《维多利亚家庭：结构与紧张关系》（Anthony S. Wohl, *The Victorian Family: Structure and Stresses*, 1978）。同时，还有《家庭研究选集》（The Family, *Daedalus*, CVI, Spring 1977），以及约翰·德默斯和布柯克合编的《转折点：家庭历史和社会学论文集》（John Demos and Sarane Spence Boocock, eds., *Tuning Points: Historical and Sociological Essays on the Family*, 1978），主题多样并且很有趣；尤其参阅史密斯–罗森伯格的"维多利亚纯洁性中的符号：杰克逊时期美国的历史人类学分析"（Carroll Smith-Rosenberg, "Sex as Symbol in Victorian Purity: An Ethnohistorical Analysis of Jacksonian America," pp.212-247），还有格伦·艾尔德的导言"社会变迁与家庭的研究方法"（Glen H. Elder, "Approaches to Social Change and the Family," pp.1-38），尽可能地全面考察了近期关于家庭史的所有研究（以及争议）。拉布与洛特伯格合编《历史上的家庭：跨学科论文集》（Theodore K. Rabb and Robert I. Rotberg, eds., *The Family in History: Interdisciplinary*

Essays, 1971）也是很有用的文献；哈勒汶着重讨论了“作为跨学科研究的家庭史”（Tamara K. Hareven, “The History of the Family as an Inter- disciplinary Field,” pp.211-226），由约翰·萨莫维尔所做的“书目笔记”（第227—235页）是很有价值的。亦参阅《历史与社会：历史的社会科学》（*Geschichte und Gesellschaft. Zeitschrift fur Historische Sozialwissenschaften, I, 2-3*, 1975），其中大部分都是关于历史学家庭研究和人口统计学。达姆加德和穆斯特加德合写的论文《一个家庭》，是一篇关于19世纪丹麦家庭的吸引人且简洁的研究，有一个英文摘要（Ellen Damgaard and Poul H. Moustgaard, *Et Hjem—en familie*, 1970）。值得一提的是，安德森的《西方家庭历史研究方法》（Michael Anderson, *Approaches to the History of the Western Family*, 1980），对肖特及其他研究者的观点进行了严厉的批评，亦值得一读。

关于《妇女周报》（*The Girl's Own Paper*），参阅温蒂·福勒斯特的著作是一部轻松愉快的汇编，也是最早吸引我的材料（Wendy Forrester, *Great-Grandmamma's Weekly: A Celebration of "The Girl's Own Paper" 1880-1901*, 1980）。另外一篇代表那个时代特点的产物是安妮·纳森·梅耶主编《美国女性的作为》（Annie Nathan Meyer, *Woman's Work in America*, 1891），真实反映了所有发生的变化，但似乎并不愿以此为荣；她是促成伯纳德学院（Bernard College）成立的动力之一，她的书也是以斯坦顿的《欧洲女性问题》为典范的 506
（Theodore Stanton, *The Woman Question in Europe*）。编辑为投稿者所设立的指导方针暗示女性的事业在半个世纪以来已变得成熟：“文章注重事实与历史而不是口才；注重真理而不是如画的风景；完全杜绝对异性的攻击谩骂”（第5—6页）。同时，该书还列出了各个领域杰出女性的名单。

19 世纪父子间的伟大战斗值得进行更多的研究，现在的研究还很不充分。霍华德·沃尔夫的“英国的父亲与儿子：从孝顺到创造性”，主要讨论了穆勒、戈斯和劳伦斯三个家庭，但内容显得非常单薄（Howard R. Wolf, “British Fathers and Sons, 1773-1913: From Filial Submissiveness to Creativity,” *Psychoanalytic Review*, LII, 2, Summer 1968, pp.197-214）；库尔特的《父子的隐秘动机》内容就丰富多了，包括很多的建议，这几卷简洁的文献就好像是一位好争辩的愤怒的反弗洛伊德者做出的妥协（Kurt K. T. Wais, *Das Vater-Sohn Motiv in der Dichtung bis 1880*, 1931; and *Das Vater-Sohn Motiv in der Dichtung 1880-1930*, 1931）。布鲁斯·马兹利什对穆勒家庭父子的研究，抓住了一个很有前途的主题，但结果却很令人失望。斯蒂芬·柯恩从心理分析角度的内容丰富的论文“爆炸的亲密关系：维多利亚家庭的心理动力”（Stephen Kern, “Explosive Intimacy: Psychodynamics of the Victorian Family,” *History of Childbood Quarterly*, I, 3, Summer 1974, pp.437-461），触到了所有正确的基础，但是根据我的判断，批评过于严厉；它注意到了紧张的一面，但忽视了 19 世纪中产阶级家庭幸福的一面。前文所述的奥托·兰克《乱伦的动机》（Otto Rank, *Inzest-Motiv*），是由一位特立独行的精神分析学者所做的详尽大纲，远远超出了文献的范畴。我还要提到发表在《精神分析史评论》（*Psychohistory Review*）几篇颇有教益的文章，尽管并非所有文章都是纯粹的心理分析史，但是它们也有各自的价值沃特金斯，“彼得家族的复兴”（Renee Neu Watkins, “The Renaissance Pater Familias—‘Be Ye Perfect,’” IX, 2, Winter 1980, pp.91-110），塑造了两位父亲的形象；南希·科特，“对一种前儿童抚养问题解释的笔记”（Nancy F. Cott, “Notes toward an Interpretation of Antebellum Childbearing,” VI, 4, Spring 1978, pp.4-20），关于抚养孩子的理解，为历史学家做了很多的文献检索；在“美国家庭的心理分析史研究”专号中（“Psychohistorical Study of the American Family,” Ⅵ, 2-3, Fall-Winter 1977-1978），有很多有价值的论文。

关于舒适的历史也需要进行更多的研究；当然它已隐含于家具和陈设品等物品的历史研究之中。但是有很多很好的资料，约翰·康恩弗斯的《英国家庭的室内装饰：追求舒适》（John Cornforth, *English Interiors 1790-1848: The Quest for Comfort*, 1978），以及约翰·格罗格早期还未被取代的作品《维多利亚时期的舒适》（John Gloag, *Victorian Comfort*, 1942）。让-弗朗索瓦·弗拉斯蒂夫妇合著《舒适的历史》(Jean and Francoise Fourastie, *Histoire du confort*)，虽简洁但很有用；他们两位还合作写了很重要的一章（Jean Fourastié, *Machinisme et bien-etre. Niveau de vie et genre de vie en France de 1700 à nos jours*, 1969)。亦参阅卡尔德的《维多利亚家庭》（Jennie Calder, *The Victorian Home*, 1977），很谨慎地涉及舒适的家庭中紧张关系，但是要比我所提到的要更苛刻。西格弗里德·基迪恩的经典之作《机械化的主导》（Siegfried Giedion, *Mechanization Takes Command: A Contribution to Anonymous History*, 1948），仍然可以作为内容充实的著作。关于毕德迈尔的一个最优秀的调查研究，无论是面目全非的恶意诽谤的文体或是伤感的文体，参阅格奥格·西美尔赫伯的《毕德迈尔风格的家具》（Georg Himmelheber, *Biedermeier Furniture*, 1973; tr. Simon Jervis, 1974），他成功地避免了上述两个极端。

费尔南·布罗代尔把19世纪之前几个世纪的舒适——或是不舒适，纳入了自己的研究主题。他的宏大但略显古怪的三卷本巨著（Fernand Braudel, *Civilisation matérielle, économie et capitalisme, XVe-XVIIIe siècle*, 3 vols., 1979），尤其是第一卷（*Les Structures du* 507 *quotidien: le possible et l'impossible*, tr. Sian Reynolds, *Civilization and Capitalism, 15th-18th Century* [1981]），提供了很多细节。这部作品早期的英译版本（*Capitalism and Material Life, 1400-1800*, tr. Miriam Kochan, 1973），在众多社会历史学家中引起了反响。布罗代尔断然地认为，"隐私，是18世纪的一个发明"。（第224页）罗伯特·曼德罗的著作（Robert Mandrou, *Introduction a la France modern. Essai de psychologie historique, 1500-1640*, 1961），提供很多引人入胜的资料，尤其是在第一部分关于早期现代欧洲的感官历史。亦请参阅 Michel and Mireille Lacave, *Bourgeois et marchands en Provence et en Languedoc*, 1977，其中包括一直到18世纪中产阶级不舒适的家庭生活的许多有趣的细节（第八章）。

对于需要反思（或是改革）婚姻制度这个主题，德国人似乎显得尤为健谈。尤其是在19世纪90年代，在"新型"女性的现实，以及尼采等颇具争议的哲学家的刺激下，他们的作品简直是滔滔不绝了。在此，我只列出其中一小部分。马克西米伦·沙赫特的作品（Maximilian Schacht, *Sociologische Studien*, vol. Ⅱ, *Versittlichung der Ehe*, 1895），其主要观点认为：爱，而不是严格的法律规定，应当处于统治地位；其他的则处于从属地位。莱恩霍尔德·古特尔博士，一位瑞士裔哲学家，在他的著作中（Reinhold Guther, *Weib und Sittlichkeit. Studien und Darlegungen*, 1898），旨在捍卫"道德性欲"，并且称赞女人天生纯洁，且天生喜爱孩子。奥托·卡斯帕里，一位哲学教授，在他的作品中（Otto Caspari, *Das Problem über die Ehe. vom philosophischen, geschichtlichen und socialen Gesichtspunkte*, 1899），表示了对于不断增长的未婚者不道德性行为的担忧。当然，德国人在这种棘手的调查研究中没有任何专著。参阅一个法国的例子：Count A. de Gasparin, *L'Ennemi de la famille*, 1874。

关于写日记作为心理学上老练的处理方式之一，研究还不多，请参阅 Siegfried Bernfeld, *Trieb und Tradition Im Jugendalter. Kulturpsychologische Studien aus Tagebüchern, Beiheft for the Zeitschrift für angewandte Psychologie*, 1931; Peter Blos, *On Adolescence*。马克法伦的《拉尔夫·约瑟林的家庭生活》（Macfarlane, *Family Life of Ralph Josselin*），关于写日记有几页很不错（特别是第4—8页）。关于精神分析法治疗，参阅威利·霍夫高度专业化但是仍很吸引人的论文（Willie Hoffer, "Diaries of adolescent schizophrenics, hebephrenics", in *Psychoanalytic Study of the Child, II*, 1946, pp.293-321）。亦参阅 M. Leleu, *Les Journaux intimes*, 1952; Robert A. Fothergill, *Private Chronicles: A Study of English Diaries*, 1974; P. A. Spalding, *Self Harvest: A Study of Diaries and the Diarist*, 1949; Gustav René Hocke, *Das Europaische Tagebuch. Beiträge zur vergleichenden Literaturgeschichte*, 1963，由虽然增进知识可是很长（超过500页）的选集、过于矫饰的引言中日记和笔记的片段组成（超过450页）。

约翰·马克·法兰格尔曾提出，男人总是保持精炼、有条理的记录，而女人的日记则是易动感情的、家庭的且具有扩张性。对于他自己提出案例——19世纪中期美国西进运动，这毫无疑问是正确的推论，但是对于有教养的美国东海岸和欧洲的资产阶级而言，恐怕就不尽然了（John Mack Faragher, *Women and Men on the Overland Trail*, 1979, esp. 14, pp.128-133）。1839年，威廉·阿尔科特医生在他的《年轻丈夫》（*The Young Husband*）一书中，力劝丈夫和妻子们写日记以表达他们的私人情感，参阅 Haller and Haller，*Physician and Sexuality*, p.227。关于亨弗利·沃尔德夫人翻译阿米尔的日记，以及 508
在英国的接受情况，参阅 William S. Peterson, *Victorian Heretic: Mrs. Humphry Ward's "Robert Elsmere,"* 1976, pp.90-101。对于巴什克采夫著名

的日记，多尔莫·克勒斯顿（假名）（Dormer Creston [pseudo.]）在《青春的源泉：巴什克采夫传》（*Fountains of Youth: The Life of Marie Bashkirtseff*, 1937) 中加以大幅删节。格莱斯通当时的赞赏也颇为有趣（“Journal de Marie Bashkirtseff,” *Nineteenth Century*, XXVI, October 1889, pp.602-607）。关于维多利亚·本尼迪克森，参见上文，第 702 页。詹姆斯·梅洛的著作（James Mellow, *Nathaniel Hawthorne in His Time*, 1980）非常流畅，很睿智地利用了霍桑家人的日记，我发现很有帮助。

关于萨穆纳的婚姻，尤其是詹妮·萨穆纳的健康问题和性生活的不适，参阅 Bruce Curtis，“Victorians Abed: William Graham Sumner on the Family, Women and Sex,” *American Studies*, XVIII, 1977, pp.101-122; Joy and Bruce Curtis, “Illness and the Victorian Lady: The Case of Jennie Sumner,” *International Journal of Women's Studies*, IV, 5, 1981, pp.527-543。关于女性利用病床确保避孕这一话题，迄今仍有争议。在芭芭拉·伊莱恩莱赫等的著作中（Barbara Ehrenreich and Deirdre English, *For Her Own Good: 150 Years of the Experts' Advice to Women*, 1978)，对其加以肯定，但这也许只是众多策略中的一种罢了。

插 图 出 处 509

（尺寸单位：英寸，宽 × 高）

图 1　安东尼 · 维尔茨，《两个美人》：Antoine Wiertz, *La Belle Rosina*, also called *Two Young Girls*, 1847, Oil on canvas, 39×54.6. Antoine Wiertz Museum (dept. of the Royal Museums of Fine Arts of Belgium), Brussels. Inv. No. 1935. Photo copyright A. C. L., Brussels.

图 2　梅贝尔 · 卢美斯 · 托德：Mabel Loomis Todd, February 1882, photograph. Todd-Bingham Picture Collection, Yale University Library.

图 3-1　艾本 · 卢美斯：Eben J. Loomis, 1895, photograph. Todd-Bingham Picture Collection, Yale University Library.

图 3-2　大卫 · 佩克 · 托德：David Peck Todd, ca. 1890, photograph. Todd-Bingham Picture Collection, Yale University Library.

图 3-3　威廉 · 奥斯汀 · 狄金森：William Austin Dickinson, ca. 1890, photograph. Todd-Bingham Picture Collection, Yale University Library.

图 4-1　约翰 · 特尼尔爵士，《妇女的解放》：Sir John Tenniel, *Women's Emancipation, Punch*, XXI (1851), 3. Reproduced with per-mission of Punch Ltd.

图 4-2　爱德华 · 萨姆博恩，《"家里（下议院）的"天使》：Edward L. Sambourne, *The Angel in "The House"; Or, The Result of Female Suffrage, Punch*, LXXXVI (1884), 279. Reproduced with permission of Punch Ltd.

图 4-3　《现代温室植物》：*Modern Hothouse Plants, Fliegende Blätter*, I, 6 (1845), 46.

图 4-4　《教授太太》：*Mrs. Professor, Fliegende Blätter*, IV, 85 (1846), 102.

图 5-1　《女诗人》：*The Poetess, Fliegende Blätter*, IV, 89 (1846), 135.

图 5-2　霍诺勒 · 道弥尔，《"请原谅，先生，如果我不幸打搅了您"》：

Honoré Daumier, "*Pardon me, Sir, if I disturb you a little*," lithograph from Les Bas bleus, *Le Charivari*, March 8, 1844. From Charles F. Ramus, ed., *Daumier—120 Great Lithographs*, New York, Dover, 1978.

图 5-3　海因里希 · 霍夫曼，《蓬头彼得的故事，一个吮吸拇指的人》：Heinrich Hoffmann, *History of a Thumb-Sucker, Struwwelpeter* (1844-1845, ed. ca. 1900).

图 6-1　《菲利斯骑上亚里士多德》：*Phyllis Riding Aristotle*, before 1300. Bronze Mosan aquamanile, 13 3/16. The Metro-politan Museum of Art, New York, Robert Lehman Collection, 1975. All rights reserved, The Metropolitan Museum of Art.

图 6-2　但丁 · 加布里尔 · 罗塞蒂，《换心的维纳斯》：Dante Gabriel Rossetti, *Venus Verticordia*, 1864. Oil on canvas. Russell-Cotes Art Gallery and Museum, Bournemouth.

510 图 6-3　但丁 · 加布里尔 · 罗塞蒂，《潘多拉》：Dante Gabriel Rossetti, *Pandora*, 1879. Colored crayon on paper, 24　1/2×38. Cour-tesy Fogg Art Museum, Harvard University. Gift of Grenville L. Winthrop. Photo: Photo Services © President and Fellows of Harvard College, Harvard University.

图 7-1　马克斯 · 利伯曼，《力士参孙和黛莉拉》：Max Liebermann, *Samson and Delilah*, 1902. Oil on canvas, 83.5 × 59.5. Städtische Galerie in the Städelsches Kunstinstitut Frankfort. © 1999 Artists Rights Society (ARS), New York/VG Bild-Kunst, Bonn.

图 7-2　弗朗兹 · 冯 · 斯塔克，《罪》：Franz von Stuck, *Sin*, 1893. Oil on canvas, 37.6×49. Neue Pinakothek, Munich, Bayerische Gemäldesammlung, Munich.

图 7-3　爱德华 · 蒙克，《悍妇》：Edvard Munch, *Harpy*, 1894. Drypoint, 8 5/8×11 1/6. Munch-Museet, Oslo. © 1999 The Munch Museum/The Munch-Ellingsen Group/Artists Rights Society (ARS), New York.

图 8-1　爱德华 · 蒙克，《吸血鬼》：Edvard Munch, *Vampire*, 1895. Hand-colored lithograph, 21 5/8×15 1/16. Munch-Museet, Oslo. © 1999 The Munch Museum/The Munch-Ellingsen Group/Artists Rights Society (ARS), New York.

图 8-2　爱德华 · 蒙克，《马拉之死》：Edvard Munch, *The Death of Marat*, ca. 1905-7, later reworked. Oil on canvas, 78 5/8×59 1/16. Munch-Museet, Oslo. © 1999 The Munch Museum/The Munch-Ellingsen Group/Artists Rights Society (ARS), New York.

图 8-3 爱德华·蒙克，《莎乐美》：Edvard Munch, *Salome II*, 1905. Etching. Munch-Museet, Oslo. © 1999 The Munch Museum/The Munch-Ellingsen Group/Artists Rights Society (ARS), New York.

图 8-4 奥博利·比亚兹莱，《高潮》：Aubrey Beardsley, *The Climax*, 1894, Line block, 8 1/4×6. Illustration for Oscar Wilde, *Salome*. Beinecke Rare Book and Manuscript Library, Yale University.

图 9-1 奥博利·比亚兹莱，《美术与美女的战斗》：Aubrey Beardsley, BI 103667, "The Battle of the Beaux and the Belles," drawing for the eighth illustration from *Rape of the Lock* by Alexander Pope, pub. by Leonard Smithers, 1896, (pen and ink on paper) by Aubrey Beardsley. The Barber Insti-tute of Fine Arts, University of Birmingham/Bridgeman Art Library, London/New York.

图 9-2 古斯塔夫·莫罗，《俄狄浦斯与斯芬克斯》：Gustave Moreau, *Oedipus and the Sphinx*, 1864. Oil on canvas, 41 1/4 × 81 1/4. The Metropolitan Museum of Art, New York, Bequest of William H. Herriman, 1920. All rights reserved, The Metropolitan Museum of Art.

图 9-3 弗朗兹·冯·斯塔克，《斯芬克斯之吻》：Franz von Stuck, *The Kiss of the Sphinx*, 1895. Oil on canvas, 57×63. Szépmüvészeti Museum, Budapest.

图 9-4 爱德华·蒙克，《斯芬克斯》：Edvard Munch, *Sphinx*, ca. 1927. Drawing. Munch-Museet, Oslo. © 1999 The Munch Museum/The Munch-Ellingsen Group/Artists Rights Society (ARS), New York.

图 10-1 带有四个尖角的尿道环：Four-Pointed Urethral Ring, from J. L. Milton, *Pathology and Treatment of Spermator-rhoea* (London, 1887), 127. Courtesy of the Wellcome Trustees, Wellcome Institute for the History of Medicine, London.

图 10-2 防止手淫的装置：Apparatuses against onanism, from Maison Mathieu catalogue, 1904. Courtesy of the Wellcome Trustees, Wellcome Institute for the History of Medicine, London.

图 11-1 哈布罗特·布朗，《家里的变化》：Hablot K. Browne ("Phiz"), *Changes at Home*, 1850, for Charles Dickens, *David Copperfield*.

图 11-2 卡尔·朱茨，《珍惜现在》：Carl Jutz, *Memento Mori, Daheim*, XX (1884), 57.

图 12-1 詹姆斯·沃尔德，《时下的娱乐》：James Ward, *The Day's Sport*, 1826. Oil on canvas, 51 1/4×39 1/2. Yale Center for British Art, Paul

Mellon Collection.

图 12-2　莫尔兰，《在绘画沙龙》：V. Morland, *Au Salon de Peinture, Petit Journal pour Rire*, XXVI, 3rd series (1882), 6.

图 12-3　安东尼–让–保罗 · 查尔斯，《阿贝尔之死》：Antonin-Jean-Paul Carlès, *Death of Abel*, 1887. Musée du Luxembourg, Paris.

图 13-1　厄内斯特 · 巴里亚斯，《电》：Ernest Barrias, *Electricity*, 1889. Plaster, destroyed. Photo Giraudon/Art Resource, NY.

511 图 13-2　菲利克斯 · 夏朋蒂尔，《自行车》：Felix Charpentier, *The Bicycle*, ca. 1895–1900. Terracotta, whereabouts unknown. Photo from Peter Fusco and H. W. Janson, eds., *The Romantics to Rodin* (1980), 69.

图 13-3　佩尔 · 哈瑟尔伯格，《磁力》：Per Hasselberg, *Magnetism*, ca. 1884. Plaster. Fürstenberg Gallery, Göteborgs Konst-museum, Göteborg.

图 13-4　卡尔 · 拉尔森，《福斯坦堡画廊的内部》：Carl Larsson, *The Interior of the Fürstenberg Gallery*, 1885. Oil on canvas, 22 1/4×30 5/8. Göteborgs Konstmuseum, Göteborg.

图 14-1　安东尼 · 泰沙拉 · 洛佩斯，《埃萨 · 德 · 盖罗斯》：Antonio Teixeira Lopes, *Eça de Queiros*, 1903. Marble. Lisbon. Courtesy of Portuguese Consul General, New York.

图 14-2　亚历山大 · 夏波尼尔，《引导精灵升天的书房 》：Alexandre Chaponnier, after Pierre-Paul Prud' hon, *Study Guiding the Ascent of Genius*, 1806 or before. Stipple engraving in color, 8 1/2×10 7/8. In the possession of the author.

图 14-3　奥古斯特 · 基斯，《亚马逊》：August Kiss, *Amazon*, 1841. Engraving representing the life-size zinc copy exhibited in the Great Exhibition in London. From *The Art-Journal, Illustrated Catalogue, The Industry of All Nations*, 1851 (1851), 37.

图 14-4　让 · 奥古斯特 · 多米尼克 · 安格尔，《男性躯干》：Jean Auguste Dominique Ingres, *Torso of a Man*, ca. 1800. Oil on canvas, 31 1/2×39 3/8. Ecole des Beaux-Arts, Paris.

图 15-1　安格尔，《阿喀琉斯营帐中阿伽门农的特使》：Jean Auguste Dominique Ingres, *The Ambassadors of Agamemnon in the Tent of Achilles*, 1801. Oil on canvas, 61×43 1/4. Ecole des Beaux-Arts, Paris.

图 15-2　威廉 · 埃蒂，《醒来的维纳斯唤醒爱情》：William Etty, *Venus Now Wakes and Wakens Love*, 1828. Oil, 24×20. Russell-Cotes Art Gallery and Museum, Bournemouth.

图 15-3 威廉·埃蒂,《安德洛墨达》: William Etty, *Andromeda*, ca. 1840. Oil, 20×26 3/8. Lady Lever Art Gallery, Port Sunlight, Merseyside. By permission of the Board of Trustees of the National Museum and Galleries on Merseyside.

图 15-4 威廉·埃蒂,《潘多拉》: William Etty, *Pandora Crowned by the Seasons*, 1824. Oil on canvas, 44 1/8×34 3/4. Leeds Museums and Galleries (Temple Newsam House).

图 16 爱德华·伯恩–琼斯,《皮格马利翁与肖像》: Edward Burne-Jones, *Pygmalion and the Image*, 1868–79. Oil on canvas. Courtesy of Birmingham Museums and Art Gallery.

图 17-1 让–莱昂·吉罗姆,《皮格马利翁与加拉蒂亚》: Jean Léon Gérôme, *Pymalion and Galatea*, ca. 1881. Oil on canvas, 29 1/4×37 1/4. The Metropolitan Museum of Art, New York, Gift of Louis C. Raegner, 1927. All rights reserved, The Metropolitan Museum of Art.

图 17-2 霍诺勒·道弥尔,《皮格马利翁》: Honoré Daumier, *Pygmalion*, lithograph, *Le Cbarivari*, December 28, 1842. From Charles F. Ramus, ed., *Daumier — 120 Great Litbographs*, New York, Dover, 1978.

图 17-3 让–巴蒂斯特·克莱辛格,《被蛇咬伤的女人》: Jean-Baptiste (called Auguste) Clésinger, *Woman Bitten by a Snake*, after 1847. Bronze reduction of marble original. Private collection.

图 17-4 亚历山大·卡巴内尔,《被农牧神绑架的少女》: Alexandre Cabanel, *Nymph Abducted by a Faun*, 1860. Oil on canvas, Musée des Beaux-Arts, Lille. R.M.N., Paris.

图 18-1 希拉姆·鲍威尔斯,《希腊奴隶》: Hiram Powers, *The Greek Slave*, 1843. Marble, Yale University Art Gallery, Olive Louise Dann Fund.

图 18-2 希拉姆·鲍威尔斯,《被诱惑的伊芙》: Hiram Powers, *Eve Tempted*, modeled 1842. Marble, National Museum of American Art, Smithsonian Institution, Washington, D.C. Art Resource, NY.

图 18-3 乔治·克鲁伊克申克,《要体面!》: George Cruikshank, *Making Decent!*, 1822. Etching. © The British Museum.

图 18-4 维尔比·普金,《尖角或基督教建筑的真正原则》: *A modern Gothic mansion*, from A. Welby Pugin, *The True Principles of Pointed or Christian Architecture, Set Forth in Two Lectures* (1841), 58.

图 18-5 有可移动坐垫的沙发: *Sofa witb Movable Cushions*, from Clarence Cook, *The House Beautiful: Essays on Beds and Tables, Stools and Candlesticks*

(1878), 59.

图 19-1　安东尼奥 · 卡诺瓦，《意大利的维纳斯》：Antonio Canova, *Venus Italica*, 1812. Marble, Pitti Palace, Florence. Photo Alinari/Art Resource, NY.

图 19-2　安东尼奥 · 卡诺瓦，《丘比特与赛姬》：Antonio Canova, *Cupid and Psyche*, 1793. Marble. Louvre, Paris. Photo Giraudon/Art Resource, NY.

致 谢 513

本书的写作历经十载，在此过程之中，笔者得到了多方的帮助和赐教，很荣幸地在这里表达谢意。我只是期望自己没有忘记在诸多讲座或学术会议上遇到的许多人。例如，在加州伯克利大学的一次会议上，有一个研究生向我提到了海因里希·格雷茨（Heinrich Graetz）的日记。还有一位朋友（我现在想不起他的名字了）很睿智地向我提示了一个标题：腺体的基督教（Glandular Christianity）——我在第二卷中使用了这个标题。可想而知，我得到的惠助和赐教是多么的深刻和广泛。

我非常幸运地在各种讲座和会议上检验自己正在构思的观点。1980 年，我有幸成为第一个在波莫纳学院（Pomona College）做恩纳·汤普逊（Ena H. Thompson）讲座的人；在这个友好而宁静的氛围中，我基本上构思了我将来从事研究的大体思路。还在三年之前的 1977 年，我很荣幸地受邀到丹佛大学伊利弗神学院做了马丁·李斯特讲座（Martin Rist Lectures），在那里重游了旧地，见到了故友，也提出了我将要进行的 19 世纪布尔乔亚文化研究的诸多思想。我一如既往地得到了哈维·珀特霍夫（Harvey H. Potthoff）的帮助。同年，我有幸在加拿大安大略省汉密尔顿市的麦克玛斯特大学 (McMaster University) 主持了惠顿讲座（Whitten Lectures），这些关于这个“布尔乔亚世纪”（“Bourgeois Century”）的讲座也使我受益匪浅。1979

年，我到普林斯顿大学的克里斯汀·高斯批评理论讲座（Christian Gauss Lectures in Criticism）也以不同方式展现了我的观点，这个讲座正是以其严格而友好的、富有建设性意义的氛围而著称。1980年，我到耶鲁大学进行的四次弗洛伊德讲座也集中了这一卷中讨论的主要思想，这次讲座得到了耶鲁大学人文中心的西新英格兰精神分析研究院的资助。我也得到了耶鲁大学国际与区域研究协会以及现代研究项目的慷慨资助。我在其他地方进行的讲座可以追溯到1971年春天，那时我在伦敦历史研究院的资助下整理和演示了我对于这个布尔乔亚世纪研究的主要思路；此次学术之旅为我提供了宝贵的机会，使得我能够与听众进行交流、讨论，听取了很多好的建议，甚至是不同意
514 见。1972年，我分别到布卢明顿的印第安纳大学、卡拉马祖的西密歇根大学、马里兰州陶森市的古彻学院（Goucher College），做了关于19世纪的文雅传统以及心理压抑的讲座。1974年，我回到母校丹佛大学做了关于“现代主义”的讲座。后来众多的与本卷内容关系密切的讲座中，我在此特别提到1980年在斯托尔斯的康涅狄格大学的讲座；同年我在哈佛大学欧洲研究中心进行了富有建设性的讨论。最近于1982年，我到蒙特利尔的康考迪亚学院、坦佩的亚利桑那州立大学进行了讲座。我很愉快地回忆起20世纪70年代多次到加州伯克利大学和加州洛杉矶大学、约翰·霍普金斯大学的学术访问，也同样回忆起其他愉快而富有成效的讲座和访问：麦迪逊的威斯康星大学、俄亥俄州甘比尔市的肯庸学院、马萨诸塞州梅德福塔夫茨大学，以及阿莫斯特马萨诸塞大学的人文高级研究中心。1982年10月，我到康奈尔大学的性别研究会议上做了引导性的发言。所有这些讲座和访问都以一种贺拉斯式的寓教于乐方式进行，既富有教益也令人愉快。

金钱就是时间。本书的写作，尤其是第二卷的写作，都需要漫长的“闲暇”，查访档案、在家埋头苦读，与各地的研究对象以及研究

同仁探讨、商榷，也经历了一个不断重写和修改的过程。在此，我想特别感谢两次获得的全国人文研究基金的慷慨资助，第一次从1973年至1975年，第二次从1981年至1984年，使我获得了宝贵的研究机会，为我到几个国家去查询档案提供资助。我要特别感谢洛克菲勒基金会人文研究中心和约翰·西蒙古根海姆纪念基金会的慷慨资助，也为我的研究提供了宝贵的时间，尤其要特别感谢洛克菲勒基金会对于一个学者寻求资助时表现出来的理解，他们处理各种事务快捷而高效，毫无官僚主义的做派。我也要特别感谢美国精神分析协会研究基金的资助，更是由于他们才对我的研究提供了很多富有专业精神的服务。德国—美国学术交流基金会（亦称DAAD）以及弗里茨·蒂森基金会（Fritz Thyssen Stiftung）为我访问德国档案馆和复印原始资料提供资助。在耶鲁大学，我多次得到了国际与区域研究协会的西欧研究理事会以及惠特尼·格里斯沃尔德基金会的帮助，两个机构都为我学术旅行的资费和复印资料提供了资助。

我要特别感谢耶鲁大学和历史系对我的工作提供的便利和支持。耶鲁学院院长、我的同事霍华德·拉玛（Howard Lamar）为我制定了非常规的教学研究安排，使得我在从事宝贵的课程教学的同时，也有同样宝贵的时间从事本书的写作。资助和合同管理处的约瑟夫·瓦尔纳（Joseph Warner）和琳达·道纳（Linda Downey）为我在复杂的资助申请和有关规定方面提供了诸多指导，远远超出了他们职责的要求；耶鲁大学美术馆的理查德·菲尔德（Richard S. Field）和德布拉·曼科夫（Debra N. Mancoft）在为我查找和提供插图方面非常热情。卢瓦·弗鲁格（Loueva Pflueger）以她无可比拟的方式为我的写作提供了帮助。盖伊·沃尔克（Gay Walker）为我解决了诸多技术难题。耶鲁大学的贝涅克善本和原稿图书馆的马约里·韦恩（Marjorie 515
Wynne）澄清了插图方面的一个难题。罗伯特·贝莱（Robert Balay）

和图书咨询部的同仁们为我解决了很多参考资料方面的难题。贝蒂·佩恩（Betty Paine）为我潦草的手稿做了打印和誊写的工作，也常常为本书提供很多有趣的图片和趣闻轶事，本书也凝结了她的辛勤劳动。我还要感谢耶鲁大学手稿和档案馆为我提供的富有专业精神的帮助，特别是朱迪斯·席弗（Judith Schiff）。此外，还要感谢耶鲁大学医学院医学史图书馆的菲尼克·格约盖耶（Ferenc Gyorgyey）。

我要感谢其他地方的图书馆工作人员，给我回信并指导我正确的渠道，为我节省了很多时间，无论是在科隆、汉堡、慕尼黑（德国国家图书馆和默纳克齐亚图书馆）、西柏林的席勒研究院，还是在剑桥、牛津、奥斯陆、里尔、巴黎和哥德堡，都是如此。我要特别感谢哥德堡艺术博物馆的英格瓦丽·德赛克斯（Ingvari Desaix）女士为我提供宝贵的信息。在美国，我要感谢纽约皮尔蒙·摩根图书馆的赫伯特·卡宏（Herbert Cahoon）；布朗大学约翰·海伊图书馆的丽塔·H .沃诺克（Rita H. Warnock）；波士顿弗朗西斯·康威医学图书馆的理查德·J. 沃尔夫（Richard J. Wolfe）；伊利诺伊州盖尔堡市的诺克斯学院档案馆馆长林恩·梅斯（Lynn Metz）；马萨诸塞州北汉普顿市的史密斯学院的索菲亚·史密斯善本图书馆的多萝西·格林（Dorothy Green）和苏珊·L. 波尼（Susan L. Boone）；阿默斯特马萨诸塞大学阿默斯特历史学会的路斯·詹姆斯（Ruth James）；哈佛大学拉德克里夫学院施莱辛格图书馆的伊娃·莫斯莱（Eva Moseley）；加州斯坦福大学手稿中心的萨拉·廷比（Sara Timby）；布卢明顿印第安纳大学性别研究中心的苏珊·马图塞克（Susan Matusek）；洛杉矶县艺术博物馆的彼得·富斯科（Peter Fusco）；加州圣马力诺亨廷顿图书馆的萨拉·S. 霍德森（Sara S. Hodson）。

我要特别感谢西新英格兰精神分析研究院（Western New England Institute for Psycho analysis），我在此完成了七年的研究员任期，这里为我提供了明显并且是巨大的帮助。尽管在众多的老师中仅举出一两个颇为有失公允，我还是要特别感激理查德·纽曼博士（Richard Newman），个中原因他与我共知；还有恩斯特·普勒林格（Ernst Prelinger），他在庞杂的精神分析文献方面有着深厚而渊博的知识，也是第一个让我领略到心理结构在对现实的批评方面的巨大作用。我还要很愉快地指出，我的同学们无论是在个人还是在整体方面，对我偏执的兴趣都表现出了巨大的容忍。

我还要感谢耶鲁大学和其他地方无数的学生和同事、在我讲座后与我探讨的熟人或陌生人，他们以各种方式为我提供了帮助，我在此难以列举或全部回忆起来。我相信他们会原谅我在此仅以字母顺序简单列举的致谢方式；他们或者为我提供了某一个名不见经传的人物，或为我讲述了一个动人的故事，为我翻译一个俄文词语，提出一个我没有想到的标题，或只是倾听我的讲座：詹姆斯·阿尔比塞蒂（James Albisetti），玛德隆·比德尔（Madelon Bedell），约翰·布鲁姆（John Blum），约翰·布鲁尔（John Brewer），迈克尔·伯恩斯（Michael Burns），保罗·布什科维奇（Paul Bushkovitch），鲁思·巴特勒（Ruth Butler），苏珊·奇蒂（Susan Chitty），茱迪·科芬（Judy Coffin），斯蒂芬·柯林尼（Stefan Collini），玛丽安·F.康韦（Marian F.Conway），南希·科特，安吉拉·康维·克伦普（Angela Covey-Crump），卡尔·德格勒，彼得·德梅茨（Peter Demetz），贝蒂·安妮·德布勒（Betty Anne Doebler），特里·埃德尔斯坦（Teri Edelstein），理查德·埃尔曼（Richard Ellmann），珍妮·富尔彻（Jane Fulcher），约翰·加拉蒂（John Garraty），苏菲·格莱泽（Sophie Glazer），雷蒙德·格鲁（Raymond Grew），欧内斯特·贡布里希爵士（Sir Ernst Gombrich），弗莱德·格鲁贝尔（Fred Grubel），罗伯特·哈丁（Robert Harding），布莱恩·哈里森（Brian Harrison），茱迪斯·休斯（Judith Hughes），伊莎贝尔·赫尔（Isabel Hull），茱莉·艾欧文（Julie Iovine），珍妮·伊赛（Jane Isay），斯蒂芬·卡波里克（Steven Kablick），赫伯特·卡普兰（Herbert Kaplan），杰伊·卡茨
516 （Jay Katz），卡尔·兰道尔（Carl Landauer），蒂姆·兰（Tim Lang），汤姆·拉克尔（Tom Laqueur），丽萨·李伯曼（Lisa Lieberman），彼得·罗文伯格（Peter Loewenberg），吉恩·麦卡菲（Gene McAfee），杰弗里·梅里克（Jeffrey Merrick），艾伦·梅瑟（Ellen Messer），马克·米凯尔（Marc Micale），拉夫·米莱爵士（Sir Ralph Millais），詹姆斯·莫尔（James Mohr），大卫·马斯托（David Musto），托马斯·尼伯代（Thomas Nipperdey），哈利·佩恩（Harry Payne），珍妮特·保拉斯基（Janet Polasky），芭芭拉·科拉多·蒲伯（Barbara Corrado Pope），朱尔斯·普朗（Jules Prown），霍华德·A. 里德（Howard A.Reed），莫妮卡·理查兹（Monika Richarz），萨缪尔·瑞特夫（Samuel Ritvo），大卫·罗伯茨（David Roberts），杰弗里·萨蒙斯（Jeffrey Sammons），C.J. 席纳尔（C.J.Scheiner），斯蒂芬·谢尔（Steven Scher），亚历山大·申克（Alexander Shenker），丹尼尔·谢尔曼（Daniel Sherman），昆斯汀·斯金纳（Quentin Skinner），帕梅拉·史密斯和维姆·史密斯（Pamela and Wim Smith），阿尔伯特·索尼特（Albert Solnit），瓦莱丽·斯蒂尔（Valerie Steele），玛丽·李·唐森德（Mary Lee Townsend），弗兰克·特纳（Frank Turner），海因里希·沃斯（Heinrich Voss），马尔科姆·华纳（Malcolm Warner），莎伦·怀特（Sharon White）。

从 1972 年以来，有几个学生帮助我进行文献的检索工作，特别是对于国外期刊，在此对他们表示感谢：凯伦·布拉德利（Karen Bradley），约瑟夫·柯纳（Joseph Koerner），杰伊·卢茨（Jay Lutz，为我翻译瑞典文），乔治斯·马古德（Georges Magaud），哈利·佩

恩（Harry Payne），黛布拉·佩里（Debra Perry），贝基·塞尔坦（Becky Saletan），莎莉·蒂特曼（Sally Tittman）。

我在此对我的朋友、牛津大学出版社的编辑们表示感谢：谢尔顿·梅耶（Sheldon Meyer），他对出版事业的信心给我以很大的鼓舞；南希·莱恩（Nancy Lane），她以各种方式为我提供了帮助；斯蒂芬妮·戈登（Stephanie Golden），是一个耐心而富有洞见的编辑，既待人诚恳也能提出有价值的批评意见。

然后，就是本书的审阅者！范恩·伍德沃德（Vann Woodward），本书也正是献给他的，在我最需要他帮助的时候，审阅了我冗长的导言部分，并提出了富有建设性的批评意见；杰罗姆·迈耶（Jerome Meyer），我在精神分析研究院的同学，阅读了全部手稿，提出了很多睿智的意见，在关于弗洛伊德式宽容的观点方面既给我以鼓励，也纠正了我在某些细微观点方面的错误；卡洛尔·佩恩（Carol Payne）对第三章提出了很多质疑和批评性的观点；我的老朋友迪克和佩格·库恩斯（Dick and Peggy Kuhns）夫妇阅读了整部手稿，敏感而富有同情心地从精神分析方面为我提供莫大的帮助；我的两个学生、现在的研究助手和好友，苏珊娜·巴罗斯（Susanna Barrows）和亨利·吉本斯（Henry Gibbons）细心地逐字审读了全文手稿，并恰当地提供了宝贵的信息和帮助，还有批评意见。我的同事、朋友约翰·梅里曼对我提出一系列的批评意见，但很有建设性，尤其是在确定现实的意义方面大有裨益。此外，鲍勃·韦伯（Bob Webb）仔细研究了整部手稿，以历史学家的渊博知识和编辑的锐利眼光，对本书提出了很多建设性意见。鉴于有这么多学识渊博而细心的审阅者，如果本书还有任何错误，完全应该由本人承担。

最后，露丝·盖伊（Ruth Gay）应该得到她应有的感谢。她不仅仔细地、反复地阅读了本书手稿，富有耐心且富有洞见；而且每次到档案馆，她总能敏锐地发现很多宝贵的资料，我的写作也因为她的发现而更有价值，从这个意义上说，只有她才令本书的写作成为可能。在重要而繁忙的工作之余，对于本书来说，她集批评者、编辑、研究者和热情的鼓励者于一身，并使得本书从真正意义上成为一本合作的著作。

彼得·盖伊

索 引

（索引页码为原书页码，即本书页边码）

文
景

Horizon

社科新知 文艺新潮

布尔乔亚经验1：感官生活
[美] 彼得·盖伊 著
赵勇 译

出 品 人：姚映然
责任编辑：章颖莹
营销编辑：雷静宜
封扉设计：周安迪

出　　品：北京世纪文景文化传播有限责任公司
（北京朝阳区东土城路8号林达大厦A座4A　100013）
出版发行：上海人民出版社
印　　刷：山东临沂新华印刷物流集团有限责任公司
制　　版：南京展望文化发展有限公司

开 本：890mm×1240mm　1/32
印 张：26.25　　字 数：618,000　　插页：2
2020年8月第1版　　2020年8月第1次印刷
定 价：118.00元
ISBN：978-7-208-16260-0 / K·2920

图书在版编目（CIP）数据

布尔乔亚经验．1，感官生活 /（美）彼得·盖伊（Peter Gay）著；赵勇译．—上海：上海人民出版社，2020

书名原文：The Bourgeois Experience Ⅰ：Education of the Senses

ISBN 978-7-208-16260-0

Ⅰ．①布…　Ⅱ．①彼…　②赵…　Ⅲ．①世界史—文化史—19世纪　Ⅳ．①K103

中国版本图书馆CIP数据核字（2020）第096970号

本书如有印装错误，请致电本社更换　010-52187586